Baumgartner   Wörterbuch moderne Wirtschaft
Dictionary of Modern Business

# Wörterbuch moderne Wirtschaft
Mit Anwendungsbeispielen

# Dictionary of Modern Business
With Model Phrases and Sentences

Deutsch-Englisch
English-German

von/by Peter Baumgartner

PUBLICIS

Die Deutsche Bibliothek – CIP-Einheitsaufnahme
Ein Titeldatensatz für diese Publikation ist bei Der Deutschen Bibliothek erhältlich

Die Deutsche Bibliothek – CIP-Cataloguing-in-Publication-Data
A catalogue record for this publication is available from Die Deutsche Bibliothek

Autor und Verlag haben dieses Buch mit großer Sorgfalt erarbeitet. Dennoch
können Fehler nicht ausgeschlossen werden. Eine Haftung des Verlags oder
des Autors, gleich aus welchem Rechtsgrund, ist ausgeschlossen. Die in diesem
Buch wiedergegebenen Bezeichnungen können Warenzeichen sein, deren Benutzung
durch Dritte für deren Zwecke die Rechte der Inhaber verletzen kann.

This book was carefully produced. Nevertheless, author and publisher do not
warrant the information contained therein to be free of errors. Neither the author nor
the publisher can assume any liability or legal responsibility for omissions or errors.
Terms reproduced in this book may be registered trademarks, the use of which by third
parties for their own purposes may violate the rights of the owners of those trademarks.

## ISBN 3-89578-196-7

Verlag: Publicis Corporate Publishing, Erlangen
© 2002 by Publicis KommunikationsAgentur GmbH, GWA, Erlangen
Das Werk einschließlich aller seiner Teile ist urheberrechtlich geschützt.
Die Verwendung außerhalb der engen Grenzen des Urheberrechtsgesetzes
ist ohne Zustimmung des Verlags unzulässig und strafbar. Das gilt
insbesondere für Vervielfältigungen, Übersetzungen, Mikroverfilmungen,
Bearbeitungen sonstiger Art sowie für die Einspeicherung und Verarbeitung
in elektronischen Systemen. Dies gilt auch für die Entnahme von einzelnen
Abbildungen und bei auszugsweiser Verwertung von Texten.

Printed in Germany

# Vorwort

Dieses deskriptive und satzorientierte Wörterbuch entstand im Rahmen der Ausbildung von Fachübersetzern an der Fachhochschule Flensburg. Gerade beim Übersetzen zeigt es sich immer wieder, dass es nicht ausreicht, Fachwörter zu kennen, sondern man muss auch wissen, wie sich diese Fachwörter sprachlich kombinieren lassen. Jedes Substantiv kommt mit ganz bestimmten Verben, Adjektiven und Präpositionen vor. Aus diesem Grund finden sich bei den meisten Stichwörtern Anwendungsbeispiele, die dem Anwender Anregungen bei eigenen Formulierungen geben.

Das Wörterbuch beschäftigt sich mit industriellem und und wirtschaftlichem Wortgut, das heute in den Medien und in vielen Berufen eine zentrale Rolle spielt. Von der *Gewinnwarnung* über die *Magnetschwebebahn* und die *Brennstoffzelle* bis hin zum *Handy* und *Mobilfunkanbieter* wird jeder heute mit einem Wortschatz konfrontiert, der zwischen den streng fachtechnischen und den allgemeinsprachlichen Wortschätzen angesiedelt ist. Niemand kommt ohne diesen Wortschatz aus.

Dieses Wörterbuch ist korpusbasiert; alle Formulierungen lassen sich belegen. Und selbstverständlich erhebt es keinen Anspruch darauf, den gesamten Wortschatz in Industrie und Wirtschaft vollständig abzudecken. Die Grenzen sind durch die untersuchten Korpora abgesteckt.

Flensburg, April 2002                                                                                   Peter Baumgartner

# Preface

This descriptive and phraseological dictionary was compiled within the greater context of the training of graduate specialist translators at the Flensburg University of Applied Sciences. Especially in the field of translation it has become obvious time and again that it is not sufficient to know isolated terms, but it is equally important to know how these terms can be combined with other linguistic units. Every noun combines with a limited number of verbs, adjectives and prepositions. And it is precisely these combinations the user of a language must know in order not to infringe upon existing linguistic conventions. For this reason, in this dictionary most of the headwords are accompanied by typical examples which may serve as a guide to the user for his or her own formulations.

The dictionary deals with both industrial and economic terminology used by the media today. This terminology plays a central role in many professional activities in industry and commerce. From *profits warning* to *magnetic levitation train* and *fuel cell* or *cell phone* and *mobile phone operator* everyone today is confronted with terminologies which lie somewhere between the strictly specialist terminologies and general language. No one in today's world can do without this terminology.

The dictionary is corpus-based: all examples are authentic. Naturally, there is no claim to complete coverage of the entire terminology used in industry and business. The limits of this publication have been laid by the corpora analysed.

Flensburg, April 2002                                                                                   Peter Baumgartner

# Im Buch verwendete Abkürzungen
# Abbreviations used in the book

| | | |
|---|---|---|
| *adj* | Adjektiv | adjective |
| *adv* | Adverb | adverb |
| *AE* | amerik. Englisch | American English |
| *BE* | brit. Englisch | British English |
| *EU* | Europäische Union | European Union |
| *f* | Femininum | feminine |
| *fig* | figurativ | figurative |
| *fpl* | Femininum Plural | feminine plural |
| *GB* | Großbritannien | Great Britain |
| *GER* | Deutschland | Germany |
| *m* | Maskulinum | masculine |
| *mpl* | Maskulinum Plural | masculine plural |
| *n* | Neutrum | neuter |
| *n* | Substantiv | noun |
| *pl* | Plural | plural |
| *npl* | Neutrum Plural | neuter plural |
| *tech* | technisch | technical |
| *USA* | Vereinigte Staaten | United States |
| *v* | Verb | verb |

# Wörterbuch moderne Wirtschaft

Deutsch-Englisch

mit Anwendungsbeispielen

# A

**Abbau der Lagerbestände** inventory reduction

**Abfall** *m* waste
**Energie aus Abfall und Biomasse**
energy from waste and biomass
**kommunale Abfälle**
municipal waste
**landwirtschaftliche Abfälle**
agricultural waste
**verschiedene Arten organischer Abfälle verbrennen**
to burn different kinds of organic wastes

**Abfallaufbereitung** *f* waste treatment

**Abfallentsorgung** *f* waste disposal

**Abfindungszahlungen** *fpl* severance costs; severance pay; employee severance costs
**sie wurden am 1. Dezember entlassen und erhielten eine Abfindungszahlung in Höhe von zwei Wochenlöhnen**
they were laid off Dec. 1 with two weeks' severance pay
**Abfindungszahlungen im Zusammenhang mit Arbeitsplatzstreichungen**
severance costs related to work force reductions
**Abfindungszahlungen werden ungefähr die Hälfte dieser Kosten ausmachen**
roughly half of that cost will come in the form of employee severance

**abflauendes Wachstum** slowdown
**Besorgnis über das abflauende Wachstum in den USA**
worries about the US slowdown

**Abfüller** *m* bottler
**nach den massiven Erhöhungen der Siruppreise wächst die Unzufriedenheit unter den Abfüllern**
there is growing discontent among bottlers after big increases in syrup prices

**Abkommen** *n* deal
**ein Abkommen schließen**
to conclude a deal

**Abkommen über einen liberalisierten Luftverkehr**
aviation liberalisation treaty
**ein Abkommen über einen liberalisierten Luftverkehr schließen**
to sign an aviation liberalisation treaty

**abkühlen** *v*: **sich abkühlen** slow
**die amerikanische Konjunktur hat sich dieses Jahr stark abgekühlt**
America's economy has slowed sharply this year

**Ablauf von Patentrechten** patent expiry
**Ablauf von Patentrechten bei wichtigen Medikamenten**
patent expiries on key drugs

**Abrechnungssoftware** *f* billing software
**A&B ist ein Anbieter von Abrechnungssoftware**
A&B is a provider of billing software

**abrunden** *v* round down
**Preise abrunden**
to round down prices

**Absatz** *m* sale
**ein Rückgang des Absatzes um 17%**
a fall of 17% in sales
**der Absatz von Mobiltelefonen geht weltweit zurück**
global sales of mobile phones are slowing
**weitere Maßnahmen zur Steigerung des Absatzes ergreifen**
to take further measures to increase sales

**Absatzerfolg** *m* sales success
**das Unternehmen macht trotz seiner Absatzerfolge weiterhin Verluste**
the firm continues to lose money despite its sales success

**Absatzflaute** *f* sluggish sales
**ABC ist nun schon seit mehr als einem Jahr bemüht, mit dem verstärkten Wettbewerb und der Absatzflaute fertig zu werden**
ABC has scrambled for more than a year to cope with increased competition and sluggish sales

**Absatzmarkt** *m* market
**Mexiko ist ein bedeutender Absatzmarkt für A&B**
Mexico is an important market for A&B

**Absatzmenge** *f* sales volume
**die rückläufigen Absatzmengen wirkten sich negativ auf das Betriebsergebnis aus**
operating profit was negatively affected by the decrease in sales volumes

**Absatzschwäche** *f* sales slump
**einer plötzlichen Absatzschwäche entgegenwirken**
to counter a sudden sales slump

**Absatzsteigerung** *f* increase in sales
**die Absatzsteigerungen in diesem**

Zeitraum sind in erster Linie auf die
Markteinführung neuer Produkte
zurückzuführen
the increase in sales in these periods is
primarily attributable to the introduction
of new products

**Absatzvolumen** *n* sales volume

**Absatzzahl** *f* volume
**das Betriebsergebnis erhöhte sich um
14%, was auf die erhöhten
Absatzzahlen zurückzuführen ist**
operating profit increased 14%,
reflecting the effects of volume
increases

**Abschlussprüfer** *m* auditor
**in Anwesenheit des Abschlussprüfers**
in the presence of the auditor

**abschneiden** *v*: **schlecht(er) (als der
Durchschnitt) abschneiden**
underperform
**bei den Aktienkursen schnitt A&B
schlechter ab als die Konkurrenz**
A&B's share price has underperformed
those of rivals

**abschreiben** *v* write off; amortize
**viele hatten uns schon ganz
abgeschrieben**
many had written us off for dead
**die Unternehmen dürfen Investitionen
schneller abschreiben**
businesses are allowed to write off their
investments more quickly
**über einen Zeitraum von drei Jahren
linear abschreiben**
to amortize on a straight line basis over
three years

**Abschreibung** *f* depreciation
**ABC gab ein verbessertes Ergebnis
vor Zinsen, Steuern und
Abschreibungen bekannt**
ABC reported increased revenues and
earnings before interest, taxes and
depreciation

**Abschwächung** *f* weakening
**diese Maßnahmen wurden angesichts
einer weiteren Abschwächung der
Konjunktur ergriffen**
these actions were taken in light of
further weakening of sales and
production

**Abschwung** *m* downturn (siehe
auch **Wirtschaftsabschwung;
Konjunkturabschwung**)
**die meisten Analysten prognostizieren
für das kommende Jahr einen
deutlichen Abschwung auf dem
amerikanischen Markt**
most analysts forecast a sharp downturn
in the American market next year
**trotz des gegenwärtigen Abschwungs
auf dem Markt für Speicherchips sind
die Finanzen von ABC gesund**
despite the present memory-chip
downturn, ABC's finances are healthy
**Amerika ging mit einem großen
Haushaltsüberschuss in diesen
Abschwung hinein**
America entered this downturn with a
large budget surplus
**der Abschwung in Amerika dauert
vielleicht länger als ursprünglich
erwartet**
America's downturn may be more
protracted than originally expected

**Absicherung** *f* insurance policy
**die Zinssenkungen sollten eine
Absicherung gegen einen möglichen
Wirtschaftsabschwung sein**
the rate cuts were meant as an insurance
policy against a possible downturn

**Absichtserklärung** *f* Letter of
Intent (LoI); letter of intent
**eine Absichtserklärung unterzeichnen**
to sign a Letter of Intent

**abspalten** *v* spin off; demerge;
split off
**ABC will seine profitable Automobil-
sparte abspalten**
ABC is to spin off its profitable car unit
**die einzige andere Möglichkeit derzeit
besteht darin, ABC abzuspalten und
an die Börse zu bringen**
the only other option at the moment is to
demerge ABC and float it
**die folgenden Geschäftsbereiche
sollten vollständig von ABC
abgespalten werden**
the following divisions should be fully
demerged from ABC
**der Vorstand hat offensichtlich die
andere Möglichkeit, nämlich den
Bereich abzuspalten, verworfen**
the board apparently has shelved an
alternative option of spinning off the
unit
**A&B wird seine Telekom-Sparte
abspalten**
A&B will split off its telecoms arm

**Abspaltung** *f* spin-off; spinoff;
demerger
**Miller, der seit der Abspaltung an der
Spitze von ABC gestanden hatte, trat
am 10. Januar zurück**
Miller, who had led ABC since the
spinoff, resigned Jan. 10

eine Abspaltung von ABC als selbstständiges Unternehmen
a spinoff of ABC as an independent company
**die jüngst vollzogene Abspaltung von ABC**
the recently completed spin-off of ABC
**ABC fasst die vollständige Abspaltung seiner Mobiltelefonsparte ins Auge**
ABC is considering a full demerger of its mobile phone division
**die Möglichkeit einer vollständigen Abspaltung wurde vom Finanzdirektor ins Spiel gebracht**
the possibility of a full demerger was raised by the finance director
**dann kam eine weitere Runde von Fusionen und Abspaltungen**
then came another round of mergers and demergers

**Abstimmung** $f$ (1): **den Aktionären zur Abstimmung vorlegen** to put ... to a shareholder vote
**die drei Vorschläge werden heute den Aktionären zur Abstimmung vorgelegt / die Aktionäre werden heute über die drei Vorschläge abstimmen**
the three proposals will be put to a shareholder vote today

**Abstimmung** $f$ (2): **in Abstimmung mit** in consultation with
**in Abstimmung mit allen beteiligten Parteien**
in consultation with all the other partners concerned
**der Anlagenstandort wird in Abstimmung mit dem Investor ausgewählt**
the plant site will be selected in consultation with the investor

**Absturz** $m$ crash
**die genaue Abfolge der Vorgänge, die zum Absturz der Concorde führten**
the exact sequence of events that triggered the crash of the Concorde

**abwägen** $v$ weigh
**kurzfristige und längerfristige Faktoren gegeneinander abwägen**
to weigh short term and longer term factors against each other

**Abwanderung von Arbeitskräften** labor exodus
**die Abwanderung von Arbeitskräften aus Europa führte zu einer angespannten Arbeitsmarktlage**
labor exodus from Europe tightened labor markets

**Abwärme** $f$ waste heat
**die Rückgewinnung von Prozesswärme aus Abwärme**
the recovery of process heat from waste heat

**Abwärtsspirale** $f$ downward spiral
**die Abwärtsspirale begann für A&B letzten Oktober**
the downward spiral for A&B began last October

**Abwärtstrend** $m$ downward trend
**der konjunkturelle Abwärtstrend hat sich in den vergangenen Wochen deutlich beschleunigt**
the downward trend in the economy has accelerated sharply in the past few weeks

**Abwehrmaßnahme** $f$ defensive measure
**Unternehmen das Ergreifen von Abwehrmaßnahmen ohne Zustimmung der Aktionäre gestatten**
to allow companies to put in place defensive measures without consulting shareholders

**Abwehrstrategie** $f$ defense strategy
**eine mögliche Abwehrstrategie wäre der Rückkauf von Aktien**
one possible defense strategy is to buy back shares

**Abwertung** $f$ devaluation
**die Abwertung der türkischen Lira war unvermeidlich**
the devaluation of the Turkish lira was inevitable
**dies hatte eine sofortige und starke Abwertung um 30% gegenüber dem Dollar zur Folge**
this led to an immediate sharp devaluation of about 30% against the dollar
**ein erster Schritt zur Abwertung**
a first step toward devaluation

**Achterbahnfahrt** $f$ roller-coaster ride; roller-coaster movement
**die Aktienkurse des Unternehmens waren letzten Monat auf Achterbahnfahrt**
the company's shares were on a roller-coaster ride last month
**die vergangenen Monate glichen einer Achterbahnfahrt**
the past few months have been characterised by roller-coaster movements

**ADSL** asymmetrical digital subscriber line

**ADSL bietet eine viel schnellere Verbindung als ISDN**
ADSL offers a much faster connection than ISDN

**Agrarminister** *m* farm minister; agriculture minister
**das am Montag in Brüssel stattfindende Treffen der EU-Agrarminister**
Monday's meeting of EU farm ministers in Brussels

**Akquisition** *f* acquisition
**die Akquisition von ABC erhöht unsere Leistung und unsere Fähigkeiten weltweit**
the acquisition of ABC broadens our capacity and capabilities worldwide

**Aktenvernichtung** *f* document disposal; document destruction
**er war an der Aktenvernichtung beteiligt**
he was involved in the document disposal
**er wusste über die Aktenvernichtung Bescheid**
he knew about the document destruction

**Aktie** *f* stocks; share
**die Rekordgeschwindigkeit, mit der die Aktien im Verlauf der Rezession gefallen sind**
the record speed with which stocks have fallen through the recession
**die Ausgabe zusätzlicher Aktien**
the issuance of additional shares
**die Aktien sind zurzeit unterbewertet**
stocks are currently undervalued
**das Unternehmen ist im Besitz von 13% der ABC-Aktien**
the company holds 13% of ABC shares
**Aktien im Verhältnis 1:1 umtauschen**
to convert shares at a ratio of 1 for 1
**die Aktie hat seit Anfang 20... etwa 35 Prozent ihres Wertes eingebüßt**
the stock has shed some 35 percent of its value since the start of 20...
**die ABC-Aktie legte an einem einzigen Tage um 25% zu**
shares in ABC shot up by 25% in one day
**die Aktien sind am Freitag gefallen**
stocks fell Friday

**Aktienanalyst** *m* stock analyst

**Aktienbörse** *f* stock exchange

**Aktiengesellschaft** *f* joint-stock company
**die beiden Unternehmen untersuchen die Möglichkeit der Umwandlung in eine Aktiengesellschaft**
the two companies are looking at ways of becoming joint-stock companies

**Aktienhandel** *m* trading in shares; stock trading
**Peking möchte keinen Aktienhandel zulassen, der zu Kapitalabflüssen führen könnte**
Beijing is reluctant about allowing trading in shares that could result in capital outflow
**den Aktienhandel wieder aufnehmen**
to resume stock trading

**Aktienkultur** *f* equity culture
**dies war ein neuerliches Zeichen / ein neuerlicher Beweis für den Triumph der neuen Aktienkultur**
it was one more sign of the triumph of the new equity culture
**die schnelle Verbreitung einer Aktienkultur in ganz Europa**
the rapid spread of an equity culture across Europe
**das Ende / den Tod der noch jungen Aktienkultur des Landes herbeiführen / bedeuten**
to kill the country's fledgling equity culture

**Aktienkurs** *m* share price; stock price
**niedrige Erträge schickten den Aktienkurs von ABC in den Keller**
flat earnings have sent ABC's share price tumbling
**die Investoren reagieren auf fallende Aktienkurse**
investors respond to falling share prices
**die Zinssätze sinken immer, wenn die Aktienkurse zusammenbrechen**
interest rates will always be cut if share prices collapse
**der Aktienkurs von ABC ist um das Dreißigfache gestiegen**
ABC's share price has risen thirtyfold
**unsere Aktienkurse überstiegen ihren bislang höchsten Stand und kletterten weiter**
our stock price surpassed its all-time high and continued to climb
**es war ganz normal, dass die Aktienkurse stiegen und stiegen**
it was normal for share prices to keep going up and up
**die Aktienkurse künstlich hochtreiben**
to drive the stock prices to artificially high levels

**Aktienmarkt** *m* stock market; stockmarket
**ausländisches Geld strömt in den**

**Aktienmarkt**
foreign money flows into the stockmarket
**der amerikanische Aktienmarkt macht einen gefährlich überhitzten Eindruck**
the American stockmarket looks dangerously overheated
**wenn der Aktienmarkt weiter günstig bleibt**
if the stockmarket stays favourable
**die Wiedereröffnung der Aktienmärkte**
the reopening of the stockmarkets

**Aktienpaket** *n* block of shares
**das zweitgrößte Aktienpaket besitzen / halten**
to hold the second largest block of shares

**Aktienrückkauf** *m* share buyback / buy-back
**eine Reihe großer Ölfirmen hat dieses Jahr Aktienrückkäufe angekündigt**
a number of large oil companies have announced share buy-backs this year

**Aktienrückkaufprogramm** *n* share buy-back / buyback program *(AE)*; share buy-back / buyback programme *(BE)*; share buy-back / buyback plan; stock buyback / buy-back program *(AE)*
**ABC setzte ein Aktienrückkaufprogramm in Gang**
ABC initiated a stock buyback program
**er trug durch ein Aktienrückkaufprogramm zur Verbesserung des Aktienkurses bei**
he's helped boost the stock's price with a share buyback program
**Abschluss eines Aktienrückkaufprogramms**
completion of a share buy-back programme
**der Konzern startete sein erstes Aktienrückkaufprogramm**
the group started its first buy-back programme
**bei ABC hieß es, dass noch keine Entscheidung über das Aktienrückkaufprogramm gefallen sei**
ABC said that a decision on the share buy-back plan had not been made

**Aktiensplit** *m* share split
**Industriekreisen zufolge könnte es im späteren Verlauf des Jahres zu einem Aktiensplit kommen**
industry sources say a share split could follow later in the year

**Aktionär** *m* stockholder; shareholder
**Dividende an die Aktionäre ausschütten**
to pay dividends to stockholders
**die Aktionäre stimmten einer Umbenennung der Firma in ABC zu**
shareholders voted to change the company's name to ABC

**Aktionärsberatungsservice** *m* proxy advisory firm
**der Aktionärsberatungsservice wird nächste Woche eine Empfehlung aussprechen**
next week, the proxy advisory firm will make a recommendation

**Aktionärsbrief** *m* letter to shareholders
**im jährlichen Aktionärsbrief sagte / erklärte A&B ...**
in its annual letter to shareholders, A&B said ...

**Aktionärshauptversammlung** *f* annual meeting of stockholders
**die Aktionärshauptversammlung findet am Mittwoch, dem 25. April, 20... in Los Angeles statt**
the Annual Meeting of Stockholders will be held on Wednesday, April 25, 20..., in Los Angeles

**Aktionärsversammlung** *f* shareholders' assembly; shareholders' meeting

**Alarmglocke** *f* alarm bell
**dies sollte in den Hauptstädten aller Nationen die Alarmglocken schrillen lassen**
this should sound alarm bells in every national capital

**alkoholfreies Getränk** soft drink
**die alkoholfreien Getränke des Unternehmens gehören zu den bekanntesten Marken in China**
the company's soft drinks are among the best-known brands in China

**Allfinanzkonzern** *m* financial services group
**der holländische Allfinanzkonzern setzt seinen Expansionskurs nach Ost- und Mitteleuropa fort**
the Dutch financial services group pushes further into eastern and central Europe

**Allianz** *f* alliance
**im Gegensatz zu Fusionen führen Allianzen selten zu Einsparungen**
unlike mergers, alliances rarely lead to

savings
**in einigen Industriezweigen haben globale Allianzen einen weiteren Zweck**
in some industries, global alliances have another use
**die größten Fluggesellschaften der Welt haben sich in Allianzen gruppiert**
the world's biggest airlines have flocked together into alliances
**das Unternehmen ist Allianzen eingegangen mit A&B und B&C**
the company has struck alliances with A&B and B&C

**Alltagstauglichkeit** *f* everyday practicality
**dieses Gemeinschaftsprojekt soll die Alltagstauglichkeit von Brennstoffzellen-Fahrzeugen beweisen**
this joint project is aimed at demonstrating the everyday practicality of fuel cell vehicles

**alteingesessen** *adj* venerable
**ein alteingesessenes Unternehmen**
a venerable company
**alteingesessene britische Marken wie ...**
such venerable British brands as ...

**alternative Energiequelle** alternative energy source
**der Wunsch nach neuen alternativen Energiequellen**
the desire for new, alternative energy sources

**altersbedingter Personalabbau** attrition
**die meisten Stellenkürzungen werden durch altersbedingten Personalabbau und interne Versetzungen erfolgen**
most of the cuts will come through attrition and by moving employees to other jobs in the company

**Altersteilzeit** *f* phased retirement program

**Altersbezüge** *mpl* retirement benefits

**Altersvorsorge** *f* pension plan

**Aluminiumhersteller** *m* aluminum producer; aluminium producing company
**ein mittelgroßer Aluminiumhersteller**
a medium-sized aluminum producer
**die drei größten Aluminiumhersteller haben einen Weltmarktanteil von 40 Prozent**
the biggest three aluminium producing companies account for 40 per cent of global output

**amerikanische Zentralbank** (Fed) Federal Reserve (Fed)
**die Fed hat auch die klar umrissene Aufgabe, die Inflation unter Kontrolle zu halten**
the Fed also has a very clear duty to keep inflation in check
**die Zinserhöhungen der amerikanischen Zentralbank werden vielleicht die Konjunktur etwas abkühlen**
the Federal Reserve's interest-rate rises may have some cooling effect on the economy

**Amt** *n*: **im Amt bleiben** remain in office
**er will noch das ganze Jahr 20... im Amt bleiben**
he intends to remain in office throughout 20...

**Amtsinhaber** *m* incumbent
**alle zehn Amtsinhaber wurden von den Aktionären wieder gewählt**
the shareholders re-elected all ten incumbents

**Amtszeit** *f* tenure; term; period in office
**während seiner Amtszeit als Gouverneur von Texas**
during his tenure as governor of Texas
**er wurde im Mai für eine Amtszeit von 8 Jahren zum EZB-Präsidenten ernannt**
they appointed him in May to an eight-year term as ECB president
**er will über die gesamte Amtszeit von 8 Jahren bleiben**
he wants to serve his full eight-year term
**er sagte, er gehe von einer Amtszeit von vier bis acht Jahren aus**
he said he expected his period in office to last between four and eight years

**Analyse** *f* analytical study
**unsere Analysen sollen leitenden Angestellten bei der Entscheidungsfindung helfen**
our analytical studies are designed to help senior managers make informed decisions

**Analyst** *m* analyst
**Analysten sagen für das kommende Jahr Erträge in Höhe von ca. $2,41 pro Aktie voraus**
analysts are predicting earnings of about $2.41 a share next year

**A&B hat in den letzten beiden Quartalen die Erwartungen der Analysten übertroffen**
A&B has exceeded analysts' expectations for the past two quarters

**Analystenkonferenz** *f* analysts' conference
**an einer Analystenkonferenz vor ein paar Wochen**
at an analysts' conference a few weeks ago

**Anbieter** *m* player
**paneuropäischer Anbieter**
pan-European player

**Anbindung** *f* peg
**die Anbindung an den starken Dollar führt zu einer Aushöhlung des Wettbewerbs**
the peg to a strong dollar erodes competitiveness

**Anbieter** *m* provider; supplier
**das Unternehmen ist auch ein führender Anbieter von Ventilen**
the company is also a leading provider of valves
**ABC ist Spaniens führender Stromanbieter**
ABC is Spain's leading electricity provider
**ABC ist ein privater Anbieter von IT**
ABC is a privately held provider of information technology
**für uns als Kunden bedeutet dies, dass wir nur noch zwischen ganz wenigen Anbietern wählen können**
we, as customers, will have a very limited choice of suppliers
**A&B ist ein globaler Anbieter einer umfassenden Palette von Dienstleistungen**
A&B is a global provider of a wide range of services

**Anfangsphase** *f* initial phase
**in der Anfangsphase kann die Anlage 15.000 Wafer pro Jahr produzieren**
the plant is capable of making 15,000 wafers a year in the initial phases

**Angebot** *n* supply
**seit mehreren Jahren ist die Nachfrage größer als das Angebot**
demand has outpaced supply for several years
**das Angebot wird nicht ausreichen, um die Wünsche aller Kunden, die den neuen Rechner wollen, zu befriedigen**
we're not going to have the supply to satisfy all the customers that want the computer
**sie haben es versäumt, das Angebot der Nachfrage anzupassen**
they have failed to match supply with demand

**Angebotspalette** *f* offering
**wir erweitern unsere Angebotspalette auf dem schnell wachsenden Markt für intelligente Sensoren**
we are broadening offerings in the rapidly growing smart sensor market

**Angebotsseite** *f* supply side
**auf der Angebotsseite**
on the supply side

**angeschlagen** *adj* troubled; embattled
**A&B wird seine angeschlagene Lkw-Sparte veräußern**
A&B will sell its troubled truck arm
**der angeschlagene schweizer Finanzdienstleister**
the embattled Swiss financial services group

**angestauter Auftragsbestand** order backlog
**dieser angestaute Auftragsbestand zeigt, dass wir auf dem richtigen Weg sind**
this order backlog indicates that we are on the right track

**Angestellte** *m/f* salaried worker
**das Unternehmen wird 5000 Angestellte entlassen**
the company will lay off 5,000 salaried workers

**Angestellten** *pl* salaried staff
**5.000 Angestellte werden entlassen**
5,000 salaried staff will go

**ankurbeln** *v* revive; stimulate; kick-start
**die Wirtschaft ankurbeln**
to revive the economy
**die amerikanische Fed unternahm einen weiteren Versuch, die Wirtschaft anzukurbeln**
America's Federal Reserve made another attempt to kick-start the economy

**Anlageberater** *m* investment consultancy
**ein im Raum Frankfurt ansässiger Anlageberater**
an investment consultancy based outside Frankfurt

**Anlageberatung** *f* investment consultancy

**Anlageberatungsfirma** *f* investor advisory firm
**eine einflussreiche Anlageberatungsfirma unterstützt / befürwortet den Deal**
an influential investor advisory firm gave its backing to the deal

**Anlagenbauer** *m* contractor; engineering company

**anlagenweit** *adj* throughout a plant or mill

**Anlagestrategie** *f* investment strategy
**die Stiftung wird wahrscheinlich ihre Anlagestrategie überdenken**
the foundation will probably reconsider its investment strategy

**Anlagevermögen** *n* long-lived assets

**Anleger** *m* investor
**die Anleger haben ihr Interesse anderen Firmen zugewandt**
investors have shifted their attention to other companies

**Anlegervertrauen** *n* investors' confidence
**durch eine strikte Ausgabenpolitik und Umschuldung wird das Anlegervertrauen wieder hergestellt werden**
fiscal austerity and debt restructuring will restore investors' confidence

**Anleihe** *f* bond

**Anleihenmarkt** *m* bond market
**die Banken werden ihre Einlagen auf den Anleihenmärkten anlegen**
the banks will invest their deposits in the bond markets
**die prekäre Lage der Anleihenmärkte**
the parlous state of the bond markets
**die Sorgen / der Kummer der Anleihenmärkte machen noch etwas anderes deutlich**
the bond markets' woes also illustrate something else

**Anruf** *m* call
**er erhielt einen Anruf vom Chef einer großen Fluggesellschaft**
he received a call from the chief executive of a major airline

**ansässig** *adj* based
**das in Adelaide ansässige Unternehmen**
the Adelaide-based company

**Anschaffung** *f*: **größere Anschaffung**; **Großanschaffung** *f* big ticket item
**die Finanzierung größerer Anschaffungen erleichtern**
to make financing of big ticket items easier

**Anschuldigung** *f* allegation
**die beiden Firmen sehen sich mit ähnlichen Anschuldigungen konfrontiert**
two companies have been hit with similar allegations

**Ansicht** *f* view
**in Amerika teilt man diese Ansicht nicht / ist man anderer Ansicht**
this is not a view shared in America

**Ansiedlung** *f* siting
**Umweltauflagen haben zu einer starken Einschränkung bei der Ansiedlung und dem Bau von herkömmlichen Kraftwerken geführt**
environmental restrictions have severely constrained siting and construction of conventional power plants

**anspruchsvoll** *adj* sophisticated
**anspruchsvolle Verbraucher**
sophisticated consumers

**Anteil** *m* stake; holding
**ABC hat seinen Anteil an BCD in Höhe von 49,9% verkauft**
ABC sold its 49.9% stake in BCD
**er hat am Donnerstag angedeutet, er werde vielleicht seinen Anteil an dem Unternehmen verkaufen**
he hinted on Thursday he might sell his holdings in the company

**Anteilseigner** *m* shareholder
**ein Malaysier ist der größte Anteilseigner der Bank**
a Malaysian is the bank's biggest shareholder

**Antenne** *f* aerial
**die beiden Unternehmen werden dieselbe Infrastruktur nutzen und nicht jedes für sich eigene Antennen errichten**
they will share the same infrastructure rather than each build their own aerials

**Antiglobalisierer** *m* anti-globalisation protester

**Antrieb** *m (tech)* drive
**der Markt verlangt einen einfach zu bedienenden, leicht herzustellenden zuverlässigen Antrieb**
the market needs a simple to use, easily manufactured, reliable drive

**Antriebstechnik** *f* drives *pl*
**drei Ingenieure taten sich zusammen**

**und gründeten ein Unternehmen für Antriebstechnik**
three engineers joined together to form a drives company

**Anwenderfreundlichkeit** *f* user-friendliness
**Anwenderfreundlichkeit und Akzeptanz fördern**
to foster user-friendliness and acceptance
**mangelnde Anwenderfreundlichkeit**
lack of user-friendliness

**anwendungsbezogen** *adj* application-specific
**anwendungsbezogene Lösungen**
application-specific solutions

**Anwendungsmöglichkeit** *f* application; application possibility
**diese Geräte eröffnen Anwendungsmöglichkeiten in den Bereichen Künstliche Intelligenz und Vollautomatisierung vieler alltäglicher Funktionen**
these devices open application possibilities like artificial intelligence and full automation of many daily functions

**Anwendungssoftware** *f* application software
**Anwendungssoftware für den japanischen Markt entwickeln**
to develop application software for the Japanese market
**wir stellen vielseitige Anwendungssoftware her**
we create flexible application software

**Anwerbung** *f* recruiting
**die Anwerbung ausländischen Führungspersonals wäre eine Lösung**
recruiting foreign managers can be a solution

**Anzeichen** *n* sign
**es gibt deutliche Anzeichen für einen Konjunktureinbruch**
there are clear signs that the economy is slowing abruptly
**beim ersten Anzeichen von Problemen**
at the first sign of trouble

**Anzeigenkampagne** *f* advertising campaign
**Branchenbeobachter erwarten, dass ABC im kommenden Jahr eine energische Anzeigenkampagne starten wird**
analysts expect ABC to mount a hefty advertising campaign next year
**dieser wachsende Markt wird neue Anzeigenkampagnen für Handys auslösen**
this growing market will spur an increase in cellular advertising campaigns

**Anzeigenrückgang** *m* advertising slump
**das Unternehmen begann, die Auswirkungen des Anzeigenrückgangs zu spüren**
the company was beginning to feel the pain of the advertising slump

**Arbeiter** *m* hourly worker
**12.000 der 22.000 Stellenstreichungen werden Arbeiter betreffen**
of the 22,000 job losses, 12,000 will be among hourly workers

**Arbeitgeber** *m* employer; boss
**die Arbeitgeber gingen zum Angriff über**
the employers went on the attack
**die Strategie der Arbeitgeber ist einfach**
the bosses' strategy is simple

**Arbeitnehmer** *m* employee; worker
**ABC wird 20 Prozent seiner Arbeitnehmer entlassen**
ABC will cut 20 percent of its workers
**die Firmen sehen sich gezwungen / vor der Notwendigkeit, die Arbeitnehmer über fünfzig zu behalten**
companies have seen a need to retain the 50-something workers
**ältere Arbeitnehmer**
older workers

**Arbeitnehmerrechte** *npl* workers' rights

**Arbeitnehmervertreter** *m*; **Arbeitnehmervertreterin** *f* labor *(AE)* / labour *(BE)* leader; labor *(AE)* / labour *(BE)* representative
**Arbeitnehmervertreter und die Arbeitgeber schließen Abkommen über Bezahlung und Arbeitsbedingungen**
labor leaders and management conclude agreements on pay and working conditions

**Arbeitsbeschaffungsmaßnahme** *f* job creation scheme
**staatliche Arbeitsbeschaffungsmaßnahmen durchführen**
to run government job creation schemes

**Arbeitsgesetz** *n* labor *(AE)* / labour *(BE)* law

**strenge Arbeitsgesetze**
rigid labour laws
**Arbeitskampf** *m* union-employer battle; industrial action
**Arbeitskampfmaßnahmen** *fpl* industrial action
**die Arbeitskampfmaßnahmen von Piloten haben zugenommen**
industrial action by pilots has been growing
**Arbeitskräfte** *fpl* labor *(AE)* / labour *(BE)*
**Arbeitskräftemangel** *m* worker shortage; labor shortage *(AE)*
**der derzeitige Arbeitskräftemangel**
the current worker shortage
**Arbeitskräftepotenzial** *n* labor *(AE)* / labour *(BE)* force
**die offizielle Arbeitslosenquote stieg auf 5% des Arbeitskräftepotenzials**
the official unemployment rate rose to 5% of the labour force
**übergroßes Arbeitskräftepotenzial**
abundant labor
**Arbeitslose** *pl* jobless; unemployed
**Arbeitsplätze für die Arbeitslosen fordern**
to demand jobs for the unemployed
**Arbeitslosenhilfe** *f* unemployment benefit; jobless benefit
**Arbeitslosenquote** *f* unemployment rate; jobless rate
**dies ist darauf zurückzuführen, dass die Arbeitslosenquote den seit Jahrzehnten niedrigsten Stand erreicht hat**
this is the result of the unemployment rate dropping to the lowest it has been in decades
**im Januar stieg die Arbeitslosenquote nur leicht auf 4,2%**
in January, the unemployment rate rose only slightly to 4.2%
**die offizielle Arbeitslosenquote des Landes erreichte im Juli 5%**
the country's official unemployment rate hit 5% in July
**die Arbeitslosenquote ist seit letzten Oktober um 0,6 Prozentpunkte gestiegen**
the jobless rate has risen by 0.6 percentage points since last October
**Arbeitslosenunterstützung** *f* unemployment benefit; jobless benefit
**das Gesetz verlängert die Zahlung von Arbeitslosenunterstützung**
the bill extends unemployment benefits
**Arbeitslosenunterstützung beantragen**
to register for / apply for unemployment benefit / jobless benefit
**Arbeitslosenzahl** *f* jobless total
**der erste Rückgang der Arbeitslosenzahlen in der größten Volkswirtschaft der Eurozone**
the first decline in jobless totals in the eurozone's biggest economy
**Arbeitslosenzahlen** *fpl* unemployment numbers; unemployment figures; jobless count
**enttäuschende Arbeitslosenzahlen**
disappointing unemployment numbers
**so werden zum Beispiel die Arbeitslosenzahlen viel stärker ansteigen als bisher**
unemployment figures, for instance, will rise a good deal more than they have so far
**die offiziellen Arbeitslosenzahlen lassen vermuten, dass die Arbeitslosigkeit in Japan nur geringfügig höher ist als in Amerika / den USA**
the official unemployment numbers suggest that Japanese joblessness is only a little above that in the United States
**Arbeitslosigkeit** *f* unemployment; joblessness
**geringe / niedrige Arbeitslosigkeit**
low unemployment
**Zunahme der Arbeitslosigkeit**
increase in unemployment
**die Arbeitslosigkeit wird weiter steigen / zunehmen**
unemployment will continue to rise
**zum ersten Mal in zehn Jahren sank die Arbeitslosigkeit bei den Frauen unter 10 Prozent**
female unemployment fell below 10 per cent for the first time in a decade
**die Arbeitslosigkeit in Deutschland stieg im Juli**
joblessness in Germany rose in July
**niemand rechnet mit einem baldigen Rückgang der Arbeitslosigkeit**
no one expects joblessness to start falling again soon
**bis jetzt ist die Arbeitslosigkeit kaum gestiegen**
so far unemployment has barely increased
**der schon seit langem andauernde Rückgang der Arbeitslosigkeit kommt zum Stillstand**

the long-running decline in
unemployment is coming to an end
**Arbeitsmarkt** *m* job market; jobs
market; labour market *(BE)*; labor
market *(AE)*
**sie sind bereit, sich auf dem
Arbeitsmarkt zu bewerben / sich nach
einer neuen Stelle umzusehen**
they are prepared to enter the job market
**der überhitzte Arbeitsmarkt
des Landes kühlt jetzt vielleicht ein
wenig ab**
the nation's red-hot labor market may be
cooling a bit
**trotz des angespannten
Stellenmarktes machen wir keine
Kompromisse bei den Anforderungen
an unsere neuen Mitarbeiter**
despite the tight job market, we have not
compromised the quality of the
candidates we hire
**schwächerer Arbeitsmarkt**
weaker jobs market
**die Regierung reagierte auf den
schwächelnden Arbeitsmarkt**
the government reacted to its weakening
labour market
**ein schwächerer Arbeitsmarkt könnte
auch die Ausgaben dämpfen**
a weaker labor market also could damp
spending
**Arbeitsmarktbericht** *m* jobs report
**es wird erwartet, dass der
Arbeitsmarktbericht am kommenden
Freitag zeigen wird, dass im Februar
nur wenige neue Stellen geschaffen
wurden**
the jobs report on Friday is expected to
show few new jobs were created in
February
**Arbeitsmarktreform** *f* labor *(AE)* /
labour *(BE)* market reform
**mutige Arbeitsmarktreformen
durchführen**
to undertake bold labour market reforms
**Arbeitsmarktregulierungen** *fpl*
labour market regulations
**Arbeitsministerium** *n* Labor
Department *(USA)*
**das US-Arbeitsministerium gab
bekannt, die Arbeitslosenquote sei auf
5% gesunken**
the Labor Department said the jobless
rate declined to 5 percent
**Arbeitsniederlegung** *f* work
stoppage
**in der laufenden Tarifrunde könnte es
zu Arbeitsniederlegungen kommen**

the current round of wage negotiations
might result in work stoppages
**Arbeitsplatz** *m* job; position;
workplace
**die Fusion der beiden Firmen könnte
zum Verlust von 250 Arbeitsplätzen
führen**
the merger of the two companies could
result in the loss of 250 jobs
**Arbeitsplätze abbauen**
to cut jobs
**bei ABC werden tausende Arbeiter
ihre Arbeitsplätze verlieren**
thousands of workers at ABC will lose
their jobs
**Erhaltung von Arbeitsplätzen**
preservation of jobs
**ABC hat 293 Arbeitsplätze gestrichen**
ABC killed 293 positions
**familienfreundliche Arbeitsplätze
schaffen**
to create family-friendly workplaces
**gewerkschaftlich organisierten
Arbeitnehmern den Zugang zum
Arbeitsplatz verwehren**
to prevent union employees from
entering the workplace
**das Arbeitsministerium ist bemüht
für Sicherheit am Arbeitsplatz zu
sorgen**
the Department of Labor attempts to
keep people safe in their workplace
**für ältere Arbeitnehmer geeignete
Arbeitsplätze**
elder-friendly jobs
**Arbeitsplatzsicherheit** *f* job
security
**die Arbeitnehmer wollten mit der
Geschäftsleitung über Bezahlung und
Arbeitsplatzsicherheit verhandeln**
workers wanted to negotiate with
management over pay and job security
**Arbeitsplatzverlust** *m* job loss
**Arbeitsproduktivität** *f* labor *(AE)* /
labour *(BE)* productivity;
productivity of labor *(AE)* / labour
*(BE)*; worker productivity
**die voraussichtliche jährliche
Zunahme der Arbeitsproduktivität**
the probable annual gain in labour
productivity
**Arbeitsrecht** *n* labor *(AE)* / labour
*(BE)* law
**Arbeitsstelle** *f* job
**wenn es kaum Arbeitsstellen gibt**
when jobs are scarce
**Arbeitssuchende** *m/f* job seeker

**Arbeitsuchende** *m/f*; **Arbeit Suchende** *m/f* job seeker

**Arbeitsvermittlung** *f* job placement; job placement market
**er hat die völlige Liberalisierung der Arbeitsvermittlung gefordert**
he has called for the job placement market to be fully liberalised

**Arbeitswoche** *f* work week
**die Durchschnittslänge einer Arbeitswoche lag unverändert bei 34,1 Stunden**
the length of the average work week was unchanged at 34.1 hours

**Armen** *pl* poor
**wachsende Kluft zwischen Armen und Reichen / Arm und Reich**
increasing gap between rich and poor

**Arzneimittel** *n* pharmaceutical; drug
**viele der meistverkauften Arzneimittel von ABC wurden tatsächlich von anderen Firmen entwickelt**
many of ABC's bestselling pharmaceuticals were actually developed by other firms
**die Arzneimittelhersteller geben im Durchschnitt 350 Mio. Dollar aus, um ein neues Arzneimittel auf den Markt zu bringen**
drugmakers spend an average of $350 million to bring a new drug to market

**Arzneimittelhersteller** *m* drug firm; drug maker
**er half, das Unternehmen von einem mittelgroßen amerikanischen Arzneimittelhersteller in eine weltweit führende Pharmafirma umzuwandeln**
he helped to transform the company from a mid-sized American drug maker into a global leader in drugs
**die Gewinne der Arzneimittelhersteller sind praktisch konjunkturunabhängig**
drug companies make money in practically any economic climate

**ASIC** application-specific integrated circuit

**ästhetisch ansprechend** aesthetically pleasing
**unsere Konstrukteure entwickeln ästhetisch ansprechende Produkte**
our designers create products that are aesthetically pleasing

**Atomlobby** *f* nuclear lobby

**Auffassung** *f* view
**in Amerika vertritt man eine andere Auffassung**
this is not a view shared in America

**aufforsten** *v* re-forest
**Gebirgsregionen aufforsten**
to re-forest mountainous areas

**Aufgabe** *f* task
**eine fast / nahezu unmögliche Aufgabe**
a near-impossible task

**aufholen** *v* gain on
**die amerikanischen Firmen holen gegenüber den nordkoreanischen Unternehmen auf**
American companies are gaining on South Korean firms

**Aufklärungskampagne** *f* public awareness campaign

**Auflage** *f* condition
**strenge Auflagen verhängen**
to impose tough conditions

**Aufsichtsbehörde** *f*; **für den Kommunikationsbereich zuständige amerikanische Aufsichtsbehörde** Federal Communications Commission (FCC)

**Aufsichtsrat** *m* supervisory board
**die Arbeitnehmer erhalten die Hälfte der Sitze im Aufsichtsrat der Unternehmen**
workers are given half of the seats on companies' supervisory boards
**er war Vorsitzender des Aufsichtsrats von ABC**
he chaired / was chairman of the supervisory board of ABC
**die neue Struktur wurde bei der heutigen Sitzung in Frankfurt vom Aufsichtsrat des Unternehmens genehmigt**
the new structure was approved by the company's Supervisory Board at today's meeting in Frankfurt
**das Abkommen / Vorhaben muss noch von den jeweiligen Aufsichtsräten genehmigt werden**
the deal is subject to approval by the respective supervisory boards

**Aufsichtsratsvorsitzende** *m/f* supervisory board chief; chairwoman of the supervisory board; chairman of the supervisory board

**aufspalten** *v* split (split, split)
**ABC in zwei selbstständige**

**Unternehmen aufspalten** to split ABC into two separate firms
**Aufspaltung** *f* break-up
**die vorgeschlagene Aufspaltung des Softwaregiganten**
the proposed break-up of the software giant
**aufstrebende Märkte** emerging markets
**Auftrag** *m* contract; order
**sie bestachen ausländische Firmen, um Aufträge zu erhalten**
they paid bribes to foreign firms to win contracts
**ABC erteilte BCD einen Auftrag in Höhe von 100 Mio. $ zur Modernisierung seiner Raffinerie**
ABC awarded BCD a $100 million contract to modernize its refinery
**ABC erhielt im Jahre 20... Aufträge im Wert von 2,4 Milliarden $**
ABC received orders of $2.4 billion in 20...
**der Auftrag im Wert von 6 Milliarden $ wird zwischen 2003 und 2009 ausgeliefert werden**
the $6 billion order will be delivered in the period 2003-09
**der Verlust dieser und zukünftiger Aufträge**
the loss of these and any future orders
**es wird erwartet, dass die Aufträge für neue Flugzeuge sehr schnell zurückgehen werden**
orders for new aircraft are expected to fall rapidly
**Auftragsabwicklung** *f* order processing
**Auftragsbestand** *m* order book; order backlog; backlog of orders; total orders
**der Auftragsbestand von ABC umfasst derzeit 255 Festbestellungen**
ABC's order book currently stands at 255 firm purchases
**der Auftragsbestand ist so hoch wie nie zuvor**
order books are now at record levels
**der Auftragsbestand belief sich Ende 20... auf 2,0 Mrd. $**
the backlog of orders at year-end 20... was $2.0 billion
**der Auftragsbestand war im Quartal 30% höher**
total orders for the quarter were up more than 30 percent
**Auftragsbuch** *n* order book
**die Auftragsbücher von ABC sind prall gefüllt**
ABC's order books are bulging
**Auftragseinbruch** *m* rapid decline in orders
**es besteht die Gefahr weiterer Auftragseinbrüche**
there is a danger of further rapid declines in orders
**Auftragseingang** *m* orders received
**der Auftragseingang von ABC betrug im Jahre 2000 4,3 Milliarden Dollar**
orders received by ABC in 2000 were $4.3 billion
**Auftragsrückgang** *m* decline in orders
**es besteht die Gefahr weiterer starker Auftragsrückgänge**
there is a danger of further rapid declines in orders
**Auftragsüberhang** *m* backlog of unfilled orders
**der Auftragsüberhang am Jahresende 20... betrug 2,4 Mrd. Dollar**
the backlog of unfilled orders at year-end 20... was $2.4 billion
**Aufwärtstrend** *m* upward trend
**ein steiler Aufwärtstrend**
a steep upward trend
**der Aufwärtstrend der Nachfrage hält an / die Nachfrage hat ihren Aufwärtstrend fortgesetzt**
demand continued its upward trend
**Ausbau** *m* development; buildout
**der Ausbau der Wasserkraft in Labrador sorgt schon seit langem für Irritationen zwischen den beiden Provinzen**
hydroelectric development in Labrador has long been a source of friction between the two provinces
**der massive Ausbau der Telekommunikations-Netze in den vergangenen Jahren**
the massive buildout of telecommunications networks during the past few years
**Ausbildung** *f* training
**wir bieten unseren Mitarbeitern die Ausbildung und Werkzeuge, die sie benötigen**
we provide our employees with the training and the tools they need
**Ausbildung war noch nie so wichtig**
training is more important than ever before
**Ausbildungskosten** *pl* costs to train personnel

**Ausblick** *m* outlook
  **mittelfristiger Ausblick**
  medium-term outlook
  **der noch günstige wirtschaftliche Ausblick**
  the still-favourable economic outlook
  **der Ausblick wird von Tag zu Tag schlechter**
  the outlook is worsening by the day

**Auseinandersetzung** *f* battle
  **sie ergreifen Partei für ABC in der Auseinandersetzung des Unternehmens mit dem Justizministerium**
  they take ABC's side in the firm's battle with the Justice Department
  **die Auseinandersetzung der EU mit Amerika über Bananen und die Verwendung von Hormonen in der Rinderzucht**
  the EU's battle with America over bananas and beef hormones
  **ABC hat eine langwierige Auseinandersetzung mit seinen Gläubigern beendet**
  ABC ended a protracted battle with its creditors

**außerordentliche Hauptversammlung** extraordinary general meeting
  **im Rahmen / bei einer außerordentlichen Hauptversammlung stimmten die Aktionäre einer Kapitalerhöhung zu**
  at an extraordinary general meeting, the shareholders approved a capital increase

**außerordentliche Sitzung**
  extraordinary meeting

**Ausfuhr** *f* export
  **die Niederlande und Belgien haben Transport und Ausfuhr von Schafen und Ziegen verboten**
  the Netherlands and Belgium banned the export and transportation of sheep and goats
  **Taiwans Ausfuhren gingen in dem im September endenden Jahr um 43% zurück**
  Taiwan's exports fell by 43% in the year to September

**Ausfuhrverbot** *n* ban on exports; export ban
  **das Ausfuhrverbot für Vieh und Fleisch verlängern**
  to extend the ban on exports of livestock and meat

**Ausgabenkürzung** *f* spending cut; spending cutback
  **die Zustimmung zu neuen Steuern und Ausgabenkürzungen erhalten**
  to get approval for new taxes and spending cuts
  **er wird die versprochenen Ausgabenkürzungen durchführen / durchsetzen**
  he will make / push through the spending cuts he promised

**ausgegebene Aktien** outstanding shares
  **ABC ist im Besitz von etwa 76 Prozent der ausgegebenen Aktien**
  ABC owns about 76 percent of the outstanding shares
  **das Unternehmen erwarb alle ausgegebenen Aktien von ABC für ca. 800 Mio. $**
  the company acquired all outstanding shares of ABC for approximately $800 million
  **die Gesamtzahl der ausgegebenen Aktien mit dem aktuellen Aktienkurs multiplizieren**
  to multiply the total number of outstanding shares by the market price per share

**ausgeglichener Haushalt** budget balance
  **das Ziel eines ausgeglichenen Haushalts längerfristig gefährden**
  to jeopardise the goal of budget balance over the longer term

**Ausgleichsforderung** *f* compensation
  **Ausgleichsforderungen für entgangenen Handel erheben**
  to demand compensation for lost trade

**ausgliedern** *v* spin off (spun, spun)
  **vergangenes Jahr hat das Unternehmen seine IT-Sparte ausgegliedert**
  last year, the company spun off its IT arm

**Ausgliederung** *f* spin-off; spin off; spinoff; demerger
  **die Ausgliederung der Automobilsparte war am 30. September 20... beendet**
  the automotive spin off was completed on Sept. 30, 20...
  **das Unternehmen will nun ernst machen mit der Ausgliederung / Abspaltung seiner Mikroelektronik-Sparte**
  the company plans to go ahead with a spinoff of its microelectronics division

**Ausgründung** *f* spin-off; spin off; spinoff
**auslagern** *v* outsource
   **das Unternehmen wird die gesamte Handy-Produktion auslagern**
   the company will outsource all of its cell-phone production
**ausländische Beteiligung** foreign stake
**Auslandsbeteiligung** *f* foreign stake
   **Bestimmungen, die Auslandsbeteiligungen auf 49% begrenzen, lockern**
   to loosen regulations limiting foreign stakes to 49%
**Auslandsgespräch** *n* international call
**Auslandskapital** *n* foreign capital
   **der Zustrom von Auslandskapital könnte nicht ausreichen, um die Defizite auszugleichen**
   inflows of foreign capital might not be big enough to finance the deficits
   **das Auslandskapital wanderte ab**
   foreign capital took flight
**Auslandsnachfrage** *f* foreign demand
   **die nachlassende Auslandsnachfrage**
   the weakening of foreign demand
**Auslandsschuld** *f* foreign debt
   **das Land benötigt Devisen, um seine Auslandsschulden bedienen zu können**
   the country needs foreign exchange to service its foreign debt
**Auslastung** *f* capacity
   **die Auslastung des Werks betrug im zweiten Quartal 100 Prozent**
   the plant ran at 100 percent of capacity in the second quarter
**Ausscheiden** *n* retirement
   **er hat sein Ausscheiden aus ABC verschoben, um die Fusion durchzuführen**
   he postponed his retirement from ABC in order to carry through the merger
**Außerdienststellung** *f* withdrawal from service
   **die Außerdienststellung einiger Schiffe aus Sicherheitsgründen**
   the withdrawal of some vessels from service on safety grounds
**außergerichtliche Einigung** out-of-court settlement
   **auf eine großzügige außergerichtliche Einigung hoffen**
   to hope for large out-of-court settlements
**außergerichtlicher Vergleich** out-of-court settlement
**ausländischer Investor** foreign investor
   **die ausländischen Investoren kommen aus zwanzig Ländern**
   the foreign investors are from 20 countries
**Auslandsinvestition** *f* foreign investment
   **Auslandsinvestitionen anlocken**
   to lure foreign investment
**Ausschüttung** *f* pay-out
   **die jährliche Ausschüttung um mehr als ein Drittel kürzen**
   to cut the annual pay-out by more than one-third
**Aussichten** *fpl* prospects; outlook
   **an dieser Konferenz wollen wir demonstrieren, wie gut die Aussichten für die Biomasse in Großbritannien sind**
   at this conference, we intend to demonstrate the significant prospects for biomass in the UK
   **die Aussichten für die Biomasse-verstromung sind gut**
   prospects are looking good for biomass power generation
   **die Aussichten für den IT-Bereich sind gut**
   prospects for the IT sector appear bright
   **schlechte Aussichten für die Weltkonjunktur**
   poor prospects for the world economy
   **die kurzfristigen Aussichten für die Wirtschaft sind trübe**
   the short-term outlook for the economy is bleak
**Aussteller** *m* exhibitor
   **die Zahl der Aussteller war um ca. 10% höher**
   the number of exhibitors was up about 10 percent
   **Taiwan führt mit 594 Ständen die Zahl der ausländischen Aussteller an**
   among non-German exhibitors, Taiwan leads with 594 stands
   **Aussteller aus 58 Ländern**
   exhibitors from 58 countries
**Ausstellungsfläche** *f* exhibit space; display space
   **Ausstellungsfläche für 153 Dollar pro Quadratmeter mieten**
   to rent exhibit space at $153 a

# Ausstellungsfläche 24

square meter
**der Ausstellung / Messe ging die Ausstellungsfläche aus**
the exhibition ran out of display space

**Ausstoß von Treibhausgasen**
greenhouse-gas emissions

**Auswirkung** *f* impact
**die Auswirkungen eines Konjunkturrückganges in Amerika auf europäische Firmen**
the impact of an American downturn on European firms

**Autoabsatz** *m* car sales
**nach internen Schätzungen wird der Autoabsatz dieses Jahr in Italien wahrscheinlich um 8 Prozent zurückgehen**
internal estimates point to an 8 per cent fall in Italian car sales this year

**Autoanalyst** *m* car analyst; automotive analyst
**Autoanalyst bei einer internationalen Bank**
car analyst at an international bank

**Autoausstellung** *f* auto show

**Autobauer** *m* car maker; carmaker; automaker
**die Banken versuchen, den Autobauer an einen ausländischen Investor zu verkaufen**
the banks are trying to sell the carmaker to a foreign investor

**Auto-Bereich** *m* automotive business

**Autoelektroniksparte** *f* automotive electronics division
**der Autobauer hat seine Autoelektroniksparte an A&B verkauft**
the carmaker has sold its automotive electronics division to A&B

**Autofirma** *f* car company; auto firm

**Auto-Geschäft** *n* automotive business

**Autohersteller** *m* car maker; car company; automaker; car manufacturer
**ABC ist der fünftgrößte Autohersteller der Welt**
ABC is the world's fifth-largest car maker
**der Zusammenbruch des Autoherstellers hat das Land geschockt**
the collapse of the car company has shocked the country
**der weltweit größte Autohersteller**
the world's largest automaker
**die Zahl der großen Automobilhersteller ist auf sechs geschrumpft**
the number of big car makers has shrunk to six

**Autoindustrie** *f* car industry; automotive industry
**ein Beben ging am Dienstag durch die Autoindustrie**
a tremor passed through the car industry on Tuesday

**Autokonjunktur** *f* auto market
**das Unternehmen litt unter der schwachen amerikanischen Autokonjunktur**
the company was buffeted by a slowing U.S. auto market
**Umsatzrückgang aufgrund der schwächer als erwarteten Autokonjunktur**
decline in sales due to the weaker-than-expected auto market

**Autokonzern** *m* auto group; car group; automotive group
**der viertgrößte Autokonzern der Welt**
the world's fourth-largest auto group

**Automarkt** *m* auto market; car market
**der Automarkt schrumpfte insgesamt um 5,7%**
the overall auto market shrunk 5.7 percent
**auf dem amerikanischen Automarkt aktiv werden**
to enter the American car market

**automatisieren** *v* automate
**Prozesse in Fabriken und Anlagen auf der ganzen Welt automatisieren**
to automate processes in factories and plants around the world

**Automatisierung** *f* automation
**warum sind die EVU nicht zu einer umfassenden Automatisierung ihrer Netze übergegangen**
why have utilities not leaped into wide-scale automation of their systems
**die wirtschaftlichen Vorteile der Automatisierung feststellen / ermitteln**
to determine the economic benefits of automation
**Automatisierung sollte durchgeführt werden, um die Produktivität eines Betriebes zu verbessern**
automation should be implemented to enhance the productivity of an operation

**Automatisierungsgrad** *m* degree of automation; level of automation

**das Flugzeug muss einen hohen Automatisierungsgrad aufweisen**
the aircraft will need a high degree of automation
**wir wollen die Fabrik mit einem höheren Automatisierungsgrad ausstatten**
we want to bring a higher level of automation to the factory

**Automatisierungssystem** *n* automation system
**industrielles Automatisierungssystem**
industrial automation system

**Automatisierungstechnik** *f* automation
**industrielle Automatisierungstechnik**
industrial automation

**Automesse** *f* auto show

**Automobil-Analyst** *m* automotive analyst
**nach Meinung vieler Automobil-Analysten**
according to many automotive analysts
**Graham Miller, Automobil-Analyst bei der Firma ABC**
Graham Miller, automotive analyst with ABC

**Automobilausstellung** *f* auto show; motor show
**auf der Automobilausstellung nächste Woche wird A&B ein Konzeptfahrzeug vorstellen**
at next week's motor show A&B will unveil a concept vehicle

**Automobilgigant** *m* auto giant; car giant; automotive giant
**zwei Automobilgiganten haben eine fünfjährige Zusammenarbeit vereinbart**
two automotive giants have entered into a five-year collaboration

**Automobilhersteller** *m* automotive company; automotive manufacturer; automobile manufacturer; motor vehicle manufacturer
**viele der führenden Automobilhersteller der Welt verwenden unsere Hard- und Software**
many of the world's leading automotive manufacturers use our hardware and software

**Automobilindustrie** *f* automotive industry; automobile industry
**vorübergehender Personalabbau in der Automobilindustrie**
temporary layoffs in the automobile industry **ohne sich negativ auf die amerikanische Automobilindustrie auszuwirken**
without negatively impacting the U.S. automotive industry

**Automobilkonzern** *m* automotive group

**Automobilmarkt** *m* automobile market

**Automobilmesse** *f* auto show

**Automobilproduktion** *f* automotive manufacturing

**Automobilriese** *m* automotive giant
**er war entschlossen, ABC zu einem globalen Automobilriesen zu entwickeln**
he had been determined to turn ABC into a global automotive giant

**Automobilunternehmen** *n*; **Automobil-Unternehmen** *n*
automotive company

**Autoproduktion** *f* car production
**die Entscheidung, die Autoproduktion in ABCs Werk in Luton einzustellen**
the decision to end car production at ABC's plant at Luton

**Autoradio** *n* car radio

**Autoradio-Hersteller** *m* car radio manufacturer
**A&B fing als Autoradio-Hersteller an**
A&B got its start as a car radio manufacturer

**Autoriese** *m* car giant
**der amerikanische Autoriese lässt sich zu keinen überstürzten Aktionen hinreißen**
the American car giant is refusing to be rushed into a deal

**Auto-Sparte** *f* automotive business

**Autoteile** *npl* car parts

**Autoteilegeschäft** *n* car-parts business
**den Grundstein für ein starkes Autoteilegeschäft legen**
to lay the foundations for a strong car-parts business

**Autoteilesparte** *f* automotive components business; car-parts business
**ABC gab bekannt, es werde seine Autoteilesparte verselbstständigen**
ABC announced that it would spin off its automotive components business

**Autoteilezulieferer** *m*; **Autoteile-Zulieferer** *m* car-parts manufacturer; auto parts maker

**Autovermieter** *m* car-rental company
**Autozuliefersparte** *f* automotive components business

# B

**Bahnbetreiber** *m* train operator
**Bahntechnik-Sparte** *f* train equipment unit; railway equipment division
**Balanceakt** *m* balancing act
**die EU steht vor einem schwierigen / heiklen Balanceakt**
the EU faces a delicate balancing act
**Bananenstreit** *m* banana dispute; banana-trade dispute; row over bananas
**Bananenkrieg** *m* banana war
**Bankenanalyst** *m* bank analyst
**Bankenaufsicht** *f* banking regulator; banking regulatory authority
**ein Sprecher der Bankenaufsicht lehnte am Montag einen Kommentar ab**
a spokesman for the banking regulator on Monday declined to comment
**der Vertrag muss noch von der Bankenaufsicht genehmigt werden**
the deal is still subject to approval from the banking regulatory authorities
**Bankenkrise** *f* banking crisis
**eine Bankenkrise brachte das Land an den Rand eines Finanzcrashs / des finanziellen Ruins**
a banking crisis brought the country to the verge of financial meltdown
**Bankkonto** *n* bank account
**Bankkonzern** *m* banking group
**der Bankkonzern wird den Versicherer A&B erwerben**
the banking group will acquire the insurer A&B
**Bankkredit** *m* bank loan; bank borrowings, loans from banks
**A&B finanzierte den Kauf mit einem Mix aus privaten Geldern und Bankkrediten**
A&B funded the purchase with a mix of private money and bank loans
**die Anlage ist ohne Inanspruchnahme von Bankkrediten finanziert worden**
the plant has been financed without resource to bank loans
**einen beträchtlichen Teil des Kaufpreises über Bankkredite finanzieren**
to finance a substantial portion of the purchase price through bank borrowings
**die Unternehmen können nicht mehr mit relativ billigen Bankkrediten rechnen**
companies can no longer rely on relatively cheap loans from banks
**Bankriese** *m* banking giant
**bankrottbedroht** *adj* troubled
**Bannerwerbung** *f* banner advertising
**Bardividende** *f* cash dividend
**das Unternehmen will in näherer Zukunft keine Bardividende ausschütten**
the company does not anticipate paying any cash dividends in the immediate future
**Bardividenden-Zahlung** *f* cash dividend payment
**A&B wird die Bardividenden-Zahlung an seine Aktionäre kürzen**
A&B will slash its cash dividend payment to shareholders
**Barrel** *n* barrel
**das Versprechen der OPEC, die Ölförderung um 500.000 Barrel pro Tag zu erhöhen**
OPEC's promise to increase output by 500,000 barrels a day
**den Preis für das Barrel Öl auf 22 bis 28 Dollar halten**
to keep oil at $22-28 a barrel
**Barzahler** *m* customer paying cash
**Basischemikalie** *f* basic chemical
**für die Herstellung zahlreicher Basischemikalien werden sehr große Mengen an Gleichstrom benötigt**
very large amounts of DC power are used for the production of numerous basic chemicals
**Basispunkt** *m* basis point
**die Zinssätze um 50 Basispunkte senken**
to cut interest rates by 50 basis points
**Basisstation** *f* base station
**die Basisstation hat eine viel geringere Reichweite**
the base station has a much shorter range

**Batterieleistung** *f* battery power
**der Chip soll viel weniger Batterieleistung benötigen als das vergleichbare Produkt von ABC**
the chip is designed to use far less battery power than its ABC equivalent

**Bau** *m* construction
**im März hat A&B den Bau einer Anlage im Wert von 2 Mrd. Dollar ausgesetzt**
in March A&B suspended construction of a $2 billion facility

**Bauantrag** *m* permit application
**die Zahl der Bauanträge geht ebenfalls zurück**
permit applications are falling off too

**Bauarbeiter** *m* construction worker
**mehr als die Hälfte aller Bauarbeiter von Quebec waren an diesen Baustellen beschäftigt**
more than half of all Québec construction workers were employed at these sites

**Baubereich** *m* building sector

**Baubranche** *f* building sector

**Baugenehmigung** *f* building permit
**die Zahl der Baugenehmigungen ist ebenfalls rückläufig**
building permits are also falling

**Bauindustrie** *f* building and construction industries; construction industry; building industry

**Baukonjunktur** *f* construction market
**starke Verschlechterung / starker Rückgang der deutschen Baukonjunktur**
a steep downturn in the German construction market

**Baukonzern** *m* construction group; building group
**A&B ist Frankreichs führender Baukonzern**
A&B is France's leading construction group
**der Baukonzern meldete im Jahre 20... Konkurs an**
the construction group filed for bankruptcy in 20...

**Baukosten** *pl* construction costs
**ABC sind Baukosten in Höhe von ca. 16,0 Mio. $ entstanden**
ABC has incurred approximately $16.0 million in construction costs

**Bausparkasse** *f* building society

**Baustoffe** *mpl* construction materials

**Bautätigkeit** *f* construction activity

**Bauunternehmen** *n* construction firm; builder; construction company; construction concern; building contractor; contractor
**die Bauunternehmen werden für eine schnelle Durchführung der Arbeiten hohe Preise verlangen können**
construction firms will be able to charge premium prices for doing things quickly
**diese Baumarktkette zählt sowohl Bauunternehmen als auch Heimwerker zu ihren Kunden**
this chain of stores serves both building contractors and the DIY market
**die Bauunternehmen rechnen in den kommenden Monaten mit einem Rückgang der Nachfrage nach Eigenheimen**
construction companies see demand for new homes dropping in the months ahead

**Bauunternehmer** *m* building contractor

**Bauwirtschaft** *f* building industry

**Beamtenstatus** *m* civil service status
**auf Grund seines Beamtenstatus kann er nicht entlassen werden**
his civil service status means he cannot be fired

**Bedienerfreundlichkeit** *f* user friendliness

**Bedienfreundlichkeit** *f* user friendliness

**Bedienung der Schulden** debt-servicing

**bedrohtes Unternehmen** *(feindliche Übernahme)* target company

**Bedürfnis** *n* need
**unsere Produkte befriedigen die heutigen und zukünftigen Bedürfnisse unserer Kunden**
our products meet the present and future needs of our customers
**diese Lösungen sind genau auf Ihre Bedürfnisse zugeschnitttten**
these solutions are exactly suited to your needs

**Befragung** *f* survey
**die kürzlich von A&B veröffentlichten Ergebnisse einer internationalen Befragung**

the results of an international survey issued recently by A&B

**Begeisterung** *f* enthusiasm
**die Pläne des Unternehmens stießen bei den Anlegern auf wenig Begeisterung**
the company's plans were met with little enthusiasm by investors

**begriffen: im Steigen begriffen sein** to be on an upward trend
**overall output is on an upward trend**
die Gesamtproduktion / der Gesamtausstoß ist im Steigen begriffen

**beherrschende Stellung** dominant position; dominance
**der größte Einwand ist der, dass A&B schon eine beherrschende Stellung auf dem Markt für Flugzeugtriebwerke einnehme**
the biggest objection is that A&B already has a dominant position in the market for aircraft engines
**der fusionierte Konzern könnte seine Vormachtstellung dazu benutzen, Konkurrenten aus dem Markt zu drängen**
the merged group might use its dominance to force a rival out of the market

**Behörde** *f* agency
**die Behörde machte einen Fehler nach dem anderen**
the agency made one mistake after another
**diese Behörde kümmert sich um / unterstützt Kleinunternehmen**
this U.S. agency nurtures small businesses

**Beihilfe** *f* subsidy
**die drei Länder wünschen niedrigere Zölle und die Abschaffung von Ausfuhrbeihilfen**
the three countries want lower tariffs and an end to export subsidies

**Beinahe-Pleite** *f* near-collapse
**die Beinahe-Pleite des Konzerns im Juli hat viele geschockt**
the near-collapse of the group in July shocked many

**Beitragseinnahmen** *fpl* income from insurance premiums
**die Belebung des Geschäfts mit Lebensversicherungen führte zu einer Erhöhung der Beitragseinnahmen**
the upswing in the life insurance market buoyed income from insurance premiums

**Beitritt** *m* accession
**der Beitritt des Landes zur Welthandelsorganisation**
the country's accession to the WTO

**Belebung der Nachfrage (nach)** pick-up in demand (for)
**Anzeichen einer Belebung der Nachfrage nach Halbleitern**
signs of a pick-up in demand for semiconductors

**Belegschaft** *f* work force; workforce; labor *(AE)* / labour *(BE)* force
**ABC baute 145 Arbeitsplätze ab, das sind 23 Prozent der Belegschaft, um die Kosten zu senken**
ABC eliminated 145 jobs, or 23 percent of its work force, to cut costs
**ABC kündigte an, das Unternehmen werde seine Belegschaft um 15% reduzieren**
ABC announced that it would cut its workforce by 15%
**A&B hat seine Belegschaft um 30% reduziert**
A&B has trimmed its work force by 30%
**die Belegschaft von A&B wird insgesamt um 35.000 schrumpfen**
A&B's workforce will contract by 35,000 in total

**Benutzerfreundlichkeit** *f* user friendliness
**neue Technologie integrieren, ohne Abstriche bei der Benutzerfreundlichkeit zu machen**
to integrate new technology without compromising user-friendliness

**Benzin** *n* gasoline *(AE)*; petrol *(BE)*
**das neue Auto kann auch mit Benzin betrieben werden**
the new car is designed to also run on gasoline
**die Steuern, die in Amerika auf Benzin erhoben werden**
the taxes that are imposed on gasoline in the United States
**wie hoch sollte Benzin besteuert werden**
how much should petrol be taxed

**Benzinfresser** *m* gas-guzzling car *(AE)*; gas-guzzler *(AE)*
**der Treibstoff für ihre Benzinfresser ist teuer**
they pay high prices to fill up their gas-guzzling cars
**dies ist eine gute Nachricht für die**

**Benzinfresser**
this is good news for gas-guzzlers
**Benzinmotor** *m* gasoline engine *(AE)*
**Benzinpreis** *m* gasoline price *(AE)*; petrol price *(BE)*
**laut diesem Bericht sollen die Benzinpreise diesen Sommer unter das Vorjahresniveau fallen**
the report suggests that summer gasoline prices will fall from last year's levels
**die Benzinpreise an den Zapfsäulen sind um 3,8% gefallen**
gasoline prices at the pump fell 3.8 percent
**ein starker Anstieg der Benzinpreise**
a sharp rise in gasoline prices
**sinkende Benzin- und Ölpreise**
a drop in petrol and oil prices
**die britischen Autofahrer protestieren / demonstrieren gegen die hohen Benzinpreise**
British motorists are campaigning against high petrol prices
**schnell ansteigende Benzin- und Strompreise tragen in keiner Weise zur Verbesserung der Stimmung bei den Verbrauchern bei**
rapidly rising petrol and electricity prices are hardly boosting consumers' spirits
**Benzinsteuer** *f* gasoline tax *(AE)*; tax on gasoline *(AE)*; petrol tax *(BE)*; tax on petrol *(BE)*
**in Amerika ist die Benzinsteuer viel niedriger**
in America, taxes on gasoline are much lower
**die Höhe der Benzinsteuer ist weltweit in den einzelnen Industrieländern ganz unterschiedlich**
the tax on petrol varies widely around the developed world
**die Benzinsteuer in den USA beträgt zurzeit 40 Cent pro US-Gallone**
America's gasoline tax is currently about 40 cents an American gallon
**extrem hohe Benzinsteuern**
excessive petrol taxes
**Benzintank** *m* gasoline tank *(AE)*
**Beobachter** *m* observer
**Beobachter meinen, er sei die treibende Kraft hinter ABCs Erfolg**
observers believe he is the driving force behind ABC's success
**nur wenige Beobachter erwarten schon bald eine Wende**
few observers expect a turn-round soon
**Berater** *m* consultant
**er ist leitender Berater bei A&B**
he is a senior consultant at A&B
**Beraterfirma** *f* consulting firm; advisory firm
**Beratungsdienst** *m* business consulting services division
**A&B hat einen Beratungsdienst gegründet**
A&B has launched a business consulting services division
**Beratungsfirma** *f* consultancy
**eine Beratungsfirma betreiben**
to operate a consultancy
**A&B ist eine Beratungsfirma mit Sitz in New York**
A&B is a consultancy based in New York
**Beratungsleistung** *f* consulting service
**ABC bietet die modernsten technischen Beratungsleistungen im Energiesektor**
ABC offers the most up-to-date technical consulting services available in the energy industry
**Beratungssparte** *f* business consulting services division
**Bereich** *m* division; business
**Bereich Glasfasernetze**
optical networking business
**bereinigen** *v*: **sich bereinigen**
experience a shakeout
**der Markt für Windenergie bereinigt sich derzeit**
the wind industry is experiencing a shakeout
**Bereinigung** *f* shakeout; shake-out
**die Analysten sagen eine umfassende Bereinigung des Weltmarktes für Halbleiter voraus**
analysts forecast a severe shakeout in the global semiconductor industry
**dem Handymarkt droht eine Bereinigung**
a shakeout is looming in the mobile-phone business
**Bereinigungsprozess** *m* shakeout; shake-out (siehe **Bereinigung**)
**Bergbau** *m* mining; mining industry
**Bergbaugesellschaft** *f* mining company
**Bergleute** *pl* miners
**Berg von Schulden** mountain of debt

**Bericht** *m* report
**A&B hat jüngste Berichte zurückgewiesen, laut denen das Unternehmen bis zu 10.000 Stellen streichen wolle**
A&B has recently denied reports that it may cut as many as 10,000 jobs

**Berichtsjahr** *n* year under review
**der Aufsichtsrat tagte zweimal im Berichtsjahr**
the supervisory board met twice in the year under review

**Berufsberater** *m* career consultant

**Berufsberatung** *f* careers advice

**Berufsleben** *n* career
**er hat sein gesamtes Berufsleben bei ABC verbracht**
he has spent his entire career at ABC

**berufstätig** *adj* wage-earning
**berufstätige Jugendliche**
wage-earning young people

**Berufsziel** *n* career ambition
**die Trendwende bei den Berufszielen der Studenten**
the about-face in students' career ambitions

**Berufung einlegen** appeal against
**A&B hat Berufung gegen einen Urteilsspruch eingelegt, der die Aufspaltung des Unternehmens in zwei Teile fordert**
A&B appealed against a judgment ordering it to be split in two

**Berufungsgericht** *n* appeals court
**das Berufungsgericht hat die Aufspaltung des Unternehmens zurückgewiesen**
the appeals court rejected the break-up of the company

**Beschäftigte** *m/f* employee
**A&B wird 10.000 Beschäftigte, ca. 18% der Belegschaft, entlassen**
A&B will lay off 10,000 employees, around 18% of the workforce

**Beschäftigtenzahl** *f* payroll
**Anstieg der Beschäftigtenzahl außerhalb der Landwirtschaft um 66.000**
a 66,000 rise in non-farm payrolls
**in einer Rezession sinkt die Beschäftigtenzahl meistens schon im ersten Monat des Abschwungs**
in a recession, payrolls almost always start declining in the first month of the downturn

**Beschäftigung** *f* employment
**es hat noch nie eine Rezession ohne Rückgang der Beschäftigung gegeben**
no recession has ever occurred without employment contracting

**Beschäftigungswachstum** *n* employment growth
**nur bei Beibehaltung der Lohnzurückhaltung ist Beschäftigungswachstum möglich**
a continuation of wage moderation is crucial to foster employment growth

**Beschwerde** *f* complaint
**die Europäische Union hat bei der Welthandelsorganisation eine formelle Beschwerde eingereicht**
the European Union has filed a formal complaint with the World Trade Organisation

**besorgniserregend** *adj* worrying
**die Verschuldung hat dadurch schon ein besorgniserregendes Niveau / Ausmaß erreicht**
this has already increased debts to worrying levels

**Besprechung** *f* meeting
**die Besprechung begann um 17 Uhr und dauert noch an**
the meeting started at 5 p.m. and is still going on

**besser dastehen** be better-off
**die meisten großen Fluggesellschaften stehen finanziell besser da als A&B**
most major carriers are better-off financially than A&B

**bestellen** *v* order
**die Fluggesellschaft bestellte am Donnerstag 100 Flugzeuge bei A&B**
the airline ordered 100 aircraft from A&B on Thursday

**Bestellung** *f* order
**im Jahre 20... erreichten die Bestellungen Rekordniveau**
orders surged to a record level in 20...

**Besteuerungsgrundlage** *f* tax base
**für die Steuerbelastung ist die Festlegung der Besteuerungsgrundlage maßgebend**
the tax burden depends on the definition of the tax base

**Besucher** *m* attendee
**das Treffen lockte über 150 Besucher aus der ganzen Welt an**
the meeting in Paris drew over 150 worldwide attendees
**an der Ausstellung nahmen mehr als 1900 Aussteller und 100.000 Besucher**

**aus über 110 Ländern teil**
the show hosted more than 1,900 exhibitors and 100,000 attendees from over 110 countries

**Besucherzahl** *f* attendance
**die Veranstalter der Messe gehen von einem nur geringfügigen Rückgang der Besucherzahl aus**
fair organizers expect little decline in attendance

**beteiligen** *v*: **sich beteiligen an** take a stake in
**der Autohersteller wird sich mit 15 Prozent an seinem französischen Partner beteiligen**
the carmaker will take a 15 percent stake in its French partner

**Beteiligung** *f* stake
**mehr als 1 Mrd. Euro für die 40-Prozent-Beteiligung des Medienkonzerns an A&B bezahlen**
to pay more than €1bn for the media group's 40 per cent stake in A&B

**Beteiligungsgesellschaft** *f* investment company

**Betrieb** *m* business; operations
**die amerikanischen Fluggesellschaften nahmen den Betrieb wieder auf**
America's airlines resumed business
**die Fluggesellschaft konnte nicht sagen, wann der (Flug)Betrieb wieder aufgenommen werden würde**
the carrier said it could not say when it might resume operations

**Betriebsergebnis** *n* operating result; results of operations; financial results; operating profits
**Schwankungen der vierteljährlichen Betriebsergebnisse**
fluctuations in quarterly operating results
**wir sind sehr zufrieden mit dem Betriebsergebnis für das vierte Quartal und das gesamte Jahr**
we are very pleased with our fourth quarter and full year financial results
**vierteljährliche Schwankungen des Betriebsergebnisses**
quarterly fluctuations in results of operations

**Betriebsergebnis vor Zinsen, Steuern und Abschreibungen** (siehe **Ergebnis vor Zinsen, Steuern und Abschreibungen**)

**Betriebsgewinn** *m* operating profit
**im Jahre 2000 erhöhte sich der Betriebsgewinn um 16%**
in 2000, operating profit rose 16 percent
**es wird erwartet, dass der Konzern seinen Betriebsgewinn um 35% steigern konnte**
the group is expected to report a 35 per cent increase in operating profit

**Betriebskosten** *pl* operational costs; operating expenses
**ABC führte das schlechte Ergebnis auf die immens gestiegenen Betriebskosten zurück**
ABC attributed the poor result to huge rises in operational costs
**nach Fertigstellung des Gebäudes rechnet das Unternehmen mit zusätzlichen vierteljährlichen Betriebskosten in Höhe von 1,5 Mio. $**
upon completion of the new building the company anticipates additional quarterly operating expenses of $1.5 million

**Betriebsrente** *f* retiree benefit
**die Unternehmen haben die Betriebsrenten nicht nur gesenkt, um Geld zu sparen**
companies have reduced their retiree benefits not only to save money

**Betriebssystem** *n* operating system
**das Steuerungssystem nutzt alle Vorteile des neuen Betriebssystems**
the control system takes full advantage of the power of the new operating system
**es ist in erster Linie ein Betriebssystem für Server**
it is primarily an operating system for servers

**Betriebsverlust** *m* operating loss
**die Betriebsverluste betrugen 112 Mio. Dollar**
operating losses totalled $112m
**der Konzern verzeichnete einen geringeren Betriebsverlust**
the group had a smaller operating loss
**die Sparte verzeichnete vor einem Jahr einen Betriebsverlust von 102 Mio. $**
the segment recorded an operating loss of $102 million a year ago

**Betriebswirtschaft** *f*: **Studierende(r) der Betriebswirtschaft**
business-school student

**Betriebswirtschaftstudent** *m*
business-school student

**Betriebszugehörigkeit** *f*: **Dauer der Betriebszugehörigkeit** seniority
**in seinem Unternehmen war die**

**Betriebsrente abhängig von der Höhe des Gehalts und der Dauer der Betriebszugehörigkeit**
his company linked pensions to pay and seniority

**bewegtes Bild** animated image
**die Übertragung bewegter Bilder**
the transmission of animated images

**Bezahlfernsehen** *n* pay-television
**das digitale Bezahlfernsehen bietet einige wirklich erstklassige Programme**
digital pay-television offers some genuinely first-rate programming

**beziehen** *v* source
**wir beziehen die meisten Teile und Baugruppen von kalifornischen Zulieferern**
we source most parts and subassemblies from California suppliers

**Beziehung** *f* tie
**das Unternehmen hatte enge Beziehungen zum Präsidenten**
the company has nurtured close ties to the president

**Biertrinker** *m* beer drinker

**Bieter** *m* bidder
**die Bieter sind bereit, Summen in Höhe der erwarteten Gewinne zu zahlen**
bidders are prepared to pay a sum equal to the future profits that they expect to receive
**die Bieter können selbst am besten entscheiden, wie viel die Lizenzen wert sind**
bidders themselves are the best judges of what the licences are worth

**Bieterverfahren** *n* bidding
**die Bank gewann das Bieterverfahren um den Energiehandel von A&B**
the bank won the bidding to buy a big part of A&B's energy trading operation

**Bilanz** *f* balance sheet
**die Unternehmen mussten in den vergangenen 18 Monaten eine massive Verschlechterung ihrer einst so positiven Bilanzen erleben**
companies have seen a massive deterioration in their once-strong balance sheets over the past 18 months
**viele Firmen haben einfach ihre Bücher frisiert, damit ihre Bilanzen besser aussehen**
many companies have simply cooked the books in order to make their balance sheets look better
**unsere Bilanz ist solider als die der amerikanischen Fluggesellschaften**
we've got a stronger balance sheet than the American airlines

**Bilanztrick** *m* accounting trick

**Bilanztrickserei** *f* accounting trickery
**bei der Bestimmung der Aktiva und Passiva kommt es oft zu Bilanztrickserei**
there is often a lot of accounting trickery that goes into determining Assets and Liabilities

**Billigflieger** *m* low-fare carrier; low-cost airline; low-fare airline; low-cost carrier; low-cost flyer
**mittlerweile nutzen kleinere Firmen die Vorteile der Billigflieger im großen Stil**
meanwhile, smaller businesses have been taking full advantage of low-cost flyers

**Billigflug** *m* low-fare flight; budget flight

**Billigfluganbieter** *m* low-fare carrier; low-cost carrier

**Billigfluggesellschaft** *f* low-fare carrier; low-cost carrier; budget carrier
**den Billigfluggesellschaften geht es gut**
low-fare carriers are prospering

**Billigfluglinie** *f* low-cost airline; low-fare carrier; low-fare airline; budget airline; no-frills airline
**eine weitere Billigfluglinie ging vor einem Jahr konkurs, nachdem sie zu schnell expandiert hatte**
another low-cost airline went bust a year ago after expanding too fast
**die Billigfluglinien wachsen jedes Jahr um 25%**
low-fare airlines are growing by 25% a year
**A&B ist Europas zweitgrößte Billigfluglinie**
A&B is Europe's second-biggest low-cost airline
**eine Billigfluglinie gründen**
to set up / start a low-cost airline
**sich gegen die wachsende Konkurrenz der Billigfluglinien zur Wehr setzen**
to fend off the growing competition from budget airlines
**seit dem Aufkommen der Billigfluglinien**
since the advent of the low-cost airlines

**Billighersteller** *m* low-cost producer
**ein Großteil des Stahls stammt von Billigherstellern**
much of the steel comes from low-cost producers

**Billiglohnland** *n* low-cost country
**der Wettbewerbsdruck durch Anlagen in Billiglohnländern wird bleiben**
the competitive pressures from plants in low-cost countries will not go away

**binden an** *v (Währung)* peg to
**im Verhältnis eins zu eins an den amerikanischen Dollar gebunden / gekoppelt sein**
to be pegged at par with the greenback

**Bindung** *f* peg
**die Eins-zu-eins-Bindung des Peso an den US-Dollar aufgeben**
to sever the peso's one-to-one peg to the U.S. dollar

**Binnenmarkt** *m* single market
**der Binnenmarkt ist eine großartige Sache**
the single market is a fine thing
**europäischer Binnenmarkt**
Europe's single market

**Binnennachfrage** *f* domestic demand
**die Binnennachfrage ausweiten**
to expand domestic demand

**Binnenwährung** *f* single currency
**Griechenland ist als 12. Land der Binnenwährung beigetreten**
Greece became the 12th country to adopt the single currency

**Biochip** *m* biochip

**Biogas** *n* biogas
**mit dem Biogas wird eine kleine Gasturbine betrieben**
the biogas is fired in a small gas turbine
**Biogas aus tierischen Abfällen**
biogas from animal waste

**biologisch abbaubar** biodegradable
**biologisch abbaubare Produkte können ohne Gefahren für die Umwelt in unschädliche Bestandteile zerlegt werden**
biodegradable products are capable of being decomposed into harmless elements without danger to the environment
**biologisch abbaubare Abfälle produzieren**
to produce biodegradable waste

**Biomassenutzung** *f* biomass use
**Biomassenutzung in Entwicklungsländern**
biomass use in developing countries

**Biomasse-Rohstoff** *m* biomass feedstock
**der Vorteil ist, dass fast jede Art von Biomasse-Rohstoff, wie Holz, Rinde usw., eingesetzt werden kann**
there is the advantage of being able to use almost any type of biomass feedstock such as wood, bark, etc.

**Biotechfirma** *f* biotech firm; biotech business
**A&B ist eine Partnerschaft mit einer Biotechfirma eingegangen**
A&B has partnered with another biotech firm
**eine Allianz zwischen einem Pharmaunternehmen und einer kleinen Biotechfirma**
an alliance between a drug company and a small biotech firm
**die größten Biotechfirmen haben heute die Größe und Profitabilität mittelgroßer Pharmaunternehmen**
the biggest biotech firms now have the size and profitability of mid-sized pharmaceutical companies
**große Pharmaunternehmen tun sich mit kleinen Biotech-Firmen zusammen**
big pharmaceutical companies link up with small biotech businesses

**Biotechnik** *f* biotechnology; biotech; bioengineering
**vor dem zweiten Weltkrieg war die Biotechnik praktisch unbekannt**
before World War II the field of bioengineering was essentially unknown

**Biotechnologie** *f* biotechnology; biotech

**Biotechnologiefirma** *f* biotechnology firm

**Biotechnologie-Unternehmen** *n*; **Biotechnologieunternehmen** *n* biotechnology firm; biotechnology company
**ABC ist ein kalifornisches Biotechnologieunternehmen, das sich mit ... beschäftigt**
ABC is a California-based biotechnology company engaged in ...
**Biotechnologie-Unternehmen können nicht von vornherein auf die Unterstützung durch die Öffentlichkeit zählen**
biotechnology companies certainly can't afford to take public support for granted
**worin besteht nun der Unterschied**

**Biotechnologie-Unternehmen** 34

**zwischen einem großen Biotechnologieunternehmen und einem kleinen Pharma-Hersteller**
so what makes a big biotechnology company different from a small pharmaceutical firm

**Biotech-Unternehmen** *n* biotech company
**zwei weitere amerikanische Biotech-Unternehmen, die aus der Genomik kommen, beschäftigen sich schon mit der Entwicklung von Arzneimitteln**
two other American biotech companies with roots in genomics, have already moved into drug development

**BIP** (siehe **Bruttoinlandsprodukt**)

**blauer Brief** *(Stabilitätspakt)* early warning letter
**die umstrittene Versendung von blauen Briefen an Deutschland und Portugal**
the controversial dispatch of early warning letters to Germany and Portugal

**Blue-Chip-Barometer** *n* blue chip measure
**das Blue-Chip-Barometer stieg um 300 Punkte**
the blue chip measure rose 300 points

**Blue-Chip-Index Dow Jones** *m*; **Blue Chips-Index Dow Jones** *m*
blue-chip Dow Jones industrials; blue-chip Dow Jones industrial average
**der Blue Chips-Index Dow Jones fiel um 265,44 Punkte**
the blue-chip Dow Jones industrials fell 265.44 points
**der Blue-Chip-Index Dow Jones schloss 0,3% höher**
the blue-chip Dow Jones industrial average was up 0.3 percent

**Blue Chips** *mpl* blue-chip shares

**Boden** *m* (1) *(Produktionsfaktor)* land
**Boden, Arbeit und Kapital**
land, labor and capital

**Boden** *m* (2) ground
**A&B versucht verzweifelt, Boden gut zu machen**
A&B is struggling to regain ground

**Bonität** *f* credit rating
**viele Bewerber / Antragsteller werden aufgrund mangelnder Bonität zurückgewiesen / abgelehnt**
many applicants are rejected because of poor credit ratings
**A&B stufte die Bonität des Unternehmens herab**
A&B lowered the company's credit ratings

**Bonitätsbeurteilung** *f* credit evaluation
**die folgenden Angaben sind zur Bonitätsbeurteilung erforderlich**
the following information is required for credit evaluation

**Bonitätseinstufung** *f* credit rating
**Reduzierung der Bonitätseinstufung**
credit rating downgrade

**boomen** *v* boom
**Inflation und Zinssätze fielen letztes Jahr so stark, dass es zu einem Wirtschaftsboom kam / dass die Wirtschaft boomte**
inflation and interest rates fell so sharply last year that the economy boomed

**Börse** *f* (1) stock exchange; exchange; stock market; bourse; stockexchange
**Börsenmakler machen Stimmung gegen Bestrebungen, die eine Fusionierung der beiden Börsen zum Ziel haben**
stock brokers are campaigning against moves to merge the two stock exchanges
**die Londoner Börse hat ein feindliches Übernahmeangebot erfolgreich abgewehrt**
the London Stock Exchange has succeeded in fending off an unwelcome takeover bid
**aber dies wird die Konsolidierung der internationalen Börsen nicht lange aufhalten**
but this will not halt for long the consolidation of the world's stock exchanges
**Frankfurter Börse**
Frankfurt stock exchange
**Telekomwerte notierten mehrheitlich fester an den europäischen Börsen**
telecom shares were mostly higher on European exchanges
**ein hochrangiger politischer Berater sagte, die Zustände an der Börse seien schlimmer als in einem Kasino**
a senior policy adviser described the bourse as worse than a casino
**während eines Besuchs der New Yorker Börse**
during a visit to the New York Stock Exchange

**Börse** *f* (2): **an die Börse bringen / gehen** float; take to market; go public; list

**nur einige wenige Jungunternehmer sind bis jetzt mit ihren Unternehmen an die Börse gegangen**
only a handful of youthful entrepreneurs have so far floated their firms

**das Unternehmen wird wahrscheinlich irgendwann nächstes Jahr an die Börse gehen**
the company will probably be floated some time next year

**das neue Unternehmen wird wahrscheinlich innerhalb eines Jahres an die Börse gehen**
the new firm will probably float within a year

**200 oder mehr Firmen könnten dieses Jahr den Gang an die Börse wagen**
200 or more firms could go public this year

**der Konzern gab bekannt, dass ABC in der ersten Jahreshälfte an die Börse gebracht werde**
the group said ABC would be floated in the first half of the year

**der geplante Börsengang der Firma scheiterte**
the company's plans to go public fell through

**er wollte A&B von Anfang an an die Börse bringen**
he has wanted to take A&B to market from the start

**wir werden A&B dieses Jahr an die Börse bringen**
we will list A&B this year

**Börsenanalyst** *m* stock analyst

**Börsenaufsicht** *f* stock market regulator; financial market regulator

**er forderte die Börsenaufsicht auf, den Fall zu untersuchen**
he called on stock market regulators to investigate the case

**Börsenbarometer** *n* stock gauge
**wichtige Börsenbarometer fielen um 15% letzte Woche**
major stock gauges sank about 15 percent last week

**Börsenbeobachter** *m* stock analyst

**Börsenblase** *f* stockmarket bubble
**eine weitere Nebenwirkung der Börsenblase**
another side-effect of the stockmarket bubble
**die jüngste Börsenblase**
the recent stockmarket bubble

**Börseneinführung** *f* stock exchange listing

**Entwicklung des ABC-Aktienkurses seit der Börseneinführung**
development of ABC's share price since the stock exchange listing

**Börsengang** *m* initial public offering (IPO); floatation; flotation; market debut; listing

**Börsengänge sind in den USA wieder in Mode gekommen**
initial public offerings are back in fashion in America

**die Zahl der Börsengänge erreicht einen Umfang, wie es zuletzt 20... der Fall war**
IPO volumes are approaching levels last seen in 20...

**ABC gab weitere Einzelheiten über den bevorstehenden Börsengang bekannt**
ABC gave further details of its forthcoming IPO

**das Unternehmen sagte, es werde den Börsengang von ABC verschieben**
the company said it would delay the planned floatation of ABC

**am Vorabend des Börsengangs von ABC**
on the eve of ABC's market debut

**der geplante Börsengang des Erzkonkurrenten A&B im Jahre 20...**
the planned listing of arch-rival A&B in 20...

**wir werden nicht der letzte Finanzmarkt sein, der an die Börse geht**
we won't be the last exchange making an IPO

**die Bank hatte den 25. September als Datum für den geplanten Börsengang festgesetzt**
the bank had targeted September 25 as the date for its planned listing

**börsennotiert** *adj* listed
**Europas größtes börsennotiertes Energieversorgungsunternehmen**
Europe's largest listed utility

**Börsenschluss** *m* close of business
**zum / bei Börsenschluss am 5. März 20...**
at the close of business on March 5, 20... / by the close of trading on March 25, 20...

**Börsenwert** *m* stockmarket value
**früher hatten die Eisenbahnunternehmen den höchsten Börsenwert**
formerly it was railroad firms that had the largest stockmarket value

**Branchenanalyst** *m* analyst; observer; industry analyst
**Branchenanalysten stimmen darin überein, dass ...**
industry analysts agree that ...
**nach Meinung von Branchenanalysten**
according to industry analysts
**einige Branchenanalysten befürchten, dass ...**
some industry analysts are concerned that ...

**Branchenbeobachter** *m* analyst; observer
**viele Branchenbeobachter erwarten fallende Rohölpreise**
many analysts expect crude oil prices to fall
**das Ausmaß des zusätzlichen Wettbewerbs beunruhigt einige Branchenbeobachter**
the extent of new competition worries some analysts

**Branchenexperte** *m* analyst; observer; industry analyst

**Branchenführer** *m* industry leadership; industry leader
**wir wollen ABC wieder zum Branchenführer machen**
we plan to return ABC to industry leadership

**Branchenkenner** *m* analyst; industry analyst
**Branchenkenner sagen voraus, dass ...**
industry analysts predict that ...

**Branchenprimus** *m* industry leader

**Branchenverband** *m* industry association

**Brauer** *m* brewer; beer maker
**ABC wird der zweitgrößte Brauer der Welt**
ABC will become the world's second-largest brewer

**Brauerei** *f* brewer(y); beer maker

**Brauereianteil** *m* brewing interest; beer interest
**das Unternehmen will die Brauereianteile von ABC kaufen**
the company is to buy the brewing interests of ABC
**die Brauereianteile der britischen Firma ABC erwerben**
to acquire the beer interests of Britain's ABC

**Braunkohle** *f* brown coal
**mit Braunkohle befeuerte Anlagen haben einen Wirkungsgrad von 29%**
plants fired by brown coal have an efficiency of 29%
**Braunkohle entsteht aus Torf**
brown coal forms from peat

**Braunkohlekraftwerk** *n* lignite-fired plant; lignite-burning powerplant; lignite plant; lignite-generating unit
**ABC ist ein drei Blöcke umfassendes Braunkohlekraftwerk (Gesamtleistung 1900 MW)**
ABC is a three-unit (1900 MW total) lignite-fired plant
**im Jahre 1968 begannen wir mit dem Bau von Braunkohlekraftwerken**
in 1968, we began construction of lignite-generating units
**das erste unserer modernen Braunkohlekraftwerke bewies, dass sich mit diesem Brennstoff große Mengen elektrischer Energie wirtschaftlich herstellen lassen**
the first of our modern lignite plants proved large amounts of electricity could be generated economically using this fuel

**Breakeven** *m* break-even
**A&B wird dieses Jahr den Breakeven erreichen**
A&B will achieve a break-even this year

**Breitbanddienst** *m* broadband service

**Breitband-Technologie** *f* broadband technology
**anderen Wettbewerbern den Zugang zu dieser neuen Breitband-Technologie verwehren**
to deny competitors access to this new broadband technology

**Breitband-Zugang** *m*; **Breitbandzugang** *m* broadband access
**die Installationskosten sind das wahre Hinderniss für einen breit gestreuten Breitband-Zugang**
the real barrier to widespread broadband access is the cost of installation

**Brennholz** *n* firewood
**besorgte Kalifornier begannen sich mit Kerzen, Generatoren und Feuerholz zu versorgen / einzudecken**
apprehensive Californians stocked up on candles, generators and firewood

**Brennstab** *m* fuel rod

**Brennstoff** *m* fuel
**fossile Brennstoffe**
fossil fuels

**Brennstoffelement** *n* fuel element
  **abgebrannte Brennstoffelemente**
  spent fuel elements
**Brennstoffzelle** *f* fuel cell
  **das Unternehmen ist auf die Herstellung und den Vertrieb von Brennstoffzellen spezialisiert**
  the company's principal focus is the manufacture and marketing of fuel cells
  **Brennstoffzellen erzeugen elektrischen Strom und als Nebenprodukte Wärme und Wasser**
  fuel cells generate electricity and the by-products heat and water
  **mit Brennstoffzellen angetriebene Elektrofahrzeuge**
  electric vehicles powered by fuel cells
**Brennstoffzellenanwendung** *f* fuel cell application
**Brennstoffzellenfahrzeug** *n* fuel cell vehicle; fuel cell-powered vehicle
  **alle großen Autohersteller experimentieren mit Brennstoffzellenfahrzeugen**
  all the big car makers are experimenting with fuel-cell vehicles
  **eine Brennstoffinfrastruktur für Brennstoffzellenfahrzeuge schaffen**
  to develop a fuel infrastructure for fuel cell-powered vehicles
**Brennstoffzellensparte** *f* fuel cell business unit
  **ABC hat eine Brennstoffzellensparte gegründet**
  ABC has formed a fuel cell business unit
**Brennstoffzellen-Stack** *m* fuel cell stack
**Brennstoffzellenstapel** *m* fuel cell stack
**Brennstoffzellentechnik** *f* fuel cell technology
**Brennstoffzellen-Technologie** *f*; **Brennstoffzellentechnologie** *f* fuel cell technology
  **die Leistungsfähigkeit, Verfügbarkeit und Wirtschaftlichkeit der Brennstoffzellentechnologie verbessern**
  to improve the capabilities, availability and economic feasibility of fuel cell technology
**Brent** Brent
  **Rohöl der marktführenden Sorte Brent; Rohöl der marktführenden Nordseesorte Brent; Rohöl der Nordsee-Referenzsorte Brent**
  benchmark Brent crude
**Bruttogewinn** *m* gross profit

**Bruttoinlandprodukt** *n*; **Bruttoinlandsprodukt** *n* (BIP) gross domestic product (GDP)
  **alles hängt vom Wachstum des BIP im zweiten Quartal ab**
  everything depends on GDP growth in the April-June quarter
  **das holländische Bruttoinlandsprodukt stieg im gleichen Zeitraum um 4,2%**
  Dutch GDP rose by 4.2% over the same period
  **die Ölpreiserhöhung hat zu einer Verringerung des BIP um ca. 0,1% geführt**
  the increase in oil prices has cut GDP by about 0.1%
  **dieses Land exportiert nur 13% seines BIP**
  this country exports only 13% of its GDP
  **die Einfuhren machen lediglich 13% des BIP aus**
  imports account for a mere 13% of GDP
  **die jährliche Wachstumsrate des BIP betrug nur 1,4%**
  GDP grew by an annual rate of only 1.4%
  **das Wachstum des Bruttoinlandproduktes ist zurzeit von 5% auf 1,4% gesunken**
  actual GDP growth slowed from 5% to 1.4%
  **das Wachstum des amerikanischen BIP für das zweite Quartal wurde nach unten korrigiert**
  growth in America's GDP for the second quarter was revised down
  **zwei aufeinander folgende Quartale mit sinkendem BIP**
  two consecutive quarters of declining GDP
**Bruttolohn** *m* gross wage
**Bruttoprämieneinnahmen** *fpl* *(Versicherung)* gross premium volume
  **die Bruttoprämieneinnahmen des Konzerns stiegen im Jahre 2001 um 12%**
  the group's 2001 gross premium volume rose 12 per cent
**Bruttosozialprodukt** *n* (BSP) gross national product (GNP)
  **das Wachstum des Bruttosozialproduktes beträgt 8 Prozent**
  the gross national product is growing at a rate of 8 percent
  **die Landwirtschaft erwirtschaftet**

**nur 15% des Bruttosozialproduktes**
agriculture generates only 15 per cent of gross national product

**BSE** BSE
**die Rinder sind mit BSE infiziert**
the cattle is infected with BSE

**BSE-Krise** *f* mad cow crisis
**sich einer BSE-Krise gegenübersehen**
to face a mad cow crisis

**BSP** (siehe **Bruttosozialprodukt**)

**Buchprüfer** *m* auditor
**die Jahresabschlüsse amerikanischer Firmen müssen von einem unabhängigen Buchprüfer mit einem Prüfungsvermerk versehen werden**
financial statements filed annually by American companies must be certified by an independent auditor

**Bundesbehörde für Kommunikation: amerikanische Bundesbehörde für Kommunikation**
Federal Communications Commission (FCC)

**Bundeskartellamt** *n (GER)* Federal Cartel Office

**Bundesrechnungshof** *m (GER)* federal audit office

**Bündnis für Arbeit** *(GER)* Alliance for Jobs

**Bürogebäude** *n* office building
**ein 18-stöckiges Bürogebäude**
an 18-storey office building
**auch das energieeffizienteste Bürogebäude hat elektrische Betriebseinrichtungen**
even the most energy efficient office building has electrical services
**ABC will in unmittelbarer Nähe seiner Produktionsstätte in Austin ein Bürogebäude errichten**
ABC expects to complete an office building located next to its manufacturing facility in Austin

**bürokratischer Aufwand** red tape
**den bürokratischen Aufwand reduzieren / vermindern**
to cut red tape

**BWL-Student** *m* business-school student

**BWL-Studierende** *m/f* business-school student

# C

**Cashflow** *m* cash flow

**Champagner-Verkauf** *m* sales of champagne
**last year, sales of champagne slipped**
der Champagner-Verkauf war letztes Jahr eingebrochen

**Charterflieger** *m* charter airline

**Charterflug** *m* charter flight; charter
**billige Flugreisen gab es nur in Form von Charterflügen bei Pauschalreisen**
cheap air travel was restricted to charter flights in holiday packages
**noch immer sind ungefähr die Hälfte aller innereuropäischen Flüge Charterflüge**
charters still account for about half of all intra-European flights

**Charterfluggesellschaft** *f* charter airline
**Charterfluggesellschaften fliegen vielbesuchte Ferienziele von regionalen Flughäfen aus an**
charter airlines serve highly-frequented tourist destinations from regional airports

**Charterflugzeug** *n* charter plane
**Charterflugzeuge werden Touristen direkt von Europa nach Salavador fliegen**
charter planes will fly tourists directly from Europe to Salvador

**Chef** *m* head
**er ist Chef des größten deutschen Chemieunternehmens**
he is head of Germany's biggest chemicals company

**Chefetage** *f* executive suite; boardroom
**die Reduzierung der Lohnkosten hat auch weiterhin höchste Priorität auf den amerikanischen Chefetagen**
how to reduce labour costs remains top of the agenda in America's boardrooms

**Chefökonom** *m* chief economist
**der Chefökonom der Bank geht davon aus, dass die Einzelhandesumsätze im November und Dezember 6,5% über denen des Vorjahres liegen werden**
the bank's chief economist reckons that retail sales in November and December will be 6.5% higher than last year

**Chefvolkswirt** *m* chief economist; senior economist
**Chefvolkswirt der ABC Bank**
chief economist at ABC Bank
**Chefvolkswirt bei der A&B in New York**
senior economist at A&B in New York

**Chemiefaser** *f* man-made fibre
**die unterschiedlichen Chemiefasern werden entsprechend ihrem chemischen Aufbau klassifiziert**
the different man-made fibres are generally classified according to their chemical structure

**Chemieindustrie** *f* chemical industry
**die Chemieindustrie treibt die Entwicklung der Brennstoffzelle voran**
the chemical industry is driving the development of fuel cells

**Chemieriese** *m* chemicals giant
**der Chemieriese will sich auf sein Kerngeschäft konzentrieren**
the chemicals giant plans to concentrate on its core business

**Chemie- und Pharmaunternehmen** *n* chemicals and drugs company
**das deutsche Chemie- und Pharmaunternehmen warnte am Mittwoch, dass seine Erträge beträchtlich hinter früheren Schätzungen zurückbleiben werden**
the German chemicals and drugs company warned on Wednesday that its earnings would fall substantially short of previous estimates

**Chemieunternehmen** *n* chemical company; chemicals company
**was wird von einem Chemieunternehmen in der Zukunft verlangt / erwartet**
what will be demanded of a chemical company in the future
**ABC wollte vergangenes Jahr ganz heimlich das zweitgrößte Chemieunternehmen des Landes übernehmen**
ABC tried secretly last year to take over the country's second-biggest chemicals company

**Chip** *m* chip
**diese Woche kamen auch zwei neue Chips auf den Markt**
this week also saw the launch of two new chips
**ABC will in den kommenden zwei Jahren eine Milliarde Chips herstellen**
ABC plans to manufacture one billion chips over the next two years

**Chipabsatz** *m* chip sales
**der Chipabsatz wird sich dieses Jahr wahrscheinlich verlangsamen**
chip sales are expected to grow more slowly this year

**Chipbranche** *f* chip sector

**Chipfabrik** *f* chip factory
**eine typische Chipfabrik produziert mehr als 3 Mio. Liter Abwässer**
a typical chip factory produces more than 3m litres of effluent

**Chipgeschäft** *n* chip business

**Chipgigant** *m* chip-making giant
**der Chipgigant sieht sich in seiner Vormachtstellung immer stärker bedrängt**
challenges to the chip-making giant's dominance are mounting

**Chiphersteller** *m* chip maker; chipmaker
**der größte Chiphersteller der Welt**
the world's biggest chip maker
**ABC ist ein führender Chiphersteller**
ABC is a leading chipmaker
**die Stadt, in der der größte Chiphersteller Europas seinen Firmensitz hat**
the city where Europe's biggest chipmaker is based

**Chipsparte** *f* chip business
**äußerst profitable Chipsparte**
highly profitable chip business

**Chip-Werk** *n* chip plant; fab
**mit dem neuen Chip-Werk vertiefen die beiden Unternehmen ihre Beziehungen**
with new chip plant, the two companies deepen ties
**ABC eröffnete im Jahre 20... ein neues Chip-Werk**
ABC opened a new chip plant in 20...
**in dem neuen Chip-Werk sollen die allerneusten Mikroprozessoren hergestellt werden**
the new fab will produce advanced microprocessors
**die Kosten für Bau und Ausrüstung des Chip-Werks belaufen sich auf 1,3 Mrd. $**
the fab costs $1.3 billion to build and equip

**Computeranbieter** *m* computer vendor

**Computerchip** *m* computer chip
**die neusten Computerchips können beträchtlich mehr Informationen verarbeiten als ihre Vorgänger**
the latest computer chips process vastly more bits of information than earlier versions
**die nächste Generation schnellerer und noch leistungsfähigerer Computerchips**
the next generation of faster, more powerful computer chips

**Computerchip-Hersteller** *m* computer chip manufacturer / maker
**ABC ist der größte Computerchip-Hersteller der Welt**
ABC is the world's largest computer-chip maker

**Computerfestplatte** *f* computer hard disk

**computergestützte Entwicklung** Computer Aided Engineering

**Computerhersteller** *m* computer manufacturer; computer maker
**der Vorschlag führte auch zu Protesten seitens der Computerhersteller**
the proposal also evoked protests from computer makers
**der Computerhersteller gab bekannt, er werde ca. 5.000 Arbeitnehmer entlassen**
the computer maker announced that it would shed around 5,000 workers

**Computermesse** *f* computer show
**während eines Interviews auf der Computermesse**
during an interview at the computer show

**Computernetzausrüster** *m* computer networker

**Computerriese** *m* computer giant
**die Programmiersprache wurde von dem amerikanischen Computerriesen ABC entwickelt**
the programming language was developed by the American computer giant ABC
**Computerriesen tun sich mit Software-Startups zusammen**
computer giants link up with software start-ups

**Computervirus** *n/m* computer virus; virus
**früher wurden Computerviren über Disketten verbreitet**
computer viruses used to be spread by floppy disks

**Computerzeitalter** *n* computer age
**wir befinden uns nun im Computerzeitalter mit seinen Universal- und Spezialrechnern**
now we are in the computer age with its general-purpose computers and special-purpose computers

**Consulting-Firma** *f*; **Consulting-firma** *f* consulting concern; consulting firm

**Consulting-Konzern** *m* consulting group
**Consulting-Konzerne machen starken Gebrauch von Sprach- und Datendiensten**
consulting groups make heavy use of voice and data services
**A&B, ein Consulting-Konzern mit Sitz in Boston, sagte voraus, dass ...**
A&B, a consulting group based in Boston, predicted that ...

**Consulting-Unternehmen** *n*; **Consultingunternehmen** *n* consulting concern

# D

**Dachgesellschaft** *f* holding company
**die beiden Banken werden in einer Dachgesellschaft zusammengefasst**
the two banks will be combined under a single holding company

**danken für** *v* thank for
**ich möchte Ihnen danken für die vielen Jahre, in denen Sie unser Unternehmen unterstützt und ihm gedient haben**
I would like to thank you for your many years of support and service to our company

**Darlehen** *n* loan

**Daten** *pl* data
**Daten überwachen, verfolgen und erfassen**
to monitor, track and collect data

**Datenerfassung** *f* data acquisition
**Produkte höchster Qualität zur Datenerfassung**
highest quality products for data acquisition

**Echtzeit-Datenerfassung**
real-time data acquisition
**Datennetzwerk** *n* data network
**firmeninterne Datennetzwerke verwalten**
to manage corporate data networks
**Datenübertragungsgeschwindigkeit** *f* data transmission rate
**diese Technologie ermöglicht höhere Datenübertragungsgeschwindigkeiten**
this technology allows higher data transmission rates
**die Datenübertragungsgeschwindigkeit wird gewöhnlich in Bit pro Sekunde (bps) ausgedrückt**
data transmission rates are usually expressed in bits per second (bps)
**Datenübertragung über das Stromnetz** powerline communications
**Einführung in die Datenübertragung über das Stromnetz**
introduction to powerline communications
**Defekt** *m* malfunction
**ein Defekt in einem größeren Kraftwerk führte zu einer Zuspitzung der Lage**
the malfunction of a major electricity generator brought matters to a head
**Deflation** *f* deflation
**eine Deflation abwehren**
to fend off deflation
**der Deflation Einhalt gebieten**
to halt deflation
**Denkfabrik** *f* idea factory
**deregulieren** *v* deregulate
**dieser Industriezweig sollte (eigentlich) diesen Monat dereguliert werden**
this industry was supposed to be deregulated this month
**Deregulierung** *f* deregulation
**die Deregulierung stellt die EVU vor neue Herausforderungen**
deregulation poses fresh challenges to utilities
**die Deregulierung der amerikanischen Energiewirtschaft führt zu durchgreifenden Veränderungen im Bereich der Stromerzeugung, -übertragung und -verteilung**
deregulation of the U.S. electrical power industry is forcing major changes in power generation, transmission and distribution

**Desinvestition** *f* divestiture
**ABC gab auch bekannt, dass die geplante Desinvestition wie zuvor angekündigt vonstatten gehe**
ABC also announced that the planned divestiture is proceeding as previously announced
**Akquisitionen und Desinvestitionen**
acquisitions and desinvestures
**Desktop** *m* desktop PC
**Desktop-PC** *m* desktop PC
**Desktop-Rechner** *m* desktop PC
**Devisenhandel** *m* foreign-exchange trading
**der Devisenhandel zwischen den Banken erfolgt schon seit Jahren elektronisch**
foreign-exchange trading among banks has been electronic for many years
**Devisenhändler** *m* foreign-exchange trader
**Devisenkontrolle** *f* exchange control
**sicherstellen, dass die wenigen noch bestehenden Devisenkontrollen eingehalten werden**
to ensure that the few exchange controls that remain in place are respected
**Devisenkurs** *m* exchange rate
**die von mehreren Banken angebotenen Devisenkurse vergleichen**
to compare exchange rates offered by several banks
**Devisenkursschwankungen** *fpl*
foreign currency fluctuations; fluctuations in foreign currency exchange rates; fluctuations in currency rates
**das Unternehmen ist den mit Devisenkursschwankungen verbundenen Risiken ausgesetzt / das Unternehmen muss die mit Devisenkursschwankungen verbundenen Risiken tragen**
the company is subject to the risks associated with fluctuations in currency rates
**Devisenmarkt** *m* foreign-exchange market; foreign exchange market; currency market
**er war gegen eine Intervention Amerikas auf den Devisenmärkten**
he opposed American intervention in the currency markets
**sie griffen in die Devisenmärkte ein, um den Euro gegenüber dem Dollar zu stützen**
they intervened in the currency markets

to support the euro against the dollar
**angesichts der Größe des Devisenmarktes ist es jedoch unwahrscheinlich, dass ...**
given the vast size of the foreign-exchange market, however, it is unlikely that ...
**die anhaltende Schwäche des Euro an den internationalen Devisenbörsen**
the euro's persistent weakness on foreign exchange markets
**der Absturz des Euro an den internationalen Devisenmärkten im vergangenen Jahr**
the euro's steep fall last year on foreign exchange markets

**Devisenmarktintervention** *f* foreign-exchange market intervention

**Devisenreserven** *fpl* foreign reserves; foreign exchange reserves
**es bestand die Gefahr, dass die Devisenreserven der Zentralbank von weniger als 20 Mrd. Dollar aufgezehrt werden würden**
the central bank's foreign reserves of less than $20 billion were at risk of being depleted
**Ende August beliefen sich die Devisenreserven des Landes auf 150 Mrd. $**
at the end of August, the country's foreign exchange reserves totalled $150bn

**Devisenverlust** *m* foreign exchange loss
**im Jahre 20... erlitt das Unternehmen Netto-Devisenverluste in Höhe von 2,6 Mio. $**
the company experienced net foreign exchange losses of $2.6 million during 20...

**dezentrale Stromerzeugung** onsite power generation; distributed generation
**die Energiekrise bietet die einzigartige Gelegenheit zur Einführung der dezentralen Stromerzeugung als einer alternativen Möglichkeit der Energieversorgung**
the energy crisis provides a unique opportunity to establish distributed generation as an alternative source of electricity

**Diamantschleifer** *m* diamond polisher

**Dienstleister** *m* service provider

**Dienstleistungsbereich** *m* service sector; services sector; service-producing sector
**im Dienstleistungsbereich entstanden 97.000 neue Arbeitsplätze**
the service-producing sector added 97,000 jobs

**Dienstleistungsbranche** *f* services industry
**ABC ist eines der herausragendsten Unternehmen der schnell wachsenden Dienstleistungsbranche**
ABC is one of the most distinguished members of the rapidly growing services industry

**Dienstleistungsgewerkschaft** *f* services trade union

**Dienst nach Vorschrift** work-to-rule; go-slow
**nun machen die Piloten von A&B Dienst nach Vorschrfit**
now pilots at A&B are on a go-slow

**digitales Fernsehen** digital TV

**Digital-Satellit** *m* digital satellite

**Direktinvestition** *f* direct investment
**Direktinvestitionen in erneuerbare Energieträger**
direct investment in alternative renewable energy sources

**Direktmethanol-Brennstoffzellen-Technologie** *f* direct methanol fuel cell technology
**ABC ist auch aktiv an der Entwicklung der Direktmethanol-Brennstoffzellen-Technologie beteiligt**
ABC is also active in the development of direct methanol fuel cell technology

**Diskontsatz** *m* discount rate
**den weitgehend symbolischen Diskontsatz um 0,25 Prozentpunkte auf 5,5 Prozent senken**
to cut the largely symbolic discount rate by a quarter of a percentage point to 5.5 per cent

**Discountbroker** *m* discount broker

**Distributionsunternehmen** *n* distributor

**Dividende** *f* dividend
**wir haben nun schon im einundzwanzigsten Jahr in Folge die Dividende für unsere Aktionäre erhöht**
we increased our shareholder dividend for the twenty-first straight year
**das Unternehmen hat zum zweiten Mal innerhalb eines halben Jahres die Dividende gekürzt**

the company also cut / reduced its dividend for the second time in six months

**Dividendenerhöhung** *f* dividend increase

**Dividendenkürzung** *f* dividend cut; cut in dividend
**die erste Dividendenkürzung von A&B seit zehn Jahren**
A&B's first dividend cut in a decade

**Dollar** *m* dollar
**dem Dollar Auftrieb geben**
to give the dollar a lift
**starker Dollar**
strong dollar
**der Dollar hat am Freitag gegenüber dem Euro stark an Wert eingebüßt**
the dollar fell sharply against the euro on Friday
**der Dollar ist noch immer stärker als zu Jahresbeginn**
the dollar is still stronger than it was at the start of the year

**Dollarbindung** *f* peg to the dollar
**am ersten Handelstag nach elfjähriger Dollarbindung**
on the first day of trading after an 11-year peg to the U.S. dollar

**Dollarkurs** *m* exchange rate of the dollar; dollar exchange rate

**Dot-Com-Firma** *f*; **Dotcom-Firma** *f* dot-com; dotcom company
**die Aktienkurse von Dotcom-Firmen, die bisher noch nie einen Gewinn abgeworfen hatten, stiegen auf irrationale Höhen**
share prices in dotcom companies that had never turned in a profit rose to levels that made no sense

**Dow Jones** *m* Dow Jones
**der Dow Jones beendete das Jahr mit einem Verlust von 6,1 %**
the Dow Jones has ended the year down 6.1%
**der Dow Jones schloss unterhalb der Marke von 10.000 Punkten**
the Dow Jones Industrial Average closed below 10,000

**Dow Jones Index 30 führender Industriewerte** blue-chip Dow Jones industrials

**Dow Jones Industrial Average** *m* Dow Jones industrial average; Dow Jones Industrial Average
**der Dow Jones Industrial Average gab stark nach**
the Dow Jones Industrial Average fell sharply

**drahtlose Kommunikation**
wireless communications

**drahtloses Internet** wireless Internet
**das drahtlose Internet steckt noch in den Kinderschuhen**
the wireless Internet is still in its infancy

**Drahtseilakt** *m* balancing act
**eine erfolgreiche Reform wird sich als ein schwieriger Drahtseilakt erweisen**
successful reform will be a tricky balancing act

**Drehkreuz** *n* hub; hub airport
**viele der verkehrsreichen Drehkreuze umfliegen**
to by-pass many of the busy hub airports
**die Fluggesellschaften begannen mit Kurzstrecken-Zubringerdiensten zu den großen Drehkreuzen**
the airlines started running shorter feeder services into hubs

**Drehscheibe** *f* hub; flight hub
**die Bedeutung von Zürich als Drehscheibe für den Luftverkehr**
the importance of Zurich as a hub for air travel
**die Fluggesellschaft will einen früheren amerikanischen Stützpunkt zu ihrer neuen Drehscheibe in Europa machen**
the airline intends to make a former army base its new European flight hub

**dreistellig** *adj* triple-digit
**dreistellige Temperaturen**
triple-digit temperatures
**dreistelliger Verlust**
triple-digit loss

**Drei-Wochen-Hoch** *n* three-week high
**der Nikkei schloss mit einem Drei-Wochen-Hoch**
the Nikkei closed at a three-week high

**dritte Mobilfunkgeneration** third-generation mobile technology

**drittklassig** *adj* third-rate
**drittklassige amerikanische Filme**
third-rate American movies

**Drogeriekette** *f* drug-store chain

**drücken** *v* weigh on
**die Krise drückt das Ergebnis von A&B**
the crisis weighs on A&B's results

**Dünnschichttechnologie** *f* thin-film technology

**diese Dünnschichttechnologie zur Marktreife bringen**
to commercialize this thin-film technology
**Durchführbarkeitsstudie** *f* feasibility study (siehe auch **Machbarkeitsstudie**)
**DVD-Player** *m* DVD player
**DVD-Spieler** *m* DVD player

# E

**Ebit** (siehe **Ergebnis vor Steuern und Zinsen**)
**Ebitda** (siehe **Gewinn vor Steuern, Zinsen und Abschreibung**)
**E-Commerce** *m* e-commerce; electronic commerce
**Edelmarke** *f* ultra-luxury nameplate
**er erwarb die Edelmarken Bentley und Bugatti**
he acquired the ultra-luxury nameplates Bentley and Bugatti
**Edelstahlerzeugnis** *n* stainless steel product
**EDV-Ausstattung** *f* data processing equipment
**Eigenkapital** *n* equity; equity capital
**Eigenkapital wird vom Eigentümer bereitgestellt und genutzt, um einen Gewinn zu erzielen**
equity capital is supplied and used by its owner in the expectation that a profit will be earned
**der Eigentümer hat keinerlei Sicherheit, dass er das investierte Eigenkapital wieder zurückerhält**
the owner has no assurance that the equity capital invested will be recovered
**Eigentümerfamilie** *f* owner family
**die Aktien kamen nicht von der Eigentümerfamilie**
the shares did not come from the owner family
**Einbruch im Reiseverkehr** plunge in travel
**der Einbruch im Reiseverkehr belastete den Umsatz der Duty-Free-Läden stark**
the plunge in travel dug into sales at duty-free stores

**Einfuhrverbot** *n* import ban
**das Einfuhrverbot durchsetzen / umsetzen**
to enforce the import ban
**Einheitswährung** *f* single currency; common currency
**vor der Einführung der Einheitswährung**
before the common currency's introduction
**Einkaufslust** *f* love of shopping
**die Einkaufslust der Amerikaner dämpfen**
to dampen the American love of shopping
**Einkaufsmanagerindex für das Verarbeitende Gewerbe** *(USA)* ISM Manufacturing Index
**Einkaufstour** *f* acquisition spree; buying spree; spending spree; shopping spree
**das Unternehmen ging auf Einkaufstour und kaufte ABC Motors und eine Ölraffinerie**
the company went on an acquisition spree, buying ABC Motors and an oil refinery
**diese Einkaufstour ist in vielerlei Weise etwas ganz Neues**
this buying spree is innovative in several ways
**das Unternehmen sagte, es habe seine ein Jahr dauernde Einkaufstour beendet**
the company said that its year-long spending spree was over
**Einkaufszentrum** *n* shopping mall
**Einkaufszentren auf der grünen Wiese nach amerikanischem Vorbild / Muster**
American-style out-of-town shopping malls
**Einkommen** *n* earnings
**Menschen mit niedrigen bis mittleren Einkommen**
people on low to moderate earnings
**Einkommensteuer** *f* income tax
**Einkommensteuerreduzierung** *f* income-tax cut
**Einkommensteuersenkung** *f* income-tax cut
**Einmalaufwendungen für den Unternehmensumbau** one-time restructuring charge
**Einmaleffekt** *m* one-time effect
**Konzern-Betriebsgewinn ohne**

**Einmaleffekte**
group operating profit without one-time effects

**einmalige Aufwendung** one-time item; one-time charge

**einmaliger Gewinn** one-off gain
**ein einmaliger Gewinn in Höhe von 300 Mio. Euro durch den Verkauf einer fünfzigprozentigen Beteiligung an A&B**
a one-off gain of €300m on the sale of a 50 per cent stake in A&B

**einmalige Zahlung** one-off payment
**eine einmalige Zahlung an Haushalte mit geringen Einkommen**
a one-off payment to low-income households

**Einnahmen** *fpl* revenue
**die Einnahmen des Unternehmens bleiben hinter den Voraussagen zurück**
the company's revenues are trailing behind forecasts
**es wird erwartet, dass die Einnahmen im Jahre 2000 vier Milliarden Dollar übersteigen werden**
2000 revenues are expected to pass $4 billion
**die Einnahmen von ABC haben sich vervierfacht**
ABC's revenues have quadrupled

**Einnahmenssteigerung** *f* revenue increase
**eine Einnahmenssteigerung um 17%**
a 17% revenue increase

**Einnahmequelle** *f* source of revenue
**eine lukrative Einnahmequelle für Rechtsanwälte**
a lucrative source of income for lawyers
**die wichtigste Einnahmequelle des Unternehmens**
the company's primary source of revenues

**einpendeln** *v* settle
**es bestand eine große Ungewissheit über den Kurs, bei dem sich die Währung einpendeln würde**
there was enormous uncertainty about the level at which the currency would settle

**Einspeisepunkt** *m* (electricity) supply point
**der Standort der Pumpe befindet sich in einiger Entfernung vom nächsten Einspeisepunkt**
the pump site is some distance from an electricity supply point

**einstellen** *v* (1) take on; recruit
**er hat dieses Jahr zusätzlich 1000 Arbeiter eingestellt**
he has taken on 1,000 extra workers this year
**um unser Wachstum in der Zukunft zu sichern, müssen wir die besten und intelligentesten Mitarbeiter einstellen**
we must be successful in recruiting the best and brightest people to fuel our future growth

**einstellen** *v* (2): **zu viele Mitarbeiter / zu viel Personal einstellen**
overhire
**einige Firmen haben im vergangenen Jahr zu viele Mitarbeiter eingestellt**
some companies overhired last year

**einstellig** *adj* single-digit; single digits
**wir streben ein hohes Wachstum im einstelligen Bereich an**
our target is high single-digit growth
**einstelliger Zinssatz**
single-digit interest rate

**einstellig** *adj*: **im einstelligen Bereich** in the single digits
**Einkommenszuwächse im hohen einstelligen Bereich**
income growth in the high-single digits

**Einstellung** *f (von Personal)* hire
**die kleinen Unternehmen begannen damit, die Einstellungen und Investitionen vorzunehmen, die sie vergangenes Jahr verschoben hatten**
small firms began making the investments and hires that they put off last year

**einstweilige Verfügung** injunction
**die einstweilige Verfügung wurde von einem Gericht erster Instanz erlassen**
the injunction was issued by a court of first instance
**die Rechtsanwälte von A&B wollen die Aufhebung der einstweiligen Verfügung erwirken**
A&B's lawyers will try to have the injunction lifted

**einvernehmliche Lösung** amicable settlement; mutually acceptable solution
**A&B war bis jetzt nicht gewillt, eine einvernehmliche Lösung des Problems zu suchen**
A&B has so far shown no desire to seek an amicable settlement of the issue

**eine einvernehmliche Lösung erzielen / erreichen**
to reach a mutually acceptable solution

**Einzelaktionär** *m* single shareholder
  **ABC ist der größte Einzelaktionär**
  ABC is the largest single shareholder

**Einzelerfinder** *m* single inventor
  **der Verbrennungsmotor ist nicht das Werk eines Einzelerfinders / eines einzelnen / einzigen Erfinders**
  the internal-combustion engine cannot be attributed to any single inventor

**Einzelhandel** *m* retail business; retail sector; retailers
  **laut Voraussage wird sich die Leistung des Einzelhandels verbessern**
  performance of retail business is predicted to improve
  **der Einzelhandel wird auch jetzt Schwierigkeiten haben, Preiserhöhungen durchzusetzen**
  retailers will still find it hard to raise prices

**Einzelhandelskonzern** *m* retail group

**Einzelhandelsriese** *m* retailing giant
  **der Einzelhandelsriese gab bekannt, die Erträge vor Zinsen und Steuern seien um 11 Prozent gestiegen**
  the retailing giant said first-half earnings before interest and tax rose 11 percent

**Einzelhandelsumsatz** *m* retail sales
  **der Umsatz des deutschen Einzelhandels / der Einzelhandelsumsatz in Deutschland ging in dem am 1. Juni endenden Jahr um 1,3% zurück**
  German retail sales fell by 1.3% in the year to June
  **die Einzelhandelsumsätze stiegen im Januar um 0,7%**
  retail sales were up 0.7% in January

**Einzelhandelsunternehmen** *n* retailer

**Einzelhändler** *m* retailer

**Einzelheiten bekannt geben** specify
  **er gab keine Einzelheiten über den Zeitpunkt der Auslieferung der Rechner bekannt**
  he did not specify when the computers would be shipped

**elektrisches Signal** electrical signal
  **elektrische Signale messen und steuern**
  to measure and control electrical signals

**Elektrizität** *f* electricity
  **Kupfer leitet Elektrizität 40% schneller als Aluminium**
  copper conducts electricity 40 percent faster than aluminum

**Elektrizitäts-Notstand** *m* power emergency
  **am Donnerstag erlebte der Bundesstaat den ersten Elektrizitäts-Notstand in seiner Geschichte**
  on Thursday, the state faced its first-ever power emergency

**Elektrizitätswirtschaft** *f* electricity industry

**Elektrofilter** *n/m* electrostatic precipitator

**Elektrogeräte-Hersteller** *m* electrical-appliance maker

**Elektroherd** *m* electric range

**Elektroindustrie** *f* electrical industry; electrotechnical industry
  **es wird erwartet, dass das Großereignis der Elektroindustrie ca. 800 führende Persönlichkeiten der Industrie anlocken wird**
  the electrical industry's premier event is expected to attract about 800 of the industry's leading figures

**Elektromotor** *m* electric motor
  **ABC ist weltweit der größte Hersteller von Elektromotoren**
  ABC is the world's largest manufacturer of electric motors

**Elektronikhersteller** *m* electronics manufacturer

**Elektronikindustrie** *f* electronics industry

**Elektronik-Konzern** *m* electronics group

**Elektronikmarkt** *m* electronics market
  **das Unternehmen wird sich ausschließlich auf die globalen Elektronikmärkte konzentrieren**
  the company will focus entirely on serving global electronics markets

**Elektronikunternehmen** *n* electronics company
  **die Aktien der Elektronikunternehmen haben die Abwärtsentwicklung eingeleitet**
  shares of electronics companies have been leading the way down

**elektronischer Handel** e-commerce
  **die amerikanischen Unternehmen stoßen sehr viel schneller in den**

**elektronischen Handel vor**
American firms are pushing much more rapidly into e-commerce
**der elektronische Handel stellt extrem hohe Anforderungen an die Zuverlässigkeit der Rechneranlagen**
e-commerce puts huge demands on the reliability of computer systems

**elektronisches Vorschaltgerät** *n* electronic ballast

**Elektrotechnik** *f* electrical engineering
**unsere Mitarbeiter sind Hochschulabsolventen mit vierjährigen Studien auf dem Gebiet der Elektrotechnik**
our employees have four-year technical degrees in electrical engineering

**Elektrounternehmen** *n* electrical concern

**Embargo** *n* embargo
**er verlangte / forderte eine Verlängerung des Embargos für britische Produkte**
he called for an extension of the embargo on British products

**Emissionshandel** *m* emissions trading
**der Gipfel scheiterte hauptsächlich an der Frage des Emissionshandels**
the summit fell apart chiefly over the issue of emissions trading
**unbeschränkter Emissionshandel**
unfettered emissions trading

**Emissionsminderung** *f* emissions cut
**Emissionsminderungen sollten ebenfalls Bestandteil eines Abkommens sein**
emissions cuts should also be a part of any agreement

**Emissionsreduzierung** *f* emissions cut

**Endabnehmer** *m* end user

**Endverbraucher** *m* end user

**Energiebedarf** *m* energy requirements
**der weltweit wachsende Energiebedarf**
the increasing global energy requirements
**auch konnte im Verlauf der vergangenen zwei Jahre der Energiebedarf um 10% verringert werden**
it has also been possible to reduce energy requirements by 10% over the last two years

**Energieeffizienz** *f* energy efficiency
**die Energieeffizienz kann nicht auf andere Weise verbessert werden**
it is impossible to improve energy efficiency by other means
**die Energieeffizienz durch Verminderung der Verluste erhöhen**
to raise the energy efficiency by minimising losses

**Energieeinsatz** *m* energy input
**Vergleich des Energieeinsatzes bei getrennten und kombinierten Heiz- und Kraftwerken**
comparison between energy inputs to separate and combined heating and electric power generation systems
**mit besseren Wirkungsgraden können Energieeinsparungen von 20 bis 30% erreicht werden**
improved efficiency can achieve energy savings of 20 to 30 percent

**Energieengpass** *m* energy shortage
**Vorhandensein und Größe eines Energieengpasses feststellen**
to determine the existence and scope of an energy shortage

**Energieerzeuger** *m* energy generator

**Energiehandel** *m* energy trading business
**den Energiehandel übernehmen**
to take over the energy trading business

**Energiehändler** *m* energy trader
**Parlamentarier untersuchen den Zusammenbruch des Energiehändlers**
lawmakers are investigating the energy trader's collapse

**Energiehandelsunternehmen** *n* energy trading company; energy-trading firm

**Energieindustrie** *f* energy industry; power industry
**mehr als die Hälfte der britischen Energieindustrie ist in ausländischer Hand**
more than half the UK power industry is in foreign ownership

**Energieknappheit** *f* energy shortage
**Amerika ist mit der größten Energieknappheit konfrontiert seit dem Ölembargo in den siebziger Jahren**
America is facing its most serious energy shortage since the oil embargoes of the 1970s

**Energiekonzern** *m* energy group
**ABC wird einer der führenden**

**Energiekonzerne der Welt werden**
ABC will become one of the world's leading energy groups

**Energiekosten** *pl* energy costs
**in die Höhe schießende Energiekosten**
surging energy costs

**Energielieferant** *m* power supplier

**Energielobby** *f* energy interests
**er beugte sich dem Druck der Energielobby**
he caved in to pressure from energy interests

**Energiemangel** *m* lack of energy

**Energiemarkt** *m* energy market
**Europa sollte seine Energiemärkte schneller öffnen**
Europe should speed up the opening of its energy markets

**Energieminister** *m* energy minister

**Energiemix** *m* energy mix
**eine Änderung (der Zusammensetzung) des Energiemixes**
a change in the energy mix
**Wasserstoff wird zwangsläufig zum Energiemix der Zukunft gehören**
hydrogen will inevitably become part of the energy mix
**wir sollten etwas unternehmen, damit die erneuerbaren Energien zum Energiemix der Zukunft gehören**
we should take steps to ensure that renewable energy is a part of our future energy mix

**Energienachfrage** *f* energy demand; demand for energy
**energy demand is rising dramatically in Asia and Eastern Europe**
die Energienachfrage in Asien und Osteuropa steigt dramatisch
**alle Zeichen deuten darauf hin, dass die Energienachfrage auch weit in das 21. Jahrhundert hinein weiterhin steigen wird**
all the signs are that the world's demand for energy will continue to increase well into the 21st century

**energienahe Produkte und Leistungen** energy-related products and services
**ABC vermarktet Energie und energienahe Produkte und Leistungen**
ABC is a marketer of energy and energy-related products and services
**ABC bietet eine breite Palette energienaher Produkte und Leistungen**
ABC provides a comprehensive portfolio of energy-related products and services
**ABC bietet Ihnen eine Vielzahl energienaher Produkte und Leistungen**
ABC offers many energy-related products and services to you

**Energiepolitik** *f* energy policy
**eine durchgängige nationale Energiepolitik**
a comprehensive national energy policy
**einige Länder sind nicht in der Lage, eine geeignete Energiepolitik zu entwickeln**
some countries are not capable of formulating suitable energy policies

**Energieproblem** *n* energy problem
**Möglichkeiten zur Lösung der Energieprobleme erörtern**
to discuss ways to resolve the state's energy problems
**die Energieprobleme Amerikas in Angriff nehmen**
to tackle America's energy problems

**Energiequelle** *f* energy source
**die Deregulierung wirkt sich fördernd auf die Entwicklung potenziell billigerer Energiequellen aus**
deregulation is spurring the development of potentially cheaper alternative energy sources
**neue, sauberere und geeignetere Energiequellen für die Menschen auf der ganzen Welt entwickeln**
to develop new, cleaner and more convenient energy sources for people around the world

**Energieriese** *m* energy giant
**globale Energieriesen wie A&B und B&C unternehmen Ausflüge in den Bereich der erneuerbaren Energien**
global energy giants such as A&B and B&C have made forays into renewable energy
**der Zusammenbruch von Amerikas Energieriesen**
the collapse of America's energy giant

**Energietransport** *m* energy transmission
**diese Beobachtungen führen zu der Frage, ob ein Energietransport im großen Stil überhaupt notwendig ist**
these observations lead us to ask whether large-scale energy transmission is necessary at all

**Energieüberschuss** *m* energy surplus; surplus of power
**die Auswirkungen längerer Perioden**

mit Energieüberschüssen oder -mangel verringern
to reduce the impact of extended periods of energy surpluses or deficits
**wenn ein Energieüberschuss aus Kohle-, Öl- oder Gaskraftwerken besteht**
where there is a surplus of power available from coal, oil, or gas-fuelled stations

**Energieunternehmen** *n* energy utility
**die Rolle der Energieunternehmen bei der Förderung der Kraft-Wärme-Kopplung**
the role of energy utilities in promoting cogeneration

**Energieverbrauch** *m* energy consumption; consumption of energy
**den Energieverbrauch um mehr als 9% vermindern**
to reduce energy consumption by over 9%
**geringer Energieverbrauch**
low energy consumption
**den Energieverbauch auf ein Mindestmaß beschränken**
to minimize energy consumption
**geringerer Energieverbrauch**
reduced energy consumption
**den Energieverbrauch Amerikas begrenzen**
to limit America's consumption of energy

**Energieversorger** *m* utility; energy service provider; energy supplier; utility company
**ABC ist der zweitgrößte Energieversorger Deutschlands**
ABC is the second-largest German utility

**Energieversorgung** *f* energy supply; supply of energy
**ABC arbeitet an der Zukunft der Energieversorgung**
ABC is working on the future energy supply
**mit Amerikas Energieversorgung stimmt etwas nicht**
something is amiss with America's supply of energy

**Energieversorgungsunternehmen** *n* utility; energy service provider; utility company

**Energiewirtschaft** *f* power industry; energy industry; electric utility industry; power business
**Deregulierung der Energiewirtschaft**
deregulation of the energy industry
**die Energiewirtschaft steht beim Einsatz von Telekommunikationsprodukten gleich an zweiter Stelle hinter der Telekommunikationsindustrie**
the electric utility industry ranks second only to the communications industry itself in its use of telecommunications media
**A&B war einer der Pioniere bei der Deregulierung der amerikanischen Energiewirtschaft**
A&B pioneered deregulation of America's power business

**entlassen** *v* shed (shed, shed); dismiss
**im Rahmen der Umstrukturierung wird ABC 15 Prozent seiner 65000 Mitarbeiter umfassenden Belegschaft entlassen**
as part of the restructuring, ABC will shed 15 per cent of its 65,000-strong workforce
**A&B entlässt 24 Arbeitnehmer oder 10 Prozent seiner Belegschaft**
A&B is dismissing 24 employees, or 10 percent of its work force

**Entlassung** *f* departure
**außer den im vergangenen Jahr angekündigten 3.000 Entlassungen werden wohl noch mehr Stellen gestrichen werden**
more jobs will probably go on top of the 3,000 departures announced in the past year

**Entnahmepunkt** *m* point of consumption
**Brennstoffzellen sollen 100% des Strombedarfs eines Hauses oder eines kleinen Geschäftes am Entnahmepunkt abdecken**
fuel cells are designed to provide 100% of the electricity requirements of a home or small business at the point of consumption

**entschärfen** *v* defuse
**die Lage entschärfen**
to defuse the situation

**Entscheidung** *f* decision
**A&B hat die Entscheidung im Zusammenhang mit einem Chipwerk im Wert von 3,5 Mrd. Dollar verschoben**
A&B has put off a decision on a $3.5 billion chip plant

**Entscheidungsbefugnis** *f* decision making power
**die Entscheidungsbefugnisse in den**

# Entscheidungsbefugnis

Händen von ... konzentrieren
to concentrate decision making power in the hands of ...

**Entscheidungsfindung** *f* decision-making
**die neue Struktur wird die Entscheidungsfindung beschleunigen**
the new structure will accelerate decision-making

**Entscheidungsgremium** *n* decision-making body
**er hatte die Entscheidungsgremien über seinen Beschluss / seine Entscheidung informiert**
he had informed the decision-making bodies of his decision

**entschieden** decided
**die Angelegenheit ist noch lange nicht entschieden**
the issue is far from decided

**Entwertung** *f* depreciation
**zu einer deutlichen Entwertung der neuen Währung führen**
to lead to a sharp depreciation of the new currency

**Entwicklungshilfe** *f* development assistance
**Entwicklungshilfe führt zu Wirtschaftswachstum**
development assistance produces economic growth

**Entwicklungsland** *n* developing country

**Entwicklungszeit** *f* development time
**Einsparungen bei den Entwicklungszeiten und Hardwarekosten**
savings in development time and hardware costs
**ohne zusätzliche Entwicklungszeit**
without additional development time
**dieser Online-Service hilft, die Entwicklungszeiten und -kosten zu senken**
this online service helps to reduce development time and costs

**Erbschaftssteuer** *f* estate tax
**mit Hilfe von Lebensversicherungen die Erbschaftssteuer umgehen**
to use life insurance as a means to avoid estate tax

**Erdgas** *n* natural gas
**umweltfreundliche Kraftstoffe / Brennstoffe wie Propan und Erdgas**
clean gaseous fuels such as propane and natural gas
**ein Mangel an Erdgas zwang viele Kraftwerke auf Öl umzustellen**
a shortage of natural gas forced many power plants to oil
**einige Autos werden schon mit Erdgas betrieben**
some cars already run on natural gas

**Erdgaskunde** *m* natural gas customer

**Erdgasversorgung** *f* natural gas supply

**Erdgasvorrat** *m* natural gas supply
**ABC berichtete, dass die Erdgasvorräte der Vereinigten Staaten sich auf ... belaufen**
ABC reported that the U.S. natural gas supply is ...

**Erdöl** *n* petroleum
**der starke Dollar hat das Erdöl verteuert**
the strong dollar has made petroleum dearer

**Erdölförderung** *f* crude output
**die Erdölförderung um weitere 4% drosseln**
to cut crude output by a further 4%

**Erdölriese** *m* petroleum giant
**der Erdölriese versprach, den Ausstoß von Treibhausgasen um zwei Drittel zu vermindern**
the petroleum giant has promised to slash its emissions of greenhouse gases by two-thirds

**Erdölsorte Brent** Brent crude
**der Preis der Erdölsorte Brent stieg im vergangen Jahr stetig**
Brent crude rose steadily last year

**Erfahrung** *f* experience
**die Geschäftsführung von ABC bringt langjährige Industrieerfahrung mit**
ABC's management staff brings with it long-standing experience in the industry

**Erfinder** *m* inventor
**Smith ist bei weitem nicht der einzige Erfinder, der an Brennstoffzellen herumdoktert / herumspielt**
Smith is hardly the only inventor messing around with fuel cells
**die beiden Erfinder sind auf ihren jeweiligen Gebieten sehr bekannt / sind Kapazitäten auf ihren jeweiligen Gebieten**
the two inventors are well known in their respective fields

**Erfolgsbeteiligung** *f* success-sharing compensation

**Ergebnis je Aktie** earnings per share
**Ergebnis vor Steuern und Zinsen** (Ebit) earnings before interest and tax
**das Ergebnis vor Steuern und Zinsen des Unternehmens belief sich auf 141 Mio. $**
the company had earnings before interest and taxes of $141 million
**das Ergebnis vor Steuern und Zinsen des Unternehmensbereiches war in diesem Quartal um 7,5% höher und belief sich auf 120 Mio $**
earnings before interest and tax at the unit were up 7.5 per cent in the quarter to $120m
**das Ebit sank im ersten Halbjahr des Jahres 20... um 20% im Vergleich zum Vorjahr auf 600 Mio. $**
earnings before interest and taxes in the first half of 20... fell 20 per cent from last year to $600m

**Ergebnis vor Zinsen, Steuern und Abschreibungen** earnings before interest, tax, depreciation and amortization (EBITDA)
**das Ergebnis vor Zinsen, Steuern und Abschreibungen ist eine Maßzahl, die gerne von schnell wachsenden, aber stark verschuldeten Technologie-Unternehmen benutzt wird**
earnings before interest, taxes, depreciation and amortization is a measure often used by rapidly growing but heavily indebted technology concerns
**das Ergebnis vor Zinsen, Steuern und Abschreibungen stieg um 14% auf 2,5 Mrd. $ und blieb damit etwas hinter einigen Schätzungen zurück**
earnings before interest, taxes, depreciation and amortisation (ebitda) rose 14 per cent to $2.5bn, moderately below some estimates

**Ergebnisziel** *n* earnings target
**das Ergebnisziel erreichen**
to meet earnings targets

**erholen** *v*: **sich erholen** recover
**die japanische Wirtschaft erholt sich langsamer als erwartet**
the Japanese economy is recovering more slowly than expected

**Erholung** *f* rally; recovery; rebound
**in diesen beiden Bereichen ist es schon zu einer Erholung gekommen**
these two sectors are already enjoying a rally
**wir erwarten in Kürze eine kräftige Erholung des Euro**
we are looking for a major euro rally any time soon
**Erholung der Aktienkurse**
stockmarket rally
**die anhaltende Erholung der Ölpreise**
the prolonged rally in oil prices
**Erholung der Technologiewerte**
rally in tech stocks
**Pessimisten befürchten, dass Japan sich schon in einer Rezession befindet mit wenig Hoffnung auf eine baldige Erholung**
pessimists fear that Japan is already in recession with little hope of an early recovery
**die Erholung der Aktienkurse ist in jüngster Zeit immer nur von kurzer Dauer**
recoveries in share prices have tended to be short-lived
**es gibt wenig konkrete Anzeichen für eine Erholung der amerikanischen Wirtschaft**
the US economy shows few concrete signs of a rebound
**eine Erholung steht unmittelbar bevor oder ist schon unterwegs**
recovery is imminent or already under way
**bis zu einer Erholung ist es noch weit**
recovery lies a long way off

**Erlöse** *mpl* proceeds

**erneuerbare Energie** renewable energy

**Ernüchterung** *f* disillusion
**die Ernüchterung kam / setzte ein, als klar wurde, dass viele der neuen Internet-Firmen es nie schaffen würden**
disillusion set in as it became clear that many of the new Internet companies would never succeed

**Ertrag** *m* earnings
**ein Rückgang der Erträge um 83%**
a fall of 83% in earnings
**Erträge erwirtschaften**
to generate earnings

**Ertrag des eingesetzten Kapitals** (ROCE) return on capital employed (ROCE)

**Ertrag pro Aktie** earnings per share; per-share earnings
**wir sagten Ihnen, dass Sie mit einem kräftigen zweistelligen Wachstum der Erträge pro Aktie rechnen könnten**
we told you to expect solid double digit growth in earnings per share

**der starke Anstieg der Erträge pro Aktie vom Jahre 20... hat sich fortgesetzt**
earnings per share continued the sharp upward climb of 20...

**Ertragserwartungen** *fpl* earnings expectations; earnings outlook
**A&B hat seine Ertragserwartungen für dieses Quartal deutlich nach unten korrigiert**
A&B has revised its earnings expectations for this quarter significantly downward
**A&B hat die Ertragserwartungen für das Jahr 20... gesenkt**
A&B cut its earnings outlook for 20...

**Ertragskraft** *f* profitability
**die Produktivität und Ertragskraft des gesamten Unternehmens verbessern**
to improve the productivity and profitability of the entire business enterprise

**Ertragslage** *f* earnings performance
**wir rechnen weiterhin mit einer guten Ertragslage**
we expect to continue strong earnings performance

**ertragsstark** *adj* high-yield

**Ertragswachstum** *n* earnings growth
**ein zweistelliges Umsatz- und Ertragswachstum erwarten**
to expect double-digit revenue and earnings growth

**Ertragsziel** *n* earnings target
**der Computerhersteller sagte, er werde seine Ertragsziele erreichen**
the computer maker said it would meet earnings targets

**erwachsenes Tier** mature animal
**bei erwachsenen Tieren verläuft die Krankheit normalerweise nicht tödlich**
the disease is not usually fatal in mature animals

**Erwartung** *f* expectation
**den Erwartungen entsprechen**
to be in line with expectations
**enttäuschte / unrealistische Erwartungen**
disappointed / unrealistic expectations
**die Erwartungen der Analysten erfüllen**
to meet analysts' expectations
**die Quartalserträge blieben hinter den Erwartungen zurück**
quarterly earnings fell short of expectations
**ABC hat nun schon zum dreizehnten Mal in Folge die Quartalserwartungen erfüllt oder gar übertroffen**
for the 13th straight quarter, ABC has met or exceeded expectations
**das Ergebnis von A&B übertraf die Erwartungen der Analysten**
the A&B results beat analysts' expectations

**Erwartungsindex** *m* business expectations index
**der deutliche Anstieg des Erwartungsindex**
the marked rise in the business expectations index

**Erwerb** *m* acquisition
**der Erwerb von ABC und BCD trug beträchtlich zu diesem Wachstum bei**
the acquisition of ABC and BCD contributed significantly to this growth

**erwerben** *v* acquire
**im Jahre 20... erwarb das Unternehmen Teile von ABC**
in 20..., the company acquired portions of ABC

**Erwerbslosigkeit** *f* unemployment

**Erzeugerpreis** *m* producer price
**andere Zahlen zeigten den seit zehn Jahren stärksten Anstieg der Erzeugerpreise innerhalb eines Monats**
other figures showed the steepest rise in producer prices over a single month for a decade

**EU-Gasrichtlinie** *f* EU Gas Directive
**die EU-Gasrichtlinie kündigt eine Zeit radikalen Wandels an**
the EU Gas Directive heralds an era of radical change

**Euro** *m* euro
**der Euro hat seine Talfahrt fortgesetzt**
the euro continued its recent decline
**die Einführung des Euro**
the introduction of the euro
**der Euro steigt weiter**
the euro keeps on rising
**der Konzernabschluss wurde in Euro aufgestellt**
the consolidated financial statements were drawn up in euro
**die in jüngster Zeit von den Zentralbanken zur Stützung des Euro aufgewendeten Summen**

the sums recently spent by central banks intervening in support of the euro
**er sagte, er mache sich keine Sorgen wegen der Schwäche des Euro gegenüber dem Dollar**
he said he was not concerned about the weakness of the euro against the dollar
**warum kränkelt der Euro noch immer**
why is the euro still looking sickly

**Euro-Banknote** *f* euro note; euro banknote
**am Vorabend der Einführung der neuen Euro-Banknoten**
on the eve of the introduction of the new euro notes / bank notes

**Euro-Einführung** *f* introduction of the euro; euro introduction period
**lange Schlangen während der Euro-Einführung vermeiden**
to cut queues during the euro introduction period

**Eurogebiet** *n* euro area
**die Inflation im Eurogebiet wird im September wahrscheinlich die 2,5% übersteigen**
inflation in the euro area is likely to top 2.5% in September

**Euroland** *n* euroland

**Euro-Münze** *f* euro coin
**die Einführung der neuen Euro-Münzen**
the introduction of the new euro coins

**europäische Einheitswährung** single European currency
**die EZB würde eine Erholung der europäischen Einheitswährung begrüßen**
the ECB would applaud a recovery of the single European currency
**ist die Schwäche der europäischen Einheitswährung von Bedeutung**
does the weakness of the single European currency matter

**Europäische Zentralbank** (EZB) European Central Bank (ECB)
**die Europäische Zentralbank hat den Zinssatz um einen Viertelpunkt erhöht**
the European Central Bank (ECB) increased its interest rate by a quarter point
**Präsident der Europäischen Zentralbank**
European Central Bank president
**die Europäische Zentralbank ließ die Zinssätze unverändert**
the European Central Bank kept interest rates unchanged

**europaweit** *adj* pan-European
**mit Hilfe dieser Lizenzen bauen die Telekom-Konzerne europaweite Unternehmen auf**
the licences are also being used by telecoms groups to build pan-European operations
**den Weg ebnen für den Aufbau eines europaweiten Mischkonzerns**
to pave the way for the formation of a pan-European conglomerate

**Euro-Raum** *m*; **Euroraum** *m* euro area
**das Wachstum im Euro-Raum wird sich auf 2,9% verringern**
growth in the euro area will slow to 2.9%
**die Inflation im Euro-Raum stieg auf 2,9%**
inflation in the euro area rose to 2.9%

**Euro-Schwäche** *f* euro's weakness
**die bisherige Begründung für die Euro-Schwäche gilt nicht mehr**
the old explanation for the euro's weakness no longer stands up

**Eurozone** *f* euro zone; euro-zone; eurozone
**die Inflationsrate in der Eurozone liegt zur Zeit insgesamt über der in einigen Ländern der Europäischen Union, die ihre Währungen behalten haben**
the euro zone's overall inflation rate is now higher than that in some of the European Union countries that have kept their own currencies
**das Wirtschaftswachstum in den Ländern der Eurozone wird im kommenden Jahr 3% betragen**
countries within the euro zone will grow by 3% next year
**im November vergangenen Jahres war die Arbeitslosigkeit in der Eurozone noch immer 3,4 Prozentpunkte höher als in Großbritannien**
last November, unemployment in the euro-zone was still 3.4 percentage points higher than in the UK
**im Januar sank die Inflation in der Eurozone unerwartet**
inflation in the euro-zone fell unexpectedly in January

**Exempel** *n*: **ein Exempel statuieren** make an example of
**hinter dieser Initiative stand vor allem der Wunsch, an Deutschland**

**Exempel**

**ein Exempel zu statuieren**
the initiative was driven primarily by the wish to make an example of Germany

**Exklusivhändler** *m* exclusive dealer

**Expertise** *f* expertise
**die führende Rolle und Expertise von ABC auf dem Gebiet der dezentralen Stromerzeugung**
ABC's leadership and expertise in the field of distributed generation

**explosionsgefährdeter Bereich** hazardous area
**Ausrüstungen für explosionsgefährdete Bereiche**
hazardous area equipment

**exponentiell** *adv* exponentially
**die Investitionen in die Technologie begannen exponentiell zu wachsen**
investment in the technology began to grow exponentially
**der Informationsspeicherbedarf der Kunden nimmt exponentiell zu**
customers' information storage needs are growing exponentially
**die Fachleute erwarten einen exponentiell wachsenden Markt für Brennstoffzellen**
experts expect an exponentially growing market for fuel cells

**Export** *m* export
**höhere Exporte**
increased exports
**Exporte aus den Vereinigten Staaten**
exports from the United States
**der Anteil dieses Unternehmens am Export des Landes beträgt 20%**
this country accounts for 20% of the country's exports

**Exportausfälle** *mpl* lost exports
**Entschädigungsforderung für Exportausfälle**
demand for compensation for lost exports

**Exportmarkt** *m* export market
**Zutritt zu neuen Exportmärkten erlangen**
to gain access to new export markets

**EZB** (siehe **Europäische Zentralbank**)

**EZB-Präsidentschaft** *f* ECB presidency
**er bekundete seine Absicht, die EZB-Präsidentschaft über das gesamte Jahr 20... behalten zu wollen**
he stated his intention to retain the ECB presidency for the whole of 20...

# F

**Facharbeiter** *m* skilled laborer *(AE)*; skilled worker

**Facharbeitermangel** *m* shortage of skilled labour
**bei einigen Firmen herrscht auch weiterhin Facharbeitermangel**
some companies continue to report shortages of skilled labour

**Fachfrau** *f* expert

**Fachkenntnisse** *f* expertise
**für Mitarbeiter mit technischen Fachkenntnissen war es relativ leicht, eine neue Stelle zu finden**
employees with technical expertise have found it relatively easy to find another job

**Fachkompetenz** *f* expertise
**die Fachkompetenz des Unternehmens über die Grenzen hinweg in größerem Umfang nutzen**
to use the company's expertise across the border on a grander scale

**Fachkraft** *f* skilled laborer *(AE)*; skilled worker

**Fachkräfte** *fpl* skilled personnel; skilled manpower *(AE)*; skilled labour *(BE)*; skilled people

**Fachleute** *pl* experts
**viele Fachleute bleiben / sind weiterhin skeptisch**
many experts remain sceptical

**Fachmann** *m* expert

**Fachmesse** *f* tradeshow; trade show; trade fair
**die Consumer Electronics Show ist die größte Fachmesse auf dem Gebiet der Elektronik und Technologie**
the Consumer Electronics Show is the largest trade show in the Electronics and Technology universe
**mehr als 100.000 Menschen besuchen jedes Jahr diese Fachmesse**
this tradeshow has more than 100,000 attendees each year
**A&B stellte vor kurzem auf einer Fachmesse in Deutschland eine neuartige Brennstoffzelle vor**
at a recent trade fair in Germany, A&B unveiled a novel fuel cell
**Fachmesse für Kommunikations- und Informationstechnologie**
technology trade fair

**Fachwissen** *n* expertise
**das in Universitäten und anderen Forschungseinrichtungen vorhandene Fachwissen nutzen**
to make use of expertise in universities and other research facilities
**das Unternehmen könnte wertvolles Fachwissen in A&B einbringen**
the company could bring valuable expertise to A&B

**Fahrstuhl** *m* elevator
**einige Leute saßen stundenlang im Fahrstuhl fest**
a few people were trapped for hours in elevators

**Fahrzeugbauer** *m* vehicle maker

**Fahrzeughersteller** *m* vehicle maker
**die Geschäfte des britischen Fahrzeugherstellers litten unter dem Rückgang der Nachfrage nach Autobussen und schweren Lastwagen**
the British vehicle maker's business suffered from a slowdown in demand for buses and heavy trucks

**Fahrzeugkonzern** *m* vehicle group
**der Fahrzeugkonzern erholt sich derzeit von einem Rückrufskandal**
the vehicle group is recovering from a recall scandal

**Familienauto** *n* family car
**ein Familienauto entwickeln, das 3 Liter Benzin auf 100 km verbraucht**
to develop a family car that can travel for 80 miles on a gallon of petrol
**die meisten dieser Autos schlucken mehr Benzin als ein gewöhnliches Familienauto**
most of these cars guzzle more gas than ordinary family cars

**Familienkonzern** *m* family-controlled business group; family-owned group
**sie hatten geglaubt, dass diese Familienkonzerne aufgrund ihrer Größe nicht scheitern könnten**
they had believed that these family-controlled business groups were too big to fail

**Familienunternehmen** *n* family-owned company; family business
**kleine Familienunternehmen**
small family businesses

**Farbbildschirm** *m* color screen

**Fed** (siehe **amerikanische Zentralbank**)

**Fehleinschätzung** *f* error of judgment
**er gab vergangenen Monat zu, dass seinem Unternehmen bei ... eine Fehleinschätzung unterlaufen sei**
he admitted last month that his firm made an error of judgment over ...

**feindliches Übernahme-Angebot / Übernahmeangebot** hostile bid
**ein feindliches Übernahme-Angebot für die in Mailand ansässige Bank**
a hostile bid for the Milan-based bank

**feindliche Übernahme** *f* hostile takeover
**beide Länder haben in diesem Jahr bahnbrechende feindliche Übernahmen erlebt**
both countries have seen groundbreaking hostile takeovers this year
**es gibt keine feindliche Übernahme, bei der nicht Politik und Politiker eine Rolle spielen**
there is no hostile takeover without politics and politicians involved

**Feldversuch** *m* field trial
**auf die Laborversuche folgt ein weiteres Jahr mit Feldversuchen**
after the laboratory tests, there will be a further year of field trials
**das Unternehmen konzentriert sich nun auf die bevorstehenden Feldversuche, die für den späten Herbst und nächstes Jahr geplant sind**
the company is focused on upcoming field trials that are planned for later this fall and next year

**Ferndiagnose** *f* remote diagnostic service

**Ferngespräch** *n* long-distance call *(AE)*; trunk call *(BE)*
**Ferngespräche mussten handvermittelt werden**
operators were required to place long-distance calls
**den Verbindungsaufbau bei Ferngesprächen beschleunigen**
to speed the call set-up process in long-distance calls

**Fernmeldebehörde** *f*: **US-amerikanische Fernmeldebehörde**
Federal Communications Commission (FCC)

**Fernsehempfang** *m* television reception
**die Bundesbehörde sollte einen nationalen Standard für den digitalen**

**Fernsehempfang entwickeln**
the federal agency should establish a national standard for digital television reception

**Fernsehgebühr** *f* subscriber fee

**Fernsehmarkt** *m* television market

**Fernsehsender** *m* television broadcaster
**börsennotierter Fernsehsender**
listed television broadcaster

**Fernsehstation** *f* television station
**das Unternehmen betreibt zehn Fernsehstationen**
the company operates ten television stations

**Fernsehwerbung** *f* television advertising

**Fernsehzuschauer** *m* television viewer; TV viewer; viewer
**um in den Genuss der Vorteile der Digitaltechnik zu kommen, müssen die Fernsehzuschauer ein neues Fernsehgerät kaufen**
to take advantage of digital's advantages, viewers will have to buy a new TV set
**ein neues Fernsehzeitalter, das Auswirkungen auf jeden Fersehzuschauer im Lande hat**
a new age of television that will impact every TV viewer in the country
**dem Fernsehzuschauer ein ganz neues Erlebnis verschaffen**
to provide the viewer with a completely different experience

**Fernwärme** *f* district heat
**warum bevorzugen die Besitzer von Gebäuden die Fernwärme gegenüber herkömmlichen Systemen**
why do building owners choose district heat over traditional systems
**Fernwärme kann von einem EVU bezogen werden**
district heat may be purchased from a utility

**Fernwärmebedarf** *m* demand for district heat
**diese Wärmetauscher werden eingesetzt, wenn der Fernwärmebedarf hoch ist**
these heat exchangers are used when demand for district heat is high

**Fernwartung** *f* remote maintenance

**Fertigungskapazität** *f* manufacturing capacity
**das Unternehmen vertritt die Ansicht, dass die derzeitige Fertigungskapazität ausreicht, um die zurzeit bestehende Nachfrage abzudecken**
the company believes its current manufacturing capacity is adequate to meet current needs

**Fertigungslinie** *f* production line

**Fertigungsstätte** *f* manufacturing facility
**in dieser Fertigungsstätte sind ca. 200 Mitarbeiter beschäftigt**
this manufacturing facility employs approximately 200 people
**A&B betreibt 18 Fertigungsstätten in USA und Canada**
A&B operates 18 manufacturing facilities in the United States and Canada

**Fertigungsstraße** *f* production line

**Fertigungstechnik** *f* manufacturing equipment

**Fertigwaren** *fpl* manufactures
**der Anteil der Fertigwaren an den Ausfuhren der Entwicklungsländer ist stark angestiegen**
there has been a dramatic rise in the share of manufactures in the exports of developing countries

**Festbestellung** *f* firm purchase; firm order
**die Hälfte der Flugzeuge sind Festbestellungen**
half of the aircraft are firm orders

**Festnetz** *n* fixed-line network; fixed network
**private Ortsgespräche über das Festnetz werden nicht nach Zeit abgerechnet**
local residential calls on the fixed network are not charged by time

**Festnetz-Anbieter** *m* fixed network operator

**Festnetzbetreiber** *m* fixed network operator

**Festnetzgeschäft** *n* fixed-network business; fixed-line business
**das Unternehmen hat es mit der Veräußerung des Festnetzgeschäftes nicht eilig**
the company is in no hurry to dispose of its fixed-line business
**das Festnetzgeschäft trägt mehr als die Hälfte zum Betriebsgewinn des Konzerns bei**
the fixed-line business contributes to more than half of the group's operating profit

**Festnetzinfrastruktur** *f* fixed-line telephone infrastructure
**Festnetzkunde** *m* fixed-line customer
**Festnetztelefon** *n* fixed-line telephone
**Filialnetz** *n* branch network; bank-branch network
  **über das Filialnetz der Bank Versicherungen verkaufen**
  to sell insurance through the bank's branch network
  **diese Banken verfügen über gut etablierte Filialnetze**
  these banks have well-established branch networks
**Finanzanlage** *f* financial investment
**Finanzanalyst** *m* financial analyst
  **einige Finanzanalysten gehen von einer Verlangsamung des Wachstums aus**
  some financial analysts expect growth to slow
**Finanzberater** *m* financial advisor
**Finanzbranche** *f* financial sector
  **die Finanzbranche ist nicht bereit, weitere Kredite zu gewähren**
  the financial sector is not ready to provide further loans
**Finanzchef** *m* chief financial officer
**Finanzdienstleister** *m* financial services firm; provider of financial services
**Finanzdienstleistung** *f* financial service
**Finanzen** *pl* finances *pl*
  **die Finanzen von ABC sind gesund**
  ABC's finances are healthy
**Finanzengpass** *m* liquidity crunch
**Finanzexperte** *m* finance expert
  **zwölf Firmen hielten Präsentationen vor einem Gremium, das sich aus Wirtschafts- und Finanzexperten zusammensetzte**
  twelve companies made presentations to a panel of business and finance experts
**finanziell** *adv* financially
  **wir stehen finanziell besser da als die amerikanischen Fluggesellschaften**
  we're financially more robust than the American airlines
**finanzielle Lage** *f* (siehe auch **Finanzlage**) financial situation
  **die derzeitige finanzielle Lage des Unternehmens**
  the company's current financial situation
  **unsere finanzielle Lage ist weltweit eine der besten**
  our financial situation is among the best world-wide
**finanzieller Zusammenbruch** financial crash
**Finanzierung** *f* financing
  **diese Zinssenkung sollte den Verbrauchern die Finanzierung ihrer Autos und Eigenheime erleichtern**
  this rate cut should make it easier for consumers to obtain financing for automobiles and homes
**Finanzierungslücke** *f* financing gap
  **die Finanzierungslücke decken / schließen**
  to plug the financing gap
**Finanzinvestor** *m* financial investor
  **mögliche Finanzinvestoren sollen schon ihre Rettungspläne vorgelegt haben**
  potential financial investors are understood to have been presenting their rescue plans
**Finanzkonzern** *m* financial group
  **der schwedische Finanzkonzern legte enttäuschende Zahlen für das Kerngeschäft im Schlussquartal vor**
  the Swedish financial group reported disappointing fourth quarter core business results
**Finanzkrise** *f* financial crisis
  **die Auswirkung der Finanzkrise auf die Nachfrage**
  the impact of the financial crisis on demand
  **das Unternehmen ist eines der vielen Opfer der asiatischen Finanzkrise**
  the company is one of the many casualties of the Asian financial crisis
  **der von der Finanzkrise in Asien ausgelöste Schock**
  the shock delivered by the Asian financial crisis
  **dies ist nun schon die zweite Finanzkrise innerhalb von nur drei Monaten, in die das Land gerät**
  this is the second financial crisis to hit the country in just three months
**Finanzlage** *f* financial position; financial situation
  **diese Berichte ermöglichen einen besseren Einblick in die finanzielle Lage eines Unternehmens**
  these reports provide better insight into a company's financial situation

**Finanzmarkt** *m* financial market
**dies könnte das Vertrauen der schon nervösen Finanzmärkte erschüttern**
this could undermine the confidence of already jittery financial markets

**Finanzmarktbetreiber** *m* exchange operator; stock exchange operator; stock-exchange operator
**das Gebot des schwedischen Finanzplatzbetreibers war ebenfalls erfolglos**
the Swedish exchange operator also failed in its bid
**der schwedische Finanzmarktbetreiber gab letztes Jahr ein Gebot für die Londoner Börse ab**
the Swedish exchange operator last year bid for the LSE

**Finanzmarktexperte** *m* financial analyst
**er ist Finanzmarktexperte bei der in Boston ansässigen Firma**
he is a financial analyst with Boston-based A&B

**Finanzminister** *m* finance minister; treasury secretary *(USA)*; chancellor of the exchequer *(GB)*
**der amerikanische Finanzminster**
the US treasury secretary
**der britische Finanzminister hält nichts von dieser Idee / diesem Plan**
Britain's chancellor of the exchequer is fiercely opposed to the idea

**Finanzministerium** *n* ministry of finance; finance ministry
**das Finanzministerium wird das Geld für Umweltschutzprojekte ausgeben**
the finance ministry will spend the money on environmental protection projects

**Finanzpolitik** *f* fiscal policy
**die Finanzpolitik kann eine starke Auswirkungen auf die Wirtschaft haben**
fiscal policy can have a powerful impact on the economy
**es ist nicht die Aufgabe des Zentralbankchefs eines Landes bei der Finanzpolitik mitzureden**
the chief of a country's central bank has no business talking about fiscal policy

**Finanzvorstand** *m* chief financial officer

**Firma** *f* firm
**eine neue Firma gründen**
to set up a new firm

**Firmenaufkauf** *m* acquisition
**Fusionen und Firmenaufkäufe**
mergers and acquisitions

**Firmenfusion** *f* merger

**Firmengeheimnis** *n* trade secret
**er hat Firmengeheimnisse mitgehen lassen**
he stole trade secrets

**Firmenimperium** *n* corporate empire

**Firmenkunde** *m* corporate client
**langjährige Firmenkunden**
long-standing corporate clients

**Firmenkundenkreditgeschäft** *n* corporate lending
**in Deutschland ist das Firmenkundenkreditgeschäft ein Verlustgeschäft**
corporate lending in Germany is a loss-maker

**Firmenpleite** *f* bankruptcy; corporate bankruptcy

**Firmensitz** *m* (1) company headquarters
**der Firmensitz befindet sich in London**
company headquarters are located in London

**Firmensitz** *m* (2): **den Firmensitz in ... haben** to be headquartered in
**das Unternehmen hat seinen Firmensitz in Manchester**
the company is headquartered in Manchester

**Firmensprecher** *m* company spokesperson; company spokesman
**ein Firmensprecher erklärte / sagte ...**
a company spokesman said ...

**Firmensprecherin** *f* company spokeswoman; company spokesperson
**laut Firmensprecherin Mary Miller**
according to company spokesperson Mary Miller
**eine Firmensprecherin erklärte ...**
a company spokeswoman said ...

**Firmenumbau** *m* corporate shake-up
**während eines Firmenumbaus im vergangenen Jahr**
during a corporate shake up in the past year

**Firmenwert** *m* enterprise value
**A&B hat einen Firmenwert von mehr als 1 Mrd. Pfund**
A&B has an enterprise value topping £1 billion

**Firmenzentrale** *f* head office
**die Firmenzentrale von ABC befindet sich in London**
ABC's head office is located in London
**die Firmenzentrale wird in Brüssel sein**
the head office will be located in Brussels
**die Bank will ihre Firmenzentrale von Deutschland in ein anderes Land verlegen**
the bank intends to move its head office out of Germany

**Fischereihafen** *m* fishing harbour
**die Regierung von Oman hat einen Vertrag über den Bau eines Fischereihafens unterzeichnet**
the Oman government has signed an agreement for the construction of a fishing harbour

**Fiskaljahr** *n* fiscal year
**dieser Bericht wird immer am Ende eines Fiskaljahres veröffentlicht**
this report is published at the end of each fiscal year

**Fixkosten** *pl* overheads; overhead costs
**weitere Maßnahmen zur Senkung der Fixkosten ergreifen**
to take other measures to reduce overheads
**die besser bezahlten Stellen in den Firmenzentralen waren in den vergangenen Jahren hauptsächlich verantwortlich für die Explosion der Fixkosten**
the higher-paid head-office jobs have led the explosion in overheads in the past years
**die jährlichen Fixkosten senken**
to lower the annual overhead costs

**Flaggschiff** *n* flagship
**das Flaggschiff des Konzerns wurde zahlungsunfähig**
the group's flagship was forced into bankruptcy
**das Unternehmen ist das Flaggschiff des ABC-Konzerns**
the company is the flagship of the ABC group

**Fleischimport** *m* meat import
**Japan und Südkorea gehören zu den Ländern, die ihre Fleischimporte aus Europa einschränken**
Japan and South Korea are among the countries restricting meat imports from Europe

**flexible Arbeitszeit** flextime

**Fließband** *n* assembly line
**Pkw rollen von den Fließbändern**
passenger cars roll off the assembly line

**Flug** *m* flight
**die Fluggesellschaft hat ca. 20% der Flüge gestrichen**
the airline cut some 20% of flights

**Flugbetrieb** *m*: **den Flugbetrieb einstellen** to ground aircraft
**die Fluggesellschaft stellte auf unbestimmte Zeit den gesamten Flugbetrieb ein**
the carrier grounded all aircraft indefinitely

**Flugdrehkreuz** *n* airline hub; hub
**oft verstopfte Flugdrehkreuze umfliegen / vermeiden**
to by-pass often congested airline hubs

**Fluggesellschaft** *f* carrier; air carrier; airline; airline company
**die nationale Fluggesellschaft Spaniens hat die Gespräche über den Kauf von Air Europa beendet / abgebrochen**
Spain's national airline ended talks to buy Air Europa
**das Nettoergebnis der Fluggesellschaft belief sich auf ...**
the carrier made a net profit of ...
**die Fluggesellschaften mussten feststellen, dass der Aufbau globaler Allianzen ihnen eine Menge Probleme beschert**
airline companies have found that building global alliances is creating all sorts of problems for them

**Fluglinie** *f* airline
**staatliche Fluglinie**
state-owned airline

**Fluglizenz** *f* airworthiness certificate
**der Concorde wieder eine Fluglizenz erteilen**
to restore Concorde's airworthiness certificate

**Fluglotse** *m* air-traffic controller

**Flugmarkt** *m* aviation market
**den Wettbewerb zwischen den beiden Fluggesellschaften auf dem größten interkontinentalen Flugmarkt beseitigen**
to eliminate competition between the two carriers in the world's largest intercontinental aviation market

**Flugpassagier** *m* air traveller

**Flugplan** *m* flight schedule
**der Konzern wird seine Flugpläne**

**Flugplan**

**reduzieren**
the group will scale back its flight schedules
**Flugpreis** *m* ticket price; air fare
**dies wird bestimmt die Flugpreise in die Höhe treiben**
this will certainly drive up ticket prices
**die Flugpreise haben sich verbilligt**
ticket prices have come down
**die Flugpreise senken**
to cut air fares
**Flugreisen** *fpl* air travel
**eine Streikwelle macht Flugreisen noch anstrengender / stressiger, als sie es schon sind**
a rash of strikes is making air travel even more stressful than usual
**Flugreiseverkehr** *m* airline travel
**Rückgang im Flugreiseverkehr**
slump in airline travel
**Flugschein** *m* airline ticket
**einen Flugschein kaufen**
to purchase an airline ticket
**Flugsicherung** *f* air-traffic control
**diese Frequenzen sind für die Flugsicherung oder Notsignale reserviert**
these frequencies are reserved for air-traffic control or the sending of distress signals
**Flugticket** *n* airline ticket
**Flugtriebwerk** *n* aero engine; aero-engine
**diese Bauteile werden häufig in Flugtriebwerken eingesetzt**
these components are frequently used in aero engines
**Flugunternehmen** *n* airline
**Flugverkehr** *m* air traffic
**nahezu die Hälfte des Wachstums des Luftverkehrs bis zum Jahre 2010 wird auf das schnell wachsende Asien entfallen**
fast-growing Asia will represent nearly half the world's air traffic growth by 2010
**Flugzeug** *n* aircraft
**beide Fluglinien schaffen in schneller Folge neue Flugzeuge an, um für die prognostizierten Wachstumsraten von jährlich 25% gewappnet zu sein**
both airlines are adding new aircraft at a rapid pace to meet forecast 25 per cent a year growth rates
**eine große Nachfrage nach Flugzeugen erzeugen / bewirken / verursachen**
to create a huge demand for aircraft
**Flugzeugbau** *m* aircraft construction
**Flugzeugbauer** *m* aircraft manufacturer; aircraft builder; plane maker; aircraft maker
**Flugzeugfamilie** *f* aircraft family
**dieses Triebwerk wird in der erfolgreichen Fluzeugfamilie von ABC eingesetzt**
this engine powers ABC's successful aircraft family
**Flugzeughersteller** *m* aircraft manufacturer; aircraft builder; plane maker; aircraft maker
**er befindet sich in einer günstigen Ausgangslage, um bei den Flugzeugherstellern einen guten Preis auszuhandeln**
he is in a good position to negotiate a favourable price with the aircraft makers
**Flugzeugindustrie** *f* aircraft industry
**die Flugzeugindustrie erhielt Großaufträge für Militärflugzeuge**
the aircraft industry received large orders for military aircraft
**Flugzeugtriebwerk** *n* aero-engine; aircraft engine; airplane engine
**Hochleistungs-Flugzeugtriebwerk**
high-performance aircraft engine
**Konstruktion und Bau von Flugzeugtriebwerken vereinfachen**
to simplify the design and construction of aircraft engines
**Herstellung von Flugzeugtriebwerken**
aircraft-engine production
**A&B ist ein führender globaler Hersteller von Flugzeugtriebwerken**
A&B is a leading global manufacturer of airplane engines
**Flugziel** *n* destination
**Folge** *f*: **in Folge** in a row
**die Kohleförderung in Kanada ist im Februar nun schon den siebten Monat in Folge gesunken**
coal production in Canada dropped for the seventh month in a row in February
**was passiert, wenn es mehrere Tage in Folge wolkig ist**
what happens if it is cloudy several days in a row
**die Zahl ist nun schon fünf Monate in Folge gesunken**
the figure has declined for five months in a row

**Fondsmanager** *m* fund manager
**die Fondsmanager legen das Geld in bestimmten Wertpapiertypen an**
fund managers invest the money in specific types of securities

**Förderband** *n* conveyor belt
**die Geschwindigkeit eines Förderbandes überwachen**
to monitor the speed of a conveyor belt

**Förderdrosselung** *f (Öl)* production cut

**Fördereinrichtung** *f* material handling equipment

**Förderkürzung** *f (Öl)* production cut
**sofortige Förderkürzungen vereinbaren / beschließen**
to agree immediate production cuts

**Förderland** *n* producer; producer country
**Norwegen, Mexiko, Russland und andere Förderländer gehören dem Kartell nicht an**
Norway, Mexico, Russia and other producers do not belong to the cartel

**Fördermenge** *f (Öl)* production; output
**die Fördermenge reduzieren**
to cut production
**die tägliche Fördermenge drosseln**
to cut daily output

**Fördermengendrosselung** *f (Öl)* production cut

**Förderquote** *f (Öl)* quota; output quota; production quota
**die OPEC kündigte eine geringfügige Erhöhung der Förderquoten an**
OPEC announced modest quota increases
**die OPEC erhöhte die Förderquoten**
OPEC boosted production quotas
**die Förderquoten erhöhen**
to increase production quotas
**die OPEC hat im Januar die Förderquoten um 1,5 Mio. Barrel pro Tag gesenkt**
Opec cut output quotas by 1.5m b/d in January

**Fördertechnik** *f* material handling; material handling equipment

**Forschung** *f* research
**die neue Technologie ist das Ergebnis einer mehr als zehnjährigen konzentrierten Forschung**
the new technology is the result of more than ten years of focused research

**Forschungslabor** *n* research laboratory

**Forschungs- und Entwicklungsaufwand** *m* research and development expense
**der Forschungs- und Entwicklungsaufwand stieg um 24% im Vergleich zum Vorjahr**
research and development expense increased 24% compared to the previous year

**Forschungs- und Entwicklungsausgaben** *fpl* research and development spending; research and development expenses; research and development expenditures
**in den vergangenen zwei Jahren haben wir die Forschungs- und Entwicklungsausgaben erhöht**
over the past two years, we have increased research and development spending
**die höheren Forschungs- und Entwicklungsausgaben waren hauptsächlich auf die Einstellung zusätzlicher Produktentwicklungs-Ingenieure zurückzuführen**
the increase in research and development expenditures was primarily due to the hiring of additional product development engineers

**Forschungs- und Entwicklungsetat** *m* research and development budget
**der Forschungs- und Entwicklungsetat von ABC beträgt jährlich 3 Milliarden $**
ABC has an annual research and development budget of almost $3 billion

**Forschungs- und Entwicklungskosten** *pl* research and development expenses
**die Forschungs- und Entwicklungskosten sind um 19% gestiegen**
research and development expenses increased by 19%
**die meisten Unternehmen können sich nur dann Forschungs- und Entwicklungskosten leisten, wenn diese über Jahre eine nachhaltige Wirkung auf die Profitabilität des Unternehmens haben**
most companies cannot afford research and development expenses that are unlikely to improve their profitability for years

**Forschungszentrum** *n* research center
**Forschungszentren helfen bei der Befriedigung der speziellen Hardware- und Softwarebedürfnisse unserer Kunden**
research centers help meet the special hardware and software needs of our customers
**ABC hat in seinem Forschungszentrum in Palo Alto 18 Wissenschaftler / Forscher entlassen**
ABC has laid off 18 researchers at its research center in Palo Alto

**Forschung und Entwicklung** (FuE) research and development (r&d)

**fortlaufendes Geschäft** continuing operations
**das dreiundzwanzigste Jahr in Folge mit erhöhten Gewinnen aus dem fortlaufenden Geschäft**
the 23rd consecutive year of increased profits from continuing operations

**Fotovoltaikzelle** *f* photovoltaic cell
**die Energie des auf die Fotovoltaikzelle fallenden Sonnenlichts**
the energy from sunlight falling upon the photovoltaic cell
**Fotovoltaikzellen wandeln das einfallende Sonnenlicht in Gleichstrom um**
photovoltaic cells convert solar irradiance into dc electricity

**Frachtflugzeug** *n* freight plane
**ABC unterzeichnete mit BCD einen Vertrag über den Kauf von 60 Frachtflugzeugen**
ABC concluded an agreement with BCD for the purchase of 60 cargo planes

**Frachtrate** *f* shipping rate
**auf Grund der steigenden Nachfrage nach Öl haben die Frachtraten den höchsten Stand seit 30 Jahren erreicht**
the growth in demand for oil has driven shipping rates to their highest levels for nearly 30 years
**die Frachtraten begannen gegen Ende des vergangenen Jahres zu steigen**
shipping rates began to rise late last year

**Fragebogen** *m* questionnaire
**er verschickte Fragebögen, um weitere Meinungen einzuholen**
he sent out a questionnaire to solicit further opinions

**Frankfurter Börse** Frankfurt Stock exchange; Frankfurt stock exchange; Frankfurt exchange
**die Deutsche Börse ist der Betreiber der Frankfurter Börse**
Deutsche Börse is the operator of the Frankfurt Stock Exchange

**französischer Notenbankgouverneur** Bank of France governor

**Frauenarbeitslosigkeit** *f* female unemployment

**Freihandel** *m* free trade

**Freihandelsabkommen** *n* free-trade agreement; free-trade deal
**überall auf der Welt werden Freihandelsabkommen ausgehandelt**
free-trade agreements are being negotiated all over the world
**sie schlossen Freihandelsabkommen mit der EU im Jahre 20...**
they concluded free-trade agreements with the EU in 20...
**die Türkei hat schon ein Freihandelsabkommen mit der EU**
Turkey already has a free-trade deal with the European Union

**Freihandelsgespräche** *npl* free-trade talks
**Chile begann plötzlich bilaterale Freihandelsgespräche mit den Vereinigten Staaten**
Chile suddenly began bilateral free-trade talks with the United States

**Freihandelszone** *f* free-trade area
**die Vision einer regionalen Freihandelszone verlor im vergangenen Jahr an Kontur**
visions of a regional free-trade area grew blurrier last year

**Fremdenverkehr** *m* tourism
**durch dieses Projekt wird der Fremdenverkehr gefördert werden**
this project will enhance tourism
**wirklich am Fremdenverkehr verdienen**
to make real money out of tourism

**Frequenzband** *n* frequency band
**die Auktion der Frequenzbänder brachte der Regierung fast 34 Mrd. $**
the auction for the frequency bands raised nearly $34 billion for the government
**die beiden Technologien nutzen dasselbe Frequenzband**
the two technologies share the same frequency band
**die Frequenzbänder wechseln / zwischen den Frequenzbändern hin- und herschalten**
to switch between frequency bands

**freundliche Übernahme** friendly takeover
**ABC kündigte die freundliche Übernahme eines anderen amerikanischen Riesen an**
ABC announced a friendly takeover of another American giant

**frisieren** *v*: **Bilanz / Bücher frisieren** cook the books

**Frist** *f* deadline
**die Frist für eine Übereinkunft lief Ende Februar ab**
the deadline for an agreement was the end of February
**die Geschäftsleitung hat die Frist bis 20... verlängert**
the management has moved this deadline back to 20...

**Frühindikator** *m* early indicator
**der Euro war ein Frühindikator für die Trendwende in Europa**
the euro has been an early indicator of the European rebound

**Frühpensionierung** *f* early retirement

**Frühpensionierungsprogramm** *n* early retirement package; early retirement program; early retirement window
**ein einmaliges freiwilliges Frühpensionierungsprogramm**
a one-time voluntary early retirement program

**Frühruhestand** *m* early retirement
**er ging vergangenes Jahr in den Frühruhestand**
he took early retirement last year
**nächstes Jahr wird er 55 und kann in den Frühruhestand gehen**
next year, he will be 55 and eligible for early retirement

**Frühruhestandsregelung** *f* early retirement package; early retirement window
**die Hälfte des Betrages ist für Frühruhestandsregelungen vorgesehen**
half of the sum will be spent on early retirement packages
**beide Seiten hofften, dass der Stellenabbau im Wesentlichen mit Hilfe neuer Frühruhestandsregelungen erreicht werden könnte**
both sides hoped that most of the cuts could be accomplished through a new early retirement program
**zwei Drittel aller Pensionierungen erfolgten über Frühruhestandsregelungen**
two-thirds of all retirements were through early retirement windows
**nur einer von zehn Arbeitnehmern wird heute über eine Frühruhestandsregelung pensioniert**
only 1 in 10 retirees today leaves as part of an early retirement program

**Frühwarnung** *f (Stabilitätspakt)* early warning letter
**eine so genannte Frühwarnung verschicken**
to issue a so-called early warning letter
**die umstrittene Erteilung einer Frühwarnung**
the controversial dispatch of early warning letters

**führendes Unternehmen** leader
**ABC ist ein weltweit führendes Unternehmen auf dem Gebiet der Konstruktion und Herstellung von Elektromotoren**
ABC is a world leader in the design and production of electric motors

**Führung** *f* (1) managing
**Schwierigkeiten bei der Führung ausländischer Betriebe**
difficulties in managing foreign operations

**Führung** *f* (2) lead
**amerikanische Firmen sind nun dabei, den Japanern kurzerhand die Führung wieder streitig zu machen**
American companies are quickly retaking the lead over the Japanese

**Führungsgremium** *n* top management

**Führungskraft** *f* senior executive; executive
**Vergütung von Führungskräften**
senior executive compensation
**es wurden mehrere neue Führungskräfte eingestellt, die zusätzliche Fähigkeiten und Perspektiven in die Organisation einbringen sollen**
several new executives were recruited to bring additional skills and perspectives to the organization

**Führungsmannschaft** *f* management team
**er hat eine einmalige Führungsmannschaft**
he heads a management team as good as there is

**Führungsposition** *f* leadership position

**die Führungsposition ausbauen**
to increase one's leadership position

**Führungsriege** *f* management team
**viele Mitglieder der derzeitigen / jetzigen Führungsriege**
many members of the current management team
**die Fluggesellschaft wird ihre Führungsriege verkleinern**
the airline will cut its management team

**Führungsumbau** *m* management shake-up; boardroom shake-up; senior management shake-up
**der Führungsumbau ist gegen die Interesssen der Aktionäre gerichtet**
the management shake-up is against the interests of the shareholders
**der Aufsichtsrat stimmte einem weit reichenden / umfassenden Führungsumbau zu**
the supervisory board on Wednesday approved a far reaching management shake-up

**Fusion** *f* merger
**eine Fusion gleichberechtigter Partner**
a merger of equals
**Aktionäre stimmen einer Fusion mit ABC zu**
shareholders approve merger with ABC
**zurzeit sieht es so aus, als sei die Fusion gescheitert**
the merger now looks doomed
**das Justizministerium genehmigte die Fusion unter der Bedingung, dass ...**
the Department of Justice approved the merger on condition that
**die Fusion des Unternehmens mit A&B scheiterte Ende Mai**
the company's merger with A&B collapsed at the end of May
**die bevorstehende Fusion von A&B mit C&D**
the pending merger of A&B with C&D

**fusionieren** *v* merge
**die beiden Unternehmen fusionierten im Januar 20...**
the two companies merged in January 20...
**das Unternehmen fusionierte vor kurzem mit A&B**
the company has recently merged with A&B

**Fusionitis** *f* merger mania

**Fusionsankündigung** *f* merger announcement
**nach der Fusionsankündigung wurde der Handel mit den Aktien des Unternehmens ausgesetzt**
following the merger announcement the company's shares were suspended on the stock exchange

**Fusionsfieber** *n* merger mania
**in den vergangenen drei Jahren hat das Fusionsfieber die amerikanische Telekommunikationslandschaft verwandelt**
in the past three years merger mania has transformed American telecoms

**Fusionsgespräch** *n* merger talk
**letzte Woche teilten vier Firmen mit, dass sie Fusionsgespräche führten**
four firms revealed last week that they were in merger talks

**Fusionsverhandlung** *f* merger talk
**vergangenen November begann das Unternehmen Fusionsverhandlungen mit ABC**
last November the company started merger talks with ABC

**Fusionsvorhaben** *n* merger project
**das Unternehmen ist an einem Fusionsvorhaben mit ABC beteiligt**
the company is engaged in a merger project with ABC

**Fusionswelle** *f* merger wave
**verebbt Amerikas fünfte Fusionswelle**
is America's fifth merger wave on its last legs
**die gegenwärtige Fusionswelle macht nur kurz Pause und ist noch nicht zu Ende**
the present merger wave is merely pausing, rather than ending

# G

**G7-Staaten** *mpl* Group of Seven rich countries; G7 countries; Group of Seven leading economies
**nach der Frühjahrskonferenz der G7-Staaten**
after the spring meeting of the Group of Seven rich countries

**Gabelstapler** *f* forklift
**das Unternehmen wird Brennstoffzellen in Gabelstaplern einsetzen / wird Gabelstapler mit Brennstoffzellen betreiben**
the company will use fuel cells in forklifts

**Galliumarsenid** *n* gallium arsenide
**Galliumarsenid-Bauelement** *n* gallium-arsenide device
**Gang an die Börse** going public
**die Firma berät Unternehmen beim Gang an die Börse**
the firm advises companies on going public
**Gang der Geschäfte** course of business
**Gasfeld** *n* gas field
**Gasfelder werden gewöhnlich nur dann erschlossen, wenn Kunden sich vertraglich zur Abnahme einer bestimmten Gasmenge zu einem bestimmten Preis verpflichten**
gas fields are usually developed only if customers sign contracts to take a certain quantity at a certain price
**Gasherd** *m* gas range
**Gasproduzent** *m* gas producer
**Gebrauchsgüter** *npl* durable goods; durables
**der Auftragseingang bei Gebrauchsgütern ging im September um 8,5% zurück**
durable goods orders fell by 8.5% in September
**die Neuaufträge für Gebrauchsgüter schossen vergangenen Monat um rekordverdächtige 12% in die Höhe**
new orders for durable goods shot up a record 12 percent last month
**Gebrauchtwagen** *m* used car
**die aktuellen Preise für Gebrauchtwagen**
the current prices for used cars
**Gebrauchtwagenhändler** *m* used car dealer
**Gebrauchtwagenpreis** *m* used car price
**geburtenstarke Jahrgänge** baby boomers
**die geburtenstarken Jahrgänge in Deutschland kommen ins Rentenalter**
Germany's baby boomers approach retirement age
**Gefahr** *f* (1) risk
**die Bank hat ihre Beurteilung der Gefahren, die der Wirtschaft drohen, revidiert**
the bank shifted its assessment of risks facing the economy
**Gefahr** *f* (2): **in Gefahr sein** be at risk

**tausende Arbeitsplätze sind in Gefahr**
thousands of jobs are at risk
**Gefrierschrank** *m* freezer
**Gegenangebot** *n* rival bid; counter-offer
**ein Gegenangebot kommt vielleicht von einem spanischen Unternehmen**
a rival bid may come from a Spanish company
**ein Gegenangebot machen**
to make a counter-offer
**Gehalt** *n* salary
**die Gehälter der leitenden Angestellten werden um zehn Prozent reduziert**
executive salaries will be reduced by 10 percent
**Gehaltsliste** *f* payroll
**von der Gehaltsliste entfernen**
to remove from the payroll
**weitere 2.100 Mitarbeiter von der Gehaltsliste streichen / entfernen**
to cut / remove a further 2,100 employees from the payroll
**geistiges Eigentum** intellectual property
**sie stehlen sich gegenseitig das geistige Eigentum**
they are stealing intellectual property from one another
**Geländewagen** *m* sport-utility vehicle
**nächstes Jahr wird ABC einen Geländewagen auf den Markt bringen**
next year ABC will start selling a sport-utility vehicle (SUV)
**Geldautomat** *m* automated teller machine
**Demonstranten zerstörten Geldautomaten**
rioters destroyed automated teller machines
**Geldgeber** *m* investor; lender
**Geldinstitut** *n* financial-services firm
**das weltweit führende Geldinstitut hat ABC gekauft**
the world's leading financial-services firm has bought ABC
**Geldmarkt** *m* money market
**Geldpolitik** *f* monetary policy
**der Chef der Zentralbank eines Landes sollte sich in erster Linie auf die Geldpolitik konzentrieren**
the head of the country's central bank ought to focus on monetary policy

**eine lockerere Geldpolitik / geldpolitische Lockerung**
a looser monetary policy
**die Zentralbank hat ihre Geldpolitik gelockert**
the central bank has eased / relaxed its monetary policy

**Geldspritze** *f* cash infusion; cash injection

**Geldwäsche** *f* money-laundering; money laundering
**Geldwäsche bekämpfen**
to combat money laundering

**gelistet** *adj* listed
**viele Großunternehmen sind an mehreren Finanzmärkten gelistet**
many big companies are listed on more than one market
**an der New Yorker Börse gelistet sein**
to be listed on the New York stock exchange

**Gemeinschaftsprojekt** *n* joint project
**das Unternehmen ist an einem Gemeinschaftsprojekt zur Förderung der Wasserstofftechnologie beteiligt**
the company is involved in a joint project to promote hydrogen technology

**Gemeinschaftsunternehmen** *n* joint venture
**das Gemeinschaftsunternehmen scheiterte im Jahre 20...**
the joint venture fell apart in 20...

**Gemeinschaftsvorhaben** *n* joint venture; joint project
**zurzeit laufen mehrere Gemeinschaftsvorhaben**
several joint projects are currently underway

**Gemeinschaftswährung** *f* common currency
**die Gemeinschaftswährung (unter)stützen**
to support the common currency

**Genaueres sagen / mitteilen** specify
**er sagte nichts Genaueres über den Zeitpunkt der Auslieferung der Rechner**
he did not specify when the computers would be shipped

**Genehmigungsbehörde** *f* (*Zusammenschluss*) regulator

**Generalstreik** *m* general strike
**die Gewerkschaften erwägen nächsten Monat einen eintägigen Generalstreik**
the unions are considering a one-day general strike next month

**genetisch verändert** genetically modified (GM); gene-altered

**Genom** *n* genome
**superschnelle Rechner haben das menschliche Genom entschlüsselt**
superfast computers have cracked the code of the human genome

**genmanipuliert** *adj* gene-altered
**der Streit um genmanipulierte Nahrungsmittel**
the dispute over gene-altered food

**Gentechnik** *f* genetic technology
**sie glaubten wirklich, mit der Gentechnologie könnte die ganze Welt mit Nahrungsmitteln versorgt werden**
they really did believe that genetic technology might feed the world

**Gericht** *n* court
**aus Furcht, vor Gericht gezerrt zu werden**
for fear of being hauled into court
**das Unternehmen drohte am Donnerstag, vor Gericht zu gehen**
the company on Thursday threatened to go to court

**gerichtliche Auseinandersetzung** court action; litigation
**diese Strategie führte zu einer gerichtlichen Auseinandersetzung**
this strategy became the subject of a court action

**gerichtliche Schritte** litigation
**es gibt keine Sicherheit, dass nicht doch gerichtliche Schritte eingeleitet werden**
there can be no assurance that litigation will not be initiated

**gerichtlich gegen ... vorgehen** take legal action against

**Gesamtbelegschaft** *f* total workforce
**die Gesamtbelegschaft der beiden Unternehmen beträgt zurzeit mehr als 100.000**
the total workforce of the two companies is currently more than 100,000

**Gesamteinnahmen** *fpl* total revenue
**die Gesamteinnahmen von ABC stiegen in diesem Zeitraum auf 60 Mio. $**
ABC's total revenue during the period rose to $60 million

**gesamteuropäisch** *adj* pan-European

**Deutschland ist für eine gesamteuropäische Regulierungsbehörde**
the Germans are in favour of a pan-European regulator

**Gesamtexport** *m* total exports
**im Jahre 2000 belief sich der Gesamtexport auf 11,3 Milliarden Dollar**
total exports in 2000 were $11.3 billion

**Gesamtkonzern** *m* combined group
**der Chef des Gesamtkonzerns sagte, er werde im Jahre 20... zurücktreten**
the combined group's chief executive, annnounced that he would resign in 20...

**Gesamtumsatz** *m* total turnover; total sales
**mit einem Gesamtumsatz von über 200 Mio. £**
with a total turnover in excess of £200m
**diese Elektromotoren trugen mehr als ein Drittel zum Gesamtumsatz im Jahre 20... bei**
these motors accounted for over one-third of total sales in 20...

**gesamtwirtschaftliche Entwicklung** overall economic development

**gesamtwirtschaftliche Lage** macroeconomic situation
**die Nachfrage ist auf Grund der gesamtwirtschaftlichen Lage zurückgegangen**
demand has dropped off because of the macroeconomic situation

**gesamtwirtschaftliches Wachstum** overall economic growth
**die Verlangsamung des gesamtwirtschaftlichen Wachstums in der US-Wirtschaft**
the slowdown in overall economic growth in the US economy
**das gesamtwirtschaftliche Wachstum hat zu Erhöhung der Schadstoffemissionen beigetragen**
overall economic growth helped to push emissions higher

**Geschäft** *n* business
**jeder weiß, dass man Geld braucht, um ein Geschäft zu gründen**
everyone knows that starting a business requires cash

**Geschäfte** *npl* affairs
**er übt noch immer einen großen Einfluss auf die Geschäfte des Konzerns aus**
he still exerts strong influence on the group's affairs

**Geschäfte abwickeln** do business
**Firmen könnten sich grundsätzlich gegen die Abwicklung von Geschäften über das Internet entscheiden**
companies might decide against doing business online altogether

**Geschäftsbereich** *m* business; business unit; division
**die Geschäftsbereiche ergänzen sich**
the businesses are complementary
**dieser Geschäftsbereich befindet sich in New York**
this business unit is based in New York
**bis zum Ende des kommenden Jahres werden bis zu 30.000 Stellen im Geschäftsbereich Zivilflugzeuge des Unternehmens gestrichen**
up to 30,000 jobs will go at the company's commercial-aircraft division by the end of next year

**Geschäftsbericht** *m* annual report
**der Geschäftsbericht wird immer zum Ende eines Geschäftsjahres für die Aktionäre des Unternehmens veröffentlicht**
the annual report is published by a company for its stockholders at the end of each fiscal year

**Geschäftsbeziehungen** *fpl* business relationships
**komplizierte Geschäftsbeziehungen**
complicated business relationships

**Geschäftsführer** *m* general manager; chief operating officer
**diese Veränderungen haben zum Rücktritt des Geschäftsführers geführt**
these changes triggered the resignation of the chief operating officer

**Geschäftsführung** *f* management; board of management

**Geschäftsgebahren** *n* corporate governance

**Geschäftsjahr** *n* fiscal year; business year
**ABC verlor in dem am 30. September abgelaufenen / endenden Geschäftsjahr ca. 1,1 Mrd. US-Dollar**
ABC lost about $US1.1 billion in the fiscal year ended / ending September 30
**in dem gerade zu Ende gegangenen Geschäftsjahr**
in the just-ended business year
**im Geschäftsjahr, das am 1. April begonnen hat**
in the business year that began on April 1

**Geschäftsklima** *n* business climate
**im heutigen, durch zunehmenden Wettbewerb gekennzeichneten Geschäftsklima**
in today's highly competitive business climate
**sinkende Betriebskosten sind ein weiteres Kennzeichen des derzeitigen Geschäftsklimas**
falling operating costs are another element of the current business climate

**Geschäftsklimaindex** *m*; **Geschäftsklima-Index** *m* index of business confidence
**der deutsche Ifo-Geschäftsklima-Index ist nun schon das siebte Mal in Folge gesunken**
Germany's Ifo index of business confidence declined for the seventh month in succession
**Deutschlands Ifo-Geschäftsklimaindex ist im Dezember zum ersten Mal seit acht Monaten gestiegen**
Germany's IFO index of business confidence rose in December for the first time in eight months

**Geschäftskunde** *m* business customer
**die Energiekosten für Geschäftskunden reduzieren**
to reduce energy costs for business customers
**sich auf die Geschäftskunden in Großbritannien und Deutschland konzentrieren**
to concentrate on business customers in Britain and Germany
**Telekommunikationsdienste für große Geschäftskunden**
telecommunications services for large business customers
**dieses Unternehmen ist primär auf lukrative Geschäftskunden ausgerichtet**
this company is focused primarily on serving lucrative business customers

**Geschäftsleitung** *f* management staff
**die Geschäftsleitung von ABC verfügt über vieljährige Erfahrung in der Industrie**
ABC's management staff brings with it long-standing experience in the industry

**Geschäftsleute** *pl* business people

**Geschäftsplan** *m* business plan
**die Unternehmen sind sich in Grundfragen des Geschäftsplans uneinig**
the companies are in fundamental disagreement over the business plan

**Geschäftspraxis** *f* corporate governance
**die Geschäftspraxis bei A&B überprüfen**
to investigate corporate governance at A&B

**Geschäftsreise** *f* business trip
**er ist auf Geschäftsreise**
he is on a business trip
**der Schlüssel zu einer erfolgreichen Geschäftsreise**
the key to a successful business trip

**Geschäftsreisen** *fpl* business travel
**ein starker Rückgang der Geschäftsreisen**
a sharp downturn in business travel

**Geschäftsrückgang** *m* drop in business
**mit einem starken Geschäftsrückgang rechnen**
to anticipate a severe drop in business

**Geschäftsstrategie** *f* business strategy
**das Unternehmen muss seine Geschäftsstrategie überdenken**
the company needs to review its business strategy

**Geschäftstätigkeit** *f* operating activities; economic activity
**laufende Geschäftstätigkeit**
continuing operating activities
**Mittelzufluss aus Geschäftstätigkeit**
cash provided by operating activities

**Geschäftsverlauf** *m* course of business
**im normalen Geschäftsverlauf**
in the normal course of business

**Geschäftsvertrauen** *m* business confidence

**Geschirrspüler** *m* dishwasher
**unser Geschirrspüler hat ein spezielles Programm für Porzellan**
our dishwasher has a special china cycle

**Gesetz** *n* law
**eine Vielzahl unterschiedlicher ausländischer Gesetze befolgen / einhalten**
to comply with a wide variety of foreign laws
**Sie sind eindeutig an die Gesetze des Landes gebunden, in dem sich das Geschäft physisch befindet**
you are clearly bound by the laws of the country where the shop is physically situated

**Gesetz zur Stimulierung der Wirtschaft** (economic) stimulus bill
bei diesen Zahlen sind die Kosten eines Gesetzes zur Stimulierung der Wirtschaft noch nicht berücksichtigt
none of these numbers include the costs of any stimulus bill

**Gesprächsrunde** *f* round of talks
die Erinnerung an das Scheitern einer früheren Gesprächsrunde vergangenen November in Den Haag
the memory of the collapse of an earlier round of talks held in The Hague last November

**Gesundheitsausgaben** *fpl* health expenditure
die Gesundheitsausgaben müssen reformiert werden
health expenditure is in need of an overhaul

**Gesundheitsernährung** *f* health and functional foods

**Gesundheitsrisiko** *n* health risk
Mobiltelefone stellen ein Gesundheitsrisiko dar
mobile phones are health risks

**Gesundheitssektor** *m* health care industry
Technologie und wirtschaftliche Lösungen für den Gesundheitssektor liefern
to deliver technology and economic solutions to the health care industry

**Gesundheitssparte** *f* healthcare unit; healthcare division; healthcare activities
A&B zeigt sich besonders zufrieden mit der Leistung seiner Gesundheitssparte
A&B is particularly pleased with the performance of the healthcare unit

**Gesundheitswesen** *n* health-care system
das Gesundheitswesen bedarf einer gründlichen Reform
health-care systems need comprehensive reform

**Gesundung** *f* return to financial health
ein Meilenstein auf dem Weg zur (finanziellen) Gesundung des japanischen Unternehmens
a milestone in the Japanese company's return to financial health

**geteiltes Echo** mixed response
die neue Energiepolitik stieß auf ein geteiltes Echo
the new energy policy has drawn a mixed response

**Getränkefirma** *f* drinks company
ABC erwarb eine holländische Getränkefirma
ABC bought a Dutch drinks company

**Getränkeindustrie** *f* beverage industry

**Getränkekonzern** *m* drinks group
ABC ist der größte Getränkekonzern der Welt
ABC is the world's biggest drinks group

**Getränkesparte** *f* drinks business

**Gewerbekunde** *m* commercial customer; industrial client; industrial customer
das Gas steht schon vielen Industrie- und Gewerbekunden über Verteilungsnetze zur Verfügung
gas is already available through distribution networks to many industrial and commercial customers
die 200-kW-Brennstoffzelle wandelt auf chemischem Wege Erdgas in Strom und Wärme für Gewerbekunden um
the 200-kW fuel cell uses chemistry to convert natural gas into electricity and heat for commercial customers

**Gewerbesteuer** *f* trade tax
die Gewerbesteuer ist die wichtigste Steuereinnahme der Städte
the trade tax is the cities' main source of tax income

**Gewerbesteueraufkommen** *n* trade-tax revenue

**Gewerbesteuereinnahmen** *fpl* trade-tax income
die Gewerbesteuereinnahmen der Stadt sind um ein Drittel zurückgegangen
the city's trade-tax income has fallen by one-third

**gewerblicher Kunde** commercial customer

**Gewerkschaft** *f* union; labour union
zuvor hatte es monatelange Auseinandersetzungen zwischen ABC und den Gewerkschaften über den Abbau von Stellen gegeben
ABC had been fighting for months with unions over job cuts
es gelang ABC nicht, die Zustimmung der Gewerkschaften zu einem Kostensenkungsprogramm zu erhalten

ABC failed to win agreement from its labour unions for a cost-cutting programme
**der Widerstand der Gewerkschaften wird als ein großes Hindernis / Haupthindernis angesehen**
resistance by labor unions is seen as a major obstacle

**gewerkschaftlich organisiert** unionised
**nur 9% der im öffentlichen Dienst Beschäftigten sind gewerkschaftlich organisiert**
only 9% of the workforce in the public sector is unionised

**Gewerkschaftsführer** *m* union leader; labor leader

**Gewerkschaftsvertreter** *m* union delegate; trade union representative; trade union official; union representative

**Gewinn** *m* profit
**riesige Gewinne einstreichen**
to reap huge profits
**satte Gewinne sind möglich**
there are fat profits to be made
**A&B rechnet mit einem höheren Gewinn**
A&B expects to post a higher profit

**Gewinnaussichten** *fpl* profit prospects

**Gewinnbeteiligung** *f* profit sharing

**Gewinn bringend** profitable
**Krankenhäuser können grundsätzlich in Gewinn bringende Unternehmen umgewandelt werden**
hospitals can in principle be turned into profitable businesses

**Gewinnbringer** *m* cash cow
**die Lederwaren-Sparte ist der einzige Gewinnbringer des Konzerns**
the leather-goods branch is the group's only cash cow

**Gewinneinbruch** *m* sharp fall in profit

**Gewinnerwartung** *f* earnings expectation
**ABC hat die Gewinnerwartungen für das vierte Quartal nicht erfüllt**
ABC failed to meet earnings expectations for the fourth quarter

**Gewinn je Aktie** per-share earnings

**Gewinnmarge** *f* profit margin
**A&B arbeitet mit Gewinnmargen von ca. 8%**
A&B is operating at profit margins of roughly 8%

**Gewinnmitnahme** *f* profit-taking; profit taking
**die Aktienverkäufe könnten auf Gewinnmitnahmen zurückzuführen sein**
the shares might have been sold for profit taking

**Gewinn pro Aktie** per-share earnings
**das Unternehmen erwartet für das vierte Quartal einen Gewinn pro Aktie von 60 Cent**
the company expects fourth-quarter per-share earnings of 60 cents

**Gewinnprognose** *f* profit forecast
**ABC warnte, das Unternehmen werde seine Gewinnprognose nicht einhalten**
ABC warned that it will miss its own profit forecast
**eine Korrektur der Gewinnprognosen des Unternehmens um 90% nach unten**
a 90% cut in the company's profit forecasts

**Gewinnspanne** *f* profit margin
**die Gewinnspanne beträgt ca. 22% in Japan, verglichen mit 11% in Amerika**
profit margins are about 22% in Japan, compared with 11% in America
**diese Industrie arbeitet mit Gewinnspannen von 5 bis 8%**
this industry operates at 5 to 8% profit margins

**gewinnträchtig** *adj* profitable

**Gewinn- und Verlustrechnung** *f* profit and loss account
**diese Aufträge werden sich in den kommenden sechs oder sieben Jahren nicht auf unsere Gewinn- und Verlustrechnung auswirken**
these orders will not impact our profit and loss account for six or seven years

**Gewinnverwendung** *f* appropriation of earnings

**Gewinn vor Zinsen und Steuern** (Ebit) earnings before interest and tax(es) (EBIT)
**der Gewinn vor Zinsen und Steuern stieg von 180 Mio. Euro auf 200 Mio. Euro**
earnings before interest and taxes (EBIT) went up from €180 million to €200 million

**Gewinn vor Steuern, Zinsen und Abschreibung** (Ebitda) earnings before interest, taxes, depreciation and amortization (EBITDA)
**das Unternehmen verzeichnete für das vierte Quartal von 20... einen höheren Umsatz und Gewinn vor Steuern, Zinsen und Abschreibung**
the company reported increased revenues and earnings before interest, taxes, depreciation and amortization (EBITDA) for the fourth quarter of 20...

**Gewinnwachstum** *n* profit growth
**eine Rückkehr zu zweistelligem Gewinnwachstum während dieser Expansionsphase ist zunehmend unwahrscheinlich**
a return to double-digit profit growth during this expansion is increasingly unlikely

**Gewinnwarnung** *f* profits warning; earnings warning; profit warning
**ABC gab für das gesamte Jahr eine Gewinnwarnung heraus**
ABC issued a profits warning for the full year
**ABC gab im vergangenen Jahr eine zweite Gewinnwarnung heraus**
ABC issued a second profits warning within the past year
**ABC gibt Gewinnwarnung heraus**
ABC warns on earnings
**aufgrund der zweiten Gewinnwarnung fielen die Aktien des Unternehmens 16%**
the second profit warning prompted a 16 per cent fall in the company's share price
**A&B ist das einzige Unternehmen, das dieses Jahr noch keine Gewinnwarnung herausgegeben hat**
A&B is the only company not to have issued a profit warning this year
**A&B-Aktien geben nach einer überraschenden Gewinnwarnung 10% nach**
A&B shares fall 10% on surprise profit warning

**Gewinnzahlen** *fpl* profit figures
**das Versicherungsunternehmen nannte keine detaillierten Gewinnzahlen für A&B**
the insurer did not give detailed profit figures for A&B

**Gewinnziel** *n* profit target
**das Unternehmen wird vielleicht seine Gewinnziele verfehlen**
the company may miss its profit targets

**Gewinnzone** *f* profitability; profit
**ABC will im vierten Quartal wieder in die Gewinnzone zurückkehren**
ABC promised profitability in the fourth quarter
**das neue Unternehmen kann bis Ende nächsten Jahres die Gewinnzone erreichen**
the new company will be able to reach profitability by the end of next year
**ABCs Verlustbringer bis zum Jahre 20... wieder in die Gewinnzone führen**
to return ABC's loss-making units to profit by the end of 20...
**mit diesen Verkäufen will das Unternehmen ABC wieder in die Gewinnzone zurückführen**
the sales are part of the company's attempt to return ABC to profit
**in die Gewinnzone zurückkehren / die Gewinnzone wieder erreichen**
to return to profitability / profit

**Gewinnzuwachs** *m* profit growth; profit gain
**zweistelliger Gewinnzuwachs**
double-digit profit growth
**Mobilfunksparte bewirkt beim Mutterkonzern einen Gewinnzuwachs von 8 Prozent**
mobile phone unit drives 8 percent profit gain at parent company
**es heißt, der Gewinnzuwachs sei teilweise auf einen Überschuss von schätzungsweise 10 Mrd. Dollar in der Pensionskasse zurückzuführen**
they say that profit gain was due in part to an estimated $10 billion surplus in ABC's pension plan

**Glasfaserkabel** *n* fibre-optic cable

**Glasfaserleiter-Betrieb** *m* fiber-optics operation
**A&B wird seine Glasfaserleiter-Betriebe verkaufen**
A&B will sell its fiber-optics operations

**Glasfaserleitung** *f* fiber-optic line
**Hochleistungs-Glasfaserleitungen ersetzen vielerorten die Kupferkabel**
high-efficiency fiber-optic lines are replacing copper in many places

**Glasfasernetz** *n* optical-fibre network
**Glasfasernetze mit praktisch unbegrenzter Leistungsfähigkeit**
optical-fibre networks with almost unimaginable capacity

**Glasfasernetzausrüster** *m* optical-network equipment maker

**Glasfasernetz-Bereich** *m* optical networking business

**Glasfasernetz-Geschäft** *n* optical networking business

**Glasfasernetz-Sparte** *f* optical networking business

**glasfaserverstärkt** *adj* fiberglass reinforced; fiberglass-reinforced
**glasfaserverstärkter Kunststoff**
fiberglass reinforced plastic

**Gläubiger** *m* creditor
**die Gläubiger wollen eine Fusion des Unternehmens mit A&B**
creditors want to merge the company with A&B
**die Gläubiger erklärten sich zu weiteren Krediten bereit**
creditors agreed to provide further loans

**Gläubigerbank** *f* creditor bank; bank creditor
**die Gläubigerbanken wollen den Autohersteller an einen ausländischen Anleger verkaufen**
the creditor banks are trying to sell the carmaker to a foreign investor

**Gläubigerschutz** *m* protection from creditors; bankruptcy protection
**ABC hatte Gläubigerschutz beantragt**
A&B had filed for protection from its creditors
**A&B gab eine Erklärung heraus, in der bestritten wird, dass das Unternehmen Anstalten treffe, Gläubigerschutz zu beantragen**
A&B issued a statement denying that they were preparing to file for bankruptcy protection

**Gleichstromantrieb** *m* DC drive

**globale Erwärmung** global warming
**die globale Erwärmung bekämpfen**
to combat global warming
**die globale Erwärmung ist eine der größten Gefahren, denen sich Amerika gegenüber sieht**
global warming is one of the most serious threats facing the United States

**globale Namensaktien** Global Registered Shares

**globale Rezession** global recession
**die Gefahr einer globalen Rezession abwehren**
to fend off the threat of a global recession

**globales Unternehmen** global company
**A&B ist ein globales Unternehmen mit mehr als 45.000 Mitarbeitern in 50 Ländern**
A&B is a global company with more than 45,000 employees in 50 countries

**Globalisierung** *f* globalisation *(BE)*; globalization *(AE)*
**die Globalisierung ist einer der Wachstumsmotoren von ABC**
globalization is one of the engines of ABC growth

**Globalisierungsgegner** *m* anti-globalisation protester

**global vernetzt** globally connected
**durch eine zunehmende global vernetzte Welt verändert sich alles**
the rise of a globally connected world is changing everything

**Goodwillabschreibung** *f*; **Goodwill-Abschreibung** *f* goodwill amortization

**Gordischer Knoten** Gordian knot
**Ziel dieses Vertrages ist das Entwirren dieses juristischen Gordischen Knotens**
untangling this legal Gordian knot is the goal of this treaty

**GPRS-Handy** *n* GPRS handset
**A&B muss die Einführung seines GPRS-Handys verschieben**
A&B will have to delay the launch of its GPRS handset

**grenzüberschreitend** *adj* cross border; cross-border
**grenzüberschreitende Allianzen bilden**
to build cross border alliances
**aus dem grenzüberschreitenden Handel Nutzen ziehen**
to benefit from cross-border trade
**grenzüberschreitende Fusion**
cross-border merger

**grenzüberschreitende Firmenübernahme** cross-border takeover
**die Direktive soll grenzüberschreitende Firmenübernahmen erleichtern**
the directive is aimed at making cross-border takeovers easier

**Großaktionär** *m* major shareholder
**die divergierenden Ziele der Großaktionäre des Unternehmens**
the divergent objectives of the company's major shareholders

**Großanschaffung** *f* big-ticket purchase
**die Verbraucher verschieben Großanschaffungen**

consumers postpone big-ticket purchases

**Großauftrag** *m* large contract
**Vorauszahlungen an Lieferanten im Zusammenhang mit Großaufträgen**
advances to suppliers in connection with large contracts
**das Unternehmen erteilte A&B einen Großauftrag**
the company gave a large contract to A&B

**Großbank** *f* big bank
**es wird erwartet, dass die anderen japanischen Großbanken mit ähnlich schlechten Ergebnissen aufwarten werden**
Japan's other big banks are expected to announce similarly poor results

**Größenordnung** *f* order of magnitude
**eine Größenordnung höher / schneller sein**
to be an order of magnitude higher / faster
**bis zum Ende des Jahrhunderts um eine Größenordnung zunehmen / wachsen**
to grow by an order of magnitude by the end of the century
**die Investitionen werden sich in der Größenordnung des Jahres 20... bewegen**
investments will be of the same order of magnitude as in 20...

**Großfusion** *f* big merger
**Großfusionen erweisen sich oft als Fehlschlag / gehen oft schief**
big mergers often flop

**Großhandel** *m* wholesale; wholesale business

**Großinvestor** *m* large investor
**Großinvestoren sind deutlich im Vorteil, da ...**
large investors enjoy a clear advantage because ...
**diese Gerüchte beunruhigen selbst Großinvestoren**
these rumors have even large investors worried

**Großkunde** *m* large customer; big client; key customer
**zu den Großkunden gehören Computer- und CD-ROM-Hersteller**
key customers include manufacturers of computers and CD-ROMs

**Großrechner** *m* mainframe computer

**ABC gab gestern bekannt, dass sich die Markteinführung des neuen Großrechners bis ins kommende Jahr verzögern werde**
ABC said yesterday that wide availability of its newest mainframe computer would be delayed until next year

**Großunternehmen** *n* big company
**nur gerade einmal 20% der Unternehmen sind Großunternehmen**
big companies make up just one-fifth of the economy

**gründen** *v* found; form; create
**ABC wurde im Jahre 1993 gegründet**
ABC was formed in 1993
**das Unternehmen wurde Ende 1997 gegründet**
the company was created in late 1997

**Gründer** *m* founder

**Gründungsmitglied** *n* founding member; founder member
**das Land war eines der Gründungsmitglieder der Welthandelsorganisation**
the country was a founder member of the WTO

**Gummiherstellung** *f* rubber manufacturing

**Gummi-Industrie** *f* rubber industry

**Güter** *npl* goods
**ausländische und inländische Güter**
foreign and domestic goods

**Gütertransport** *m* freight transportation
**der Bedarf an Gütertransport ist im Allgemeinen eine Funktion der Nachfrage nach einem Produkt**
demand for freight transportation is generally a function of demand for a product

**Güterverkehr** *m* freight traffic
**im Güterverkehr muss A&B zugeben, dass das Unternehmen auf den Kurz-strecken nicht mit den Speditionen konkurrieren kann**
in goods traffic, A&B has to recognise that it cannot compete with hauliers over short distances
**den um das Zehnfache gestiegenen Güterverkehr bewältigen**
to cope with the tenfold expansion in goods traffic

# H

**Haftpflichtversicherung** *f* liability insurance
**obgleich das Unternehmen eine Haftpflichtversicherung abgeschlossen hat, ist das keine Garantie, dass die Versicherungsabdeckung ausreichend ist**
although the Company maintains liability insurance, there can be no assurance that such insurance will be sufficient

**Halbjahr** *n* half of the year; half-year
**im ersten Halbjahr**
in the first half of the year
**am Ende des Halbjahres**
at the end of the half-year

**Halbjahresbericht** *m* semiannual report
**Halbjahresbericht über die Geldpolitik**
semiannual report on monetary policy

**Halbjahresergebnis** *n* half-year results
**A&B wird am Donnerstag seine Halbjahresergebnisse vorlegen**
A&B is due to report first-half results on Thursday

**Halbjahreszahlen** *fpl* half-year results

**Halbleiter** *m* semiconductor
**das Unternehmen stellt Halbleiter für Kabelmodems her**
the company makes semiconductors for cable modems

**Halbleiterbauelement** *n* semiconductor device
**mit diesem Durchbruch können Halbleiterbauelemente leistungsfähiger gemacht werden**
with this breakthrough, semiconductor devices can be made more powerful

**Halbleitergeschäft** *n* semiconductor business

**Halbleiterhersteller** *m* semiconductor maker
**mit den japanischen Halbleiterherstellern konkurrieren**
to compete with Japanese semiconductor makers
**der größte / drittgrößte Halbleiterhersteller der Welt**
the world's biggest / third largest semiconductor maker

**Halbleiterindustrie** *f* semiconductor industry

**Halbleiterproduzent** *m* semiconductor maker
**A&B ist bis jetzt der einzige Halbleiterproduzent, der sich an seine Investitionspläne gehalten hat**
A&B is the only semiconductor maker that has so far stuck to its investment plans

**Halbleitersparte** *f* semiconductor business
**dazu gehörte auch die Erweiterung und Reorganisation unserer Halbleitersparte in fünf verschiedene Bereiche**
this included expanding and reorganizing our semiconductor business into five distinct divisions

**Halbleiterwerk** *n* semiconductor manufacturing facility

**Hand** *f*: **aus einer Hand** from a single source
**die Anlage stammt aus einer Hand / wurde von einem Anbieter geliefert**
the plant is from a single source
**A&B ist ein führendes nordamerikanisches Unternehmen, das die Errichtung von Anlagen, Projektmanagement und Instandhaltung aus einer Hand anbietet**
A&B is a leading North American provider of single source construction, project management and maintenance
**A&B bietet Ersatzteile und Kundendienst aus einer Hand**
A&B provides parts and service support from a single source

**Handel** *m* (1) trade
**der Handel wird dieses Jahr höchstens um 2% zunehmen**
trade will grow at most by 2% this year

**Handel** *m* (2): **im frühen Handel** in early trade; in early trading
**die europäischen Börsen notierten am Montag im frühen Handel geringfügig höher**
European bourses were moderately higher in early trade on Monday

**Handelsbeauftragte** *m/f* trade official; senior trade negotiator

**Handelsbeginn** *m* early trading
**nach einem schwachen Handelsbeginn hat sich der amerikanische Aktienmarkt wieder etwas erholt**

after slumping in early trading, U.S. stocks recovered somewhat

**Handelsbeziehungen** *fpl* trading relations
**normale Handelsbeziehungen**
normal trading relations

**Handelsbilanz** *f* balance of trade

**Handelsblock** *m* trading block
**Spannungen zwischen den beiden größten Handelsblöcken der Welt**
tensions between the world's two largest trading blocks

**Handelsdefizit** *n* trade deficit
**ein plötzlicher sprungartiger Anstieg des monatlichen Handelsdefizits um 15%**
an unexpected 15% jump in the monthly trade deficit
**das US-Handelsdefizit vergrößerte sich um 3 Mrd. Dollar**
the U.S. trade deficit widened by $3 billion

**Handelsexperte** *m* trade expert

**Handelshaus** *n* retailer
**A&B ist Deutschlands größtes Handelshaus**
A&B is Germany's largest retailer

**Handelshemmnis** *n* trade barrier
**die Beseitigung von Handelshemmnissen hatte nun höchste Priorität**
the removal of trade barriers was now a top priority

**Handelshindernis** *n* trade barrier
**Brüssel will Handelshindernisse beseitigen**
Brussels offers to break down trade barriers

**Handelskommissar** *m* trade commissioner
**der Handelskommissar der EU gab bekannt, dass er sich mit den Amerikanern im Bananenstreit geeinigt habe**
the EU trade commissioner announced that he had reached agreement with the Americans over the banana-trade dispute

**Handelskonferenz** *f* meeting of national trade ministers

**Handelskonflikt** *m* trade conflict
**solche Maßnahmen könnten einen Handelskonflikt mit der Europäischen Union auslösen**
such action might spark a trade conflict with the European Union

**Handelskrieg** *m* trade war
**einen Handelskrieg auslösen**
to spark a trade war

**Handelsmacht** *f* trade power
**die Welthandelsorganisation forderte die Handelsmächte auf, ihren internationalen Konflikt beizulegen**
the WTO urged trade powers to settle their international row

**Handelsnation** *f* trader
**Taiwan ist eine weitere mächtige Handelsnation**
Taiwan is another huge trader

**Handelspartner** *m* trading partner
**eine Kehrtwendung wäre ein schwerer Schlag für die WTO und die Handelspartner des Landes**
a U-turn would be a big blow to the WTO and the country's trading partners

**Handelspolitik** *f* trade policy
**es gibt noch immer Leute, die meinen, die Handelspolitik sollte als Waffe zur Erreichung anderer Ziele eingesetzt werden**
there are still those who believe that trade policy should be used as a weapon to fight other battles
**eine protektionistische Handelspolitik**
a protectionist trade policy
**eine öffentliche Debatte über die Handelspolitik des Landes beginnen**
to start a public debate on the country's trade policy

**Handelsrunde** *f* round of world trade talks; trade round
**eine neue Handelsrunde einleiten**
to launch a new round of world trade talks
**die Notwendigkeit einer neuen Handelsrunde war noch nie so groß**
the need for a new trade round is more pressing than ever

**Handelssanktion** *f* trade sanction
**Handelssanktionen gegen Amerika verschieben / verhängen**
to postpone / impose trade sanctions against America

**Handelsschluss** *m* close of trading; close of business
**bei Handelsschluss**
at the close of trading

**Handelsschranke** *f* trade barrier
**Zölle und andere Handelschranken**
tariffs and other trade barriers

**Handelsstunde** *f* hour of trading
**die Aktienkurse fielen während der ersten beiden Handelsstunden**

**am Mittwoch**
stocks fell in the first two hours of trading Wednesday

**Handelstag** *m* trading day; day of trading; day's trading
**am letzten Handelstag im Dezember**
on the last trading day of December
**die Kurse purzelten am Mittwoch, einem der turbulentesten Handelstage in der Börsengeschichte**
stocks plunged Wednesday in one of the heaviest trading days ever
**am ersten Handelstag des neuen Jahres fielen die Aktien um weitere 7%**
the stockmarket fell by another 7% on the first trading day of the new year
**der Dow Jones fiel um 7,1% am ersten Handelstag**
the Dow Jones Industrial Average dropped by 7.1% on the first day's trading
**bis zum Ende des Handelstages fiel der Aktienkurse um 9,4%**
by the end of the trading day, the shares dropped 9.4 percent

**Handelsüberschuss** *m* trade surplus
**der Handelsüberschuss des Landes wird wahrscheinlich 20 Mrd. US-Dollar betragen**
the country's trade surplus will likely reach US$20 billion

**handelsüblich** *adj* commercially available; off-the-shelf

**Handelswoche** *f* trading week
**die Aktien des Chipherstellers machten einen Sprung um 19% während der durch einen Feiertag verkürzten Handelswoche**
the chipmaker jumped 19 percent during the holiday-shortened trading week

**Händlernetz** *n* dealer organization; dealer network
**hervorragende Kundenbetreuung durch unser Händlernetz**
outstanding customer service through our dealer organization
**eine umfassende Überholung des Händlernetzes des Unternehmens**
a big overhaul of the company's dealer network
**das Unternehmen wird auch weiterhin seine Autos über das eigene Händlernetz vertreiben**
the company will also still sell its cars through its dealer network

**Handwerksbetrieb** *m* small contractor; craft business

**Handwerksbetriebe gehören zu den wertvollsten Kunden von ABC**
small contractors are ABC's most valuable customers
**Handwerksbetriebe mit nur wenigen / einer Handvoll Mitarbeitern**
craft businesses with a handful of workers

**Handy** *n* mobile phone; cell phone; cellphone; cellular phone
**der weltweit größte Hersteller von Handys**
the world's biggest maker of mobile phones
**bei Handys ist die auftretende Mikrowellenenergie so gering, dass Erwärmung praktisch keine Rolle spielt**
cell phones use so little microwave energy that even heating is a nonissue
**meiner Meinung nach gibt es keinerlei Beweise dafür, dass Handys Krebs verursachen**
I don't think there's any evidence that cell phones cause cancer
**Software und Hardware für die Prüfung und Herstellung von Handys**
software and hardware for testing and manufacturing cell phones
**Handys sind noch eine recht junge Erfindung**
cellular phones are a fairly new invention

**Handyabsatz** *m* handset sales
**der steigende Handyabsatz wird zu einem stärkeren vierten Quartal führen**
rising handset sales will result in a stronger fourth quarter

**Handybenutzer** *m* cellular phone user

**Handy-Boom** *m* mobile boom
**der Handy-Boom lässt nach**
the mobile boom is dying down

**Handy-Chip** *m* chip for cell phones

**Handy-Hersteller** *m* mobile-phone maker
**ABC ist der größte Handy-Hersteller der Welt**
ABC is the world's leading mobile-phone maker

**Handy-Netz** *n* mobile phone network
**die Handy-Netze auf der ganzen Welt müssen modernisiert werden**
the world's mobile phone networks will have to be upgraded

**A&B will zum Aufbau eines weltweiten Handy-Netzes 250 Ballons stationieren**
A&B wants to launch 250 balloons as part of a worldwide mobile phone network

**Handynutzer** *m* cellular phone user
**in Kanada gibt es zurzeit 8,3 Mio. Handynutzer**
there are currently 8.3 million cellular phone users in Canada

**Handy-Pionier** *m* cellular pioneer; cellular-phone pioneer
**der Handy-Pionier arbeitet seit langem mit A&B zusammen**
the cellular pioneer has long worked hand-in-hand with A&B
**Hauptaktionär ist der Handy-Pionier A&B**
leading shareholder is cellular-phone pioneer A&B

**Handysparte** *f*; **Handy-Sparte** *f* handset business

**Hauptgläubiger** *m* main creditor

**Hauptquartier** *n* headquarters

**Hauptsitz** *m* headquarters
**der europäische Hauptsitz von ABC befindet sich in Belgien**
ABC's European headquarters is in Belgium
**die Bank wird ihren Hauptsitz nach Londen verlegen**
the bank will move its headquarters to London

**Hauptsitz** *m*: **mit Hauptsitz in** based
**das Einzelhandelsunternehmen mit Hauptsitz in Brüssel**
the Brussels-based retailer

**Hauptversammlung** *f* annual general meeting
**die Hauptversammlung wurde von Juni auf Ende April vorverlegt**
the annual general meeting was brought forward to the end of April from June
**auf der Hauptversammlung**
at the annual general meeting
**in seiner Rede an die Hauptversammlung brachte er seine Besorgnis über die große Anzahl unwirksamer Energiesparprogramme zum Ausdruck**
addressing the Annual General Meeting, he expressed his concern at the number of ineffective energy saving programmes

**Hausgerät** *n* appliance; home appliance

**Haushalt** *m* budget
**die Regierung versuchte, für das kommende Jahr einen ausgeglichenen Haushalt vorzulegen**
the government was trying to put together a balanced budget for next year
**den Haushalt ausgleichen**
to balance the budget

**Haushaltsdefizit** *n* fiscal deficit; budget deficit
**das Land wird sein Haushaltsdefizit auf ca. 3 Prozent des BIP verringern**
the country will reduce its fiscal deficit to about 3 percent of gross domestic product
**er lobte ihre Bemühungen um eine Verringerung des Haushaltsdefizits**
he praised them for their efforts to reduce budget deficits
**eine durchsetzbare Verringerung des Haushaltsdefizits über einen Zeitraum von mehreren Jahren**
an enforceable reduction in the budget deficit stretching over a number of years
**das drohende Haushaltsdefizit ist von der politischen Tagesordnung verschwunden**
the looming budget deficit has vanished from the political agenda
**in den achtziger Jahren betrug das jährliche Haushaltsdefizit im Durchschnitt 3% des BIP**
in the 1980s, the country ran an average annual budget deficit of 3% of GDP

**Haushaltsentwurf** *m* draft budget
**den Haushaltsentwurf für 20... bis Ende Juni vorlegen**
to present the draft budget for 20... by the end of June

**Haushaltsgerät** *n* appliance; home appliance

**Haushaltsgerätehersteller** *m* appliance maker

**Haushaltsgeräteindustrie** *f* appliance industry
**die äußerst wettbewerbsintensive Haushaltsgeräteindustrie**
the intensely competitive appliance industry

**Haushaltskürzung** *f* budget cut
**Haushaltskürzungen können warten, bis die Konjunktur sich wieder belebt**
budget cuts can wait until the economy perks up

**Haushaltsplan** *m* budget plan
**diese Woche machte der Präsident endlich seine Haushaltspläne publik**
this week the president finally released his budget plans
**Ende der Woche wird das Kabinett seine Haushaltspläne bekanntgeben**
later this week, the cabinet will unveil its budget plans

**Haushaltspolitik** *f* budget policy
**die Haushaltspolitik auf der Ebene des Bundes, der Länder und Kommunen abstimmen**
to coordinate budget policy at the federal, regional and local levels

**Haushaltsüberschuss** *m* budget surplus
**Hauptziel der Fiskalpolitik sollte es sein, während normaler Zeiten einen fetten Haushaltsüberschuss anzusammeln**
fiscal policy should concentrate on accumulating a substantial budget surplus in normal times
**die Haushaltsüberschüsse haben zu beträchtlichen Auseinandersetzungen über den richtigen zukünfigen Kurs der Finanzpolitik geführt**
the budget surpluses have generated considerable debate over the appropriate course of future fiscal policy
**die Regierung erwirtschaftete einen beträchtlichen und stetig wachsenden Haushaltsüberschuss**
the government was running a healthy and growing budget surplus

**Headhunter** *m* headhunter

**heikles Thema** sensitive issue
**dies ist in Amerika ein heikles Thema**
this is a sensitive issue in America

**Heimatmarkt** *m* home market
**die internationalsten Marken kommen meist aus Ländern mit relativ kleinen Heimatmärkten**
the most international brands tend to come from countries with relatively small home markets
**die beiden Unternehmen kontrollieren zusammen vier Fünftel ihres Heimatmarktes**
between them the two companies control four-fifths of their home market

**heimisch** *adj* domestic
**heimische Industrie**
domestic industry

**Heim-PC** *m* home PC

**heimischer Markt** home market

**Heizöl** *n* heating oil
**der Schwefelgehalt des Heizöls von 0,2% reicht aus, um den Wärmetauscher zu verschmutzen**
heating oil's sulfur content of 0.2 percent is enough to foul the heat exchanger
**auf die Verbraucher von Heizöl und Propan kommen steigende Preise zu**
those consumers using heating oil and propane are also facing increasing prices

**Heizölkosten** *pl* costs for heating oil; cost of home heating oil
**die Benzin- und Heizölkosten sanken vergangenen Monat um 1,8% bzw. 3,4%**
costs for gasoline and heating oil fell 1.8 percent and 3.4 percent, respectively, last month
**die Heizölkosten waren 3% niedriger**
the cost of home heating oil was down 3 percent

**Heizölpreis** *m* price of home heating oil
**der Heizölpreis soll diesen Winter extrem steigen**
the price of home heating oil is expected to skyrocket this season

**Heizölvorräte** *mpl* heating oil stocks
**die Heizölvorräte sind 11% höher als zur gleichen Zeit im vergangen Jahr**
heating oil stocks are 11% higher than last year at this time

**Herausforderung** *f* challenge
**es liegen noch viele Herausforderungen und viel Arbeit vor uns**
we have much work to do and many challenges ahead

**Hersteller** *m* manufacturer
**ein führender Hersteller von Software**
a leading manufacturer of software

**herunterladen** *v* download
**die Software wurde eifrig von zahllosen Anwendern heruntergeladen**
the software was downloaded eagerly by countless users
**Musik aus dem Internet herunterladen**
to download music from the Internet

**Herunterstufung** *f* downgrade
**schnelle Herunterstufung der Bonität von Energieunternehmen durch Ratingagenturen**
rapid downgrades by rating agencies of energy companies' debt

**Hightech-Firma** *f* high-tech firm; high-tech company; high-tech business
**Hightech-Güter** *npl* high-tech goods
    **stark von der Ausfuhr von Hightech-Gütern abhängig sein**
    to depend heavily on exports of high-tech goods
**Hightechriese** *m* high-tech giant
**Hightech-Unternehmen** *n* high-tech company; high-tech business
**Hilfsarbeiter** *m* unskilled worker; unskilled labour
    **in den USA sind die Löhne für Hilfsarbeiter im Fallen begriffen**
    in the United States, wages of unskilled workers are falling
**Hilfspaket** *n* aid package
    **die Gewerkschaft drängte auf ein Hilfspaket in Höhe von mehreren hundert Millionen Pfund**
    the union pressed for an aid package running into hundreds of millions of pounds
    **die amerikanische Regierung schnürt ein umfassendes Hilfspaket für die Fluggesellschaften**
    the American government is preparing a large aid package for the airlines
    **die Bundesregierung stimmte einem Hilfspaket für die amerikanischen Fluggesellschaften zu**
    the federal government agreed an aid package for America's airlines
**Hilfsprogramm** *n* bailout plan; bailout package; bailout programme *(BE)*; bail-out scheme
    **Hilfsprogramm für Fluggesellschaften**
    bailout plan for airlines
**Hintergrund** *m* background
    **vor dem Hintergrund einer angeschlagenen Wirtschaft**
    against a background of a faltering economy
    **vor diesem Hintergrund wundert es nur wenig, dass ...**
    against such a background, it is little wonder that ...
**Hochgeschwindigkeits-Internetzugang** *m* high-speed Internet connection
**Hochgeschwindigkeitszug** *m* high-speed train
    **der französische Hochgeschwindigkeitszug hatte den japanischen Weltrekord eingestellt**
    the French high-speed train had matched Japan's world record
    **die Fluglinien stellten keine Konkurrenz für die französischen Hochgeschwindigkeitszüge dar**
    the airlines could not compete with France's high-speed trains
**Hochleistungs...** high-efficiency
    **Hochleistungsturbolader für Diesel- und Benzinmotoren**
    high-efficiency turbochargers for diesel and gas engines
**Hochleistungsbrennstoffzelle** *f* high efficiency fuel cell
    **ABC ist weltweit führend auf dem Gebiet der Hochleistungsbrennstoffzellen für die Stromerzeugung**
    ABC is a world recognized leader in the field of high efficiency fuel cells for electric power generation
**Hochschulausbildung** *f* college education
**Höchststand erreichen** peak
    **der Nikkei-Index erreichte 1989 seinen Höchststand**
    the Nikkei index peaked in 1989
**Hochtechnologieaktien** *fpl* high-technology shares
**Hochtechnologiebörse** *f* high-tech stockmarket; high-tech stock exchange
**Hochtechnologiefirma** *f* high technology firm; high-tech firm; high-tech company
**Hochtechnologiewerte** *mpl* high-technology shares
**hoch treiben** *v* push up
    **den Ölpreis hoch / in die Höhe treiben**
    to push up the price of oil
**hoch verschuldet** debt-laden
    **der hoch verschuldete Medienkonzern**
    the debt-laden media group
**Hoffnung** *f* hope
    **die Hoffnung auf weitere Senkungen der Zinssätze dämpfen**
    to dampen hopes of further interest-rate cuts
    **diese Ankündigungen zerstörten die Hoffnung auf eine baldige Wiederkehr des Wachstums im Technologiesektor**
    these announcements dashed hopes

of a quick recovery of growth in the technology sector
**Hoffnungsschimmer** *m* glimmer of hope
**es gibt einen neuen Hoffnungsschimmer**
there is a new glimmer of hope
**Holding** *f* holding company
**eine Holding gründen**
to set up a holding company
**Holzzellstoff** *m* cellulose
**beide Produkte werden aus Holzzellstoff gewonnen**
both products are derived from cellulose
**Hotelkonzern** *m* hotel group
**Europas größter Hotelkonzern musste zusehen, wie seine Aktien ins Bodenlose fielen und gab eine Gewinnwarnung heraus**
Europe's biggest hotel group saw its shares plunge and issued a profit warning
**Hürde** *f* hurdle
**A&B muss noch einige Hürden überwinden**
A&B still faces several hurdles
**die Chancen stehen gut, dass A&B diese Hürden nehmen wird**
it is a good bet that A&B will overcome such hurdles
**Hybridauto** *n* hybrid electric vehicle (HEV)
**hybridelektrisches / hybridelektrisches Fahrzeug** hybrid electric vehicle (HEV)
**Hybridfahrzeug** *n* hybrid electric vehicle (HEV)
**Hyperinflation** *f* hyperinflation
**die Hyperinflation wurde schnell von über 3000% heruntergeschraubt**
hyperinflation was quickly brought down from over 3000%
**Hypothekenzinssatz** *m* mortgage interest rate

# I

**Ikone** *f* icon
**sie arbeiten an den Konzeptentwürfen, die vielleicht die Ikonen von morgen sein werden**
they're drafting the concept designs that could be the icons of tomorrow
**Image** *n* image
**ein beschädigtes Image aufpolieren**
to polish up a tarnished image
**das Image des Autoherstellers in Japan war stark beschädigt**
the automaker's image was badly damaged in Japan
**immaterielles Gut** intangible asset
**immaterielle Vermögensgegenstände** intangible assets
**die immateriellen Vermögensgegenstände beliefen sich am Jahrsende 20... auf 19 Mrd. Dollar**
intangible assets were $19 billion at year-end 20...
**Immobilien** *fpl* real estate
**zum Abbau der Schulden verkaufte das Unternehmen Immobilien**
to reduce debt, the company sold real estate
**Immobilienanlage** *f* real estate asset
**Immobilienboom** *m* real-estate boom
**Immobilienmakler** *m* realtor
**Immobilienpreis** *m* house price; real estate price
**die Immobilienpreise in Amerika steigen zurzeit so schnell wie seit zehn Jahren nicht mehr**
house prices in America are rising at their fastest pace for more than a decade
**die Immobilienpreise steigen weiter**
real estate prices keep rising
**Immobilienunternehmen** *n* realtor
**Immobilienvermögensverwalter** *m* property funds manager; manager of real estate assets
**die Bank hat den amerikanischen Immobilienvermögensverwalter A&B gekauft**
the bank has bought US-based property fund manager A&B
**dadurch wird die Bank zum größten Immobilienvermögensverwalter der Welt**
this will catapult the bank into the role of the world's largest manager of real estate assets
**Import** *m* import
**diese Länder verringern ihre Importe aus Amerika und Japan**
these countries trim their imports from America and Japan

**Importbeschränkung** *f* import restriction
**Importbeschränkungen verhängen / einführen**
to impose import restrictions
**importieren** *v* import
**Frankreich importierte in diesem Zeitraum 47.000 Schafe aus Großbritannien**
France imported 47,000 British sheep in that period
**Inbetriebnahme** *f* start-up
**die Inbetriebnahme soll bis Ende des Jahres abgeschlossen sein**
start-up is expected to be completed by the end of the year
**reibungslose Inbetriebnahme**
smooth start-up
**die Inbetriebnahme war schnell durchgeführt**
start-up was quickly accomplished
**Index für die Geschäftstätigkeit**
business conditions index
**der Index für die Geschäftstätigkeit stieg auf 16.0**
the business conditions index rose to 16.0
**Indikator** *m* indicator
**der wichtigste Indikator für die Zahlungsfähigkeit eines Landes**
the main indicator of a country's solvency
**Industrieautomation** *f* industrial automation
**unsere Produkte zielen hauptsächlich auf den Bereich Industrieautomation ab**
our products are primarily targeted at industrial automation
**Industrieautomatisierung** *f* industrial automation
**Industriecomputer** *m* industrial computer
**Industrieerzeugnisse** *npl* manufactured goods
**ein spektakulärer Anstieg der Ausfuhren von Industrieerzeugnissen**
a spectacular surge in the exports of manufactured goods
**Industriekonzern** *m* industrial group
**A&B ist ein weiterer großer amerikanischer Industriekonzern**
A&B is another big US industrial group
**der amerikanische Industriekonzern hat sich trotz ungünstiger Devisenkurse und und einer nachlassenden US-Konjunktur behauptet**
the US industrial group overcame adverse exchange rates and a decelerating US economy
**Industriekreise** *mpl* industry sources
**Industriekreisen zufolge könnte die Kraft-Wärme-Kopplung einen Marktanteil von 30% erreichen**
industry sources believe that CHP could achieve a 30% market share
**Industriekreise sagen ... voraus**
industry sources have predicted that ...
**Industriekreisen zufolge**
according to industry sources
**Industriekunde** *m* industrial client; industrial customer
**ABC hat 1.600 Industriekunden in Europa**
ABC has 1,600 industrial clients in Europe
**Industrieländer** *npl* industrialised countries
**Industrieleittechnik** *f* industrial automation and control
**Industrieleittechnik-Sparte** *f* industrial automation and control business
**die Industrieleittechnik-Sparte von ABC Inc. bietet eine breite Palette von Steuerungssystemen**
the industrial automation and control business of ABC Inc. provides a broad range of control systems
**industrielle Automatisierungstechnik** industrial automation
**auch auf dem Gebiet der industriellen Automatisierungstechnik haben wir beträchtliche Fortschritte gemacht**
we also made significant progress in industrial automation
**Industrieproduktion** *f* industrial production; industrial output
**die am letzten Freitag veröffentlichten offiziellen Zahlen zeigen nun schon zum vierten Mal in Folge einen Rückgang der Industrieproduktion in Amerika**
official figures released on Friday showed a fourth successive fall in US industrial production
**die Industrieproduktion schrumpfte im Januar um 3,9%**
industrial production shrank by 3.9% in January
**die nachlassende Nachfrage in den USA hatte eine Verringerung der**

**Exporte und der Industrieproduktion bewirkt**
weakening demand in the US had slowed exports and industrial output

**Industrierechner** *m* industrial computer

**Industrieumgebung** *f* industrial environment
**das neue System wird schon in rauen Industrieumgebungen eingesetzt**
the new system is already used in rugged, industrial environments

**Industrieunternehmen** *n* industrial enterprise; industrial company
**zu unseren Kunden gehören einige der größten Industrieunternehmen**
our customer list includes some of the largest industrial companies
**durch dieses Abkommen würde das größte Industrieunternehmen der Welt entstehen**
the deal would create the world's biggest industrial company

**Inflation** *f* inflation
**die Inflation wird den einstelligen Bereich erreichen**
inflation will reach single digits
**die Inflation in Irland hat die 6,2%-Marke erreicht**
inflation in Ireland reached 6.2%
**die Inflation bekämpfen**
to fight inflation
**die Inflation unter Kontrolle halten / im Zaum halten**
to keep inflation under control / to curb inflation
**die jährliche Inflation war von beinahe 100% auf ein Drittel gesunken**
inflation had fallen from almost 100% a year to a third of that rate
**Inflation im einstelligen Bereich ist derzeit normal in Lateinamerika**
single-digit inflation is the norm in Latin America these days
**in Brasilien steigt die Inflation**
inflation is on the rise is Brazil
**die Inflation ist unter Kontrolle**
inflation is well contained
**ein starkes Ansteigen der Inflation vorhersagen**
to predict a future upsurge in inflation

**inflationäre Auswirkung** inflationary impact
**die inflationären Auswirkungen weiterer Zinssenkungen**
the inflationary impact of further cuts

**inflationsanfällig** *adj* inflation-prone
**auf Grund dieser Entwicklung ist die Wirtschaft weniger inflationsanfällig**
this development has made the economy less inflation-prone

**Inflationsbarometer** *n* inflation gauge
**der Verbraucherpreisindex ist ein sorgsam überwachtes Inflationsbarometer**
the consumer price index is a closely watched inflation gauge

**Inflationsbekämpfungsprogramm** *n* disinflation programme
**dies ist ein schwerer Schlag für das Inflationsbekämpfungsprogramm des Landes**
this is a huge blow to the country's disinflation programme

**Inflationsdruck** *m* inflation pressure; inflationary pressure
**der Inflationsdruck blieb im Rahmen**
inflation pressures remained contained
**wachsender / anhaltend geringer Inflationsdruck**
growing / continuing low inflationary pressures
**der Inflationsdruck in Europa bleibt beunruhigend**
inflationary pressures in Europe remain worrying
**der Inflationsdruck wird aller Voraussicht nach weiter nachlassen**
inflationary pressures are likely to weaken further

**Inflationsgefahr** *f* threat of inflation; inflation risk
**die sich verringernde Inflationsgefahr**
the receding threat of inflation
**es wäre töricht zu behaupten, die Inflationsgefahr sei gebannt**
it's foolish to argue that the inflation risks have evaporated

**Inflationsrate** *f* inflation rate
**dieses Land hat die höchste Inflationsrate in der OECD**
this country has the highest inflation rate in the OECD
**eine jährliche Inflationrate von höchstens 2%**
an annual inflation rate of no more than 2%

**Inflationsrisiko** *n* inflation risk
**die Inflationsrisiken haben sich durch das gemäßigtere Konjunkturtempo verringert**
inflation risks are diminished by the

**Inflationszahlen** *fpl* inflation figures; figures for inflation
**die neusten Inflationszahlen werden den Politikern wenigstens eine Denkpause gestatten**
the new inflation figures will at least give politicians pause for thought
**bevor die schlechten Inflationszahlen für Januar veröffentlicht wurden**
before the poor inflation figures for January were published
**die neusten Inflationszahlen zeigen einen deutlichen Anstieg von 2,2% auf 2,6% auf das Jahr bezogen**
the latest figures for inflation show a sharp increase from 2.2% to 2.6% a year

**Inflationsziel** *n* inflation target
**die Zentralbank läuft Gefahr, dem Inflationsziel bei der Festsetzung der Zinssätze zu sehr den Vorrang einzuräumen**
the central bank is at risk of taking its inflation target too seriously when setting interest rates
**wahrscheinlich übersteigt die Inflation die Obergrenze des von der Zentralbank für dieses Jahr festgesetzten Inflationsziels**
the upper limit of the central bank's inflation target for this year looks likely to be breached

**Information** *f* information
**sie haben den Anlegern wichtige Informationen vorenthalten**
they failed to tell investors vital information

**Informationskampagne** *f* information campaign
**im Rahmen der Informationskampagne sollen die Bürger der Eurozone mit den neuen Banknoten und Münzen vertraut gemacht werden**
the information campaign is intended to familiarise the euro-zone's citizens with the new banknotes and coins

**Informationstechnik** *f* information technology (IT) (siehe auch **Informationstechnologie**)
**die Ausgaben der Unternehmen für Informationstechnik haben im ersten Halbjahr ein starkes Wachstum zur Folge gehabt**
corporate spending on information technology led to strong growth in the first six months of this year
**die Informationstechnik verändert das Leben von Grund auf / grundlegend**
information technology is changing every aspect of life

**Informationstechnologie** *f* information technology (IT)

**Infrastruktur-Sparte** *f* infrastructure operations
**die Infrastruktur-Sparte von A&B litt unter nachlassender Nachfrage**
A&B's infrastructure operations were hit by weakening demand

**Ingenieur** *m* engineer
**Ingenieure mit den erforderlichen Fertigkeiten sind Mangelware**
engineers with the necessary skills are in short supply

**Inlandsabsatz** *m* domestic sales
**Inlandsbrief** *m* domestic letter
**Inlandsmarkt** *m* home market; domestic market
**die starke Nachfrage nach diesen Produkten auf dem Inlandsmarkt und im Ausland**
the widespread demand for these products in domestic and international markets

**Inlandsnachfrage** *f* domestic demand (siehe auch **Binnennachfrage**)
**angesichts einer so gedämpften privaten Inlandsnachfrage ist die Wirtschaft auf jede ausländische Hilfe angewiesen**
with private domestic demand so subdued the economy needs all the foreign help it can get

**Innovationsmotor** *m* engine of innovation

**Innovationspotential** *n*; **Innovationspotenzial** *n* innovative potential
**die verblüffende Steigerung von Leistung und Innovationspotenzial von Mikrochips**
the amazing growth in the power and innovative potential of microchips

**Insidergeschäfte** *npl*; **Insider-Geschäfte** *npl* insider trading
**die Tokioter Börse untersucht mögliche Insidergeschäfte**
the Tokyo Stock Exchange is investigating possible insider trading

**Insiderhandel** *m*; **Insider-Handel** *m* insider trading
**gegen ihn wurde wegen**

**Insiderhandel ermittelt**
he was being investigated for insider trading
**Insiderkreise** *mpl* insiders
**Insiderkreisen zufolge wird sich das Serienfahrzeug nur wenig vom Konzeptauto unterscheiden**
insiders say the concept car will differ little from the production model
**insolvent** *adj* insolvent
**die Gläubiger des insolventen Autoherstellers**
the creditors of the insolvent car maker
**Insolvenz** *f* insolvency; default
**die Bank befand sich am Rande der Insolvenz**
the bank was close to insolvency
**Insolvenzexperte** *m* insolvency expert
**drei Insolvenzexperten als Berater heranziehen**
to appoint three insolvency experts as consultants
**Insolvenzverwalter** *m* administrator
**der vom Gericht ernannte Insolvenzverwalter muss eine Bestandsaufnahme des Vermögens vornehmen**
the court appointed administrator must draw up a list of assets
**Instandhaltung** *f* maintenance
**Instandhaltung und Instandsetzung an Spezialfirmen vergeben**
to subcontract maintenance and repair to specialists
**institutioneller Anleger**
institutional investor; institutional shareholder
**er trifft sich jeden Monat mit institutionellen Anlegern und informiert sie über Führung und Finanzen des Unternehmens**
he holds monthly meetings with institutional investors to brief them about the company's management and finances
**es heißt oft, die institutionellen Anleger hätten im Gegensatz zu Einzelanlegern ständigen Zugriff auf Informationen**
people often say that institutional investors have access to information constantly, whereas individuals don't
**institutionelle Anleger in Deutschland und im Ausland zeigten großes Interesse an den Aktien der Deutschen Börse**
institutional investors in Germany and abroad showed a very strong interest in the shares of Deutsche Boerse
**ein Treffen zwischen ihm und institutionellen Anlegern ist für Montag in London vorgesehen**
he is due to meet institutional shareholders in London on Monday
**integrierte Schaltung** integrated circuit (IC)
**Interessenkonflikt** *m* conflict of interest
**ein Interessenkonflikt zwischen Energieeffizienz und Wirtschaftlichkeit muss nicht sein**
there need not be such a conflict of interests between energy and economic efficiency
**A&B versucht, das mögliche Auftreten von Interessenkonflikten zu vermeiden**
A&B tries to eliminate any possible appearance of conflict of interest
**dies würde einen Interessenkonflikt mit A&B vermeiden / ausräumen**
this would remove a conflict of interest with A&B
**zu einem Interessenkonflikt führen / einen Interessenkonflikt verursachen / herbeiführen**
to create a conflict of interest
**Internationale Arbeitsorganisation**
International Labor Organization (ILO)
**Untersuchungen der Internationalen Arbeitsorganisation zeigten, dass ...**
studies by the International Labor Organization found that ...
**Internationaler Währungsfonds**
(IWF) International Monetary Fund (IMF)
**der Internationale Währungsfonds hat seine Prognose nach unten korrigiert**
the International Monetary Fund has downgraded its forecast
**Internet** *n* (1) Internet
**die riesigen Datenmengen, die über das Internet transportiert werden**
the massive amounts of data moving across the Internet
**Musik im / über das Internet verkaufen**
to sell music on the Internet
**Internet** *n* (2) **im Internet sein / surfen** be online
**sie sind im Durchschnitt 70 Minuten im Internet**

they are averaging about 70 minutes online daily

**Internet-Abteilung** *f* Internet unit
**ABC wollte nicht sagen, wie viel das Unternehmen in seine Internet-Abteilung investiert hatte**
ABC declined to say how much it had invested in the Internet unit

**Internetaktien** *fpl* Internet stock

**Internet-Anbieter** *m*; **Internetanbieter** *m* Internet-access provider

**Internetanschluss** *m* Internet connection
**mit zunehmender Leistungsfähigkeit der Rechner werden auch die Internetanschlüsse immer schneller**
as computers get more powerful, Internet connections become faster
**Millionen neuer Anwender verlangen immer schnellere Internetanschlüsse**
millions of new users desire ever-faster Internet connections

**Internetboom** *m*; **Internet-Boom** *m* Internet boom
**die Aktienkurse wurden von Käufern hoch getrieben, die am Internetboom teilhaben wollten**
the share prices were driven by buyers who wanted to grab a stake in the Internet boom

**Internet-Browser** *m*; **Internetbrowser** *m* Web browser

**Internet-Dienst** *m* Internet service
**zu viele Unternehmen bieten billige Internet-Dienste an**
too many companies are offering Internet service at low prices
**Internet-Dienste wie Wettervoraussagen und Rezepte**
Internet services such as weather forecasts and food recipes

**Internet-Dienstanbieter** *m* Internet-access provider

**Internetdienstleister** *m* Internet service provider (ISP)
**A&B kündigte ein Abkommen mit einem großen Internetdienstleister an**
A&B announced an agreement with a big Internet service provider (ISP)
**A&B ist Frankreichs größter Internetdienstleister**
A&B is France's biggest Internet service provider

**Internet-Dienstleistung** *f* Internet service

**Internet-Einkauf** *m* online shopping

**Internet-fähiges / internetfähiges Handy** internet-enabled handset; Internet-capable mobile telephone
**vor der Einführung internetfähiger Handys**
before launches of internet-enabled handsets

**Internet-fähiges / internetfähiges Mobiltelefon** internet-enabled mobile phone; Internet-capable mobile telephone
**die Nutzer werden ihre Meinung über internetfähige Mobiltelefone schon noch ändern**
customers will begin to change their minds about internet-enabled mobile phones

**Internet-Firma** *f*; **Internetfirma** *f* Internet company; dot-com; Internet firm
**die Abneigung der Wagnisfinanzierer gegenüber Internet-Firmen**
venture capitalists' distaste for Internet companies
**nur 14 von über 500 Betriebswirtschaft-Studierenden gingen zu Internet-Firmen**
only 14 of over 500 business school students went to dot-coms

**Internet-Geschäft** *n* Internet business
**A&B erwartet dieses Jahr von seinem Internet-Geschäft Einnahmen in Höhe von mehr als 3 Mrd. Dollar**
A&B is expecting its Internet business to bring in over $3 billion this year

**Internet-Ökonomie** *f* Internet economy

**Internetportal** *n* Internet portal

**Internetprovider** *m* Internet-access provider

**Internet Start-up** *n* Internet start-up

**Internet-Suchmaschine** *f* Internet search directory
**die drittbeliebteste Internet-Suchmaschine**
the third-most popular Internet search directory

**Internet-Unternehmen** *n* online business
**ein Internet-Unternehmen gründen, um mit ABC Inc zu konkurrieren**
to create an online business to rival ABC Inc.

**Internetzugang** *m*; **Internet-Zugang** *m* Internet access; access to the Internet
**Internetzugang vom Handy aus ermöglichen**
to allow Internet access from mobile phones
**95% aller staatlichen Schulen verfügen über Internetzugang**
95% of all state schools have Internet access
**Kunden mobilen Internetzugang bieten**
to provide customers with mobile access to the Internet
**Intranet** *n* intranet
**direkt aus elektronischen Katalogen im Intranet bestellen**
to order directly from electronic catalogues on the intranet
**investieren** *v* invest
**in die Zukunft investieren**
to invest in the future
**wir haben in eine umfassende Umstrukturierung und in neue Unternehmen investiert**
we invested in both a widespread restructuring and in new businesses
**Investition** *f* investment; capital investment; capital expenditure
**ABC erwies sich als eine gute Investition**
ABC proved a good investment
**die Unternehmen verringern ihre Investitionen**
companies are cutting back on capital investment
**die Investitionen verringerten sich deutlich am Ende des Jahres**
capital expenditures slowed sharply at the end of the year
**unvorhergesehene Änderungen bei den Betriebsausgaben und Investitionen**
unanticipated changes in operating expenses and capital expenditures
**A&B gab bekannt, das Unternehmen werde die Investitionen drastisch kürzen**
A&B announced that it would drastically cut investment
**in Amerika und Japan sind die Investitionen zum Erliegen gekommen**
investment has collapsed in America and Japan
**Investitionen in Sachanlagen**
expenditures on property, plant, and equipment
**die Investitionen in Sachanlagen sind zurückgegangen**
expenditures on property, plant, and equipment decreased
**Investitionsgut** *n* capital good; capital equipment
**unsere Ausgaben für Investitionsgüter**
our investment in capital equipment
**Investitionsgüterindustrie** *f* capital equipment industry
**Investitionsmöglichkeit** *f* opportunity for investment
**einige Länder bieten ausgezeichnete Investitionsmöglichkeiten beim Bau und Kauf von Kraftwerken**
some countries offer excellent opportunities for investment in the building or purchase of generation assets
**Investitionsplan** *m* investment plan
**das Unternehmen nimmt Abstriche bei den Investitionsplänen vor**
the company is cutting back its investment plans
**sie werden äußerst interessiert sein an einer beschleunigten Umsetzung ihrer Investitionspläne**
they will be keen to accelerate their investment plans
**die Unternehmen stoppen ihre Investitionspläne**
companies put investment plans on hold
**Investitionspolitik** *f* investment policy
**Investmentbank** *f* investment bank
**bis zu zehn ausländische Investmentbanken sind am Kauf der verschuldeten ABC-Bank interessiert**
up to 10 foreign investment banks are interested in purchasing debt-ridden ABC Bank
**die Profite der großen Investmentbanken sind im Schwinden begriffen**
profits at big investment banks are on the wane
**Investmentbanking** *n* investment banking
**Investmentfonds** *m* investment fund
**in Investmentfonds einbezahlen**
to contribute to investment funds
**Investor** *m* investor
**die Investoren auf der ganzen Welt können sich anscheinend nicht vom Dollar losreißen**
international investors seem incapable of ending their love affair with the dollar
**ein amerikanischer Investor wird die**

**Muttergesellschaft kaufen**
a US investor will buy the parent company

**Investorengruppe** *f* investor group
**zwei Investorengruppen übernahmen den Betrieb der bestehenden Anlagen**
the operation of the existing plants was taken over by the investor groups
**die Bank wehrte einen feindlichen Übernahmeversuch durch eine Investorengruppe ab**
the bank fought off attempts by an investor group to force it into a takeover
**eines der Angebote stammte von einer Investorengruppe**
one of those bids was from an investor group

**Investorenkonferenz** *f* investor conference

**Investorentreffen** *n* investor conference

**IT-Branche** *f* IT sector
**die Stadt bereitet sich auf Stellenstreichungen in der IT-Branche vor / macht sich auf Stellenstreichungen in der IT-Branche gefasst**
the town is bracing itself for job losses in the IT sector

**IT-Firma** *f* information-technology firm

**IT-Konzern** *m* IT group
**es gab Gerüchte über einen Umsatzrückgang bei dem britisch-niederländischen IT-Konzern A&B**
there were rumours of a slowdown in sales at A&B, the Anglo-Dutch IT group

**IT-Unternehmen** *n* information-technology firm

**IWF** (siehe **Internationaler Währungsfonds**)


# J

**Jahresabschluss** *m* financial statements
**der Jahresabschluss wurde gemäß ... aufgestellt und von ABC geprüft**
the financial statements were produced in accordance with ... and audited by ABC

**Jahresbericht** *m* annual report
**die Zahlen des aktuellen Jahresberichts**
the numbers in this year's annual report

**Jahresende** *n* year-end
**dieses Projekt soll bis zum Jahresende 20... abgeschlossen werden**
this project is scheduled for completion by year-end 20...
**die Transaktion soll bis zum Jahresende abgeschlossen sein**
the transaction is scheduled to be completed by year-end
**die Gesamtzahl der Mitarbeiter betrug am Jahresende 200.000**
the total number of employees worldwide at year-end was 200,000

**Jahresgewinn** *m* annual profit
**ABC verzeichnete einen Rückgang seines Jahresgewinns um 9 Prozent auf 50 Mio. £**
ABC reported a 9 percent drop in annual profit to £50 million

**Jahreshauptversammlung** *f* annual general meeting
**die Jahreshauptversammlung findet heute in Glasgow statt**
the annual general meeting will be held in Glasgow today

**Jahreskapazität** *f* annual capacity
**die Jahreskapazität von 5 Mio. auf 4 Mio. Fahrzeuge senken**
to cut annual capacity from 5 million vehicles to 4 million

**Jahrespressekonferenz** *f* annual press conference
**nähere Einzelheiten werden an der Jahrespressekonferenz am 9. März bekannt gegeben**
further details will be given at the annual press conference on March 9

**Jahresüberschuss** *m* net income for the year
**der Jahresüberschuss betrug ... Mio. $; das sind ...% mehr im Vergleich zu den ... Mio. $ im Jahre 20...**
net income for the year was $... million, up ... percent from the $... registered in 20...

**Jahresumsatz** *m* annual turnover
**das Unternehmen hat einen Jahresumsatz von 6,5 Mio. £ und beschäftigt mehr als 120 Mitarbeiter**
the firm has an annual turnover of £6.5m and a staff of more than 120

**Jahreswechsel** *m* turn of the year
**zum Jahreswechsel verließ er die Firma plötzlich und ging zu ABC**
he suddenly jumped ship at the turn of

## Jahreswechsel

the year to join ABC
**seit vor dem Jahreswechsel zeigt der Trend auf den amerikanischen Aktienmärkten steil nach unten**
the trend in American stockmarkets has been relentlessly downward before the turn of the year

**Jahreswende** *m* turn of the year
**seit vor der Jahreswende zeigt der Trend auf den amerikanischen Aktienmärkten steil nach unten**
the trend in American stockmarkets has been relentlessly downward since before the turn of the year

**Jahreswirtschaftsbericht** *m* annual economic report

**Jahreszahlen** *fpl* full-year figures
**der Vorsitzende von ABC wird am Montag die Jahreszahlen bekanntgeben**
ABC's chairman prepares to announce full-year figures on Monday

**Jahresziel** *n* annual target
**das Jahresziel erreichen**
to achieve the annual target

**Jointventure** *n*; **Joint Venture** *n* joint venture
**wir sind im Begriff, zwei Joint Ventures mit ABC einzugehen**
we are entering into two joint ventures with ABC
**wir gehen auch Jointventures mit internationalen Fluggesellschaften und Instandhaltungsanbietern ein**
we are also forming joint ventures with global airlines and maintenance providers
**durch neue Joint Ventures in Brasilien, Israel und Japan haben wir unsere Präsenz in diesen Ländern verstärkt**
new joint ventures in Brazil, Israel and Japan expanded our presence in these countries
**sie verhandeln über die Gründung eines Jointventure**
they are discussing the creation of a joint venture

**Jugendarbeitslosigkeit** *f* youth unemployment
**die Jugendarbeitslosigkeit beträgt bis zu 58,5 Prozent**
youth unemployment is as high as 58.5 per cent

**junges Unternehmen** start-up; start-up company

**Jungfirma** *f* start-up; start-up company

**Justizministerium** *n* Department of Justice *(USA)*

# K

**Kabelanbieter** *m (Fernsehen)* cable-television company; cable television supplier; cable operator; cable-TV operator
**A&B ist ein bedeutender Kabelanbieter in Großbritannien**
A&B is a big cable operator in Britain

**Kabelfernsehdienst** *m* cable TV service

**Kabelfernsehen** *n* cable television

**Kabelnetz** *n* cable network
**unsere beiden neu erworbenen Kabelnetze leisten schon einen beträchtlichen Beitrag zum Cash-Flow**
our two newly purchased cable networks are already making a strong cash flow contribution
**die amerikanischen Kabelnetze sind nicht mit den europäischen vergleichbar**
US cable networks are not like their European equivalents

**Kabelnetzbetreiber** *m* cable network operator; cable operator; cable company

**Kabelnetzregion** *f* cable region
**das Unternehmen sagte, es werde sechs Kabelnetzregionen an A&B verkaufen**
the company said it would sell its interests in six cable regions to A&B

**Kabel-TV-Unternehmen** *n* cable company; cable concern
**das amerikanische Kabel-TV-Unternehmen sucht Expansionsmöglichkeiten in Europa**
the American cable concern is looking for expansion opportunities in Europe

**Kabinenpersonal** *n* cabin attendants
**nun dringt das Kabinenpersonal auf ähnliche Gehaltserhöhungen**
now cabin attendants are pressing for similar rises

**Kampf** *m* battle
**Kampf um die Vorherrschaft**
battle for supremacy

**der Kampf zweier französischer Konzerne um die Herrschaft über einen Luxusgüter-Konzern ist erneut entbrannt**
the battle resumed between two big French groups for control of a luxury-goods group

**Kapazität** *f* capacity
**die jüngste Rezession in Japan ist gekennzeichnet durch massive unausgelastete Kapazitäten**
massive idle capacity has come to mark Japan's recent recession

**Kapazitätsauslastung** *f* rate of capacity use
**die Kapazitätsauslastung im produzierenden Gewerbe hat den tiefsten Stand seit August 20... erreicht**
the rate of capacity use in manufacturing has dropped to its lowest level since August 20...
**die Kapazitätsauslastung ist seit 20... auf den niedrigsten Stand gefallen**
capacity utilisation in manufacturing has fallen to its lowest level since 20...

**Kapitalausstattung** *f* capital resources

**Kapitalertragssteuer** *f* capital-gains tax
**Senkung der Kapitalertragssteuer**
reduction in capital-gains tax
**eine Reform der Kapitalertragssteuer trat am 1. Januar in Kraft**
a reform of capital-gains tax took effect on January 1st

**Kapitalflussrechnung** *f* cash flow statement

**Kapitalmarkt** *m* capital market
**an ausländischen Kapitalmärkten**
on foreign capital markets
**an inländischen Kapitalmärkten**
on domestic capital markets
**die Deregulierung der Kapitalmärkte auf der ganzen Welt**
the deregulation of capital markets around the world

**Kapitalspritze** *f* capital injection
**sie sehen in näherer Zukunft keine Notwendigkeit für weitere Kapitalspritzen**
they do not foresee any need for further capital injections
**die Genehmigung für weitere / neue Kapitalspritzen erhalten**
to get approval for fresh capital injections

**Kapitalstrom** *m* capital flow

**Karrierebeamte** *m* career civil servant

**Kartell** *n* cartel
**die folgenden Länder gehören dem Kartell nicht an**
the following countries do not belong to the cartel

**Kartellamt** *n* antitrust agency; competition authorities; cartel office
**er war zuversichtlich, dass das Kartellamt das Abkommen genehmigen werde**
he expressed his confidence that the deal would be cleared by the competition authorities
**in einem Brief an das deutsche Kartellamt**
in a letter to the German cartel office
**das Kartellamt ist Deutschlands Wettbewerbshüter**
the Cartel Office is Germany's competition watchdog

**Kartellaufsicht** *f* regulator; trade regulator
**die amerikanische Kartellaufsicht hat die beabsichtigte Fusion genehmigt**
trade regulators in the US have approved the proposed merger

**Kartellbehörde** *f* (1) antitrust agency; antitrust authorities; competition authorities
**die Federal Trade Commission ist die andere amerikanische Kartellbehörde auf Bundesebene**
the Federal Trade Commission is America's other federal antitrust agency
**es ist Aufgabe der Kartellbehörde, für ausreichend Wettbewerb auf den Märkten zu sorgen**
it is up to the antitrust authorities to ensure that markets are sufficiently competitive
**Italiens Wettbewerbsbehörde blockiert vielleicht den Verkauf des heimischen Telekom-Konzerns**
Italy's competition authority may block the sale of its local telecoms group

**Kartellbehörde** *f* (2): **Genehmigung durch die Kartellbehörde**
regulatory approval
**vorbehaltlich der Genehmigung durch die Kartellbehörden**
subject to regulatory approval
**das Abkommen bedarf noch der Genehmigung durch die**

**Kartellbehörde**
the deal awaits regulatory approval
**Kartellgesetz** *n* antitrust law
**das Sherman Act war Amerikas erstes Kartellgesetz**
the Sherman Act was the first U.S. antitrust law
**Einhaltung der Kartellgesetze**
compliance with antitrust laws
**Kartellgesetzgebung** *f* antitrust legislation
**Kartellpolitik** *f* antitrust policy
**aggressive Kartellpolitik**
aggressive antitrust policy
**Zweifel an der Wirksamkeit der Kartellpolitik haben**
to be dubious about the effectiveness of antitrust policy
**Kartell-Prozess** *m* antitrust trial; antitrust suit; antitrust case
**das Urteil / die Urteilsverkündung im Kartell-Prozess rückt näher**
the antitrust trial is moving nearer judgment
**18 Bundesstaaten sind an dem langwierigen Kartellverfahren gegen das Unternehmen beteiligt**
18 states are involved in the long-running antitrust case against the company
**kartellrechtliche Auflagen**
regulatory requirements
**in Übereinstimmung mit allen derzeitigen / aktuellen kartellrechtlichen Auflagen**
in compliance with all current regulatory requirements
**kartellrechtliche Fragen** regulatory questions; regulatory issues
**kartellrechtliche Genehmigung**
regulatory approval
**das Abkommen bedarf noch der kartellrechtlichen Genehmigung / die kartellrechtliche Genehmigung des Abkommens steht noch aus**
the deal still needs regulatory approval
**kartellrechtliche Untersuchung**
antitrust investigation
**eine kartellrechtliche Untersuchung einleiten**
to launch antitrust investigations
**Kartellstreit** *m* antitrust battle
**der lang andauernde Kartellstreit von A&B mit dem amerikanischen Justizministerium**
A&B's long-running antitrust battle with America's Justice Department

**Kartellverfahren** *n* antitrust action; antitrust suit
**sie weigern sich, den Vergleich in dem Kartellverfahren zu akzeptieren**
they have refused to support the settlement of the antitrust suit
**Kartellwächter** *m* competition watchdog; trustbuster
**Deutschlands Kartellwächter sind so fleißig wie noch nie**
Germany's competition watchdog is busier than ever
**Kartenzahler** *m* customer paying with a credit card
**Kasse** *f* till
**Schlangen an den Kassen vermeiden**
to cut queues at the tills
**Kauf** *m* deal
**die Aktionäre haben dem Kauf zugestimmt**
the shareholders approved the deal
**kaufen** *v* buy (bought, bought); acquire; purchase
**in jenem Jahr kaufte ABC auch ein kanadisches Unternehmen**
that year ABC also purchased a Canadian company
**Käufer** *m* shopper
**auf Grund des schlechten Wetters blieben die Käufer zu Hause**
bad weather kept shoppers home
**Kaufhauskonzern** *m* department store group
**Kaufkraft** *f* purchasing power
**die Kaufkraft der privaten Haushalte und Unternehmen**
household and business purchasing power
**niedrigere Energiepreise werden ebenfalls zu einer Verbesserung der Kaufkraft der privaten Haushalte führen**
lower energy prices will also boost household purchasing power
**Kaufpreis** *m* purchase price
**etwas für einen Kaufpreis von ca. 2 Mio. $ in bar erwerben**
to acquire something for a purchase price of approximately $2.0 million in cash
**Kaufvertrag** *m* purchase agreement
**Kehrtwende** *f* U-turn; sharp turnaround
**Amerikas abrupte Kehrtwende bei den Kohlendioxidemissionen**
America's abrupt U-turn on carbon

dioxide emissions
**diese Hoffnungen wurden durch die Kehrtwendung von Mr. Miller zunichte gemacht**
such hopes have been clobbered by Mr Miller's U-turn

**Kernbrennstab** *m* fuel rod; nuclear fuel rod
**die Weiterverarbeitung von Kernbrennstäben**
the processing of nuclear fuel rods
**die Lagerung abgebrannter Kernbrennstäbe**
the storage of spent nuclear fuel rods

**Kernenergie** *f* nuclear energy
**die künftige Nutzung der Kernenergie**
the future use of nuclear energy

**Kerngeschäft** *n* core business
**weltweite Gelegenheiten für außergewöhnliches Wachstum in unseren Kerngeschäften**
worldwide opportunities for outstanding growth in each of our core businesses

**Kerngeschäftsfeld** *n* core business
**die drei Kerngeschäftsfelder von ABC sind weltweit führend auf ihren jeweiligen Märkten**
ABC's three core businesses are global leaders in their addressed markets

**Kerninflation** *f* core inflation
**bei der Kerninflation bleiben Energie und Nahrungsmittel unberücksichtigt**
core inflation excludes food and energy

**Kernkraftwerk** *n* nuclear generation plant; nuclear power plant
**es wird neue Anwendungsmöglichkeiten für Kernkraftwerke geben**
there will be new applications for nuclear generation plants

**Kernkraftwerksgeschäft** *n* nuclear power business

**Kernsparte** *f* key area of business operation

**KGV** (siehe **Kurs / Gewinn-Verhältnis**)

**Kinderfreibetrag** *m* children's tax credit

**Klage** *f* complaint
**sie reichten wegen der amerikanischen Entscheidung formell Klage bei der WHO ein**
they filed / posted formal complaints with the WTO over the US decision

**Klärschlamm** *m* sewage sludge
**der Klärschlamm kann anschließend verbrannt werden**
the sewage sludge can then be incinerated
**früher wurde der Klärschlamm ins Meer entsorgt**
they used to dispose of sewage sludge into the sea

**Klauentier** *npl* cloven-hoofed animal
**Klauentiere sind anfällig gegen diese Krankheit**
cloven-hoofed animals are susceptible to this disease

**Klebstoff** *m* adhesive
**Klebstoffe für Autos und Flugzeuge**
adhesives for cars and planes

**Kleinaktionär** *m* small shareholder; small investor
**auf Kosten der Kleinaktionäre**
at the expense of small shareholders
**die niedrigere Dividende wird ganz sicher Proteste bei den Kleinaktionären auslösen**
the lower dividend is certain to cause an outcry among small investors

**Kleinanleger** *m* small investor
**er war der Beschützer der Kleinanleger / er vertrat die Interessen der Kleinanleger**
he was the champion of the small investor
**durch diese Maßnahmen soll der Aktienkauf durch Kleinanleger gefördert werden**
these measures aim to increase stock ownership by small investors

**Kleinbus-Hersteller** *m* van maker

**Kleinkunde** *m* small customer

**Kleinunternehmen** *n* small-size business; small business
**die Nutzung von Fax durch Groß- und Kleinunternehmen hat beträchtlich zugenommen**
the use of fax by large and small businesses has grown at a significant rate
**diese Allianz wird sich vor allem auf Kleinunternehmen konzentrieren, die kostengünstigen Strom oder Schutz vor Stromausfällen suchen**
this alliance will target small-size businesses looking for low-cost electricity or protection from power outages

**Kleinwagen** *m* small car
**ein neuer Kleinwagen wurde gleichzeitig an ABC- und BCD-**

Bildschirmen entworfen, die 9600 km voneinander entfernt waren
a new small car was drafted simultaneously on ABC and BCD computer screens that were 6,000 miles apart
**der meistgekaufte Kleinwagen in den Vereinigten Staaten**
the best-selling small car in the United States

**Klimaveränderung** *f* climate change
**dieser umfassende Bericht über die vom Menschen verursachte Klimaveränderung sollte alle Alarmglocken zum Schrillen bringen**
this comprehensive report about human-induced climate change should sound alarm bells

**Klimawechsel** *m* climate change

**Klingeln** *n* ring
**das durchdringende Klingeln eines Handys**
the piercing ring of a mobile phone

**klinische Erprobung** clinical trial
**klinische Erprobung eines Krebsmittels**
clinical trials of a cancer drug

**Kluft** *f* gulf
**es besteht eine wachsende Kluft zwischen Amerika und Europa bei der Genehmigung von Fusionen und Übernahmen**
there is a growing gulf between America and Europe over the regulation of mergers and takeovers

**Kohlebergbau** *m* coal mining

**kohlegefeuerter Kessel** coal-fired boiler
**die Leistung kohlegefeuerter Kessel erhöhen**
to expand the capacity of coal-fired boilers

**Kohlekraftwerk** *n* coal-fired power plant
**die Stickoxid-Emissionen in Kohlekraftwerken auf Rekordniveau senken**
to reduce NOx emissions in coal-fired power plants to record levels

**Kohlelagerstätte** *f* coal deposit
**Investoren für die Ausbeutung dieser Kohlelagerstätten finden**
to find investors for these coal deposits

**Kohlendioxid-Ausstoß** *m* carbon dioxide emission; emission of $CO_2$; $CO_2$ emission
**der Kohlendioxid-Ausstoß in die Atmosphäre**
the emission of $CO_2$ to the atmosphere
**die Verringerung des Kohlendioxid-Ausstoßes betrug 1.300 Tonnen pro Jahr oder 40%**
the reduction of $CO_2$-emission was 1,300 tons/year or 40%

**Kohlendioxidemissionen** *fpl*; **Kohlendioxid-Emissionen** *fpl*
carbon dioxide emissions

**Kollege** *m* coworker

**Kollegin** *f* coworker

**kollektive Vorstandsverantwortung** consensus driven management board
**das Revirement bedeutet einen Bruch mit der deutschen Tradition der kollektiven Vorstandsverantwortung**
the shake-up marks a break with the German tradition of a consensus driven management board

**Kombikraftwerk** *n* combined cycle power plant

**Kommentar abgeben zu** comment on
**er weigert sich, einen Kommentar zur Strategie des Unternehmens abzugeben**
he declines to comment on the company's strategy

**Kommune** *f* municipality
**die Investitionen der Kommunen sind um ein Drittel zurückgegangen**
investment by municipalities has dropped by one-third

**Kommunikationschip** *m* communications chip
**ABC belegt nur Platz vier auf dem Markt für Kommunikationschips**
ABC is only fourth in the communications chip market

**Kommunikationsindustrie** *f* communications industry
**die Kommunikationsindustrie bewegt / entwickelt sich sehr schnell in Richtung offene Kommunikation**
the communications industry moves rapidly toward open communication

**Kommunikationsnetz** *n* communications network

**Kommunikations-Satellit** *m*; **Kommunikationssatellit** *m* communications satellite
**20 Kommunikations-Satelliten in eine Umlaufbahn bringen / in den Weltraum bringen / positionieren**

to launch 20 communications satellites into orbit

**Kommunikationstechnik** *f* communications technology

**Kommunikationstechnologie** *f* communications technology

**Kompetenz** *f* expertise
**unsere verfahrenstechnische Kompetenz**
our expertise in process technology
**die umfassende Kompetenz von ABC auf dem Industriesektor**
ABC's in-depth industrial expertise
**in anderen Bereichen Kompetenz erwerben**
to gain expertise in other areas

**Komplettlösung** *f* complete solution
**die Kunden erwarten von uns Komplettlösungen für ihre Probleme**
our customers expect complete solutions to their problems

**Kompromiss** *m* compromise; trade-off
**das Unternehmen und die Regierung konnten sich nicht auf einen Kompromiss einigen**
the company and the government could not reach a compromise
**bei Zielkonflikten können Kompromisse geschlossen / gemacht werden**
trade-offs can be struck between competing ends

**Konferenzzimmer** *n* conference room
**er saß an einem großen Tisch in einem Konferenzzimmer**
he sat at a large table in a conference room

**Konglomerat** *n* conglomerate (siehe auch **Mischkonzern**)
**er leitet nicht nur eine große Firma, sondern ein Konglomerat**
he runs not just a big firm but a conglomerate

**Konjunktur** *f* business cycle; economy; business climate; general economic conditions
**die Konjunktur schwächt sich stärker ab als erwartet**
the economy is slowing more than expected
**die amerikanische Konjunktur macht einen gefährlich überhitzten Eindruck**
the American economy looks dangerously overheated
**viele Analysten sind der Meinung, dass sich die Konjunktur verlangsamt**
many analysts believe that the economy is decelerating
**die amerikanische Zentralbank erhöhte die Zinssätze sechsmal, um die Konjunktur zu dämpfen**
the Fed boosted interest rates six times to slow the economy
**eine sich abschwächende Konjunktur**
a weakening business climate
**die amerikanischen Politiker sind beunruhigt über die sich schnell verlangsamende Konjunktur**
American policymakers are worried about a fast-slowing economy
**die Konjunktur ist im dritten Quartal schwächer als im zweiten**
economic activity is weaker in the third quarter than the second quarter
**sofortige und dramatische Auswirkungen auf die Konjunktur haben**
to have an immediate and dramatic impact on economic activity

**konjunkturabhängig** *adj* cyclical
**der in hohem Maße konjunkturabhängige Halbleitermarkt**
the highly cyclical semiconductor market
**liquide Mittel sind in der extrem konjunkturabhängigen Autoindustrie lebensnotwendig**
cash reserves are vital in the wildly cyclical auto industry
**die großen Pharmaunternehmen sind weit weniger konjunkturabhängig als die anderen Wirtschaftsbereiche**
large pharmaceutical companies are far less cyclical than most other sectors of the economy

**Konjunkturabschwächung** *f* economic slowdown; slowdown; slump; softening economy
**Russland steht eine Konjunkturabschwächung mit neuerlicher Inflation bevor**
Russia faces a slump and renewed inflation
**die negativen Auswirkungen der Konjunkturabschwächung abfedern**
to cushion the negative effects of a softening economy

**Konjunkturabschwung** *m* economic downturn; slowdown (siehe auch **Abschwung**; **Wirtschaftsabschwung**)
**die Luxusgütermärkte zeigen eine größere Anfälligkeit gegenüber**

**Konjunkturabschwüngen**
luxury markets tend to be susceptible to economic downturns
**als Reaktion auf den weltweiten Konjunkturabschwung massive Stellenstreichungen ankündigen**
to announce deep job cuts in response to the global slowdown

**konjunkturanfällig** *adj* cyclical; economically sensitive
**diese Industrien sind von Natur aus konjunkturanfällig**
these industries are cyclical in nature
**konjunkturanfällige Aktien**
economically sensitive stocks

**Konjunkturankurbelung** *f* pump-priming
**der Präsident beantragte weitere 75 Mrd. Dollar zur Konjunkturankurbelung**
the president proposed $75 billion in additional pump-priming for the economy

**Konjunkturaufschwung** *m* cyclical upturn
**dies ist ein ganz normaler, wenn auch äußerst kräftiger Konjunkturaufschwung**
this is just a normal, though exceptionally healthy, cyclical upturn

**Konjunkturaussichten** *fpl* economic prospects
**schlechte Konjunkturaussichten**
poor economic prospects

**Konjunkturbarometer** *n* economic forecasting gauge
**das Konjunkturbarometer stieg den vierten Monat in Folge**
the economic forecasting gauge rose for the fourth consecutive month

**Konjunkturbelebung** *f* economic expansion
**eine geringe Inflation ist Voraussetzung für die von allen gewünschte Wirtschaftsbelebung**
low inflation is a prerequisite for the economic expansion everyone wants

**Konjunkturdaten** *pl* economic data
**die neusten Konjunkturdaten haben den Markt nur wenig beeinflusst**
the latest economic data made little impact on the market
**Konjunkturdaten sind naturgemäß immer schon etwas veraltet**
economic data are, by their very nature, always somewhat out of date

**Konjunktureinbruch** *m* sharp slowdown
**der Konjunktureinbruch in Amerika hat eine Rezession verursacht**
the sharp slowdown in America has caused a recession

**konjunkturelle Erholung** economic recovery; business recovery (siehe auch **wirtschaftliche Erholung**)
**diese Schulden stellen eine Bedrohung der konjunkturellen Erholung der Region dar**
these debts threaten to undermine the region's economic recovery
**man sollte den plötzlichen Auftragsanstieg nicht als Zeichen einer allgemeinen konjunkturellen Erholung interpretieren**
the jump in orders should not be interpreted as an omen of a general business recovery

**konjunkturelles Klima** economic climate
**angesichts des derzeitigen konjunkturellen Klimas**
in view of today's economic climate

**konjunkturelle Umkehr** economic turnaround
**die Anleger suchen nach Anzeichen einer konjunkturellen Umkehr**
investors are looking for signs of an economic turnaround

**Konjunkturflaute** *f* sluggish economy
**ABC sagte, das Unternehmen leide infolge der Konjunkturflaute unter einem Auftragsrückgang**
ABC said it had been hit by a slowdown in orders because of the sluggish economy

**Konjunkturhilfe** *f* fiscal stimulus
**es heißt, er sei für Konjunkturhilfen**
he is reported to support a fiscal stimulus

**Konjunkturlage** *f* economic situation
**die Ungewissheiten im Zusammenhang mit der derzeitigen Konjunkturlage sind beträchtlich**
uncertainties surrounding the current economic situation are considerable

**Konjunkturprognose** *f* economic forecast; growth forecast; forecast for growth
**die Konjunkturprognose**

**zurücknehmen**
to revise down the growth forecast
**Konjunkturprogramm** *n* stimulus plan; stimulus package; fiscal stimulus package; (economic) stimulus bill
**dem Konjunkturprogramm des Präsidenten zustimmen**
to approve the president's stimulus plan
**der Präsident versprach ein weiteres Konjunkturprogramm**
the president promised another stimulus package
**Umfang und Zusammensetzung des Konjunkturprogrammes**
scale and composition of the stimulus package
**die Verabschiedung eines Konjunkturprogrammes zur Milderung der Auswirkungen der Rezession auf die Amerikaner**
the passage of a stimulus package to ease Americans' pain from recession
**Konjunkturrisiko** *n* economic risk
**Konjunkturrückgang** *m*: **sanfter Konjunkturrückgang** soft landing
**ich bin zuversichtlich, dass es sich in den USA um einen sanften Konjunkturrückgang handeln wird**
I am optimistic that it will be a soft landing in the US
**Konjunkturschwäche** *f* weakness; economic weakness
**die Zinsen weiter senken, falls die derzeitige Konjunkturschwäche anhält**
to cut interest rates again if current weakness persists
**Bedingungen, die in absehbarer Zeit eine Konjunkturschwäche verursachen können**
conditions that may generate economic weakness in the foreseeable future
**Konjunkturspritze** *f* pump-priming measure
**auf starke Konjunkturspritzen zurückgreifen, um die Binnennachfrage zu stimulieren**
to resort to big pump-priming measures to stimulate domestic demand
**Konjunkturverlauf** *m* economy's course
**die Anleger zeigten sich zunehmend besorgt über den Konjunkturverlauf**
investors registered deepening fears about the economy's course

**Konjunkturwende** *f* economic turnabout
**die Anzeichen einer Konjunkturwende sind nicht nur auf die USA beschränkt**
signs of an economic turnabout are not limited to the United States
**Konjunkturzyklus** *m* cycle; business cycle; economic cycle
**Wirtschaftsmodelle sind keine große Hilfe, wenn es darum geht, die Wendepunkte im Konjunkturzyklus festzustellen / auszumachen**
economic models are not much help for spotting turning-points in the cycle
**einige Investoren hatten angenommen / gemeint, dass Konjunkturzyklen der Vergangenheit angehörten**
some investors had supposed that the business cycle was a thing of the past
**niemand kann den Konjunkturzyklus ausschalten**
no one can eliminate the business cycle
**die Rolle, die die Haushaltspolitik bei der Dämpfung der Konjunkturzyklen spielen kann**
the role that budgetary policy can play in tempering the economic cycle
**Konkurrent** *m* competitor
**Konkurrenz** *f* competition
**die ausländische Konkurrenz schlagen**
to beat the foreign competition
**ABC war gegenüber der Konkurrenz stark zurückgefallen**
ABC had fallen seriously behind the competition
**wenn der ausländischen Konkurrenz unbeschränkter Zutritt zum Markt gewährt wird**
if the market is really thrown wide open to foreign competition
**Konkurrenzfähigkeit** *f* competitiveness
**die Konkurrenzfähigkeit schwächen**
to weaken competitiveness
**Konkurs** *m* bankruptcy
**im April hat A&B Konkurs angemeldet**
in April, A&B filed for / declared bankruptcy
**diese Situation könnte einige Firmen in den Konkurs treiben**
this situation could push a few companies into insolvency
**Konkursantrag** *m* bankruptcy filing
**es gab eine Welle von**

**Konkursanträgen**
there was a surge of bankruptcy filings

**Konkursanwalt** *m* bankruptcy lawyer

**Konkursgericht** *n* bankruptcy court
**vorbehaltlich der Bestätigung durch die Konkursgerichte**
subject to confirmation by the bankruptcy courts

**Konkursrecht** *n* bankruptcy law

**Konsortium** *n* consortium
**die Zusammensetzung des Konsortiums endgültig festlegen**
to finalise the make-up of the consortium

**Konsum** *m* consumption; consumer spending
**den Konsum einschränken**
to cut back on consumption

**Konsumelektronik** *f* consumer electronics

**Konsument** *m* consumer

**Konsumentenmarkt** *m* consumer market

**Konsumentenvertrauen** *n* consumer confidence
**geringeres / wachsendes Konsumentenvertrauen**
lower / growing consumer confidence

**konsumfreudig** *adj* spendthrift
**konsumfreudige private Haushalte / Verbraucher**
spendthrift households / consumers
**der früher / ehedem konsumfreudige amerikanische Verbraucher**
the erstwhile spendthrift American consumer

**Konsumgut** *n* consumer good
**Nahrungsmittel, Pharmazeutika und andere Konsumgüter**
food, pharmaceuticals and other consumer goods

**Konsumgüterunternehmen** *n* consumer-goods company

**Konsumneigung** *f* propensity to consume
**die Addition von Konsumneigung und Sparneigung ergibt immer eins**
the sum of the propensity to consume and the propensity to save always equals one

**Kontrolle** *f* control
**durch dieses Abkommen erhält ABC die Kontrolle über 32 amerikanische Fernsehstationen**
the deal will give ABC control over 32 American television stations

**kontrollierte Umgebung** controlled environment
**die Asche wird in einer kontrollierten Umgebung mit Wasser vermischt**
the ash is mixed with water in a controlled environment

**Konvergenz** *f* convergence
**die Konvergenz von Fernsehen und Computer**
the convergence of television and computers

**Konzern** *m* group
**die Bank stimmte einem Umstrukturierungsplan zu, der die Zerschlagung des Konzerns beschleunigen wird**
the bank approved a restructuring plan that will accelerate the group's break-up
**dies war der Hauptgrund, warum der Konzern gerettet wurde / für die Rettung des Konzerns**
this was the main reason for rescuing the group

**Konzernabschluss** *m* consolidated financial statements
**die Anmerkungen zum Konzernabschluss sind Bestandteil dieses Berichts**
the notes to consolidated financial statements are an integral part of this statement
**die folgenden Daten sollten im Zusammenhang mit dem Konzernabschluss gesehen / betrachtet werden**
the following data should be read in conjunction with the consolidated financial statements

**Konzernergebnis** *n* group earnings; group operating profit
**das Konzernergebnis erhöhte sich um 25% im Jahre 20...**
group earnings grew by 25 per cent in 20...
**beträchtlich zum Konzernergebnis beitragen / einen wesentlichen Beitrag zum Konzernergebnis leisten**
to be a significant contributor to group earnings
**das Konzernergebnis fiel auf 32 Mio. $**
the group operating profit fell to $32m

**Konzernerlös** *m* corporate earnings
**Sorgen über schwindende Konzernerlöse**
worries about dwindling corporate earnings

**Konzerngewinn** *m* group profits

**Konzernumsatz** *m* group sales
**er sagte, der Konzernumsatz habe sich um 12 Prozent auf 2,7 Mrd. $ erhöht**
he said group sales had improved by 12 per cent to £2.7bn
**der Anteil des Auslandsgeschäfts am Konzernumsatz wird weiterhin steigen**
the share of foreign business in group sales will continue to grow
**der Konzernumsatz erreichte ein Volumen von 2 Mrd. $**
group sales reached a volume of $2 billion

**Konzession** *f* concession
**die Chinesen erhoffen sich weitere Konzessionen/Zugeständnisse**
the Chinese hope to extract further concessions

**Kopiergerätehersteller** *m* copier company
**der größte Kopiergerätehersteller der Welt**
the world's largest copier company

**koppeln an** *v (Währung)* peg to
**im Verhältnis eins zu eins an den amerikanischen Dollar gekoppelt / gebunden sein**
to be pegged at par with the greenback

**Körperschaftssteuer** *f* corporation tax
**er kündigte einen Vorschlag zur Vereinfachung der Körperschaftssteuer für kleinere Unternehmen an**
he announced a proposal to simplify corporation tax for small businesses

**Körperschaftssteuersatz** *m* corporation tax rate
**die Körperschaftssteuersätze sind von 33% auf 30% gesenkt worden**
corporation tax rates have been lowered from 33% to 30%

**Korruption** *f* corruption
**die Korruption beseitigen**
to erase corruption

**Kosten** *pl* costs
**die höheren Verluste waren auf höhere Kosten in Verbindung mit der Markteinführung einer neuen Brennstoffzelle zurückzuführen**
the increased loss was attributable to higher costs associated with the commercialization of a new fuel cell
**galoppierende Kosten**
accelerating costs

**die Kosten senken**
to cut costs

**Kostendruck** *m* cost pressure

**kosteneffizient** *adj* cost-efficient
**die neuen Steuertafeln bilden eine kosteneffiziente Alternative zu ...**
the new control panels are a cost-efficient alternative to ...
**die Produktion an kosteneffizienten Standorten konzentrieren**
to concentrate production at cost-efficient sites

**Kosteneffizienz** *f* cost efficiency
**Produktivität und Kosteneffizienz optimieren**
to optimize both productivity and cost efficiencies
**Kosteneffizienz führt zu mehr Profitabilität**
cost efficiencies will boost profitability
**unsere Produkte helfen bei der Verbesserung der Kosteneffizienz**
our products help improve cost efficiency

**Kosteneinsparung** *f* cost saving
**die durch die Fusion von ABC und BCD erzielten Kosteneinsparungen belaufen sich bis jetzt auf 131 Millionen Euro**
total cost savings from the merger of ABC and BCD have reached €131m
**dies wird Kosteneinsparungen ermöglichen / dadurch werden Kosteneinsparungen möglich**
this will allow cost savings
**beträchtliche Kosteneinsparungen bieten**
to provide substantial cost savings
**A&B rechnete mit jährlichen Kosteneinsparungen in Höhe von 45 Mio. $**
A&B expected to achieve $45m in annual cost savings

**Kosteneinsparungsmaßnahmen** *fpl* cost saving measures
**es wird erwartet, dass im Rahmen der Kosteneinsparungsmaßnahmen mindestens 10.000 Stellen gestrichen werden**
cost saving measures are expected to include the loss of at least 10,000 jobs

**kostengünstig** *adj* cost-effective; low-cost
**unser Ziel bei ABC ist es, kostengünstige Produkte zu liefern**
our goal at ABC is to deliver cost-effective products
**ABC stellt kostengünstige Antriebe**

**kostengünstig** 98

hoher Qualität her
ABC produces low-cost, high-quality drives

**Kosten-Nutzen-Analyse** *f* cost-benefit analysis; cost/benefit analysis; cost-benefit study
**im Rahmen der Kosten-Nutzen-Analyse wurden alternative Problemlösungen untersucht**
the cost/benefit study evaluated alternative solutions to these problems

**Kosten-Nutzen-Aspekt** *m* cost/benefit perspective
**ein derartiges Projekt sollte wie jede andere Kapitalinvestition unter dem Kosten-Nutzen-Aspekt betrachtet / beurteilt werden**
such a project should be evaluated from a cost/benefit perspective in the same manner as any other capital investment

**Kosten-Nutzen-Gesichtspunkt** *m* cost/benefit perspective

**Kosten-Nutzen-Perspektive** *f* cost/benefit perspective

**Kosten-Nutzenrechnung** *f*; **Kosten-Nutzen-Rechnung** *f* cost-benefit calculation

**Kosten/Nutzen-Relation** *f*; **Kosten-Nutzen-Relation** *f* cost/benefit ratio; cost-benefit ratio

**Kosten/Nutzen-Verhältnis** *n*; **Kosten-Nutzen-Verhältnis** *n* cost/benefit ratio; cost-benefit ratio

**Kostenreduzierung** *f* cut in costs; cost-cutting

**Kostensenkung** *f* cut in costs; cost-cutting
**in allen Bereichen waren drastische Kostensenkungen notwendig**
drastic cost-cutting was needed in all areas

**Kostensenkungsmaßnahmen** *fpl* cost cutting drive; cost reduction efforts
**man erwartet, dass der neue Chef die Kostensenkungsmaßnahmen noch beschleunigen wird**
the new chairman is expected to accelerate the cost cutting drive

**Kostensenkungsprogramm** *n* cost-cutting plan
**das Unternehmen startete in diesem Quartal ein Kostensenkungsprogramm**
the company started a cost-cutting plan this quarter

**Kostensenkungsziel** *n* cost-cutting target
**A&B hat seine Kostensenkungsziele übertroffen**
A&B has exceeded its cost-cutting targets

**Kostenspirale** *f* spiraling costs; cost spiral
**die Unternehmen versuchten, die Kostenspirale zu bremsen**
companies tried to slow the cost spiral

**Kraftstoff** *m* fuel

**Kraftstoffpreis** *m* fuel price

**Kraftstoffsteuer** *f* motor fuel tax
**er schlug eine Erhöhung der Kraftstoffsteuern vor**
he proposed an increase in motor fuel taxes

**Kraftwagen** *m* motor vehicle
**der weltweit fünftgrößte Hersteller von Kraftwagen**
the world's fifth-largest manufacturer of motor vehicles

**Kraft-Wärme-Kopplung** *f* cogeneration; combined heat and power generation (CHP)
**industrielle Kraft-Wärme-Kopplung**
industrial cogeneration

**Kraft-Wärme-Kopplungsanlage** *f* combined heat and power plant

**Kraftwerk** *n* power plant; powerplant; power station
**Errichtung, Betrieb und Wartung von Kraftwerken**
installation, operation and maintenance of power plants
**fossil befeuertes Kraftwerk**
fossil-fuel-burning power plants
**ein mit Kohle und Gas befeuertes 330-MW-Kraftwerk**
a 330MW coal and gas-fired power plant
**schlüsselfertiges Kraftwerk**
turnkey power plant
**in Kalifornien ist seit 10 Jahren kein Kraftwerk gebaut worden**
no power plants have been built in California in 10 years

**Kraftwerkbau** *m* power plant construction
**A&B verfügt über viel Erfahrung im Kraftwerkbau**
A&B has a great deal of experience in power plant construction

**Kraftwerkpark** *m* power plant portfolio
**das Ertragswachstum wiederspiegelt die Vergrößerung des**

**Kraftwerkparks von A&B**
the growth in earnings reflects an increase in A&B's power plant portfolio
**er ist zuständig für die Entwicklung des Kraftwerkparks des Konzerns**
he is responsible for the development of the group's power plant portfolio

**Kraftwerksbau** *m* (siehe **Kraftwerkbau**)

**Kraftwerksgeschäft** *n* power generation business

**Kraftwerkspark** *m* (siehe **Kraftwerkpark**)

**Kraftwerkstechnik** *f* power generation

**Krankenkasse** *f* health care provider

**Krankenversicherer** *m* health insurance company; health care provider

**krankenversichert sein** have medical coverage

**Krankenversicherung** *f* health insurance; medical insurance
**die Prämie für seine Krankenversicherung hätte die Höhe seiner Rente um 100 $ überschritten**
his premium for his medical insurance was going to be $100 more than his pension payment

**kreative Buchführung** creative accounting
**die kreative Buchführung des Unternehmens vermittelte den Anlegern den Eindruck, das Unternehmen sei profitabler als es wirklich war**
the company's creative accounting suggested to investors that the company was more profitable than it really was

**Kredit** *m* loan; credit
**die Kunden bezahlen noch immer im Durchschnitt ca. 25% für einen Kredit**
customers still pay on average around 25% for a loan
**ausländische Banken haben A&B ingesamt Kredite in Höhe von 8 Mrd. $ gewährt**
foreign banks together extended $8 billion of loans to A&B
**der IWF wird Argentinien einen weiteren Kredit in Höhe von 8 Mrd. Dollar anbieten**
the IMF will offer Argentina a new loan of $8 billion
**die Bank wird keine weiteren Kredite gewähren**
the bank will not extend any further credit

**Kreditaufnahme** *f* borrowing
**die Ausgaben senken und die Kreditaufnahme verringern**
to cut expenditure and lower borrowing

**Kreditgarantie** *f* loan guarantee
**die Anleger begrüßten die erstmalige Vergabe von Kreditgarantien**
investors greeted the first grant of loan guarantees
**A&B ist das erste Unternehmen, das um eine Kreditgarantie ersuchte**
A&B became the first carrier to ask for a loan guarantee
**die Fluggesellschaft beabsichtigt nicht, Kreditgarantien zu beantragen**
the airline has no plans to apply for loan guarantees
**die Fluggesellschaft hat Kreditgarantien in Höhe von 60 Mio. $ beantragt**
the carrier has applied for $60m in loan guarantees
**Genehmigung von Kreditgarantien**
loan guarantee approval

**Kreditgeber** *m* creditor; lender
**die Kreditgeber wurden vorsichtiger und verlangten immer höhere Zinsen**
lenders became more cautious and demanded ever-rising interest rates

**Kreditgeschäft** *n* lending
**noch immer kommen ca. 60% des Gewinns der amerikanischen Banken aus dem Kreditgeschäft**
some 60% of American banks' profits still come from lending

**Kreditgewerbe** *n* lending business

**Kreditkarte** *f* credit card
**mit Kreditkarte und nicht bar bezahlen**
to pay with a credit card rather than cash

**Kreditlinie** *f* credit line
**neue Kreditlinien bereitstellen**
to provide new credit lines
**eine Kreditlinie in Höhe von 30 Mrd. $ mit dem IWF aushandeln**
to negotiate a $30 billion credit line with the IMF

**Kreditmarkt** *m* credit market
**die Kreditmärkte mit Liquidität versorgen**
to provide liquidity to credit markets
**die Kreditmärkte entlasten**
to lessen pressures in credit markets

**Kreditnehmer** *m* borrower

**Kreditrating** *n* credit rating
**die Kreditratings der Telekomfirmen**

**sind scharf herabgestuft worden**
telecoms firms have seen their credit ratings slashed
**Kreditrating-Agentur** *f* credit-rating agency
**Kreditrückzahlung** *f* credit repayment
**das Unternehmen geriet mit seinen Kreditrückzahlungen an seinen Hauptgläubiger in Verzug**
the firm then defaulted on loan repayments to its major creditor
**befugt sein, den Zeitraum für Kreditrückzahlung zu verlängern**
to have the authority to postpone loan repayments
**Kreditvergabe** *f* lending
**die Banken sind bei der Kreditvergabe vorsichtiger geworden**
banks have become more cautious about lending
**kreditwürdig** *adj* creditworthy
**viele der kreditwürdigeren Unternehmen haben sich in den letzten Jahren an den Kapitalmärkten engagiert**
many of the more creditworthy companies have gone to the capital markets in recent years
**Kreditwürdigkeit** *f* creditworthiness
**die Kreditwürdigkeit einiger Unternehmen hat deutlich gelitten**
there has been a sharp decline in the creditworthiness of some companies
**er hat die Kreditwürdigkeit des Medienkonzerns öffentlich in Frage gestellt**
he publicly questioned the creditworthiness of the media group
**Kreuzfahrtschiff** *n* cruise ship
**Kreuzfahrtschiffe und Hotels bieten Pauschalangebote, die weit unter dem (Selbst)Kostenpreis liegen**
cruise ships and hotels are offering deals at well below cost
**Krise** *f* crisis (*pl* crises)
**diese Entscheidung beschleunigte die gegenwärtige Krise**
this decision precipitated the current crisis
**die Krise weitete sich auf Lateinamerika aus**
the crisis spread to Latin America
**die Krise ist (noch) nicht vorbei**
the crisis is not over

**Krisensitzung** *f* emergency meeting
**die Regierung hielt während des ganzen Tages Krisensitzungen ab**
the government was holding emergency meetings throughout the day
**Krisenstab** *m* crisis staff
**der Krisenstab sammelt Informationen über die Anzahl der von der Krankheit befallenen Schafe**
the crisis staff is gathering information on the number of sheep affected by the disease
**Kühlschrank** *m* refrigerator
**Kühlschränke auf mögliche mechanische Fehler überprüfen**
to test refrigerators for possible mechanical problems
**Einbaukühlschrank aus nichtrostendem Stahl**
stainless steel built-in refrigerator
**Kunde** *m* client; customer
**die Kunden von ABC kommen aus der gesamten Industrie**
ABC's clients span the industrial spectrum
**die strategisch platzierten Tochtergesellschaften von ABC bedienen eine wachsende Zahl von internationalen Kunden**
ABC's strategically placed subsidiaries serve a growing number of international clients
**ein langjähriger Kunde von ABC**
a long time customer of ABC
**bei ABC kommt der Kunde zuerst / steht der Kunde im Vordergrund**
the customer comes first at ABC
**sie können ihren Umsatz nur dadurch steigern, dass sie sich gegenseitig die Kunden wegnehmen, anstatt sich neue zu suchen**
they can increase their sales only by taking customers from each other rather than finding new ones
**Kundenanforderungen** *fpl* customer requirements
**die zukünftigen Kundenanforderungen erfüllen**
to meet future customer requirements
**die vier Modelle erfüllen unterschiedliche Kundenanforderungen**
the four models accommodate different customer requirements
**Kundenanfrage** *f* customer inquiry
**Kundenanfragen beantworten**
to respond to customer inquiries
**Kundenanfragen bearbeiten**
to deal with customer inquiries

**Kundenbasis** *f* customer base
  **einer größeren Kundenbasis / mehr Kunden mehr Produkte und Dienstleistungen anbieten**
  to provide additional product and service offerings to an expanded customer base
**Kundenbedürfnisse** *npl* customers' requirements; customer needs; customer requirements
  **sich auf die Kundenbedürfnisse konzentrieren**
  to focus on customer needs
  **die wachsenden Bedürfnisse der Kunden / Kundenbedürfnisse in der deregulierten Energiewirtschaft befriedigen**
  to meet growing customer needs in the deregulated energy industry
  **zukünftige Kundenbedürfnisse befriedigen**
  to meet future customer requirements
  **wir sind in der Lage, anspruchsvolle Kundenbedürfnisse zu befriedigen**
  we can meet demanding customer requirements
**Kundenbestand** *m* customer base
**Kundenbetreuung** *f* customer service; customer care
  **unser Ziel ist ein Höchstmaß an Kundenbetreuung**
  we are eager to achieve high levels of customer care
**Kundenbeziehung** *f* customer relationship
  **Allianzen bilden die Grundlage für die bestehenden Kundenbeziehungen**
  alliance agreements form the basis of ongoing customer relationships
  **ABC verfügt über sehr starke und langfristig angelegte Kundenbeziehungen**
  ABC has very strong long term customer relationships
  **wir legen sehr viel Wert auf gute Kundenbeziehungen**
  we put tremendous value on the customer relationships
**Kundendienstzentrale** *f* customer service center
  **die Eröffnung unserer neuen Kundendienstzentrale war ein bedeutendes Ereignis**
  a major highlight was the opening of our new customer service center
**Kundenloyalität** *f* customer loyalty
  **Kundenloyalität aufbauen und erhalten**
  to build and retain customer loyalty
**Kundennachfrage** *f* customer demand
  **die sich verändernde Kundennachfrage**
  the shifting customer demand
**Kundenorientierung** *f* customer focus
  **die Kundenorientierung verstärken**
  to intensify customer focus
**Kundenseminar** *n* customer seminar
**kundenspezifisch** *adj* custom; custom designed; custom-designed
  **kundenspezifische Lösungen**
  custom solutions
  **kundenspezifische IT-Systeme**
  custom-designed information-technology systems
**Kundenstamm** *m* customer base
  **ABC hat einen großen und heterogenen Kundenstamm**
  ABC has a very large and diverse customer base
  **Veränderung in der Zusammensetzung des Kundenstammes**
  change in mix in the customer base
**Kundentreue** *f* customer loyalty
**Kundenzahl** *f* customer base
  **die Kundenzahl des Konzerns lag am 30. September 20... weltweit bei 60 Millionen**
  the group's worldwide customer base at 30 September 20... was approximately 60 million customers
**Kundenzufriedenheit** *f* customer satisfaction
  **die Kundenzufriedenheit stieg um 20%**
  customer satisfaction improved by 20%
**Kunstfaser** *f* man-made fiber *(AE)* / fibre *(BE)*
  **die Bezeichnung Kunstfaser wird verwendet, um diese Fasern von den Naturfasern zu unterscheiden**
  the term man-made fibres is used to distinguish them from natural fibres
**künstliche Intelligenz** artificial intelligence
**Kunststoffindustrie** *f* plastics industry
  **die Kunststoffindustrie hat nur wenige eigene Verarbeitungsverfahren entwickelt**
  the plastics industry has developed

**Kunststoffindustrie**

few processing techniques of its own
**den derzeitigen Stand der Technik in der gesamten Kunststoffindustrie begutachten / analysieren / untersuchen**
to review the present state of the art in the plastics industry at large

**Kupferchip** *m* copper chip
**Kupferchips vom Laborstadium ins Produktionsstadium und auf den Markt bringen**
to bring copper chips from the lab into production and to the market

**Kursbarometer** *n* benchmark; benchmark index; stock gauge
**dieser Index ist das Kursbarometer für die Schwellenmärkte**
this index is the benchmark index for emerging markets

**kursbewegende Informationen** forward looking statements
**es wurden kursbewegende Informationen vor einer ausgewählten Zuhörerschaft bekannt gegeben**
forward looking statements were being released to an exclusive audience

**Kursblase** *f* stockmarket bubble

**Kurseinbruch** *m* sharp stock market decline
**die Angst vor einem erneuten Wirtschaftsabschwung wurde durch jüngste Kurseinbrüche ausgelöst**
fears of a renewed downturn were inflamed by recent, sharp stock market declines

**Kurs-Gewinn-Verhältnis** *n* (KGV) price/earnings ratio; p/e ratio
**das Kurs-Gewinn-Verhältnis deutete auf eine beträchtlich Überbewertung der Aktien hin**
the price/earnings ratio suggested a substantial overvaluation of shares
**das Kurs-Gewinn-Verhältnis ist ein grobes Maß für den Optmismus der Anleger**
the p/e ratio provides a crude yardstick of investor optimism

**Kursrückgang** *m* stock market decline

**Kurssturz** *m* slump
**die jüngsten Kursstürze der Technologiewerte**
the recent tech stock slump
**die Kursstürze bei den Technologiewerten haben die Wagniskapitalgesellschaften nicht abgeschreckt**
the slump in the value of technology stocks has failed to deter venture-capital firms

**Kurzarbeit** *f* short-time working
**das Unternehmen führte Kurzarbeit für das Kabinenpersonal ein**
the company introduced short-time working for cabin attendants

**kurzfristige Zinsen** short-term interest rates
**die kurzfristigen Zinsen nicht verändern / beibehalten**
to hold short-term interest rates steady
**durch Erhöhung oder Senkung wichtiger kurzfristiger Zinsen für stabile Preise sorgen**
to maintain stable prices through raising or lowering key short-term interest rates
**die kurzfristigen Zinsen sind auf einem Tiefststand**
short-term interest rates are at rock bottom
**die Bank kann die kurzfristigen Zinsen nicht weiter senken**
the bank cannot lower short-term interest rates any further

**Kurzstreckenflugverkehr** *m* short-haul air travel

**Kurzstreckenverbindungen** *mpl* (*Luftfahrt*) short-haul air travel

**Kurzstreckenverkehr** *m* (*Luftfahrt*) short-haul air travel
**den Kurzstreckenverkehr in ganz Europa revolutionieren**
to revolutionize short-haul air travel all over Europe

**Kurz- und Mittelstreckenjet** *m* short- to medium-haul jet
**die Fluggesellschaft orderte 100 Kurz- und Mittelstreckenjets**
the carrier ordered 100 short- to medium-haul jets

**Kürzung** *f* cut
**nach Meinung von Analysten wird es wahrscheinlich im kommenden Jahr weitere Kürzungen geben**
analysts said further cuts were likely next year

# L

**Laborbedarf** *m* laboratory supplies
**Lagebericht** *m* management's discussion; status report

**der Jahresabschluss und Lagebericht wurden von ABC aufgestellt**
the financial statements and management's discussion were produced by ABC

**Lager** *n* warehouse
**dies hat die Unternehmen ermutigt, ihre Läger wieder zu füllen**
this encouraged firms to restock their warehouses

**Lagerabbau** *m* inventory reduction

**Lagerbestand** *m* inventory; stocks
**die Lagerbestände reduzieren**
to reduce inventories
**die Lagerbestände schwellen an**
inventories have begun to swell
**die kalte Witterung und die geringen Lagerbestände treiben die Kosten nach oben**
cold weather and low inventories drive up costs
**ABC musste drei Fabriken schließen auf Grund zu großer Lagerbestände**
ABC has been forced to close three factories because of bulging inventories
**die Lagerbestände nehmen zu**
inventories are rising
**daher muss das Unternehmen beträchtliche Lagerbestände unterhalten**
as a result, the company is required to maintain significant inventories
**zu große und veraltete Lagerbestände**
excess and obsolete inventory
**die Lagerbestände nahmen im vierten Quartal wieder stark zu**
inventories again rose sharply in the fourth quarter
**die Produktion drosseln, um die vorhandenen Lagerbestände zu reduzieren**
to cut production to run down existing stocks

**Lagerumschlag** *m* inventory turnover
**der Lagerumschlag hat sich im Jahre 20... auf 7,8 verbessert**
inventory turnover improved to 7.8 in 20...

**Landegebühr** *f* landing fee
**die Nichtbezahlung von Landegebühren**
the non-payment of landing fees

**Landwirtschaft** *f* agriculture; farming industry
**Produkte und Technologien für den Einsatz in der Landwirtschaft**
products and technologies for use in agriculture
**der Ausbruch der Maul- und Klauenseuche droht die britische Landwirtschaft zu ruinieren**
the foot-and-mouth disease outbreak threatens to devastate the UK's farming industry

**Landwirtschaftsminister** *m* agriculture minister; farm minister
**stellvertretender Landwirtschaftsminister**
deputy farm minister

**Landwirtschaftspolitik** *f* farming policy
**die gemeinsame Landwirtschaftspolitik der EU**
the European Union's common farming policy
**im Mittelpunkt der europäischen Landwirtschaftspolitik stehen auch weiterhin Riesensubventionen**
giant subsidies remain at the heart of Europe's farming policy

**Langstrecke** *f* long haul route
**den Dienst / Flugverkehr auf den profitablen Langstrecken aufrechterhalten und verstärken**
to retain and enhance service on profitable long haul routes
**die Fluggesellschaft wird Langstrecken weiter bedienen**
the airline will continue to operate long-haul routes

**Langstreckenflotte** *f* long-haul fleet
**die Fluggesellschaft wird ihre Langstreckenflotte um ein Viertel verkleinern**
the airline is to cut its long-haul fleet by a quarter

**langwierig** *adj* painfully long
**ein langwieriger Prozess**
a painfully long process

**Langzeitarbeitslose** *pl* long-term unemployed
**die Zahl der Langzeitarbeitslosen steigt stetig**
the number of long-term unemployed is rising steadily

**Laptop-Computer** *m* laptop computer
**zwei von fünf Laptop-Computern auf der ganzen Welt besitzen eine ABC-Festplatte**
two in five laptop computers in the world contain an ABC hard-disk drive

**Lärmbelästigung** *f* noise pollution
**äußerst geringe Luftverschmutzung**

**und Lärmbelästigung**
negligible air and noise pollution
**die Lärmbelästigung ist in vielen Umgebungen ein Problem**
noise pollution is of concern in many environments

**Laufzeit** *f* contract period
**ein Abnahmevertrag mit einer ungewöhnlich langen Laufzeit von 42 Jahren**
a purchase contract with an unusually long contract period of 42 years
**Vertrag mit einer Laufzeit von 15 Jahren**
a 15-year contract period

**Lebenshaltungskostenindex** *m* consumer price index
**der neuste Lebenshaltungskostenindex, der am 21. Februar veröffentlicht wurde, zeigt einen unerwarteten sprunghaften Anstieg der Inflation**
the latest consumer price index, released on February 21st, showed an unexpectedly big jump in inflation
**der Lebenshaltungskostenindex stieg im Juni um 0,2%**
the consumer price index rose 0.2 percent in June

**Lebensmitteldiscounter** *m*; **Lebensmittel-Discounter** *m* discount food retailer

**Lebensmittelgeschäft** *n* grocery store

**Lebensmittelkette** *f* grocery chain

**Lebensqualität** *f* quality of life

**Lebensstandard** *m* standard of living; living standard
**die Arbeitsproduktivität ist der Schlüssel zu einem höheren Lebensstandard**
worker productivity is the key to improvements in the standard of living
**ihr Lebensstandard ist in den vergangenen 20 Jahren stark gestiegen**
they have seen their living standards rise sharply in the past 20 years

**Lebensversicherer** *m* life insurer; life insurance

**Lebensversicherung** *f* (1)
*(Unternehmen)* life insurer; life insurance
**dies war eine Lebensversicherung, bei der man davon ausgehen konnte, dass sie ihre Versprechungen halten würde**
this was one life insurer you could surely trust to honour its pledges

**bis vor kurzem gehörten die Lebensversicherungen zu den erfolgreichen Wirtschaftszweigen Großbritanniens**
until recently, life insurance has been a successful industry in Britain

**Lebensversicherung** *f* (2)
*(Versicherung)* life insurance

**Lebensversicherungsgeschäft** *n* life-insurance industry; life insurance market

**Lebensversicherungsgesellschaft** *f* life insurer; life-insurance company
**dies war eine Lebensversicherungsgesellschaft, bei der man davon ausgehen konnte, dass sie nur versprechen würde, was sie auch halten konnte**
this was one life insurer you could surely trust to make pledges that could be honoured
**dies bedeutet mehr Geschäfte für die Lebensversicherungsgesellschaften / Lebensversicher**
this means more business for life-insurance companies

**Lebenszykluskosten** *pl* life-cycle cost(s)
**die Anwender erwarten niedrigere Lebenszykluskosten**
users expect lower life-cycle costs
**die Lebenszykluskosten lassen sich wie folgt unterteilen / können in folgende Kategorien unterteilt werden**
life-cycle costs can be broken down into the following categories

**Ledersparte** *f* leather goods division; leather-goods branch
(siehe **Lederwarensparte**)

**Lederwarensparte** *f* leather goods division; leather-goods branch
**der operative Gewinn in der Lederwarensparte kletterte auf 1 Mrd. Dollar**
operating profit in the leather goods division climbed to $1bn
**die Lederwarensparte konnte im vergangenen Jahr als einzige ihr Ergebnis verbessern**
the leather-goods branch was the only one to augment income last year

**leichtes Nutzfahrzeug** light vehicle

**leistungsbezogene Bezahlung** performance-based pay scheme
**ABC hat für alle Mitarbeiter die leistungsbezogene Bezahlung eingeführt**

ABC has introduced a performance-based pay scheme for the company's entire workforce

**Leistungsbilanz** *f* current-account balance

**Leistungsbilanzdefizit** *n* current-account deficit
**ein Dollar im freien Fall würde die Finanzierung des riesigen Leistungsbilanzdefizits erschweren**
a free-falling dollar would make America's huge current-account deficit harder to finance
**eine weitere Vergrößerung des Leistungsbilanzdefizits der Vereinigten Staaten**
a further widening of America's current-account deficit

**Leistungsbilanzüberschuss** *m* current-account surplus
**der Leistungsbilanzüberschuss des Landes sank im Dezember auf 6,14 Mrd. $**
the country's current-account surplus fell in December to $6.14 billion
**alle fünf Krisenländer verzeichnen nun Leistungsbilanzüberschüsse**
all five "crisis" countries now run current-account surpluses

**leistungsorientiert** *adj* performance-based

**Leistungspaket** *n* package of benefits

**leitender Mitarbeiter** executive

**Leitung** *f* (1): **Leitung übernehmen** take control
**seit er die Leitung übernahm, ist der Absatz zurückgegangen**
since he took control, sales have actually fallen
**zum ersten Mal seit er die Leitung der Firma in den zwanziger Jahren des vergangenen Jahrhunderts übernahm**
for the first time since he took control of the company in the 1920s

**leitungsgebunden** *adj* fixed-line
**der Triumph des Mobiltelefons über das leitungsgebundene Telefon**
the mobile phone's triumph over the fixed-line telephone

**Leitzins** *m* key interest rate; base rate; discount rate; fed funds rate *(USA)*; prime rate; federal funds rate *(USA)*; federal-funds rate *(USA)*
**einige Wirtschaftswissenschaftler sagen auch weiterhin höhere Leitzinsen voraus**
some economists are continuing to predict higher base rates
**die Analysten sind sich darin einig, dass die Leitzinsen auf 5,5% sinken werden**
the consensus among analysts is that base rates will drop to 5.5%
**die Zentralbank senkte den Leitzins von 6,5% auf 6%**
the central bank lowered the fed funds rate to 6 percent from 6.5 percent
**der Leitzins(satz) ist deshalb so wichtig, weil viele Verbraucherkredite daran gekoppelt sind**
the prime rate is important because many consumer loans are tied to
**die Entscheidung der Bank, den Leitzins einen Viertelpunkt zu senken**
the bank's decision to cut its key interest rate a quarter point
**am 31. Januar hat die Fed den Leitzins um einen halben Prozentpunkt gesenkt**
on January 31st the Fed slashed its federal funds rate by half a point

**Leitzinserhöhung** *f* rate increase
**die Leitzinserhöhungen der amerikanischen Bundesbank zeigen Wirkung**
the Fed's rate increases are working

**Leitzinssenkung** *f* rate cut
**amerikanische Zentralbank senkt überraschend die Leitzinsen**
Fed makes surprise rate cut

**Lernsoftware** *f* educational software

**liberalisierter Strom- und Gasmarkt** liberalised *(BE)* / liberalized *(AE)* market for electricity and gas
**noch vor ein paar Jahren war der Gedanke an einen liberalisierten Strom- und Gasmarkt undenkbar**
a few years ago, the notion of a liberalised market for electricity and gas in Europe would have seemed unlikely

**Liberalisierung** *f* liberalisation *(BE)*; deregulation
**weitere Liberalisierung in den Bereichen Landwirtschaft und Dienstleistungen**
further liberalisation in agriculture and services
**Liberalisierung des Stromgeschäfts**
deregulation of the electricity market

**Lieferschwierigkeiten** *fpl* supply problems

**bei diesen Betrieben traten große technische Probleme und Lieferschwierigkeiten auf**
these plants suffered from many technical and supply problems
**Lieferschwierigkeiten waren mitverantwortlich für einen Anstieg der Lagerbestände**
supply problems also contributed to a rise in stocks
**Liefervertrag** *m* supply contract
**langfristige Lieferverträge**
long-term supply contracts
**einen Liefervertrag aushandeln / über einen Liefervertrag verhandeln**
to negotiate a supply contract
**Lieferzeit** *f* delivery time
**Lizenz** *f* licence *(BE)* / license *(AE)*
**eine Lizenz erteilen**
to grant a licence
**Lizenzabkommen** *n* licencing *(BE)* / licensing *(AE)* deal / arrangement
**die Unterzeichnung eines Lizenzabkommens verzögert sich**
the signing of a licensing deal has been delayed
**Lizenzgebühr** *f* licence *(BE)* / license *(AE)* fee; royalty
**Lizenzgebühren beim Verkauf von Software**
royalties on software sales
**Lizenznehmer** *m* licensee
**ein Lizenznehmer ist eine örtliche Telefongesellschaft**
one licensee is a local phone company
**Lizenzvereinbarung** *f* licence *(BE)* / license *(AE)* agreement; licensing agreement
**eine Lizenzvereinbarung mit A&B schließen**
to conclude a licensing agreement with A&B
**Lizenzvertrag** *m* licence *(BE)* / license *(AE)* agreement; licensing agreement
**einen Lizenzvertrag mit A&B unterzeichnen / schließen**
to sign a license agreement with A&B
**Lkw-Tochter** *f* truck subsidiary
**Lkw-Werk** *n* truck plant
**Lockerung der Geldpolitik**
monetary easing
**eine Lockerung der Geldpolitik durch die Zentralbanken wird nicht ausreichen**
monetary easing by central banks will not be enough
**Logistik** *f* logistics
**vergangenes Jahr nahm ABC eine Reihe Veränderungen in den Bereichen Transport und Logistik vor**
last year, ABC made a number of changes in transportation and logistics
**Logistikunternehmen** *n* logistics firm
**ABC hat eine ganze Reihe weiterer Logistikunternehmen gekauft**
ABC has bought a clutch of other logistics firms
**Lohn** *m* wage
**trotz steigender Löhne**
despite rising wages
**unter diesem Abkommen steigen die Löhne um jährlich 3 Prozent**
wages rise by 3 percent a year under the agreement
**den Arbeitnehmern die ausstehenden Löhne auszahlen**
to pay workers overdue wages
**Lohnabschluss** *m* pay settlement; wage settlement
**die Lohnabschlüsse dieser Gewerkschaft haben oft Leitfunktion für die anderen Bereiche der deutschen Wirtschaft**
this union's pay settlements often set the tone for other sectors of the German economy
**Lohnerhöhung** *f* wage increase
**die Produktion nahm zu, was sich aber weder in Lohnerhöhungen noch in Preissenkungen ausdrückte**
production increased, but it wasn't matched by wage increases or price reductions
**Lohnforderung** *f* wage claim; demand for a wage increase
**Lohnforderung (in Höhe) von 6,5%**
demand for a 6.5 per cent wage increase
**die Gewerkschaft begnügt sich gewöhnlich mit der Hälfte ihrer anfänglichen Lohnforderung**
the union usually settles for about half of its initial pay demand
**Lohnkosten** *pl* wage costs
**die Lohnkosten steigen jährlich um 10 Prozent**
wage costs rise by 10 percent annually
**Lohnliste** *f* payroll
**Lohnmäßigung** *f* wage moderation
**eine Fortsetzung der Lohnmäßigung ist entscheidend für die**

**Aufrechterhaltung der Preisstabilität**
a continuation of wage moderation is crucial for the maintenance of price stability

**Lohnnebenkosten** *fpl* overheads
**Arbeitsmarktregulierungen führen zu höheren Lohnnebenkosten**
labour market regulations increase overheads

**Lohn-Preis-Spirale** *f* wage-price spiral
**die Gefahr einer Lohn-Preis-Spirale**
the threat of a wage-price spiral

**Lohn- und Gehaltsliste** *f* payroll

**Lohnverhandlungen** *fpl* wage bargaining

**Lohnzurückhaltung** *f* wage restraint
**nach sechsjähriger Lohnzurückhaltung**
after six years of wage restraint

**Luftfahrt** *f* air travel

**Luftfahrtbranche** *f* aviation sector
**die Fluggesellschaft ist schon angeschlagen von der Krise in der Luftfahrtbranche**
the carrier is already reeling from the crisis gripping the aviation sector

**Luftfahrtexperte** *m* aviation analyst; aerospace analyst

**Luftfahrtgesellschaft** *f* airline

**Luftfahrtindustrie** *f* aviation industry
**A&B stellt moderne Elektronik für die Luftfahrtindustrie her**
A&B makes advanced electronics for the aviation industry

**Luftfrachtaufkommen** *n* air cargo traffic
**das Luftfrachtaufkommen lässt sich weiter steigern**
there is still much potential for growth in air cargo traffic

**Luftschiff** *n* airship
**Ingenieure, Visionäre und Unternehmer reden schon seit Jahrzehnten von der Wiederbelebung des Luftschiffes**
engineers, visionaries and entrepreneurs have been talking about reviving the airship for decades
**einige wenige, über die ganze Welt verstreute Unternehmen haben mit der Arbeit an großen Luftschiffen begonnen**
a handful of firms around the world have begun work on large airships
**gegenwärtig werden Luftschiffe vor allem zu Werbezwecken eingesetzt**
at present, the main use for airships is advertising

**Luft- und Raumfahrt** *f* aerospace; aero-space
**das Unternehmen kündigte den Verkauf seiner Luft- und Raumfahrt- und Wehrtechnik-Sparten an**
the company announced that it would sell its aerospace and defense businesses

**Luft- und Raumfahrt-Konzern** *m* aerospace group

**Luft- und Raumfahrt-Riese** *m* aerospace giant
**der amerikanische Luft- und Raumfahrt-Riese wird ein Langstreckenflugzeug entwickeln**
the American aerospace giant will develop a long-range jet

**Luft- und Raumfahrt-Sparte** *f* aerospace business
**ABC verkauft seine Luft- und Raumfahrtsparte an BCD**
ABC sells its aerospace business to BCD

**Luft- und Raumfahrttochter** *f* aerospace subsidiary

**Luft- und Raumfahrtunternehmen** *n* aerospace company

**Luftverkehr** *m* air traffic
**der Luftverkehr nimmt wieder zu**
air traffic is growing again
**ein plötzlicher Rückgang des Luftverkehrs**
a sudden drop in air traffic

**Luftverkehrsabkommen** *n* aviation treaty
**ein bilaterales Luftverkehrsabkommen schließen**
to sign a bilateral aviation treaty

**Luftverkehrs-Allianz** *f* airline alliance
**dies hat zur Bildung von Luftverkehrs-Allianzen geführt**
this has prompted the creation of airline alliances

**Luftverkehrsgesellschaft** *f* airline

**Luftverschmutzung** *f* air pollution
**Bekämpfung der Luftverschmutzung**
air pollution control
**die Luftverschmutzung verringern**
to reduce air pollution
**die Stromwirtschaft erzeugt mehr Luftverschmutzung als jeder andere**

**Industriezweig in den USA**
making electricity causes more air pollution than any other industry in the U.S.

**Luxusautohersteller** *m*; **Luxusauto-Hersteller** *m* luxury-car maker

**Luxusgüteranbieter** *m* luxury goods maker

**Luxusgüterkonzern** *m* luxury goods group; luxury products group
**der weltgrößte Luxusgüterkonzern gab am Freitag einen kräftigen Rückgang des Nettogewinns für das Jahr 20... bekannt**
the world's largest luxury products group reported on Friday a sharp fall in 20... net profit

**Luxuskonzern** *m* luxury-goods conglomerate; luxury goods group

**Luxuslimousine** *f* luxury sedan
**die Luxuslimousine des Unternehmens stellte im Juni einen neuen Verkaufsrekord auf**
the company's luxury sedan broke a June sales record

**Luxusmarke** *f* luxury brand; luxury label
**eine sich ständig ändernde Nachfrage hat auch Auswirkungen auf die Luxusmarken**
luxury brands will not be immune to volatile demand

**Luxuswagen** *m* luxury car
**ein moderner Luxuswagen ist ein rollendes Rechnernetzwerk**
a modern luxury car is a rolling computer network

# M

**Machbarkeit** *f* feasibility
**bei Feststellung der technischen Machbarkeit**
when technological feasibility has been established

**Machbarkeitsstudie** *f* feasibility study
**eine Machbarkeitsstudie anfertigen**
to conduct a feasibility study
**Schanghai unterzeichnete im vergangenen Jahr einen Vertrag im Wert von 1,6 Mio. DM für die Anfertigung einer Machbarkeitsstudie**
Shanghai signed a DM1.6m deal for a feasibility study last year

**Machtkampf** *m* power struggle
**der Machtkampf bei A&B ist beendet**
the power struggle at A&B has come to an end

**Magnetschwebebahn** *f* magnetic levitation train; maglev train; maglev; maglev system
**ABC entwickelte ein der japanischen Magnetschwebebahn vergleichbares System**
ABC designed a system that is similar to the Japanese maglev
**Magnetschwebebahnen fahren mit Geschwindigkeiten von 400 bis 480 km/h oder mehr**
maglev trains travel at speeds of 250-300 mph or higher
**eine Magnetschwebebahn könnte die Strecke in etwa einer Stunde bewältigen**
a maglev could make the trip in about an hour
**Magnetschwebebahnen bieten klare Vorteile gegenüber den derzeitigen Transportmitteln**
maglevs offer distinct advantages over present modes of transport
**Magnetschwebebahnen benötigen sehr viel elektrische Energie**
maglev systems require large amounts of electric power

**Magnetschwebetechnik** *f* Maglev / maglev system; Maglev / maglev technology; Maglev / maglev design; magnetic levitation; magnetic levitation technology
**die Magnetschwebetechnik könnte im kommenden Jahrhundert die täglich zurücklegbaren Fahrstrecken beträchtlich vergrößern**
magnetic levitation technology could greatly extend people's daily travel range in the next century
**vor fünfundzwanzig Jahren stand Großbritannien in der Forschung auf dem Gebiet der Magnetschwebetechnik kurz vor dem Durchbruch**
twenty-five years ago, Britain was at the cutting edge of research into magnetic levitation
**die Initiative untersuchte erneut das Potenzial der Magnetschwebetechnik zur Verbesserung des Bahnverkehrs zwischen Großstädten**
the initiative reevaluated the potential

for maglev to improve intercity transportation

**Maklerhaus** *n* broker

**Makroökonom** *m* macro economist
**im IWF sitzen lauter Makroökonomen**
the IMF is full of macro economists

**Management Buyout** *n*; **Management-Buy-out** *n* management buyout
**Darlehen für und Investitionen in Management Buyouts**
loans to and investments in management buyouts

**Marke** *f* brand
**im November war der Wert der Marke auf 300 Mio. Dollar geschätzt worden**
the brand was valued at $300m at the end of November

**Markenpolitik** *f* brand policy
**eine konsequente Markenpolitik sicherstellen / gewährleisten; für eine konsequente Markenpolitik sorgen**
to ensure a consistent brand policy

**Markenzeichen** *n (fig)* hallmark
**höchste Leistungen in den Bereichen Umwelt und Sicherheit waren schon immer ein Markenzeichen unseres Unternehmens**
environmental and safety excellence have always been hallmarks of our business

**Markt** *m* (1) market
**in neue Märkte expandieren**
to expand into new markets
**gibt es einen Markt für dieses Fahrrad**
is there a market for this bicycle
**die Unternehmen sind auf der Suche nach neuen Märkten**
companies are looking for new markets
**die Märkte öffnen sich nun langsam**
the markets are now slowly opening
**unsere Produkte zielen primär auf zwei sehr große Märkte**
our products are primarily targeted at two very large markets
**der achtgrößte Markt des Landes**
the nation's eighth-largest market
**sich von unprofitablen Märkten zurückziehen**
to exit from unprofitable markets

**Markt** *m* (2): **auf den Markt bringen** launch; bring ... to market; get ... to market
**wir haben eine neue Reihe von Geschirrspülern auf den Markt gebracht**
we launched a new line of dishwashers
**Produkte auf den Markt bringen**
to bring products to market
**die Produkte schneller auf den Markt bringen**
to get products to market faster

**Marktakzeptanz** *f* market acceptance

**Marktanteil** *m* market share
**unser PC-Geschäft hat seinen Marktanteil behauptet**
our PC business maintained its market share
**alle anderen großen Hersteller haben Marktanteile verloren**
all the other major manufacturers lost market share
**der Computerhersteller hat seinen Konkurrenten ständig Marktanteile abgenommen**
the computer maker has steadily gained market share from rivals

**marktbeherrschendes Unternehmen** market dominant / market-dominant company

**Marktbeherrschung** *f* market dominance

**Marktbeobachter** *m* market watcher; analyst
**die meisten Marktbeobachter erwarten nun, dass die amerikanische Notenbank ihre Zinssätze senkt**
most market watchers now expect the U.S. Federal Reserve to cut interest rates

**Marktbereinigung** *f* shakeout; shake-out
**einer der größten Vorteile von Firmen, die eine Marktbereinigung überleben, ist ...**
one of the biggest benefits for firms that do survive a shake-out is ...
**eine Marktbereinigung kommt bestimmt**
a shakeout is certain to be coming
**es zeichnet sich deutlich ab, dass der Telekom-Industrie weltweit eine tief gehende Marktbereinigung ins Haus steht**
it has become clear that a vicious shake-out is under way in the global telecoms industry

**Marktchance** *f* market opportunity
**die Verteuerung der fossilen Brennstoffe ist Herausforderung und Marktchance zugleich**

the rising cost of fossil fuels is both a challenge and market opportunity

**Markteinführung** *f* commercialisation *(BE)*; commercialization *(AE)*; market launch; launch
**Markteinführung kostengünstiger Elektrofahrzeuge**
commercialization of cost-competitive electric vehicles
**eine äußerst erfolgreiche Markteinführung**
an extremely successful market launch
**die Konjunkturabschwächung wirkte sich negativ auf die Markteinführung des neuen Mikroprozessors aus**
the economic slowdown was hurting the launch of the new microprocessor

**Markteinführungszeit** *f* time to market
**der Markt verlangt höhere Qualität, bessere Leistung und kürzere Markteinführungszeiten**
the market demands higher quality, better performance, faster time to market

**Markteröffnung** *f* market opening

**Markterwartung** *f* market expectation
**die Zinssenkung um einen halben Prozentpunkt am Mittwoch entsprach den Markterwartungen**
Wednesday's half-point cut was in line with market expectations

**marktfähig** *adj* marketable
**marktfähiges Produkt**
marketable product

**Marktforschungsinstitut** *n* market researcher; research consultancy; market research firm
**laut ABC, einem Markforschungsinstitut in New York, ist der Verkauf von PC in den USA um 10% gestiegen**
according to ABC, a market researcher in New York, PC sales in the United States grew by 10 percent
**David Miller ist Analyst bei ABC, einem Marktforschungsinstitut**
David Miller is an analyst for ABC, a market research firm / research consultancy

**Marktführer** *m* market leader

**Marktführerschaft** *f* market leadership
**unsere ausgezeichnete Bilanz ermöglicht es uns, die Marktführerschaft auszubauen**
our strong balance sheet allows us to expand our market leadership

**marktgängiges Wertpapier** marketable security
**ein Großteil der Staatsverschuldung besteht aus marktgängigen Wertpapieren, die von der Regierung herausgegeben wurden**
most public debt consists of marketable securities issued by a government
**Kauf und Verkauf von marktgängigen Wertpapieren**
purchases and sales of marketable securities

**Marktkräfte** *fpl* market forces

**Marktnische** *f* market niche
**der Wagen wird sich bestenfalls eine Marktnische erobern**
the car will win a small market niche at best
**um Marktnischen konkurrieren**
to compete for market niches

**Marktposition** *f* market position
**wir haben eine starke Marktposition**
we have a strong market position

**Marktpotential** *n*; **Marktpotenzial** *n* market potential
**das Marktpotenzial vergrößern**
to expand the market potential

**Marktpräsenz** *f* market presence
**ABC ist im Begriff, seine Marktpräsenz in Lateinamerika zu verstärken**
ABC is increasing its market presence in Latin America
**diese Akquisitionen werden die Marktpräsenz von ABC im Bereich Mineralien und Industriesände verstärken**
these acquisitions will broaden ABC's market presence in minerals and industrial sands

**Marktsättigung** *f* market saturation

**Marktstellung** *f* market position
**führende Marktstellung**
leading market position

**Marktstudie** *f* market study
**dieser Marktstudie zufolge**
according to this market study
**Marktstudien haben gezeigt, dass ...**
market studies showed that ...

**Marktteilnehmer** *m* market participant
**ständigen Kontakt zu den Marktteilnehmern halten**
to stay in constant touch with market participants

**Marktwert** *m* market value
**ABC hat seine frühere Muttergesellschaft an Marktwert übertroffen**
ABC overtook its former parent in market value
**wie kann sich der Marktwert während eines Tages um 50 Milliarden $ verändern**
how can market value change by $50 billion in a day
**ausländische Firmen blicken mit Neid auf ABCs Marktwert**
foreign firms envy ABC's market value
**der Marktwert der beiden Unternehmen ist im vergangenen Jahr um fast die Hälfte geschrumpft**
the two companies saw around half of their market value disappear last year

**Marktwirtschaft** *f* market economy
**der Übergang zur Marktwirtschaft hat zu hoher Arbeitslosigkeit geführt**
the transition to a market economy has led to high levels of unemployment

**Maschinenbau** *m* mechanical engineering
**er ist Professor für Maschinenbau an einer amerikanischen Universität**
he is professor of mechanical engineering at an American university

**Maschinenbauer** *m* engineering company

**Maschinenbauingenieur** *m* mechanical engineer
**er ersetzte viele der Maschinenbauingenieure des Konzerns durch Softwarespezialisten**
he replaced many of the group's mechanical engineers with software experts

**Maschinenbaukonzern** *m* engineering group
**der Maschinenbaukonzern verzeichnete einen Ertragsrückgang um 60%**
the engineering group reported a 60 per cent drop in earnings

**Massenblatt** *n* mass tabloid

**Massenentlassungen** *fpl* mass layoffs
**die Ankündigung von Massenentlassungen in amerikanischen ABC-Werken**
the announcement of mass layoffs at U.S.-based ABC operations

**Massenfertigung** *f* mass production; mass manufacturing
**in der Massenfertigung kennt sich dieser Autobauer aus**
mass manufacturing is something which this carmaker knows a lot about

**Massenhersteller** *m* volume carmaker

**Massenproduzent** *m* volume carmaker

**Massenschlachtung** *f* mass slaughter

**Maßnahme** *f* action; measure
**die wachsenden Verluste von ABC verlangen sofortige Maßnahmen**
ABC's growing losses need immediate action
**zu ähnlichen Maßnahmen zur Kostenreduzierung könnte es auch in anderen Teilen Europas kommen**
similar cost-saving measures could be adopted in other parts of Europe

**Maßnahmenpaket** *n* package of measures
**einem Maßnahmenpaket zur Ankurbelung der Wirtschaft zustimmen**
to approve a package of measures to stimulate the economy

**Materialaufwand** *m* material costs
**der Materialaufwand stieg im Vergleich zum Vorjahr lediglich um 3%**
material costs rose by only 3% compared with the previous year

**Maul- und Klauenseuche** *f* foot-and-mouth disease; foot-and-mouth
**die Maul- und Klauenseuche ist die jüngste Krise, von der die europäischen Bauern betroffen sind**
foot-and-mouth is the latest crisis to hit European farmers
**der letzte Ausbruch der Maul- und Klauenseuche in Amerika ereignete sich im Jahre 1929**
America last saw an outbreak of foot-and-mouth in 1929

**Maul- und Klauenseuche** *f*: **Ausbruch der Maul- und Klauenseuche** foot-and-mouth outbreak; foot-and-mouth disease outbreak
**in den Ländern Europas herrscht höchste Alarmstufe wegen des Ausbruchs der Maul- und Klauenseuche in Großbritannien**
European countries are on red alert over Britain's foot-and-mouth outbreak

**Mausklick** *m* mouse click
**per Mausklick**
via / with a mouse click
**mit einem einzigen Mausklick**
with a single mouse click

**Maut** *f* toll

**Mautgebühr** *f* toll
die Entrichtung der Mautgebühren erfolgt über Automaten
tolls are collected automatically

**MDAX** *m* MDAX index
ABC ist eine Autoverleihfirma, die im Frankfurter MDAX geführt wird
ABC is a car-rental company quoted on Frankfurt's MDAX index

**Mechatronik** *f* mechatronics
die Mechatronik ist eine Verbindung aus Maschinenbau und Elektrotechnik
mechatronics combines mechanical and electrical engineering

**Medienbericht** *m* media report
das Unternehmen wies entrüstet Medienberichte zurück, nach denen ...
the company angrily denied media reports that ...
laut Medienberichten soll(en) ...
media reports are claiming that ... / media reports said ...
nach japanischen Medienberichten
according to Japanese media reports

**Medienkonzern** *m* media group; media conglomerate
der Medienkonzern kündigte die Übernahme von ABC an
the media group announced a takeover of ABC
ABC, ein britischer Medienkonzern, kündigte ein Jointventure an
ABC, a British media group, announced a joint venture
ein internationaler Medienkonzern mit Sitz in London
a London-based international media group
der anglo-holländische Medienkonzern erfreute die Branche am Donnerstag mit der Mitteilung eines Anstieges des Gewinns vor Steuern um 13 Prozent
the Anglo-Dutch media group on Thursday provided some cheer to the sector when it reported a 13 per cent rise in pre-tax profits
Deutschlands größten börsennotierten Medienkonzern schaffen
to create Germany's largest listed media group

**Medienreich** *n* media empire
sein Medienreich steckt tief in der Krise
his media empire is in deep trouble

**Medienriese** *m* media giant
ein aus Elektronik- und Medienriesen bestehendes Konsortium hat zusammen weit über 1 Mrd. Dollar in die Entwicklung einer neuartigen Technologie gesteckt
a consortium of electronics and media giants collectively have spent well more than $1 billion to develop a novel technology
der deutsche Medienriese kündigte ein Jointventure mit A&B an
the German media giant announced a joint venture with A&B

**Medienunternehmen** *n* media company
das drittgrößte Medienunternehmen der Welt
the world's third-largest media company
ABC war zur Fusion mit einem Medienunternehmen bereit
ABC was ready to merge with a media company

**Medienwelt** *f* media world

**Medienzar** *m* media mogul

**medizinische Geräte** medical equipment

**medizinische Technik** medical equipment

**Megafusion** *f* mega-merger
die meisten Verbraucher lehnen diese Megafusionen ab
consumers mostly oppose such mega-mergers
was ist aus allen diesen Megafusionen geworden
where did all the mega-mergers go

**Megatrend** *m* mega trend
einige Analysten betrachten die Nanotechnologie als einen mit der Biotechnologie und dem Mobilfunk vergleichbaren Megatrend
some analysts see nanotechnology as megatrend of the type that biotech and wireless have been

**Mehrheitsaktionär** *m* majority shareholder

**Mehrheitsbeteiligung** *f* majority interest; controlling interest; controlling stake
das Unternehmen kündigte seine Absicht an, die Mehrheitsbeteiligung an ABC zu erwerben
the company announced its intent to purchase a majority interest in ABC
ein wichtiger Grund für den Erwerb der Mehrheitsbeteiligung an ABC war ...
an important reason for the acquisition

of a majority interest in ABC was ...
**es war A&B wiederholt nicht gelungen, aus diesen Minderheitsbeteiligungen Mehrheitsbeteiligungen zu machen**
A&B has repeatedly failed to turn those minority stakes into controlling interests
**die Mehrheitsbeteiligung an A&B erwerben**
to take a controlling stake in A&B

**Mehrheitseigner** *m* majority owner
**die französische Versicherungsgesellschaft ist Mehrheitseigner von ABC**
the French insurer is ABC's majority owner

**Mehrwertsteuer** *f* Value-Added Tax; Value Added Tax; value added tax (VAT)
**Befreiung von der Mehrwertsteuer in Höhe von 10%**
exemption from the 10% Value-Added Tax

**Meinung** *f* view
**in Amerika ist man anderer Meinung / teilt man diese Meinung nicht**
this is not a view shared in America
**die Meinung der Kunden war für die großen Telekom-Unternehmen nie von Bedeutung**
the views of customers have never weighed heavily with the large telecommunications companies

**Messe** *f* tradeshow; trade show
**jedes Jahr werden auf Messen neue Steuerungsprodukte und -technologien eingeführt / vorgestellt**
each year at trade shows, new control products and technologies are introduced

**Messebesucher** *m* fairgoer

**Messegelände** *n* fairground
**vormittags hat man noch immer Schwierigkeiten, zum Messegelände zu kommen**
in the morning you still have some hassles to go to the fairgrounds
**wir haben dieses Jahr unser Messegelände ein letztes Mal erweitert**
we made the last extension of our fairgrounds this year

**Messtechnik** *f* instrumentation

**messtechnisches Produkt** instrumentation product
**unser Unternehmen liefert modernste messtechnische Produkte für Wissenschaftler und Ingenieure auf der ganzen Welt**
our company delivers cutting-edge instrumentation products to scientists and engineers around the world

**Mess- und Prüftechnik** *f* test and measurement
**auf dem Gebiet der Mess- und Prüftechnik bieten wir Produkte an, die von Ingenieuren und Naturwissenschaftlern in Verbindung mit Rechnern eingesetzt werden**
in test and measurement, we provide products that engineers and scientists use with computers

**Mikroelektronik** *f* microelectronics

**Mikroelektronikfirma** *f* microelectronics company
**man darf auf keinen Fall die Mikroelektronikfirmen unterschätzen**
not to be underestimated are the microelectronics companies

**Mikroelektronikkonzern** *m* microelectronics group

**Mikroelektroniksparte** *f* microelectronics division

**Mikroelektronikunternehmen** *n* microelectronics company

**Mikroturbine** *f* microturbine
**ABC ist ein führender Hersteller von schadstoffarmen Mikroturbinen**
ABC is a leading producer of low-emission microturbines

**Milchleistung** *f* milk output

**Militärhubschrauber** *m* military helicopter
**Triebwerk für Militärhubschrauber**
military-helicopter engine

**Minderheitenanteil** *m* minority interest (siehe auch **Minderheitsbeteiligung**; **Minderheitsanteil**)
**der Erwerb der Minderheitenanteile an ABC Canada**
the acquisition of the minority interest in ABC Canada

**Minderheitenbeteiligung** *f* (siehe **Minderheitsbeteiligung**; **Minderheitsanteil**)

**Minderheitsaktionär** *m* minority shareholder
**ABC hat bei einem umstrittenen Umstrukturierungsplan die Interessen der Minderheitsaktionäre weitgehend übergangen**
ABC has largely ignored the interests of minority shareholders in a controversial restructuring plan

**Minderheitsanteil** *m* minority interest; minority stake
**das Unternehmen wird einen Minderheitsanteil an der ABC-Werft erwerben**
the company will purchase a minority interest in the ABC yards
**der Erwerb der Minderheitsanteile an ABC**
the acquisition of the minority interests in ABC

**Minderheitsbeteiligung** *f* minority interest; minority stake
**ABC hat sich zum Erwerb einer Minderheitsbeteiligung an ABC verpflichtet**
ABC has committed to purchase a minority interest in ABC
**A&B begann Verhandlungen mit B&C mit dem Ziel, eine Minderheitsbeteiligung in Höhe von bis zu 10 Milliarden $ am Mobiltelefongeschäft des Unternehmens zu erwerben**
A&B entered talks with B&C aimed at taking a minority stake worth up to $10 billion in the firm's mobile-phone operation
**der ABC-Konzern hat sich bereit erklärt, eine Minderheitsbeteiligung an einem führenden Mobilfunkunternehmen einzugehen**
the ABC Group has agreed to take a minority stake in a leading mobile phone company

**Mindestlohn** *m* minimum wage
**dies ist auf die höheren Mindestlöhne in Europa zurückzuführen**
this can be attributed to Europe's higher minimum wages

**Mineralölkonzern** *m* oil group (siehe auch **Ölkonzern**)
**A&B hat das Interesse des staatlichen Mineralölkonzerns erregt**
A&B has caught the interest of the state-run oil group

**Ministertreffen** *n* ministerial meeting
**am Ende des jährlichen Ministertreffens**
at the end of the annual ministerial meeting
**es sind nur noch weniger als vier Monate bis zum Ministertreffen**
the ministerial meeting is now less than four months away

**Mischkonzern** *m* conglomerate
**ABC ist Südkoreas größter Mischkonzern**
ABC is South Korea's biggest conglomerate

**Missmanagement** *n* mismanagement
**die Strafen für Missmanagement verschärfen**
to toughen the penalties for mismanagement
**die Investoren beschuldigen das Unternehmen des Missmanagements und verlangen Schadenersatz**
the investors allege financial mismanagement and want compensation for their losses

**Mitarbeiter** *m* employee; people
**ABC beschäftigt 50.000 Mitarbeiter in 90 Ländern**
ABC employs 50,000 people in 90 countries

**Mitarbeiter einstellen** recruit
**nachdem ABC die Zahl der Beschäftigten auf ca. 1400 reduziert hat, stellt das Unternehmen nun wieder Mitarbeiter ein**
having slimmed to around 1,400 staff, ABC is now recruiting again

**Mitarbeiterzahl** *f* workforce

**Mitbegründer** *m* co-founder

**Mittel** *npl* resources; funding
**ABC steckt beträchtliche Mittel in Forschung und Entwicklung**
ABC devotes substantial resources to research and development
**das Land wird zusätzliche Mittel vom IMF erhalten**
the country will receive extra funding from the International Monetary Fund

**mittelfristig** *adj* medium term
**der Beitrag der Kernenergie zur kurz- und mittelfristigen Energieversorgung**
the contribution of nuclear energy to near and medium term energy needs

**mittelfristig** *adv* in the medium term; over the medium term
**die mittelfristig erwarteten Wirkungsgrade**
the efficiencies anticipated in the medium term
**A&B rechnet mittelfristig mit einem Wachstum von 15%**
A&B anticipates a 15 per cent growth in the medium term
**die Mitgliedsstaaten müssen mittelfristig einen nahezu ausgeglichenen oder positiven Haushalt aufweisen**
member states must keep their budgets

close to balance or surplus over the medium term
**Mittelklasse-Auto** *n* medium-sized car
**Mittelklassewagen** *m* medium-sized car
**Mittelstand** *m* small and medium-size(d) businesses; small and medium-sized enterprises / companies / firms
**der Mittelstand kämpft mit den wachsenden Kosten für Bankkredite**
small and medium-sized businesses are struggling to meet the increasing cost of bank loans
**Mittelweg** *m* middle way
**die Politiker reden über den neuen Mittelweg**
politicians are talking about the new middle way
**mittleres Management** middle management
**mittleres Unternehmen** medium-size business; medium-sized business
**Kraft-Wärme-Kopplungsanlagen zu einem erschwinglichen Preis für kleine und mittlere Unternehmen**
affordable cogeneration systems for small and medium-sized businesses
**Breitband- und Internet-Dienste für kleine und mittlere Unternehmen**
broadband and Web services for small and medium-size businesses
**Mitverbrennen** *n* co-firing (siehe **Mitverbrennung**)
**Mitverbrennung** *f* co-firing
**Mitverbrennung von Biomasse in einem herkömmlichen Kohlekraftwerk**
co-firing of biomass in a conventional coal-fired power station
**Mobilfunkanbieter** *m*; **Mobilfunk-Anbieter** *m* mobile-phone operator
**ABC hatte europäische und amerikanische Mobilfunkanbieter sowie UMTS-Lizenzen erworben**
ABC had acquired European and American mobile operators and third-generation licences
**die beiden Firmen, die Angebote machten, sind schon die größten Mobilfunkanbieter des Landes**
the two firms that put in offers are already the country's biggest mobile operators

**Mobilfunkbereich** *m* mobile-phone operation
**der Mischkonzern aus Hong Kong gab bekannt, man werde 35% des Mobilfunkbereichs veräußern**
the Hong Kong conglomerate said that it would sell 35% of its mobile-phone operation
**Mobilfunkbetreiber** *m* mobile-(tele)phone operator; mobile operator; cellular operator
**Japans führender Mofilfunkbetreiber**
Japan's leading mobile-telephone operator
**der Mobilfunkbetreiber geriet in die Schlagzeilen, als er ein feindliches Übernahmeangebot für das deutsche Unternehmen ABC machte**
the mobile-phone operator hit the headlines with its hostile bid for Germany's ABC
**Mobilfunkfirma** *f* mobile company
**Mobilfunkgesellschaft** *f* mobile company; mobile phone company; mobile telephone company
**A&B ist mit derzeit 3 Mio. Kunden die drittgrößte Mobilfunkgesellschaft des Landes**
A&B is the country's third biggest mobile telephone company and now has 3m customers
**Mobilfunkindustrie** *f* mobile-phone industry
**die amerikanische Mobilfunkindustrie hängt hinter Europa und Asien zurück**
America's mobile-phone industry lags behind Europe and Asia
**Mobilfunkkonzern** *m* mobile-phone group
**Mobilfunklizenz** *f* mobile telephone licence; mobile licence
**Versteigerung von Mobilfunklizenzen**
auction of mobile telephone licences
**ABC ist bereit, mehr als 4 Mrd. Dollar für zwei Mobilfunklizenzen zu bezahlen**
ABC is poised to pay more than $4bn for two mobile licences
**Mobilfunkmarkt** *m* mobile market
**ABC hat einen Anteil von 17% am deutschen Mobilfunkmarkt erobert**
ABC has captured 17% of the German mobile market
**die derzeit dominierende Stellung von A&B auf dem Mobilfunkmarkt**

A&B's dominance of the current mobile market
**Mobilfunk-Marktführer** *m* leading mobile-telephone operator
**Mobilfunknetz** *n* mobile phone network; wireless telephone network
**ein Mobilfunknetz betreiben**
to operate a mobile phone network
**dieses Mobilfunknetz ermöglicht Anrufe von praktisch jedem Punkt der Erde**
this wireless telephone network allows customers to make calls from virtually anywhere on earth
**Mobilfunknetzbetreiber** *m* wireless service operation
**Mobilfunknetz der dritten Generation** third generation, UMTS mobile phone network
**das finnische Telekommunikationsunternehmen hat zum Jahreswechsel sein Mobilfunknetz der dritten Generation gestartet**
the Finnish telecommunications operator began the new year with the opening of its third generation UMTS mobile phone network
**Mobilfunkriese** *m* mobile-phone giant
**die beiden Mobilfunkriesen verhandeln über ein Jointventure**
the two mobile-phone giants are discussing a joint venture
**Mobilfunksparte** *f* mobile-phone operation; cellular telephony unit
**der Mischkonzern wird seine Mobilfunksparte verkaufen**
the conglomerate will sell its mobile-phone operation
**Mobilfunktochter** *f* mobile phone subsidiary; mobile telephony arm
**A&B wird seine Mobilfunktochter an die Börse bringen**
A&B will float its mobile telephony arm
**Mobilfunkunternehmen** *n* wireless firm; mobile company; mobile phone company; mobile telecoms company; wireless company
**den Weg ebnen für ein Übernahmeangebot von einem führenden Mobilfunkunternehmen**
to pave the way for a takeover bid from a major mobile phone company
**schnell wachsendes Mobilfunkunternehmen**
fast-growing mobile company

**Mobilkommunikation** *f* mobile communications
**Mobilnetz** *n* mobile network (siehe auch **Mobilfunknetz**)
**dieser Standard wird zurzeit weltweit in etwa 65% der Mobilnetze eingesetzt**
this standard is now used in about 65% of the world's mobile networks
**Mobiltelefon** *n* mobile phone; mobile telephone; handset
**Mobiltelefone mit Rechenleistung ausstatten**
to provide computing power for mobile phones
**ABC ist weltweit führend bei der Herstellung von Mobiltelefonen**
ABC is the world's leading maker of mobile telephones
**der finnische Konzern stellt jedes dritte Mobiltelefon her**
the Finnish group makes one in every three mobile phones
**die Kunden warten noch auf die Mobiltelefone für die neuen Hochgeschwindigkeitsdienste**
customers are still waiting for the handsets that will allow them to use the new high-speed services
**Mobiltelefonanbieter** *m* mobile phone supplier
**ABC ist ein führender Mobiltelefonanbieter**
ABC company is the leading mobile phone supplier
**Mobiltelefonhersteller** *m* mobile-phone maker; mobile phone maker; maker of mobile telephones
**Modehaus** *n* fashion house
**Modellpalette** *f* model range
**die Modellpalette auf das Luxussegment ausdehenen**
to extend the model range into the luxury segment
**der Autohersteller plant eine neue Modellpalette**
the carmaker plans a new model range
**modernisieren** *v* upgrade
**mit diesen Produkten können die Anwender ihre Prüfsysteme schnell und kostengünstig modernisieren**
these products give users the ability to upgrade their test systems quickly and cost-effectively
**Möglichkeit** *f* opportunity
**die strengeren Umweltbestimmungen bieten auch neue Möglichkeiten**

stricter environmental regulations are also opening up new opportunities

**Molkereiprodukt** *n* dairy product
**das Virus kann in Molkereiprodukten überleben**
the virus can survive in dairy products

**Monatsbericht** *m* monthly report

**Monopol** *n* monopoly
**das Monopol wird im Jahre 20... ablaufen**
the monopoly will run out in 20...

**Monopolist** *m* monopoly
**das Unternehmen drohte mit der Aufkündigung der Partnerschaft mit dem südafrikanischen Monopolisten**
the concern threatened to end its partnership with the South African monopoly

**Monopolstellung** *f* monopoly position
**A&B wurde des Missbrauchs seiner Monopolstellung für schuldig befunden**
A&B was found guilty of abusing its monopoly position

**Monopolunternehmen** *n* monopoly

**Montagewerk** *n* assembly plant; vehicle assembly plant; vehicle-assembly plant
**die Schließung von Montagewerken**
the closure of assembly plants
**die beiden Firmen betreiben gemeinsam ein Montagewerk**
the two companies share a vehicle assembly plant
**A&B wird drei Montagewerke schließen**
A&B will close three vehicle-assembly plants

**Motorenwerk** *n* engine plant

**Multi** *m* multinational
**die wachsenden Schwierigkeiten, denen sich Multis auf beiden Seiten des Atlantiks gegenübersehen, wenn es um die Genehmigung von Unternehmenstransaktionen geht**
the growing difficulties multinationals are experiencing in winning approval for deals on both sides of the Atlantic

**Multimedia-PC** *m* multimedia PC

**multinationales Unternehmen** multinational; multinational firm
**ABC teilte mit, es habe seine Tochter BCD an ein französisches multinationales Unternehmen verkauft**
ABC said it had sold its affiliate BCD to a French multinational firm
**er hatte 30 Jahre dazu benötigt, um aus ABC ein multinationales Unternehmen mit einem Jahresumsatz von ca. 60 Milliarden Dollar zu machen**
it took him 30 years to build ABC into a multinational with annual sales of around $60 billion
**multinationale Unternehmen mit Fabriken und Niederlassungen auf der ganzen Welt**
multinationals with factories and offices around the world

**Musikdatei** *f* music file

**Musikkonzern** *m* music group

**Musiktauschbörse** *f* music file-sharing utility; music file-swapping service

**Muttergesellschaft** *f* parent company; parent; corporate parent
**unsere Muttergesellschaft ist weltweit der größte Elektromotorenhersteller**
our parent company is the world's largest manufacturer of electric motors
**in anderen Ländern können die Muttergesellschaften ihre Töchter steuerlich wie interne Geschäftsbereiche behandeln**
in other countries, parent companies can treat subsidiaries as internal divisions for tax purposes

**Mutterkonzern** *m* parent group; parent company; parent; corporate parent
**im Jahre 20... wurde sein Bereich vom Mutterkonzern abgespalten**
in 20..., his division was spun off by its corporate parent

**Mutterunternehmen** *n* parent company; parent; corporate parent

# N

**nachbörslicher Handel** extended-hours trading
**die Aktien von A&B fielen um 4% im nachbörslichen Handel**
A&B shares fell 4 per cent in extended-hours trading

**Nachfolgefirma** *f* successor company
**eine der Nachfolgefirmen wurde aufgelöst**

**Nachfolgefirma**

one of the successor companies was dissolved

**Nachfolgegesellschaft** *f* successor company

**Nachfolgetechnik** *f* successor technology

**Nachfrage** *f* demand
**die Nachfrage nach unseren neuen Chips steigt ständig**
demand is growing for our new chips
**die Stahlproduzenten sehen sich mit einem extremen Nachfragerückgang auf ihren Heimatmärkten konfrontiert**
steel producers are facing drastically reduced demand in their home markets
**die sich verlangsamende Nachfrage nach neuen PC in Europa**
slowing demand for new PCs in Europe
**die Nachfrage erhöhen / beleben**
to increase demand
**die Preise sind auf Grund der nachlassenden amerikanischen Nachfrage gefallen**
prices have fallen because of weakening US demand

**Nachfragebelebung** *f* pick-up in demand
**Anzeichen einer Nachfragebelebung bei Halbleitern**
signs of a pick-up in demand for semiconductors

**Nachfragerückgang** *m* slowdown in demand; fall-off in demand; decline in the market
**auf den Nachfragerückgang reagieren**
to respond to the fall-off in demand
**wir erwarten einen deutlichen Nachfragerückgang bei Personenkraftwagen**
we expect a significant decline in the market for passenger cars

**Nachfrageseite** *f* demand side
**auf der Nachfrageseite**
on the demand side

**nachhaltige Entwicklung** sustainable development
**an einer Gipfelkonferenz den Gedanken einer nachhaltigen Entwicklung betonen**
to stress the idea of sustainable development at a summit meeting

**nachhaltiges Wachstum** sustainable growth

**Nachhaltigkeit** *f* sustainability
**nach Nachhaltigkeit streben**
to strive for sustainability

**Nachrichtenagentur** *f* information company; news agency
**Chinas staatliche Nachrichtenagentur**
China's state-run news agency

**Nachsteuerverlust** *m* loss after tax
**A&B rechnet mit einem Nachsteuerverlust im Bereich von 175 bis 200 Mio. $**
A&B expects to realize a loss, after tax, in the range of $175 million to $200 million

**Namensänderung** *f* name change
**die Namensänderung soll an einem noch zu nennenden Datum wirksam werden**
the name change will be made effective on a date to be announced

**Nahrungskette** *f* food chain

**Nahrungsmittel** *n* food
**Insektenvertilgungsmittel in Nahrungsmitteln**
pesticides in foods

**Nahrungsmittelkonzern** *m* food group

**Nahrungsmittel- und Getränkeindustrie** *f* food and beverage industry

**nahtlos** *adj* seamless
**die Computernetze der ganzen Welt zu einem nahtlosen Ganzen verbinden**
to unite the world's computer networks into a seamless whole

**Nanotechnologie** *f* nanotechnology
**Nanotechnologie geht auf die griechische Benennung für Zwerg zurück**
nanotechnology is derived from nanos, the Greek word for dwarf
**eine Vielzahl von Start-ups sorgte dafür, dass aus der Fiktion Nanotechnologie kommerzielle Wirklichkeit wurde**
a host of start-up companies has brought nanotechnology out of the novels and into the marketplace

**Nasdaq-Index** *m* Nasdaq index
**der technologielastige Nasdaq-Index fiel um 178,93 Punkte auf 2.332,73**
the technology-dominated Nasdaq index plummeted 178.93 points to 2,332.73

**Naturprodukt** *n* natural product

**Nebenprodukt** *n* by-product
**ein bei der Stahlherstellung anfallendes Nebenprodukt**
a by-product of the steel-making process

**Nettoertrag** *m* net earnings
**das Unternehmen erzielte einen Nettoertrag von 450 Mio. Dollar**
the company achieved / posted net earnings of $450m
**Nettogewinn** *m* net profit
**Nettoumsatz** *m* net sales
**der Nettoumsatz wuchs im sechsten Jahr in Folge**
net sales grew for the sixth consecutive year
**Nettoverlust** *m* net loss
**das Unternehmen verzeichnete einen Nettoverlust von 386.000 Dollar**
the company reported / had a net loss of $386,000
**die Fluggesellschaft wird wahrscheinlich für das Jahr 20... einen Nettoverlust von ca. 350 Mio. $ verzeichnen**
the airline will probably report a net loss of about $350m in 20...
**Nettoverschuldung** *f* net debt
**A&B hat seine Nettoverschuldung um die Hälfte verringert**
A&B has reduced / cut its net debt by half
**Netzausrüster** *m* telecommunications equipment maker; telecom equipment maker; telecommunications equipment manufacturer; telecommunications equipment firm
**Netzausrüster A&B verzeichnete im dritten Quartal Verluste**
telecommunications equipment maker A&B posted a third-quarter loss
**Netzzugang** *m* access to the electricity system; access to the (utility) grid
**der Kraft-Wärme-Kopplung fairen Netzzugang garantieren**
to guarantee cogeneration fair access to the electricity system
**die geplante Anlage hat keinen Netzzugang**
the system to be installed has no access to the utility grid
**leichten Netzzugang haben**
to have easy access to the grid
**Netzwerkausrüster** *m* maker of networking equipment; network equipment maker
**Netzwerkausrüstung** *f* networking equipment
**Netzwerkrechner** *m* network computer

**Netzwerkriese** *m* telecommunications equipment giant
**Neuauftrag** *m* new order
**new orders for non-defense capital goods**
Neuaufträge über Anlagegüter im nichtmilitärischen Bereich
**Neueinsteiger** *m* newcomer
**mit Hilfe solcher Information könnten Neueinsteiger den etablierten Firmen Kunden abjagen**
such information could help newcomers to poach customers from existing companies
**Neuentwicklung** *f* new design
**zu den wichtigsten Vorteilen der Neuentwicklung gehören ...**
among the new design's chief benefits are ...
**ca. 25 Mio. dieser Instrumente wurden hergestellt, bis sie dann von einer Neuentwicklung abgelöst wurden**
some 25 million of these instruments were produced until they were superseded by a new design
**Neuerung** *f* innovation
**technologische Neuerung**
technological innovation
**Neukunde** *m* new customer
**Neukunden gewinnen**
to gain entrance to new customers; to attract / win new customers
**Neuorganisation** *f* reorganisation *(BE)*; re-organization *(AE)*
**Neuorientierung** *f* reorientation; re-orientation
**erst dann ist die Neuorientierung des Unternehmens abgeschlossen / vollständig**
until this is done, the reorientation of the company will be incomplete
**im Rahmen dieser Neuorientierung erwägt A&B einen Stellenabbau**
as part of its re-orientation, A&B is considering cutting jobs
**neuronales Netz** neural network
**moderne Steuerungstechniken wie neuronale Netze und Expertensysteme**
advanced control technologies such as neural networks and expert systems
**Neuwagen** *m* new car
**alle Neuwagen besitzen einen Abgaskatalysator**
catalytic converters are found on all new cars

**Neuwagenabsatz** *m* sales of new cars
**der Neuwagenabsatz ist im Juli ebenfalls zurückgegangen**
July sales of new cars also fell

**Neuwagenproduktion** *f* new car production
**bei der Neuwagenproduktion in Südkorea zusammenarbeiten**
to collaborate on new car production in South Korea

**Neuwagenverkauf** *m* new car sales
**auf diese Weise konnten die Hersteller den Neuwagenverkauf fast zwanzig Jahre lang steuern / kontrollieren / beherrschen**
this has allowed manufacturers to control new car sales for almost 20 years

**nichtalkoholisches Getränk** soft drink

**nicht fortzuführende Aktivitäten** discontinued operations;
**Erträge aus nicht fortzuführenden Aktivitäten**
income from discontinued operations

**Nicht-Kernbereich** *m* non-core business
**die Unternehmen machen selten Geld mit Nicht-Kernbereichen**
companies rarely make money on non-core businesses
**ABC will auch allmählich weitere Nicht-Kernbereiche veräußern**
ABC also plans a gradual disposal of other non-core businesses

**Nicht-Opec-Förderland** *n* non-OPEC producer

**Nicht-OPEC-Land** *n* non-OPEC country; non-OPEC member; non-OPEC producer
**die Nicht-OPEC-Länder verweigern bis jetzt eine Zusammenarbeit**
non-OPEC producers have so far refused to cooperate
**einige Nicht-OPEC-Länder drosseln die Ölförderung**
some non-OPEC countries are restraining oil production

**Nicht-OPEC-Staat** *m* non-OPEC member

**nicht realisierter Gewinn** unrealized gain
**am 31. Dezember 20... betrugen die nicht realisierten Gewinne und Verluste 10 bzw. 5 Mio. Dollar**
unrealized gains and losses at December 31, 20... were $10 million and $5 million, respectively

**nichtstaatliches Unternehmen** non-state company

**Niedrigpreis-Fluggesellschaft** *f* low-fare airline

**Nikkei-Index** *m* Nikkei index
**der Nikkei-Index hat den tiefsten Stand seit mehr als 15 Jahren erreicht**
the Nikkei index is at its lowest for more than 15 years

**Nordatlantikroute** *f* north Atlantic route

**Nordatlantikstrecke** *f* north Atlantic route

**Nordsee-Referenzsorte Brent** benchmark Brent crude

**Notenbankchef** *m*; **Notenbank-Chef** *m*: **amerikanischer Notenbankchef** Fed chairman; fed chairman
**vor einem Monat spielte der amerikanische Notenbankchef in einer Rede auf ein Umdenken der Notenbank hinsichtlich der Wirtschaftsrisiken an**
the Fed chairman hinted at a fundamental change in the Fed's thinking about economic risks in a speech a month ago

**Notenbankgouverneur** *m* central banker; central-bank governor

**notiert sein** be noted
**das Unternehmen wird an der amerikanischen Börse unter der Bezeichnung „ABC" notiert sein / die Notierung an der amerikanischen Börse wird unter der Bezeichnung „ABC" erfolgen**
the company will be listed on the American Stock Exchange under the symbol "ABC"

**Notkredit** *m* emergency credit
**das Unternehmen überlebt zurzeit mit Hilfe von Notkrediten von Gläubigerbanken**
the company is surviving on emergency loans from creditor banks

**notleidender Kredit** bad loan; bad debt
**die Zahl notleidender Kredite nimmt zu**
bad loans are beginning to rise
**sich mit notleidenden Krediten im Bankensystem auseinandersetzen**
to deal with bad debts in the banking system

**Notstand** *m* state of emergency
**der Gouverneur hat den Notstand ausgerufen**
the governor has declared a state of emergency

**Nullsummenspiel** *n* zero-sum game
**die Computerhersteller betreiben ein Nullsummenspiel**
computer makers are playing a zero-sum game

**Nullzinspolitik** *f*; **Nullzins-Politik** *f*
zero interest rate policy
**die Bank wird wahrscheinlich zu ihrer Nullzinspolitik zurückkehren**
the bank is likely to return to its zero interest rate policy

**Nutzer** *m* user; subscriber
**der Mobilfunkmarkt für Jugendliche wird von heute 11 Mio. Nutzern auf 43 Mio. im Jahre 20... anwachsen**
the wireless market for young people will grow from 11 million subscribers today to 43 million in 20...

**Nutzfahrzeuggeschäft** *n* lorries and vans business; commercial vehicles arm
**er steht an der Spitze des Nutzfahrzeuggeschäfts von ABC**
he runs ABC's lorry and van business
**das Nutzfahrzeuggeschäft mit Adam Miller an der Spitze**
the commercial vehicles division headed by Adam Miller

**Nutzfahrzeughersteller** *m* commercial vehicle manufacturer
**A&B ist weltweit der größte Nutzfahrzeughersteller**
A&B is the world's leading commercial vehicle manufacturer

**Nutzfahrzeug-Sparte** *f* commercial vehicle(s) division / unit
**die Konjunkturflaute erfasste die Nutzfahrzeug-Sparte**
the economic slowdown hit the commercial vehicles division

**Nutznießer** *m* beneficiary
**während letztendlich die Versicherer bezahlen müssen, werden die unmittelbaren Nutznießer die Bauunternehmen sein**
but while insurers will pay eventually, the immediate beneficiaries will be the builders

**Nutzungsdauer** *f* useful life
**die Betriebsmittel nähern sich dem Ende ihrer Nutzungsdauer**
the equipment is near the end of its useful life
**geschätzte Nutzungsdauer**
estimated useful life
**A&B wird die Nutzungsdauer seiner Flugzeuge verlängern**
A&B will extend the useful life of its airplanes

# O

**Obergrenze** *f* ceiling
**der Stabilitätspakt schreibt rechtlich bindende Obergrenzen in Höhe von 3% des BIP für die Haushaltsdefizite der Länder der Eurozone vor**
the stability pact sets legally binding ceilings of 3% of GDP on euro-zone countries' budget deficits

**Offenmarktausschuss** *m* (*amerikanische Notenbank*) Federal Open Market Committee
**bei Sitzungende des Offenmarktausschusses wurde eine ausführliche Erklärung abgegeben**
a detailed statement was issued at the conclusion of the Federal Open Market Committee meeting

**öffentliche Aufträge** public-sector business
**öffentliche Aufträge könnten viele IT-Firmen über diese Konjunkturflaute hinwegretten**
public-sector business could help many IT companies weather this slowdown

**ökologischer Landbau** organic farming
**der Landwirtschaftsminister will den ökologischen Landbau auf 20% der landwirtschaftlichen Gesamtproduktion steigern**
the farm minister wants to boost organic farming to 20% of agricultural output

**Ökonometrie** *f* econometrics
**die Wirtschaftsforschung muss sich der Ökonometrie bedienen, um statistisch glaubwürdig zu sein**
economic research must use econometrics to gain statistical legitimacy

**Öl** *n* oil
**Öl raffinieren**
to refine oil

**Ölaktien** *fpl* oil stocks
   **die Ölaktien gaben nach, als bekannt wurde, dass der Irak bald wieder Öl ausführen werde**
   oil stocks were weaker on news that Iraq will soon resume oil exports
   **die Ölaktien verzeichneten kräftige Zuwächse**
   oil stocks posted solid gains

**Ölförderland** *n* oil producer

**Ölfördermenge** *f* quota; oil output; output
   **die OPEC drosselt die Ölfördermenge, um den Preis nach oben zu treiben**
   OPEC slashes oil output to drive up prices
   **die OPEC erwägt eine Kürzung der Ölfördermenge**
   Opec may opt for cut in output

**Ölförderquote** *f* oil production quota
   **die Entscheidung der Opec, die Ölförderquoten zu kürzen, ist enttäuschend**
   Opec's decision to cut their oil production quotas is disappointing

**Ölförderstaat** *m* oil producer; producer
   **die Wahrscheinlichkeit, dass die OPEC-Ölförderstaaten ihre Ölförderung drosseln, hat sich am Mittwoch weiter erhöht**
   the likelihood of Opec oil producers cutting output further on Wednesday
   **Saudi Arabien ist der größte OPEC-Erdölförderstaat**
   Saudi Arabia is the biggest Opec producer

**Ölförderung** *f* oil production
   **Saudi Arabien forderte die OPEC auf, die Ölförderung zu drosseln**
   Saudi Arabia called for OPEC to cut / restrain oil production
   **eine Drosselung / Verringerung der Ölförderung fordern**
   to call for a cut in oil production
   **die Ölförderung um 500.000 Barrel pro Tag erhöhen**
   to increase oil production by 500,000 barrels a day

**Ölkartell** *n* oil cartel
   **das Ölkartell sagte, es werde die Ölförderung um 1,5 Mio. Barrel pro Tag kürzen**
   the oil cartel said it would cut production by 1.5m barrels per day

**Ölkonzern** *m* oil group
   **auch andere Ölkonzerne haben bei A&B ihr Interesse an einer möglichen Übernahme angemeldet**
   several other oil groups have contacted A&B about a possible takeover
   **staatlicher Ölkonzern**
   state-owned / state-run oil group

**Öllieferant** *m* oil supplier
   **Venezuela ist einer der größten Öllieferanten Amerikas**
   Venezuela is one of America's largest oil suppliers

**Ölminister** *m* oil minister
   **die Ölminister der Organisation Erdöl exportierender Länder wollen die Marktentwicklung weiterhin scharf beobachten**
   oil ministers from the Organisation of Petroleum Exporting Countries (Opec) said they would continue to watch closely market conditions

**Ölnachfrage** *f* oil demand
   **die Ölnachfrage hat sich erholt und ist weltweit um 1,6% gestiegen**
   oil demand recovered, up 1.6 per cent across the world

**Ölpreis** *m* oil price
   **höhere Ölpreise an den Verbraucher weitergeben**
   to pass higher oil prices on to the consumer
   **die Ölpreise haben den höchsten Stand seit zehn Jahren erreicht**
   oil prices hit a ten-year high
   **die Ölpreise sind innerhalb von zwei Wochen um ca. 16% gestiegen**
   oil prices have risen by about 16% in two weeks
   **fallende Ölpreise nutzen Europa mehr als Amerika**
   weakening oil prices benefit Europe more than America
   **die OPEC will höhere Ölpreise**
   OPEC is aiming for a higher oil price
   **die sinkenden Ölpreise stützen**
   to prop up sagging oil prices

**Ölquelle** *f* oil well
   **aus einer Ölquelle gefördertes Öl**
   oil produced from an oil well

**ölreich** *adj* oil-rich
   **ölreiche Länder / Staaten / Regionen**
   oil-rich countries / states / regions

**Ölreserven** *fpl* oil reserves
   **was machen wir, wenn die Ölreserven erschöpft sind**
   what are we to do if oil reserves run out

diese Länder sind im Besitz von 43 Prozent der globalen Ölreserven
these countries own 43 per cent of global oil reserves
**das Land besitzt ein Viertel der bekannten Ölreserven der Welt**
the country has a quarter of the world's proven reserves

**Ölriese** *m* petroleum giant
**staatlicher Ölriese**
state-run petroleum giant

**Ölsuche** *f* oil exploration

**Öltanker** *m* oil tanker
**ein Öltanker sank vor der französischen Küste**
an oil tanker sank off France

**Ölverkauf** *m* sale of oil
**Erlöse aus Ölverkäufen ans Ausland**
revenues from sales of oil abroad

**Ölvorräte** *mpl* oil stocks
**die geringere Nachfrage hat die Ölvorräte stark aufgebläht**
the drop in demand has bloated oil stocks and damped prices

**Ölwerte** *mpl* oil shares
**die Ölwerte fielen infolge sinkender Ölpreise**
oil shares fell as crude prices dipped

**Online-Dienst** *m* Internet-access provider

**Online-Dienstanbieter** *m* Internet-access provider

**Online-Einkauf** *m* online shopping
**der Online-Einkauf hat sich mit einem geschätzten Umsatzvolumen von 1,4 Mrd. $ mehr als verdoppelt**
online shopping more than doubled in size to an estimated $1.4 billion

**Online-Einzelhändler** *m* online retailer
**eine Reihe von Online-Einzelhändlern ging dieses Jahr pleite**
a series of online retailers went bust this year

**Online-Riese** *m* online giant

**online sein** be online

**Online-Shopping** *n* online shopping

**OPEC** (siehe **Organisation Erdöl exportierender Länder**)

**OPEC-Land** *n* OPEC member

**OPEC-Mitgliedsstaat** *m* OPEC member country

**OPEC-Staat** *m* OPEC member; OPEC state
**mehrere OPEC-Staaten fordern eine Verringerung der Ölproduktion**
several OPEC members are calling for a cut in production

**OPEC-Treffen** *n* OPEC meeting

**operative Aussichten** operating outlook
**leicht negative operative Aussichten**
a moderately negative operating outlook

**operativer Gewinn** operating profit

**operativer Verlust** operating loss
**die Fluggesellschaft wies einen operativen Verlust von 180 Mio. £ aus**
the airline recorded an operating loss of £180m

**Optimismus** *m* optimism
**diese Anzeichen geben Anlass zu vorsichtigem / verhaltenem Optimismus**
these signs are grounds for cautious optimism

**optisches Netz** optical network

**optisches Netzwerk** optical network

**Organisation Erdöl exportierender Länder** (OPEC) Organization of Petroleum Exporting Countries (OPEC / Opec)
**die OPEC will die Ölförderung nicht vor Januar erhöhen**
Opec decides not to raise oil output before January

**Ortsdienstanbieter** *m* local service provider
**A&B ist ein wettbewerbsfähiger Ortsdienstanbieter**
A&B is a competitive local service provider
**Ortsdienstanbieter außerhalb der Vereinigten Staaten beliefern / ausrüsten**
to supply equipment to local service providers outside the United States

**Ottomotor** *m* gasoline engine *(AE)*

# P

**Paketdienstleister** *m* parcel-delivery service
**es heißt, ein weiterer amerikanischer Paketdienstleister wolle zehn Frachtflugzeuge bestellen**
another American parcel-delivery

service is rumoured to want ten freight planes

**paketvermittelnde Technik** packet switching technology; packet switching
**bei der paketvermittelnden Technik wird das Netz nur genutzt, wenn Daten zu übertragen sind** packet switching only utilises the network when there is data to be sent
**bei UMTS wird die packetvermittelnde Technik eingesetzt** UMTS will use packet switching technology

**Panikverkäufe** *mpl* panic selling
**es bestand berechtigte Sorge, dass es zu Panikverkäufen kommen könnte** there was a very real concern that there would be panic selling

**Papier** *n (Aktie)* share
**das ABC-Papier hat stark zugelegt** shares in ABC rose sharply

**Papierfabrik** *f* paper mill; papermaker

**Papierherstellung** *f* paper-making; papermaking; papermaking process
**Qualitätslenkung in der Papierherstellung** quality control in paper-making
**bei / während der Papierherstellung** during the papermaking process

**Papierherstellungsprozess** *m* papermaking process
**schnellere Steuerung des Papierherstellungsprozesses** faster control of the papermaking process

**Papiermaschine** *f* paper machine
**ABC ist ein bedeutender Anbieter von integrierten Steuerungsanlagen für Papiermaschinen** ABC is a major provider of paper machine integrated control systems

**Papier- und Zellstoffindustrie** *f* pulp and paper industry
**moderne Sensorik für die Papier- und Zellstoffindustrie** advanced sensor technologies for the pulp and paper industry
**ABC hat seine Präsenz in der Papier- und Zellstoffindustrie verstärkt** ABC continued to expand its presence in the pulp and paper industry

**Paradigmenwechsel** *m* paradigm shift
**die virtuelle Messtechnik bedeutet einen Paradigmenwechsel in der Industrie** virtual instrumentation is a fundamental paradigm shift in the industry

**Parfümerie** *f* beauty store

**Partnerschaft** *f* partnership
**das Unternehmen gab bekannt, es sei eine Partnerschaft mit ABC eingegangen** the company announced it had formed a partnership with ABC

**Passagieraufkommen** *n* passenger load
**geringes Passagieraufkommen veranlasste die Fluggesellschaft, Flüge von Hongkong nach Los Angeles zu streichen** low passenger loads led the airline to cancel flights from Hong Kong to Los Angeles

**Passagierflugzeug** *n* passenger aircraft; passenger airliner
**das Unternehmen plant, ein Passagierflugzeug für 550 bis 940 Passagiere zu entwickeln** the company has committed to developing a 550- to 940-passenger airliner
**das größte zivile Passagierflugzeug der Welt bauen** to create the world's largest commercial passenger aircraft
**im Laderaum von Passagierflugzeugen** in the hold of passenger aircraft

**Passiva** *pl* liabilities *pl*

**Patent** *n* patent
**im Jahre 20... waren ABC vom amerikanischen Patentamt 1000 Patente erteilt worden** in 20..., ABC was issued 1,000 patents from the U.S. Patent and Trademark Office
**ABC wird davon profitieren, dass bei einer Großzahl von patentgeschützten Arzneimitteln die Patente in den kommenden Jahren auslaufen** ABC will benefit from the large number of patent-protected drugs coming off patent over the next few years
**ABC hatte von allen Firmen die meisten Patente in den Vereinigten Staaten** ABC led all companies in U.S. patents
**A&B verfügt über mehr als 50 erteilte und angemeldete Patente** A&B has more than 50 issued and pending patents

**Patentamt** *n* patent office

**Patentanmeldung** *f* patent application
**A&B unterstützt die Patentanmeldung**
A&B supports the patent application

**Patentanwalt** *m* patent lawyer
**ein Patentanwalt nimmt eine Reihe unterschiedlicher Aufgaben für den Erfinder wahr**
a patent lawyer performs a number of different tasks for the inventor

**Patenterteilung** *f* patent award
**die Namen der Techniker und Technologien, die hinter den Patenterteilungen des vergangenen Jahres stehen**
the names of the technologies and the technologists behind the patent awards of the previous year
**ABM ist das Unternehmen mit den meisten Patenterteilungen**
ABM is the company that received the most new patent awards

**patentgeschützt** *adj* patent-protected
**patentgeschützte Produkte**
patent-protected products
**diese Erfindung ist patentgeschützt**
this invention is patent-protected

**Patentgesetz** *n* patent law
**das Patentgesetz schützt die meisten Arten von Erfindungen**
patent law protects most forms of invention
**im Patentgesetz ist der Begriff „Erfindung" sehr weit definiert**
in patent law, the term "invention" is defined loosely

**patentieren lassen** patent
**um etwas patentieren zu lassen, muss der Erfinder bestimmte Anforderungen erfüllen**
to patent an invention, the inventor has to meet a number of requirements

**Patentinhaber** *m* patent-holder
**eine bestimmte Zeit lang dürfen Patentinhaber darüber bestimmen, was mit ihrer Erfindung geschieht**
for a certain period of time, patent-holders are allowed to control how their inventions are used
**das Patent gibt dem Patentinhaber das Recht, andere davon abzuhalten, seine Erfindung herzustellen, zu verkaufen oder zu nutzen**
the patent gives the patent-holder the right to stop others from producing, selling or using his or her invention

**Patentrecht** *n* patent law

**Patentrechtsstreit** *m* patent infringement lawsuit
**das Unternehmen gab bekannt, dass es einen Patentrechtsstreit, der von ABC angestrengt worden war, gewonnen habe**
the company announced that it prevailed in a patent infringement lawsuit brought by ABC

**Patentverletzung** *f* patent infringement; patent violation
**Sie könnten dann wegen Patentverletzung verklagt werden**
you could then be sued for patent violations

**Pauschalgebühr** *f* all-you-can-use charge; flat rate
**eine monatliche Pauschalgebühr erhöht die Gefahr verstopfter Netze**
an all-you-can-use monthly charge increases the potential for a clogged network

**Pauschaltarif** *m* flat rate
**Pauschaltarif für die Internetnutzung**
Web access flat rate
**der Pauschaltarif gilt sowohl für Analog- als auch ISDN-Anschlüsse**
the flat rate applies to analogue and ISDN lines

**PC-gestützte Automatisierung** PC-based automation
**unser Fachwissen auf dem Gebiet der rechnergestützten Automatisierung**
our expertise in PC-based automation

**PC-Hersteller** *m* PC maker
**ABC ist der zweitgrößte PC-Hersteller der Welt**
ABC is the world's second-largest PC maker

**PC-Industrie** *f* PC industry
**die PC-Industrie hat in der Vergangenheit auch unter Verkaufsrückgängen gelitten**
the PC industry has experienced slowdowns in the past

**Pendler** *m* telecommuter

**Personalabbau** *m* work force reduction; downsizing
**Konjunkturflauten haben immer zu Entlassungen geführt, aber diesmal handelt es sich um eine andere Qualität des Personalabbaus**
downturns have always brought layoffs, but this time the downsizing is different

**diesmal kommt der Personalabbau viel schneller und ohne große Vorwarnung**
the downsizing is coming more quickly and with less warning

**Personalaufwand** *m* personnel expenses
**der Personalaufwand stieg lediglich um 5%**
personnel expenses rose by only 5%

**Personalberater** *m* recruiter

**Personalberatungsunternehmen** *n* recruiter

**Personalbestand** *m* payroll
**er hat den Personalbestand um 7000 gekürzt**
he has reduced his payroll by 7,000

**Personalkürzung** *f* reduction in workforce; workforce reduction
**ABC kündigt Personalkürzungen an**
ABC announces reduction in workforce
**ABC kündigte heute Personalkürzungen an**
ABC today announced that it is reducing its workforce

**Personalreduzierung** *f* reduction in workforce; workforce reduction

**Personalstand** *m* number of employees; total number of employees
**Erhöhung des Personalstandes**
growth in the number of employees
**der Personalstand wird sich auch weiterhin nach oben entwickeln**
the total number of employees will continue to go up
**ein Rückgang des Personalstandes um 7%**
a 7% drop in the number of employees

**Personalvorstand** *m* head of human resources
**er ist zum Personalvorstand ernannt worden**
he has been appointed head of human resources

**Personenkraftwagen** *m* (Pkw) motor car; motor-car; passenger car
**Karl Benz baute den ersten Pkw mit Ottomotor**
the first motor car with a petrol engine was made by Karl Benz
**durch diese Brennstoffzelle ist der erste Elektro-Pkw in greifbare Nähe gerückt**
this fuel cell made the electric motor car a real possibility

**Personenwagen** *m* passenger car
**bei den Gesprächen ging es auch um die gemeinsame Entwicklung eines kleinen Personenwagens für Europa**
the talks included joint development of a new small passenger car for Europe

**persönliche Haftung** personal liability

**petrochemische Industrie** petrochemical industry
**die petrochemische Industrie sieht sich heute mit riesigen Herausforderungen konfrontiert**
the petrochemical industry today faces formidable challenges

**Pfand** *n* deposit
**ein Pfand für Einwegflaschen einführen**
to introduce a deposit on non-refillable bottles

**Pharmafirma** *f* drug company; drug firm; drugmaker; drug maker
**das Gewinnwachstum der Pharmafirmen liegt auch weiterhin im zweistelligen Bereich**
drugmakers consistently register profit growth in the double digits

**Pharma-Hersteller** *m* pharmaceuticals maker; pharmaceutical company
**diese Fusion wird den weltweit größten Pharma-Hersteller hervorbringen**
this merger will create the world's largest pharmaceutical company
**ein großer Pharma-Hersteller könnte sich in Singapur niederlassen, um dort im großen Stil Chemikalien herzustellen**
a big pharmaceutical company could base itself in Singapore to produce bulk chemicals there
**die Erträge der 50 größten Pharma-Hersteller werden wahrscheinlich weiterhin jedes Jahr um 12% wachsen**
earnings of the biggest 50 pharmaceutical companies will probably continue to grow at about 12% annually

**Pharmaindustrie** *f* pharmaceutical industry
**A&B ist eine Säule der Pharmaindustrie**
A&B is a pillar of the pharmaceutical industry

**Pharmakonzern** *m*; **Pharma-Konzern** *m* pharmaceuticals group; pharmaceutical group
**man geht davon aus, dass der**

**Pharmakonzern heute eine Umsatzsteigerung von 24% für das Jahr 20... bekannt geben wird**
the pharmaceuticals group is expected to report a rise today in turnover for 20... of about 24 per cent

**Pharmaunternehmen** *n*; **Pharma-Unternehmen** *n* drug firm, pharmaceuticals firms; pharmaceuticals company
**diese Pharmaunternehmen verstärken die eigenen Forschungsaktivitäten auf diesem Gebiet**
these drug firms are boosting their own in-house research in the field
**die Pharma-Unternehmen müssen sich auf rückläufige Gewinne gefasst machen**
pharmaceuticals firms are heading for a profits slowdown

**Pharmawerte** *mpl* drug stocks *pl*
**die Pharmawerte fielen um 11%**
drug stocks fell 11%

**Photo...** (siehe **Foto...**)

**Pioniergeist** *m* pioneering spirit; entrepreneurial spirit
**sie nutzten ihren Pioniergeist und bauten das erste geothermische Fernwärmenetz der Welt**
they put their pioneering spirit to work and built the world's first geothermal district heating system
**dieses Produkt ist ein gutes Beispiel für unseren Pioniergeist**
this product is a good example of our entrepreneurial spirit

**Pioniertaten vollbringen** pioneer
**ABC hat viele Pioniertaten auf dem Automatisierungsmarkt vollbracht**
ABC has pioneered numerous firsts in the automation market

**Pkw** (siehe **Personenkraftwagen**)

**Pkw-Absatz** *m* car sales
**diese Unternehmen werden weltweit 23% des Pkw-Absatzes kontrollieren**
these companies will control 23% of world car sales

**Pkw-Markt** *m* car market
**auf dem hart umkämpften europäischen Pkw-Markt**
in the fiercely-competitive European car market
**auf dem Pkw-Markt macht sich schon ein Trend hin zu Nischenfahrzeugen breit**
the car market is already veering towards a preference for niche models

**Pkw-Neuzulassung** *f* new car registration

**Plan** *m*: **im Plan liegen** be on track
**A&B liegt beim Ergebnisziel im Plan**
A&B is on track to meet earnings targets
**die Umstrukturierungsmaßnahmen liegen im Plan**
restructuring plans at A&B are on track

**platzieren** *v* place
**600.000 Vorzugsaktien wurden auf dem Markt platziert**
600,000 preference shares were placed on the market

**Platzierung** *f* placing
**die Aktien waren innerhalb weniger als einer Stunde nach der Platzierung verkauft**
the shares were sold in less than an hour after placement
**die Platzierung wird von A&B durchgeführt**
A&B is carrying out the placing

**Pleite** *f* business failure

**Pleitewelle** *f* rising bankruptcies

**Policeninhaber** *m* policyholder

**positionieren** *v* launch; position
**einen Satelliten positionieren**
to lauch a satellite
**wir sind in den Wachstumsmärkten gut positioniert**
we are positioned well in growth markets

**Postdienste** *mpl* postal businesses
**Deutschland ist für eine schnellere Liberalisierung der Postdienste Europas**
Germany is in favour of faster liberalisation of Europe's postal businesses

**Potential** *n* (siehe **Potenzial**)

**Potenzial** *n* potential
**wo es noch nicht ausgeschöpftes Potenzial gibt**
where there is unrealized potential

**Prämieneinnahmen** *fpl (Versicherung)* premium income
**die Prämieneinnahmen sind im Jahre 20... weltweit um 8 Prozent gestiegen**
worldwide premium income was up by 8 per cent in 20...

**Prämiensatz** *m* insurance premium rate

**Präsenz** *f* presence
**wir sind dabei, unsere Präsenz weltweit zu verstärken / auszubauen**
we are expanding our global presence

**wir haben unsere Präsenz weltweit verstärkt**
we have grown our worldwide presence

**Präsidentenamt** *n* presidency
**das EZB-Präsidentenamt über das gesamte Jahr 20... behalten**
to retain the ECB presidency for the whole of 20...

**preisbewusst** *adj* price-sensitive
**die Verbraucher sind preisbewusster geworden**
consumers have become more price-sensitive

**Preisdruck** *m* price pressure

**Preiserhöhung** *f* price increase; price rise
**der Umsatz stieg um 10%, hauptsächlich aufgrund von Preiserhöhungen**
sales rose 10%, largely on the strength of prices increases
**die Verbraucher sind auf der Hut vor versteckten Preiserhöhungen**
consumers watch for hidden price rises

**Preisgestaltung** *f* pricing
**aggressive Preisgestaltung durch die Konkurrenz**
aggressive pricing by rivals

**Preiskampf** *m* price war

**Preiskartell** *n* price-fixing cartel
**das Unternehmen war der Unterstützung eines internationalen Preiskartells für schuldig befunden worden**
the company was found guilty of aiding an international price-fixing cartel

**Preiskrieg** *m* price war
**die Arbeitsplatzverluste kommen im Gefolge des Preiskrieges des Unternehmens mit A&B**
the job losses follow the company's price war with A&B
**in der Hightech-Branche wütet ein Preiskrieg**
a price war is raging in the high-tech sector

**Preis-Leistungs-Verhältnis** *n* price/performance ratio
**auf Grund des Preis-Leistungs-Verhältnisses heutiger Rechner wird die virtuelle Messtechnik erschwinglicher für den Anwender**
the price/performance ratio of today's computers makes virtual instrumentation more affordable to users
**günstiges Preis-Leistungs-Verhältnis**
favourable price/performance ratio
**eine erhebliche Steigerung des Preis-Leistungs-Verhältnisses ist noch immer erforderlich**
drastic improvement of the price/performance ratio is still necessary

**Preisnachlass** *m* discount

**Preisrückgang** *m* fall in prices
**der Preisrückgang belebt den Wettbewerb**
the fall in prices spurs competition
**ein Preisrückgang von 2% pro Jahr ist nichts Besonderes**
a fall in price of 2% a year is not impressive

**Preisstabilität** *f* price stability

**Preisunterschied** *m* price difference; price differential
**durch die Einführung des Euro sind diese Preisunterschiede noch deutlicher geworden**
the introduction of the euro has made some of these price differences even more glaring
**die Preisunterschiede können auf unterschiedliche Preisstrategien zurückzuführen sein**
the price differentials can relate to different pricing strategies

**Preiswettbewerb** *m* price competition
**der Preiswettbewerb wird immer heftiger**
price competition is heating up
**starker Preiswettbewerb**
intense price competition

**Premium-Segment** *n* *(Autos)* premium sector; premium segment
**eine weitere Steigerung im Premium-Segment voraussagen**
to predict further growth in the premium sector
**das Premium-Segment des internationalen Automarktes wird sich weiterhin überdurchschnittlich entwickeln**
the premium segments of the international car markets will continue to develop at an above-average pace

**Pressebericht** *m* press report
**Presseberichte bestätigen**
to confirm press reports

**Pressekonferenz** *f* press conference
**ein Firmensprecher erklärte jüngst anlässlich einer Pressekonferenz, dass ...**
a company spokesman told a press conference recently that ...
**an seiner ersten Pressekonferenz seit seiner Ernennung zum Firmenchef**

at his first press conference since he was named chairman two weeks ago
**eine Pressekonferenz (ab)halten / geben**
to hold a press conference

**Pressemitteilung** *f* press release

**Primärenergieverbrauch** *m* primary energy consumption
**Biomasse hat einen Anteil von nur 3% am Primärenergieverbrauch in den Industrieländern**
biomass now represents only 3% of primary energy consumption in industrialised countries

**Primärenergieversorgung** *f* primary energy supply
**Holz trägt weltweit 6-7% zur Primärenergieversorgung bei**
wood contributes 6-7% of global primary energy supply

**private Altersvorsorge** private pension scheme; private pension; private pension plan; private pension saving
**eine private Altersversorgung abschließen**
to take out a private pension

**privater Geldgeber** private investor
**ABC wird von einer Gruppe privater Geldgeber unterstützt**
a group of private investors is backing ABC

**privater Konsum** (siehe **Privatkonsum**)

**privater Verbraucher** private consumer

**Privatisierung** *f* privatisation
**größtenteils als Folge der Privatisierung von Unternehmen besitzen immer mehr Privatleute Aktien**
thanks in large part to privatisations, more and more individuals own some shares

**Privatkonsum** *m* consumer spending; private consumption
**die schwächeren Aktienkurse dämpfen den Privatkonsum**
weaker share prices dampen consumer spending
**in Amerika trägt der Privatkonsum ungefähr zwei Drittel zur Wirtschaftsleistung bei**
consumer spending accounts for about two-thirds of the U.S. economy
**er sagt voraus, dass der private Konsum in Europa um 3,25% steigen werde**
he forecasts that private consumption in Europe will grow 3.25%
**diese Steuersenkungen tragen vielleicht zur Stützung des Privatkonsums bei**
these tax cuts may help to prop up consumer spending

**Privatkunde** *m* residential customer
**das EVU versorgt mehr als 3 Mio. Privat- und Geschäftskunden**
the utility serves more than 3 million residential and business customers

**Privatkundengeschäft** *n* private clients division
**die Bank kündigte Stellenstreichungen im Privatkundengeschäft an**
the bank announced job cuts in its private clients division

**Privatverbraucher** *m* private consumer

**Privatwirtschaft** *f* private sector economy

**Problem** *n* problem
**es ist nicht auszuschließen, dass diese Probleme in der Zukunft erneut auftreten werden**
there can be no assurance that these problems will not recur in the future
**wir nehmen diese Probleme mit großer Energie in Angriff**
we are tackling these problems aggressively
**es kann nicht ausgeschlossen werden, dass nicht doch Probleme auftreten**
no assurances can be made that problems will not arise
**wir hoffen, dass dieses Problem nur von vorübergehender Natur ist**
we're hoping that this problem will blow over

**Produktangebot** *n* product offerings; product line
**wir werden weiterhin Jointventures anstreben, um unser Produktangebot zu erweitern**
we will continue pursuing joint ventures that increase our product offerings

**Produktgestaltung** *f* product design
**Produktgestaltung und -entwicklung**
product design and development
**wertvolle, bei diesem Prozess gewonnene Informationen werden in die Produktgestaltung eingehen**
valuable data gained in this process will be incorporated into our product design
**der Aufschwung dieser Unternehmen**

**in den vergangen Jahren ist unter anderem auf ihre hervorragende Produktgestaltung zurückzuführen**
these companies have boomed in recent years, thanks in part to strong product design

**Produkthaftung** *f* product liability
**mögliche Auswirkungen der Produkthaftung durch vertragliche Begrenzung der Haftung verringern**
to limit product liability exposure through contractual limitations on liability

**Produkthaftungsanspruch** *m* product liability claim

**Produkthaftungsgesetz** *n* product liability law
**die Produkthaftungsgesetze des Landes reformieren**
to reform the nation's product liability law
**eine Reform der Produkthaftungsgesetze des Landes erreichen**
to achieve reform of the nation's product liability laws

**Produktion** *f* production
**die Produktion in sieben nordamerikanischen Werken vorübergehend stoppen**
to halt production temporarily at seven North American plants
**die Firmen werden die Produktion in diesem Quartal wahrscheinlich kürzen / reduzieren**
companies are likely to cut production further in this quarter
**angesichts der absackenden Nachfrage drosseln die Unternehmen die Produktion drastisch**
businesses are sharply cutting back on production in the face of sagging demand
**der Sportwagen wird nächstes Jahr in Produktion gehen**
the sports car will go into production next year

**Produktionsanlage** *f* manufacturing facility
**das Unternehmen finanzierte die neue Produktionsanlage mit Krediten von Geldinstituten**
the company financed the new manufacturing facility through borrowings from financial institutions
**die im Jahre 20... neu errichtete Produktionsanlage**
the new manufacturing facility constructed in 20...

**Produktionsauftrag** *m* production order
**die für die Abwicklung eines typischen Produktionsauftrags benötigte Zeit**
the time required to process a typical production order

**Produktionseinrichtungen** *fpl* manufacturing equipment
**moderne / modernste Produktionseinrichtungen**
state-of-the-art manufacturing equipment

**Produktionskapazität** *f* production capacity
**bis zum Jahre 20... die Produktionskapazität des Unternehmens um 400.000 Einheiten reduzieren**
to reduce the company's production capacity in Europe by 400,000 units by 20...

**Produktionskürzung** *f* cut in production; production cut

**Produktionslinie** *f* production line
**das Unternehmen will im Jahre 20... eine dritte Produktionsline einrichten, falls die Nachfrage dies erforderlich macht**
the company plans to add, if sales dictate, a third production line in 20...

**Produktionsmittel** *n* means of production
**der Mensch ist sowohl Produktionsziel als auch Produktionmittel**
human beings are the end as well as a means of production

**Produktionsprognose** *f* production forecast

**Produktionsstandort** *m* production site
**ABC verfügt über mehr als 60 Produktionsstandorte in Nordamerika**
ABC has more than 60 production sites in North America
**sie wollen, dass künftige Motorgenerationen an allen Standorten der Welt in gleicher Weise hergestellt werden**
they want future generations of engines to be manufactured in a uniform manner at production sites around the world

**Produktionsstätte** *f* production facility; manufacturing facility; manufacturing plant
**oft ist wenig Kapital für die Errichtung neuer Produktionsstätten vorhanden**
often, there is little capital for new

production facilities
**die Produktionsstätten sind derzeit zu 70% ausgelastet**
production facilities are being operated at about 70 percent capacity
**das Unternehmen betreibt sieben Produktionsstätten in Lateinamerika**
the company operates seven manufacturing plants in the Latin American region

**Produktionsstraße** *f* production line

**Produktionsunterbrechung** *f* production disruption; disruption of production
**Produktionsunterbrechungen vermeiden**
to prevent disruption of production
**minimale Produktionsunterbrechungen**
minimal production disruption

**Produktivität** *f* productivity
**die Produktivität der amerikanischen Wirtschaft wies im zweiten Jahresviertel eine jährliche Wachstumsrate von 5,3% auf**
American productivity in the second quarter grew at an annual rate of 5.3%
**die Produktivität erhöhen**
to increase productivity
**Qualität, Service und Produktivität verbessern**
to improve quality, service and productivity
**im Jahre 1997 betrug die Produktivität 4,2%**
productivity in 1997 was 4.2%
**vier Geschäftssegmente erreichten eine Produktivität von mehr als 5%**
four businesses achieved productivity in excess of 5%
**nachhaltige Verbesserung der Produktivität**
sustained improvement in productivity

**Produktivitätsgewinne** *mpl* gains in productivity

**Produktivitätsschätzung** *f* productivity estimate
**Produktivitätsschätzungen sind nützlich**
productivity estimates are useful

**Produktivitätssprung** *m* jump in productivity
**es kam zu einem großen Produktivitätssprung**
there was a big jump in productivity

**Produktivitätssteigerung** *f* productivity gain

**Produktivitätswachstum** *n* productivity growth
**die folgenden Bereiche sind hauptsächlich für das Produktivitätswachstum verantwortlich**
the following sectors are the principal drivers of productivity growth

**Produktivitätszuwachs** *m* productivity gain
**wir haben beachtliche Produktivitätszuwächse erzielt**
we have made significant productivity gains

**Produktpalette** *f* portfolio of products; product portfolio; product range; product offerings
**das Unternehmen hat durch den Erwerb von ABC seine Produktpalette erweitert**
the company expanded its portfolio of products by acquiring ABC
**die Produktpalette von ABC ist sehr breit und umfasst ...**
ABC's product range is broad and includes ...
**ABC hat seine Produktpalette auf dem Gebiet der Mittelspannungs-Schaltanlagen beträchtlich erweitert**
ABC's product range increased substantially in the area of medium voltage switching technology
**diese umfassende Produktpalette verleiht dem Unternehmen eine einzigartige Marktposition**
this extensive product portfolio gives the company a unique position in the marketplace

**Produktportfolio** *n* product portfolio
**ein maßgeschneidertes Produktportfolio**
a customized product portfolio

**Produkt- und Leistungspalette** *f* product and service portfolio; portfolio of products and services
**wir werden unsere industrielle Produkt- und Leistungspalette erweitern**
we will broaden our industrial product and service portfolio
**eine spektakuläre und innovative Produkt- und Leistungspalette**
an exciting and innovative portfolio of products and services

**profitabel** *adj* profitable

**Profitabilität** *f* profitability
**die Softwarefirmen haben ihre Profitabilität ebenfalls verbessert**
software companies have also improved their profitability

**Prognose** *f* forecast
**Prognosen des Ministeriums zufolge**
according to forecasts by the ministry
**dies veranlasste die Analysten, ihre Prognosen für 20... nach unten zu revidieren**
this led analysts to cut their forecasts for 20...
**im Vergleich zu dieser düsteren Prognose wirkt die Fed geradezu optimistisch**
this gloomy forecast makes the Fed look optimistic
**das Gremium hat seine Prognosen nach unten korrigiert**
the panel has lowered its forecasts

**Prognostiker** *m* forecaster
**nach Meinung der meisten Prognostiker**
according to most forecasters
**diesen Monat haben unsere Prognostiker wiederum ihre Wachstumsschätzungen für das Jahr 20... nach unten revidiert**
this month our forecasters have again cut their estimates for growth in 20...

**prognostizieren** *v* forecast
**man prognostiziert nun, dass die Produktion des Werks um 30% steigen werde**
the factory's output is now forecast to climb by 30%

**Projektleiter** *m* project leader

**Protokoll** *n* minutes *pl*
**sie mussten auf die Veröffentlichung des Protokolls warten**
they had to wait for publication of the minutes

**Prozentpunkt** *m* percentage point
**es scheint, die Fed hat auf die schlechten Nachrichten mit einer Senkung der Zinssätze um einen halben Prozentpunkt reagiert**
the Fed appeared to heed the bad news by cutting interest rates by half a percentage point

**Prozess-Steuerung** *f* process control
**ABC gehörte zu den Pionieren der dezentralen digitalen Prozess-Steuerung**
ABC pioneered the concept of distributed digital process control

**Prüfer** *m* auditor
**unabhängige Prüfer**
independent auditors

**Prüf- und Messtechnik** *f* test and measurement

**psychologische Marke**
psychologically-important barrier

**psychologisch wichtige Marke**
psychologically-important barrier

**Publikationsregeln** *fpl*
*(Aktiengesellschaften)* corporate disclosure rules; disclosure rules
**die Investorenkonferenz hat unter Umständen gegen die Publikationsregeln verstoßen**
the investor conference may have breached corporate disclosure rules
**nach den deutschen Publikationsregeln ...**
under German disclosure rules ...

**Publikumsgesellschaft** *f* public company; publicly held company
**Aufgabe dieser Behörde ist es, sicherzustellen, dass Publikumsgesellschaften regelmäßig ihre Aktionäre mit finanziellen Informationen versorgen**
this agency is responsible for ensuring publicly held companies report financial information to stockholders regularly

**pumpen** *v* pump
**ca. 70 Mrd. $ an öffentlichen Geldern in die Landwirtschaft pumpen**
to pump some $70 billion of public money into farms
**die Regierung sagte, sie werde Hilfsgelder in Höhe von 64 Mio. $ in die Fluggesellschaft pumpen**
the government has said it will pump $64 million of aid into the airline

# Q

**qualifizierter Mitarbeiter** trained worker
**das Programm soll den Mangel an qualifizierten Mitarbeitern beheben helfen**
the program is intended to ease the shortage of trained workers

**qualitativ hochwertig**  high-quality
  **qualitativ hochwertige Produkte**
  high-quality products
**Qualitätslenkung** *f*  quality control
**Qualitätsmanagment** *n*  quality management
**Qualitätssicherung** *f*  quality assurance (QA)
  **die Rendite liegt in der verbesserten Qualitätssicherung**
  the payback is in improved quality assurance
  **ABC hat eine Auszeichnung für ausgezeichnete Leistungen auf dem Gebiet der Qualitätssicherung erhalten**
  ABC has received an award for excellence in Quality Assurance
**Qualitätssteuerung** *f*  quality control
**Qualitätsverschlechterung** *f*  drop-off in quality
**Quarantäne** *f*  quarantine
  **in Bayern wurde ein Bauernhof mit 240 Schweinen unter „Quarantäne-ähnliche Beobachtung" gestellt**
  in Bavaria, a farm with 242 pigs was placed under "quarantine-like observation"
  **Viehbestände in weiteren sechs Bundesländern wurden ebenfalls unter Quarantäne gestellt**
  stocks in six other states were also placed under quarantine
**Quartal** *n*  quarter
  **die Produktion sollte im dritten Quartal schneller wachsen**
  production should grow faster in the third quarter
  **ABC hat heute die Ergebnisse für das dritte Quartal des Jahres 2000 bekannt gegeben**
  ABC today reported results for the third quarter of 2000
  **eine leicht negative Wirkung auf die Ergebnisse des dritten Quartals haben**
  to have a slightly adverse impact on third quarter revenues
**Quartalsbericht** *m*  quarterly report
  **der jüngste Quartalsbericht von ABC**
  ABC's most recent Quarterly Report
  **der Quartalsbericht von ABC wird morgen veröffentlicht**
  ABC's quarterly report will be released tomorrow

**Quartalsgewinn** *m*  quarterly profit
  **A&B verzeichnete einen Quartalsgewinn**
  A&B reported a quarterly profit
  **der Quartalsgewinn von A&B ist zum ersten Mal in fast drei Jahren gesunken**
  A&B's quarterly profit declined for the first time in almost three years
**Quartalsumsatz** *m*  quarterly sales
  **einen Rückgang des Quartalsumsatzes von bis zu 40% erwarten**
  to expect quarterly sales to fall as much as 40 percent
**Quartalszahlen** *fpl*  quarterly figures; quarterly operating results; quarterly results
  **die Quartalszahlen machen oft große Sprünge / unterliegen oft starken Schwankungen**
  quarterly figures tend to jump about a lot

# R

**Rabatt** *m*  discount
  **das Gericht verfügte, A&B müsse den Rabatt in Höhe von 20% zurücknehmen**
  the court ordered A&B to withdraw a 20 per cent discount
  **die Höhe von Rabatten begrenzen / einschränken**
  to restrict the size of discounts
**Rabatt-Aktion** *f*  discount scheme
  **umstrittene Rabatt-Aktion**
  controversial discount scheme
**Rabatt bei Zahlung mit Kreditkarte**  credit card discount
**Rabatt-Kampagne** *f*  discount scheme
**Raffinerie** *f*  refinery
  **ABC Refinery ist eine der modernsten Raffinerien der Welt**
  ABC Refinery is one of the world's most modern refineries
**Randgeschäft** *n*  non-core business; non-core activity
  **ABC will sich allmählich von weiteren Randgeschäften trennen**
  ABC plans a gradual disposal of other non-core businesses
  **das Unternehmen machte auch in anderen Randgeschäften Verluste**

the company also suffered losses in other non-core activities

**Randgeschäftsfeld** *n* non-core business
**wir haben nun die Abspaltung von sieben Randgeschäftsfeldern abgeschlossen**
we have now completed the divestiture of seven non-core businesses

**Rangliste** *f* ranking; ranking table
**A&B führte im Jahre 20... die Rangliste an**
A&B topped the ranking in 20...
**A&B veröffentlichte seine Rangliste der größten Chiphersteller der Welt**
A&B released its ranking of the world's largest chipmakers
**Ranglisten sind wichtig, da sie potenziellen Kunden die Stärken eines Unternehmens zeigen**
ranking tables are important to companies as a means of advertising their strength to potential clients

**Ratingagentur** *f*; **Rating-Agentur** *f* ratings agency; rating agency; debt-rating agency
**die Ratingagentur bezweifelte, dass die drei Unternehmen in der Lage seien, ihre ehrgeizigen Schuldentilgungspläne in die Tat umzusetzen**
the ratings agency doubted the three companies could meet their ambitious debt reduction targets
**die großen Ratingagenturen beurteilen die finanzielle Lage von A&B unterschiedlich**
the major debt-rating agencies evaluate the financial condition of A&B differently

**Rating für kurzfristige Verbindlichkeiten** short-term debt rating
**das Rating für kurzfristige Verbindlichkeiten von A&B auf „Prime-3" senken**
to cut A&B's short-term debt rating to Prime 3

**Rating für vorrangige Verbindlichkeiten** senior debt rating
**das Rating für vorrangige Verbindlichkeiten von A&B zurücknehmen**
to reduce A&B's senior debt rating

**Rauchgasentschwefelung** *f* flue gas desulfurizer *(AE)*

**Rauchgasentschwefelungsanlage** *f* flue gas desulfurizer *(AE)*

**Raumfahrt** *f* space travel
**diese Werkstoffe werden schon seit 35 Jahren in Brennstoffzellen für die Raumfahrt eingesetzt**
these materials have been used in fuel cells for space travel for more than 35 years

**Raumfahrtgeschäft** *n* space business
**Abschluss der Übernahme des Raumfahrtgeschäftes von A&B für 3 Mrd. Dollar**
completion of the $3bn acquisition of the A&B space business

**Raumfahrzeug** *n* spacecraft

**real** *adj*: **in real terms** real
**der Großhandelsumsatz ist im Vergleich zum September real um 0,5% gefallen**
wholesale sales fell 0.5 percent in real terms from September

**Realeinkommen** *n* real income
**die Realeinkommen sind noch nicht zurückgegangen**
real incomes have not yet declined

**realisierter Bruttogewinn** gross realized gain
**im Jahre 20... betrug der realisierte Bruttogewinn 1 Mio. Dollar**
gross realized gains were $1 million in 20...

**Reallohn** *m* real wage
**Länder mit hohen Reallöhnen**
countries with high real wages

**Realwachstum** *n* real growth
**er sagte am 3. Oktober, dass das Realwachstum nun bestimmt negativ sein werde**
he said on October 3rd that negative real growth was now certain

**Realzins** *m* real interest rate

**Rechenleistung** *f* processing power
**die Rechenleistung wird immer billiger**
processing power is becoming less expensive all the time

**Recht** *n* law
**nach geltendem Recht müssen die Hersteller die Kunden über mögliche Gefahren und Risiken ihrer Produkte informieren**
under existing law, manufacturers have a responsibility to inform their customers of any risks or hazards a product might have

**Rechtsmittel einlegen** appeal
**das Unternehmen will Rechtsmittel gegen das Urteil einlegen**

the company plans to appeal against the ruling

**Rechtsstreitigkeiten** *pl* litigation
**er kannte sich mit Rechtsstreitigkeiten aus**
he was no stranger to litigation

**Redner** *m* speaker
**25 Redner aus dem gesamten Unternehmen und der ganzen Welt**
25 speakers from across the company and around the world

**Referenzkurs** *m* key interest rate
**die Europäische Zentralbank senkte ihren Referenzkurs um einen Viertelpunkt auf 4,25 %**
the European Central Bank cut its key interest rate by a quarter-point to 4.25%

**Reformbemühungen** *fpl* reform efforts
**diese Reformbemühungen werden sich in einer Reihe von Bereichen weiter beschleunigen**
such reform efforts will accelerate further in a variety of fields
**die Reformbemühungen in anderen Ländern verlangsamen / bremsen**
to slow reform efforts in other countries
**es mit den Reformbemühungen ernst meinen**
to be serious about reform efforts

**regenerative Energie** renewable energy
**die Wiedergeburt der regenerativen Energie**
renewable energy's renaissance
**höhere Umweltstandards begünstigen die regenerative Energie**
rising environmental standards may favour renewable energy

**Regierungseinnahmen** *fpl* government revenues
**eine starke Zunahme der Regierungseinnahmen**
a strong increase in government revenues

**Regierungskreise** *mpl* government circles
**der in Regierungskreisen favorisierte Plan hat vielleicht nicht die gewünschte positive Wirkung**
the plan most popular in government circles may not have the intended positive impact

**Regionalflughafen** *m* regional airport

**Regionalfluglinie** *f* regional airline; regional carrier

**die meisten Regionalfluglinien sind im Besitz von großen Fluggesellschaften**
most regional airlines are owned by big airlines

**Regulierer** *m* regulator
**durch diesen Schritt sollten die Interessenskonflikt-Bedenken der amerikanischen Regulierer ausgeräumt werden**
this move was designed to satisfy the conflict-of-interest worries of American regulators
**das Unternehmen sagte, seine Fusion mit ABC werde wahrscheinlich die Zustimmung der europäischen Regulierer erhalten**
the company said that its merger with ABC was likely to gain the approval of Europe's regulators

**Regulierung** *f* regulation
**angesichts dieses Debakels stellt sich die Frage, ob die Regulierung ausreichend ist**
this debacle also poses questions about the adequacy of regulation

**Regulierungsbehörde** *f* regulator
**Frankreich will / wirbt für / setzt sich ein für eine einzige europäische Regulierungsbehörde**
the French campaign for a single European regulator

**Reichen** *pl* rich
**die Reichen in Europa werden noch reicher**
the rich are getting considerably richer in Europe

**Reifen** *m* tire *(AE)*; tyre *(BE)*
**der Absturz des Flugzeugs wurde durch einen geplatzten Reifen verursacht**
a burst tyre caused the crash of the plane

**Reifenhersteller** *m* tire *(AE)* / tyre *(BE)* manufacturer / company / maker
**der drittgrößte Reifenhersteller der Welt**
the world's third-largest tyre manufacturer
**alle großen Reifenhersteller verfolgen globale Strategien**
the largest tire manufacturers all have global strategies

**Reifenherstellung** *f* tire *(AE)* / tyre *(BE)* manufacturing

**Reinraum** *m* clean room; cleanroom
**in Abbildung 1 wird der Energiefluss in einem Reinraum für die**

**Chipherstellung dargestellt**
Figure 1 illustrates the energy flow around a clean room for chip manufacturing
**Reinräume erfordern eine streng kontrollierte Umgebung**
cleanrooms require a critically controlled environment

**Reise** *f* fare
**die Fluglinie erhöhte die Preise für Reisen in bestimmte Länder**
the airline increased prices on fares to certain countries

**Reiseanbieter** *m* travel agent; travel company
**kleine Reiseanbieter aus dem Markt drängen**
to force small travel companies out of business

**Reisebüro** *n* travel agent; travel agency

**Reisekonzern** *m* travel group
**die Aktien des größten Reisekonzerns des Landes sind dieses Jahr um beinahe 75 Prozent gefallen**
shares in the country's largest travel group have fallen by nearly three-quarters this year

**Reisen per / im / mit dem Flugzeug** air travel
**zwei gegensätzliche Ansichten über die Zukunft des Reisens im Flugzeug**
two contrasting views of the future of air travel

**Rekord** *m* record
**täglich werden neue Rekorde aufgestellt**
new records are being set on a daily basis

**Rekordanstieg** *m* record rise
**die Strompreise verzeichneten einen Rekordanstieg**
electricity prices posted a record rise

**Rekordergebnis** *n* record result
**im zweiten Quartal legten fast alle Geschäftsbereiche ein Rekordergebnis vor**
in the second quarter, nearly all business units delivered record results

**Rekordgewinn** *m* record profit
**ABC verzeichnet nun schon das fünfte Jahr in Folge Rekordgewinne**
ABC is enjoying its fifth straight year of record profits

**Rekordhöhe** *f* record high
**die Gaspreise sind mehr oder weniger auf Rekordhöhe geblieben**
gas prices have stayed at or near record highs
**der Nasdaq-Index ist nun um 53% von seiner Rekordhöhe im März gefallen**
the Nasdaq index has now fallen 53% from its March record high
**auf Rekordhöhe klettern**
to soar to a record high

**Rekordtief** *n* record low
**die Krise ließ den Peso auf ein Rekordtief sinken**
the crisis has driven the peso to record lows

**Rekordumsatz** *m* record sales
**A&B gab heute einen Rekordumsatz bekannt**
A&B today reported record sales
**er erzielte / erreichte für A&B in Amerika einen Rekordumsatz**
he achieved record sales for A&B in the U.S.

**Rekordverlust** *m* record loss
**Rekordverlust bei A&B**
record loss at A&B

**Rendite** *f* return
**den Aktionären auch weiterhin eine gute Rendite bieten**
to continue providing share owners with good returns

**Rendite des eingesetzten Kapitals** return on investment (ROI)
**ABC hat die Rendite des eingesetzten Kapitals vervierfacht**
ABC quadrupled its return on investment

**renditestark** *adj* high-yield
**renditestarke Anlagen**
high-yield investments

**Rente** *f* (1) pension
**sie können zwischen einer monatlichen Rente und einer einmaligen Zahlung von 400.000 $ wählen**
they have the option of taking payouts of $400,000 instead of receiving a monthly pension

**Rente** *f* (2): **in Rente gehen** retire

**Rentenalter** *n* retirement age
**das Rentenalter für Frauen von 60 auf 65 anheben**
to raise the retirement age for women from 60 to 65
**Anhebung des Rentenalters**
later retirement age

**Rentenanspruch** *m* pension claim

**Rentenfonds** *m* pension fund

**Rentenmarkt** *m* bond market
**bis vor kurzem war die Bank noch aktiv auf dem Rentenmarkt engagiert**
until recently the bank was an active player in the bond market

**Rentensystem** *n* pension system
**das Rentensystem an die alternde Gesellschaft anpassen**
to make the pension system more suitable for an ageing society

**Rentner** *m* pensioner
**die Zahl der Rentner in Deutschland wird sich in den nächsten 30 bis 50 Jahren verdoppeln**
Germany faces a 50% increase in pensioners over the next 30 to 50 years

**Reorganisation** *f* reorganisation *(BE)*; re-organization *(AE)*; reorganization *(AE)*
**im Rahmen der Reorganisation werden etwa 2000 Stellen gestrichen**
some 2,000 jobs will be cut as part of the reorganisation

**Re-Regulierung** *f* re-regulation; reregulation
**die teilweise Reregulierung der Wirtschaft wird zu einem Investitionsrückgang führen**
the partial re-regulation of the economy will cause a loss in investment
**die Rufe nach einer Reregulierung werden immer lauter**
the air is thick with calls for re-regulation

**Ressource** *f* resource
**die Ressourcen wirkungsvoller schonen**
to conserve resources more effectively

**Restaurantbesitzer** *m* restaurant patron

**Restaurantbetreiber** *m* restaurant patron

**Restrukturierung** *f* restructuring (siehe auch **Umstrukturierung**)
**das Unternehmen meint es ernst mit der Restrukturierung**
the company is serious about restructuring

**Restrukturierungsmaßnahmen** *fpl* turnaround activities
**diese Sonderbelastung in Höhe von 2 Mrd. Euro ist im Wesentlichen auf Restrukturierungsmaßnahmen bei A&B zurückzuführen**
this one-time charge of €2bn is primarily related to turnaround activities at A&B

**Restrukturierungsmaßnahmen** *fpl*: **Aufwendungen für Restrukturierungsmaßnahmen** restructuring charges

**Restrukturierungsplan** *m* turnaround plan
**Durchführung / Umsetzung eines Restrukturierungsplans**
implementation of a turnaround plan
**das Unternehmen ist gerade dabei, einen Restrukturierungsplan umzusetzen**
the company is in the midst of a restructuring plan
**A&B fehlen die notwendigen Gelder zur Durchführung von Restrukturierungsplänen**
A&B lacks the funds to carry out turnaround plans

**Restrukturierungsstrategie** *f* restructuring strategy
**die Entlassungen erfolgen im Rahmen einer umfassenden Restrukturierungsstrategie**
the layoffs are part of a larger restructuring strategy

**Rettungsbemühung** *f* rescue effort

**Rettungsplan** *m* bailout plan; bailout scheme; rescue plan
**Rettungsplan für Fluggesellschaften**
bailout plan for airlines
**einem Rettungsplan für den Baukonzern zustimmen**
to agree to a rescue plan for the construction group
**die Banken sprachen sich gegen einen früheren Rettungsplan aus**
the banks opposed an earlier rescue plan

**Rettungsprogramm** *n* bailout programme *(BE)*
**Rettungsprogramm für Fluggesellschaften**
bailout programme for airlines

**revidieren** *v* revise
**die Gewinnprognosen wurden nach oben revidiert**
profit forecasts were revised upwards

**Revidierung** *f* rethink
**zwei der größten Aktionäre forderten eine Revidierung der Entscheidung von A&B**
two top shareholders called for a rethink of A&B's decision

**rezeptfreies Arzneimittel** over-the-counter drug

**rezeptpflichtiges Arzneimittel** *npl* prescription drug

**Rezession** *f* recession
  das Land aus der Rezession herausführen
  to lead the country out of recession
  im Moment besteht noch nicht die Gefahr einer Rezession
  the economy is so far in no danger of recession
  verhindern, dass die amerikanische Wirtschaft in eine Rezession abgleitet
  to keep the U.S. economy from sliding / slipping into a recession
  unter Umständen kommt eine Rezession auf uns zu
  we may be due for a recession
  möglicherweise bewegt sich die amerikanische Wirtschaft sogar auf eine Rezession zu
  the American economy is possibly even heading toward a recession
  die amerikanische Wirtschaft stand zumindest am Rande einer Rezession
  the U.S. economy was at least at "the edge" of a recession
  das Land bewegt sich / taumelt derzeit am Rande einer Rezession
  the country is now teetering on the brink of recession
  das Land könnte kurz vor einer Rezession stehen
  the country could be on the verge of a recession
  eine Rezession abwehren
  to stave off a recession
  die Wirtschaft in eine tiefe Rezession stürzen
  to plunge the economy into deep recession
**Rezessions-Ängste** *fpl* fears of recession
**Rezessionsbefürchtungen** *fpl* fears of recession
**Rezessionsgefahr** *f* danger of recession; recession risk
  im Moment besteht für die Wirtschaft noch keinerlei Rezessionsgefahr
  the economy is so far in no danger of recession
  der Verband warnte vor einer erhöhten Rezessionsgefahr
  the association warned of "heightened" recession risks
**Riesenkonzern** *m* giant
  Zerschlagung der Riesenkonzerne
  breaking up the giants
**Rinder** *npl* cattle
  Einwände der EU gegen die Verwendung von Hormonen zum Mästen von Rindern
  EU objections to the use of hormones to fatten cattle
**Rinderfutter mit beigemischtem Tiermehl** meat-based cattle feed
  das neue Gesetz erhöht die Strafen für die Verwendung von Rinderfutter mit beigemischtem Tiermehl
  the new law will also increase the penalty for using meat-based cattle feed
**Rinderwahnsinn** *m* mad cow disease; mad-cow disease
  der Rinderwahnsinn hat schon von Großbritannien auf die Herden auf dem europäischen Festland übergriffen
  mad-cow disease has already been passed from Britain to continental herds
**Rinderzüchter** *m* beef farmer
  den Rinderzüchtern zusätzliche Ausgleichs- / Entschädigungszahlungen anbieten
  to offer additional compensation to beef farmers
**Rindfleisch** *n* beef
  das sicherste Rindfleisch kam aus Ländern wie Argentinien
  the safest beef was from countries, such as Argentina
  die Europäische Union importiert wenig Rindfleisch aus Nordamerika
  the EU imports little beef from North America
**Rindfleischproduzent** *m* beef producer
  Amerika und Kanada gehören zu den führenden Rindfleischproduzenten der Welt
  America and Canada are two of the world's leading beef producers
**Risikokapital** *n* venture capital
**Risikokapitalspezialist** *m* venture capitalist
  die Risikospezialisten haben derartige Unternehmen großzügig finanziert
  venture capitalists financed such enterprises generously
  vor dem Börsencrash brauchten Unternehmer lediglich zu einem Risikospezialisten zu gehen und einen Scheck abzuholen
  before the market crashed, an entrepreneur would just show up at a venture capitalist's office and pick up a check
**Risikovorsorge** *f* loan-loss provision; bad debt provisions

**die Bank erhöhte ihre Risikovorsorge auf 500 Mio. Euro**
the bank lifted its loan-loss provision to €500m
**die Bank reduziert die Risikovorsorge**
the bank is reducing its bad-debt provisions

**Rohdiamant** *m* rough diamond; rough-cut diamond
**Handel mit Rohdiamanten / Rohdiamantenhandel** *m*
trade in rough diamonds
**das Unternehmen kontrolliert zwei Drittel des Welthandels mit Rohdiamanten**
the company controls two-thirds of the world's rough-cut diamonds
**Rohdiamanten nennt man die Steine vor dem Schneiden und Schleifen**
rough diamonds is the term for the stones before they are cut and polished

**Rohöl** *n* crude oil; crude
**die Verknappung von Rohöl und Erdgas**
the depletion of crude oil and natural gas

**Rohölangebot** *n* crude supply
**eine weltweite Verknappung des Rohölangebots abwenden**
to avert a global crude supply crunch

**Rohölpreis** *m* crude-oil price
**die Rohölpreise sind dieses Jahr deutlich gestiegen**
crude-oil prices have risen sharply this year

**Rohölvorrat** *m* stock of crude oil; crude supply; crude-oil stock
**die Rohölvorräte des Landes haben den niedrigsten Stand seit 24 Jahren erreicht**
the country's stock of crude oil is at its lowest in 24 years
**die Rohölvorräte sind nicht unbeschränkt**
the crude supply is not limitless
**die Qualität der Rohölvorräte verschlechtert sich**
the quality of the crude-oil stock is declining

**Röhrentechnik** *f* tube technology
**durch diese neue Röhrentechnologie wird die Lebensdauer der Röhren beträchtlich verlängert**
this new tube technology offers dramatically longer tube life

**Rohstoff** *m* raw material
**Energie und Rohstoffe so effizient wie möglich nutzen**
to use energy and raw materials as efficiently as possible

**Rohstoffkosten** *pl* raw-material costs; raw material costs
**die Rohstoffkosten sind im Steigen begriffen**
raw-material costs are rising

**Rohstoffpreis** *m* raw material price
**Anstieg der Rohstoffpreise**
increase in raw material prices

**rosiges Bild** rosy picture
**ein rosiges / rosigeres Bild malen**
to paint a rosy / rosier picture

**rote Zahlen schreiben** move / go into the red
**A&B hatte im zweiten Jahresquartal rote Zahlen geschrieben**
A&B had moved into the red in the second quarter of the year
**A&B schreibt zum ersten Mal seit 20... rote Zahlen**
A&B goes into the red for the first time since 20...

**Router** *m* router
**Router sind noch immer ABCs Hauptprodukt**
routers are still ABC's main business

**Rücklagen** *fpl* reserves
**die Zentralbanken nutzten die großen Leistungsbilanzüberschüsse zur Bildung von Rücklagen**
central banks have used strong current-account surpluses to build up reserves
**warum haben die Banken keine größeren Rücklagen gebildet**
why have banks not put more reserves aside
**die Rücklagen der Banken für notleidende Kredite sind die niedrigsten seit 20...**
banks' reserves against bad debts are at their lowest since 20...

**Rückruf** *m* recall
**A&B kündigte den Rückruf von 10 Mio. Reifen an**
A&B announced the recall of 10m tyres

**Rückrufaktion** *f* recall
**das Unternehmen machte hauptsächlich die Kosten für Umstrukturierung und Rückrufaktionen für die Verluste verantwortlich**
the company attributed the loss mainly to restructuring costs and the cost of recalls

**Rückstellung** *f* provision
**Rückstellungen für**

**Rückstellung** 140

**Einkommenssteuer** provision for income taxes

**Rückstufung** *f* downgrade
**die jüngste Rückstufung durch die Agentur hat A&B eindeutig geschockt**
A&B was clearly shocked by the agency's latest downgrade

**Rücktritt** *m* resignation
**der internationale Technologiekonzern gab den überraschenden Rücktritt seines Vorsitzenden bekannt**
the international engineering group announced the surprise resignation of its chairman

**Rückversicherer** *m* reinsurer

**Rückversicherungsgesellschaft** *f* reinsurance firm
**die größte Rückversicherungsgesellschaft der Welt**
the world's biggest reinsurance firm

**Rückwärtsgang** *m*: **den Rückwärtsgang einlegen** put the engine in reverse
**ohne den Rückwärtsgang einlegen zu müssen**
without having to throw the engines into reverse

**rückwirkend zum** backdated to
**eine Lohnerhöhung von 2% rückwirkend zum 1. März**
a pay increase of 2 per cent, backdated to March 1

**Ruhestand** *m*: **in den Ruhestand gehen** retire
**fast hundert Jahre lang konnten die Amerikaner es sich leisten, immer früher und wohlhabender in den Ruhestand zu gehen**
for nearly a century, Americans were able to retire at ever-younger ages and in greater prosperity
**er kann es sich nicht leisten, mit 55 in den Ruhestand zu gehen**
he cannot afford to retire at 55

**Ruheständler** *m* retired employee

**Ruhestandsregelung** *f* pension rule
**eine Strukturreform würde auch eine Verschärfung der Ruhestandsregelungen beinhalten**
the structural reforms would include tightening up pension rules

**Rundfunkgebühr** *f* subscriber fee

**Rundfunkmonopol** *n* broadcasting monopoly
**er versuchte vergeblich, das Rundfunkmonopol der BBC zu verteidigen**
he tried in vain to defend the BBC's broadcasting monopoly

**Rüstungsindustrie** *f* defence *(BE)* / defense *(AE)* industry

**Rüstungskonzern** *m* defence *(BE)* / defense *(AE)* group

# S

**Sachanlagen** *fpl* tangible assets
**diese Sachanlagen könnte man auf dem offenen Markt verkaufen**
these tangible assets are the things that could be sold on the open market

**Sackgasse** *f* dead end
**ist A&B in einer Sackgasse gelandet**
has A&B gone down a dead end

**Sahnestück** *n* profitable part

**Sahnestückchen** *n* profitable part
**Interesse an den Sahnestückchen des Konzerns bekunden / anmelden**
to signal interest in the profitable parts of the group

**saisonale Einflüsse** seasonality
**in den vergangenen Jahren unterlagen die Einnahmen des Unternehmens deutlich saisonalen Einflüssen**
in recent years, the company's revenues have been characterized by seasonality

**saisonale Schwankungen** seasonality
**die saisonalen Schwankungen des Umsatzes bei landwirtschaftlichen Produkten**
seasonality of sales of agricultural products

**saisonbereinigt** *adj* seasonally adjusted; on a seasonally adjusted basis

**sanfte Landung** soft landing (siehe auch **weiche Landung**)
**er wird der Wirtschaft zu einer sanften Landung verhelfen**
he will pilot the economy to a soft landing

**Sanierer** *m* turnaround specialist; restructuring specialist; corporate repairman; corporate crisis management expert

**Sanierungsplan** *m* restructuring plan

**ein umfassender Sanierungsplan soll im Verlauf des zweiten Quartals angekündigt werden**
a major restructuring plan is expected to be announced later in the second quarter

**Sanierungsspezialist** *m* turnaround specialist; restructuring specialist
**A&B ist auf der Suche nach einem Sanierungsspezialisten**
A&B is in the process of selecting a restructuring specialist

**Sanktion** *f* sanction
**dies könnte zu Sanktionen gegen Amerika führen**
this could result in sanctions against the US
**dies ist der erste Schritt auf dem Weg zu Sanktionen / in Richtung Sanktionen**
this is a first step to imposing sanctions

**Satellit** *m* satellite
**Satelliten in eine Umlaufbahn bringen**
to put satellites into orbit; to launch a satellite
**Satelliten ins All transportieren**
to launch a satellite
**der geplante Start eines amerikanischen Satelliten**
the planned launch of an American satellite

**Satellitenbau-Betrieb** *m* satellite-manufacturing operation
**das Unternehmen erwarb den Satellitenbau-Betrieb im vergangenen Jahr**
the company acquired the satellite-manufacturing operation last year

**Satellitenbauer** *m* satellite maker

**Satellitenbausparte** *f* satellite manufacturing division
**A&B will 1000 Stellen in seiner Satellitenbausparte streichen**
A&B is to cut 1,000 jobs from its satellite manufacturing division

**Satelliten-Fernsehen** *n* satellite TV
**Anbieter von Satelliten-Fernsehen**
satellite TV company

**Satellitengeschäft** *n* satellite business; satellite unit
**das Satellitengeschäft von A&B abspalten**
to spin off the satellite business from A&B

**Satellitenhersteller** *m* satellite maker
**A&B ist auch der größte Satellitenhersteller der Welt**
A&B is also the world's largest satellite maker

**Satellitennavigation** *f* satellite navigation
**die Satellitennavigation wird zur Ortung von Flugzeugen, Schiffen und Lkw eingesetzt**
satellite navigation is used to pinpoint aircraft, ships and trucks

**Satellitennetz** *n* satellite network
**weltweit Internetzugang über Satellitennetze im erdnahen Orbit bieten**
to provide global Internet access with satellite networks in low-earth orbit
**A&B will ein Satellitennetz im Wert von 12 Mrd. $ aufbauen**
A&B plans to build a $12 billion satellite network

**Satellitennetzwerk** *n* satellite-based communications network; satellite network
**das Satellitennetzwerk erreichte im November die kommerzielle Einsatzreife**
the satellite-based communications network achieved commercial availability in November

**Satellitenortungssystem** *n* global positioning satellite system (GPS)
**Satellitenortungssysteme für genauere Navigation**
global positioning satellite systems for more precise navigation

**Satellitenschüssel** *f* satellite dish
**pizzagroße Satellitenschüssel**
pizza-sized satellite dish
**die Signale werden zu einer Satellitenschüssel gesendet**
the signals are delivered to a satellite dish

**Satellitenstart** *m* launch of a satellite

**Schaden** *m* damage
**das Gesetz könnte großen wirtschaftlichen Schaden anrichten**
the bill could cause huge economic damage

**Schadenersatz** *m* (1) damages
**der Konzern will 1 Mrd Dollar Schadenersatz von A&B**
the group is seeking $1bn in damages from A&B

**Schadenersatz** *m* (2): **auf Schadenersatz verklagen** sue for damages; file a claim for damages
**A&B wird das Unternehmen auf**

**Schadenersatz verklagen**
A&B will file a claim against the company for damages

**Schadenersatzanspruch** *m* claim for damages

**Schadenersatzforderung** *f* claim for damages
**wir halten die Schadenersatzforderungen von A&B für unbegründet und ungerechtfertigt**
we consider A&B's claims for damages as unfounded and unjustified

**Schafherde** *f* sheep flock

**schätzen** *v* estimate
**die diesjährigen Exporte werden auf 137 Milliarden Dollar geschätzt**
exports are estimated at $137 billion for this year

**Schätzung** *f* estimate
**am 30. November wird eine neue / überarbeitete / neuerliche Schätzung veröffentlicht**
a revised estimate will be published on November 30$^{th}$

**scheitern** *v*: **zum Scheitern bringen** derail
**er hat auch andere Fusionen schon zum Scheitern gebracht**
he has also derailed other mergers

**Schiedsordnung** *f* arbitration process
**A&B nach der Schiedsordnung der Internationalen Handelskammer auf Schadenersatz verklagen**
to file a claim against A&B for damages under the arbitration process of the International Chamber of Commerce

**Schienennetz** *n* rail system; train tracks; rail network
**ein sicheres und zuverlässiges Schienennetz schaffen**
to create a safe and reliable rail system
**das Unternehmen wurde für den Betrieb des landesweiten Schienennetzes gegründet**
the company was set up to maintain the nation's train tracks
**jeglicher Betriebsgewinn wird wieder in das Schienennetz investiert**
any operating surplus will be reinvested in the rail network

**Schiffbau** *m* shipbuilding

**Schiffbau-Sparte** *f* shipbuilding operation
**der Konzern gab im April bekannt, er wolle seine Schiffbau-Sparte veräußern**
the group announced last April that it wanted to sell its shipbuilding operation

**Schiffselektronik** *f* shipboard electronics

**Schlachthaus** *n* abattoir
**die hochgradig ansteckende Krankheit wurde in einem Schlachthaus in England entdeckt**
the highly contagious disease was discovered at an abattoir in England
**die Schließung vieler kleinerer Schlachthäuser**
the closure of many smaller abattoirs

**Schlacke** *f* slag
**Schlacke kann als Zuschlagstoff in Beton verwendet werden**
slag can be used as an aggregate in concrete

**Schlag** *m* blow
**der Absturz von dieser Woche ist ein schwerer Schlag für die Fluggesellschaft**
this week's crash is a severe blow to the airline

**schlank** *adj* lean
**schlanke Produktion**
lean production
**schlanke Fabriken**
lean factories
**das neue Unternehmen wird von der Kostenstruktur her schlanker sein**
the new company will be leaner in its cost structure

**schlank werden** lose weight
**viele ausländische Großunternehmen müssen schlanker werden**
many big foreign companies need to lose weight

**Schlichter** *m* outside mediator
**ein Schlichter verschaffte den Piloten größtenteils die von ihnen verlangten extrem hohen Gehaltserhöhungen**
an outside mediator gave the pilots most of the huge pay rise that they wanted

**Schließung** *f* closing
**Kosten im Zusammenhang mit der Schließung von Anlagen**
facility closing costs

**Schlupfloch** *n* loophole
**das Abkommen enthält zu viele Schlupflöcher**
the agreement contains too many loopholes

**schlüsselfertig** *adj* turnkey; on a turnkey basis
**schlüsselfertiges Kraftwerk**
turnkey power plant

**Schlüsselindikator** *m* key indicator (siehe auch **Frühindikator**)
**Schlüsseltechnologie** *f* key technology
**Schlüsseltechnologien zum Schutz der Atmosphäre**
key technologies for protecting the atmosphere
**in Schlüsseltechnologien investieren**
to invest in key technologies
**Schlüsselzins** *m* key interest rate
**die Bank von England hat den Schlüsselzins um einen Viertelpunkt auf 5,75% gesenkt**
the Bank of England cut its key interest rate by a quarter point to 5.75%
**Schlussquartal** *n* final quarter
**die Firma soll Verluste von 1,5 Mrd. $ im Schlussquartal des Jahres 20... gemacht haben**
the firm is believed to have run up losses of $1.5 billion during the final quarter of 2000
**Schritt** *m* step
**dies ist ein Schritt in die richtige Richtung**
this is a step in the right direction
**schrumpfen** *v* shrink (shrank, shrunk); contract
**die Wirtschaft schrumpfte in dem im Dezember endenden Quartal um 0,6%**
the economy shrank 0.6 percent in the December quarter
**die Industrie schrumpfen**
to shrink the industry
**die japanische Wirtschaft schrumpfte während der ersten drei Monate dieses Jahres**
Japan's economy contracted in the first three months of this year
**die schweizer Volkswirtschaft könnte zum ersten Mal seit fünf Jahren schrumpfen**
the Swiss economy may be shrinking for the first time in five years
**Schuld** *f* debt
**ABC benötigt 1,6 Mio. Kunden, um seine Schulden bedienen zu können**
to service its debt, ABC needs 1.6m customers
**die Schulden stiegen auf Rekordhöhe**
debts climbed to record levels
**Schuldenabbau** *m* debt reduction
**den Haushaltsüberschuss für den Schuldenabbau verwenden**
to devote the budget surplus to debt reduction
**ohne Schuldenabbau werden die Zinskosten die Einnahmen von ABC auffressen**
without debt reduction, interest costs will erase ABC's income
**Schuldenberg** *m* mountain of debt; debt mountain
**einige Familien-Konzerne sind unter einem Schuldenberg zusammengebrochen**
some family-run conglomerates have crumbled beneath mountains of debt
**den Schuldenberg abtragen / abbauen**
to reduce / cut the debt mountain
**Schuldendienst** *m* debt-service payment
**dem Land bei der Bedienung des Schuldendienstes in Höhe von ca. 17 Mrd. $ helfen**
to help the country to meet some $17 billion in debt-service payments
**Schuldenlast** *f* debt burden; debt load
**Hauptziel des Abkommens ist es, Argentiniens Schuldenlast in den Griff zu bekommen**
the agreement's chief aim is to tame Argentina's debt burden
**die Schuldenlast des Konzerns verdreifachte sich**
the group's debt burden trebled
**Schuldenziel** *n* debt-reduction target
**A&B wird sein Schuldenziel für dieses Jahr verfehlen**
A&B will miss this year's debt-reduction target
**Schuldner** *m* debtor
**einer der größten Schuldner des IWF**
one of the IMF's worst debtors
**der Schuldner zahlt nur einen Teil seiner Schulden zurück**
the debtor is repaying only a percentage of what he or she actually owes
**Schuldverschreibung** *f* debenture
**Schuldverschreibungen ausgeben**
to issue debentures
**Schulung** *f* training
**A&B sorgte für eine gründliche / umfassende Schulung von mehr als 2.600 Mitarbeitern**
A&B provided extensive training to more than 2,600 employees
**Schutzgemeinschaft der Kleinaktionäre** association for the protection of small shareholders

**Schutzmaßnahme** *f* safeguard measure
**Schutzmaßnahmen einführen, um den europäischen Stahlmarkt zu schützen**
to introduce safeguard measures to protect the European market

**Schutzzölle** *mpl* protective tariffs
**Schutzzölle auf Stahl**
protective tariffs on steel

**schwach** *adj* weak
**es ist offensichtlich, warum der Yen so schwach ist**
it is easy to understand why the yen is so weak

**Schwäche** *n* weakness
**die Schwäche des Euro gegenüber dem britischen Pfund**
the euro's weakness against sterling

**schwächeln** *v* weaken
**die schwächelnde Konjunktur**
the weakening economy
**es gibt weitere Anzeichen für eine schwächelnde Wirtschaft**
there are further signs that the economy is weakening
**Amerikas schwächelnde Autokonjunktur**
America's weakening car market

**schwarze Zahlen schreiben / vorlegen** be in profit; turn a profit; be in the black
**gegen Ende dieses Monats wird das Unternehmen solide schwarze Zahlen vorlegen**
later this month, the company will declare itself comfortably in profit
**das Unternehmen wird zum ersten Mal schwarze Zahlen schreiben**
the company will turn a profit for the first time
**das Unternehmen sagte, es wolle bis Ende 20... wieder schwarze Zahlen schreiben**
the company said it hoped to be back in the black by the end of 20...

**Schwellenland** *n* emerging country

**Schwellenmarkt** *m* emerging market

**Schwerindustrie** *f* heavy industry
**die Schwerindustrie war der lauteste Kritiker des vor drei Jahren geschlossenen Kyoto-Abkommens / verabschiedeten Kyoto-Protokolls**
heavy industry was the loudest critic of the Kyoto deal struck three years ago

**Schwerlastwagen** *m* heavy truck

**schwer verschuldet** heavily indebted

**Schwesterunternehmen** *n* sister company
**das Schwesterunternehmen wird 5 bis 10 Prozent der Belegschaft entlassen**
the sister company is laying off 5 to 10 percent of its staff

**Sechs-Punkte-Plan** *m* six-point-plan
**A&B hat einen Sechs-Punkte-Plan zur Kostenreduzierung**
A&B has a six-point plan to reduce costs

**Seifenblase** *f* bubble
**der spektakuläre Anstieg des Nasdaq hatte alle Anzeichen einer Seifenblase, die eines Tages platzen würde**
the spectacular rise in the Nasdaq bore all the signs of a bubble that needed bursting

**Servoantrieb** *m* servo

**sichere Datenübertragung** data transmission security
**sichere Datenübertragung ist noch immer ein Hauptthema**
data transmission security is still a big issue

**Sicherheit** *f* security
**für erhöhte Sicherheit an Flughäfen bezahlen**
to pay for tighter security at airports

**Sicherheit des Arbeitsplatzes** job security

**Sicherheitsbestimmungen** *fpl* safety regulations; safety rules
**strengere staatliche Sicherheitsbestimmungen sind in Vorbereitung**
tougher government safety regulations are in the works

**Sicherheitsvorkehrung** *f* safety precaution; safety measure

**Sicherungsgeschäft** *n* hedge
**diese Kontrakte werden als Sicherungsgeschäfte betrachtet**
these contracts are accounted for as hedges

**Sicht** *f*: **auf mittlere Sicht** in the medium term; over the medium term
**die Versorgung der Märkte von Quebec auf mittlere Sicht sicherstellen**
to ensure the supply required over the medium term for Québec markets

**Siebenergruppe** *f* Group of Seven leading economies

**Silizium** *n* silicon

**Siliziumbasis** *f*: auf Siliziumbasis silicon-based
**Elektronik auf Siliziumbasis**
silicon-based electronics

**Siliziumwafer** *m* silicon wafer
**Rohstoffe für die Herstellung von Siliziumwafern herstellen**
to produce raw materials for silicon wafers

**Sitz** *m*: **mit Sitz in ...** based in ...
**A&B ist ein multinationales Unternehmen mit Sitz in Columbus, Ohio**
A&B is a multinational company based in Columbus, Ohio

**Sitzung** *f* meeting
**an einer Sitzung des Aufsichtsrats der Firma**
at a meeting of the company's supervisory board

**Skaleneffekte** *mpl* economies of scale
**niedrigere variable Kosten auf Grund von Skaleneffekten**
lower variable costs from increased economies of scale
**die Kunden werden von den Skaleneffekten profitieren / in den Genuss von Skaleneffekten kommen**
customers will benefit from economies of scale
**Skaleneffekte nutzen**
to exploit economies of scale

**Software-Entwickler** *m* software developer
**mit einem chronischen Mangel an Software-Entwicklern konfrontiert sein**
to be faced with a chronic shortage of software developers
**ungefähr 200 Software-Entwickler arbeiten für ABC in China an solchen Projekten**
ABC has about 200 software developers in China working on such projects

**Softwarefirma** *f* software house

**Softwarehersteller** *m* software maker
**der deutsche Softwarehersteller ABC machte einen Sprung von 8,1%**
German software maker ABC jumped 8.1 percent
**die Softwarehersteller waren unter den größten Gewinnern**
software makers were among the biggest winners

**Software-Konzern** *m*; **Softwarekonzern** *m* software group

**Softwarelösung** *f* software solution
**zu jeder Anwendung eine Softwarelösung anbieten**
to offer a software solution for every application

**Softwareprodukt** *n* software product
**unser Unternehmen ist am besten für seine innovativen Softwareprodukte bekannt**
our company is best known for our innovative software products

**Softwareriese** *m* software giant
**der Softwareriese verstieß gegen ein Lizenzabkommen**
the software giant violated a licensing agreement

**Softwareschmiede** *f* software company

**Software-Unternehmen** *n* software company
**ABC ist das zweitgrößte Software-Unternehmen der Welt**
ABC is the world's second-largest software company

**Solarmarkt** *m* solar market
**das billige Öl verhinderte ein Wachsen des Solarmarktes**
the cheap oil held down the solar market
**der Solarmarkt wird wahrscheinlich in den nächsten Jahren einen starken Aufschwung erleben**
solar markets are likely to get a strong boost in the next few years

**Solarzelle** *f* solar cell
**Solarzellen werden ähnlich wie Mikrochips hergestellt**
solar cells are manufactured in a similar way to microchips

**Sonderangebot** *n* special offer

**Sonderaufwendungen** *fpl* special charges
**ABC wies Sonderaufwendungen in Höhe von 33 Mio. $ aus**
ABC recorded special charges totaling $33 million

**Sonderposten** *m* special item
**im vierten Quartal traten keine Sonderposten auf**
there were no special items in the fourth quarter

**Sondersitzung** *f* special meeting

**Sonderverkauf** *m* special offer
**Gesetz über Sonderverkäufe / Gesetz zur Regelung von Sonderverkäufen**
special offer law
**Sonderverkaufsrecht** *n* special offer law; law on special offers
**soziale Marktwirtschaft** social-market economy
**Sozialversicherungssystem** *n* social security system
**die Einzahlungen der Arbeitnehmer in das Sozialversicherungssystem**
the workers' payments into the social security system
**sparen** *v* save
**Zeit und Geld sparen**
to save time and money
**Sparer** *m* saver
**auf Kosten der Sparer**
at the expense of savers
**Sparguthaben** *n* savings deposit
**Sparkasse** *f* savings bank
**Sparmaßnahmen** *fpl* belt-tightening
**dies könnte eine Periode drastischer Sparmaßnahmen in der Pharmaindustrie einläuten / dies könnte der Beginn einer Periode drastischer Sparmaßnahmen in der Pharmaindustrie sein**
this could herald a period of drastic belt-tightening for the drugs industry
**Sparneigung** *f* propensity to save
**Spar-Plan** *m*; **Sparplan** *m* savings plan
**die Stadt hat einen Sparplan, der Kosteneinsparungen von 125 Mio. Euro bewirken soll**
the city has a savings plan which should cut costs by €125 million
**Sparprogramm** *n* austerity programme
**er versuchte, das Defizit durch ein Sparprogramm in den Griff zu bekommen**
he has tried to tame the deficit by launching an austerity programme
**Einzelheiten seines neuen Sparprogramms sind nach außen gedrungen**
details of his planned new austerity programme have leaked out
**sparsam** *adj* fuel-saving
**sparsamer Motor**
fuel-saving engine

**Sparte** *f* business
**der Verkauf unserer Luft- und Raumfahrt- sowie Wehrtechnik-Sparten**
the sale of our Aerospace and Defense businesses
**später Handel** late trading
**die Aktien von A&B stiegen um 26 Cent im späten Handel**
A&B's stock rose 26 cents in late trading
**Spediteur** *m* haulier *n (BE)*
**Spedition** *f* haulier *n (BE)*
**Speicherchip** *m* memory chip
**die zurzeit rückläufige Nachfrage nach Speicherchips**
the current downturn in demand for memory chips
**ABC ist weltweit der größte Hersteller von Speicherchips**
ABC is the world's biggest maker of memory chips
**dieses Unternehmen ist ABCs größter Konkurrent auf dem Markt für Speicherchips**
this company is ABC's largest rival in the memory chip market
**mit diesem Durchbruch kann die Leistungsfähigkeit von Speicherchips gesteigert werden**
with this breakthrough, memory chips can be made more powerful
**Speicherchip-Markt** *m* memory-chip market
**Amerika schuf den Speicherchip-Markt / Markt für Speicherchips und beherrschte ihn früher mehr oder weniger völlig**
America created the memory-chip market and once held almost all of it
**Speicherdichte** *f* storage density
**wir haben bei der Speicherdichte einen neuen Weltrekord aufgestellt**
we achieved a new world record in storage density
**Speicherkraftwerk** *n* hydroelectric dam
**die Wasserkraft wird durch neue und modernisierte Speicherkraftwerke genutzt werden**
the water power will be harnessed by new and upgraded hydroelectric dams
**Speichermarkt** *m* memory market
**die neue Technologie wird revolutionäre Auswirkungen auf den Speichermarkt haben**
the new technology will have a

revolutionary impact on the memory market
**aber man sollte nicht erwarten, dass diese neue Technologie schon morgen den Speichermarkt vollständig beherrschen wird**
but people shouldn't think that this new technology is going to take over the memory market tomorrow
**das Unternehmen sorgte im Jahre 20... für Aufregung auf den Speichermärkten**
the company exited the memory markets in 20...

**Spekulation** *f* speculation
**die Spekulationen über eine mögliche Zinssenkung verdichteten sich**
speculation about a possible rate cut intensified
**angesichts der wachsenden Spekulation**
given the growing speculation
**durch diese Nachricht verdichteten sich Spekulationen, dass die Bank Ziel einer Übernahme sein könnte**
the news increased speculation that the bank might be a takeover target

**Spekulationsblase** *f* speculative bubble
**es handelte sich offensichtlich nicht um eine Spekulationsblase**
evidently, there was no speculative bubble

**Spielekonsole** *f* game console
**die Herstellung von Spielekonsolen kostet mehrere hundert Dollar**
game consoles cost several hundred dollars to make

**Spielkonsole** *f* game console

**Spielraum** *m* scope; room
**der Spielraum bei der Lockerung der Geld- und Fiskalpolitik**
the scope for monetary and fiscal easing
**den Spielraum der Fed für Zinssenkungen einengen**
to limit the Fed's room to cut interest rates

**Spirituosenhaus** *n* alcoholic-drinks company

**Spitze** *f* helm
**nach zwanzig Jahren an der Spitze des Unternehmens**
after 20 years at the helm of the company

**Spitzenmanager** *m* top manager
**ein ständiger Strom von Spitzenmanagern hat (schon) den Autohersteller verlassen**
a steady stream of top managers has abandoned the car maker
**er ist Spitzenmanager bei ABC**
he is a top manager at ABC
**mehr als 90% der Spitzenmanager sind der Meinung, dass ...**
more than 90% of top managers believe (that) ...

**Spitzenposition** *f* leadership; leadership position
**ABC hat seine Spitzenposition auf dem Speichermarkt gehalten**
ABC has maintained its leadership in the storage market
**mit dem neuen Flugzeugtriebwerk konnte ABC seine Spitzenposition weiter ausbauen**
the new aircraft engine increased ABC's leadership position
**mit dem neuen Produkt können wir unsere Spitzenposition auf diesem Markt weiter ausbauen**
the new product further enhances our leadership in this market

**Spitzenstrom** *m* peaking power
**dieser Kraftwerkstyp produziert wirtschaftlichen / kostengünstigen Spitzenstrom**
this type of power station produces competitive peaking power
**die Nachfrage nach / der Bedarf an wirtschaftlicherem Spitzenstrom**
the demand for more economical peaking power
**die Wasserkraft kann zur Deckung des Bedarfs an Spitzenstrom eingesetzt werden**
hydropower can be used to meet demands for peaking power

**Sportwagenhersteller** *m* sports car manufacturer

**Spracherkennung** *f* speech recognition

**Sprecher** *m* spokesman; spokesperson
**ein ABC-Sprecher sagte, das Unternehmen werde vielleicht am Nachmittag eine Stellungnahme abgeben**
an ABC spokesman said the company may comment this afternoon

**Sprecherin** *f* spokeswoman

**Spülmaschine** *f* dishwasher

**staatlich** *adj* state-run
**eine staatliche Ölfirma**
a state-run oil company

**staatliche Auktion** government-run auction

**staatliche Hilfe** government help; state aid
**die lauten Rufe der Industrie nach staatlicher Hilfe finden zunehmend Gehör**
the industry's pained cries for government help are increasingly being heeded

**staatliche Subventionen** government subsidies
**viele Billiganbieter profitieren von staatlichen Subventionen / erhalten staatliche Subventionen**
many low-cost producers benefit from government subsidies

**Staatsanleihe** *f* bond; government bond
**die Anleger erwerben Staatsanleihen von der öffentlichen Hand**
investors buy bonds from a government entity

**Staatsausgaben** *fpl* public spending; government spending
**die Erhöhung der Staatsausgaben wird die Wirtschaft aus dem Gleichgewicht bringen**
the boost to public spending will unbalance the economy
**die Staatsausgaben senken**
to cut public spending
**die Staatsausgaben stiegen**
government spending rose

**Staatseinnahmen** *fpl* government revenues
**ca. 70% der Staatseinnahmen kommen noch immer von den Staatsunternehmen / die Staatsunternehmen tragen noch immer 70% zu den Staatseinnahmen bei**
state-owned enterprises still account for about 70% of government revenues

**Staatsfinanzen** *fpl* public finances; government finances
**die Staatsfinanzen sind gesund**
public finances are healthy
**Verschlechterung der Staatsfinanzen**
deterioration in government finances

**Staatshaushalt** *m* public budget
**das Land wird keinen ausgeglichenen Staatshaushalt präsentieren können**
the country will not be able to achieve a balanced public budget

**Staatskoloss** *m* state-owned giant; national giant
**ABC ist ein Staatskoloss mit 110.000 Beschäftigten**
ABC is a state-owned giant with 110,000 employees

**Staatsmonopolist** *m* state monopoly
**die großen Staatsmonopolisten öffnen sich dem Wettbewerb**
the big state monopolies are opening up to competition

**Staatsschuld** *f* national debt; federal debt; state debt
**der Präsident hat nun eine Gelegenheit, die Staatsschulden zu tilgen**
the president has an opportunity to pay down the national debt
**mit den ständig steigenden Staatsschulden des Landes kämpfen**
to wrestle with the country's spiralling state debts

**Staatssubventionen** *fpl* state subsidy
**diese Unternehmen verlangen keine Staatssubventionen mehr**
these companies no longer put their hands out for state subsidy

**Staatsunternehmen** *n* state-owned enterperprise; state-owned company

**Staatsverschuldung** *f* national debt; federal debt; government borrowing; state debts
**er sagte, es sei besser, mit den Überschüssen die Staatsverschuldung abzubauen**
he said it would be better to use the surpluses to pay off the national debt
**Abbau der Staatsverschuldung**
reduction in federal debt
**höhere Staatsverschuldung**
higher government borrowing

**Stabilitätspakt** *m (EU)* stability pact

**Stabilitäts- und Wachstumspakt** *m (EU)* stability and growth pact

**Stadtwerke** *npl* municipal utility
**Stadtwerke sind stadteigene Energieversorgungsbetriebe**
a municipal utility is a utility that is owned and operated by a city
**ungefähr 14% der Stromkunden des Landes erhalten ihre Energie von einem Stadtwerk**
municipal utilities serve roughly 14 percent of the nation's electric customers

**Stagflation** *f* stagflation
**Stagflation ist eine unangenehme Kombination aus steigender Inflation**

**und stagnierendem oder rückläufigem Wirtschaftswachstum**
stagflation is the unpleasant combination of rising inflation and stagnant or falling economic growth

**Stahlarbeiter** *m* steelworker
**die Arbeitsplätze amerikanischer Stahlarbeiter gefährden**
to threaten the jobs of American steelworkers

**Stahleinfuhr** *f* steel import
**Stahleinfuhren aus dem Ausland**
steel imports from foreign countries
**auf die meisten Stahleinfuhren Zölle von bis zu 30% erheben**
to impose tariffs of up to 30 per cent on most steel imports

**Stahlfirma** *f* steel firm
**die Stahlfirma gab bekannt, dass die Ergebnisse im dritten Quartal unter Plan liegen**
the steel firm said third-quarter results had not met expectations

**Stahlhersteller** *m* (1) *(Unternehmen)* steel company; steel maker; steelmaker
**die Auswirkungen für die Stahlhersteller werden äußerst unangenehm sein**
the impact on steel makers will be nasty
**die zehn größten Stahlhersteller der Welt haben zusammen einen Anteil von weniger als 25% an der Stahlproduktion**
the world's biggest 10 steelmakers account for less than 25 per cent of production

**Stahlhersteller** *m* (2) *(Land)* steelmaking country
**der größte Stahlhersteller der Welt**
the world's biggest steelmaking country

**Stahlherstellung** *f* steelmaking

**Stahlimport** *m* steel import
**die Auswirkungen von Stahlimporten auf die amerikanische Stahlindustrie**
the impact of steel imports on the American steel industry
**Maßnahmen ergreifen, um unfaire Stahlimporte zu stoppen**
to take action to halt unfair steel imports

**Stahlindustrie** *f* steel industry
**seinen Lebensunterhalt in der Stahlindustrie verdienen**
to earn one's living in the steel industry
**die amerikanische Stahlindustrie erhalten**
to preserve the U.S. steel industry

**Stahlkocher** *m* steel mill
**Stahlkonzern** *m* steel group
**Stahlmarkt** *m* steel market
**zur Stabilisierung des internationalen Stahlmarktes beitragen**
to help the international steel market stabilize
**ein riesiger Stahlmarkt, der seinen eigenen Produzenten wenig bietet**
a huge steel market that offers little for its own producers

**Stahlpreis** *m* steel price
**die Stahlpreise sind in weniger als einem Jahr um bis zu zwei Drittel gefallen**
steel prices have fallen by up to a third in less than a year

**Stahlproduzent** *m* steel producer; steelmaking country
**diese drei Stahlproduzenten haben zusammen einen Weltmarktanteil von lediglich 11 Prozent**
these three steel producers together account for only 11 per cent of world production
**der größte Stahlhersteller der Welt**
the world's biggest steelmaking country

**Stahlstreit** *m* steel dispute
**den Stahlstreit beilegen**
to solve the steel dispute

**Stahlsubventionen** *fpl* steel subsidies

**Stahlunternehmen** *n* steel company; steel firm; steel mill
**viele ausländische Stahlunternehmen können ihre Überschussproduktion nicht auf dem eigenen Markt absetzen**
many foreign steel companies are unable to sell their excess capacity products at home
**die Stahleinfuhrkrise schadet den inländischen Stahlunternehmen**
the steel import crisis is causing injury to domestic steel companies
**für die Stahlunternehmen gibt es weder offensichtliche noch leichte Lösungen für ihre Probleme**
steel firms have neither obvious nor easy responses to their difficulties

**Stahl verarbeitendes Unternehmen**
steel-consuming business

**Stahl verbrauchendes Unternehmen** steel-consuming business

**Stahl-Walzwerk** *n* steel rolling mill
**Stahlwerk** *n* steel mill

**Stammaktie** *f* ordinary share; common stock
**der ungewöhnliche Kurssprung der Stammaktien**
the abnormal price jump of the ordinary shares

**Stammgeschäft** *n* core business
**sie konzentrieren sich auf die Weiterentwicklung des Stammgeschäftes**
they focus on further developing their core businesses

**Stand** *m* level
**der japanische Nikkei-Index ist auf dem niedrigsten Stand seit 16 Jahren**
Japan's Nikkei index is now at its lowest level for 16 years

**Standard** ... standard; off-the-shelf
**Standard-PC**
off-the-shelf PC

**Standardwerte** *mpl* blue-chip shares; blue-chip stocks

**Standardwerte-Index Dow Jones** *m* Dow Jones Industrial Average
**der Standardwerte-Index Dow Jones kletterte um 3%**
the Dow Jones Industrial Average went up by 3%

**Stand der Technik** state of the art; state-of-the-art
**dieses Verfahren wird heute als Stand der Technik betrachtet / gilt heute als Stand der Technik**
this procedure is considered state of the art today
**wir werden zusammenarbeiten, um gemeinsam den Stand der Technik in der Automatisierungstechnik voranzutreiben**
we will cooperate to jointly advance the state-of-the-art in automation

**Standort** *m* site; location
**die Standorte Aberdeen, Milton Keynes und Stonehouse werden bestehen bleiben, aber alle anderen werden geschlossen**
sites at Aberdeen, Milton Keynes, and Stonehouse will remain open, but all others will close
**für ABC arbeiten mehr als 5.000 Ingenieure, Techniker und Programmierer an 50 Standorten in 16 Ländern**
ABC has more than 5,000 engineers, technicians and programmers at 50 locations in 16 countries
**erfolgreiche Kostenreduzierungsmaßnahmen an allen Standorten**
successful cost reductions at all locations

**Standpunkt** *m* standpoint
**vom finanziellen Standpunkt aus betrachtet war 20... ein weiteres Rekordjahr**
from a financial standpoint, 20... proved to be another record year

**Stärke** *f* strength
**die Stärke des Dollars / der starke Dollar dämpft den Konsum in der Eurozone**
the strength of the dollar is dampening consumer spending in the eurozone

**Startblöcke** *mpl* starting line
**ABC hat die Startblöcke noch immer nicht verlassen / ist noch nicht aus den Startblöcken herausgekommen**
ABC has still not got off the starting line

**Start- und Landerecht** *n* take-off and landing slot
**die Fluggesellschaften müssten wöchentlich auf 200 Start- und Landerechte verzichten**
the carriers would have to give up 200 weekly take-off and landing slots

**Start-up** *n* start-up; start-up company
**die intelligentesten Studenten des Landes beteiligen sich an Start-ups**
the country's brightest students are joining start-ups
**die Begeisterung für risikoreiche Start-ups**
the enthusiasm for risky start-ups

**Statistik** *f* statistics
**70% der erstellten Statistiken waren falsch oder geschönt**
70 per cent of statistics compiled were false or exaggerated
**die offiziellen Statistiken ergeben noch kein klares Bild**
the official statistics don't, as yet, provide a clear picture

**Statistisches Bundesamt** federal statistics office
**nach vorläufigen Angaben des statistischen Bundesamtes**
according to preliminary data from the federal statistics office

**Stelle** *f* job; position
**er gibt zu, dass er einige Stellen streichen werden müsse**
he admits that he'll have to cut / eliminate some jobs
**Japans größter Chiphersteller gab bekannt, er werde 19.000 Stellen**

**streichen**
Japan's biggest chip maker announced that 19,000 jobs would go
**eine gut bezahlte Stelle**
a high-paying job
**wir werden jede vierte oder fünfte Stelle streichen müssen**
we will have to give up every fourth or fifth job
**eine Stelle besetzen**
to fill a position

**Stellenabbau** *m* job cut; job reduction
**der Konzern wollte im Zusammenhang mit dem Stellenabbau keine Zahlen nennen**
the group refused to identify a figure for job cuts
**ein Stellenabbau ist äußerst schmerzhaft**
job reductions are extremely painful

**Stellenangebot** *n* job offer
**die Studenten nehmen Stellenangebote schneller an als noch vor einem Jahr**
students are accepting job offers more quickly than they did a year ago

**Stellenkürzung** *f* job cut; job reduction

**Stellenstreichung** *f* job cut
**das Unternehmen sagte, die Stellenstreichungen hätten finanzielle Gründe**
the company said the job cuts were for financial reasons
**Ankündigung von Stellenstreichungen**
job-cut announcement

**Stellenvermittlung** *f* job placement market; job placement; job agency
**nur ca. 10% der Beschäftigten sind unmittelbar in der Stellenvermittlung tätig**
only about 10 per cent of staff are directly engaged in job placement
**den unmittelbaren Wettbewerb zwischen privaten Stellenvermittlungen und der staatlichen Behörde zulassen**
to allow private job agencies to compete directly with the state agency

**Stellung nehmen** comment
**A&B lehnte es ab, dazu Stellung zu nehmen**
A&B declined to comment

**stellvertretender Premierminister**
deputy prime minister

**Steueraufkommen** *n* tax revenue
**die nachlassende Konjunktur führte zu geringeren Steuereinnahmen**
the weaker economy led to lower tax revenues

**Steuerbelastung** *f* tax burden
**die Steuerbelastung hat unter der neuen Regierung zugenommen**
the tax burden has risen under the new government

**Steuerberatungsfirma** *f* accounting firm
**die Steuerberatungsfirmen haben sich zu immer komplexeren Organisationen entwickelt**
accounting firms have evolved into increasingly complex organisations

**Steuereinnahmen** *fpl* tax revenue
**in vielen Staaten sind die Steuereinnahmen im Sinken begriffen**
tax revenues are declining in many states
**schrumpfende Steuereinnahmen verursachen Geldknappheit in den deutschen Rathäusern**
shrinking tax revenue has left German town halls short of cash

**Steuerentlastung** *f* lightening of the tax burden
**die Steuerentlastung durch die Steuerreform sollte den Privatkonsum ankurbeln**
the lightening of the tax burden through tax reform should give a strong boost to private household consumption

**Steuererleichterung** *f* tax relief
**Bemühungen, den Erwerb von Aktien durch Steuererleichterungen zu fördern, haben ebenfalls Wirkung gezeigt**
efforts to foster share ownership through tax relief have also had an impact
**der britische Finanzminister bot am Mittwoch denjenigen Unternehmen, die in umweltfreundliche Energietechnologien investieren, Steuererleichterungen an**
the Chancellor of the Exchequer on Wednesday offered tax relief to companies investing in green energy technologies

**Steuergelder** *npl* taxpayers' dollars
**gewissenhafter Umgang mit den Steuergeldern**
best use of taxpayers' dollars

**Steuerlast** *f* tax burden
**im Vergleich zur fossilen Energie ist**

**die Steuerlast bei Windkraftanlagen relativ hoch**
the tax burden associated with wind power facilities is relatively high compared to fossil energy
**die Reduzierung der Steuerlast EU-weit hat Vorrang**
the priority is to reduce the tax burden EU-wide

**steuerliche Belastung**  tax burden

**steuerliche Entlastung**  lightening of the tax burden  (siehe **Steuerentlastung**)

**steuerlicher Anreiz**  tax incentive

**steuern** *v*  control
**eine breite Palette von Prozessen überwachen und steuern**
to monitor and control a wide range of processes

**steuerpflichtiges Einkommen**  taxable income
**die Geschäftsführung berücksichtigte das geschätzte zukünftige steuerpflichtige Einkommen**
management considered estimates of future taxable income

**Steuerreform** *f*  tax reform
**im Rahmen einer umfassenden Steuerreform wurden die Unternehmenssteuern auf 39,4% gesenkt**
far-reaching tax reforms have now slashed the corporate tax rate to 39.4%

**Steuerreformpaket** *n*  tax reform package

**Steuerrückzahlung** *f*  tax-rebate check
**die sinkenden Energiekosten und die bald fälligen Steuerrückzahlungen werden die Konjunktur ankurbeln**
falling energy costs and soon-to-be mailed tax-rebate checks will bolster economic growth

**Steuersatz** *m*  tax rate
**niedrige Steuersätze bedeuten nicht notwendigerweise eine niedrige Steuerbelastung**
low tax rates do not necessarily mean a low tax burden
**dies führte zu einem effektiven Steuersatz von 33 Prozent für das Jahr 20...**
this resulted in an effective tax rate of 33 percent for 20...

**Steuersenkung** *f*  tax cut; cutting taxes
**eine Steuersenkung und eine schlüssige Energiestrategie wären die besten Möglichkeiten zur Wiederherstellung des Vertrauens der Verbraucher**
a tax cut and "coherent energy strategy" would be the best ways to restore consumer confidence
**kleine, gezielte Steuersenkungen**
small, targeted tax cuts
**es besteht Spielraum für eine kräftige Steuersenkung**
there's room for a significant tax cut
**er hatte Steuersenkungen zu einem zentralen Thema seiner Wahlkampagne gemacht**
he had made cutting taxes a centerpiece of his campaign
**Steuersenkungen in Höhe von bis zu 75 Mrd. Dollar**
tax cuts worth as much as $75 billion
**die schon geplanten Steuersenkungen vorziehen**
to speed up the tax cuts already in the pipeline

**Steuersenkungspläne** *mpl*  tax-cutting plans

**Steuersenkungsprogramm** *n*  tax-cut plan
**ein auf zehn Jahre angelegtes Steuersenkungsprogramm**
a ten-year tax-cut plan

**Steuerungstechnologie** *f*  control technology
**ABC ist weltweit führend auf dem Gebiet der Steuerungstechnologie**
ABC is the world's leader in control technology

**Steuerverpflichtung** *fpl*  tax liability
**die Firmen können die aktuellen Verluste auf frühere Steuerverpflichtungen anrechnen**
firms can count today's losses against earlier tax liabilities

**Steuerzahler** *m*  taxpayer
**dies ist nur ein geringer Trost für den Steuerzahler**
this is small comfort to taxpayers
**säumige Steuerzahler**
delinquent taxpayers
**auf Kosten des Steuerzahlers**
at the taxpayer's expense

**Steuerzahlung** *f*  tax payment

**Stiftung** *f*  foundation
**die Stiftung hält 2 Prozent der Aktien des Unternehmens**
the foundation holds 2 per cent of the company's shares

**Stilllegung** *f* decommissioning; decommissioning process
**mit der Stilllegung des 810-MW-Kernkraftwerks beginnen**
to launch decommissioning of the 810-megawatt nuclear plant
**die Stilllegung des Kraftwerks erfolgt unter Aufsicht der Nuclear Regulatory Commission**
the Nuclear Regulatory Commission will oversee decommissioning of the power station
**die Stilllegung dauert mindestens 10 Jahre**
the decommissioning process takes at least 10 years
**mit der eigentlichen Stilllegung kann erst 90 Tage nach ... begonnen werden**
actual decommissioning can begin no sooner than 90 days after ...

**stolz sein auf** pride o.s. on
**das Unternehmen ist auch stolz auf seine niedrigen Preise für Waren und Dienstleistungen**
the company also prides itself on low product prices and services

**Stornierung** *f* cancellation
**die Flugzeughersteller erhielten Stornierungen von den etablierten Fluggesellschaften**
the aircraft makers have received cancellations by the established airlines

**Strafsanktion** *f* punitive sanction
**eine Möglichkeit wären Strafsanktionen gegen amerikanische Ausfuhren**
one option would be to impose punitive sanctions on US exports

**Strafzölle** *mpl* punitive tariffs
**die Organisation ermächtigte Ecuador, im Gegenzug Strafzölle zu verhängen**
the organization authorized Ecuador to retaliate with punitive tariffs

**Strahltriebwerk** *n* jet engine
**Strahltriebwerke für Regionalflugzeuge**
regional jet engines

**Straßenbenutzungsgebühr** *f* toll

**Straßenverkehr** *m* road traffic
**Luftschiffe können sogar mit dem Straßenverkehr konkurrieren**
airships can even compete with road traffic

**Strategie** *f* strategy
**Einzelheiten der neuen Strategie wurden am 20. Februar bekannt gegeben**
on February 20th the details of the new strategy were unveiled

**streichen** *v* axe
**22.000 Stellen in Nordamerika streichen**
to axe 22,000 jobs in North America

**Streikdrohung** *f* strike threat
**die Fluggesellschaft ist mit Streikdrohungen konfrontiert / der Fluggesellschaft drohen Streiks**
the airline faces strike threats

**Strom** *m* (1) current; power; electricity
**diese Mikroturbine versorgt die Endverbraucher zuverlässig mit hochwertigem Strom**
this microturbine provides end-users with reliable, quality power
**Strom aus dem Netz**
grid-supplied power
**die Verbraucher mit billigerem Strom versorgen**
to provide cheaper electricity to consumers

**Strom** *m* (2): **gegen den Strom schwimmen** swim against the tide

**Stromabsatz** *m* electricity sales
**seit 20... ist der Stromabsatz jährlich um 2,1% gestiegen**
since 20..., electricity sales have increased by 2.1 percent annually

**Stromabschaltung** *f* power cut
**möglicherweise kommt es diesen Sommer in der Stadt zu Stromabschaltungen**
the city could face power cuts this summer

**Stromalarm** *m* power alert
**einen Stromalarm der Stufe 2 verkünden / verhängen / geben**
to declare a Stage 2 power alert

**Stromanbieter** *m* utility; electricity supplier
**eine andere Möglichkeit wäre, die Stromanbieter zu verpflichten, Strom aus KWK-Anlagen abzunehmen**
an alternative would be to force electricity suppliers to use power from CHP
**der freundliche Stromanbieter ganz in Ihrer Nähe**
your friendly local electricity supplier

**Stromausfall** *m* electricity blackout
**genug haben von den Stromausfällen, die den Bundesstaat seit letzten Sommer heimsuchen**
to be weary of the electricity blackouts

that have plagued the state since last summer

**Strombedarf** *m* electricity demand
**in dem Zeitraum zwischen 1998 bis 1999 wuchs der Strombedarf in Europa durchschnittlich gerade um 1,5 Prozent**
the average growth in electricity demand in Europe from 1998 to 1999 was just 1.5 percent
**in die Höhe schießender Strombedarf**
skyrocketing increases in electricity demand

**Strombezieher** *m* electricity consumer
**dieses Gesetz ermöglicht es Strombeziehern, sich ihren Stromlieferanten aus einer Reihe konkurrierender Unternehmen auszusuchen**
this bill gives all electricity consumers the right to choose among competitive suppliers of electricity services

**Strombörse** *f* electricity exchange

**Stromengpass** *m* electricity shortage

**Stromerzeuger** *m* power generator; electric power generating company

**Stromerzeugung** *f* power generation; electrical generation; electricity generation
**seit seiner Gründung im Jahre ... ist das Unternehmen führend auf dem Gebiet der Stromerzeugung**
since its founding in ..., the company has been a pioneer in electrical generation
**bei Hybridanlagen werden noch weitere Energiequellen zur Stromerzeugung miteingebunden**
hybrid systems include other sources of electricity generation

**Stromhandel** *m* power trading; power brokering; electricity trade; electricity trading
**die Bundesregierung muss den Stromhandel zwischen den Einzelstaaten ordnen**
the federal government needs to bring order to interstate power trading

**Stromkrise** *f* electricity crisis

**Stromkunde** *m* electricity customer
**die heimischen Stromkunden dazu ermutigen, keinen auf herkömmliche Weise erzeugten Strom mehr zu kaufen**
to encourage domestic electricity customers to move away from conventionally generated electricity
**durch die fallenden Preise kommen die Stromkunden in den Genuss eines besseren Service**
electricity customers are enjoying further improvements in service as prices continue to fall

**Stromleitung** *f* power line
**eine neue Stromleitung wird die Speicherkraftwerke in Labrador mit Neufundland verbinden**
a new power line will link the hydroelectric dams in Labrador with the island of Newfoundland

**Stromlieferant** *m* power supplier; electricity supplier; electricity provider
**Energie von anderen Stromlieferanten kaufen und verkaufen**
to buy and sell power from other power suppliers
**die Deregulierung hat den Stromlieferanten kaum Anreize zur Kapazitätserhöhung gegeben**
deregulation has given power suppliers little incentive to increase their capacity
**die Verbraucher wählen sich den Stromlieferanten selbst aus**
consumers select their own power supplier
**die Verbraucher können durch die Wahl eines bestimmten Stromlieferanten Geld sparen**
consumers may realize savings by selecting a particular power supplier

**Strommakler** *m* power broker
**der Strommakler ist eine Folge der Öffnung der Energiemärkte**
the opening of the energy market has also led to the emergence of power brokers

**Strommangel** *m* electricity shortage
**während einer Zeit des Strommangels**
during a period of electricity shortages

**Strommarkt** *m* electricity market; power market; market for power
**den Strommarkt öffnen**
to open the electricity market
**die Strommärkte in Europa öffnen sich zunehmend dem Wettbewerb**
power markets in Europe are becoming increasingly competitive
**es entstehen regionale Strommärkte**
regional markets for power are beginning to develop
**der Kampf um die Vormachtstellung auf dem britischen Strommarkt**
the battle for dominance in the UK electricity market

**Stromnetz** *n* power grid; electric power grid
**ABC betreibt das Stromnetz des Bundesstaats**
ABC runs the state's power grid
**bei jedem Anruf mit dem Handy oder jeder Nachricht vom Laptop wird an irgendeinem Punkt auch das Stromnetz genutzt**
every cell-phone call or laptop-computer message at some point engages the power grid

**Strompreis** *m* electricity price
**eine Regulierung / Beschränkung / Begrenzung des Kohlendioxids würde zu deutlich höheren Strompreisen führen**
carbon dioxide regulation would lead to significantly higher electricity prices

**Stromrechnung** *f* electricity bill
**die Stromrechnungen sind um 29% reduziert worden**
electricity bills have dropped by 29%
**die jährliche Stromrechnung von Herrn Owen wurde um 29% reduziert**
Mr Owen's annual electricity bill has been cut by 29%
**die Stromrechnungen der Kunden im Süden werden nur um ca. 2,5% steigen**
customers in the south will see their electricity bills rise by only about 2.5%
**Empfehlungen, wie sich die Stromrechnung um 15% senken lässt**
recommendations on how to reduce the electricity bill by as much as 15 percent

**Stromreserve** *f* reserve power supply
**die Stromreserven sind auf unter 5% gefallen**
the reserve power supply has fallen below 5%

**Stromriese** *m* electricity giant
**Stromtarif** *m* power tariff
**Stromunternehmen** *n* power company; power utility
**Mexikos größtes Stromunternehmen hat ABC einen Auftrag in Höhe von 8 Mio. $ erteilt**
Mexico's largest power utility has awarded ABC an $8 million contract

**Stromverbrauch** *m* electricity consumption; power consumption; consumption of electricity
**15% des Stromverbrauchs wurde aus Kraft-Wärme-Kopplungsanlagen gedeckt**
CHP's electrical output accounted for 15 per cent of electricity consumption
**ABC hat den jährlichen Stromverbrauch um ca. 40% reduziert**
ABC reduced annual electricity consumption by approximately 40 percent
**der Stromverbrauch erreicht im Sommer die höchsten Werte / ist im Sommer am größten**
power consumption peaks in summer

**Stromversorger** *m* electric utility; power utility; electricity supplier
**zwei riesige Stromversorger standen kurz vor dem Konkurs**
two huge power utilities teetered on the brink of bankruptcy
**der größte britische Stromversorger**
the UK's largest electricity supplier

**Stromversorgungsnetz** *n* electric power grid

**Stromwirtschaft** *f* (electrical) power industry; electricity-supply industry
**vor nicht allzu langer Zeit war Wettbewerb ein Fremdwort für die Stromwirtschaft**
not so long ago, the very concept of competition was alien to the electrical power industry
**machen Sie nicht die Deregulierung für das Chaos in der Energiewirtschaft verantwortlich**
don't blame deregulation for the chaos in the electricity-supply industry

**Strukturreform** *f* structural reform
**die für eine Wiederbelebung der Wirtschaft erforderlichen Strukturreformen behindern**
to hinder the structural reforms needed to revive the economy
**eine umfassende / durchgreifende / gründliche Strukturreform durchführen**
to implement a sweeping structural reform

**Strukturwandel** *m* structural change / changes
**der Strukturwandel, der in der Energiewirtschaft stattfindet**
the structural changes that are taking place in the energy industry
**ein umfassender Strukturwandel ist unvermeidlich**
substantial structural change is inevitable

**Stühlerücken in der Chefetage**
management reshuffling

**Stundenlohn** *m* hourly earnings
**der durchschnittliche Stundenlohn stieg um bescheidene 0,1% auf 14,63 $**
average hourly earnings rose a slim 0.1 percent to $14.63

**stützen** *v (Währung)* intervene in support of; prop up
**die in jüngster Zeit von den Zentralbanken zur Stützung des Euro aufgewendeten Summen**
the sums recently spent by central banks intervening in support of the euro
**die Bank of Japan intervenierte, um den Dollar zu stützen**
the Bank of Japan intervened to prop up the dollar

**Subvention** *f* subsidy
**mithilfe dieses neuen Dienstes können Bauern über das Internet Subventionen beantragen**
this new service lets farmers apply for subsidies online

**Subventionswettlauf** *m* cash race

**Superjumbo** *m* super-jumbo; super-jumbo jet
**für den Bau von Superjumbos ein Joint Venture in Betracht ziehen**
to consider a joint venture to build super-jumbos
**der Superjumbo mit 550 Sitzen wird im Jahre 20... auf den Markt kommen**
the 550-seater super-jumbo will enter service in 20...

**Supermarktkette** *f* supermarket chain
**mehre Supermarktketten haben ihr Interesse am Verkauf von Autos bekundet**
a number of supermarket chains have said they are interested in selling cars

**Supertanker** *m* supertanker

**surfen** *v* be online

**Synergie** *f* synergy
**Synergien / Synergieeffekte / Synergievorteile erreichen**
to achieve synergies
**beträchtliche Synergien in den Bereichen Fertigung, Vertrieb und Marketing ermöglichen**
to allow for significant synergies in manufacturing, distribution, and marketing

**Synergieeffekte** *mpl* synergistic effects; synergies
**durch Synergieeffekte konnten Wirkungsgrade von 72 bis 74% erreicht werden**
synergistic effects led to efficiencies of 72-74 percent

**Synergievorteil** *m* synergistic advantage / benefit
**wir versprechen uns beträchtliche Synergievorteile durch die Integration der beiden Systeme**
we expect to be able to achieve very substantial synergistic benefits through the integration of the two systems
**zwei Energieträger so miteinander kombinieren, dass Synergievorteile erreicht werden**
to combine two types of energy resources in such a way as to create synergistic benefits

# T

**Tabakunternehmen** *n* tobacco company
**das deutsche Tabakunternehmen A&B kaufen**
to buy the German-owned tobacco company A&B
**der Kauf / Erwerb des viertgrößten Tabakunternehmens der Welt**
the acquisition of the world's fourth-biggest tobacco company

**Tabakwerbung** *f* tobacco advertising

**Tabellenkalkulation** *f* spreadsheet

**Tagesgeldsatz** *m* overnight interest rate
**der Ausschuss ließ den Tagesgeldsatz unverändert**
the committee left the key overnight interest rate unchanged

**Tagesgeschäft** *n* day-to-day running; day-to-day operations
**er zog sich aus dem Tagesgeschäft bei ABC zurück**
he stepped back from the day-to-day running of ABC
**ein mächtiges Exekutivkomitee wird für das Tagesgeschäft verantwortlich sein**
a powerful executive committee will run day-to-day operations

**Tagesgewinn** *m* one-day gain
**der Nasdaq verzeichnete einen seiner**

**höchsten Tagesgewinne**
the Nasdaq recorded one of its largest one-day gains

**Tagesordnung** *f* agenda
**ganz oben auf der Tagesordnung stehen**
to be at the top of the agenda
**es wurde eine neue Verhandlungsrunde eingeleitet und man einigte sich auf eine Tagesordnung**
a new round of negotiations has been launched, and an agenda has been agreed
**die Tagesordnung erweitern**
to broaden the agenda

**Tagungsort** *m* venue
**den Tagungsort aus Sicherheitsgründen verlegen**
to shift the venue on security grounds

**Talfahrt** *f* slide
**die jüngste Talfahrt des Dollars**
the recent slide in the dollar

**Talsohle** *f* bottom
**die Talsohle ist noch nicht erreicht und eine Erholung ist noch nicht in Sicht**
the bottom has not yet been reached and any rebound will take some time
**die Talsohle ist vielleicht noch lange nicht erreicht**
the bottom could still be some way off
**ich glaube, wir haben die Talsohle noch nicht erreicht**
I think we've not seen the bottom

**Tankstelle** *f* petrol station *(BE)*; gas station *(AE)*
**das Erdgas ist an herkömmlichen Tankstellen erhältlich**
the natural gas is distributed at conventional petrol stations

**Tarifabkommen** *n* labor agreement *(AE)*

**Tarifabschluss** *m* wage deal; pay settlement; wage settlement
**hohe Tarifabschlüsse können die Inflation in der Eurozone anheizen**
high wage deals may stoke inflation in the eurozone
**der nächste Tarifabschluss sollte eine Laufzeit von mindestens zwei Jahren haben**
the next wage deal should last for at least two years
**die Gewerkschaft meint, sie sei beim jüngsten Tarifabschluss übervorteilt worden**
the union feels it was short-changed by its most recent wage settlement

**Tarifauseinandersetzung** *f* union-employer battles; industrial action; labor *(AE)* / labour *(BE)* trouble
**auch in Italien stehen Tarifauseinandersetzungen bevor**
labour trouble is also on the horizon in Italy

**Tarifbeziehungen** *fpl* labor-management relations

**Tarifkonflikt** *m* union-employer battle; industrial action; labour unrest
**ein längerer Tarifkonflikt könnte die Chancen einer Wiederwahl der Regierung im September beeinträchtigen**
a long period of labour unrest could affect the government's prospects of being returned to power in September's elections

**Tarifrunde** *f* round of wage negotiations
**die nächste große Tarifrunde wird Anfang des nächsten Jahres eingeläutet**
the next big round of wage negotiations is due to begin early next year

**Tarifvereinbarung** *f* labor agreement *(AE)*; labor contract *(BE)*
**eine faire und vernünftige Tarifvereinbarung erreichen**
to reach a fair and reasonable labor agreement
**ein neues Tarifabkommen mit einer Laufzeit von fünf Jahren**
a new, five-year labor agreement

**Tarifverhandlungen** *fpl* collective bargaining; wage talks; wage bargaining; wage negotiations
**die Streikwarnung ist eine Folge des Scheiterns der Tarifverhandlungen mit der Geschäftsführung von A&B**
the strike warning comes after wage talks with the management of A&B failed

**Tarifvertrag** *m* labor agreement *(AE)*

**Taschenlampe** *f* flashlight
**die Hotels verteilten Taschenlampen an ihre Gäste**
hotels passed out flashlights to customers

**tätig sein** operate
**das Unternehmen ist in Frankreich, Deutschland und Großbritannien**

**unter dem Namen ABC tätig**
the company operates in France,
Germany and Great Britain as ABC

**technisch anspruchsvoll** technologically advanced; sophisticated

**technisch ausgereift** technologically advanced

**technischer Kunststoff** engineering plastic
diese Werkstoffe werden nun allgemein als „technische Kunststoffe" bezeichnet
these materials have come to be termed engineering plastics

**technisch hochstehend** technologically advanced
zuverlässige und technisch hochstehende Komponenten
reliable and technologically advanced components

**Technologie** *f* technology
saubere / umweltfreundliche Technologien
clean technologies

**Technologieaktien** *fpl* technology stocks
diese Börse ist auf Technologieaktien spezialisiert
this exchange specialises in technology stocks
im vierten Quartal des Jahres 20... fiel der Kurs vieler Technologieaktien
during the fourth quarter of 20... many technology stocks declined in price

**Technologieblase** *f* technology-stock bubble
nach dem Platzen der Technologieblase
after the bursting of the technology-stock bubble

**Technologiebörse** *f* tech-heavy stockmarket; high-tech stockmarket
Amerikas Technologiebörse Nasdaq
America's tech-heavy Nasdaq stockmarket
Amerikas Technologiebörse Nasdaq hat eine weitere schlechte Woche hinter sich
America's high-tech Nasdaq stockmarket had another bad week

**Technologiefirma** *f* tech firm; technology company
die Technologiefirmen haben die letzte Runde der Gewinnwarnungen angeführt
tech firms have led the latest round of corporate earnings warnings

**Technologieführer** *m* technological leader; technology leader
ABC hat sich zum anerkannten Technologieführer auf dem Gebiet der industriellen Automatisierungstechnik entwickelt
ABC has become the recognized technology leader in industrial automation
ABC ist ein Technologieführer auf dem Gebiet der Herstellung von Brennstoffzellen
ABC is a technological leader in the manufacture of fuel cells

**Technologieführerschaft** *f* technological leadership; technology leadership
Technologieführerschaft sichert eine führende Marktstellung
technology leadership ensures a leading market position
die Ziele von ABC sind Technologieführerschaft und eine Stärkung der Wettbewerbsfähigkeit
ABC's objectives are technology leadership and increased competitiveness

**technologielastiger Nasdaq-Index** high-tech Nasdaq index; tech-heavy Nasdaq Composite
der technologielastige Nasdaq-Index hat seit März vergangenen Jahres die Hälfte seines Wertes eingebüßt
the high-tech Nasdaq index has lost more than half its value since March last year
der technologielastige Nasdaq fiel um 6,8%
the tech-heavy Nasdaq Composite fell by 6.8%

**Technologielücke** *f* technology gap
für diese Firmen wird es unter Umständen schwieriger, die Technologielücke zu schließen
these companies may have a harder time closing the gap in technology

**Technologiemesse** *f* technology fair; technology trade fair
auf der größten Technologiemesse der Welt
at the world's biggest technology fair
die Technologiemesse findet vom 12. bis 20. März statt
the technology trade fair runs from March 12th-20th

**Technologiepark** *m* technology park
ein blühender Technologiepark
a thriving technology park

**Technologietransfer** *m* technology transfer

**Technologieunternehmen** *n* technology company
**the technology company has been built up into one of the few bright spots in eastern German business**
das Technologieunternehmen ist zu einem der wenigen Lichtblicke der ostdeutschen Wirtschaft aufgebaut worden

**Technologiewerte** *mpl* tech stocks; techs; technology stocks; technology shares; technology issues
**der jüngste Abschwung der Börsenkurse bei den Technologiewerten**
the recent downturn in U.S. tech stocks
**die Technologiewerte sind überbewertet**
techs are overvalued
**A&B hat renommierte Technologiewerte herabgestuft**
A&B downgraded major technology shares
**andere Technologiewerte legten ebenfalls zu**
other technology issues also rose

**technologischer Wandel** technological change
**der extrem schnelle technologische Wandel**
the rapid pace of technological change

**Teilefabrik** *f* component factory
**der Autobauer wird drei Teilefabriken schließen**
the car maker will close three component factories

**Telefonanschluss** *m* telephone line
**ABC will die Zahl der Telefonanschlüsse in ihrem Einzugsgebiet verdreifachen**
ABC intends to triple the number of telephone lines in its service area

**Telefonbetreiber** *m* telephone operator
**ABC ist ein führender Telefonbetreiber**
ABC is a leading telephone operator

**Telefonfestnetz** *n* fixed-line telephone network
**A&B bot an, das Telefonfestnetz für ca. 25 Mrd $ zu kaufen**
A&B offered to buy the national fixed-line telephone network for about $25bn

**Telefongesellschaft** *f* telephone company; (tele)phone operator
**die staatliche Telefongesellschaft gab bekannt, die Nettoverschuldung sei sprunghaft auf 50 Mrd. Euro gestiegen**
the national phone operator said net debt had jumped to €50bn

**Telefonkonzern** *m* telephone group

**Telefonleitung** *f* telephone line
**Musik lässt sich sogar über relativ langsame Telefonleitungen leicht übertragen**
music is easy to transmit, even over relatively slow telephone lines

**Telefonriese** *m* telephone giant

**Telekom-Analyst** *m* telecom analyst
**er ist Telekom-Analyst bei ABC**
he is a telecom analyst at ABC

**Telekomausrüster** *m* telecoms equipment maker; telecommunications maker
**der Telekomausrüster erhielt Aufträge im Gesamtwert von 204 Mio. $**
the telecoms equipment maker received contracts totaling $204 million
**ABC ist ein weltweit führender Telekomausrüster**
ABC is a world-leading supplier in telecommunications

**Telekom-Firma** *f* telecoms firm

**Telekom-Industrie** *f*; **Telekomindustrie** *f* telecoms industry
**die dramatische Verschlechterung der Lage der Telekom-Industrie weltweit**
the dramatic shift in the fortunes of the global telecoms industry

**Telekom-Konzern** *m*; **Telekomkonzern** *m* telecoms group
**ABC ist der drittgrößte Telekom-Konzern Deutschlands**
ABC is Germany's third largest telecoms group

**Telekommunikations-Analyst** *m* telecommunications analyst; telecoms analyst
**Telekommunikations-Analyst bei / für ABC**
telecoms analyst at ABC

**Telekommunikationsanbieter** *m* telecommunications provider; telecommunications operator
**A&B ist der führende Telekommunikationsanbieter in Amerika, was die Zahl der Kunden angeht**
A&B is the leading telecommunications provider in the United States in terms of number of customers
**der drittgrößte Telekommunikations-**

**anbieter des Landes**
the country's third-biggest telecommunications operator

**Telekommunikationsbranche** *f* telecommunications sector
**die europäische Telekommunikationsbranche hatte im Jahre 20... wahrscheinlich ihr bestes Jahr**
the European telecommunications sector enjoyed perhaps its best-ever year in 20...

**Telekommunikationsfirma** *f* telecommunications company; telecommunications firm

**Telekommunikations-Geschäft** *n* telecommunications business
**der rasante Wandel im globalen Telekommunikations-Geschäft hat für Verwirrung und Ungewissheit gesorgt**
the relentless pace of change in the global telecommunications business has created confusion and uncertainty

**Telekommunikations-Gesellschaft** *f* telecommunications company

**Telekommunikationsindustrie** *f* telecommunications industry
**die Privatisierung von Teilen der Telekommunikationsindustrie**
the privatization of portions of the telecommunications industry
**dies ist eine der größten Herausforderungen in der Telekommunikationsindustrie**
this is one of the greatest challenges in the telecommunications industry
**in den vergangenen Jahrzehnten zeichnete sich die Telekommunikationsindustrie durch starkes Wachstum aus / ist die Telekommunikationsindustrie sehr stark gewachsen**
the telecommunications industry has been experiencing intense growth within the last few decades

**Telekommunikationskonzern** *m* telecommunications group

**Telekommunikationsmarkt** *m* telecommunications market

**Telekommunikationsnetz** *n* telecommunications network
**den Ausbau des Telekommunikationsnetzes einstellen**
to stop building out the telecommunications network

**Telekommunikations-Regulierer** *m*: **oberster amerikanischer Telekommunikations-Regulierer**
Federal Communications Commission (FCC)

**Telekommunikations-Satellit** *m* telecommunications satellite
**Funkwellen und Mikrowellen von und zu Telekommunikations-Satelliten steuern**
to steer radio waves and microwaves to and from telecommunications satellites

**Telekommunikationsunternehmen** *n*; **Telekommunikations-Unternehmen** *n* telecommunications company
**führende Telekommunikationsunternehmen arbeiten mit unserer Software und Hardware**
leading telecommunications companies use our software and hardware

**Telekomriese** *m*; **Telekom-Riese** *m* telecoms giant
**einige der größten Telekomriesen der Welt stehen vor den Trümmern ihrer hochfliegenden Träume**
the grand dreams of some of the world's biggest telecoms giants lie in ruins

**Telekom-Unternehmen** *n* telecoms firm; telecoms business
**A&B betreibt das zweitgrößte Telekom-Unternehmen Deutschlands**
A&B runs Germany's second-largest telecoms business

**Telekomwerte** *mpl* telecom shares

**Termin** *m* deadline
**Termine einhalten**
to meet deadlines

**Teuerungsrate** *f* inflation rate

**Teufelskreis** *m* vicious circle
**das Land befand sich in einem Teufelskreis angeschlagener Banken und ins Unermessliche steigender Zinsen**
the country found itself in a vicious circle of wobbling banks and spiralling interest rates
**dies kann zu einem Teufelskreis führen**
this can create a vicious circle

**Textilfilialist** *m* clothing retailer

**Textverarbeitungsprogramm** *n* word processor
**diese grafischen Benutzeroberflächen haben es millionen Computernutzern ermöglicht, Anwendungsprogramme wie Tabellenkalkulations- und Textverarbeitungsprogramme zu bedienen**
these graphics-based computer

interfaces have allowed millions of nonexpert computer users to control application programs like spreadsheets and word processors
**Textverarbeitungsprogramme sind Softwarepakete, die die Erstellung und Veränderung von Dokumenten vereinfachen**
word processors are computer software packages that simplify the creation and modification of documents

**Tierschützer** *m* animal-rights protester

**Tiertransport** *m* delivery of animals
**seit dem Ausbruch der Maul- und Klauenseuche in Großbritannien hatten 13 Tiertransporte nach Deutschland stattgefunden**
there had been 13 deliveries of animals to Germany since foot-and-mouth broke out in the UK

**Tintenstrahldrucker** *m* inkjet printer

**Tochter** *f (Unternehmen)* subsidiary
**das Unternehmen ist eine frühere Tochter von ABC**
the company is a former subsidiary of ABC
**die wachsenden Verluste bei ABCs kränkelnder amerikanischer Tochter**
the growing losses at ABC's ailing American subsidiary

**Tochtergesellschaft** *f* subsidiary
**ABC ist die größte Tochtergesellschaft des Konzerns**
the group's largest subsidiary is ABC
**100%ige Tochtergesellschaft**
wholly-owned subsidiary

**Tourismuskonzern** *m* travel group
**ABC ist der weltgrößte Tourismuskonzern**
ABC is the world's largest travel group

**Tourismuswirtschaft** *f* tourism industry

**traditionsreich** *adj* venerable
**ein traditionsreicher Industriezweig**
a venerable industry
**eine traditionsreiche Bank**
a venerable bank

**Traditionsunternehmen** *n* flagship company; corporate flagship; industrial flagship

**Trägerrakete** *f* rocket
**der Satellit soll Anfang 20... mit einer Ariane-Trägerrakete in den Weltraum gebracht werden**

the satellite is set for launch in early 20... on an Ariane rocket

**Transportunternehmen** *n* transportation undertaking; haulier *(BE)*
**die Kosten-Nutzen-Analyse wird häufig in Transportunternehmen eingesetzt**
benefit-to-cost analysis is widely used for transportation undertakings

**treiben** *v*: **in die Höhe / hoch treiben** push up
**den Ölpreis hochtreiben / in die Höhe treiben**
to push up the price of oil

**Treibhausgas** *n* greenhouse gas
**der Vertrag sieht die Reduzierung des Ausstoßes von Treibhausgasen in den Industrieländern vor**
the agreement calls for cuts in the emissions of greenhouse gases by industrialised countries

**Treibhausgasemissionen** *f*; **Treibhausgas-Emissionen** *fpl* greenhouse-gas emissions
**die Vereinigten Staaten erzeugen ein Viertel der Treibhausgasemissionen der Welt**
the US produces a quarter of the world's greenhouse-gas emissions

**Treibstoff** *m* transportation fuel
**Biodiesel ist ein biologisch abbaubarer Treibstoff für den Einsatz in Dieselmotoren**
biodiesel is a biodegradable transportation fuel for use in diesel engines

**Treibstoffverbrauch** *m* fuel consumption
**der Flugzeughersteller ist zuversichtlich, dass er den Treibstoffverbrauch innerhalb vertretbarer Grenzen halten kann**
the aircraft manufacturer is confident it can keep the fuel consumption within affordable limits

**Trendwende** *f* turnaround; snapback
**die Analysten meinten, es sei noch zu früh für eine Trendwende bei den Technologiewerten**
analysts said it's still too early to expect the tide to turn decisively for tech stocks
**es bedarf einer Trendwende, bevor die Nachfrage wieder steigt**
it is going to take a turnaround before demand picks up again

**Triebfeder** *f* driving force
**Triebkraft** *f* driving force

**Triebwerk** *n* engine
**Triebwerke für Regionalflugzeuge und kleinere Firmen-Jets**
engines for regional and smaller corporate aircraft
**Triebwerkhersteller** *m* engine company
**Turnaround-Experte** *m* turnaround specialist
**Turnaround-Spezialist** *m* turnaround specialist

# U

**Überangebot** *n* oversupply
**Überangebot von Öl**
oversupply of oil
**der Wandel vom chronischen Mangel zum Überangebot**
the change from chronic shortages to oversupply
**das Überangebot von Rindfleisch verringern**
to reduce beef oversupply
**das Überangebot an Mais, Reis, Weizen und anderen Getreiden wird andauern**
oversupplies in maize, rice, wheat and other crops will persist
**das weltweite Überangebot an Mikrochips**
the worldwide oversupply of microchips
**überbewerten** *v* overvalue
**die Analysten weisen schon die ganze Zeit darauf hin, dass die Aktien dieser Unternehmen überbewertet seien**
analysts have been saying all along that the shares of these companies are overvalued
**Überbewertung** *f* overvaluation
**Überbrückungskredit** *m* bridging loan
**A&B einen Überbrückungskredit zur Verfügung stellen**
to extend a bridging loan to A&B
**Überdenken** *n* rethink
**ein Überdenken der Gesamtstrategie des Unternehmens auslösen / bewirken**
to trigger a rethink of the company's entire strategy

**überhastet** *adj* hasty
**überhasteter Kauf**
hasty purchase
**überhitzte Konjunktur** economy's breakneck speed
**nichts ist jetzt notwendiger als eine Abkühlung der überhitzten Konjunktur**
a slowdown in the economy's breakneck speed is exactly what is needed
**Überhitzung** *f* overheating
**Irland sollte durch haushaltspolitische Maßnahmen einer Überhitzung der Konjunktur entgegenwirken**
Ireland should use budgetary policy to counterbalance overheating in the economy
**überholen** *v* overtake
**das Unternehmen überholte dieses Jahr A&B als größter PC-Hersteller**
the company overtook A&B this year as the largest personal computer maker
**Überholung** *f* overhaul
**das Internet ist reif für eine Überholung / bedarf der Überholung**
the Internet now needs an overhaul
**Überkapazität** *f* overcapacity; excess capacity; surplus capacity
**die Preise sind aufgrund der weltweiten Überkapazität gefallen**
prices have fallen because of global overcapacity
**im Speditionsgewerbe sind die beträchtlichen Überkapazitäten das Hauptproblem**
in the haulage industry, the primary problem is severe overcapacity
**aufgrund der Überkapazitäten auf vielen Märkten will niemand neue Anlagen bauen**
because there is overcapacity in many markets, nobody is keen to build new plants
**die Stahlhersteller hatten weiterhin mit Überkapazitäten zu kämpfen**
steel producers continued to be plagued by overcapacity
**dieser Industriezweig leidet weltweit unter Überkapazitäten**
this industry is suffering from excess capacity worldwide
**viele Industriezweige kämpfen mit Überkapazitäten**
many industries are saddled with excess capacity
**durchgreifende Maßnahmen ergreifen, um die Überkapazität des Konzerns bei Walzwerksprodukten**

**zu beseitigen**
to take radical action to address the group's surplus capacity in rolled products

**Überleben** *n*: **ums Überleben kämpfen** struggle to survive
**die kleineren Banken kämpfen ums Überleben**
the smaller banks are struggling to survive

**Übernahme** *f* takeover; take-over; acquisition
**Spekulationen, dass bei Großbritanniens größtem Stromversorger die Gefahr des Auseinanderbrechens oder der Übernahme besteht**
speculations that Britain's biggest electricity generator may be vulnerable to a break-up or a takeover
**die in jüngster Zeit vollzogene Übernahme der Gasturbinen-Sparte von ABC wird unsere Geschäftsaktivitäten beträchtlich verbessern**
the recently completed acquisition of the gas turbine division of ABC will greatly enhance our business
**der geplante Abschluss der Übernahme von ABC**
the planned completion of the take-over of ABC
**die Übernahme wurde von den zuständigen Regulierungsbehörden in Amerika ohne Weiteres genehmigt**
the takeover easily won regulatory clearance in America

**Übernahmeangebot** *n* takeover bid; takeover offer
**das Unternehmen musste sich gegen ein Übernahmeangebot von A&B wehren**
the company also had to see off a takeover bid from A&B
**ein mögliches Übernahmeangebot abwehren**
to head off a possible takeover bid
**das Unternehmen ließ sich darüber beraten, wie ein mögliches Übernahmeangebot abgewehrt werden könnte / das Unternehmen ließ sich über eine Abwehrstrategie gegen ein mögliches Übernahmeangebot beraten**
the company was seeking advice on ways to head off a possible takeover bid
**ein Übernahmeangebot in Höhe von 19,8 Mrd. £ für A&B abgeben**
to launch a £19.8bn takeover bid for A&B
**das Unternehmen machte im Jahre 2000 ein feindliches Übernahmeangebot, das in einer Niederlage endete**
the company made a hostile takeover bid for ABC in 2000 that ended in defeat
**erneut über ein Übernahmeangebot von ABC nachdenken**
to reconsider a takeover offer from ABC

**Übernahmegerücht** *n* takeover rumour
**letzte Woche tauchten erste Übernahmegerüchte auf**
takeover rumours surfaced last week

**Übernahmegespräche** *fpl* takeover talks
**ABC gab bekannt, es führe Übernahmegespräche mit einer britischen Firma**
ABC said that it was in takeover talks with a British company

**Übernahmekandidat** *m* takeover candidate
**Firmen wie ABC und BCD sind Übernahmekandidaten**
companies such as ABC and BCD are takeover candidates
**die europäischen Banker betrachten ABC schon seit langem als heißen / erstrangigen Übernahmekandidaten**
European bankers have long regarded ABC as a prime takeover candidate

**Übernahme-Offerte** *f* takeover bid; takeover offer

**Übernahmepirat** *m* predator

**Übernahmeschlacht** *f* takeover battle
**das Unternehmen war im Jahre 20... Gegenstand / Ziel einer Übernahmeschlacht**
the company was the subject of a takeover battle in 20...

**Übernahmeverhandlungen** *fpl* takeover talks
**die Übernahmeverhandlungen scheiterten, nachdem die kleinere Luftfahrtgesellschaft die Gespräche abbrach**
the takeover talks collapsed after the smaller airline broke off negotiations

**Übernahmeversuch** *m* takeover attempt

**Übernahmeziel** *n* takeover target
**diese Übernahmeziele müssen nach der Übernahme erst einmal saniert / überholt werden**
such takeover targets need an overhaul once they are acquired
**es gibt Gerüchte, dass ABC zum**

**Übernahmeziel werden soll / Ziel einer Übernahme werden soll**
there are rumblings that ABC is set to become a takeover target
**ABC wird zurzeit als klares Übernahmeziel gehandelt**
ABC is now viewed as a clear takeover target

**Überschall-Passagierflugzeug** *n* supersonic airliner
**das Überschall-Flugzeug wieder in Dienst stellen**
to return the supersonic airliner to service

**überschüssig** *adj* surplus
**die überschüssige Energie im Netz wird dazu verwendet, Wasser vom Unter- in das Oberbecken zu pumpen**
the surplus energy in the power system is used to pump water from the lower reservoir to the upper reservoir
**Speicherung von überschüssiger Energie aus Schwachlastzeiten**
storage of surplus off-peak energy

**überschwemmen** *v* flood
**ein Überangebot an Stahl aus dem Ausland überschwemmt zur Zeit den Markt**
a glut of foreign steel is flooding the market

**Überstunden** *fpl* overtime
**Überstunden machen / leisten**
to work overtime

**Übertragungsgeschwindigkeit** *f* transmission rate
**die Übertragungsgeschwindigkeiten der heutigen Telefone sind zu niedrig**
today's phones suffer from slow transmission rates

**überwachen** *v* monitor
**Maschinen und Prozesse überwachen und steuern**
to monitor and control machines and processes

**Überwachungskamera** *f* security camera
**er wurde von der Sicherheitskamera gefilmt, als er den Tresorraum seiner Bank mit einem Koffer voller Banknoten verließ**
he was caught on a security camera leaving the vaults of his bank with a cash-stuffed suitcase

**Überwasserschiff** *n* surface ship

**überzeichnen** *v* over-subscribe
**die Emission war fünffach überzeichnet**
the issue was five times over-subscribed

**Umbenennung** *f* name change
**Kosten in Verbindung mit der Umbenennung der Firma**
preparation costs relating to the company's name change

**Umbruch** *m* upheaval
**die beiden Angebote kommen in einer Zeit des Umbruchs bei A&B**
the two offers have come at a time of upheaval at A&B

**Umdenken** *n* rethink
**ein grundlegendes Umdenken bei Konstruktion, Fertigung, Vertrieb und Verkauf von Autos erzwingen**
to force a fundamental rethink in the way vehicles are designed, manufactured, distributed and sold

**Umsatz** *m* turnover; sales; revenue; sales revenues
**der Umsatz des Konzerns betrug letztes Jahr insgesamt 21 Mio. US $**
the group's turnover totaled US $21 million last year
**ABC hat einen Umsatz von mehr als 30 Millionen £**
ABC has a turnover of more than £30m
**ABC macht 84% seines Umsatzes über das Internet**
ABC makes 84% of its sales over the web
**die Umsätze waren geringfügig höher**
sales were modestly up
**der Umsatz stieg um 6% auf 88 Mrd. Euro**
sales revenues / revenue rose 6 per cent to €88bn

**Umsatzrückgang** *m* slower sales
**auf Grund eines Umsatzrückgangs / rückläufiger Umsätze**
because of slower sales

**Umsatzwachstum** *n* sales growth
**dies ist das vierzehnte Jahr in Folge mit einem jährlichen Umsatzwachstum von 20% oder mehr**
this year marks the fourteenth consecutive year of annual sales growth of 20% or more
**ABC verzeichnete ein starkes Umsatzwachstum im Einzelhandelsbereich**
ABC experienced strong sales growth from the retail business

**Umschuldung** *f* debt restructuring
**eine groß angelegte Umschuldung ist erforderlich**

a large-scale debt restructuring is necessary

**Umschuldungsplan** *m* debt-restructuring plan

**umsteigen** *v*: **umsteigen auf** migrate to
**einige Kunden werden vielleicht bis zu einem Jahr warten, bevor sie auf das neue Betriebssystem umsteigen**
some customers may wait a year or so before migrating to the new operating system

**Umstrukturierung** *f* restructuring
**die durch die Umstrukturierung bewirkte größere Konkurrenzfähigkeit**
the increased competitiveness brought about by restructuring
**Umstrukturierung des Unternehmens**
corporate restructuring
**ABC wird am Montag eine globale Umstrukturierung ankündigen**
ABC will on Monday announce a global restructuring
**auch die Umstrukturierung, die diese Woche angekündigt wurde, wird sich nur schwer erreichen lassen**
even achieving the restructuring announced this week will be tough
**der viertgrößte Autohersteller unterzieht sich einer umfassenden Umstrukturierung**
the country's fourth-largest automaker, is undergoing major restructuring

**Umstrukturierungsmaßnahme** *f* restructuring measure
**die in den verschiedenen Geschäftsbereichen eingeleiteten Umstrukturierungsmaßnahmen werden systematisch fortgesetzt**
the restructuring measures initiated in the various divisions will be consistently continued

**Umstrukturierungsplan** *m* restructuring plan
**der Konzern sieht sich unter Druck, die Umstrukturierungspläne schnell umzusetzen**
the group is under pressure to quickly complete the restructuring plans
**er wird innerhalb eines Monats einen detaillierten Umstrukturierungsplan erstellen**
he will draw up a detailed restructuring plan within a month

**Umstrukturierungsprogramm** *n* restructuring programme *(BE)*
**das Umstrukturierungsprogramm soll den Konzern vor wachsender Verschuldung und fallenden Gewinnen retten**
the restructuring programme is aimed at rescuing the group from heavy debt and falling profits

**UMTS-Auktion** *f* third-generation auction
**UMTS-Auktionen wird es frühestens in zwei Jahren geben**
third-generation auctions are not expected for two years

**UMTS-Erfolg** *m* 3G success
**ABC widerspricht Pessimisten und sagt einen UMTS-Erfolg voraus**
ABC defies pessimists and predicts 3G success

**UMTS-Handy** *n* third-generation (3G) mobile phone; third-generation handset; UMTS handset
**wenn die Nutzer erst einmal sehen, was UMTS-Handys zu leisten vermögen**
once customers see what third generation handsets are able to do
**über den Zeitpunkt, wann die UMTS-Handys verfügbar sein würden, wurde nichts mitgeteilt**
no indication was given for when 3G handsets were likely to become available

**UMTS-Lizenz** *f* 3G licence
**acht Gruppierungen werden an der Versteigerung von UMTS-Lizenzen in Italien teilnehmen**
eight groups are to bid in Italy's auction of its 3G licences
**der Erwerb von UMTS-Lizenzen in Europa an Auktionen oder mittels anderer Verfahren**
buying 3G licences in Europe through auctions and other processes

**UMTS-Lizenzgebühr** *f* 3G licence *(BE)* / license *(AE)* fee
**bei den UMTS-Mobilfunk-Lizenzgebühren Rabatte / Preisnachlässe gewähren**
to provide rebates on 3G licence fees

**UMTS-Markt** *m* 3G market; third generation market; 3G mobile phone market
**neue Konkurrenten auf dem UMTS-Markt**
new entrants into the 3G market

**UMTS-Mobilfunk-Lizenz** *f* third-generation mobile telephone licence; third-generation mobile

**UMTS-Mobilfunk-Lizenz** 166

licence; third-generation mobile-phone licence; 3G license; 3G mobile-phone licence
**die Versteigerung der UMTS-Mobilfunk-Lizenzen in Deutschland ist beendet**
the bidding for Germany's auction of third-generation mobile telephone licences closed
**Italiens Versteigerung von UMTS-Mobilfunk-Lizenzen endete im Chaos**
Italy's third-generation mobile-phone auction has ended in chaos
**Europas zweitgrößtes Telekom-Unternehmen benötigt Geld, um an den Auktionen von UMTS-Mobilfunk-Lizenzen teilnehmen zu können**
Europe's second-largest telecoms company needs cash to bid for third-generation mobile-phone licences
**ABC ersteigerte letztes Jahr eine UMTS-Mobilfunk-Lizenz**
ABC won a 3G license last year

**UMTS-Mobilfunkmarkt** *m* 3G mobile phone market

**UMTS-Netz** *n* 3G network; third-generation (3G) wireless system; third-generation network; UMTS network
**UMTS-Netze aufbauen**
to launch third-generation (3G) wireless systems
**es müssen dann im Eiltempo UMTS-Netze aufgebaut werden, um die immer größere Nachfrage zu befriedigen**
3G networks will then have to be rolled out to meet the ever-increasing demand
**UMTS-Netze werden schon im Jahre 20... zur Verfügung stehen**
3G networks will be in place as early as 20...
**diese Technologien werden die Brücke zu den Hochgeschwindigkeits-UMTS-Netzen bilden**
these technologies will form a bridge to high-speed 3G networks
**der Aufbau von UMTS-Netzen könnte weitere 150 Mrd. $ kosten**
building 3G networks could cost another $150 billion
**die Kosten für die Errichtung eines UMTS-Netzes**
the cost of building a UMTS network

**UMTS-Technologie** *f* 3G technology

**UMTS-Vergabeverfahren** *n* contest for third-generation mobile telecommunications licences
**Frankreich wird sein UMTS-Vergabeverfahren wiederholen**
France is to rerun the contest for its third-generation mobile telecommunications licences

**UMTS-Versteigerung** *f* auction for third-generation mobile licences; auction of licences for third-generation mobile telephony; auction of third-generation wireless licences; third-generation auction; third-generation mobile-phone auction
**Italiens UMTS-Versteigerung endete im Chaos**
Italy's third-generation mobile-phone auction has ended in chaos
**Italiens UMTS-Versteigerung erbrachte nur 11 Mrd. Dollar**
Italy's auction of third-generation wireless licences netted only $11 billion

**Umweltaudit** *n* environmental audit

**Umweltauflagen** *fpl* environmental requirements; environmental restrictions
**strenge Umweltauflagen ohne Neuinvestitionen erfüllen**
to meet strict environmental requirements without additional investments
**einige Länder zögern, der Industrie Umweltauflagen zu verordnen**
some countries are reluctant to impose environmental restrictions on industries
**Umweltauflagen lockern oder ändern**
to ease or modify environmental restrictions

**Umweltbedenken** *npl* environmental concerns

**Umweltbelange** *pl* environmental issues; environmental concerns
**ABC ist eine Bundesbehörde für die Koordinierung aller Umweltbelange**
ABC is the federal coordinating agency for all environmental issues

**Umweltbelastung** *f* environmental stress
**die Umweltbelastung reduzieren**
to reduce environmental stresses

**Umweltbestimmungen** *fpl* environmental regulations
**die strengen Umweltbestimmungen einhalten**
to meet strict environmental regulations
**die Einhaltung der Umweltbestimmungen sicherstellen**
to ensure compliance with environmental regulations

**Umweltfrage** *f* environmental issue
**Umweltfragen spielen eine immer wichtigere Rolle**
environmental issues are taking on an increasingly important role

**umweltfreundlich** *adj* environmentally friendly; environmentally-friendly
**neue umweltfreundliche Produkte verbessern die Beleuchtung und sparen Energie**
new, environmentally friendly products improve lighting and save energy
**die Verwendung von Biomasse ist umweltfreundlich**
the use of biomass is environmentally friendly
**ein umweltfreundlicher Energieträger**
an environmentally-friendly power source

**Umweltmanagement** *n* environmental management
**ABC will ein anerkanntes führendes Unternehmen im Bereich Umweltmanagement werden**
ABC aims to be recognised as a leader in environmental management

**Umweltmanagementsystem** *n*; **Umwelt-Managementsystem** *n*
environmental management system

**Umweltminister** *m* environment minister

**Umweltproblem** *n* environmental issue
**Lärm ist das Umweltproblem Nummer eins, mit dem die Luftfahrt konfrontiert ist**
noise is the number one environmental issue facing aviation
**sicherstellen, dass Umweltprobleme schon früh / frühzeitig in Angriff genommen werden**
to ensure that environmental issues are addressed at an early stage
**Umweltprobleme können dazu führen, dass einige Regierungen ihre Bemühungen in Richtung erneuerbare Energien verstärken**
environmental issues may cause some governments to strengthen policies toward renewable energy

**Umweltschaden** *m* environmental damage

**umweltschonend** *adj* low-impact
**umweltschonende Stromerzeugung**
low-impact power generation

**Umweltschutz** *m* pollution control; environmental protection
**unser Bekenntnis zum Umweltschutz**
our commitment to environmental protection

**Umweltschutzanlage** *f* pollution control
**moderne Umweltschutzanlagen für EVU und KWK-Anlagen**
advanced air pollution control for utilities, cogenerators

**Umweltschutzeinrichtung** *f* pollution control device

**Umweltschützer** *m* environmentalist; environmental campaigner
**sein Standpunkt würde ihm nie Sympathien bei den Umweltschützern einbringen**
his position would never endear him to environmentalists

**Umweltschutzgesetze** *npl* environmental protection laws
**Entsorgung und Beseitigung von Stoffen, die unter die Umweltschutzgesetze fallen**
disposal and cleanup of substances regulated under environmental protection laws

**Umweltschutzgrund** *m* environmental reason
**viele Wasserläufe werden aus Umweltschutzgründen geschützt**
many watercourses are protected for environmental reasons
**aus Umweltschutzgründen inakzeptabel sein**
to be unacceptable for social or environmental reasons

**Umweltschutzvorschriften** *fpl* environmental regulations
**die Unternehmen müssen sich in den zahlreichen Umweltschutz- und Sicherheitsvorschriften zurechtfinden**
companies must find their way through numerous environmental and safety regulations

**Umweltsünder** *m* polluter
**ABC ist der größte Umweltsünder der Welt**
ABC is the world's leading polluter

**umweltverträglich** *adj* environmentally compatible
**umweltverträgliche Energienutzung**
environmentally compatible energy use
**umweltverträgliches Frostschutzmittel**
environmentally compatible antifreeze

**Umweltvorschriften** *fpl* environmental regulations
**durch die örtlichen Umwelt-vorschriften kann die Auswahl an Brennstoffen für eine geplante KWK-Anlage eingeschränkt werden**
the local environmental regulations can limit the choice of fuels to be used for the proposed cogeneration systems

**Umweltvorteil** *m* ecological benefit
**die Verringerung des Energieverbrauchs bringt Umweltvorteile**
the reduction of energy consumption yields ecological benefits

**unabhängiger Stromerzeuger** independent power producer
**ABC ist ein führender unabhängiger Stromerzeuger, der in Amerika in 25 Bundesstaaten und weltweit in zehn Ländern vertreten ist**
ABC is a leading independent power producer that operates in 25 states domestically and 10 countries worldwide

**unbezahlter Urlaub** time off without pay

**Uneinigkeit** *f* disagreement
**es herrscht weitgehend Uneinigkeit über die Vorgehensweise**
there is widespread disagreement about how to proceed

**unerwartete Einnahmen** windfall
**mit Hilfe dieser unerwarteten Einnahmen sollte es der deutschen Regierung möglich sein, ihren Schuldenberg zu reduzieren**
the windfall should allow the German government to reduce its massive debt

**unerwarteter Gewinn** windfall

**ungelernte Kraft** unskilled labourer; unskilled worker
**das Unternehmen stellte für viele technische Aufgaben ungelernte Kräfte ein**
the company hired unskilled labourers to do many technical jobs

**unrealisierter Gewinn** unrealised profit *(BE)*; unrealized gain *(AE)*
**die unrealisierten Gewinne belaufen sich auf etwa 400 Mrd. Dollar**
unrealised profits now stand at some $400 billion

**unterbewertet** *adj* undervalued
**der Euro ist unterbewertet**
the euro is undervalued

**unterbieten** *v* undercut
**ein größeres / stärkeres Unternehmen kann ein kleineres / schwächeres immer unterbieten**
a bigger firm can always undercut a smaller one
**Konkurrenten durch den Kauf billiger Autos im Ausland unterbieten**
to undercut rivals by sourcing cheap cars abroad

**unter dem Strich** on balance
**die Studie stellte fest, dass unter dem Strich der voll automatisierte Aktienhandel ein ganzes Drittel billiger ist als der herkömmliche Handel**
the study found that on balance fully automated trading was as much as one-third cheaper than traditional trading

**Unterhaltungsbranche** *f* entertainment
**er ist einer der erfahrensten und geachtetsten Manager in der Unterhaltungsbranche**
he is one of the most experienced and respected managers in entertainment

**Unterhaltungselektronik** *f* consumer electronics

**Unterhaltungselektronik-Hersteller** *m* consumer electronics company

**Unterhaltungskonzern** *m* entertainment group
**andere Unterhaltungskonzerne haben ähnliche Erfahrungen wie ABC gemacht**
other entertainment groups' experience has been similar to ABC's

**Unterlagen** *fpl* papers; material
**es wurde ihnen Einblick in Unterlagen mit Einzelheiten über an ausländische Firmen gezahlte Bestechungsgelder verwehrt**
they were denied access to papers detailing bribes paid to foreign firms
**sie verweigerten Einsicht in die Unterlagen**
they refused to grant access to the material

**Unternehmen** *n* company; enterprise; business; concern
**er wird der erste Amerikaner an der Spitze des Unternehmens sein**
he will become the first American to run the company
**kleine und mittlere Unternehmen**
small and medium-sized companies
**weltweit agierendes Unternehmen**
global business

**Unternehmensberater** *m* industry consultant; management consultant; consultant
**ein in Boston ansässiger Unternehmensberater**
a Boston-based management consultant

**Unternehmensberatung** *f* consultancy; management consultancy; management consultants; business consulting; business consulting service
**die größte Unternehmensberatung der Welt**
the world's largest management consultancy
**eine in Boston ansässige Unternehmensberatung stellte fest, dass ...**
a Boston consultancy, found that ...
**ABC ist eine Unternehmensberatung mit Sitz in New York**
ABC is a consultancy based in New York
**er ist Vorstand der Unternehmensberatung A&B**
he is chairman of management consultants A&B

**Unternehmensberatungskonzern** *m* management consulting group

**Unternehmensbilanz** *f* corporate balance sheet
**diese Entwicklung wird sich in den Unternehmensbilanzen niederschlagen**
this development will weigh on corporate balance sheets

**Unternehmensführung** *f* management
**die Arbeitnehmer an den Entscheidungen der Unternehmensführung beteiligen**
to give workers a say in management decisions

**Unternehmensgewinn** *m* corporate profit
**die Gewinne der Unternehmen werden im oberen einstelligen Bereich wachsen**
corporate profits will grow in the high single digits
**schrumpfende Unternehmensgewinne**
shrinking corporate profits

**Unternehmensgründung** *f* start-up

**Unternehmensgruppe** *f* group of companies
**A&B gehört einer internationalen Unternehmensgruppe an**
A&B is part of an international group of companies

**Unternehmenskredite** *mpl* corporate lending
**in Deutschland sind Unternehmenskredite ein Verlustgeschäft**
corporate lending in Germany is a loss-maker

**Unternehmenskreise** *mpl* corporate circles; business circles; industry sources
**dieses Betriebssystem wird in Unternehmenskreisen / in den Unternehmen noch immer nicht sehr ernst genommen**
this operating system is still not taken very seriously in corporate circles
**in Unternehmenskreisen ist die unkritische Übernahme von ... allgemein üblich geworden**
blind acceptance of ... has become the norm in business circles
**Unternehmenskreisen zufolge dürften die Flugzeuge 30 Prozent unter dem Katalogpreis verkauft worden sein**
industry sources speculated that the aircraft might have come with a discount of more than 30 percent

**Unternehmenskultur** *f* corporate culture; entrepreneurial culture
**er kritisierte, feindliche Übernahmen seien schädlich für die Unternehmenskultur**
he denounced hostile takeovers as damaging to corporate culture

**Unternehmenskunde** *m* corporate customer

**Unternehmenspleite** *f* corporate bankruptcy
**eine Zunahme von Unternehmenspleiten**
an increase in corporate bankruptcies
**Missmanagement / Managementfehler verursachten Amerikas größte Unternehmenspleite**
management failures led to America's biggest corporate bankruptcy

**Unternehmenspolitik** *f* corporate policy
**dieses Gremium legt die Unternehmenspolitik fest**
this group of people sets overall corporate policy

**Unternehmenssoftware** *f* enterprise software
**Anbieter von Unternehmenssoftware**
enterprise-software vendor

der größte Teil der Unternehmenssoftware entspricht diesen Kriterien
most new enterprise software fits these criteria
**diese Unternehmenssoftware ist weit verbreitet**
this enterprise software is in widespread use

**Unternehmenssoftware-Hersteller** *m* enterprise software company; enterprise-software vendor

**Unternehmenssprecher** *m* company spokesman

**Unternehmenssteuer** *f* corporate tax; company tax
**eine deutliche Senkung der Unternehmenssteuer**
a big cut in corporate tax
**Kanada hat die höchsten Unternehmenssteuern**
Canada has the highest rate of corporate tax

**Unternehmensstrategie** *f* corporate strategy
**diese Fusion ist im Einklang mit unserer Unternehmensstrategie**
this merger is in line with our corporate strategy
**die Manager bei ABC dachten mehr an Unternehmensstrategien und weniger an Qualitätslenkung**
managers at ABC had their minds on corporate strategy rather than quality control

**Unternehmensübernahme** *f* corporate takeover
**grenzüberschreitende Unternehmensübernahmen**
cross-border corporate takeovers

**Unternehmenswert** *m* value of the enterprise
**den Unternehmenswert für Aktionäre, Kunden und Mitarbeiter steigern**
to increase the value of the enterprise for its shareholders, customers and employees

**Unternehmenszentrale** *f* corporate headquarters
**die Unternehmenszentrale von A&B befindet sich in Boulder, Colorado**
A&B's corporate headquarters is located in Boulder, Colorado

**Unternehmenszusammenschluss** *m* fusion

**Unternehmer** *m* entrepreneur
**die Politiker wünschen mehr Unternehmensgründungen**
politicians want more entrepreneurs to start businesses

**Unternehmertum** *n* entrepreneurship

**Unterscheidungskriterium** *n* discrimination criterium
**jedes Land nach ganz bestimmten Unterscheidungskriterien beurteilen**
to rate each country according to a number of discrimination criteria

**Unterstützung** *f* backing; support
**er sicherte sich die Unterstützung des Aufsichtsrates**
he secured backing for his plan from the supervisory board
**er hat auch Unterstützung vom mächtigsten Industrieführer der Welt erhalten**
he has also won support from the world's most influential industrialist
**das Projekt genießt auch weiterhin große öffentliche Unterstützung**
the project continues to receive good public support
**die öffentliche Unterstützung soll 7 Mrd. Euro betragen**
the total amount of public support is expected to be 7 billion Euro

**Unvermeidliche** *n* inevitable
**das Unvermeidliche ist nun eingetreten**
the inevitable has now happened

**Urheberrecht** *n* copyright

**Urheberrechtsgesetz** *n* copyright law

**Urheberrechts-Verletzung** *f* copyright infringement; infringement of copyright

**ursächlicher Zusammenhang** causal link
**es ist immer schwierig ursächliche Zusammenhänge herzustellen**
it is always difficult to identify causal links

**US-Notenbankchef** *m* Fed chairman; chairman of the Federal Reserve; chairman of America's Federal Reserve; Federal Reserve Chairman
**er ist ein guter Freund des US-Notenbankchefs**
he is good friends with the Federal Reserve Chairman
**er kennt den US-Notenbankchef seit dem Jahre 20...**

he has known the Federal Reserve Chairman since 20...

# V

**variable Vergütungen** fringe benefits

**Venture Capitalist** venture capitalist
**besonders beunruhigend ist der Mangel an fähigen Venture Capitalisten**
especially worrying is the lack of skilled venture capitalists

**Venture-Finanzierer** *m* venture capitalist

**veranlassen** *v* authorise
**er veranlasste eine gründliche Untersuchung der Fusion**
he authorised a full investigation of the merger

**verarbeitendes Gewerbe; Verarbeitendes Gewerbe** manufacturing; manufacturing industry
**knapp ein Sechstel der Arbeitsplätze und des BIP entfallen auf das verarbeitende Gewerbe**
manufacturing accounts for barely a sixth of jobs and GDP

**Verbraucher** *m* (1) *(Menschen, Organisationen)* consumer

**Verbraucher** *m* (2): **Ausgaben der Verbraucher** consumer spending

**Verbraucher** *m* (3) *(Maschinen, Geräte)* load

**Verbraucherausgaben** *fpl* consumer spending
**die Verbraucherausgaben stiegen trotz sinkender Einkommen**
consumer spending rose even though incomes have been falling
**die Verbraucherausgaben wuchsen um respektable 2,9 %**
consumer spending grew by a respectable 2.9%
**die Verbraucherausgaben sind im September scharf zurückgegangen**
consumer spending plunged in September

**Verbraucherelektronik** *f* consumer electronics

**Verbrauchergruppe** *f* consumer group
**Verbrauchergruppen zeigten sich besorgt über diese Vorgehensweise**
consumer groups expressed concern about the move
**Verbrauchergruppen und Politiker zeigen sich zunehmend besorgt über die wachsende Macht der Brauereikonzerne**
consumer groups and politicians have become concerned about the growing power of brewers
**die WHO sieht sich Angriffen der Gewerkschaften, Grünen und Verbrauchergruppen ausgesetzt**
the WTO is under attack from trade unions, greens and consumer groups
**die Verbrauchergruppen haben schon immer befürchtet, dass ...**
consumer groups have always worried that ...

**Verbrauchermarkt** *m* consumer market
**kleinere Konkurrenten aus dem Verbrauchermarkt verdrängen**
to knock smaller rivals out of the consumer market

**Verbrauchernachfrage** *f* consumer demand
**die Lampenhersteller reagieren auf die Verbrauchernachfrage**
bulb makers are responding to consumer demand
**die Verbrauchernachfrage stagniert**
consumer demand is stagnant
**ein schnelles Reagieren auf die sich ändernde Verbrauchernachfrage ermöglichen**
to allow quick response to changing consumer demands
**es wird erwartet, dass die Verbrauchernachfrage nachlässt**
consumer demand is expected to moderate

**verbrauchernah** *adj* close to the point of consumption
**verbrauchernahe Stromerzeugung**
power generation at the point of consumption

**Verbraucherpreis** *m* consumer price
**trotz des scheinbar harmlosen Anstiegs der Verbraucherpreise im Oktober**
despite the apparently benign increase in October's consumer prices
**Wettbewerb würde mehr Wirtschaft-**

**lichkeit und niedrigere Verbraucherpreise bewirken**
competition would lead to higher efficiency and lower consumer prices
**die Verbraucherpreise stiegen im März um 0,1 %**
consumer prices rose 0.1 percent in March

**Verbraucherschutz** *m* consumer protection

**Verbraucherverband** *m* consumer association
**die Entscheidung des Gerichts wurde von den Verbraucherverbänden kritisiert**
the court's decision was criticised by consumer associations

**Verbrauchervertrauen** *n* consumer confidence; consumer trust
**das Verbrauchervertrauen in Amerika hat seinen tiefsten Stand seit vier Jahren erreicht**
American consumer confidence hit a four-year low
**der scharfe Rückgang des Verbrauchervertrauens Ende des vergangenen Jahres**
the sharp drop in consumer confidence late last year
**das Verbrauchervertrauen wird wahrscheinlich weiter sinken**
consumer confidence is likely to slip further

**Verbrauchervertrauensindex** *m* consumer confidence index
**der Verbrauchervertrauensindex fiel im Dezember den dritten Monat in Folge**
the consumer confidence index fell in December for the third month in a row

**Verbrennungskraftmaschine** *f* internal combustion engine (ICE)
**diese Verbrennungskraftmaschinen werden mit sauberen gasförmigen Kraftstoffen betrieben**
these internal combustion engines operate on clean gaseous fuels

**Verbrennungsmotor** *m* combustion engine; internal combustion engine
**die Brennstoffzelle als Alternative zum Verbrennungsmotor und herkömmlichen Kraftwerken**
the fuel cell as alternative to combustion engines and conventional power plants
**normale Verbrennungsmotoren sind billig in der Herstellung**
a typical internal-combustion engine is cheap to make

**Verdachtsfall** *m* suspected incident
**letztes Jahr mussten sich beide Länder mit Verdachtsfällen von Maul- und Klauenseuche auseinandersetzen**
last year both countries had to deal with suspected incidents of foot-and-mouth

**veredeln** *v* process
**Erdgas zu einer Vielzahl von Basischemikalien veredeln**
to process natural gas into a variety of basic chemicals

**Verfahrenstechnik** *f* process technology
**ABC hat Expertise auf dem Gebiet der Verfahrenstechnik erworben**
ABC has developed an expertise in process technology

**Verfechter** *m* champion
**die Verfechter einer vertieften politischen Integration in Europa**
the champions of deeper political integration in Europe

**Verfügbarkeit** *f* availability
**ABC reduzierte sein Lager ohne Abstriche bei der Verfügbarkeit zu machen**
ABC reduced its inventory without sacrificing availability

**Vergleich** *m* settlement agreement
**A&B und das Justizministerium präsentierten dem mit dem Fall betrauten Bundesrichter einen Vergleich**
A&B and the Justice Department presented a settlement agreement to the federal judge overseeing the case

**Verhandlung** *f* talk; negotiation
**die beiden Unternehmen führen Verhandlungen, die zu einer Fusion ihrer Musiksparten führen könnten**
the two companies are in talks that could lead to a merger of their music businesses
**mehr als 60 Gläubigerbanken sind an den Verhandlungen beteiligt**
there are more than 60 creditor banks in the negotiations
**nach dem Scheitern der Verhandlungen**
after the collapse of the negotiations

**Verhandlungsposition** *f* negotiating position
**diese Rückstufung hat die Verhandlungsposition von A&B geschwächt**
this downgrade has weakened A&B's negotiating position

**Verhandlungsrunde** *f* round of talks; round of negotiations
**ein Durchbruch bei der nächsten Verhandlungsrunde scheint ziemlich unwahrscheinlich**
there seems to be no likelihood of a breakthrough at the next round of talks
**die jüngste Verhandlungsrunde hatte in Konfusion geendet**
the most recent round of negotiations ended in disarray
**eine neue intensive Verhandlungsrunde starten**
to launch a new round of intensive negotiations

**Verhandlungtaktik** *f* negotiating tactic
**beide Länder benutzen die Präsidentschaftswahlen als Verhandlungtaktik**
both countries are using the presidential elections as a negotiating tactic

**Verhandlungstisch** *m* bargaining table; negotiating table
**an den Verhandlungstisch zurückkehren**
to return to the bargaining table
**Deutschland weigert sich, an den Verhandlungstisch zurückzukehren**
Germany refuses to go back to the negotiating table

**Verkaufspreis** *m* selling price
**durchschnittlicher Verkaufspreis**
average selling price

**Verkaufsprognose** *f* sales forecast
**Verkaufsprognosen für die kommenden Jahre**
sales forecasts for the coming years
**dies bedeutete, dass die Verkaufsprognosen nicht eingehalten werden würden**
this meant that sales forecasts would not be met

**Verkaufsrückgang** *m* decline in sales

**Verkaufszahlen** *fpl* sales figures
**die Industrie reagierte übertrieben auf die Verkaufszahlen im Dezember**
the industry was overreacting to the December sales figures
**die Veröffentlichung der monatlichen Verkaufszahlen nächste Woche abwarten**
to await the publication of next week's monthly sales figures

**Verkehr** *m* traffic
**der Verkehr von und nach Amerika ist stark zurückgegangen**
traffic to and from the United States has dropped sharply

**Verkehrsanwendung** *f* transportation application
**Brennstoffzellen für tragbare, stationäre und Verkehrsanwendungen**
fuel cells for portable, stationary and transportation applications

**Verkehrsbetrieb** *m* transportation undertaking

**Verkehrsflugzeug** *n* commercial aircraft
**ABC hat beim Verkauf von kleineren Verkehrsflugzeugen mit BCD gleichgezogen**
ABC has pulled even with BCD in sales of smaller commercial aircraft

**Verkehrsminister** *m* transportation secretary; transport minister

**Verkehrsministerium** *n* Ministry of Transport(ation); Department of Transport; transportation department; Department of Transportation *(USA)*

**Verkehrsunternehmen** *n* transportation undertaking

**Verknappung** *f* depletion
**die Verknappung der fossilen Brennstoffe**
the depletion of fossil fuels

**Verlangsamung** *f* slowdown
**wenn die OECD-Wirtschaftsexperten Recht behalten, dann bedeutet dies eine deutliche Verlangsamung gegenüber dem vergangenen Jahr**
if the OECD economists turn out to be right, this is a marked slowdown from last year

**Verletzung des Urheberrechts** copyright infringement

**Verlust** *m* loss
**das Unternehmen erwartet für das vierte Quartal einen Verlust**
the company expects a loss in the quarter to the end of the year
**ABC hat im dritten Quartal Verluste in Höhe von 400 Mio. $ gemacht**
ABC suffered a $400 million loss in the third quarter
**ABC kündigte an, dass seine Verluste höher als erwartet ausfallen würden**
ABC warned yesterday that it would post a bigger-than-expected loss
**ABC verkauft seine Hardware mit Verlust**
ABC sells its hardware at a loss
**A&B hatte in sieben von acht Jahren**

**Verluste gemacht**
A&B had posted losses for seven years out of eight

**Verlustbringer** *m* loss-making unit; loss-maker

**verlustreich** *adj* loss-laden
**die verlustreiche nationale Fluggesellschaft**
the loss-laden national airline

**Verlust vor Zinsen, Steuern und Abschreibungen** loss before interest, tax, depreciation and amortisation
**der Verlust vor Zinsen, Steuern und Abschreibungen von A&B belief sich auf 6 Mio. Dollar**
A&B's loss before interest, tax, depreciation and amortisation was $6m

**Vermögensverwaltung** *f* asset management
**Herr Miller wird den Bereich Vermögensverwaltung leiten**
Mr Miller will run the asset management division

**vernetzt** *adj* networked
**die Entwicklung zu einer vernetzten Welt / zur weltweiten Vernetzung**
the shift to a networked world
**die Vision einer vernetzten Welt**
the vision of a networked world

**Veröffentlichung** *f* publication
**die Veröffentlichung der neuen Prognose ist für diesen Monat vorgesehen**
the new forecast is scheduled for publication this month

**Verringerung der Lagerbestände** inventory reduction

**verschieben** *v* push back
**die Einführung von UMTS-Diensten ist mindestens bis Mitte des Jahres 20... verschoben worden**
introduction of 3G services has been pushed back until at least the middle of 20...

**verschlanken** *v* streamline
**ABC verschlankt seinen Vorstand / seine Führungscrew**
ABC streamlines its Management Board

**Verschlankung** *f* streamlining; downsizing

**Verschlechterung der Arbeitsmarktlage / Arbeitsmarktsituation** labor *(AE)* / labour *(BE)* market deterioration
**das Tempo der Verschlechterung der Arbeitsmarktlage im vergangenen Monat hat viele Wirtschaftsexperten überrascht**
the pace of the labour market deterioration last month took economists by surprise

**Verschmelzung** *f* (1) *(Technologien)* convergence
**die Verschmelzung von Internet und herkömmlichen Fernsprechdiensten**
the convergence of the Internet and traditional telephony services

**Verschmelzung** *f* (2) *(Unternehmen)* merger

**verschreibungspflichtige Arzneimittel** *npl* prescription drugs

**verschuldet** *adj* debt-ridden; indebted; debt-laden
**sie wollen gerne die verschuldete ABC Bank kaufen**
they are interested in purchasing the debt-ridden ABC Bank
**die Regierung ist schon stark verschuldet**
the government is already heavily indebted
**verschuldete Unternehmen abwickeln / auflösen oder verkaufen**
to liquidate or sell debt-laden businesses
**ein tief verschuldeter Automobilhersteller**
a deeply indebted motor vehicle manufacturer
**A&B ist eines der verschuldetsten Unternehmen der Welt**
A&B is one of the world's most indebted companies

**Verschuldung der Verbraucher** consumer debts
**hohe Verschuldung der Verbraucher**
high consumer debts

**verschwenden** *v* squander
**er sah, wie A&B Gelder für Forschung verschwendete, die sich nie in neuen Produkten niederschlug**
he witnessed A&B squandering capital on research that never turned into products

**Versicherer** *m* insurance firm; insurer; insurance company
**A&B ist Deutschlands größter Versicherer**
A&B is Germany's largest insurer

**Versicherte** *m/f* policyholder

**Versicherung** *f* insurance; insurance policy

eine Versicherung abschließen
to take out an insurance policy
**Versicherungsfirma** *f* insurance firm; insurer
**die Beschränkungen bezüglich ausländischer Besitzanteile an chinesischen Versicherungsfirmen werden gelockert**
restrictions on foreign ownership of Chinese insurance firms will be eased
**Versicherungsgesellschaft** *f* insurer; insurance company
**Vorstandsvorsitzender der Versicherungsgesellschaft ABC**
chairman of the insurer ABC
**erhältlich bei Banken, Bibliotheken und Versicherungsgesellschaften**
available at banks, libraries, and insurance companies
**Versicherungskonzern** *m* insurance group
**Deutschlands größter Versicherungskonzern**
Germany's biggest insurance group
**Versicherungsmakler** *m* insurance broker
**ABC, der zweitgrößte Versicherungsmakler nach B&D, ist durch Akquisitionen gewachsen**
ABC, the second-largest insurance broker, after B&D, has grown through acquisition
**Versicherungsnehmer** *m* policyholder *n*
**Versicherungspolice** *f* insurance policy
**Versicherungsprämiensatz** *m* insurance premium rate
**die Versicherungsbranche profitierte vom Anstieg der Versicherungsprämiensätze**
the insurance sector has been benefitting from a rise in insurance premium rates
**Versorgungskette** *f* supply chain
**Ziel der globalen Unternehmen ist eine Straffung der Versorgungsketten**
global businesses strive to shorten their supply chains
**Verspätung** *f* late arrival
**die Passagiere sehen sich mit hohen Flugpreisen und Verspätungen konfrontiert**
passengers face high fares and late arrivals
**Versprechen erfüllen / halten**
deliver
**wir haben unser Versprechen im Jahre 20... gehalten**
we delivered in 20...
**und wir wollen unser Versprechen auch im Jahre 20... halten**
and we are committed to delivering in 20...
**Versteigerung** *f* auction
**die Versteigerung von UMTS-Mobilfunk-Lizenzen im vergangenen Jahr erbrachte beinahe 47 Mrd. Dollar**
last year's auction of UMTS licences raised almost $47bn
**die in Frankreich, Italien und der Schweiz abgehaltenen Auktionen waren praktisch gescheitert**
auctions in France, Italy and Switzerland virtually collapsed
**verstoßen gegen** *v* be in breach of
**die Rabatt-Aktion verstößt gegen ein 70 Jahre altes Gesetz**
the discount scheme is in breach of a 70-year-old law
**Verteidigungsindustrie** *f* defence *(BE)* / defense *(AE)* industry
**A&B war eines von vielen Unternehmen in der amerikanischen Verteidigungsindustrie**
A&B was an also-ran in the US defence industry
**Verteuerung** *f* rising cost
**die Verteuerung der fossilen Brennstoffe**
the rising cost of fossil fuels
**Vertrag** *m* agreement *n*
**einen Vertrag schließen**
to conclude an agreement
**Vertragsdauer** *f* contract period
**Vertragsgebiet** *n* exclusive sales territory
**Vertragshändler** *m* captive dealer; exclusive dealer
**die Autohersteller kontrollieren ihre Vertriebskanäle über Vertragshändler**
the car manufacturers control their distribution channels through captive dealers
**Vertragsverhandlungen** *fpl* treaty negotiations
**die nächste Runde der Vertragsverhandlungen verschieben**
to delay the next round of treaty negotiations
**Vertrauen** *n* confidence; faith
**das Vertrauen der ausländischen Investoren in die Wirtschaft wiederherstellen**

**Vertrauen**

to restore foreign investor confidence in the economy
**ein deutlicher Kursverlust des Dollars würde schwindendes Vertrauen in die wirtschaftliche Zukunft Amerikas signalisieren**
a sharp fall in the dollar would reflect fading faith in America's economic prospects

**Vertrauen der Wirtschaft** business confidence
**das Vertrauen der Wirtschaft ist weiter gesunken**
business confidence has eroded further
**das Vertrauen der Wirtschaft und Verbraucher in Europa und Japan hat einen starken Dämpfer erhalten**
business and consumer confidence have slumped sharply in Europe and Japan

**Vertrauensindex der amerikanischen Verbraucher** consumer-confidence index

**Vertrauenskrise** *f* crisis of confidence
**eine Vertrauenskrise abwenden**
to stem a crisis of confidence
**der Industriezweig machte eine enorme Vertrauenskrise durch**
the industry suffered a monumental crisis of confidence

**Vertrauensschwund** *m* break in confidence
**mit einem derart plötzlichen Vertrauensschwund fertig werden**
to deal with such a sharp break in confidence

**Vertreter** *m* representative
**Vertreter der Bundesregierung und des Bundesstaats trafen sich in Washington mit Vertretern der Industrie**
federal and state officials met with industry representatives in Washington

**Vertriebsbüro** *n* sales office
**A&B will auch in Australien ein Vertriebsbüro eröffnen**
A&B also intends to open a sales office in Australia

**Vertriebskanal** *m* distribution channel
**das Unternehmen wird das Internet als neuen Vertriebskanal nutzen**
the company will use the Web as a new distribution channel

**Vertriebsnetz** *n* distribution network
**ABC ist dabei, die Leitung der meisten seiner Vertriebsnetze in Europa selbst zu übernehmen**
ABC is taking direct control of most of its European distribution networks

**Verunsicherung der Verbraucher** consumer scare

**Verwaltungskosten** *pl* administrative expense; administrative costs
**Vertriebs-, allgemeine und Verwaltungskosten**
selling, general and administrative expenses
**die allgemeinen und Verwaltungskosten stiegen 1999 um 8% im Vergleich zum Vorjahr**
general and administrative expense in 1999 increased 8% from 1998
**zu schnell ansteigenden Verwaltungskosten führen**
to lead to spiralling administrative costs

**verzeichnen** *v* post
**Japans Arbeitslosenrate verzeichnet den höchsten Anstieg seit 1967**
Japan's unemployment rate posted its biggest rise since 1967

**Viehbetriebe** *mpl* livestock industry
**die Regierung kündigte Maßnahmen an, die sicherstellen sollen, dass die Viehbetriebe des Landes von der Krankheit verschont bleiben**
the government announced measures to ensure the country's livestock industry remained free of the disease

**Viehmarkt** *m* livestock market
**Belgien hat für einen Zeitraum von mindestens einer Woche alle Viehmärkte ausgesetzt / geschlossen**
Belgium has suspended livestock markets for at least a week

**Viehtransport** *m* movement of livestock
**Großbritannien hat begrenzte Viehtransporte aus nicht infizierten Gebieten zu Schlachthöfen genehmigt**
Britain has allowed the limited movement of livestock from areas that have not been infected to abattoirs

**Virusinfektion** *f* viral infection
**die Virusinfektion kann verheerende Auswirkungen auf die Viehproduktion haben**
the viral infection can have a devastating effect on livestock production

**Volkswirtschaft** *f* economy
**einige der am schnellsten wachsenden Volkswirtschaften der Welt**
some of the world's fastest-growing

economies
**die tiefe Krise der Volkswirtschaften Asiens**
the deep crisis in Asian economies
**die größte Volkswirtschaft der Eurozone**
the euro-zone's largest economy
**volkswirtschaftliche Daten** economic data
**Vollfusion** *f* full merger
**er schlug eine Vollfusion mit dem deutschen Unternehmen vor**
he proposed a full merger with the German company
**ABC würde eine engere Zusammenarbeit, aber keine Vollfusion tolerieren**
ABC would tolerate closer ties but no full merger
**durch eine Vollfusion würde eine der größten Banken Deutschlands entstehen**
a full merger would create one of Germany's biggest banks
**Voraussage** *f* forecast
**ABC kündigte an, dass seine Einnahmen hinter den Voraussagen zurückbleiben würden**
ABC warned that its revenue would fall short of forecasts
**vorgesehen: vorgesehen sein für** to be slated for
**die Fertigstellung der Windkraftanlage ist für Ende 2001 vorgesehen**
completion of the wind generation facility is slated for late 2001
**Vorgespräch** *n* preliminary talk
**das Unternehmen führte Vorgespräche mit A&B über Möglichkeiten der Zusammenarbeit**
the company held preliminary talks with A&B about possible collaborations
**Vorjahr** *n* previous year
**die Stahleinfuhren sind im Vergleich zum Vorjahr um 28,5 Prozent gestiegen**
steel imports increased 28.5 percent from their level the previous year
**dies ist eine Steigerung um 70% im Vergleich zum Vorjahr**
this is a 70% increase on the previous year
**Vorjahresniveau** *n* last year's level
**der Umsatz wird wahrscheinlich unter dem Vorjahresniveau bleiben**
sales are likely to remain well below last year's levels
**die Produktion wird ca. 15% unter dem Vorjahresniveau liegen**
production will be down about 15 per cent from last year's levels
**das Vorjahresniveau übersteigen**
to surpass last year's levels
**Vorjahresquartal** *n* year-ago quarter
**verglichen mit einem Nettoverlust von 300 Mio. $ im Vorjahresquartal**
compared with a net loss of $300 million in the year-ago quarter
**Vorjahreszeitraum** *m* year-ago period
**im Vergleich zu 294 Mio. Dollar Gewinn im Vorjahreszeitraum**
compared with profits of $294 million in the year-ago period
**vorläufig** *adj* preliminary
**nach vorläufigen Daten, die von ABC am Freitag veröffentlicht wurden**
according to preliminary data released by ABC on Friday
**Vormachtstellung** *f* dominant position; dominance
**das Unternehmen missbraucht seine Vormachtstellung**
the company is abusing its dominant position
**Vormittag** *m*: **am späten Vormittag** in late morning trade
**die wichtigsten Technologiewerte legten am späten Vormittag zu**
the main tech stocks turned positive in late morning trade
**die europäischen Börsen haben am späten Vormittag ihre vorher gemachten Zugewinne gehalten**
European bourses held on to their early gains in late morning trade
**Vormittagshandel** *m* morning trading
**im Vormittagshandel fielen die Aktien von A&B um 2,66 $ auf 40,62 $**
in morning trading, shares of A&B fell $2.66 to $40.62
**Vormonat** *m* previous month
**die Prognosen des Vormonats sind in Klammern angegeben**
the previous month's forecasts are shown in brackets
**eine deutliche Verbesserung im Vergleich zum Vormonat zeigen / aufweisen**
to show a measurable improvement on the previous month
**Vorquartal** *n* previous quarter

**Vorräte** *mpl* inventories
**Vorreiter** *m* pioneer; cutting-edge
  **Mitte der neunziger Jahre sah sich Kalifornien als Vorreiter / in einer Vorreiterrolle bei der Deregulierung des Strommarktes**
  in the mid-1990s, California saw itself as the cutting-edge of utility deregulation
**Vorreiterrolle** *f* pioneering role
  **diese Unternehmen spielten und spielen noch immer eine Vorreiterrolle in ihren jeweiligen Bereichen auf dem IT-Markt**
  these companies have played - and continue to play - pioneering roles in their segments of the IT market
  **A&B hat eine Vorreiterrolle gespielt bei der medizinischen Fernüberwachung von Patienten**
  A&B has pioneered the use of remote medical monitoring of patients
**Vorruhestandsregelung** *f* early retirement scheme / program / package / plan
  **A&B wird seine Belegschaft mit Hilfe von Vorruhestandsregelungen reduzieren**
  A&B will pare its work force through an early retirement plan
**Vorschlag** *m* suggestion
  **zuerst nahm man seinen Vorschlag nicht ernst**
  at first his suggestion was not taken seriously
**Vorsicht** *f* caution
  **die Analysten mahnten zur Vorsicht**
  analysts urged caution
**Vorstand** *m* board of directors; management board; Management Board; Board of Management
  **der neue Vorstand wird aus weniger Mitgliedern bestehen / kleiner sein**
  the new Management Board will have fewer members
  **Miller zog es vor, aus dem Vorstand auszuscheiden, um sich auf ... zu konzentrieren**
  Miller has elected to leave the management board in order to focus all his efforts on ...
**Vorstandschef** *m* chairman
**Vorstandsgehalt** *n* pay of top executives
  **Einzelheiten über Vorstandsgehälter publik machen**
  to publish details of the pay of top executives
**Vorstandsmitglied** *n* management board member; member of the management board
  **die Verhandlungen werden von einem Vorstandsmitglied von ABC geleitet**
  a member of ABC's management board is handling the talks
**Vorstandssitzung** *f* board meeting
  **bei der morgigen Vorstandssitzung**
  at tomorrow's board meeting
  **eine Vorstandssitzung abhalten**
  to hold a board meeting
**Vorstandssprecher** *m* chief executive; chairman
  **ABC-Vorstandssprecher Adam Muller sagte ...**
  ABC chief executive Adam Muller said ...
  **der Vorstandssprecher der Bank bestätigte an einer Pressekonferenz, dass ...**
  the bank's chairman confirmed at a news conference that ...
**Vorstandsvorsitzende** *m/f* chairman / chairwoman; board chairman / chairwoman
  **früherer Vorstandsvorsitzender von ABC**
  former chairman of ABC
  **der damalige ABC-Vorstandsvorsitzende Robert Miller**
  the then ABC chairman Robert Miller
  **er trat 20... gegen Herrn Miller um die Position des Vorstandsvorsitzenden an**
  he stood against Mr Miller for the position of board chairman in 20...
**Vorstellungsvermögen** *n* imagination
  **Lösungen erfinden, die über das menschliche Vorstellungsvermögen hinausgehen**
  to invent solutions beyond human imagination
**Vorsteuergewinn** *m* pre-tax profit
  **A&B gab bekannt, dass der Vorsteuergewinn für das Jahr 20... ca. 20% niedriger ausfallen werde als im Vorjahr**
  A&B revealed that pre-tax profits for 20... would be down by around 20% compared with the year before
**Vorsteuerverlust** *m* pre-tax loss
  **die Vorsteuerverluste des Unternehmens sind in der ersten**

**Jahreshälfte um 288 Prozent nach oben geschnellt**
the company's pre-tax losses in the first half of the year have jumped 288 per cent
**Vorzeigeunternehmen** *n* flagship; flagship company
**Vorzugsaktie** *f* preferred share; preference share
**zwischen 1999 und 2002 fiel der Kurs der Vorzugsaktien von A&B um 18%**
between 1999 and 2002, A&B's preference shares fell 18 per cent
**er forderte das Unternehmen auf, ausschließlich Vorzugsaktien zu kaufen**
he called on the company to buy preferred shares only

# W

**Wachstum** *n* growth
**langfristig profitables Wachstum**
long-term profitable growth
**das Wachstum auf Jahre dämpfen**
this could dampen growth for years to come
**er sagt ein durchschnittliches Wachstum von 0,9% für das gesamte Jahr 20... voraus**
he predicts an average growth of 0.9% for 20... as a whole
**Wachstumsaktien** *fpl* growth stocks
**Wachstumsaussichten** *fpl* growth prospects; prospects for growth
**die Wachstumsaussichten für Europa, Asien und Lateinamerika sind gut**
growth prospects for Europe, Asia and Latin America are good
**das Gremium ist bezüglich der Wachstumsaussichten wieder pessimistischer geworden**
the panel has again become more pessimistic about the prospects for growth
**Wachstumsbereich** *m* high-growth business
**Wachstumserwartungen** *fpl* growth expectations
**sich ändernde Wachstumserwartungen können beträchtliche globale Auswirkungen haben**
changes in growth expectations can have substantial global impact

**Wachstumshormon** *n* growth hormone
**der Streit über Wachstumshormone in Rindern / Rindfleisch geht lautstark / mit Getöse weiter**
the row over growth hormones in beef rumbles on
**Wachstumsindikator** *m* growth indicator
**Wachstumsindustrie** *f* high-growth industry
**Wachstumslokomotive** *f* growth locomotive
**es gibt keine Wachstumslokomotive, die eine Wende herbeiführen / bewirken könnte**
there's no growth locomotive to turn this situation around
**Wachstumsmarkt** *m* growth market; high-growth market
**führende Automobilhersteller versuchen verzweifelt, auf Wachstumsmärkten Fuß zu fassen**
leading car makers are desperate to get into growth markets
**Teenager werden in den nächsten fünf Jahren einer der größten Wachstumsmärkte sein**
the teen market is going to be one of the biggest growth markets over the next five years
**wir werden unser Angebot auf den Wachstumsmärkten erweitern**
we will enhance our offerings in growth markets
**die Investitionen auf ausgewählte Wachstumsmärkte konzentrieren**
to focus investments on selected high-growth markets
**Wachstumsmotor** *m* growth engine; engine of growth
**ein weiterer Wachstumsmotor sind die Dienstleistungen**
another growth engine is services
**als Wachstumsmotor fungieren**
to act as the engine of growth
**Wachstumspotential** *n*; **Wachstumspotenzial** *n* growth potential
**Märkte mit großem Wachstumspotential**
markets in which there is strong growth potential
**Amerikas langfristiges Wachstumspotential verbessern**
to enhance America's long-term growth potential
**das größte Wachstumspotenzial von A&B liegt nun im Bereich**

**Vermögensverwaltung**
the main growth potential for A&B now lies with asset management

**Wachstumsprognose** *f* forecast for growth; growth forecast
**die Tabelle enthält auch die höchsten und niedrigsten Wachstumsprognosen**
the table also shows the highest and lowest forecasts for growth
**die Wachstumsprognosen nach unten korrigieren**
to revise down the forecasts for growth

**Wachstumsrate** *f* growth rate; rate of growth
**es gibt eine Menge von Gründen, die auf eine weitere mögliche Verringerung der Wachstumsrate hindeuten**
there are plenty of reasons to think that the growth rate could fall further
**eine Wachstumsrate von ca. 30 %**
a growth rate around 30 percent
**die Wachstumsrate der Wirtschaft verlangsamte sich deutlich in den letzten drei Monaten des Jahres**
the economy's growth rate slowed sharply in the final three months of last year
**zweistellige Wachstumsraten verzeichnen**
to post double-digit growth rates

**Wachstumsschätzung** *f* estimate for growth

**wachstumsstark** *adj* strong growth; high-growth
**anscheinend haben die Leute ganz vergessen, dass es sich hier noch immer um einen wachstumsstarken Industriezweig handelt**
people seem to be forgetting that this is still a strong growth industry
**wachstumsstarker Markt**
high-growth market

**Wachstumsstrategie** *f* strategy for growth
**strategische Akquisitionen / Firmenaufkäufe gehören ebenfalls zu unserer Wachstumsstrategie**
part of our strategy for growth includes strategic acquisitions

**Wachstumsstrend** *m* growth trend
**der Wachstumstrend auf dem Softwaremarkt zeigt weiterhin nach oben**
the software market continues in an upward growth trend
**wenn sich der jüngste Wachstumstrend fortsetzt**
if recent growth trends continue

**Wachstumsvorhersage** *f* prediction for growth; growth forecast
**die durchschnittlichen Wachstumsvorhersagen für das Jahr 20... sind auf 1,8 % gefallen**
the average prediction for growth in 20... has fallen to 1.8%

**Wachstumswerte** *mpl* growth stocks
**der Neue Markt ist Deutschlands Börse für Wachstumswerte**
the Neuer Markt is Germany's market for growth stocks

**Wachstumsziel** *n* growth target
**die Wachstumsziele erreichen**
to meet growth targets

**Waffenhändler** *m* arms dealer

**Wagnisfinanzierer** *m* venture capitalist

**Wagniskapital** *n* venture capital (VC)
**die Firmenneugründungen werden mit Wagniskapital finanziert**
the start-ups are financed by venture capital
**mehr als eine Milliarde Dollar flossen in Firmen, die diese Technologie entwickelten**
more than $1 billion of venture capital poured into firms developing this technology

**Wagniskapitalgeber** *m* venture capitalist
**bis letzten Sommer waren die Wagniskapitalgeber die fanatischsten Geldgeber der New Economy**
until last summer, venture capitalists were the most frenetic financiers of the "new economy"

**Wagniskapitalgesellschaft** *f* venture-capital firm
**zwar kann die Wagniskapitalgesellschaft viel Geld bieten, aber sie kann keine fachliche oder sonstige Hilfe leisten**
the venture-capital firm can offer plenty of money, but little in the way of help or expertise

**Wagniskapitalmarkt** *m* venture-capital market
**Japans noch recht junger Wagniskapitalmarkt**
Japan's fledgling venture-capital market

**Wahlversprechen** campaign pledge
**er hat keinerlei Absicht, sein Wahlversprechen einzulösen**

he has no intention of honouring his campaign pledge
**Währung** *f* currency
**abgewertete Währung**
devalued currency
**wenn / falls die asiatischen Währungen weiterhin gegenüber dem Dollar Schwäche zeigen**
if the Asian currencies continue to weaken against the U.S. dollar
**die Zentralbank intervenierte, um die europäische Währung zu stützen**
the central bank intervened to prop up the European currency
**die neue Währung wird im Januar eingeführt**
the new currency will be launched in January
**Währungsabwertung** *f* currency devaluation
**vor einer möglicherweise verheerenden Währungsabwertung stehen**
to face a potentially devastating currency devaluation
**Währungseffekt** *m* currency effect
**negative Währungseffekte auf Grund des schwachen Euro**
adverse currency effects from the weak euro
**Währungsgewinne** *mpl* foreign exchange gain
**Währungshüter** *m* currency's guardian
**doch die Währungshüter müssen sich auf noch härtere Proben gefasst machen**
yet even stiffer tests now lie ahead for the currency's guardian
**Währungskorb** *m* currency basket
**Währungsreserven** *fpl* currency reserves
**die schwindenden Währungsreserven erhöhen**
to boost the dwindling currency reserves
**Währungsrisikomanagement** *n* currency risk management
**Währungsumrechnungsgewinn** *m* foreign exchange gain
**Währungsumrechnungsverlust** *m* foreign exchange loss
**Währungsverluste** *mpl* foreign exchange loss
**Wandelanleihe** *f* convertible bond
**A&B könnte jährlich 50 Mio. $ an Zinsen sparen, wenn das Unternehmen Wandelanleihen im Wert von 2,2 Mrd. $ auflegte**
A&B could save $50m a year in interest costs through a $2.2bn convertible bond issue
**Warenzeichen** *n* trademark
**Wärmekraftmaschine** *f* engine
**kleine tragbare und große stationäre Wärmekraftmaschinen**
small portable and large stationary engines
**Warnstreik** *m* warning strike
**kurze Warnstreiks durchführen**
to stage short warning strikes
**Warteliste** *f* waiting list
**die Veranstalter hatten eine lange Warteliste für Ausstellungsfläche**
the organizers had a long waiting list for display space
**Wäschetrockner** *m* clothes dryer
**Waschmaschine** *f* clothes washer
**Wasserbetrieb** *m* water company
**Wasserkraftstromerzeugung** *f* hydroelectric production
**die geringeren Regen- und Schneefälle führten dieses Jahr zu einer geringeren Wasserkraftstromerzeugung**
this year, low levels of rain and snowfall reduced hydroelectric production
**Wasserkraftwerk** *n* hydroelectric project; hydroelectric power plant
**dieses Wasserkraftwerk begann im Jahre 1971 mit der Stromproduktion**
this hydroelectric project started producing power in 1971
**ein Wasserkraftwerk im Wert von 12 Mrd. Dollar**
a $12-billion hydroelectric project
**Wassermarkt** *m* water market
**sich für einen liberalisierten Wassermarkt einsetzen**
to champion a liberalised water market
**Wasserverschmutzung** *f* water pollution
**Wasserversorger** *m* water company; water utility
**A&B schluckt Amerikas größten börsennotierten Wasserversorger**
A&B swallows America's largest listed water company
**Wasserwirtschaft** *f* water industry
**Web-Browser** *m* Web browser
**ABC hatte versucht, den Markt für Web-Browser zu monopolisieren**
ABC had attempted to monopolise the market for Web browsers

**Web-Portal** *n* Internet portal
**ABC Co schließt Web-Portal und entlässt 400 Mitarbeiter**
ABC Co is closing its Internet portal and sacking about 400 people

**Website** *f* web site
**mehrere unserer Niederlassungen haben auch Websites geschaltet**
several of our branches also launched web sites
**die Website unseres Unternehmens bietet Menschen weltweit Informationen über unsere Produkte und unser Unternehmen**
our corporate web site provides product and company information to people worldwide

**Wechselkurs** *m* exchange rate; currency rate; currency exchange rate
**die Wechselkurse wirkten sich negativ auf die Einnahmen aus**
revenues were negatively affected by exchange rates
**ungünstige Wechselkurse**
adverse currency exchange rates

**Wechselkursänderungen** *fpl* currency rate changes

**Wechselkursentwicklung** *f* currency movements
**infolge günstiger Wechselkursentwicklungen**
as a result of favorable currency movements

**Wechselkursschwankungen** *f* foreign currency fluctuations; foreign exchange rate fluctuations
**die Auswirkungen von starken Wechselkursschwankungen reduzieren**
to reduce exposure to significant foreign currency fluctuations
**auf Grund der umfassenden Sicherungsmaßnahmen konnten Verluste durch Wechselkursschwankungen vermieden werden**
ABC's prudent hedging policies prevented losses due to foreign exchange rate fluctuations
**die Auswirkungen von Wechselkursschwankungen auf das Umsatzwachstum**
the impact of foreign currency fluctuations on sales growth

**Wechselkursveränderungen** *fpl* currency movements

**Wechselstrom** *m* alternating current
**George Westinghouse entwickelte die Technologie, die den Wechselstrom praxistauglich machte**
George Westinghouse developed the technology that made alternating current practical

**Wechselstromantrieb** *m* AC drive
**die heutige Generation digitaler Wechselstromantriebe**
today's generation of digital AC drives

**Weg** *m (fig)* road
**der Weg wird steiniger**
the road is getting rougher

**Wehrtechnikkonzern** *m* defence *(BE)* / defense *(AE)* group

**weiche Landung** soft landing
**laut jüngster OECD-Prognose sollte der amerikanischen Wirtschaft im nächsten Jahr eine weiche Landung gelingen**
the American economy should achieve a soft landing next year, says the latest OECD forecast
**es wird zu einer weichen Landung der Konjunktur kommen**
the economy will experience a soft landing

**Weißer Ritter** white knight
**ABC hofft auf einen Weißen Ritter**
ABC hopes to find a white knight
**ein möglicher Weißer Ritter, ABC Bank, macht unter Umständen ein Gegenangebot**
a possible white knight, ABC Bank, may be considering a counter-offer
**manchmal taten Unternehmen, die Ziel einer Übernahme waren, alles, um im Inland einen Weißen Ritter zu finden, jedoch meistens ohne Erfolg**
sometimes, target companies did everything they could to find a domestic white knight, but usually to no avail

**weiße Ware**: **Hersteller weißer Ware** white-goods maker
**Europas drittgrößter Hersteller weißer Ware**
Europe's third-largest white-goods maker

**Weiterbildung** *f* continual learning
**Weiterbildung ist auch ein wichtiger Faktor bei der Förderung von Innovation**
continual learning is also essential to foster innovation

**Weitergabe** *f* pass-through
**Weitergabe der Rohstoffkosten-**

**steigerungen**
pass-through of the higher raw material costs
**weitergeben** *v* pass on; pass along
**nach dem Gesetz ist es den Unternehmen verboten, die Gebühren an die Kunden weiterzugeben**
the law forbids the companies from passing on the charges to customers
**die Kostensteigerungen könnten an die Verbraucher weitergegeben werden**
rising costs could be passed along to consumers
**zu große Lohnerhöhungen könnten in Form deutlich höherer Produktpreise an den Verbraucher weitergegeben werden**
too-big wage increases could be passed along to consumers in the form of sharply higher product prices
**weiterverfolgen** *v* monitor
**die Fluggesellschaft wird die Lage weiterverfolgen**
the airline will monitor the situation
**Weltenergiemarkt** *m* global energy market
**wir haben unser Engagement auf dem Weltenergiemarkt mit einer ganzen Palette innovativer Leistungen und Produkte verstärkt**
we have expanded our participation in the global energy market with a portfolio of innovative services and products
**Welthandel** *m* world trade
**Chinas Anteil am Welthandel steigt ständig**
China's share of world trade continues to grow
**der Welthandel wird dieses Jahr kaum zunehmen**
world trade will barely grow this year
**ein langer Zeitraum stark ansteigenden Welthandels**
a long period of sharply rising world trade
**Welthandels-Organisation** *f*; **Welthandelsorganisation** *f* (WTO)
World Trade Organisation (WTO)
**will China nun der Welthandels-Organisation doch nicht beitreten**
is China having second thoughts about joining the World Trade Organisation
**diejenigen in China, die gegen einen Beitritt zur Welthandelsorganisation sind**
those in China who oppose entry into the WTO
**Welthandelsrunde** *f* round of world trade talks
**eine neue Welthandelsrunde initiieren / starten / einläuten**
to launch a new round of world trade talks
**Weltkonjunktur** *f* world economy; global activity
**die Weltkonjunktur verlangsamt sich**
the world economy is slowing down
**das Unternehmen machte die anhaltend schwache Weltkonjunktur für den Ertragseinbruch verantwortlich**
the company blamed the expected earnings shortfall on continuing weakness in the world economy
**Weltkonzern** *m* global group
**A&B ist ein im Jahre 20... gebildeter Konzern**
A&B is a global group set up in 20...
**Weltmarkt** *m* world market
**die Weltmärkte sind immer anspruchsvoller geworden / werden immer anspruchsvoller**
world markets have become ever more demanding
**diese Autohersteller kontrollieren zusammen 70% des Weltmarktes**
these car makers control 70% of the world market between them
**ABC will seine Präsenz auf den Weltmärkten ausbauen**
ABC intends to enhance its presence on world markets
**Weltmarktanteil** *m* stake in the world market
**ABC soll bei Erdungs- und Blitzschutzeinrichtungen einen Weltmarktanteil von 10% besitzen**
ABC is believed to have a 10% stake in the world market for earthing and lightning protection products
**Weltmarktführer** *m* global market leader; world market leader
**weltweit** on a global scale; worldwide
**weltweit tätig sein**
to operate on a global scale
**Weltwirtschaft** *f* world economy; global economy
**dies wäre eine gute Nachricht für die restliche Weltwirtschaft**
this would be good news for the rest of the world economy
**in Zukunft kann Amerika nicht**

**alleinige Konjunkturlokomotive der Weltwirtschaft sein**
America cannot continue to drive the world economy alone
**die Ungewissheit über die weitere Entwicklung der Weltwirtschaft wächst**
uncertainty over the path of the world economy grows
**die sich verschlechternden Aussichten für die Weltwirtschaft**
the worsening outlook for the world economy

**weltwirtschaftliches Umfeld** worldwide business environment
**angesichts des heutigen, vom Wettbewerb geprägten weltwirtschaftlichen Umfelds**
in view of today's competitive worldwide business environment

**Weltwirtschaftswachstum** *n* global growth
**der IWF prognostizierte für dieses Jahr ein Weltwirtschaftswachstum von 2,6 %**
the IMF forecast global growth of 2.6% this year

**Wende** *f* (1) turnaround; turning-point
**die Auswirkungen, die eine solche Wende im Verhalten der amerikanischen Verbraucher auf Unternehmen auf der ganzen Welt haben würde**
the impact such a turnaround in American consumer behaviour would have on firms around the world
**die erhoffte Wende beim Autoabsatz**
the hoped-for turnaround in auto sales
**er sagte, eine Wende könnte drei bis fünf Jahre dauern**
he said a turnaround could take three to five years
**es ist klar, dass es bis zur Wende ein langer und schmerzhafter Weg sein wird**
it is clear that the turnaround will be a long and painful journey
**kurz vor der Wende stehen**
to be on the verge of a turnaround / to be close to a turning-point

**Wende** *f* (2): **Wende herbeiführen** turn things around
**beide Volkswirtschaften müssen wohl auf irgendeine Weise angekurbelt werden, um eine Wende herbeizuführen**
both economies will need some kind of boost to turn things around

**Wendepunkt** *m* turning point
**die Wirtschaft befindet sich an einem Wendepunkt**
the economy is at a turning point
**es deutet vieles darauf hin, dass wir nun am Wendepunkt angelangt sind**
we now have ample evidence that we are at the turning point

**Werbeagentur** *f* advertising agency; advertising firm
**ABC ist eine der weltweit führenden Werbeagenturen**
ABC is one of the world's leading advertising agencies

**Werbebudget** *n* advertising budget

**Werbeetat** *m* advertising budget

**Werbekampagne** *f*; **Werbe-Kampagne** *f* advertising campaign
**eine Werbekampagne starten**
to launch an advertising campaign
**zurzeit laufen zwei größere Werbekampagnen**
two major advertising campaigns are now underway
**A&B hat dieses Jahres eine Werbekampagne durchgeführt**
A&B ran an advertising campaign earlier this year
**fehlgeschlagene Werbekampagne**
failed advertising campaign
**man hatte für den 14. November den Beginn einer landesweiten Werbekampagne geplant**
a national advertising campaign had been scheduled to begin on November 14th

**Werbekonjunktur** *f* (1): **Einbruch der Werbekonjunktur** advertising slump; ad slump

**Werbekonjunktur** *f* (2) advertising environment
**bei den revidierten Prognosen ging man von einer anhaltend schwachen Werbekonjunktur im restlichen Kalenderjahr aus**
the revised estimates assumed a continuing weak advertising environment for the rest of the calendar year

**Werbeumsatz** *m* advertising revenue
**ein deutlicher Rückgang des Werbeumsatzes**
a sharp drop in advertising revenue

**Werbung** *f* advertising
**sie geben viel für Werbung aus**
they are spending heavily on advertising
**Werbung in Printmedien** print advertising
**Werftarbeiter** *m* shipyard worker
**Werksschließung** *f* closure; plant closure; plant shutdown
**die Analysten hatten mit noch mehr Werksschließungen gerechnet**
analysts had expected even more closures
**Werkstoff** *m* material
**Werkstofftechnik** *f* materials science
**Werkstoffwissenschaften** *fpl* material(s) science
**unser Tätigkeitsbereich erstreckt sich von den Werkstoffwissenschaften bis hin zur Festkörperphysik**
our work ranges from material science to solid-state physics
**Forscher und Ingenieure arbeiten an der Entwicklung neuer technischer Lösungen auf dem Gebiet der Werkstoffwissenschaften**
researchers and engineers are working on the development of new technical solutions in material science
**Werkzeugmaschine** *f* machine tool
**Wertminderung** *f* depreciation
**Wertpapierbörse** *f* stock exchange
**er wird Kernbereiche seines Unternehmens an der Frankfurter Wertpapierbörse notieren lassen**
he will list the key components of his businesses on the Frankfurt stock exchange
**Wertpapierhandel** *m* trading of securities; securities trading; trading securities
**die Londoner Börse ist noch immer Europas führendes Zentrum für den Wertpapierhandel**
the LSE is still Europe's leading centre for the trading of securities
**der Wertpapierhandel wird digital, global und rund um die Uhr zugänglich sein**
trading securities will be digital, global and accessible 24 hours a day
**Wertpapierportfolio** *n* securities portfolio
**Wertschöpfung** *f* value creation
**Wertschöpfungskette** *f* value chain

**Wettbewerb** *m* competition
**diese Märkte sind durch einen starken Wettbewerb gekennzeichnet / sind sehr wettbewerbsintensiv / auf diesen Märkten herrscht ein intensiver / scharfer Wettbewerb**
these markets are characterized by intense competition
**die geplante Fusion wird den Wettbewerb beeinträchtigen / verbessern**
the proposed merger will impair / enhance competition
**Wettbewerber** *m* competitor
**unser technischer Sachverstand wird von Kunden und Wettbewerbern gleichermaßen geschätzt**
our technical expertise is respected by customers and competitors alike
**Wettbewerbsbehörde** *f* antitrust agency
**Wettbewerbsbehörde** *f* (2): **Genehmigung durch die Wettbewerbsbehörde** regulatory approval
**Wettbewerbsdruck** *m* competitive pressure
**A&B könnte wieder unter Wettbewerbsdruck geraten**
A&B could face new competitive pressures
**wettbewerbsfähig** *adj* competitive
**Wettbewerbsfähigkeit** *f* competitiveness
**sie wollen die Wirtschaftlichkeit verbessern und die globale Wettbewerbsfähigkeit erhöhen**
they intend to enhance efficiencies and increase global competitiveness
**die Wettbewerbsfähigkeit von ABC auf dem Weltmarkt erhöhen**
to enhance ABC's competitiveness in the global marketplace
**die globale Wettbewerbsfähigkeit von ABC verbessern**
to enhance ABC's global competitiveness
**Wettbewerbshüter** *m* competition watchdog; antitrust enforcer; antitrust agency; antitrust official
**die schon lange andauernde Auseinandersetzung zwischen A&B und den amerikanischen Wettbewerbshütern**
the long-running contest between A&B and American antitrust officials
**die Wettbewerbshüter verhinderten den Kauf von A&B durch den Energieversorger**

the competition watchdog stopped the energy utility from buying A&B

**wettbewerbsintensiv** *adj* very competitive
**ein sehr wettbewerbsintensiver Markt**
an extremely competitive market

**Wettbewerbskommissar** *m* competition commissioner
**er traf sich am Montag in Brüssel mit dem EU-Wettbewerbskommissar**
he met the European competition commissioner in Brussels on Monday

**Wettbewerbspolitik** *f* competition policy

**Wettbewerbsumfeld** *n* competitive landscape
**dieses Abkommen könnte das Wettbewerbsumfeld im IT-Sektor radikal verändern**
this deal could change radically the competitive landscape in the information technology sector

**Wettbewerbsvorsprung** *m* competitive edge
**unser Wettbewerbsvorsprung beruht auf unserer Stärke in Forschung und Entwicklung**
our competitive edge is based on our strength in research and development

**Wettbewerbsvorteil** *m* competitive advantage; competitive benefit
**die Menschen und Produkte hinter unserer Vision sind unser größter Wettbewerbsvorteil**
the people and products behind our vision are our biggest competitive advantage

**Wettbewerbswächter** *m* competition watchdog

**Windkraftanlage** *f* wind generation facility; wind generating plant
**die Errichtung der größten Windkraftanlage der Welt**
the construction of the world's largest wind generation facility
**diese Windkraftanlage erzeugt mehr als 55.000.000 kWh Strom pro Jahr**
this wind generating plant produces more than 55,000,000 kilowatt-hours of electricity per year

**Windturbinenbauer** *m* wind turbine manufacturer
**der zweitgrößte Windturbinenbauer der Welt**
the world's second largest wind turbine manufacturer

**Wirtschaft** *f* economy
**die Wirtschaft ist in den ersten drei Monaten schnell gewachsen**
the economy grew quickly in the first three months
**die Bank weist auf zwei Trends hin, die die Wirtschaft weiter beleben könnten**
the bank points to two trends that might give the economy a further boost
**die kanadische Wirtschaft wuchs im vergangenen Jahr um ca. 5%**
the Canadian economy grew about 5 per cent last year
**sicherstellen, dass unsere Wirtschaft nicht ins Trudeln gerät**
to ensure our economy does not go into a tailspin
**die Wirtschaft wieder auf die Beine stellen**
to get the economy back on its feet

**wirtschaftliche Erholung** economic recovery; business recovery
**er hatte den Eindruck, dass sich die wirtschaftliche Erholung Japans verlangsame**
he had the impression that the tempo of Japan's economic recovery is slowing

**wirtschaftlicher Ausblick** *m* economic outlook

**wirtschaftliche Realität** economic reality
**der Preis, den ABC verlangt, entspricht nicht mehr der wirtschaftlichen Realität / entbehrt jeder wirtschaftlichen Realität**
the price ABC is demanding no longer reflects economic reality

**wirtschaftliche Schwierigkeiten** economic trouble
**viele frühere Aktienkurseinbrüche haben nicht zu wirtschaftlichen Schwierigkeiten geführt**
many previous market drops did not foreshadow economic trouble

**Wirtschaftlichkeit** *f* profitability; economics
**die Wirtschaftlichkeit des Kraftwerks verbessern**
to improve the profitability of the power station
**die Unternehmen meinen, eine Fusion werde die Wirtschaftlichkeit ihrer angeschlagenen PC-Bereiche verbessern**
the companies believe merging will improve the economics of their struggling personal computer divisions

**Wirtschaftsabschwung** *m* economic downturn
**während des letzten Wirtschaftsabschwungs**
during the last economic downturn
**steigende Inflation ist nicht die übliche Begleiterscheinung eines Wirtschaftsabschwunges**
rising inflation is not the standard accompaniment to an economic downturn

**Wirtschaftsaufschwung** *m* economic upturn; upturn
**ABC rechnet damit, dass die positiven Auswirkungen des Wirtschaftsaufschwunges in Europa bis Mitte 20... sichtbar werden**
ABC expects the benefit from the economic upturn in Europe to become visible by mid-20...
**im Mai war der Wirtschaftsaufschwung schon im Gange**
in May, the economic upturn was already under way
**bis dann könnte es schon deutliche Anzeichen für einen Wirtschaftsaufschwung geben**
there might be clear signs of an upturn by then
**ihr Ziel ist es, den Wirtschaftsaufschwung zu beschleunigen**
their aim is to accelerate the economic upturn

**Wirtschaftsausblick** *m* economic outlook
**der Wirtschaftsausblick legt nahe / deutet darauf hin, dass das Problem jetzt vielleicht noch akuter / drängender ist als am Jahresende**
the economic outlook suggests that the problem is perhaps more acute now than it was at the end of the year
**der längerfristige Wirtschaftsausblick**
the longer-term economic outlook

**Wirtschaftsbau** *m* commercial construction activity

**Wirtschaftsberater** *m* economic adviser
**der Wirtschaftsberater des Präsidenten**
the president's economic adviser

**Wirtschafts-Boom** *m* economic boom
**dank des anhaltenden amerikanischen Wirtschafts-Booms fühlen sich die amerikanischen Verbraucher wohlhabender denn je**
America's continuing economic boom left consumers feeling wealthier than ever

**Wirtschaftsentwicklung** *f* economic development
**Länder in vergleichbaren Stadien der Wirtschaftsentwicklung**
countries at similar stages of economic development

**Wirtschaftsforschung** *f* economic research
**diese neue Firma ist auf Wirtschaftsforschung spezialisiert**
this new firm is focused on economic research

**Wirtschaftsgeschichte** *f* economic history
**was sagt die Wirtschaftsgeschichte über / zu / im Zusammenhang mit ...**
what does economic history teach about ...
**sie kennen sich noch nicht einmal in der jüngeren Wirtschaftsgeschichte aus**
they are ignorant of even recent economic history
**der schwärzeste Tag in der Wirtschaftsgeschichte der Schweiz**
the blackest day in Switzerland's economic history

**Wirtschaftsgesetze** *npl* laws of economics
**sie hatten gedacht, sie könnten die Wirtschaftsgesetze außer Kraft setzen**
they had thought they could defeat the laws of economics

**Wirtschaftsimperium** *n* business empire

**Wirtschaftsindikator** *m* economic indicator
**das Verbrauchervertrauen ist der wichtigste Wirtschaftsindikator, den es zu beachten gilt**
the most useful economic indicator to watch is consumer confidence

**Wirtschaftsklima** *n* economic climate
**das Wirtschaftsklima bleibt insgesamt günstig**
the overall economic climate remains favourable

**Wirtschaftskrise** *f* economic crisis
**die globale Wirtschaftskrise, die sich um uns herum entwickelt, ist fraglos außerordentlich**
the global economic crisis unfolding around us is, without question, extraordinary

das Land aus der Wirtschaftskrise herausführen
to get the country out of its economic crisis

**Wirtschaftslage** *f* economic situation; economic conditions
am Montag tauchten neue Hinweise auf eine Verschlechterung der Wirtschaftslage in den Vereinigten Staaten auf
fresh evidence of deteriorating economic conditions in the US emerged on Monday

**Wirtschaftsleistung** *f* economic performance
die Zeiten mit unterdurchschnittlicher Wirtschaftsleistung sind noch nicht vorbei
the period of subpar economic performance ... is not yet over
diese beiden Länder zeigten die höchste Wirtschaftsleistung
these two countries came out top in terms of economic performance
die Wirtschaftsleistung verbessern
to strengthen economic performance

**Wirtschaftsminister** *m* economics minister; minister of economic affairs; economy minister
der Wirtschaftsminister war zuversichtlich, dass das Land zusätzliche IWF-Hilfe erhalten werde
the economy minister expressed confidence the country would receive extra IMF aid

**Wirtschaftsnachrichten** *fpl* business news

**Wirtschaftspolitik** *f* economic policy
die Wirtschaftspolitik koordinieren
to coordinate economic policies
eine Wirtschaftspolitik einschlagen, die Investitionen in neue Wasserkraftwerke fördert
to adopt economic policies which encourage investment in new hydropower development
er stellt Steuersenkungen in den Mittelpunkt seiner Wirtschaftspolitik
he places tax cuts at the core of his economic policy

**Wirtschaftsprüfungsgesellschaft** *f* auditors; auditor; auditing firm
die Wirtschaftsprüfungsgesellschaft von A&B gab die Vernichtung von Dokumenten zu
A&B's auditor admitted that documents had been destroyed

eine internationale Wirtschaftsprüfungsgesellschaft wird den Aktienkauf untersuchen
an international auditing firm will investigate the purchase of shares

**Wirtschaftsreform** *f* economic reform
er ist der Architekt der jüngsten Wirtschaftsreformen des Landes
he is the architect of the country's latest economic reforms
das Land hat einen starken Einfluss auf das Tempo und die Zielsetzungen von Wirtschaftsreformen in anderen Ländern
the country exerts a strong influence over the pace and direction of economic reforms elsewhere

**Wirtschaftsrückgang** *m* contraction
der Wirtschaftsrückgang war geringer als von den meisten Wirtschaftsexperten vorausgesagt
the contraction was not as great as most economists had predicted

**Wirtschaftstätigkeit** *f* economic activity
der Index will die Wirtschaftstätigkeit für sechs Monate voraussagen
the index aims to signal economic activity six months in the future

**Wirtschaftsumfeld** *n* economic environment
aufgrund des sich verschlechternden Wirtschaftsumfeldes
because of a deteriorating economic environment

**Wirtschaftswachstum** *n* economic growth; economy's expansion; growth
das Wirtschaftswachstum des Landes verlangsamt sich im zweiten Quartal auf 7,1%
the country's economic growth slows to 7.1 percent in Q2
dies würde im Jahre 20... zu einem Wirtschaftswachstum von lediglich 2,3% führen
this would limit the economy's expansion to 2.3% in 20...
das Wirtschaftswachstum in den USA wird im Jahre 20... durchschnittlich 2,5% betragen
American growth will average 2.5% in 20...
kräftiges Wirtschaftswachstum
vigorous economic growth
ein möglichst hohes und nachhaltiges Wirtschaftswachstum fördern

to promote maximum sustainable economic growth
**das Wirtschaftswachstum in der Eurozone hat sich seit letztem Jahr verlangsamt**
economic growth in the eurozone has been slowing since last year

**Wirtschaftswunder** *n* economic miracle

**wissensbasiert** *adj* knowledge-based
**erklärtes Ziel von A&B wird es von nun an sein, sich zu einem wissensbasierten Unternehmen zu entwickeln**
A&B will henceforth aim to become a knowledge-based company

**Wissenschaftler** *m* scientist
**Softwareprodukte, die von Wissenschaftlern in vielen Industriezweigen eingesetzt werden**
software products that scientists use in a wide range of industries

**wissenschaftliche Daten** scientific data
**wissenschaftliche Daten sammeln**
to collect scientific data

**Wohlstand** *m* prosperity
**Vertrauen und Wohlstand in unserer Volkswirtschaft wieder herstellen**
to restore confidence and prosperity in our economy

**Wohnungsbau** *m* housing construction
**der Wohnungsbau verzeichnete ein starkes Wachstum um 3 Prozent**
housing construction posted a strong 3 percent increase

**WTO** (siehe **Welthandelsorganisation**)

**WTO-Gesprächsrunde** *f* trade round
**der jüngste Versuch, eine neue WTO-Gesprächsrunde zu starten, endete mit einem Fiasko**
the most recent attempt to launch a new trade round ended in disaster

# Z

**Zahl** *f* figure; number
**nach vorläufigen / ersten Zahlen war die Wirtschaft auf das Jahr bezogen im dritten Quartal nur um 2,7% gewachsen**
advance figures had suggested that the economy grew at an annualised rate of only 2.7% in the third quarter
**diese Zahl muss vielleicht auf ungefähr 2% nach unten korrigiert werden**
this figure may have to be revised down to around 2%
**am Montag veröffentlichte Zahlen zeigten ...**
figures published on Monday showed ...
**wie jedes Unternehmen verwendet ABC gerne Zahlen**
like any business ABC loves numbers
**wir haben schon immer Zahlen verwendet, um Ziele zu formulieren, unseren Fortschritt zu messen und unsere Erfolge nach außen mitzuteilen**
we have always used numbers to set goals, measure our progress and communicate our achievements
**die Zahl ist viel höher als von den meisten Wirtschaftswissenschaftlern erwartet**
the figure is far higher than most economists expected
**die Zahlen malen ein düsteres Bild der aktuellen Lage**
the figures are painting a bleak picture of the current situation

**Zahlungsfähigkeit** *f* solvency
**wir machen uns ernste Sorgen um die Zahlungsfähigkeit von ABC**
we are seriously worried about the solvency of ABC

**Zahlungsmittel** *n* tender
**D-Mark und Franc hören auf, gesetzliches Zahlungsmittel zu sein**
D-marks and francs cease to be legal tender

**zahlungsunfähig** *adj* insolvent
**ein zahlungsunfähiger südkoreanischer Autohersteller**
an insolvent South Korean car maker

**Zahlungsunfähigkeit** *f* insolvency; default
**unter normalen Umständen ist eine anhaltend schlechte Zahlungsmoral für die Lieferanten ein Alarmzeichen für chronische Liquiditätsprobleme und eine bevorstehende Zahlungsunfähigkeit**
in normal circumstances, a steep upward trend in late payment alerts suppliers to chronic cash problems and likely

insolvency
**ABC befindet sich am Rande der Zahlungsunfähigkeit**
ABC is teetering on the edge of insolvency
**dies ist der bisher größte Fall von Zahlungsunfähigkeit**
this is the largest default in history

**Zahlungsverzug** *m*: **in Zahlungsverzug geraten** default on payments
**A&B bestreitet, in Zahlungsverzug geraten zu sein**
A&B denies that it has defaulted on payments

**Zeichnungsfrist** *f* subscription period
**die Zeichnungsfrist beginnt am Dienstag und endet am 2. Februar**
the subscription period runs from Tuesday through February 2

**Zeit** *f* time
**vor uns liegen schwierige Zeiten**
we're in for very difficult times ahead

**zeitaufwändig** *adj* time-consuming
**dies erfordert kostspielige und zeitaufwändige Arbeiten**
this involves expensive and time-consuming work

**Zeitplan** *m* timetable
**dies würde den ursprünglichen Zeitplan für die Übernahme durcheinander bringen**
this would throw the original timetable for the takeover off track

**Zeitpunkt** *m* (1) timing
**Zeitpunkt und tatsächlicher Umfang des Aktienkaufs hängen von einer Reihe von Faktoren ab**
the timing and actual number of shares purchased will depend on a variety of factors

**Zeitpunkt** *m* (2): **Wahl des Zeitpunktes** timing
**die Märkte waren überrascht über die Wahl des Zeitpunktes und das Ausmaß der Zinssenkung**
markets were surprised by the timing and scale of the rate cut

**Zeitungsbericht** *m* newspaper report
**man bat ihn um eine Stellungnahme zu dem Zeitungsbericht**
he was asked to comment about the newspaper report

**Zeitungspapier** *n* newsprint
**ABC produziert 254.000 Tonnen Zeitungspapier pro Jahr und beschäftigt über 600 Mitarbeiter**
ABC produces 254,000 tonnes of newsprint annually and employs over 600 people

**Zentralbank** *f* (1) central bank
**die Zentralbank wird für den Rest des Jahres die Zinssätze unverändert lassen**
the central bank will leave interest rates unchanged for the rest of the year
**es scheint, dass Regierung und Zentralbank nicht in der Lage sind, die grundlegenden Wirtschaftsprobleme des Landes in den Griff zu bekommen**
the government and the central bank seem unable to get to grips with the country's fundamental economic problems

**Zentralbank** *f* (2): **US-Zentralbank** *f* Federal Reserve (Fed); U.S. central bank
**die amerikanische Zentralbank hat die Zinsen um ... erhöht**
the Fed has raised interest rates by ...
**die amerikaische Zentralbank hat die Leitzinsen / den Diskontsatz von 6% auf 5,75% gesenkt**
the Fed cut the discount rate to 5.75 percent from 6 percent
**die amerikanische Zentralbank hat dieses Jahr zur Bekämpfung der nachlassenden Konjunktur schon viermal die Zinsen gesenkt**
the U.S. central bank has lowered rates four times this year to help stem the economic slowdown

**Zentrale zur Bekämpfung des unlauteren Wettbewerbs** *(GER)* Association for the Fight against Illegal Competition

**Zerschlagung** *f* break-up
**sie haben den Gedanken an eine Zerschlagung von A&B noch nicht aufgegeben**
they have not dropped the idea of an A&B break-up

**zertifiziert werden** obtain certification
**ABC war das erste Unternehmen, das nach ISO ... zertifiziert wurde**
ABC was the first company to obtain ISO ... certification

**Ziel** *n* goal; objective; target
**andere Analysten sind sich nicht so sicher, welche Ziele er letztendlich verfolgt**

other analysts are less sure what his ultimate goals are
**wir werden uns auch weiterhin ehrgeizige Ziele setzen**
we will continue to set challenging goals
**unsere Lösungen helfen Kunden weltweit bei der Verwirklichung ihrer Ziele**
our solutions help customers worldwide achieve their goals
**das Unternehmen ist bereit, seine Ziele zu verwirklichen / in die Tat umzusetzen**
the company is prepared to meet its objectives
**Ziele verfolgen und in die Tat umsetzen**
to pursue and realise objectives
**die Inflation weicht um mehr als einen Prozentpunkt vom Ziel ab**
inflation deviates by more than a percentage point from the target

**Zielgruppe** *f* target group
**die Konferenz richtet sich an zwei Zielgruppen**
the conference has two target groups

**Zigarettenhersteller** *m* cigarette maker; cigarette manufacturer
**der viertgrößte Zigarettenhersteller der Welt**
the world's fourth-largest cigarette maker

**Zins** *m* interest
**Gewinn vor Zinsen und Steuern**
profit before interest and tax
**das Recht auf Zinsen bei säumiger Bezahlung**
the right to interest on late payments
**ausstehende Zinsen**
unpaid interest

**Zinsaufwand** *m* interest expense
**im vierten Quartal belief sich der Zinsaufwand auf 60 Mio. Dollar**
interest expense in the fourth quarter was $60 million
**die Zinsaufwendungen werden vom Jahre 20... an sinken**
interest expenses will decline from 20... on

**Zinserhöhung** *f* interest rate hike

**Zinserträge** *mpl* interest income
**die Zinserträge im Jahre 20... stiegen im Vergleich zu 20... um 44%**
interest income in 20... increased 44% from 20...

**zinsgünstige Finanzierung** low-interest financing

**Zinspolitik** *f* interest-rate policy
**Zinssatz** *m* interest rate
**die Zinssätze in Amerika werden in nächster Zeit nicht steigen**
American interest rates will not rise in the near future
**der Zinssatz des Landes könnte auf einstellige Werte fallen**
the country's interest rate could fall to single-digit levels
**die Bank erhöhte zum ersten Mal innerhalb von zehn Jahren die Zinssätze**
the bank raised interest rates for the first time in a decade
**die Zinssätze senken**
to cut interest rates
**die amerikanische Zentralbank hat seit Juni 20... die Zinssätze sechsmal erhöht**
the Federal Reserve has boosted interest rates six times since June 20...
**die Bank ließ die Zinssätze unverändert**
the bank left interest rates unchanged
**die Notwendigkeit einer weiteren Senkung der Zinssätze**
the need for a further reduction in interest rates
**die Zinssätze niedrig halten**
to keep interest rates down
**bis vor kurzem waren die amerikanischen Zinssätze noch auf dem Weg nach oben**
until recently, American interest rates had been on an upward path

**Zinssenkung** *f* interest rate cut; interest-rate cut; rate cut; interest-rate reduction
**in nächster Zeit könnte es zu weiteren Zinssenkungen kommen**
further interest rate cuts could be on the way
**die Aktienmärkte hatten mit weiteren Zinssenkungen gerechnet**
the stockmarkets had been counting on further interest-rate cuts
**er schloss weitere Zinssenkungen nicht aus**
he did not rule out further interest-rate cuts
**Zinssenkungen wirken mit einer gewissen Verzögerung**
interest-rate reductions operate after a lag
**die in dieser Woche erfolgten Zinssenkungen waren sinnvoll**
this week's interest-rate cuts were sensible

**Zinszahlung** *f* interest payment
**fällige Zinszahlungen**
outstanding interest payments
**das Unternehmen war diesen Monat nicht in der Lage, Zinszahlungen in Höhe von 10 Mio. Dollar zu leisten**
the company was unable to make a $10 million interest payment earlier this month

**zivile Luftfahrt** civil aviation

**zivile Luftfahrtbehörde** civil aviation authority
**Vertreter der zivilen Luftfahrtbehörden**
representatives of the civil aviation authorities

**Zivilflugzeug** *n* civil aircraft; commercial aircraft
**Zivilflugzeuge machen ungefähr zwei Drittel der Produktion des Unternehmens aus**
civil aircraft account for about two-thirds of the company's output
**bei der Entwicklung von Zivilflugzeugen steht die Forderung nach wirtschaftlichem Betrieb im Vordergrund**
the development of civil aircraft has been dominated by the need for economical operation

**Zivilflugzeugsparte** *f* commercial-aircraft division
**bis zum Ende des kommenden Jahres werden bis zu 30.000 Stellen in der Zivilflugzeugsparte des Unternehmens gestrichen**
up to 30,000 jobs will go at the company's commercial-aircraft division by the end of next year

**Zölle** *mpl* tariffs *pl*
**mit Zöllen von bis zu 40% auf Stahlimporte drohen**
to threaten tariffs of up to 40% on steel imports
**er kündigte Pläne an, Zölle von bis zu 30% auf Stahlimporte zu erheben / für Stahlimporte zu verhängen**
he announced plans to impose tariffs of up to 30 per cent on imported steel

**Zollschranke** *f* tariff barrier

**Zollunion** *f* customs union
**die Länder kamen überein, bis zum Jahre 20... eine Zollunion zu errichten**
the countries agreed to set up a customs union by 20...

**Zollvergünstigungen** *fpl* preferential tariffs

**jahrelang stritten die beiden Länder über Zollvergünstigungen bei Bananen**
for years the two countries locked horns over preferential tariffs on bananas

**Zukunft** *f* future
**einen wirklichen Blick in die Zukunft gestatten / ermöglichen**
to give a real glimpse of the future

**Zukunftstechnologie** *f* future technology
**die Erkundung / Erforschung und Entwicklung von Zukunftstechnologien**
the exploration and development of future technologies

**zukunftsweisend** *adj* future-oriented

**zulegen** *v* record gains
**unsere Aktien konnten im ersten Viertel kräftig zulegen**
our shares recorded strong gains in the first quarter

**Zulieferer** *m* outside source; subcontractor; supplier
**hochwertige Komponenten und Baugruppen stammen / kommen von Zulieferern**
high-quality components and subassemblies are supplied by outside sources
**das Unternehmen hat Streit mit / liegt im Clinch mit seinem größten Zulieferer**
the company is at odds with its largest supplier

**zurückkaufen** *v* repurchase; buy back
**wir haben auch 2,9 Mio. unserer Aktien zurückgekauft**
we also repurchased 2.9 million of our shares
**10% der ausgegebenen Aktien zurückkaufen**
to buy back 10% of outstanding shares

**zurückrufen** *v* recall
**ABC gab bekannt, das Unternehmen werde weitere 1,5 Mio. Wagen wegen mechanischer Fehler zurückrufen**
ABC said it would recall another 1.5m cars due to mechanical faults

**Zurückstufung** *f* downgrade
**er bezeichnete die Zurückstufung als enttäuschend**
he described the downgrade as disappointing

**zurücktreten** *v* step down
**er versprach widerwillig, noch**

**vor Vollendung seiner Amtszeit zurückzutreten**
he made a reluctant promise to step down before the completion of his term

**zurückziehen** *v*: **sich zurückziehen aus** leave
**ABC zieht sich nun aus dem Speicherchip-Geschäft zurück**
ABC is now leaving the memory-chip business

**Zusammenbruch** *m* collapse
**den Zusammenbruch des hoch verschuldeten Konzerns auslösen / bewirken**
to trigger the collapse of the debt-laden group
**der Zusammenbruch des Unternehmens war für das Land ein Schock**
the collapse of the company has shocked the country

**Zusammenschluss** *m* merger
**steigende Verluste und fehlgeschlagene Zusammenschlüsse tragen noch zusätzlich zur düsteren Lage dieses Industriezweiges bei**
rising losses and failed mergers are adding to the industry's gloom

**Zusatzleistungen** *fpl* fringe benefits

**zusätzliche Leistungen** fringe benefits

**zuständig** *adj* responsible
**er ist für kleine und mittlere Unternehmen zuständig**
he is responsible for small and medium-sized businesses

**Zwangsverwaltung** *f* court receivership
**ABC droht nun die Zwangsverwaltung**
ABC now faces court receivership

**Zwei-Jahres-Tief** *n* two-year low
**die Aktien fielen vergangene Woche auf ein Zwei-Jahres-Tief**
shares hit a two-year low last week

**zweistellig** *adj* double-digit
**zweistelliges Wachstum**
double-digit growth
**im niedrigen zweistelligen Bereich**
in the low double-digit range

# Dictionary of Modern Business

English-German

with Model Phrases and Sentences

**3G handset** UMTS-Handy *n*; UMTS-Mobiltelefon *n*
**no indication was given for when 3G handsets were likely to become available**
über den Zeitpunkt, wann die UMTS-Handys verfügbar sein würden, wurde nichts mitgeteilt

**3G licence** *(BE)* / **license** *(AE)* UMTS-Mobilfunk-Lizenz *f*; UMTS-Lizenz *f*
**ABC won a 3G license last year**
ABC ersteigerte letztes Jahr eine UMTS-Mobilfunk-Lizenz
**eight groups are to bid in Italy's auction of its 3G licences**
acht Gruppierungen werden an der Versteigerung von UMTS-Lizenzen in Italien teilnehmen
**buying 3G licences in Europe through auctions and other processes**
der Erwerb von UMTS-Lizenzen in Europa an Auktionen oder mittels anderer Verfahren
**the holder of the country's only 3G licence**
der Inhaber der einzigen UMTS-Lizenz des Landes

**3G licence** *(BE)* / **license** *(AE)* **fee** UMTS-Lizenzgebühr *f*
**to provide rebates on 3G licence fees**
bei den UMTS-Mobilfunk-Lizenzgebühren Rabatte / Preisnachlässe gewähren

**3G market** UMTS-Markt *m*
**new entrants into the 3G market**
neue Konkurrenten auf dem UMTS-Markt

**3G mobile-phone licence** UMTS-Mobilfunk-Lizenz *f*

**3G mobile phone market** UMTS-Markt *m*; UMTS-Mobilfunkmarkt *m*

**3G network** UMTS-Netz *n*
**3G networks will then have to be rolled out to meet the ever-increasing demand**
es müssen dann im Eiltempo UMTS-Netze aufgebaut werden, um die immer größere Nachfrage zu befriedigen
**3G networks will be in place as early as 20...**
UMTS-Netze werden schon im Jahre 20... zur Verfügung stehen
**these technologies will form a bridge to high-speed 3G networks**
diese Technologien werden die Brücke zu den Hochgeschwindigkeits-UMTS-Netzen bilden
**building 3G networks could cost another $150 billion**
der Aufbau von UMTS-Netzen könnte weiter 150 Mrd. $ kosten

**3G success** UMTS-Erfolg *m*
**ABC defies pessimists and predicts 3G success**
ABC widerspricht Pessimisten und sagt UMTS-Erfolg voraus

**3G technology** UMTS-Technologie *f*

# A

**abattoir** *n* Schlachthaus *n*
**the highly contagious disease was discovered at an abattoir in England**
die hochgradig ansteckende Krankheit wurde in einem Schlachthaus in England entdeckt
**the closure of many smaller abattoirs**
die Schließung vieler kleinerer Schlachthäuser

**access to the electricity system** Netzzugang *m*
**to guarantee cogeneration fair access to the electricity system**
der Kraft-Wärme-Kopplung fairen Netzzugang garantieren

**access to the grid** Netzzugang *m*
**to have easy access to the grid**
leichten Netzzugang haben

**access to the Internet** Internetzugang *m*
**to provide customers with mobile access to the Internet**
Kunden mobilen Internetzugang bieten

**access to the utility grid** Netzzugang *m*
**the system to be installed has no access to the utility grid**
die geplante Anlage hat keinen Netzzugang

**accession** *n* Beitritt *m*
**the country's accession to the WTO**
der Beitritt des Landes zur Welthandelsorganisation

**accounting firm** Steuerberatungsfirma *f*
**accounting firms have evolved into increasingly complex organisations**
die Steuerberatungsfirmen haben sich zu

**accounting firm** 198

immer komplexeren Organisationen entwickelt

**accounting trick** Bilanztrick *m*

**accounting trickery** Bilanztrickserei *f*
**there is often a lot of accounting trickery that goes into determining Assets and Liabilities**
bei der Bestimmung der Aktiva und Passiva kommt es oft zu Bilanztrickserei

**AC drive** Wechselstromantrieb *m*
**today's generation of digital AC drives**
die heutige Generation digitaler Wechselstromantriebe

**acquire** *v* erwerben; kaufen
**in 20..., the company acquired portions of ABC**
im Jahre 20... erwarb das Unternehmen Teile von ABC

**acquisition** *n* Firmenaufkauf *m*; Akquisition *f*; Erwerb *m*; Übernahme *f*
**mergers and acquisitions**
Fusionen und Firmenaufkäufe
**the acquisition of ABC broadens our capacity and capabilities worldwide**
die Akquisition von ABC erhöht unsere Leistung und unsere Fähigkeiten weltweit
**the acquisition of ABC and BCD contributed significantly to this growth**
der Erwerb von ABC und BCD trug beträchtlich zu diesem Wachstum bei
**the recently completed acquisition of the gas turbine division of ABC will greatly enhance our business**
die in jüngster Zeit vollzogene Übernahme der Gasturbinen-Sparte von ABC wird unsere Geschäftsaktivitäten beträchtlich verbessern

**acquisition spree** Einkaufstour *f*
**the company went on an acquisition spree, buying ABC Motors and an oil refinery**
das Unternehmen ging auf Einkaufstour und kaufte ABC Motors und eine Ölraffinerie

**action** *n* Maßnahme *f*
**ABC's growing losses need immediate action**
die wachsenden Verluste von ABC verlangen sofortige Maßnahmen

**adhesive** *n* Klebstoff *m*
**adhesives for cars and planes**
Klebstoffe für Autos und Flugzeuge

**administrative costs** Verwaltungskosten *pl*
**to lead to spiralling administrative costs**
zu schnell ansteigenden Verwaltungskosten führen

**administrative expense** Verwaltungskosten *pl*
**selling, general and administrative expenses**
Vertriebs-, allgemeine und Verwaltungskosten
**general and administrative expense in 1999 increased 8% from 1998**
die allgemeinen und Verwaltungskosten stiegen 1999 um 8% im Vergleich zum Vorjahr

**administrator** *n* Insolvenzverwalter *m*
**the court appointed administrator must draw up a list of assets**
der vom Gericht ernannte Insolvenzverwalter muss eine Bestandsaufnahme des Vermögens vornehmen

**ADSL** asymmetrical digital subscriber line
**ADSL offers a much faster connection than ISDN**
ADSL bietet eine viel schnellere Verbindung als ISDN

**ad slump** Einbruch der Werbekonjunktur; Anzeigenrückgang *m*; schwache Werbekonjunktur
**the company was beginning to feel the pain of the advertising slump**
das Unternehmen begann, die Auswirkungen des Anzeigenrückgangs zu spüren
**the ad slump will continue until 20...**
die schwache Werbekonjunktur wird bis 20... anhalten

**advertising** Werbung *f*
**they are spending heavily on advertising**
sie geben viel für Werbung aus

**advertising agency** Werbeagentur *f*
**ABC is one of the world's leading advertising agencies**
ABC ist eine der weltweit führenden Werbeagenturen

**advertising budget** Werbeetat *m*; Werbebudget *n*

**advertising campaign** Anzeigenkampagne *f*; Werbekampagne *f*
**analysts expect ABC to mount a hefty advertising campaign next year**

Branchenbeobachter erwarten, dass ABC im kommenden Jahr eine energische Anzeigenkampagne starten wird
**this growing market will spur an increase in cellular advertising campaigns**
dieser wachsende Markt wird neue Anzeigenkampagnen für Handys auslösen
**to launch an advertising campaign**
eine Werbekampagne starten
**two major advertising campaigns are now underway**
zurzeit laufen zwei größere Werbekampagnen
**A&B ran an advertising campaign earlier this year**
A&B hat dieses Jahres eine Werbekampagne durchgeführt
**failed advertising campaign**
fehlgeschlagene Werbekampagne
**a national advertising campaign had been scheduled to begin on November 14$^{th}$**
man hatte für den 14. November den Beginn einer landesweiten Werbekampagne geplant

**advertising environment** Werbekonjunktur *f*
**the revised estimates assumed a continuing weak advertising environment for the rest of the calendar year**
bei den revidierten Prognosen ging man von einer anhaltend schwachen Werbekonjunktur im restlichen Kalenderjahr aus

**advertising firm** Werbeagentur *f*

**advertising revenue** Werbeumsatz *m*
**a sharp drop in advertising revenue**
ein deutlicher Rückgang des Werbeumsatzes

**advertising slump** Einbruch der Werbekonjunktur; Anzeigenrückgang *m*
**the company was beginning to feel the pain of the advertising slump**
das Unternehmen begann, die Auswirkungen des Anzeigenrückgangs zu spüren

**aerial** *n* Antenne *f*
**they will share the same infrastructure rather than each build their own aerials**
die beiden Unternehmen werden dieselbe Infrastruktur nutzen und nicht jedes für sich eigene Antennen errichten

**aero-engine** *n* Flugzeugtriebwerk *n*; Flugtriebwerk *n*
**these components are frequently used in aero engines**
diese Bauteile werden häufig in Flugtriebwerken eingesetzt

**aerospace** *n*; **aero-space** *n* Luft- und Raumfahrt *f*
**the company announced that it would sell its aerospace and defense businesses**
das Unternehmen kündigte den Verkauf seiner Luft- und Raumfahrt- und Wehrtechnik-Sparten an

**aerospace analyst** Luftfahrtexperte *m*

**aerospace business** Luft- und Raumfahrtsparte *f*
**ABC sells its aerospace business to BCD**
ABC verkauft seine Luft- und Raumfahrtsparte an BCD

**aerospace company** Luft- und Raumfahrtunternehmen *n*

**aerospace giant** Luft- und Raumfahrt-Riese *m*
**the American aerospace giant will develop a long-range jet**
der amerikanische Luft- und Raumfahrt-Riese wird ein Langstreckenflugzeug entwickeln

**aerospace group** Luft- und Raumfahrt-Konzern *m*; Luftfahrtkonzern *m*

**aerospace subsidiary** Luft- und Raumfahrttochter *f*

**aesthetically pleasing** ästhetisch ansprechend / befriedigend
**our designers create products that are aesthetically pleasing**
unsere Konstrukteure entwickeln ästhetisch ansprechende Produkte

**affairs** *pl* Geschäfte *npl*
**he still exerts strong influence on the group's affairs**
er übt noch immer einen großen Einfluss auf die Geschäfte des Konzerns aus

**agency** *n* Behörde *f*
**the agency made one mistake after another**
die Behörde machte einen Fehler nach dem anderen
**this U.S. agency nurtures small businesses**

**agency**

diese Behörde kümmert sich um / unterstützt Kleinunternehmen

**agenda** *n* Tagesordnung *f*
**to be at the top of the agenda**
ganz oben auf der Tagesordnung stehen
**a new round of negotiations has been launched, and an agenda has been agreed**
es wurde eine neue Verhandlungsrunde eingeleitet und man einigte sich auf eine Tagesordnung
**to broaden the agenda**
die Tagesordnung erweitern

**agreement** *n* Vertrag *m*; Vereinbarung *f*
**to conclude an agreement**
einen Vertrag schließen

**agriculture** *n* Landwirtschaft *f*
**products and technologies for use in agriculture**
Produkte und Technologien für den Einsatz in der Landwirtschaft

**agriculture minister** Landwirtschaftsminister *m*

**aid package** Hilfspaket *n*
**the union pressed for an aid package running into hundreds of millions of pounds**
die Gewerkschaft drängte auf ein Hilfspaket in Höhe von mehreren hundert Millionen Pfund
**the American government is preparing a large aid package for the airlines**
die amerikanische Regierung schnürt ein umfassendes Hilfspaket für die Fluggesellschaften
**the federal government agreed an aid package for America's airlines**
die Bundesregierung stimmte einem Hilfspaket für die amerikanischen Fluggesellschaften zu

**air carrier** Fluggesellschaft *f*
**air cargo traffic** Luftfrachtaufkommen *n*
**there is still much potential for growth in air cargo traffic**
das Luftfrachtaufkommen lässt sich weiter steigern

**aircraft** *n* Flugzeug *n*
**both airlines are adding new aircraft at a rapid pace to meet forecast 25 per cent a year growth rates**
beide Fluglinien schaffen in schneller Folge neue Flugzeuge an, um für die prognostizierten Wachstumsraten von jährlich 25% gewappnet zu sein
**to create a huge demand for aircraft**
eine große Nachfrage nach Flugzeugen erzeugen / verursachen / bewirken

**aircraft builder** Flugzeugbauer *m*

**aircraft construction** Flugzeugbau *m*

**aircraft engine** Flugzeugtriebwerk *n*
**high-performance aircraft engine**
Hochleistungs-Flugzeugtriebwerk
**to simplify the design and construction of aircraft engines**
Konstruktion und Bau von Flugzeugtriebwerken vereinfachen

**aircraft-engine production**
Herstellung von Flugzeugtriebwerken

**aircraft family** Flugzeugfamilie *f*
**this engine powers ABC's successful aircraft family**
dieses Triebwerk wird in der erfolgreichen Fluzeugfamilie von ABC eingesetzt

**aircraft industry** Flugzeugindustrie *f*
**the aircraft industry received large orders for military aircraft**
die Flugzeugindustrie erhielt Großaufträge für Militärflugzeuge

**aircraft maker** Flugzeughersteller *m*; Flugzeugbauer *m*
**he is in a good position to negotiate a favourable price with the aircraft makers**
er befindet sich in einer günstigen Ausgangslage, um bei den Flugzeugherstellern einen guten Preis auszuhandeln

**aircraft manufacturer** Flugzeugbauer *m*

**air fare** Flugpreis *m*
**to cut air fares**
die Flugpreise senken

**airline** *n* Fluglinie *f*; Fluggesellschaft *f*; Luftverkehrsgesellschaft *f*; Flugunternehmen *n*
**state-owned airline**
staatliche Fluglinie
**Spain's national airline ended talks to buy Air Europa**
die nationale Fluggesellschaft Spaniens hat die Gespräche über den Kauf von Air Europa beendet / abgebrochen

**airline alliance** Luftverkehrs-Allianz *f*
**this has prompted the creation of**

**airline alliances**
dies hat zur Bildung von Luftverkehrs-Allianzen geführt

**airline company** Fluggesellschaft *f*
**airline companies have found that building global alliances is creating all sorts of problems for them**
die Fluggesellschaften mussten feststellen, dass der Aufbau globaler Allianzen ihnen eine Menge Probleme beschert

**airline hub** Flugdrehkreuz *n*
**to by-pass often congested airline hubs**
oft verstopfte Flugdrehkreuze umfliegen / vermeiden

**airline staff** Mitarbeiter von Fluggesellschaften
**airline staff are unhappy in America, Europe and Asia**
die Mitarbeiter von Fluggesellschaften in Amerika, Europa und Asien sind unzufrieden

**airline ticket** Flugschein *m*; Flugticket *n*
**to purchase an airline ticket**
einen Flugschein kaufen

**airline travel** Flugreiseverkehr *m*
**slump in airline travel**
Rückgang im Flugreiseverkehr

**airplane engine** Flugzeugtriebwerk *n*
**A&B is a leading global manufacturer of airplane engines**
A&B ist ein führender globaler Hersteller von Flugzeugtriebwerken

**air pollution** Luftverschmutzung *f*
**to reduce air pollution**
die Luftverschmutzung verringern
**making electricity causes more air pollution than any other industry in the U.S.**
die Stromwirtschaft erzeugt mehr Luftverschmutzung als jeder andere Industriezweig in den USA

**air pollution control** Bekämpfung der Luftverschmutzung

**airship** *n* Luftschiff *n*
**engineers, visionaries and entrepreneurs have been talking about reviving the airship for decades**
Ingenieure, Visionäre und Unternehmer reden schon seit Jahrzehnten von der Wiederbelebung des Luftschiffes
**a handful of firms around the world have begun work on large airships**
einige wenige, über die ganze Welt verstreute Unternehmen haben mit der Arbeit an großen Luftschiffen begonnen
**at present, the main use for airships is advertising**
gegenwärtig werden Luftschiffe vor allem zu Werbezwecken eingesetzt

**air traffic** Flugverkehr *m*; Luftverkehr *m*
**fast-growing Asia will represent nearly half the world's air traffic growth by 2010**
nahezu die Hälfte des Wachstums des Luftverkehrs bis zum Jahre 2010 wird auf das schnell wachsende Asien entfallen
**air traffic is growing again**
der Luftverkehr nimmt wieder zu
**a sudden drop in air traffic**
ein plötzlicher Rückgang des Luftverkehrs

**air-traffic control** Flugsicherung *f*
**these frequencies are reserved for air-traffic control or the sending of distress signals**
diese Frequenzen sind für die Flugsicherung oder Notsignale reserviert

**air-traffic controller** Fluglotse *m*
**air-traffic-control system** Flugsicherung *f*
**air-traffic delay** Verspätung im Flugverkehr

**air travel** Reisen per / im Flugzeug; Luftfahrt *f*; Flugreisen *fpl*
**two contrasting views of the future of air travel**
zwei gegensätzliche Ansichten über die Zukunft des Reisens im Flugzeug
**a rash of strikes is making air travel even more stressful than usual**
eine Streikwelle macht Flugreisen noch anstrengender / stressiger als sie es schon sind

**air traveller** Flugpassagier *m*
**airworthiness certificate** Fluglizenz *f*
**to restore Concorde's airworthiness certificate**
der Concorde wieder eine Fluglizenz erteilen

**alarm bell** Alarmglocke *f*
**this should sound alarm bells in every national capital**
dies sollte in den Hauptstädten aller Nationen die Alarmglocken schrillen lassen

**alcoholic-drinks company** Spirituosenhaus *n*
**the world's biggest alcoholic-drinks company**
das größte Spirituosenhaus der Welt

**allegation** *n* Anschuldigung *f*
**two companies have been hit with similar allegations**
die beiden Firmen sehen sich mit ähnlichen Anschuldigungen konfrontiert

**alliance** *n* Allianz *f*
**unlike mergers, alliances rarely lead to savings**
im Gegensatz zu Fusionen führen Allianzen selten zu Einsparungen
**in some industries, global alliances have another use**
in einigen Industriezweigen haben globale Allianzen einen weiteren Zweck
**the world's biggest airlines have flocked together into alliances**
die größten Fluggesellschaften der Welt haben sich in Allianzen gruppiert
**the company has struck alliances with A&B and B&C**
das Unternehmen ist Allianzen eingegangen mit A&B und B&C

**Alliance for Jobs** *(GER)* Bündnis für Arbeit

**all-you-can-use charge** Pauschalgebühr *f*
**an all-you-can-use monthly charge increases the potential for a clogged network**
eine monatliche Pauschalgebühr erhöht die Gefahr verstopfter Netze

**alternating current** Wechselstrom *m*
**George Westinghouse developed the technology that made alternating current practical**
George Westinghouse entwickelte die Technologie, die den Wechselstrom praxistauglich machte

**alternative energy source** alternative Energiequelle
**the desire for new, alternative energy sources**
der Wunsch nach neuen alternativen Energiequellen

**alumin(i)um producer** Aluminiumhersteller *m*
**a medium-sized alumin(i)um producer**
ein mittelgroßer Aluminiumhersteller

**alumin(i)um producing company** Aluminiumhersteller *m*
**the biggest three alumin(i)um producing companies account for 40 per cent of global output**
die drei größten Aluminiumhersteller haben einen Weltmarktanteil von 40 Prozent

**amicable settlement** einvernehmliche Lösung
**A&B has so far shown no desire to seek an amicable settlement of the issue**
A&B war bis jetzt nicht gewillt, eine einvernehmliche Lösung des Problems zu suchen

**amortize** *v* abschreiben
**to amortize on a straight line basis over three years**
über einen Zeitraum von drei Jahren linear abschreiben

**analyst** *n* Analyst *m*; Branchenbeobachter *m*; Branchenkenner *m*; Branchenexperte *m*; Marktbeobachter *m*
**analysts are predicting earnings of about $2.41 a share next year**
Analysten sagen für das kommende Jahr Erträge in Höhe von ca. $2,41 pro Aktie voraus
**many analysts expect crude oil prices to fall**
viele Branchenbeobachter erwarten fallende Rohölpreise
**the extent of new competition worries some analysts**
das Ausmaß des zusätzlichen Wettbewerbs beunruhigt einige Branchenbeobachter
**A&B has exceeded analysts' expectations for the past two quarters**
A&B hat in den letzten beiden Quartalen die Erwartungen der Analysten übertroffen

**analysts' conference** Analystenkonferenz *f*
**at an analysts' conference a few weeks ago**
an einer Analystenkonferenz vor ein paar Wochen

**analytical study** Analyse *f*
**our analytical studies are designed to help senior managers make informed decisions**
unsere Analysen sollen leitenden Angestellten bei der Entscheidungsfindung helfen

**animal-rights protester** Tierschützer *m*

**animated image** bewegtes Bild
the transmission of animated images
die Übertragung bewegter Bilder
**annual capacity** Jahreskapazität *f*
to cut annual capacity from 5 million vehicles to 4 million
die Jahreskapazität von 5 Mio. auf 4 Mio. Fahrzeuge senken
**annual economic report** Jahreswirtschaftsbericht *m*
**annual general meeting** Hauptversammlung *f*; Jahreshauptversammlung *f*
the annual general meeting was brought forward to the end of April from June
die Hauptversammlung wurde von Juni auf Ende April vorverlegt
at the annual general meeting
an der Hauptversammlung
addressing the Annual General Meeting, he expressed his concern at the number of ineffective energy saving programmes
in seiner Rede an die Hauptversammlung brachte er seine Besorgnis über die große Anzahl unwirksamer Energiesparprogramme zum Ausdruck
the annual general meeting will be held in Glasgow today
die Jahreshauptversammlung findet heute in Glasgow statt
**annual meeting of stockholders** Aktionärshauptversammlung *f*
the Annual Meeting of Stockholders will be held on Wednesday, April 25, 20..., in Los Angeles
die Aktionärshauptversammlung findet am Mittwoch, den 25. April, 20... in Los Angeles statt
**annual press conference** Jahrespressekonferenz *f*
further details will be given at the annual press conference on March 9
nähere Einzelheiten werden an der Jahrespressekonferenz am 9. März bekannt gegeben
**annual profit** Jahresgewinn *m*
ABC reported a 9 percent drop in annual profit to £50.2 million
ABC verzeichnete einen Rückgang seines Jahresgewinns um 9 Prozent auf 50,2 Mio. £
**annual report** Geschäftsbericht *m*; Jahresbericht *m*
the numbers in this year's annual report
die Zahlen des aktuellen Jahresberichts
the annual report is published by a company for its stockholders at the end of each fiscal year
der Geschäftsbericht wird immer zum Ende eines Geschäftsjahres für die Aktionäre des Unternehmens veröffentlicht
**annual target** Jahresziel *n*
to achieve the annual target
das Jahresziel erreichen
**annual turnover** Jahresumsatz *m*
the firm has an annual turnover of £6.5m and a staff of more than 120
das Unternehmen hat einen Jahresumsatz von 6,5 Mio. £ und beschäftigt mehr als 120 Mitarbeiter
**anti-globalisation protester** Antiglobalisierer *m*; Globalisierungsgegner *m*
**antitrust action** Kartellverfahren *n*
**antitrust agency** Kartellbehörde *f*; Kartellamt *n*
the Federal Trade Commission is America's other federal antitrust agency
die Federal Trade Commission ist die andere amerikanische Kartellbehörde auf Bundesebene
**antitrust authorities** Kartellbehörde *f*
it is up to the antitrust authorities to ensure that markets are sufficiently competitive
es ist Aufgabe der Kartellbehörde, für ausreichend Wettbewerb auf den Märkten zu sorgen
**antitrust battle** Kartellstreit *m*
A&B's long-running antitrust battle with America's Justice Department
der lang andauernde Kartellstreit von A&B mit dem amerikanischen Justizministerium
**antitrust case** Kartell-Prozess *m*
18 states are involved in the long-running antitrust case against the company
18 Bundesstaaten sind an dem langwierigen Kartellverfahren gegen das Unternehmen beteiligt
**antitrust enforcer** Wettbewerbshüter *m*
**antitrust investigation** kartellrechtliche Untersuchung
to launch antitrust investigations
eine kartellrechtliche Untersuchung einleiten

**antitrust law** Kartellgesetz *n*
  the Sherman Act was the first U.S.
  antitrust law
  das Sherman Act war Amerikas
  erstes Kartellgesetz
  compliance with antitrust laws
  Einhaltung der Kartellgesetze
**antitrust legislation** Kartellgesetzgebung *f*; Kartellgesetze *npl*
**antitrust official** Wettbewerbshüter *m*
  the long-running contest between
  A&B and American antitrust officials
  die schon lange andauernde
  Auseinandersetzung zwischen A&B und
  den amerikanischen Wettbewerbshütern
**antitrust policy** Kartellpolitik *f*
  aggressive antitrust policy
  aggressive Kartellpolitik
  to be dubious about the effectiveness
  of antitrust policy
  Zweifel an der Wirksamkeit der
  Kartellpolitik haben
**antitrust rules** Kartellpolitik *f*
**antitrust suit** Kartell-Prozess *m*;
  Kartellverfahren *n*
  they have refused to support the
  settlement of the antitrust suit
  sie weigern sich, den Vergleich in dem
  Kartellverfahren zu akzeptieren
**antitrust trial** Kartell-Prozess *m*
  the antitrust trial is moving nearer
  judgment
  das Urteil / die Urteilsverkündung im
  Kartell-Prozess rückt näher
**appeal** *v* Rechtsmittel einlegen
  gegen; Berufung einlegen gegen
  the company plans to appeal against
  the ruling
  das Unternehmen will Rechtsmittel
  gegen das Urteil einlegen
  A&B appealed against a judgment
  ordering it to be split in two
  A&B hat Berufung gegen ein Urteil
  eingelegt, das die Aufspaltung des
  Unternehmens in zwei Teile fordert
**appeals court** Berufungsgericht *n*
  the appeals court rejected the
  break-up of the company
  das Berufungsgericht hat die
  Aufspaltung des Unternehmens
  zurückgewiesen
**appliance** *n* Haushaltsgerät *n*;
  Hausgerät *n*
**appliance industry** Haushaltsgeräteindustrie *f*
  the intensely competitive
  appliance industry
  die äußerst wettbewerbsintensive
  Haushaltsgeräteindustrie
**appliance maker** Haushaltsgerätehersteller *m*
**application** *n* Anwendungsmöglichkeit *f*; Anwendung *f*
**application possibility** Anwendungsmöglichkeit *f*
  these devices open application
  possibilities like artificial intelligence
  and full automation of many daily
  functions
  diese Geräte eröffnen Anwendungsmöglichkeiten in den Bereichen
  Künstliche Intelligenz und Vollautomatisierung vieler alltäglicher
  Funktionen
**application software** Anwendungssoftware *f*
  to develop application software for
  the Japanese market
  Anwendungssoftware für den japanischen Markt entwickeln
  we create flexible application software
  wir stellen vielseitige Anwendungssoftware her
**application-specific** anwendungsbezogen
  application-specific solutions
  anwendungsbezogene Lösungen
**appropriation of earnings** Gewinnverwendung *f*
**arbitration process:** under the
  arbitration process of the
  International Chamber of
  Commerce nach der Schiedsordnung der Internationalen
  Handelskammer
  to file a claim against A&B for
  damages under the arbitration
  process of the International Chamber
  of Commerce
  A&B nach der Schiedsordnung der
  Internationalen Handelskammer auf
  Schadenersatz verklagen
**arms dealer** Waffenhändler *m*
**artificial intelligence** künstliche
  Intelligenz
**assembly line** Fließband *n*
  passenger cars roll off the
  assembly line
  Pkw rollen von den Fließbändern
**assembly plant** Montagewerk *n*
  the closure of assembly plants
  die Schließung von Montagewerken

**asset management** Vermögensverwaltung *f*
**Mr Miller will run the asset management division**
Herr Miller wird den Bereich Vermögensverwaltung leiten

**Association for the Fight against Illegal Competition** *(GER)* Zentrale zur Bekämpfung des unlauteren Wettbewerbs

**attendance** *n* Besucherzahl *f*; Besuch *m*
**fair organizers expect little decline in attendance**
die Veranstalter der Messe gehen von einem nur geringfügigen Rückgang der Besucherzahl aus

**attendee** *n* Besucher *m*
**the meeting in Paris drew over 150 worldwide attendees**
das Treffen lockte über 150 Besucher aus der ganzen Welt an
**the show hosted more than 1,900 exhibitors and 100,000 attendees from over 110 countries**
an der Ausstellung nahmen mehr als 1900 Aussteller und 100.000 Besucher aus über 110 Ländern teil

**attrition** *n* altersbedingter Personalabbau
**most of the cuts will come through attrition and by moving employees to other jobs in the company**
die meisten Stellenkürzungen werden durch altersbedingten Personalabbau und interne Versetzungen erfolgen

**auction** *n* Versteigerung *f*
**last year's auction of UMTS licences raised almost $47bn**
die Versteigerung von UMTS-Mobilfunk-Lizenzen im vergangenen Jahr erbrachte beinahe 47 Mrd. Dollar

**auction of third-generation wireless licences** UMTS-Versteigerung *f*
**Italy's auction of third-generation wireless licences netted only $11 billion**
Italiens UMTS-Versteigerung erbrachte nur 11 Mrd. Dollar

**auditing firm** Wirtschaftsprüfungsgesellschaft *f*
**an international auditing firm will investigate the purchase of shares**
eine internationale Wirtschaftsprüfungsgesellschaft wird den Aktienkauf untersuchen

**auditor** *n* (1) Buchprüfer *m*; Abschlussprüfer *m*; Prüfer *m*
**financial statements filed annually by American companies must be certified by an independent auditor**
die Jahresabschlüsse amerikanischer Firmen müssen von einem unabhängigen Buchprüfer mit einem Prüfungsvermerk versehen werden
**in the presence of the auditor**
in Anwesenheit des Abschlussprüfers

**auditor** *n*; **auditors** *pl* (2) Wirtschaftsprüfungsgesellschaft *f*
**A&B's auditor admitted that documents had been destroyed**
die Wirtschaftsprüfungsgesellschaft von A&B gab die Vernichtung von Dokumenten zu

**austerity programme** Sparprogramm *n*
**he has tried to tame the deficit by launching an austerity programme**
er versuchte, das Defizit durch ein Sparprogramm in den Griff zu bekommen
**details of his planned new austerity programme have leaked out**
Einzelheiten seines neuen Sparprogramms sind nach außen gedrungen

**authorise** *v* veranlassen
**he authorised a full investigation of the merger**
er veranlasste eine gründliche Untersuchung der Fusion

**auto firm** Autofirma *f*

**auto giant** Automobilgigant *m*

**auto group** Autokonzern *m*
**the world's fourth-largest auto group**
der viertgrößte Autokonzern der Welt

**automaker** *n* Automobilhersteller *m*; Autohersteller *m*
**the world's largest automaker**
der weltweit größte Autohersteller

**auto market** (1) Automarkt *m*
**the overall auto market shrunk 5.7 percent**
der Automarkt schrumpfte insgesamt um 5,7%

**auto market** (2) Autokonjunktur *f*
**the company was buffeted by a slowing U.S. auto market**
das Unternehmen litt unter der schwachen amerikanischen Autokonjunktur
**decline in sales due to the weaker-than-expected auto market**
Umsatzrückgang aufgrund der

schwächer als erwarteten Autokonjunktur
**automate** v automatisieren
**to automate processes in factories and plants around the world**
Prozesse in Fabriken und Anlagen auf der ganzen Welt automatisieren
**automated teller machine** Geldautomat *m*
**rioters destroyed automated teller machines**
Demonstranten zerstörten Geldautomaten
**automation** *n* (1) Automatisierung *f*
**why have utilities not leaped into wide-scale automation of their systems**
warum sind die EVU nicht zu einer umfassenden Automatisierung ihrer Netze übergegangen
**to determine the economic benefits of automation**
die wirtschaftlichen Vorteile der Automatisierung feststellen / ermitteln
**automation should be implemented to enhance the productivity of an operation**
Automatisierung sollte durchgeführt werden, um die Produktivität eines Betriebes zu verbessern
**automation** *n* (2): **degree / level of automation** Automatisierungsgrad *m*
**the aircraft will need a high degree of automation**
das Flugzeug muss einen hohen Automatisierungsgrad aufweisen
**we want to bring a higher level of automation to the factory**
wir wollen die Fabrik mit einem höheren Automatisierungsgrad ausstatten
**automation system** Automatisierungssystem *n*
**industrial automation system**
industrielles Automatisierungssystem
**automobile industry** Automobilindustrie *f*
**temporary layoffs in the automobile industry**
vorübergehender Personalabbau in der Automobilindustrie
**automobile manufacturer** Automobilhersteller *m*
**automobile market** Automobilmarkt *m*
**automotive analyst** Automobil-Analyst *m*

**according to many automotive analysts**
nach Meinung vieler Automobil-Analysten
**Graham Miller, automotive analyst with ABC**
Graham Miller, Automobil-Analyst bei der Firma ABC
**automotive business** Auto-Geschäft *n*; Auto-Bereich *m*; Auto-Sparte *f*
**automotive company** Automobilhersteller *m*; Automobilunternehmen *n*; Automobil-Unternehmen *n*
**automotive components business** Autoteilesparte *f*; Autozuliefersparte *f*
**ABC announced that it would spin off its automotive components business**
ABC gab bekannt, es werde seine Autoteilesparte ausgliedern
**automotive electronics division** Autoelektroniksparte *f*
**the carmaker has sold its automotive electronics division to A&B**
der Autobauer hat seine Autoelektroniksparte an A&B verkauft
**automotive giant** Automobilriese *m*; Automobilgigant *m*
**he had been determined to turn ABC into a global automotive giant**
er war entschlossen, ABC zu einem globalen Automobilriesen zu entwickeln
**two automotive giants have entered into a five-year collaboration**
zwei Automobilgiganten haben eine fünfjährige Zusammenarbeit vereinbart
**automotive group** Automobilkonzern *m*; Autokonzern *m*
**after a sharp fall in profits at the German-US automotive group**
nach einem deutlichen Gewinnrückgang bei dem deutsch-amerikanischen Automobilkonzern
**automotive industry** Automobilindustrie *f*
**without negatively impacting the U.S. automotive industry**
ohne sich negativ auf die amerikanische Automobilindustrie auszuwirken
**automotive manufacturer** Automobilhersteller *m*
**many of the world's leading automotive manufacturers use our hardware and software**
viele der führenden Automobilhersteller

der Welt verwenden unsere Hard- und Software

**automotive manufacturing** Automobilproduktion *f*; Automobilherstellung *f*

**automotive parts maker** Autoteile-Zulieferer *m*

**auto parts maker** Autoteile-Zulieferer *m*

**auto show** Automobilausstellung *f*; Autoausstellung *f*; Automesse *f*; Automobilmesse *f*

**availability** *n* Verfügbarkeit *f*
ABC reduced its inventory without sacrificing availability
ABC reduzierte sein Lager ohne Abstriche bei der Verfügbarkeit zu machen

**aviation analyst** Luftfahrtexperte *m*

**aviation industry** Luftfahrtindustrie *f*
A&B makes advanced electronics for the aviation industry
A&B stellt moderne Elektronik für die Luftfahrtindustrie her

**aviation liberalisation treaty** Abkommen über einen liberalisierten Luftverkehr
to sign an aviation liberalisation treaty
ein Abkommen über einen liberalisierten Luftverkehr schließen

**aviation market** Flugmarkt *m*
to eliminate competition between the two carriers in the world's largest intercontinental aviation market
den Wettbewerb zwischen den beiden Fluggesellschaften auf dem größten interkontinentalen Flugmarkt beseitigen

**aviation sector** Luftfahrtbranche *f*
the carrier is already reeling from the crisis gripping the aviation sector
die Fluggesellschaft ist schon angeschlagen von der Krise in der Luftfahrtbranche

**aviation treaty** Luftverkehrsabkommen *n*
to sign a bilateral aviation treaty
ein bilaterales Luftverkehrsabkommen schließen

**axe** *v* streichen
to axe 22,000 jobs in North America
22.000 Stellen in Nordamerika streichen

# B

**B2B** (business to business) elektronischen Handel zwischen Firmen (B2B)

**baby boomers** geburtenstarke Jahrgänge
Germany's baby boomers approach retirement age
die geburtenstarken Jahrgänge in Deutschland kommen ins Rentenalter

**backdated to** rückwirkend zum
a pay increase of 2 per cent, backdated to March 1
eine Lohnerhöhung von 2% rückwirkend zum 1. März

**background** *n* Hintergrund *m*
against a background of a faltering economy
vor dem Hintergrund einer angeschlagenen Wirtschaft
against such a background, it is little wonder that ...
vor diesem Hintergrund wundert es nur wenig, dass ...

**backing** *n* Unterstützung *f*
he secured backing for his plan from the supervisory board
er sicherte sich die Unterstützung des Aufsichtsrates

**backlog of orders** Auftragsbestand *m*
the backlog of orders at year-end 20... was $2.0 billion
der Auftragsbestand belief sich Ende 20... auf 2,0 Mrd. $

**backlog of unfilled orders** Auftragsüberhang *m*
the backlog of unfilled orders at year-end 20... was $2.4 billion
der Auftragsüberhang am Jahresende 20... betrug 2,4 Mrd. Dollar

**bad debt** notleidender Kredit
to deal with bad debts in the banking system
sich mit notleidenden Krediten im Bankensystem auseinandersetzen

**bad debt provisions** Risikovorsorge *f*
the bank is reducing its bad-debt provisions
die Bank reduziert die Risikovorsorge

**bad loan** notleidender Kredit
  **bad loans are beginning to rise**
  die Zahl notleidender Kredite nimmt zu
**bailout package** Hilfsprogramm *n*
**bailout plan** Hilfsprogramm *n*
  **bailout plan for airlines**
  Hilfsprogramm für Fluggesellschaften
**bailout programme** *(BE)* Hilfsprogramm *n*
**bail-out scheme** Hilfsprogramm *n*
**balance** *n*: **on balance** unter dem Strich; im Vergleich
  **the study found that on balance fully automated trading was as much as one-third cheaper than traditional trading**
  die Studie stellte fest, dass unter dem Strich der voll automatisierte Aktienhandel ein ganzes Drittel billiger ist als der herkömmliche Handel
**balance of trade** Handelsbilanz *f*
**balance sheet** Bilanz *f*
  **companies have seen a massive deterioration in their once-strong balance sheets over the past 18 months**
  die Unternehmen mussten in den vergangenen 18 Monaten eine massive Verschlechterung ihrer einst so positiven Bilanzen erleben
  **many companies have simply cooked the books in order to make their balance sheets look better**
  viele Firmen haben einfach ihre Bücher frisiert, damit ihre Bilanzen besser aussehen
  **we've got a stronger balance sheet than the American airlines**
  unsere Bilanz ist solider als die der amerikanischen Fluggesellschaften
**balancing act** Drahtseilakt *m*; Balanceakt *m*
  **successful reform will be a tricky balancing act**
  eine erfolgreiche Reform wird sich als ein schwieriger Drahtseilakt erweisen
  **the EU faces a delicate balancing act**
  die EU steht vor einem schwierigen / heiklen Balanceakt
**banana dispute** Bananenstreit *m*
**banana-trade dispute** Bananenstreit *m*
**banana war** Bananenkrieg *m*
**bank account** Bankkonto *n*
**bank analyst** Bankenanalyst *m*

**bank borrowings** Bankkredite *m*
  **to finance a substantial portion of the purchase price through bank borrowings**
  einen beträchtlichen Teil des Kaufpreises über Bankkredite finanzieren
**bank-branch network** Filialnetz *n*
**bank creditor** Gläubigerbank *f*
**banking crisis** Bankenkrise *f*
  **a banking crisis brought the country to the verge of financial meltdown**
  eine Bankenkrise brachte das Land an den Rand eines Finanzcrashs / des finanziellen Ruins
**banking giant** Bankriese *m*
**banking group** Bankkonzern *m*
  **the banking group will acquire the insurer A&B**
  der Bankkonzern wird den Versicherer A&B erwerben
**banking regulator** Bankenaufsicht *f*
  **a spokesman for the banking regulator on Monday declined to comment**
  ein Sprecher der Bankenaufsicht lehnte am Montag einen Kommentar ab
**banking regulatory authority** Bankenaufsicht *f*
  **the deal is still subject to approval from the banking regulatory authorities**
  der Vertrag muss noch von der Bankenaufsicht genehmigt werden
**bank loan** Bankkredit *m*
  **the plant has been financed without resource to bank loans**
  die Anlage ist ohne Inanspruchnahme von Bankkrediten finanziert worden
  **A&B funded the purchase with a mix of private money and bank loans**
  A&B finanzierte den Kauf mit einem Mix aus privaten Geldern und Bankkrediten
**Bank of France governor** französischer Notenbankgouverneur
**bankruptcy** *n* Pleite *f*; Konkurs *m*; Firmenpleite *f*
  **rising bankruptcies**
  Pleitewelle *f*
  **in April, A&B filed for / declared bankruptcy**
  im April hat A&B Konkurs angemeldet
  **this situation could push a few companies into insolvency**
  diese Situation könnte einige Firmen in den Konkurs treiben

**bankruptcy court** Konkursgericht *n*
**subject to confirmation by the bankruptcy courts**
vorbehaltlich der Bestätigung durch die Konkursgerichte

**bankruptcy filing** Konkursantrag *m*
**there was a surge of bankruptcy filings**
es gab eine Welle von Konkursanträgen

**bankruptcy law** Konkursrecht *n*

**bankruptcy lawyer** Konkursanwalt *m*

**bankruptcy protection** Gläubigerschutz *m*
**A&B issued a statement denying that they were preparing to file for bankruptcy protection**
A&B gab eine Erklärung heraus, in der bestritten wird, dass das Unternehmen Anstalten treffe, Gläubigerschutz zu beantragen

**banner advertising** Bannerwerbung *f*

**ban on exports** Ausfuhrverbot *n*
**to extend the ban on exports of livestock and meat**
das Ausfuhrverbot für Vieh und Fleisch verlängern

**bargaining table** Verhandlungstisch *m*
**to return to the bargaining table**
an den Verhandlungstisch zurückkehren

**barrel** *n* Barrel *n*
**OPEC's promise to increase output by 500,000 barrels a day**
das Versprechen der OPEC, die Ölförderung um 500.000 Barrel pro Tag zu erhöhen
**to keep oil at $22-28 a barrel**
den Preis für das Barrel Öl auf 22 bis 28 Dollar halten

**based** ansässig; mit Hauptsitz in
**the Adelaide-based company**
das in Adelaide ansässige Unternehmen / das Unternehmen mit Hauptsitz in Adelaide

**based in** mit Sitz in
**A&B is a multinational company based in Columbus, Ohio**
A&B ist ein multinationales Unternehmen mit Sitz in Columbus, Ohio

**base rate** Leitzins *m*
**some economists are continuing to predict higher base rates**
einige Wirtschaftswissenschaftler sagen auch weiterhin höhere Leitzinsen voraus
**the consensus among analysts is that base rates will drop to 5.5%**
die Analysten sind sich darin einig, dass die Leitzinsen auf 5,5% sinken werden

**base station** Basisstation *f*
**the base station has a much shorter range**
die Basisstation hat eine viel geringere Reichweite

**basic chemical** Basischemikalie *f*
**very large amounts of DC power are used for the production of numerous basic chemicals**
für die Herstellung zahlreicher Basischemikalien werden sehr große Mengen an Gleichstrom benötigt

**basis point** Basispunkt *m*
**to cut interest rates by 50 basis points**
die Zinssätze um 50 Basispunkte senken

**battery power** Batterieleistung *f*
**the chip is designed to use far less battery power than its ABC equivalent**
der Chip soll viel weniger Batterieleistung benötigen als das vergleichbare Produkt von ABC

**battle** *n* Auseinandersetzung *f*; Schlacht *f*; Kampf *m*
**they take ABC's side in the firm's battle with the Justice Department**
sie ergreifen Partei für ABC in der Auseinandersetzung des Unternehmens mit dem Justizministerium
**the EU's battle with America over bananas and beef hormones**
die Auseinandersetzung der EU mit Amerika über Bananen und die Verwendung von Hormonen in der Rinderzucht
**battle for supremacy**
Kampf um die Vorherrschaft
**ABC ended a protracted battle with its creditors**
ABC hat eine langwierige Auseinandersetzung mit seinen Gläubigern beendet
**the battle resumed between two big French groups for control of a luxury-goods group**
der Kampf zweier französischer Konzerne um die Herrschaft über einen Luxusgüter-Konzern ist erneut entbrannt

**beauty store** Parfümerie *f*

**beef** *n* Rindfleisch *n*
**the safest beef was from countries, such as Argentina**

**beef**

das sicherste Rindfleisch kam aus Ländern wie Argentinien
**the EU imports little beef from North America**
die Europäische Union importiert wenig Rindfleisch aus Nordamerika

**beef farmer** Rinderzüchter *m*
**to offer additional compensation to beef farmers**
den Rinderzüchtern zusätzliche Ausgleichs- / Entschädigungszahlungen anbieten

**beef producer** Rindfleischproduzent *m*
**America and Canada are two of the world's leading beef producers**
Amerika und Kanada gehören zu den führenden Rindfleischproduzenten der Welt

**beer drinker** Biertrinker *m*

**beer interest** Brauereianteil *m*
**to acquire the beer interests of Britain's ABC**
die Brauereianteile der britischen Firma ABC erwerben

**beer maker** Brauerei *f*; Bierbrauer *m*; Brauerei *f*

**belt-tightening** *n* Sparmaßnahmen *fpl*
**this could herald a period of drastic belt-tightening for the drugs industry**
dies könnte eine Periode drastischer Sparmaßnahmen in der Pharmaindustrie einläuten / dies könnte der Beginn einer Periode drastischer Sparmaßnahmen in der Pharmaindustrie sein

**benchmark Brent crude** Rohöl der marktführenden Sorte Brent; Rohöl der marktführenden Nordseesorte Brent; Rohöl der Nordsee-Referenzsorte Brent; Nordsee-Referenzsorte Brent

**benchmark index** Kursbarometer *n*
**this index is the benchmark index for emerging markets**
dieser Index ist das Kursbarometer für die Schwellenmärkte

**beneficiary** *n* Nutznießer *m*
**but while insurers will pay eventually, the immediate beneficiaries will be the builders**
während letztendlich die Versicherer bezahlen müssen, werden die unmittelbaren Nutznießer die Bauunternehmen sein

**better-off** *adj*: **be better-off** besser dastehen

**most major carriers are better-off financially than A&B**
die meisten großen Fluggesellschaften stehen finanziell besser da als A&B

**beverage industry** Getränkeindustrie *f*

**bidder** *n* Bieter *m*; Interessent *m*
**hostile bidder**
feindlicher Interessent
**bidders themselves are the best judges of what the licences are worth**
die Bieter können selbst am besten entscheiden, wie viel die Lizenzen wert sind
**bidders are prepared to pay a sum equal to the future profits that they expect to receive**
die Bieter sind bereit, Summen in Höhe der erwarteten Gewinne zu zahlen

**bidding** *n* Bieterverfahren *n*
**the bank won the bidding to buy a big part of A&B's energy trading operation**
die Bank gewann das Bieterverfahren um den Energiehandel von A&B

**big bank** Großbank *f*
**Japan's other big banks are expected to announce similarly poor results**
es wird erwartet, dass die anderen japanischen Großbanken mit ähnlich schlechten Ergebnissen aufwarten werden

**big client** Großkunde *m*

**big company** Großunternehmen *n*
**big companies make up just one-fifth of the economy**
nur gerade einmal 20% der Unternehmen sind Großunternehmen

**big merger** Großfusion *f*
**big mergers often flop**
Großfusionen erweisen sich oft als Fehlschlag / gehen oft schief

**big ticket item** größere Anschaffung; Großanschaffung *f*
**to make financing of big ticket items easier**
die Finanzierung größerer Anschaffungen erleichtern

**big-ticket purchase** größere Anschaffung; Großanschaffung *f*
**consumers postpone big-ticket purchases**
die Verbraucher verschieben Großanschaffungen

**billing software** Abrechnungssoftware *f*
**A&B is a provider of billing software**

A&B ist ein Anbieter von Abrechnungssoftware

**biochip** *n* Biochip *m*

**biodegradable** *adj* biologisch abbaubar
**biodegradable products are capable of being decomposed into harmless elements without danger to the environment**
biologisch abbaubare Produkte können ohne Gefahren für die Umwelt in unschädliche Bestandteile zerlegt werden
**to produce biodegradable waste**
biologisch abbaubare Abfälle produzieren

**bioengineering** *n* Biotechnik *f*
**before World War II the field of bioengineering was essentially unknown**
vor dem zweiten Weltkrieg war die Biotechnik praktisch unbekannt

**biogas** *n* Biogas *n*
**the biogas is fired in a small gas turbine**
mit dem Biogas wird eine kleine Gasturbine betrieben
**biogas from animal waste**
Biogas aus tierischen Abfällen

**biomass** *n* Biomasse *f*

**biomass feedstock** Biomasse-Rohstoff *m*
**there is the advantage of being able to use almost any type of biomass feedstock such as wood, bark, etc.**
der Vorteil ist, dass fast jede Art von Biomasse-Rohstoff, wie Holz, Rinde usw., eingesetzt werden kann

**biomass use** Biomassenutzung *f*
**biomass use in developing countries**
Biomassenutzung in Entwicklungsländern

**biotech** *n* Biotechnologie *f*

**biotech business** Biotech-Firma *f*
**big pharmaceutical companies link up with small biotech businesses**
große Pharmaunternehmen tun sich mit kleinen Biotech-Firmen zusammen

**biotech company** Biotech-Unternehmen *n*
**two other American biotech companies with roots in genomics have already moved into drug development**
zwei weitere amerikanische Biotech-Unternehmen, die aus der Genomik kommen, beschäftigen sich schon mit der Entwicklung von Arzneimitteln

**biotech firm** Biotechfirma *f*
**A&B has partnered with another biotech firm**
A&B ist eine Partnerschaft mit einer Biotechfirma eingegangen
**an alliance between a drug company and a small biotech firm**
eine Allianz zwischen einem Pharmaunternehmen und einer kleinen Biotechfirma
**the biggest biotech firms now have the size and profitability of mid-sized pharmaceutical companies**
die größten Biotechfirmen haben heute die Größe und Profitabilität mittelgroßer Pharmaunternehmen

**biotechnology** *n* Biotechnologie *f*

**biotechnology company** Biotechnologie-Unternehmen *n*; Biotechnologieunternehmen *n*
**ABC is a California-based biotechnology company engaged in ...**
ABC ist ein kalifornisches Biotechnologieunternehmen, das sich mit ... beschäftigt
**biotechnology companies certainly can't afford to take public support for granted**
Biotechnologie-Unternehmen können nicht von vornherein auf die Unterstützung durch die Öffentlichkeit zählen
**so what makes a big biotechnology company different from a small pharmaceutical firm**
worin besteht nun der Unterschied zwischen einem großen Biotechnologieunternehmen und einem kleinen Pharma-Hersteller

**biotechnology firm** Biotechnologie-Unternehmen *n*; Biotechnologiefirma *f*

**black: be in the black** schwarze Zahlen schreiben
**the company said it hoped to be back in the black by the end of 20...**
das Unternehmen sagte, es wolle bis Ende 20... wieder schwarze Zahlen schreiben

**block of shares** Aktienpaket *n*
**to hold the second largest block of shares**
das zweitgrößte Aktienpaket besitzen / halten

**blow** *n* Schlag *m*
**this week's crash is a severe blow to**

**blow**

**the airline**
der Absturz von dieser Woche ist ein schwerer Schlag für die Fluggesellschaft

**blue-chip Dow Jones industrials** Blue Chips-Index Dow Jones; Dow Jones Index 30 führender Industriewerte
**the blue-chip Dow Jones industrials fell 265.44 points**
der Blue Chips-Index Dow Jones fiel um 265,44 Punkte

**blue chip measure** Blue-Chip-Barometer *n*
**the blue chip measure rose 300 points**
das Blue-Chip-Barometer stieg um 300 Punkte

**blue-chip shares** Blue Chips *mpl*; Standardwerte *mpl*

**blue-chip stocks** Blue Chips *mpl*; Standardwerte *mpl*

**blue-collar worker** Arbeiter *m*; Arbeiterin *f*

**board chairman** Vorstandsvorsitzende *m*
**he stood against Mr Miller for the position of board chairman in 20...**
er trat 20... gegen Herrn Miller um die Position des Vorstandsvorsitzenden an

**board meeting** Vorstandssitzung *f*
**at tomorrow's board meeting**
bei der morgigen Vorstandssitzung
**to hold a board meeting**
eine Vorstandssitzung abhalten

**board of directors** Vorstand *m*

**board of management** Vorstand *m*; Geschäftsführung *f*

**boardroom** *n* Chefetage *f*
**how to reduce labour costs remains top of the agenda in America's boardrooms**
die Reduzierung der Lohnkosten hat auch weiterhin höchste Priorität auf den amerikanischen Chefetagen

**boardroom shake-up** Führungsumbau *m*; Umbau der Konzernspitze

**BoE** Bank of England

**bond** *n* Staatsanleihe *f*; Anleihe *f*
**investors buy bonds from a company or government entity**
die Anleger erwerben Anleihen von Unternehmen oder der öffentlichen Hand

**bond market** Rentenmarkt *m*; Anleihenmarkt *m*
**until recently the bank was an active player in the bond market**
bis vor kurzem war die Bank noch aktiv auf dem Rentenmarkt engagiert
**the bond markets' woes also illustrate something else**
die Sorgen / der Kummer der Anleihenmärkte machen / macht noch etwas anderes deutlich
**the parlous state of the bond markets**
die prekäre Lage der Anleihenmärkte
**the banks will invest their deposits in the bond markets**
die Banken werden ihre Einlagen auf den Anleihenmärkten anlegen

**boom** *v* boomen
**inflation and interest rates fell so sharply last year that the economy boomed**
Inflation und Zinssätze fielen letztes Jahr so stark, dass es zu einem Wirtschaftsboom kam / dass die Wirtschaft boomte

**borrower** *n* Kreditnehmer *m*

**borrowing** *n* Kreditaufnahme *f*
**to cut expenditure and lower borrowing**
die Ausgaben senken und die Kreditaufnahme verringern

**boss** *n* Arbeitgeber *m*
**the bosses' strategy is simple**
die Strategie der Arbeitgeber ist einfach

**bottler** *n* Abfüller *m*
**there is growing discontent among bottlers after big increases in syrup prices**
nach den massiven Erhöhungen der Siruppreise wächst die Unzufriedenheit unter den Abfüllern

**bottom** *n* Talsohle *f*
**I think we've not seen the bottom**
ich glaube, wir haben die Talsohle noch nicht erreicht
**the bottom has not yet been reached and any rebound will take some time**
die Talsohle ist noch nicht erreicht und eine Erholung ist noch nicht in Sicht
**the bottom could still be some way off**
die Talsohle ist vielleicht noch lange nicht erreicht

**bourse** *n* Börse *f*
**a senior policy adviser described the bourse as worse than a casino**
ein hochrangiger politischer Berater sagte, die Zustände an der Börse seien schlimmer als in einem Kasino

**bovine spongiform encephalopathy** (BSE) Rinderwahnsinn *m* (BSE)

**the cattle is infected with BSE**
die Rinder sind mit BSE infiziert

**branch network** Filialnetz *n*
**to sell insurance through the bank's branch network**
über das Filialnetz der Bank Versicherungen verkaufen
**these banks have well-established branch networks**
diese Banken verfügen über gut etablierte Filialnetze

**brand** Marke *f*
**the brand was valued at $300m at the end of November**
im November war der Wert der Marke auf 300 Mio. Dollar geschätzt worden

**brand policy** Markenpolitik *f*
**to ensure a consistent brand policy**
eine konsequente Markenpolitik sicherstellen / gewährleisten; für eine konsequente Markenpolitik sorgen

**breach** *n*: **be in breach of** verstoßen gegen
**the discount scheme is in breach of a 70-year-old law**
die Rabatt-Aktion verstößt gegen ein 70 Jahre altes Gesetz

**break-even** *n* Breakeven *m*
**A&B will achieve a break-even this year**
A&B wird dieses Jahr den Breakeven erreichen

**break in confidence** Vertrauensschwund *m*
**to deal with such a sharp break in confidence**
mit einem derart plötzlichen Vertrauensschwund fertig werden

**break-up** *n* Aufspaltung *f*; Zerschlagung *f*
**the proposed break-up of the software giant**
die vorgeschlagene Aufspaltung des Softwaregiganten
**they have not dropped the idea of an A&B break-up**
sie haben den Gedanken an eine Zerschlagung von A&B noch nicht aufgegeben

**Brent crude** Erdölsorte Brent
**Brent crude rose steadily last year**
der Preis der Erdölsorte Brent stieg im vergangen Jahr stetig

**brewer** *n* Brauer *m*; Brauerei *f*; Bierbrauer *m*
**ABC will become the world's second-largest brewer**
ABC wird der zweitgrößte Brauer der Welt

**brewing interest** Brauereianteil *m*
**the company is to buy the brewing interests of ABC**
das Unternehmen will die Brauereianteile von ABC kaufen

**bridging loan** Überbrückungskredit *m*
**to extend a bridging loan to A&B**
A&B einen Überbrückungskredit zur Verfügung stellen

**broadband access** Breitband-Zugang *m*; Breitbandzugang *m*
**the real barrier to widespread broadband access is the cost of installation**
die Installationskosten sind das wahre Hinderniss für einen breit gestreuten Breitband-Zugang

**broadband service** Breitbanddienst *m*

**broadband technology** Breitband-Technologie *f*
**to deny to competitors access to this new broadband technology**
anderen Wettbewerbern den Zugang zu dieser neuen Breitband-Technologie verwehren

**broadcaster** *n* Fernsehsender *m*; Rundfunkgesellschaft *f*; Rundfunksender *m*

**broadcasting monopoly** Rundfunkmonopol *n*
**he tried in vain to defend the BBC's broadcasting monopoly**
er versuchte vergeblich, das Rundfunkmonopol der BBC zu verteidigen

**broker** *n* Makler *m*; Maklerhaus *n*

**brown coal** Braunkohle *f*
**plants fired by brown coal have an efficiency of 29%**
mit Braunkohle befeuerte Anlagen haben einen Wirkungsgrad von 29%
**brown coal forms from peat**
Braunkohle entsteht aus Torf

**BSE** (see **bovine spongiform encephalopathy**)

**bubble** *n* Seifenblase *f*
**the spectacular rise in the Nasdaq bore all the signs of a bubble that needed bursting**
der spektakuläre Anstieg des Nasdaq hatte alle Anzeichen einer Seifenblase, die eines Tages platzen würde

**budget** *n* Haushalt *m*
**the government was trying to put together a balanced budget for next year**
die Regierung versuchte, für das kommende Jahr einen ausgeglichenen Haushalt vorzulegen
**to balance the budget**
den Haushalt ausgleichen

**budget airline** Billigfluglinie *f*
**A&B is Europe's biggest budget airline**
A&B ist Europas größte Billigfluglinie
**to fend off the growing competition from budget airlines**
sich gegen die wachsende Konkurrenz der Billigfluglinien zur Wehr setzen

**budget balance** ausgeglichener Haushalt
**to jeopardise the goal of budget balance over the longer term**
das Ziel eines ausgeglichenen Haushalts längerfristig gefährden

**budget carrier** Billigfluglinie *f*

**budget cut** Haushaltskürzung *f*
**budget cuts can wait until the economy perks up**
Haushaltskürzungen können warten, bis die Konjunktur sich wieder belebt

**budget deficit** Haushaltsdefizit *n*
**he praised them for their efforts to reduce budget deficits**
er lobte ihre Bemühungen um eine Verringerung des Haushaltsdefizits
**an enforceable reduction in the budget deficit stretching over a number of years**
eine durchsetzbare Verringerung des Haushaltsdefizits über einen Zeitraum von mehreren Jahren
**the looming budget deficit has vanished from the political agenda**
das drohende Haushaltsdefizit ist von der politischen Tagesordnung verschwunden
**in the 1980s, the country ran an average annual budget deficit of 3% of GDP**
in den achtziger Jahren betrug das jährliche Haushaltsdefizit im Durchschnitt 3% des BIP

**budget flight** Billigflug *m*

**budget plan** Haushaltsplan *m*
**this week the president finally released his budget plans**
diese Woche machte der Präsident endlich seine Haushaltspläne publik
**later this week, the cabinet will unveil its budget plans**
Ende der Woche wird das Kabinett seine Haushaltspläne bekanntgeben

**budget policy** Haushaltspolitik *f*
**to coordinate budget policy at the federal, regional and local levels**
die Haushaltspolitik auf der Ebene des Bundes, der Länder und Kommunen abstimmen

**budget surplus** Haushaltsüberschuss *m*
**fiscal policy should concentrate on accumulating a substantial budget surplus in normal times**
Hauptziel der Fiskalpolitik sollte es sein, während normaler Zeiten einen fetten Haushaltsüberschuss anzusammeln
**the budget surpluses have generated considerable debate over the appropriate course of future fiscal policy**
die Haushaltsüberschüsse haben zu beträchtlichen Auseinandersetzungen über den richtigen zukünftigen Kurs der Finanzpolitik geführt
**the government was running a healthy and growing budget surplus**
die Regierung erwirtschaftete einen beträchtlichen und stetig wachsenden Haushaltsüberschuss

**building and construction industries** Bauindustrie *f*

**building contractor** Bauunternehmer *m*; Bauunternehmen *n*
**this chain of stores serves both building contractors and the DIY market**
diese Baumarktkette zählt sowohl Bauunternehmen als auch Heimwerker zu ihren Kunden

**building group** Baukonzern *m*

**building industry** Bauwirtschaft *f*; Bauindustrie *f*

**building materials** Baustoffe *mpl*

**building permit** Baugenehmigung *f*
**building permits are also falling**
die Zahl der Baugenehmigungen ist ebenfalls rückläufig

**building sector** Baubereich *m*; Baubranche *f*

**building society** Bausparkasse *f*

**buildout** *n* Ausbau *m*
**the massive buildout of telecommunications networks during the past few years**

der massive Ausbau der
Telekommunikations-Netze in den
vergangenen Jahren

**business** *n* (1) Geschäft *n*;
Unternehmen *n*
**everyone knows that starting a
business requires cash**
jeder weiß, dass man Geld braucht, um
ein Geschäft zu gründen

**business** *n* (2) Sparte *f*; Geschäftsbereich *m*
**the sale of our Aerospace and
Defense businesses**
der Verkauf unserer Luft- und
Raumfahrt- sowie Wehrtechnik-Sparten
**the businesses are complementary**
die Geschäftsbereiche ergänzen sich

**business** *n* (3) Betrieb *m*
**America's airlines resumed business**
die amerikanischen Fluggesellschaften
nahmen den Betrieb wieder auf

**business** *n* (4): **do business**
Geschäfte abwickeln / tätigen
**companies might decide against doing
business online altogether**
Firmen könnten sich grundsätzlich
gegen die Abwicklung von Geschäften
über das Internet entscheiden

**business circles** Unternehmenskreise *mpl*
**blind acceptance of ... has become the
norm in business circles**
in Unternehmenskreisen ist die
unkritische Übernahme von ... allgemein
üblich geworden

**business climate** Konjunktur *f*;
Geschäftsklima *n*
**a weakening business climate**
eine sich abschwächende Konjunktur
**in today's highly competitive business
climate**
im heutigen, durch zunehmenden
Wettbewerb gekennzeichneten
Geschäftsklima
**falling operating costs are another
element of the current business
climate**
sinkende Betriebskosten sind ein
weiteres Kennzeichen des derzeitigen
Geschäftsklimas

**business conditions index** Index für
die Geschäftstätigkeit
**the business conditions index rose to
16.0**
der Index für die Geschäftstätigkeit stieg
auf 16.0

**business confidence** Vertrauen der
Wirtschaft; Geschäftsvertrauen *n*;
Vertrauen der Unternehmen
**business confidence has eroded
further**
das Vertrauen der Wirtschaft ist weiter
gesunken
**business and consumer confidence
have slumped sharply in Europe and
Japan**
das Vertrauen der Wirtschaft und
Verbraucher in Europa und Japan hat
einen starken Dämpfer erhalten

**business consulting** Unternehmensberatung *f*

**business consulting service** Unternehmensberatung *f*

**business consulting services
division** Beratungssparte *f*; Beratungsdienst *m*
**A&B has launched a business
consulting services division**
A&B hat einen Beratungsdienst
gegründet

**business customer** Geschäftskunde *m*
**to reduce energy costs for business
customers**
die Energiekosten für Geschäftskunden
reduzieren
**to concentrate on business customers
in Britain and Germany**
sich auf die Geschäftskunden in
Großbritannien und Deutschland
konzentrieren
**telecommunications services for large
business customers**
Telekommunikationsdienste für große
Geschäftskunden
**this company is focused primarily on
serving lucrative business customers**
dieses Unternehmen ist primär auf
lukrative Geschäftskunden ausgerichtet

**business cycle** Konjunkturzyklus *m*;
Konjunktur *f*
**economic models are not much help
for spotting turning-points in the
cycle**
Wirtschaftsmodelle sind keine große
Hilfe, wenn es darum geht, die
Wendepunkte im Konjunkturzyklus
festzustellen / auszumachen
**no one can eliminate the business
cycle**
niemand kann den Konjunkturzyklus
ausschalten

**business empire** Wirtschaftsimperium *n*

**business expectations index** Erwartungsindex *m*
**the marked rise in the business expectations index**
der deutliche Anstieg des Erwartungsindex

**business failure** Pleite *f*

**business group** Konzern *m*

**business news** Wirtschaftsnachrichten *fpl*

**business people** Geschäftsleute *pl*

**business plan** Geschäftsplan *m*
**the companies are in fundamental disagreement over the business plan**
die Unternehmen sind sich in Grundfragen des Geschäftsplans uneinig

**business recovery** konjunkturelle Erholung; wirtschaftliche Erholung
**the jump in orders should not be interpreted as an omen of a general business recovery**
man sollte den plötzlichen Auftragsanstieg nicht als Zeichen einer allgemeinen konjunkturellen Erholung interpretieren

**business relationships** Geschäftsbeziehungen *fpl*
**complicated business relationships**
komplizierte Geschäftsbeziehungen

**business-school student** Betriebswirtschaftstudent *m*; Studierende(r) der Betriebswirtschaft; BWL-Studierende(r)

**business strategy** Geschäftsstrategie *f*
**the company needs to review its business strategy**
das Unternehmen muss seine Geschäftsstrategie überdenken

**business travel** Geschäftsreisen *fpl*
**a sharp downturn in business travel**
ein starker Rückgang der Geschäftsreisen

**business trip** Geschäftsreise *f*
**he is on a business trip**
er ist auf Geschäftsreise

**business unit** Geschäftsbereich *m*; Sparte *f*
**this business unit is based in New York**
dieser Geschäftsbereich befindet sich in New York

**business year** Geschäftsjahr *n*
**in the just-ended business year**
in dem gerade zu Ende gegangenen Geschäftsjahr
**in the business year that began on April 1**
im Geschäftsjahr, das am 1. April begonnen hat

**buy back** *v* (bought, bought) zurückkaufen
**to buy back 10% of outstanding shares**
10% der ausgegebenen Aktien zurückkaufen

**buying spree** Einkaufstour *f*
**this buying spree is innovative in several ways**
diese Einkaufstour ist in vielerlei Weise etwas ganz Neues

**by-product** *n* Nebenprodukt *n*
**a by-product of the steel-making process**
ein bei der Stahlherstellung anfallendes Nebenprodukt

# C

**cabin attendants** Kabinenpersonal *n*
**now cabin attendants are pressing for similar rises**
nun dringt das Kabinenpersonal auf ähnliche Gehaltserhöhungen

**cable company** Kabel-TV-Unternehmen *n*; Kabelnetzbetreiber *m*

**cable concern** Kabel-TV-Unternehmen *n*
**the American cable concern is looking for expansion opportunities in Europe**
das amerikanische Kabel-TV-Unternehmen sucht Expansionsmöglichkeiten in Europa

**cable network** Kabelnetz *n*
**our two newly purchased cable networks are already making a strong cash flow contribution**
unsere beiden neu erworbenen Kabelnetze leisten schon einen beträchtlichen Beitrag zum Cash-Flow
**US cable networks are not like their European equivalents**
die amerikanischen Kabelnetze sind nicht mit den europäischen vergleichbar

**cable network operator** Kabelnetzbetreiber *m*

**cable operator** Kabelanbieter *m*; Kabelnetzbetreiber *m*

**A&B is a big cable operator in Britain**
A&B ist ein bedeutender Kabelanbieter in Großbritannien
**cable region** Kabelnetzregion *f*
**the company said it would sell its interests in six cable regions to A&B**
das Unternehmen sagte, es werde seine Anteile an sechs Kabelnetzregionen an A&B verkaufen
**cable television** Kabelfernsehen *n*
**cable-television company** Kabelanbieter *m*
**cable television supplier** Kabelanbieter *m*
**cable-TV operator** Kabelanbieter *m*
**cable TV service** Kabelfernsehdienst *m*
**call** *n* Anruf *m*
**he received a call from the chief executive of a major airline**
er erhielt einen Anruf vom Chef einer großen Fluggesellschaft
**campaign pledge** Wahlversprechen *n*
**he has no intention of honouring his campaign pledge**
er hat keinerlei Absicht, sein Wahlversprechen einzulösen
**cancellation** *n* Stornierung *f*
**the aircraft makers have received cancellations by the established airlines**
die Flugzeughersteller erhielten Stornierungen von den etablierten Fluggesellschaften
**capacity** *n* Kapazität *f*; Auslastung *f*
**massive idle capacity has come to mark Japan's recent recession**
die jüngste Rezession in Japan ist gekennzeichnet durch massive unausgelastete Kapazitäten
**the plant ran at 100 percent of capacity in the second quarter**
die Auslastung des Werks betrug im zweiten Quartal 100 Prozent
**capital equipment** Investitionsgut *n*
**our investment in capital equipment**
unsere Ausgaben für Investitionsgüter
**capital expenditure** Investitionen *fpl*
**capital expenditures slowed sharply at the end of the year**
die Investitionen verringerten sich deutlich am Ende des Jahres
**unanticipated changes in operating expenses and capital expenditures**
unvorhergesehene Änderungen bei den Betriebsausgaben und Investitionen
**capital equipment industry** Investitionsgüterindustrie *f*
**capital flow** Kapitalstrom *m*
**capital-gains tax** Kapitalertragssteuer *f*
**reduction in capital-gains tax**
Senkung der Kapitalertragssteuer
**a reform of capital-gains tax took effect on January 1$^{st}$**
eine Reform der Kapitalertragssteuer trat am 1. Januar in Kraft
**capital injection** Kapitalspritze *f*
**they do not foresee any need for further capital injections**
sie sehen in näherer Zukunft keine Notwendigkeit für weitere Kapitalspritzen
**to get approval for fresh capital injections**
die Genehmigung für weitere / neue Kapitalspritzen erhalten
**capital investment** Investition *f*
**companies are cutting back on capital investment**
die Unternehmen verringern ihre Investitionen
**capital market** Kapitalmarkt *m*
**on foreign capital markets**
an ausländischen Kapitalmärkten
**on domestic capital markets**
an inländischen Kapitalmärkten
**the deregulation of capital markets around the world**
die Deregulierung der Kapitalmärkte auf der ganzen Welt
**capital resources** Kapitalausstattung *f*
**capacity utilisation** Kapazitätsauslastung *f*
**capacity utilisation in manufacturing has fallen to its lowest level since 20...**
die Kapazitätsauslastung ist seit 20... auf den niedrigsten Stand gefallen
**captive dealer** Vertragshändler *m*
**the car manufacturers control their distribution channels through captive dealers**
die Autohersteller kontrollieren ihre Vertriebskanäle über Vertragshändler
**car analyst** Autoanalyst *m*
**car analyst at an international bank**
Autoanalyst bei einer internationalen Bank

**carbon dioxide emission** Kohlendioxid-Ausstoß *m*

**carbon dioxide emissions** Kohlendioxidemissionen *fpl*; Kohlendioxid-Emissionen *fpl*

**car company** Autohersteller *m*; Autofirma *f*
  the collapse of the car company has shocked the country
  der Zusammenbruch des Autoherstellers hat das Land geschockt

**career** *n* Berufsleben *n*
  he has spent his entire career at ABC
  er hat sein gesamtes Berufsleben bei ABC verbracht

**career ambition** Berufsziel *n*
  the about-face in students' career ambitions
  die Trendwende bei den Berufszielen der Studenten

**career consultant** Berufsberater *m*

**career civil servant** Karrierebeamte *m*

**careers advice** Berufsberatung *f*

**car giant** Autoriese *m*; Automobilgigant *m*
  the American car giant is refusing to be rushed into a deal
  der amerikanische Autoriese lässt sich zu keinen überstürzten Aktionen hinreißen

**car group** Autokonzern *m*

**car industry** Autoindustrie *f*
  a tremor passed through the car industry on Tuesday
  ein Beben ging am Dienstag durch die Autoindustrie

**carmaker** *n*; **car maker** Autohersteller *m*; Autobauer *m*; Automobilhersteller *m*
  ABC is the world's fifth-largest car maker
  ABC ist der fünftgrößte Autohersteller der Welt
  the number of big car makers has shrunk to six
  die Zahl der großen Automobilhersteller ist auf sechs geschrumpft
  the banks are trying to sell the carmaker to a foreign investor
  die Banken versuchen, den Autobauer an einen ausländischen Investor zu verkaufen

**car manufacturer** Autohersteller *m*

**car market** Pkw-Markt *m*; Automarkt *m*
  in the fiercely-competitive European car market
  auf dem hart umkämpften europäischen Pkw-Markt
  the car market is already veering towards a preference for niche models
  auf dem Pkw-Markt macht sich schon ein Trend hin zu Nischenfahrzeugen breit
  to enter the American car market
  auf dem amerikanischen Automarkt aktiv werden

**car parts** Autoteile *npl*

**car-parts business** Autoteilesparte *f*; Autoteilegeschäft *n*
  to lay the foundations for a strong car-parts business
  den Grundstein für ein starkes Autoteilegeschäft legen

**car-parts manufacturer** Autoteilezulieferer *m*; Hersteller von Autoteilen

**car-parts manufacturing** Herstellung von Autoteilen

**car production** Autoproduktion *f*
  the decision to end car production at ABC's plant at Luton
  die Entscheidung, die Autoproduktion in ABCs Werk in Luton einzustellen

**car radio** Autoradio *n*

**car radio manufacturer** Autoradio-Hersteller *m*
  A&B got its start as a car radio manufacturer
  A&B fing als Autoradio-Hersteller an

**car-rental company** Autovermieter *m*

**carrier** *n* Fluggesellschaft *f*
  the carrier made a net profit of ...
  das Nettoergebnis der Fluggesellschaft belief sich auf ...

**car sales** Pkw-Absatz *m*; Autoabsatz *m*
  these companies will control 23% of world car sales
  diese Unternehmen werden weltweit 23% des Pkw-Absatzes kontrollieren
  internal estimates point to an 8 per cent fall in Italian car sales this year
  nach internen Schätzungen wird der Autoabsatz dieses Jahr in Italien wahrscheinlich um 8 Prozent zurückgehen

**cartel** *n* Kartell *n*
  the following countries do not belong to the cartel

die folgenden Länder gehören dem Kartell nicht an

**cartel office** Kartellamt *n*
**in a letter to the German cartel office**
in einem Brief an das deutsche Kartellamt
**the Cartel Office is Germany's competition watchdog**
das Kartellamt ist Deutschlands Wettbewerbshüter

**cash** *n*: **pay cash** bar bezahlen
**customer paying cash**
Barzahler *m*

**cash cow** Gewinnbringer *m*
**the leather-goods branch is the group's only cash cow**
die Lederwaren-Sparte ist der einzige Gewinnbringer des Konzerns

**cash dividend** Bardividende *f*
**the company does not anticipate paying any cash dividends in the immediate future**
das Unternehmen will in näherer Zukunft keine Bardividende ausschütten

**cash dividend payment** Bardividenden-Zahlung *f*
**A&B will slash its cash dividend payment to shareholders**
A&B wird die Bardividenden-Zahlung an seine Aktionäre kürzen

**cash flow** Mittelfluss *m*; Cashflow *m*
**cash flow statement** Kapitalflussrechnung *f*
**cash infusion** Geldspritze *f*
**cash injection** Geldspritze *f*
**cash race** Subventionswettlauf *m*
**cattle** *n* Rinder *npl*
**EU objections to the use of hormones to fatten cattle**
Einwände der EU gegen die Verwendung von Hormonen zum Mästen von Rindern

**causal link** ursächlicher Zusammenhang
**it is always difficult to identify causal links**
es ist immer schwierig ursächliche Zusammenhänge herzustellen

**caution** *n* Vorsicht *f*
**analysts urged caution**
die Analysten mahnten zur Vorsicht

**ceiling** *n* Obergrenze *f*
**the stability pact sets legally binding ceilings of 3% of GDP on euro-zone countries' budget deficits**
der Stabilitätspakt schreibt rechtlich bindende Obergrenzen in Höhe von 3% des BIP für die Haushaltsdefizite der Länder der Eurozone vor

**cellphone** *n*; **cell phone** Handy *n*
**cell phones use so little microwave energy that even heating is a nonissue**
bei Handys ist die auftretende Mikrowellenenergie so gering, dass Erwärmung praktisch keine Rolle spielt
**ABC is a maker of chips for cell phones**
ABC stellt Handy-Chips her
**I don't think there's any evidence that cell phones cause cancer**
meiner Meinung nach gibt es keinerlei Beweise dafür, dass Handys Krebs verursachen
**software and hardware for testing and manufacturing cell phones**
Software und Hardware für die Prüfung und Herstellung von Handys

**cellular operator** Mobilfunkbetreiber *m*

**cellular phone** Handy *n*
**cellular phones are a fairly new invention**
Handys sind noch eine recht junge Erfindung

**cellular-phone pioneer** Handy-Pionier *m*
**leading shareholder is cellular-phone pioneer A&B**
Hauptaktionär ist der Handy-Pionier A&B

**cellular phone user** Handynutzer *m*; Handybenutzer *m*
**there are currently 8.3 million cellular phone users in Canada**
in Kanada gibt es zurzeit 8,3 Mio. Handynutzer

**cellular pioneer** Handy-Pionier *m*
**the cellular pioneer has long worked hand-in-hand with A&B**
der Handy-Pionier arbeitet seit langem mit A&B zusammen

**cellular telephony unit** Mobilfunksparte *f*

**cellulose** *n* Holzzellstoff *m*
**both products are derived from cellulose**
beide Produkte werden aus Holzzellstoff gewonnen

**central bank** Zentralbank *f*
**the central bank will leave interest rates unchanged for the rest of the year**
die Zentralbank wird für den Rest des

**central bank**

**the government and the central bank seem unable to get to grips with the country's fundamental economic problems**
es scheint, dass Regierung und Zentralbank nicht in der Lage sind, die grundlegenden Wirtschaftsprobleme des Landes in den Griff zu bekommen
**the U.S. central bank has lowered rates four times this year to help stem the economic slowdown**
die amerikanische Zentralbank hat dieses Jahr zur Bekämpfung der nachlassenden Konjunktur schon viermal die Zinsen gesenkt

**central banker** Notenbankgouverneur *m*

**central-bank governor** Notenbankgouverneur *m*

**certification** *n* Zertifizierung *f*
**ABC was the first company to obtain ISO ... certification**
ABC war das erste Unternehmen, das nach ISO ... zertifiziert wurde

**chairman** *n* Vorstandsvorsitzende *m*; Vorstandschef *m*; Vorstandssprecher *m*
**former chairman of ABC**
früherer Vorstandsvorsitzender von ABC
**the then ABC chairman Robert Miller**
der damalige ABC-Vorstandsvorsitzende Robert Miller
**the bank's chairman confirmed at a news conference that ...**
der Vorstandssprecher der Bank bestätigte an einer Pressekonferenz, dass ...

**chairman of the Federal Reserve** US-Notenbankchef *m*

**challenge** *n* Herausforderung *f*
**we have much work to do and many challenges ahead**
es liegen noch viele Herausforderungen und viel Arbeit vor uns

**champagne** *n*: **sales of champagne** Champagner-Verkauf *m*
**last year, sales of champagne slipped**
der Champagner-Verkauf war letztes Jahr eingebrochen

**champion** *n* Verfechter *m*; Befürworter *m*
**the champions of deeper political integration in Europe**
die Verfechter einer vertieften politischen Integration in Europa

**chancellor of the exchequer** *(GB)* Finanzminister *m*
**Britain's chancellor of the exchequer is fiercely opposed to the idea**
der britische Finanzminister hält nichts von dieser Idee / diesem Plan

**charter** *n* Charterflug *m*
**charters still account for about half of all intra-European flights**
noch immer sind ungefähr die Hälfte aller innereuropäischen Flüge Charterflüge

**charter airline** Charterfluggesellschaft *f*; Charterflieger *m*
**charter airlines serve highly-frequented tourist destinations from regional airports**
Charterfluggesellschaften fliegen vielbesuchte Ferienziele von regionalen Flughäfen aus an

**charter flight** Charterflug *m*
**cheap air travel was restricted to charter flights in holiday packages**
billige Flugreisen gab es nur in Form von Charterflügen bei Pauschalreisen

**charter plane** Charterflugzeug *n*
**charter planes will fly tourists directly from Europe to Salvador**
Charterflugzeuge werden Touristen direkt von Europa nach Salavador fliegen

**chemical company** Chemieunternehmen *n*
**what will be demanded of a chemical company in the future**
was wird von einem Chemieunternehmen in der Zukunft verlangt / erwartet

**chemical industry** Chemieindustrie *f*
**the chemical industry is driving the development of fuel cells**
die Chemieindustrie treibt die Entwicklung der Brennstoffzelle voran

**chemicals and drugs company** Chemie- und Pharmaunternehmen *n*
**the German chemicals and drugs company warned on Wednesday that its earnings would fall substantially short of previous estimates**
das deutsche Chemie- und Pharmaunternehmen warnte am Mittwoch, dass seine Erträge beträchtlich hinter früheren Schätzungen zurückbleiben werden

**chemicals company** Chemieunternehmen *n*
  **ABC tried secretly last year to take over the country's second-biggest chemicals company**
  ABC wollte vergangenes Jahr ganz heimlich das zweitgrößte Chemieunternehmen des Landes übernehmen

**chemicals giant** Chemieriese *m*
  **the chemicals giant plans to concentrate on its core business**
  der Chemieriese will sich auf sein Kerngeschäft konzentrieren

**chemicals industry** Chemieindustrie *f*
  **the chemicals industry has seen real prices decline by at least 1% a year for 20 years**
  in der Chemieindustrie sinken die Preise schon seit 20 Jahren real um mindestens 1% jährlich

**chief economist** Chefökonom *m*; Chefvolkswirt *m*
  **the bank's chief economist reckons that retail sales in November and December will be 6.5% higher than last year**
  der Chefökonom der Bank geht davon aus, dass die Einzelhandelsumsätze im November und Dezember 6,5% über denen des Vorjahres liegen werden
  **chief economist at ABC Bank**
  Chefvolkswirt der ABC Bank

**chief executive** Vorstandssprecher *m*; Boss *m*; Vorstandschef *m*; Chef *m*
  **ABC chief executive Adam Muller said ...**
  ABC-Vorstandssprecher Adam Muller sagte ...

**chief financial officer** Finanzvorstand *m*; Finanzchef *m*

**chief operating officer** Geschäftsführer *m*
  **these changes triggered the resignation of the chief operating officer**
  diese Veränderungen haben zum Rücktritt des Geschäftsführers geführt

**children's tax credit** Kinderfreibetrag *m*

**chip** *n* Chip *m*
  **this week also saw the launch of two new chips**
  diese Woche kamen auch zwei neue Chips auf den Markt
  **ABC plans to manufacture one billion chips over the next two years**
  ABC will in den kommenden zwei Jahren eine Milliarde Chips herstellen

**chip business** Chipsparte *f*; Chipgeschäft *n*
  **highly profitable chip business**
  hoch profitable Chipsparte

**chip factory** Chipfabrik *f*
  **a typical chip factory produces more than 3m litres of effluent**
  eine typische Chipfabrik produziert mehr als 3 Mio. Liter Abwässer

**chipmaker** *n*; **chip maker** Chiphersteller *m*
  **the world's biggest chip maker**
  der größte Chiphersteller der Welt
  **ABC is a leading chipmaker**
  ABC ist ein führender Chiphersteller
  **the city where Europe's biggest chipmaker is based**
  die Stadt, in der der größte Chiphersteller Europas seinen Firmensitz hat

**chip-making giant** Chipgigant *m*
  **challenges to the chip-making giant's dominance are mounting**
  der Chipgigant sieht sich in seiner Vormachtstellung immer stärker bedrängt

**chip market** Chipmarkt *m*
  **the company said the chip market appears to be stabilizing**
  das Unternehmen sagte, dass sich der Chipmarkt anscheinend stabilisiere

**chip plant** Chip-Werk *n*
  **with new chip plant, the two companies deepen ties**
  mit dem neuen Chip-Werk vertiefen die beiden Unternehmen ihre Beziehungen
  **ABC opened a new chip plant in 20...**
  ABC eröffnete im Jahre 20... ein neues Chip-Werk

**chip sales** Chipsabsatz *m*
  **chip sales are expected to grow more slowly this year**
  der Chipabsatz wird sich dieses Jahr wahrscheinlich verlangsamen

**chip sector** Chipbranche *f*

**cigarette maker** Zigarettenhersteller *m*
  **the world's fourth-largest cigarette maker**
  der viertgrößte Zigarettenhersteller der Welt

**cigarette manufacturer** Zigarettenhersteller *m*

**civil aircraft** Zivilflugzeug *n*
  **civil aircraft account for about two-thirds of the company's output**
  Zivilflugzeuge machen ungefähr zwei Drittel der Produktion des Unternehmens aus
  **the development of civil aircraft has been dominated by the need for economical operation**
  bei der Entwicklung von Zivilflugzeugen steht die Forderung nach wirtschaftlichem Betrieb im Vordergrund

**civil aviation** zivile Luftfahrt

**civil aviation authority** zivile Luftfahrtbehörde
  **representatives of the civil aviation authorities**
  Vertreter der zivilen Luftfahrtbehörden

**civil service status** Beamtenstatus *m*
  **his civil service status means he cannot be fired**
  auf Grund seines Beamtenstatus kann er nicht entlassen werden

**claim for damages** Schadenersatzforderung *f*; Schadenersatzanspruch *m*
  **we consider A&B's claims for damages as unfounded and unjustified**
  wir halten die Schadenersatzforderungen von A&B für unbegründet und ungerechtfertigt

**cleanroom** *n*; **clean room** Reinraum *m*
  **Figure 1 illustrates the energy flow around a clean room for chip manufacturing**
  in Abbildung 1 wird der Energiefluss in einem Reinraum für die Chipherstellung dargestellt
  **cleanrooms require a critically controlled environment**
  Reinräume erfordern eine streng kontrollierte Umgebung

**client** *n* Kunde *m*
  **ABC's clients span the industrial spectrum**
  die Kunden von ABC kommen aus der gesamten Industrie
  **ABC's strategically placed subsidiaries serve a growing number of international clients**
  die strategisch platzierten Tochtergesellschaften von ABC bedienen eine wachsende Zahl von internationalen Kunden

**climate change** Klimawechsel *m*; Klimaveränderung *f*
  **this comprehensive report about human-induced climate change should sound alarm bells**
  dieser umfassende Bericht über die vom Menschen verursachte Klimaveränderung sollte alle Alarmglocken zum Schrillen bringen

**clinical trial** klinische Erprobung
  **clinical trials of a cancer drug**
  klinische Erprobung eines Krebsmittels

**close of business** Börsenschluss *m*; Handelsschluss *m*
  **at the close of business on March 5, 20...**
  zum / bei Börsenschluss am 5. März 20...

**close of trading** Börsenschluss *m*; Handelsschluss *m*
  **by the close of trading on March 5, 20...**
  zum / bei Börsenschluss am 5. März 20...
  **at the close of trading**
  bei Handelsschluss

**closure** *n* Werksschließung *f*; Schließung *f*
  **analysts had expected even more closures**
  die Analysten hatten mit noch mehr Werksschließungen gerechnet

**clothes dryer** Wäschetrockner *m*

**clothes washer** Waschmaschine *f*

**clothing retailer** Textilfilialist *m*

**cloven-hoofed animals** Klauentiere *npl*
  **cloven-hoofed animals are susceptible to this disease**
  Klauentiere sind anfällig gegen diese Krankheit

**coal deposit** Kohlelagerstätte *f*
  **to find investors for these coal deposits**
  Investoren für die Ausbeutung dieser Kohlelagerstätten finden

**coal-fired boiler** kohlegefeuerter Kessel
  **to expand the capacity of coal-fired boilers**
  die Leistung kohlegefeuerter Kessel erhöhen

**coal-fired power plant** Kohlekraftwerk *n*
  **to reduce NOx emissions in coal-fired power plants to record levels**
  die Stickoxid-Emissionen in

Kohlekraftwerken auf Rekordniveau senken

**coal mining** Kohlebergbau *m*

**CO$_2$ emission** Kohlendioxid-Ausstoß *m*
**the reduction of CO$_2$-emission was 1,300 tons/year or 40%**
die Verringerung des Kohlendioxid-Ausstoßes betrug 1.300 Tonnen pro Jahr oder 40%

**co-firing** Mitverbrennung *f*
**co-firing of biomass in a conventional coal-fired power station**
Mitverbrennung von Biomasse in einem herkömmlichen Kohlekraftwerk

**co-founder** *n* Mitbegründer *m*

**cogeneration** Kraft-Wärme-Kopplung *f*
**industrial cogeneration**
industrielle Kraft-Wärme-Kopplung

**collapse** *n* Zusammenbruch *m*
**the collapse of the company has shocked the country**
der Zusammenbruch des Unternehmens war für das Land ein Schock
**to trigger the collapse of the debt-laden group**
den Zusammenbruch des hoch verschuldeten Konzerns auslösen / bewirken

**collective bargaining** Tarifverhandlung *f*

**college education** Hochschulausbildung *f*

**color screen** Farbbildschirm *m*

**combined cycle power plant** Kombikraftwerk *n*

**combined group** Gesamtkonzern *m*
**the combined group's chief executive, announced that he would resign in 20...**
der Chef des Gesamtkonzerns sagte, er werde im Jahre 20... zurücktreten

**combined heat and power generation** (CHP) Kraft-Wärme-Kopplung *f*

**combined heat and power plant** Kraft-Wärme-Kopplungsanlage *f*

**combustion engine** Verbrennungsmotor *m*
**the fuel cell as alternative to combustion engines and conventional power plants**
die Brennstoffzelle als Alternative zum Verbrennungsmotor und herkömmlichen Kraftwerken

**comment on** *v* Stellung nehmen zu; Kommentar abgeben zu
**A&B declined to comment**
A&B lehnte es ab, dazu Stellung zu nehmen
**he declines to comment on the company's strategy**
er weigert sich, einen Kommentar zur Strategie des Unternehmens abzugeben

**commercial aircraft** Verkehrsflugzeug *n*; Zivilflugzeug *n*
**ABC has pulled even with BCD in sales of smaller commercial aircraft**
ABC hat beim Verkauf von kleineren Verkehrsflugzeugen mit BCD gleichgezogen

**commercial-aircraft division** Zivilflugzeugsparte *f*; Geschäftsbereich Zivilflugzeuge; Bereich Zivilflugzeuge
**up to 30,000 jobs will go at the company's commercial-aircraft division by the end of next year**
bis zum Ende des kommenden Jahres werden bis zu 30.000 Stellen in der Zivilflugzeugsparte gestrichen

**commercial construction activity** Wirtschaftsbau *m*

**commercial customer** gewerblicher Kunde; Gewerbekunde *m*
**the 200-kW fuel cell uses chemistry to convert natural gas into electricity and heat for commercial customers**
die 200-kW-Brennstoffzelle wandelt auf chemischem Wege Erdgas in Strom und Wärme für Gewerbekunden um
**gas is already available through distribution networks to many industrial and commercial customers**
das Gas steht schon vielen Industrie- und Gewerbekunden über Verteilungsnetze zur Verfügung

**commercialisation** *n (BE)* / **commercialization** *n (AE)* Markteinführung *f*
**commercialization of cost-competitive electric vehicles**
Markteinführung kostengünstiger Elektrofahrzeuge

**commercial vehicle(s) arm** Nutzfahrzeuggeschäft *n*

**commercial vehicle(s) division** Nutzfahrzeuggeschäft *n*; Nutzfahrzeug-Sparte *f*
**the commercial vehicles division headed by Adam Miller**
das Nutzfahrzeuggeschäft mit Adam

**commercial vehicle(s) division**

Miller an der Spitze
**the economic slowdown hit the commercial vehicles division**
die Konjunkturflaute erfasste die Nutzfahrzeug-Sparte

**commercial vehicle manufacturer** Nutzfahrzeughersteller *m*
**A&B is the world's leading commercial vehicle manufacturer**
A&B ist weltweit der größte Nutzfahrzeughersteller

**commercial vehicles unit** Nutzfahrzeug-Sparte *f*

**commissioning** *n* Inbetriebnahme *f*
**commissioning of a power plant**
Inbetriebnahme eines Kraftwerks

**common currency** Gemeinschaftswährung *f*; Einheitswährung *f*
**before the common currency's introduction**
vor der Einführung der Einheitswährung
**to support the common currency**
die Gemeinschaftswährung (unter)stützen

**common stock** Stammaktien *fpl*

**communications chip** Kommunikationschip *m*

**communications chip market** Markt für Kommunikationschips
**ABC is only fourth in the communications chip market**
ABC belegt nur Platz vier auf dem Markt für Kommunikationschips

**communications industry** Kommunikationsindustrie *f*
**the communications industry moves rapidly toward open communication**
die Kommunikationsindustrie bewegt / entwickelt sich sehr schnell in Richtung offene Kommunikation

**communications network** Kommunikationsnetz *n*

**communications satellite** Kommunikations-Satellit *m*; Kommunikationssatellit *m*
**to launch 20 communications satellites into orbit**
20 Kommunikations-Satelliten in eine Umlaufbahn bringen / in den Weltraum bringen / positionieren

**communications technology** Kommunikationstechnologie *f*; Kommunikationstechnik *f*

**company** *n* Unternehmen *n*
**he will become the first American to run the company**
er wird der erste Amerikaner an der Spitze des Unternehmens sein
**small and medium-sized companies**
kleine und mittlere Unternehmen

**company headquarters** Firmensitz *m*
**company headquarters are located in London**
der Firmensitz befindet sich in London

**company spokesman** Unternehmenssprecher *m*; Firmensprecher *m*
**a company spokesman said ...**
ein Firmensprecher erklärte / sagte ...

**company spokesperson** Unternehmenssprecher *m*; Firmensprecher *m*; Firmensprecherin *f*
**a company spokesperson said ...**
ein Firmensprecher erklärte ...

**company spokeswoman** Firmensprecherin *f*; Unternehmenssprecherin *f*
**according to company spokeswoman Mary Miller**
laut Firmensprecherin Mary Miller

**company tax** Unternehmenssteuer *f*

**compensation** *n* Ausgleichsforderung *f*
**to demand compensation for lost trade**
Ausgleichsforderungen für entgangenen Handel erheben

**competition** *n* (1) Wettbewerb *m*
**these markets are characterized by intense competition**
diese Märkte sind durch einen starken Wettbewerb gekennzeichnet / sind sehr wettbewerbsintensiv; auf diesen Märkten herrscht ein intensiver Wettbewerb
**the proposed merger will impair / enhance competition**
die geplante Fusion wird den Wettbewerb beeinträchtigen / verbessern

**competition** *n* (2) Konkurrenz *f*
**to beat the foreign competition**
die ausländische Konkurrenz schlagen
**ABC had fallen seriously behind the competition**
ABC war gegenüber der Konkurrenz stark zurückgefallen
**if the market is really thrown wide open to foreign competition**
wenn der ausländischen Konkurrenz unbeschränkter Zutritt zum Markt gewährt wird

**competition authority** Kartellamt *n*; Kartellwächter *m*; Kartell-

behörde *f*
**Italy's competition authority may block the sale of its local telecoms group**
Italiens Wettbewerbsbehörde blockiert vielleicht den Verkauf des heimischen Telekom-Konzerns
**he expressed his confidence that the deal would be cleared by the competition authorities**
er war zuversichtlich, dass das Kartellamt das Abkommen genehmigen werde
**competition commissioner** Kommissar für Wettbewerb; Wettbewerbskommissar *m*
**he met the European competition commissioner in Brussels on Monday**
er traf sich am Montag in Brüssel mit dem EU-Kommissar für Wettbewerb
**competition policy** Wettbewerbspolitik *f*
**competition watchdog** Wettbewerbshüter *m*; Kartellwächter *m*; Wettbewerbswächter *m*
**Germany's competition watchdog is busier than ever**
Deutschlands Kartellwächter sind so fleißig wie noch nie
**the competition watchdog stopped the energy utility from buying A&B**
die Wettbewerbshüter verhinderten den Kauf von A&B durch den Energieversorger
**competitive** *adj* konkurrenzfähig; wettbewerbsfähig
**an extremely competitive market**
ein sehr wettbewerbsintensiver Markt
**competitive advantage** Wettbewerbsvorteil *m*
**the people and products behind our vision are our biggest competitive advantage**
die Menschen und Produkte hinter unserer Vision sind unser größter Wettbewerbsvorteil
**competitive benefit** Wettbewerbsvorteil *m*
**competitive edge** Wettbewerbsvorsprung *m*
**our competitive edge is based on our strength in research and development**
unser Wettbewerbsvorsprung beruht auf unserer Stärke in Forschung und Entwicklung
**competitive landscape** Wettbewerbsumfeld *n*
**this deal could change radically the competitive landscape in the information technology sector**
dieses Abkommen könnte das Wettbewerbsumfeld im IT-Sektor radikal verändern
**competitiveness** *n* Konkurrenzfähigkeit *f*; Wettbewerbsfähigkeit *f*
**to weaken competitiveness**
die Konkurrenzfähigkeit schwächen
**to enhance ABC's global competitiveness**
die globale Wettbewerbsfähigkeit von ABC verbessern
**to enhance ABC's competitiveness in the global marketplace**
die Wettbewerbsfähigkeit von ABC auf dem Weltmarkt erhöhen
**competitive pressure** Wettbewerbsdruck *m*
**A&B could face new competitive pressures**
A&B könnte wieder unter Wettbewerbsdruck geraten
**competitor** *n* Wettbewerber *m*; Mitbewerber *m*; Konkurrent *m*
**our technical expertise is respected by customers and competitors alike**
unser technischer Sachverstand wird von Kunden und Wettbewerbern gleichermaßen geschätzt
**complaint** *n* Klage *f*; Beschwerde *f*
**they filed / posted formal complaints with the WTO over the US decision**
sie reichten wegen der amerikanischen Entscheidung formell Klage bei der WHO ein
**complete solution** Komplettlösung *f*
**our customers expect complete solutions to their problems**
die Kunden erwarten von uns Komplettlösungen für ihre Probleme
**component factory** Teilefabrik *f*
**the car maker will close three component factories**
der Autobauer wird drei Teilefabriken schließen
**compromise** *n* Kompromiss *m*
**the company and the government could not reach a compromise**
das Unternehmen und die Regierung konnten sich nicht auf einen Kompromiss einigen
**computer age** Computerzeitalter *n*
**now we are in the computer age with its general-purpose computers and special-purpose computers**

wir befinden uns nun im Computerzeitalter mit all seinen Universal- und Spezialrechnern

**Computer Aided Engineering** computergestützte Entwicklung

**computer chip** Computerchip *m*
**the latest computer chips process vastly more bits of information than earlier versions**
die neusten Computerchips können beträchtlich mehr Informationen verarbeiten als ihre Vorgänger
**the next generation of faster, more powerful computer chips**
die nächste Generation schnellerer und noch leistungsfähigerer Computerchips

**computer chip maker** Computerchip-Hersteller *m*

**computer chip manufacturer** Computerchip-Hersteller *m*
**ABC is the world's largest computer-chip manufacturer**
ABC ist der größte Computerchip-Hersteller der Welt

**computer giant** Computerriese *m*
**the programming language was developed by the American computer giant ABC**
die Programmiersprache wurde von dem amerikanischen Computerriesen ABC entwickelt
**computer giants link up with software start-ups**
Computerriesen tun sich mit Software-Startups zusammen

**computer hard disk** Computerfestplatte *f*

**computer maker** Computerhersteller *m*
**the proposal also evoked protests from computer makers**
der Vorschlag führte auch zu Protesten seitens der Computerhersteller
**the computer maker announced that it would shed around 5,000 workers**
der Computerhersteller gab bekannt, er werde ca. 5.000 Arbeitnehmer entlassen

**computer manufacturer** Computerhersteller *m*

**computer networker** Computernetzausrüster *m*

**computer show** Computermesse *f*
**during an interview at the computer show**
während eines Interviews auf der Computermesse

**computer vendor** Computeranbieter *m*

**computer virus** Computervirus *n/m*
**computer viruses used to be spread by floppy disks**
früher wurden Computerviren über Disketten verbreitet

**concern** *n* Unternehmen *n*

**concession** *n* Konzession *f*; Zugeständnis *n*
**the Chinese hope to extract further concessions**
die Chinesen erhoffen sich weitere Konzessionen/Zugeständnisse

**condition** *n* Auflage *f*
**to impose tough conditions**
strenge Auflagen verhängen

**conference room** Konferenzzimmer *n*
**he sat at a large table in a conference room**
er saß an einem großen Tisch in einem Konferenzzimmer

**confidence** *n* Vertrauen *n*
**to restore foreign investor confidence in the economy**
das Vertrauen der ausländischen Investoren in die Wirtschaft wiederherstellen

**conflict of interest** Interessenkonflikt *m*
**there need not be such a conflict of interests between energy and economic efficiency**
ein Interessenkonflikt zwischen Energieeffizienz und Wirtschaftlichkeit muss nicht sein
**A&B tries to eliminate any possible appearance of conflict of interest**
A&B versucht, das mögliche Auftreten von Interessenskonflikten zu vermeiden
**this would remove / eliminate a conflict of interest with A&B**
dies würde einen Interessenkonflikt mit A&B vermeiden / ausräumen
**to create a conflict of interest**
zu einem Interessenkonflikt führen / einen Interessenkonflikt verursachen / herbeiführen

**conglomerate** *n* Mischkonzern *m*; Konglomerat *n*
**ABC is South Korea's biggest conglomerate**
ABC ist Südkoreas größter Mischkonzern
**he runs not just a big firm but a conglomerate**

er leitet nicht nur eine große Firma, sondern ein Konglomerat

**consensus driven management board** kollektive Vorstandsverantwortung
**the shake-up marks a break with the German tradition of a consensus driven management board**
das Revirement bedeutet einen Bruch mit der deutschen Tradition der kollektiven Vorstandsverantwortung

**consolidated financial statements** Konzernabschluss *m*
**the notes to consolidated financial statements are an integral part of this statement**
die Anmerkungen zum Konzernabschluss sind Bestandteil dieses Berichts
**the following data should be read in conjunction with the consolidated financial statements**
die folgenden Daten sollten im Zusammenhang mit dem Konzernabschluss gesehen werden / betrachtet werden

**consortium** *n* Konsortium *n*
**to finalise the make-up of the consortium**
die Zusammensetzung des Konsortiums endgültig festlegen

**construction** *n* Bau *m*
**in March A&B suspended construction of a $2 billion facility**
im März hat A&B den Bau einer Anlage im Wert von 2 Mrd. Dollar ausgesetzt

**construction activity** Bautätigkeit *f*

**construction company** Bauunternehmen *n*
**construction companies see demand for new homes dropping in the months ahead**
die Bauunternehmen rechnen in den kommenden Monaten mit einem Rückgang der Nachfrage nach Eigenheimen

**construction concern** Bauunternehmen *n*

**construction costs** Baukosten *pl*
**ABC has incurred approximately $16.0 million in construction costs**
ABC sind Baukosten in Höhe von ca. 16,0 Mio. $ entstanden

**construction firm** Bauunternehmen *n*
**construction firms will be able to charge premium prices for doing things quickly**
die Bauunternehmen werden für eine schnelle Durchführung der Arbeiten hohe Preise verlangen können

**construction group** Baukonzern *m*
**A&B is France's leading construction group**
A&B ist Frankreichs führender Baukonzern
**the construction group filed for bankruptcy in 20...**
der Baukonzern meldete im Jahre 20... Konkurs an

**construction industry** Bauindustrie *f*

**construction market** Baukonjunktur *f*
**a steep downturn in the German construction market**
starke Verschlechterung / starker Rückgang der deutschen Baukonjunktur

**construction materials** Baustoffe *mpl*

**construction worker** Bauarbeiter *m*
**more than half of all Québec construction workers were employed at these sites**
mehr als die Hälfte aller Bauarbeiter von Quebec waren an diesen Baustellen beschäftigt

**consultancy** *n* Beratungsfirma *f*; Unternehmensberatung *f*
**a Boston consultancy, found that ...**
eine in Boston ansässige Unternehmensberatung stellte fest, dass ...
**ABC is a consultancy based in New York**
ABC ist eine Unternehmensberatung mit Sitz in New York
**to operate a consultancy**
eine Beratungsfirma betreiben

**consultant** *n* Berater *m*; Unternehmensberater *m*
**he is a senior consultant at A&B**
er ist leitender Berater bei A&B

**consultation** *n*: **in consultation with** in Abstimmung mit
**in consultation with all the other partners concerned**
in Abstimmung mit allen beteiligten Parteien
**the plant site will be selected in consultation with the investor**
der Anlagenstandort wird in Abstimmung mit dem Investor ausgewählt

**consulting** *n* Beratung *f*

**consulting concern** Consulting-Unternehmen *n*; Consultingunternehmen *n*; Consulting-Firma *f*; Consultingfirma *f*

**consulting firm** Consulting-Unternehmen *n*; Consultingunternehmen *n*; Consulting-Firma *f*; Consultingfirma *f*; Beraterfirma *f*

**consulting group** Consulting-Konzern *m*
**consulting groups make heavy use of voice and data services**
Consulting-Konzerne machen starken Gebrauch von Sprach- und Datendiensten
**A&B, a consulting group based in Boston, predicted that ...**
A&B, ein Consulting-Konzern mit Sitz in Boston, sagte voraus, dass ...

**consulting service** Beratungsleistung *f*
**ABC offers the most up-to-date technical consulting services available in the energy industry**
ABC bietet die modernsten technischen Beratungsleistungen im Energiesektor

**consumer** *n* Verbraucher *m*; Konsument *m*

**consumer association** Verbraucherverband *m*
**the court's decision was criticised by consumer associations**
die Entscheidung des Gerichts wurde von den Verbraucherverbänden kritisiert

**consumer confidence** Konsumentenvertrauen *n*; Verbrauchervertrauen *n*
**lower / growing consumer confidence**
geringeres / wachsendes Konsumentenvertrauen
**American consumer confidence hit a four-year low**
das Verbrauchervertrauen in Amerika hat seinen tiefsten Stand seit vier Jahren erreicht
**the sharp drop in consumer confidence late last year**
der scharfe Rückgang des Verbrauchervertrauens Ende des vergangenen Jahres
**consumer confidence is likely to slip further**
das Verbrauchervertrauen wird wahrscheinlich weiter sinken

**consumer-confidence index**; **consumer confidence index** Verbrauchervertrauensindex *m*; Vertrauensindex der amerikanischen Verbraucher
**the consumer confidence index fell in December for the third month in a row**
der Verbrauchervertrauensindex fiel im Dezember den dritten Monat in Folge

**consumer debts** Verschuldung der Verbraucher
**high consumer debts**
hohe Verschuldung der Verbraucher

**consumer demand** Verbrauchernachfrage *f*
**bulb makers are responding to consumer demand**
die Lampenhersteller reagieren auf die Verbrauchernachfrage
**consumer demand is stagnant**
die Verbrauchernachfrage stagniert
**to allow quick response to changing consumer demands**
ein schnelles Reagieren auf die sich ändernde Verbrauchernachfrage ermöglichen
**consumer demand is expected to moderate**
es wird erwartet, dass die Verbrauchernachfrage nachlässt

**consumer electronics** Konsumelektronik *f*; Unterhaltungselektronik *f*; Verbraucherelektronik *f*; Consumer-Elektronik *f*; Consumerelektronik *f*

**consumer electronics company** Unterhaltungselektronik-Hersteller *m*

**consumer good** Konsumgut *n*
**food, pharmaceuticals and other consumer goods**
Nahrungsmittel, Pharmazeutika und andere Konsumgüter

**consumer-goods company** Konsumgüterunternehmen *n*

**consumer group** Verbrauchergruppe *f*
**consumer groups expressed concern about the move**
Verbrauchergruppen zeigten sich besorgt über diese Vorgehensweise
**consumer groups and politicians have become concerned about the growing power of brewers**
Verbrauchergruppen und Politiker zeigen sich zunehmend besorgt über die wachsende Macht der Brauereikonzerne
**the WTO is under attack from trade unions, greens and consumer groups**

die WHO sieht sich Angriffen der Gewerkschaften, Grünen und Verbrauchergruppen ausgesetzt
**consumer groups have always worried that ...**
die Verbrauchergruppen haben schon immer befürchtet, dass ...

**consumer market** Verbrauchermarkt *m*; Konsumentenmarkt *m*
**to knock smaller rivals out of the consumer market**
kleinere Konkurrenten aus dem Verbrauchermarkt verdrängen

**consumer price** Verbraucherpreis *m*
**despite the apparently benign increase in October's consumer prices**
trotz des scheinbar harmlosen Anstiegs der Verbraucherpreise im Oktober
**competition would lead to higher efficiency and lower consumer prices**
Wettbewerb würde mehr Wirtschaftlichkeit und niedrigere Verbraucherpreise bewirken
**consumer prices rose (by) 0.1 percent in March**
die Verbraucherpreise stiegen im März um 0,1%

**consumer price index** Lebenshaltungskostenindex *m*
**the latest consumer price index, released on February 21st, showed an unexpectedly big jump in inflation**
der neuste Lebenshaltungskostenindex, der am 21. Februar veröffentlicht wurde, zeigt einen unerwarteten sprunghaften Anstieg der Inflation
**the consumer price index rose 0.2 percent in June**
der Lebenshaltungskostenindex stieg im Juni um 0,2%

**consumer protection** Verbraucherschutz *m*

**consumer scare** Verunsicherung der Verbraucher

**consumer spending** Ausgaben der Verbraucher; Privatkonsum *m*; Konsum *m*; (private) Konsumausgaben *fpl*; Verbraucherausgaben *fpl*
**weaker share prices dampen consumer spending**
die schwächeren Aktienkurse dämpfen den Privatkonsum
**consumer spending accounts for about two-thirds of the U.S. economy**
in Amerika trägt der Privatkonsum ungefähr zwei Drittel zur Wirtschaftsleistung bei
**consumer spending rose even though incomes have been falling**
die Verbraucherausgaben stiegen trotz sinkender Einkommen
**consumer spending grew by a respectable 2.9%**
die Verbraucherausgaben wuchsen um respektable 2,9%
**these tax cuts may help to prop up consumer spending**
diese Steuersenkungen tragen vielleicht zur Stützung des Privatkonsums bei
**consumer spending plunged in September**
die Verbraucherausgaben sind im September scharf zurückgegangen

**consumer trust** Verbrauchervertrauen *n*

**consumption** *n* Verbrauch *m*; Konsum *m*
**to cut back on consumption**
den Konsum einschränken

**consumption of electricity** Stromverbrauch *m*

**consumption of energy** Energieverbrauch *m*
**to limit America's consumption of energy**
den Energieverbrauch Amerikas begrenzen

**contest for third-generation mobile telecommunications licences** UMTS-Vergabeverfahren *n*
**France is to rerun the contest for its third-generation mobile telecommunications licences**
Frankreich wird sein UMTS-Vergabeverfahren wiederholen

**continual learning** Weiterbildung *f*
**continual learning is also essential to foster innovation**
Weiterbildung ist auch ein wichtiger Faktor bei der Förderung von Innovation

**continuing operations** fortlaufendes Geschäft
**the 23rd consecutive year of increased profits from continuing operations**
das dreiundzwanzigste Jahr in Folge mit erhöhten Gewinnen aus dem fortlaufenden Geschäft

**contract** *n* (1) Vertrag *m*; Auftrag *m*
**they paid bribes to foreign firms to win contracts**
sie bestachen ausländische Firmen, um Aufträge zu erhalten
**ABC awarded BCD a $100 million contract to modernize its refinery**
ABC erteilte BCD einen Auftrag in

Höhe von 100 Mio. $ zur Modernisierung seiner Raffinerie

**contract** *n* (2): **large contract** Großauftrag *m*
**advances to suppliers in connection with large contracts**
Vorauszahlungen an Lieferanten im Zusammenhang mit Großaufträgen
**the company gave a large contract to A&B**
das Unternehmen erteilte A&B einen Großauftrag

**contract** *v* schrumpfen
**Japan's economy contracted in the first three months of this year**
die japanische Wirtschaft schrumpfte während der ersten drei Monate dieses Jahres

**contraction** *n* Wirtschaftsrückgang *m*; Konjunkturrückgang *m*
**the contraction was not as great as most economists had predicted**
der Wirtschaftsrückgang war geringer als von den meisten Wirtschaftsexperten vorausgesagt

**contractor** *n* Anlagenbauer *m*; Bauunternehmer *m*; Bauunternehmen *n*

**contract period** Laufzeit *f*
**a purchase contract with an unusually long contract period of 42 years**
ein Abnahmevertrag mit einer ungewöhnlich langen Laufzeit von 42 Jahren
**a 15-year contract period**
Vertrag mit einer Laufzeit von 15 Jahren

**control** *n* (1) Kontrolle *f*
**the deal will give ABC control over 32 American television stations**
durch dieses Abkommen erhält ABC die Kontrolle über 32 amerikanische Fernsehstationen

**control** *n* (2): **take control** die Leitung übernehmen
**for the first time since he took control of the company in the 1920s**
zum ersten Mal seit er die Leitung der Firma in den zwanziger Jahren des vergangenen Jahrhunderts übernahm
**since he took control, sales have actually fallen**
seit er die Leitung übernahm, ist der Absatz zurückgegangen

**control** *v* steuern
**to monitor and control a wide range of processes**
eine breite Palette von Prozessen überwachen und steuern

**controlled environment** kontrollierte Umgebung
**the ash is mixed with water in a controlled environment**
die Asche wird in einer kontrollierten Umgebung mit Wasser vermischt

**controlling interest** Mehrheitsbeteiligung *f*
**A&B has repeatedly failed to turn those minority stakes into controlling interests**
es war A&B wiederholt nicht gelungen, aus diesen Minderheitsbeteiligungen Mehrheitsbeteiligungen zu machen

**controlling stake** Mehrheitsbeteiligung *f*
**to take a controlling stake in A&B**
die Mehrheitsbeteiligung an A&B erwerben

**control technology** Steuerungstechnologie *f*
**ABC is the world's leader in control technology**
ABC ist weltweit führend auf dem Gebiet der Steuerungstechnologie

**convergence** *n* Konvergenz *f*; Verschmelzung *f*
**the convergence of television and computers**
die Konvergenz von Fernsehen und Computer
**the convergence of the Internet and traditional telephony services**
die Verschmelzung von Internet und herkömmlichen Fernsprechdiensten

**convertible bond** Wandelanleihe *f*
**A&B could save $50m a year in interest costs through a $2.2bn convertible bond issue**
A&B könnte jährlich 50 Mio. $ an Zinsen sparen, wenn das Unternehmen Wandelanleihen im Wert von 2,2 Mrd. $ auflegte

**conveyor belt** Förderband *n*
**to monitor the speed of a conveyor belt**
die Geschwindigkeit eines Förderbandes überwachen

**cook** *v*: **cook the books** Bilanz / Bücher frisieren

**copier company** Kopiergerätehersteller *m*
**the world's largest copier company**
der größte Kopiergerätehersteller der Welt

**copper chip** Kupferchip *m*
**to bring copper chips from the lab**

**into production and to the market**
Kupferchips vom Laborstadium ins Produktionsstadium und auf den Markt bringen

**copyright** *n* Urheberrecht *n*
**infringement of copyright**
Verletzung des Urheberrechts

**copyright infringement** Verletzung des Urheberrechts; Urheberrechts-Verletzung *f*

**copyright laws** Urheberrechtsgesetz *n*

**core business** Kerngeschäft *n*; Kerngeschäftsfeld *n*; Stammgeschäft *n*
**worldwide opportunities for outstanding growth in each of our core businesses**
weltweite Gelegenheiten für außergewöhnliches Wachstum in allen unseren Kerngeschäften
**ABC's three core businesses are global leaders in their addressed markets**
die drei Kerngeschäftsfelder von ABC sind weltweit führend auf ihren jeweiligen Märkten
**they focus on further developing their core businesses**
sie konzentrieren sich auf die Weiterentwicklung des Stammgeschäftes

**core inflation** Kerninflation *f*
**core inflation excludes food and energy**
bei der Kerninflation bleiben Energie und Nahrungsmittel unberücksichtigt

**corporate balance sheet** Unternehmensbilanz *f*
**this development will weigh on corporate balance sheets**
diese Entwicklung wird sich in den Unternehmensbilanzen niederschlagen

**corporate bankruptcy** Unternehmenspleite *f*; Firmen-pleite *f*
**an increase in corporate bankruptcies**
eine Zunahme von Unternehmenspleiten
**management failures led to America's biggest corporate bankruptcy**
Missmanagement / Managementfehler verursachten Amerikas größte Unternehmenspleite

**corporate circles** Unternehmenskreise *mpl*
**this operating system is still not taken very seriously in corporate circles**
dieses Betriebssystem wird in Unternehmenskreisen noch immer nicht sehr ernst genommen

**corporate client** Firmenkunde *m*
**long-standing corporate clients**
langjährige Firmenkunden

**corporate crisis management expert** Sanierer *m*

**corporate culture** Unternehmenskultur *f*
**he denounced hostile takeovers as damaging to corporate culture**
er kritisierte, feindliche Übernahmen seien schädlich für die Unternehmenskultur

**corporate customer** Unternehmenskunde *m*

**corporate disclosure rules** Publikationsregeln *fpl*
**the investor conference may have breached corporate disclosure rules**
die Investorenkonferenz hat unter Umständen gegen die Publikationsregeln verstoßen

**corporate earnings** Konzernerlös *m*
**worries about dwindling corporate earnings**
Sorgen über schwindende Konzernerlöse

**corporate empire** Firmenimperium *n*

**corporate flagship** Traditionsunternehmen *n*

**corporate governance** Geschäftspraxis *f*; Geschäftsgebahren *n*; Geschäftsführung *f*
**to investigate corporate governance at A&B**
die Geschäftspraxis bei A&B überprüfen

**corporate headquarters** Unternehmenszentrale *f*
**A&B's corporate headquarters is located in Boulder, Colorado**
die Unternehmenszentrale von A&B befindet sich in Boulder, Colorado

**corporate lending** Firmenkundenkreditgeschäft *n*; Unternehmenskredite *mpl*; Kreditgeschäft mit Unternehmen
**corporate lending in Germany is a loss-maker**
in Deutschland sind Unternehmenskredite ein Verlustgeschäft

**corporate parent** Mutterkonzern *m*
**in 20..., his division was spun off by its corporate parent**

im Jahre 20... wurde sein Bereich vom Mutterkonzern abgespalten

**corporate policy** Unternehmenspolitik *f*
**this group of people sets overall corporate policy**
dieses Gremium legt die Unternehmenspolitik fest

**corporate profit** Unternehmensgewinn *m*
**corporate profits will grow in the high single digits**
die Gewinne der Unternehmen werden im oberen einstelligen Bereich wachsen
**shrinking corporate profits**
schrumpfende Unternehmensgewinne

**corporate shake-up** Firmenumbau *m*
**during a corporate shake up in the past year**
während eines Firmenumbaus im vergangenen Jahr

**corporate strategy** Unternehmensstrategie *f*
**this merger is in line with our corporate strategy**
diese Fusion ist im Einklang mit unserer Unternehmensstrategie
**managers at ABC had their minds on corporate strategy rather than quality control**
die Manager bei ABC dachten mehr an Unternehmensstrategien und weniger an Qualitätslenkung

**corporate takeover** Unternehmensübernahme *f*
**cross-border corporate takeovers**
grenzüberschreitende Unternehmensübernahmen

**corporate tax** Unternehmenssteuer *f*
**a big cut in corporate tax**
eine deutliche Senkung der Unternehmenssteuer
**Canada has the highest rate of corporate tax**
Kanada hat die höchsten Unternehmenssteuern

**corporation tax** Körperschaftssteuer *f*
**he announced a proposal to simplify corporation tax for small businesses**
er kündigte einen Vorschlag zur Vereinfachung der Körperschaftssteuer für kleinere Unternehmen an

**corporation tax rate** Körperschaftssteuersatz *m*
**corporation tax rates have been lowered from 33% to 30%**
die Körperschaftssteuersätze sind von 33% auf 30% gesenkt worden

**corruption** *n* Korruption *f*
**to erase corruption**
die Korruption beseitigen

**cost-benefit calculation** Kosten-Nutzenrechnung *f*; Kosten-Nutzen-Rechnung *f*

**cost/benefit perspective** Kosten-Nutzen-Aspekt *m*; Kosten-Nutzen-Gesichtspunkt *m*; Kosten-Nutzen-Perspektive *f*
**such a project should be evaluated from a cost/benefit perspective in the same manner as any other capital investment**
ein derartiges Projekt sollte wie jede andere Kapitalinvestition unter dem Kosten-Nutzen-Aspekt betrachtet / beurteilt werden

**cost/benefit ratio; cost-benefit ratio** Kosten/Nutzen-Verhältnis *n*; Kosten-Nutzen-Verhältnis *n*

**cost-cutting** *n* Kostensenkung *f*; Kostenreduzierung *f*
**drastic cost-cutting was needed in all areas**
in allen Bereichen waren drastische Kostensenkungen notwendig

**cost cutting drive** Kostensenkungsmaßnahmen *fpl*
**the new chairman is expected to accelerate the cost cutting drive**
man erwartet, dass der neue Chef die Kostensenkungsmaßnahmen noch beschleunigen wird

**cost-cutting plan** Kostensenkungsprogramm *n*
**the company started a cost-cutting plan this quarter**
das Unternehmen startete in diesem Quartal ein Kostensenkungsprogramm

**cost cutting target** Kostensenkungsziel *n*
**A&B has exceeded its cost-cutting targets**
A&B hat seine Kostensenkungsziele übertroffen

**cost-effective** *adj* kostengünstig
**our goal at ABC is to deliver cost-effective products**
unser Ziel bei ABC ist es, kostengünstige Produkte zu liefern

**cost-efficient** *adj* kosteneffizient
**to concentrate production at cost-**

**efficient sites**
die Produktion an kosteneffizienten Standorten konzentrieren
**the new control panels are a cost-efficient alternative to ...**
die neuen Steuertafeln bilden eine kosteneffiziente Alternative zu ...

**cost pressure** Kostendruck *m*

**cost reduction efforts** Kostensenkungsmaßnahmen *fpl*

**costs** *pl* Kosten *pl*
**costs to train personnel**
Ausbildungskosten *pl*
**the increased loss was attributable to higher costs associated with the commercialization of a new fuel cell**
die höheren Verluste waren auf höhere Kosten in Verbindung mit der Markteinführung einer neuen Brennstoffzelle zurückzuführen
**accelerating costs**
galoppierende Kosten
**to cut costs**
die Kosten senken

**cost saving** Kosteneinsparung *f*
**total cost savings from the merger of A&B and C&D have reached €131m**
die durch die Fusion von A&B und C&D erzielten Kosteneinsparungen belaufen sich bis jetzt auf 131 Millionen Euro
**this will allow cost savings**
dies wird Kosteneinsparungen ermöglichen / dadurch werden Kosteneinsparungen möglich
**to provide substantial cost savings**
beträchtliche Kosteneinsparungen bieten
**A&B expected to achieve $45m in annual cost savings**
A&B rechnete mit jährlichen Kosteneinsparungen in Höhe von 45 Mio. $

**cost-saving measures** Maßnahmen zur Kostensenkung / Kostenreduzierung; Kosteneinsparungsmaßnahmen *fpl*
**similar cost-saving measures could be adopted in other parts of Europe**
zu ähnlichen Maßnahmen zur Kostenreduzierung könnte es auch in anderen Teilen Europas kommen
**cost saving measures are expected to include the loss of at least 10,000 jobs**
es wird erwartet, dass im Rahmen der Kosteneinsparungsmaßnahmen mindestens 10.000 Stellen gestrichen werden

**cost spiral** Kostenspirale *f*
**companies tried to slow the cost spiral**
die Unternehmen versuchten, die Kostenspirale zu bremsen

**counter-offer** *n* Gegenangebot *n*
**to make a counter-offer**
ein Gegenangebot machen

**course of business** Gang der Geschäfte; Geschäftsverlauf *m*
**in the normal course of business**
im normalen Geschäftsverlauf

**court** *n* Gericht *n*
**for fear of being hauled into court**
aus Furcht, vor Gericht gezerrt zu werden
**the company on Thursday threatened to go to court**
das Unternehmen drohte am Donnerstag, vor Gericht zu gehen

**court action** gerichtliche Auseinandersetzung
**this strategy became the subject of a court action**
diese Strategie führte zu einer gerichtlichen Auseinandersetzung

**court receivership** Zwangsverwaltung *f*
**ABC now faces court receivership**
ABC droht nun die Zwangsverwaltung

**coworker** *n* Kollege *m*; Kollegin *f*

**craft business** Handwerksbetrieb *m*
**craft businesses with a handful of workers**
Handwerksbetriebe mit nur wenigen / einer Handvoll Mitarbeitern

**crash** *n* Absturz *m*
**the exact sequence of events that triggered the crash of the Concorde**
die genaue Abfolge der Vorgänge, die zum Absturz der Concorde führten

**create** *v* gründen
**the company was created in late 1997**
das Unternehmen wurde Ende 1997 gegründet

**creative accounting** kreative Buchführung
**the company's creative accounting suggested to investors that the company was more profitable than it really was**
die kreative Buchführung des Unternehmens vermittelte den Anlegern den Eindruck, das Unternehmen sei profitabler als es wirklich war

**credit** *n* Kredit *m*
**the bank will not extend any further credit**
die Bank wird keine weiteren Kredite gewähren

**credit card** Kreditkarte *f*
  **to pay with a credit card rather than cash**
  mit Kreditkarte und nicht bar bezahlen
  **customer paying with a credit card**
  Kartenzahler

**credit card discount** Rabatt bei Zahlung mit Kreditkarte

**credit evaluation** Bonitätsbeurteilung *f*
  **the following information is required for credit evaluation**
  die folgenden Angaben sind zur Bonitätsbeurteilung erforderlich

**credit line** Kreditlinie *f*
  **to provide new credit lines**
  neue Kreditlinien bereitstellen
  **to negotiate a $30 billion credit line with the IMF**
  eine Kreditlinie in Höhe von 30 Mrd. $ mit dem IWF aushandeln

**credit market** Kreditmarkt *m*
  **to provide liquidity to credit markets**
  die Kreditmärkte mit Liquidität versorgen
  **to lessen pressures in credit markets**
  die Kreditmärkte entlasten

**creditor** *n* Kreditgeber *m*; Gläubiger *m*
  **creditors want to merge the company with A&B**
  die Gläubiger wollen eine Fusion des Unternehmens mit A&B
  **creditors agreed to provide further loans**
  die Gläubiger erklärten sich zu weiteren Krediten bereit

**creditor bank** Gläubigerbank *f*
  **the creditor banks are trying to sell the carmaker to a foreign investor**
  die Gläubigerbanken wollen den Autohersteller an einen ausländischen Anleger verkaufen

**credit rating** Kreditrating *n*; Bonität *f*; Bonitätseinstufung *f*
  **telecoms firms have seen their credit ratings slashed**
  die Kreditratings der Telekom-Firmen sind scharf herabgestuft worden
  **many applicants are rejected because of poor credit ratings**
  viele Bewerber / Antragsteller werden aufgrund mangelnder Bonität zurückgewiesen / abgelehnt
  **A&B lowered the company's credit ratings**
  A&B stufte die Bonität des Unternehmens herab

**credit-rating agency** Kreditrating-Agentur *f*

**credit rating downgrade** Reduzierung der Bonitätseinstufung

**credit repayment** Kreditrückzahlung *f*
  **the firm then defaulted on loan repayments to its major creditor**
  das Unternehmen geriet mit seinen Kreditrückzahlungen an seinen Hauptgläubiger in Verzug
  **to have the authority to postpone loan repayments**
  befugt sein, den Zeitraum für die Kreditrückzahlung zu verlängern

**creditworthiness** *n*; **creditworthiness** *n* Kreditwürdigkeit *f*
  **there has been a sharp decline in the creditworthiness of some companies**
  die Kreditwürdigkeit einiger Unternehmen hat deutlich gelitten
  **er hat die Kreditwürdigkeit des Medienkonzerns öffentlich in Frage gestellt**
  he publicly questioned the creditworthiness of the media group

**creditworthy** *adj* kreditwürdig
  **viele der kreditwürdigeren Unternehmen haben sich in den letzten Jahren an den Kapitalmärkten engagiert**
  many of the more creditworthy companies have gone to the capital markets in recent years

**crisis** *n* (*pl* crises) Krise *f*
  **this decision precipitated the current crisis**
  diese Entscheidung beschleunigte die gegenwärtige Krise
  **the crisis spread to Latin America**
  die Krise weitete sich auf Lateinamerika aus
  **the crisis is not over**
  die Krise ist (noch) nicht vorbei

**crisis of confidence** Vertrauenskrise *f*
  **to stem a crisis of confidence**
  eine Vertrauenskrise abwenden
  **the industry suffered a monumental crisis of confidence**
  der Industriezweig machte eine enorme Vertrauenskrise durch

**crisis staff** Krisenstab *m*
  **the crisis staff is gathering information on the number of sheep**

**affected by the disease**
der Krisenstab sammelt Informationen über die Anzahl der von der Krankheit befallenen Schafe

**cross border; cross-border** grenzüberschreitend
**to build cross border alliances**
grenzüberschreitende Allianzen bilden
**to benefit from cross-border trade**
aus dem grenzüberschreitenden Handel Nutzen ziehen
**cross-border merger**
grenzüberschreitende Fusion

**cross-border takeover** grenzüberschreitende Firmenübernahme
**the directive is aimed at making cross-border takeovers easier**
die Direktive soll grenzüberschreitende Firmenübernahmen erleichtern

**crude** *n* Rohöl *n*

**crude oil** Rohöl *n*
**the depletion of crude oil and natural gas**
die Verknappung von Rohöl und Erdgas

**crude-oil price** Rohölpreis *m*
**crude-oil prices have risen sharply this year**
die Rohölpreise sind dieses Jahr deutlich gestiegen

**crude-oil stock** Rohölvorrat *m*
**the quality of the crude-oil stock is declining**
die Qualität der Rohölvorräte verschlechtert sich

**crude output** Erdölförderung *f*
**to cut crude output by a further 4%**
die Erdölförderung um weitere 4% drosseln

**crude supply** Rohölangebot *n*; Rohölvorrat *m*
**the crude supply is not limitless**
die Rohölvorräte sind nicht unbeschränkt

**crude supply crunch** Verknappung des Rohölangebots
**to avert a global crude supply crunch**
eine weltweite Verknappung des Rohölangebots abwenden

**cruise ship** Kreuzfahrtschiff *n*
**cruise ships and hotels are offering deals at well below cost**
Kreuzfahrtschiffe und Hotels bieten Pauschalangebote, die weit unter dem (Selbst)Kostenpreis liegen

**currency** *n* Währung *f*
**devalued currency**
abgewertete Währung
**if the Asian currencies continue to weaken against the U.S. dollar**
wenn / falls die asiatischen Währungen weiterhin gegenüber dem Dollar Schwäche zeigen
**the central bank intervened to prop up the European currency**
die Zentralbank intervenierte, um die europäische Währung zu stützen
**the new currency will be launched in January**
die neue Währung wird im Januar eingeführt

**currency basket** Währungskorb *m*

**currency devaluation** Währungsabwertung *f*
**to face a potentially devastating currency devaluation**
vor einer möglicherweise verheerenden Währungsabwertung stehen

**currency effects** Währungseffekte *mpl*
**adverse currency effects from the weak euro**
negative Währungseffekte auf Grund des schwachen Euro

**currency exchange rate** Wechselkurs *m*
**adverse currency exchange rates**
ungünstige Wechselkurse

**currency market** Devisenmarkt *m*
**he opposed American intervention in the currency markets**
er war gegen eine Intervention Amerikas auf den Devisenmärkten
**they intervened in the currency markets to support the euro against the dollar**
sie griffen in die Devisenmärkte ein, um den Euro gegenüber dem Dollar zu stützen

**currency movements** Wechselkursentwicklung *f*; Wechselkursveränderungen *fpl*
**as a result of favorable currency movements**
infolge günstiger Wechselkursentwicklungen

**currency rate changes** Wechselkursänderungen *fpl*
**the currency rate changes also resulted in an unfavorable impact on revenue**
die Wechselkursänderungen wirkten sich auch ungünstig auf die Einnahmen aus

**currency reserves** Währungsreserven *fpl*
**to boost the dwindling currency reserves**
die schwindenden Währungsreserven erhöhen

**currency risk management** Währungsrisikomanagement *n*

**currency's guardian** Währungshüter *m*
**yet even stiffer tests now lie ahead for the currency's guardian**
doch die Währungshüter müssen sich auf noch härtere Proben gefasst machen

**current account** Leistungsbilanz *f*
**the current account could swing into deficit next year**
die Leistungsbilanz könnte nächstes Jahr negativ werden / in die roten Zahlen rutschen / ein Minus aufweisen

**current-account balance** Leistungsbilanz *f*

**current-account deficit** Leistungsbilanzdefizit *n*
**a further widening of America's current-account deficit**
eine weitere Vergrößerung des Leistungsbilanzdefizits der Vereinigten Staaten
**a free-falling dollar would also make America's huge current-account deficit harder to finance**
ein Dollar im freien Fall würde die Finanzierung des riesigen Leistungsbilanzdefizits erschweren

**current-account surplus** Leistungsbilanzüberschuss *m*
**the country's current-account surplus fell in December to $6.14 billion**
der Leistungsbilanzüberschuss des Landes sank im Dezember auf 6,14 Mrd. $
**all five "crisis" countries now run current-account surpluses**
alle fünf Krisenländer verzeichnen nun Leistungsbilanzüberschüsse

**custom** kundenspezifisch
**custom solutions**
kundenspezifische Lösungen

**custom-designed; custom designed** kundenspezifisch
**custom-designed information-technology systems**
kundenspezifische IT-Systeme

**customer** *n* Kunde *m*
**a long time customer of ABC**
ein langjähriger Kunde von ABC
**the customer comes first at ABC**
bei ABC kommt der Kunde zuerst / steht der Kunde im Vordergrund
**they can increase their sales only by taking customers from each other rather than finding new ones**
sie können ihren Umsatz nur dadurch steigern, dass sie sich gegenseitig die Kunden wegnehmen, anstatt sich neue zu suchen

**customer base** Kundenstamm *m*; Kundenbasis *f*; Kundenbestand *m*; Kundenzahl *f*
**ABC has a very large and diverse customer base**
ABC hat einen großen und heterogenen Kundenstamm
**to provide additional product and service offerings to an expanded customer base**
einer größeren Kundenbasis / mehr Kunden mehr Produkte und Dienstleistungen anbieten
**change in mix in the customer base**
Veränderung in der Zusammensetzung des Kundenstammes
**the group's worldwide customer base at 30 September 20... was approximately 60 million customers**
die Kundenzahl des Konzerns lag am 30. September 20... weltweit bei 60 Millionen

**customer care** Kundenbetreuung *f*
**we are eager to achieve high levels of customer care**
unser Ziel ist ein Höchstmaß an Kundenbetreuung

**customer demand** Kundennachfrage *f*
**the shifting customer demand**
die sich verändernde Kundennachfrage

**customer focus** Kundenorientierung *f*
**to intensify customer focus**
die Kundenorientierung verstärken

**customer inquiry** Kundenanfrage *f*
**to respond to customer inquiries**
Kundenanfragen beantworten
**to deal with customer inquiries**
Kundenanfragen bearbeiten

**customer loyalty** Kundentreue *f*; Kundenloyalität *f*
**to build and retain customer loyalty**
Kundenloyalität aufbauen und erhalten

**customer needs** Kundenbedürfnisse *npl*
**to focus on customer needs**

sich auf die Kundenbedürfnisse konzentrieren
**to meet growing customer needs in the deregulated energy industry**
die wachsenden Bedürfnisse der Kunden / Kundenbedürfnisse in der deregulierten Energiewirtschaft befriedigen

**customer relationship** Kundenbeziehung *f*
**alliance agreements form the basis of ongoing customer relationships**
Allianzen bilden die Grundlage für die bestehenden Kundenbeziehungen
**ABC has very strong long term customer relationships**
ABC verfügt über sehr starke und langfristig angelegte Kundenbeziehungen
**we put tremendous value on the customer relationships**
wir legen sehr viel Wert auf gute Kundenbeziehungen

**customer requirements** Kundenanforderungen *fpl*; Kundenbedürfnisse *npl*
**to meet future customer requirements**
zukünftige Kundenbedürfnisse befriedigen
**we can meet demanding customer requirements**
wir sind in der Lage, anspruchsvolle Kundenbedürfnisse zu befriedigen
**the four models accommodate different customer requirements**
die vier Modelle erfüllen unterschiedliche Kundenanforderungen

**customer satisfaction** Kundenzufriedenheit *f*
**customer satisfaction improved by 20%**
die Kundenzufriedenheit stieg um 20%

**customer seminar** Kundenseminar *n*

**customer service** Kundenbetreuung *f*; Kundendienst *m*

**customer service center** Kundendienstzentrale *f*
**a major highlight was the opening of our new customer service center**
die Eröffnung unserer neuen Kundendienstzentrale war ein bedeutendes Ereignis

**customers' requirements** Kundenbedürfnisse *npl*; Kundenanforderungen *fpl*

**customer value** Kundenwert *m*

**custom solution** kundenspezifische Lösung

**customs union** Zollunion *f*
**the countries agreed to set up a customs union by 20...**
die Länder kamen überein, bis zum Jahre 20... eine Zollunion zu errichten

**cut** *n* Kürzung *f*
**analysts said further cuts were likely next year**
nach Meinung von Analysten wird es wahrscheinlich im kommenen Jahr weitere Kürzungen geben

**cut in costs** Kostensenkung *f*; Kostenreduzierung *f*

**cut in dividend** Dividendenkürzung *f*
**A&B makes 40% cut in dividend**
A&B kürzt die Dividende um 40%

**cutting-edge** *n* Vorreiter *m*
**in the mid-1990s, California saw itself as the cutting-edge of utility deregulation**
Mitte der neunziger Jahre sah sich Kalifornien als Vorreiter / in einer Vorreiterrolle bei der Deregulierung des Strommarktes

**cycle** *n* Konjunkturzyklus *m*
**some investors had supposed that the business cycle was a thing of the past**
einige Investoren hatten angenommen / gemeint, dass Konjunkturzyklen der Vergangenheit angehörten

**cyclical** *adj* konjunkturanfällig; konjunkturabhängig; Konjunkturschwankungen unterworfen
**these industries are cyclical in nature**
diese Industrien sind von Natur aus konjunkturanfällig
**the highly cyclical semiconductor market**
der in hohem Maße konjunkturabhängige Halbleitermarkt
**cash reserves are vital in the wildly cyclical auto industry**
liquide Mittel sind in der extrem konjunkturabhängigen Autoindustrie lebensnotwendig
**large pharmaceutical companies are far less cyclical than most other sectors of the economy**
die großen Pharmaunternehmen sind weit weniger konjunkturabhängig als die meisten anderen Wirtschaftsbereiche

**cyclical upturn** Konjunkturaufschwung *m*
**this is just a normal, though**

**exceptionally healthy, cyclical upturn**
dies ist ein ganz normaler, wenn auch
äußerst kräftiger Konjunkturaufschwung

# D

**daily output** *(oil)* tägliche
Fördermenge
**to cut daily output**
die tägliche Fördermenge drosseln

**dairy product** Molkereiprodukt *n*
**the virus can survive in dairy products**
das Virus kann in Molkereiprodukten überleben

**damage** *n* Schaden *m*
**the bill could cause huge economic damage**
das Gesetz könnte großen wirtschaftlichen Schaden anrichten

**damages** *pl* (1) Schadenersatz *m*
**the group is seeking $1bn in damages from A&B**
der Konzern will 1 Mrd Dollar Schadenersatz von A&B

**damages** *pl* (2): **sue for damages**; **file a claim for damages** auf Schadenersatz verklagen
**A&B will file a claim against the company for damages**
A&B wird das Unternehmen auf Schadenersatz verklagen

**danger of recession** Rezessionsgefahr *f*
**the economy is so far in no danger of recession**
im Moment besteht für die Wirtschaft noch keinerlei Rezessionsgefahr

**data** Daten *pl*
**to monitor, track and collect data**
Daten überwachen, verfolgen und erfassen

**data acquisition** Datenerfassung *f*
**highest quality products for data acquisition**
Produkte höchster Qualität zur Datenerfassung
**real-time data acquisition**
Echtzeit-Datenerfassung

**data network** Datennetzwerk *n*
**to manage corporate data networks**
firmeninterne Datennetzwerke verwalten

**data processing equipment** EDV-Ausstattung *f*

**data transmission rate** Datenübertragungsgeschwindigkeit *f*
**this technology allows higher data transmission rates**
diese Technologie ermöglicht höhere Datenübertragungsgeschwindigkeiten
**data transmission rates are usually expressed in bits per second (bps)**
die Datenübertragungsgeschwindigkeit wird gewöhnlich in Bit pro Sekunde (bps) ausgedrückt

**data transmission security** sichere Datenübertragung
**data transmission security is still a big issue**
sichere Datenübertragung ist noch immer ein Hauptthema

**day's trading** Handelstag *m*
**the Dow Jones Industrial Average dropped by 7.1% on the first day's trading**
der Dow Jones fiel um 7,1% am ersten Handelstag

**day-to-day operations** Tagesgeschäft *n*
**a powerful executive committee will run day-to-day operations**
ein mächtiges Exekutivkomitee wird für das Tagesgeschäft verantwortlich sein

**day-to-day running** Tagesgeschäft *n*
**he stepped back from the day-to-day running of ABC**
er zog sich aus dem Tagesgeschäft bei ABC zurück

**DC drive** Gleichstromantrieb *m*

**dead end** Sackgasse *f*
**has A&B gone down a dead end**
ist A&B in einer Sackgasse gelandet

**deadline** *n* Termin *m*; Frist *f*
**to meet deadlines**
Termine einhalten
**the deadline for an agreement was the end of February**
die Frist für eine Übereinkunft lief Ende Februar ab
**the management has moved the deadline back to 20...**
die Geschäftsleitung hat die Frist bis 20... verlängert

**deal** *n* Abkommen *n*; Kauf *m*
**to conclude a deal**
ein Abkommen schließen
**the shareholders approved the deal**

die Aktionäre haben dem Kauf zugestimmt

**dealer network** Händlernetz *n*
**a big overhaul of the company's dealer network**
eine umfassende Überholung des Händlernetzes des Unternehmens
**the company will also still sell its cars through its dealer network**
das Unternehmen wird auch weiterhin seine Autos über das eigene Händlernetz vertreiben

**dealer organization** Händlernetz *n*
**outstanding customer service through our dealer organization**
hervorragende Kundenbetreuung durch unser Händlernetz

**debenture** *n* Schuldverschreibung *f*
**to issue debentures**
Schuldverschreibungen ausgeben

**debt** *n* Schuld *f*
**to service its debt, ABC needs 1.6m customers**
ABC benötigt 1,6 Mio. Kunden, um seine Schulden bedienen zu können
**debts climbed to record levels**
die Schulden stiegen auf Rekordhöhe

**debt burden** Schuldenlast *f*
**the agreement's chief aim is to tame Argentina's debt burden**
Hauptziel des Abkommens ist es, Argentiniens Schuldenlast in den Griff zu bekommen
**the group's debt burden trebled**
die Schuldenlast des Konzerns verdreifachte sich

**debt-laden** *adj* verschuldet; hoch verschuldet
**to liquidate or sell debt-laden businesses**
verschuldete Unternehmen abwickeln / auflösen oder verkaufen

**debt load** Schuldenlast *f*

**debt mountain** Schuldenberg *m*
**to reduce the debt mountain**
den Schuldenberg abtragen

**debtor** *n* Schuldner *m*
**one of the IMF's worst debtors**
einer der größten Schuldner des IWF
**the debtor is repaying only a percentage of what he or she actually owes**
der Schuldner zahlt nur einen Teil seiner Schulden zurück

**debt-rating agency** Ratingagentur *f*
**the major debt-rating agencies evaluate the financial condition of A&B differently**
die großen Ratingagenturen beurteilen die finanzielle Lage von A&B unterschiedlich

**debt reduction** Schuldenabbau *m*
**to devote the budget surplus to debt reduction**
den Haushaltsüberschuss für den Schuldenabbau verwenden
**without debt reduction, interest costs will erase ABC's income**
ohne Schuldenabbau werden die Zinskosten die Einnahmen von ABC auffressen

**debt-reduction target** Schuldenziel *n*
**A&B will miss this year's debt-reduction target**
A&B wird sein Schuldenziel für dieses Jahr verfehlen

**debt restructuring** Umschuldung *f*
**a large-scale debt restructuring is necessary**
eine groß angelegte Umschuldung ist erforderlich

**debt-restructuring plan** Umschuldungsplan *m*

**debt-ridden** *adj* verschuldet
**they are interested in purchasing the debt-ridden ABC Bank**
sie wollen gerne die verschuldete ABC Bank kaufen

**debt-service payment** Schuldendienst *m*
**to help the country to meet some $17 billion in debt-service payments**
dem Land bei der Bedienung des Schuldendienstes in Höhe von ca. 17 Mrd. $ helfen

**debt-servicing** *n* Bedienung der Schulden

**decided** entschieden
**the issue is far from decided**
die Angelegenheit ist noch lange nicht entschieden

**decision** *n* Entscheidung *f*
**A&B has put off a decision on a $3.5 billion chip plant**
A&B hat die Entscheidung im Zusammenhang mit einem Chipwerk im Wert von 3,5 Mrd. Dollar verschoben

**decision-making** *n* Entscheidungsfindung *f*; Entscheidungsprozess *m*
**the new structure will accelerate decision-making**
die neue Struktur wird die Entscheidungsfindung beschleunigen

**decision-making body** Entscheidungsgremium *n*
**he had informed the decision-making bodies of his decision**
er hatte die Entscheidungsgremien über seinen Beschluss / seine Entscheidung informiert

**decision making power** Entscheidungsbefugnis *f*
**to concentrate decision making power in the hands of ...**
die Entscheidungsbefugnisse in den Händen von ... konzentrieren

**decline in orders** Auftragsrückgang *m*
**there is a danger of further rapid declines in orders**
es besteht die Gefahr weiterer starker Auftragsrückgänge

**decline in sales** Verkaufsrückgang *m*

**decline in the market** Nachfragerückgang *m*
**we expect a significant decline in the market for passenger cars**
wir erwarten einen deutlichen Nachfragerückgang bei Personenkraftwagen

**decommissioning** *n* Stilllegung *f*
**to launch decommissioning of the 810-megawatt nuclear plant**
mit der Stilllegung des 810-MW-Kernkraftwerks beginnen
**the Nuclear Regulatory Commission will oversee decommissioning of the power station**
die Stilllegung des Kraftwerks erfolgt unter Aufsicht der Nuclear Regulatory Commission
**actual decommissioning can begin no sooner than 90 days after ...**
mit der eigentlichen Stilllegung kann erst 90 Tage nach ... begonnen werden

**decommissioning process** *n* Stilllegung *f*
**the decommissioning process takes at least 10 years**
die Stilllegung dauert mindestens 10 Jahre

**default** *n* Zahlungsunfähigkeit *f*; Insolvenz *f*
**this is the largest default in history**
dies ist der bisher größte Fall von Zahlungsunfähigkeit

**default** *v*: **default on payments** in Zahlungsverzug geraten
**A&B denies that it has defaulted on payments**
A&B bestreitet, in Zahlungsverzug geraten zu sein

**defence** *(BE)* / **defense** *(AE)* **group** Wehrtechnikkonzern *m*; Rüstungskonzern *m*

**defence** *(BE)* / **defense** *(AE)* **industry** Verteidigungsindustrie *f*
**A&B was an also-ran in the US defence industry**
A&B war eines von vielen Unternehmen in der amerikanischen Verteidigungsindustrie

**defence** *(BE)* / **defense** *(AE)* **strategy** Abwehrstrategie *f*
**one possible defense strategy is to buy back shares**
eine mögliche Abwehrstrategie wäre der Rückkauf von Aktien

**defensive measure** Abwehrmaßnahme *f*
**to allow companies to put in place defensive measures without consulting shareholders**
Unternehmen das Ergreifen von Abwehrmaßnahmen ohne Zustimmung der Aktionäre gestatten

**deficit** *n*: **be in deficit** defizitär sein; unausgeglichen sein; ein Defizit aufweisen
**these calculations imply that the overall budget will be in deficit until 20...**
laut diesen Berechnungen wird der Gesamthaushalt bis 20... ein Defizit aufweisen

**deficit spending** Haushaltsverschuldung in der Rezession; Lockerung der Fiskalpolitik

**deflation** *n* Deflation *f*
**to fend off deflation**
eine Deflation abwehren
**to halt deflation**
der Deflation Einhalt gebieten

**defuse** *v* entschärfen
**to defuse the situation**
die Lage entschärfen

**deliver** *v* Versprechen erfüllen / halten
**we delivered in 20...**
wir haben unser Versprechen im Jahre 20... erfüllt
**and we are committed to delivering in 20...**
und wir wollen unser Versprechen auch im Jahre 20... erfüllen

**delivery of animals** Tiertransport *m*
   **there had been 13 deliveries of animals to Germany since foot-and-mouth broke out in the UK**
   seit dem Ausbruch der Maul- und Klauenseuche in Großbritannien hatten 13 Tiertransporte nach Deutschland stattgefunden

**delivery time** Lieferzeit *f*

**demand** *n* Nachfrage *f*
   **demand is growing for our new chips**
   die Nachfrage nach unseren neuen Chips steigt ständig
   **steel producers are facing drastically reduced demand in their home markets**
   die Stahlproduzenten sehen sich mit einem extremen Nachfragerückgang auf ihren Heimatmärkten konfrontiert
   **slowing demand for new PCs in Europe**
   die sich verlangsamende Nachfrage nach neuen PC in Europa
   **to increase demand**
   die Nachfrage erhöhen / beleben
   **prices have fallen because of weakening US demand**
   die Preise sind auf Grund der nachlassenden amerikanischen Nachfrage gefallen

**demand for a wage increase** Lohnforderung *f*
   **demand for a 6.5 per cent wage increase**
   Lohnforderung (in Höhe) von 6,5%

**demand for district heat** Fernwärmebedarf *m*
   **these heat exchangers are used when demand for district heat is high**
   diese Wärmetauscher werden eingesetzt, wenn der Fernwärmebedarf hoch ist

**demand for energy** Energienachfrage *f*
   **all the signs are that the world's demand for energy will continue to increase well into the 21st century**
   alle Zeichen deuten darauf hin, dass die Energienachfrage auch weit in das 21. Jahrhundert hinein weiterhin steigen wird

**demand side** Nachfrageseite *f*
   **on the demand side**
   auf der Nachfrageseite

**demerge** *v* abspalten
   **the only other option at the moment is to demerge ABC and float it**
   die einzige andere Möglichkeit derzeit besteht darin, ABC abzuspalten und an die Börse zu bringen
   **the following divisions should be fully demerged from ABC**
   die folgenden Geschäftsbereiche sollten vollständig von ABC abgespalten werden

**demerger** *n* Abspaltung *f*
   **ABC is considering a full demerger of its mobile phone division**
   ABC fasst die vollständige Abspaltung seiner Mobiltelefonsparte ins Auge
   **the possibility of a full demerger was raised by the finance director**
   die Möglichkeit einer vollständigen Abspaltung wurde vom Finanzdirektor ins Spiel gebracht
   **then came another round of mergers and demergers**
   dann kam eine weitere Runde von Fusionen und Abspaltungen

**demerger** *n* Ausgliederung *f*

**Department of Justice** *(USA)* Justizministerium *n*

**Department of Transportation (DOT)** *(USA)* Verkehrsministerium *n*

**department store group** Kaufhauskonzern *m*

**departure** *n* Entlassung *f*
   **more jobs will probably go on top of the 3,000 departures announced in the past year**
   außer den im vergangenen Jahr angekündigten 3.000 Entlassungen werden wohl noch mehr Stellen gestrichen werden

**depletion** *n* Verknappung *f*
   **the depletion of fossil fuels**
   die Verknappung der fossilen Brennstoffe

**deposit** *n* Pfand *n*
   **to introduce a deposit on non-refillable bottles**
   ein Pfand für Einwegflaschen einführen

**depreciation** *n* (1) Abschreibung *f*
   **ABC reported increased revenues and earnings before interest, taxes and depreciation**
   ABC gab ein verbessertes Ergebnis vor Zinsen, Steuern und Abschreibungen bekannt

**depreciation** *n* (2) Entwertung *f*; Wertminderung *f*
   **to lead to a sharp depreciation of the new currency**

zu einer deutlichen Entwertung der neuen Währung führen

**deputy prime minister** stellvertretender Premierminister

**deregulate** *v* deregulieren
**this industry was supposed to be deregulated this month**
dieser Industriezweig sollte (eigentlich) diesen Monat dereguliert werden

**deregulation** *n* Deregulierung *f*; Liberalisierung *f*
**deregulation poses fresh challenges to utilities**
die Deregulierung / Liberalisierung stellt die EVU vor neue Herausforderungen
**deregulation of the U.S. electrical power industry is forcing major changes in power generation, transmission and distribution**
die Deregulierung der amerikanischen Energiewirtschaft führt zu durchgreifenden Veränderungen im Bereich der Stromerzeugung, -übertragung und -verteilung

**desktop PC** Desktop-PC *m*; Desktop *m*; Desktop-Rechner *m*

**destination** *n* Flugziel *n*

**devaluation** *n* Abwertung *f*
**the devaluation of the Turkish lira was inevitable**
die Abwertung der türkischen Lira war unvermeidlich
**this led to an immediate sharp devaluation of about 30% against the dollar**
dies hatte eine sofortige und starke Abwertung um 30% gegenüber dem Dollar zur Folge
**a first step toward devaluation**
ein erster Schritt zur Abwertung

**developing country** Entwicklungsland *n*

**development assistance** Entwicklungshilfe *f*
**development assistance produces economic growth**
Entwicklungshilfe führt zu Wirtschaftswachstum

**development time** Entwicklungszeit *f*
**savings in development time and hardware costs**
Einsparungen bei den Entwicklungszeiten und den Hardwarekosten
**without additional development time**
ohne zusätzliche Entwicklungszeit
**this online service helps to reduce development time and costs**
dieser Online-Service hilft, die Entwicklungszeiten und -kosten zu senken

**diamond mine** *n* Diamantmine *f*

**diamond polisher** Diamantschleifer *m*

**digit** *n*: **in the single digits** im einstelligen Bereich
**income growth in the high-single digits**
Einkommenszuwächse im hohen einstelligen Bereich

**digital satellite** Digital-Satellit *m*

**digital TV** digitales Fernsehen

**direct investment** Direktinvestition *f*
**direct investment in alternative renewable energy sources**
Direktinvestitionen in erneuerbare Energieträger

**direct methanol fuel cell technology** Direktmethanol-Brennstoffzellen-Technologie *f*
**ABC is also active in the development of direct methanol fuel cell technology**
ABC ist auch aktiv an der Entwicklung der Direktmethanol-Brennstoffzellen-Technologie beteiligt

**disagreement** *n* Uneinigkeit *f*
**there is widespread disagreement about how to proceed**
es herrscht weitgehend Uneinigkeit über die Vorgehensweise

**disclosure rules** *(corporations)* Publikationsregeln *fpl*
**under German disclosure rules ...**
nach den deutschen Publikationsregeln ...

**discontinued operations** nicht fortzuführende Aktivitäten
**income from discontinued operations**
Erträge aus nicht fortzuführenden Aktivitäten

**discount** *n* Rabatt *m*; Preisnachlass *m*
**the court ordered A&B to withdraw a 20 per cent discount**
das Gericht verfügte, A&B müsse den Rabatt in Höhe von 20% zurücknehmen
**to restrict the size of discounts**
die Höhe von Rabatten begrenzen / einschränken

**discount broker** Discountbroker *m*

**discount food retailer** Lebensmitteldiscounter *m*; Lebensmittel-Discounter *m*

**discount rate** Diskontsatz *m*; Leitzins *m*
**to cut the largely symbolic discount rate by a quarter of a percentage point to 5.5 per cent**
den weitgehend symbolischen Diskontsatz um 0,25 Prozentpunkte auf 5,5 Prozent senken

**discount scheme** Rabatt-Aktion *f*; Rabatt-Kampagne *f*
**controversial discount scheme**
umstrittene Rabatt-Aktion

**discrimination criterium** Unterscheidungskriterium *n*
**to rate each country according to a number of discrimination criteria**
jedes Land nach ganz bestimmten Unterscheidungskriterien beurteilen

**dishwasher** *n* Geschirrspüler *m*; Spülmaschine *f*
**our dishwasher has a special china cycle**
unser Geschirrspüler hat ein spezielles Programm für Porzellan

**disillusion** *n* Ernüchterung *f*
**disillusion set in as it became clear that many of the new Internet companies would never succeed**
die Ernüchterung kam / setzte ein, als klar wurde, dass viele der neuen Internet-Firmen es nie schaffen würden

**disinflation programme** Programm zur Inflationsbekämpfung; Inflationsbekämpfungsprogramm *n*
**this is a huge blow to the country's disinflation programme**
dies ist ein schwerer Schlag für das Inflationsbekämpfungsprogramm des Landes

**dismiss** *v* entlassen
**A&B is dismissing 24 employees, or 10 percent of its work force**
A&B entlässt 24 Arbeitnehmer oder 10 Prozent seiner Belegschaft

**display space** Ausstellungsfläche *f*
**the exhibition ran out of display space**
der Ausstellung / Messe ging die Ausstellungsfläche aus

**disruption of production** Produktionsunterbrechung *f*
**to prevent disruption of production**
Produktionsunterbrechungen vermeiden

**distributed generation** dezentrale Stromerzeugung
**the energy crisis provides a unique opportunity to establish distributed generation as an alternative source of electricity**
die Energiekrise bietet die einzigartige Gelegenheit zur Einführung der dezentralen Stromerzeugung als einer alternativen Möglichkeit der Energieversorgung

**distribution channel** Vertriebskanal *m*
**the company will use the Web as a new distribution channel**
das Unternehmen wird das Internet als neuen Vertriebskanal nutzen

**distribution network** Vertriebsnetz *n*
**ABC is taking direct control of most of its European distribution networks**
ABC ist dabei, die Leitung der meisten seiner Vertriebsnetze in Europa selbst zu übernehmen

**distributor** *n* Distributionsunternehmen *n*

**district heat** Fernwärme *f*
**why do building owners choose district heat over traditional systems**
warum bevorzugen die Besitzer von Gebäuden die Fernwärme gegenüber herkömmlichen Systemen
**district heat may be purchased from a utility**
Fernwärme kann von einem EVU bezogen werden

**divestiture** *n* Desinvestition *f*
**ABC also announced that the planned divestiture is proceeding as previously announced**
ABC gab auch bekannt, dass die geplante Desinvestition wie zuvor angekündigt vonstatten gehe
**acquisitions and divestitures**
Akquisitionen und Desinvestitionen

**dividend** *n* Dividende *f*
**we increased our shareholder dividend for the twenty-first straight year**
wir haben nun schon im einundzwanzigsten Jahr in Folge die Dividende für unsere Aktionäre erhöht
**the company also cut / reduced its dividend for the second time in six months**
das Unternehmen hat zum zweiten Mal innerhalb eines halben Jahres die Dividende gekürzt

**dividend cut** Dividendenkürzung *f*; Kürzung der Dividende
**A&B's first dividend cut in a decade**
die erste Dividendenkürzung von A&B seit zehn Jahren

**dividend increase** Dividendenerhöhung *f*

**document destruction** Aktenvernichtung *f*
**he knew about the document destruction**
er wusste über die Aktenvernichtung Bescheid

**document disposal** Aktenvernichtung *f*
**he was involved in the document disposal**
er war an der Aktenvernichtung beteiligt

**dollar** *n* Dollar *m*
**to give the dollar a lift**
dem Dollar Auftrieb geben
**strong dollar**
starker Dollar
**the dollar fell sharply against the euro on Friday**
der Dollar hat am Freitag gegenüber dem Euro stark an Wert eingebüßt
**the dollar is still stronger than it was at the start of the year**
der Dollar ist noch immer stärker als zu Jahresbeginn

**dollar exchange rate** Dollarkurs *m*

**domestic** *adj* heimisch; inländisch; Binnen...
**domestic industry**
heimische Industrie

**domestic demand** Binnennachfrage *f*; Inlandsnachfrage *f*
**to expand domestic demand**
die Binnennachfrage ausweiten
**with private domestic demand so subdued the economy needs all the foreign help it can get**
angesichts einer so gedämpften privaten Inlandsnachfrage ist die Wirtschaft auf jede ausländische Hilfe angewiesen

**domestic letter** Inlandsbrief *m*

**domestic market** Binnenmarkt *m*; Inlandsmarkt *m*; heimischer Markt
**the widespread demand for these products in domestic and international markets**
die starke Nachfrage nach diesen Produkten auf dem Inlandsmarkt und im Ausland

**domestic sales** Inlandsabsatz *m*

**dominance** *n* Vormachtstellung *f*; beherrschende Stellung
**the merged group might use its dominance to force a rival out of the market**
der fusionierte Konzern könnte seine Vormachtstellung dazu benutzen, Konkurrenten aus dem Markt zu drängen

**dominant position** Vormachtstellung *f*; beherrschende Stellung
**the company is abusing its dominant position**
das Unternehmen missbraucht seine Vormachtstellung
**the biggest objection is that A&B already has a dominant position in the market for aircraft engines**
der größte Einwand ist der, dass A&B schon eine beherrschende Stellung auf dem Markt für Flugzeugtriebwerke einnehme

**dot-com** *n* Internet-Firma *f*; Dot-Com-Firma *f*
**only 14 of over 500 business school students went to dot-coms**
nur 14 von über 500 Betriebswirtschaft-Studierenden gingen zu Internet-Firmen

**dotcom company** Dot-Com-Firma *f*; Dotcom-Firma *f*
**share prices in dotcom companies that had never turned in a profit rose to levels that made no sense**
die Aktienkurse von Dotcom-Firmen, die bisher noch nie einen Gewinn abgeworfen hatten, stiegen auf irrationale Höhen

**double-digit** *adj* zweistellig
**double-digit growth**
zweistelliges Wachstum
**in the low double-digit range**
im niedrigen zweistelligen Bereich

**Dow Jones industrial average**; **Dow Jones Industrial Average** Dow Jones *m*; Dow Jones Industrial Average *m*; Standardwerte-Index Dow Jones *m*; Dow Jones-Index *m*; Blue-Chip-Index Dow Jones *m*; Dow Jones-Index 30 führender Industriewerte; Industriewerte im Dow Jones
**the Dow Jones Industrial Average fell sharply**
der Dow Jones Industrial Average gab stark nach
**the blue-chip Dow Jones industrial average was up 0.3 percent**

der Blue-Chip-Index Dow Jones schloss 0,3% höher
**the Dow Jones Industrial Average went up by 3%**
der Standardwerte-Index Dow Jones kletterte um 3%
**the Dow Jones has ended the year down 6.1%**
der Dow Jones beendete das Jahr mit einem Verlust von 6.1%
**the Dow Jones Industrial Average closed below 10,000**
der Dow Jones schloss unterhalb der Marke von 10.000 Punkten

**downgrade** *n* Zurückstufung *f*; Rückstufung *f*; Herunterstufung *f*
**he described the downgrade as disappointing**
er bezeichnete die Zurückstufung als enttäuschend
**A&B was clearly shocked by the agency's latest downgrade**
die jüngste Rückstufung durch die Agentur hat A&B eindeutig geschockt
**rapid downgrades by rating agencies of energy companies' debt**
schnelle Herunterstufung der Bonität von Energieunternehmen durch Ratingagenturen

**download** *v* herunterladen
**the software was downloaded eagerly by countless users**
die Software wurde eifrig von zahllosen Anwendern heruntergeladen
**to download music from the Internet**
Musik aus dem Internet herunterladen

**downsizing** *n* Personalabbau *m*; Verschlankung *f*
**downturns have always brought layoffs, but this time the downsizing is different**
Konjunkturflauten haben immer zu Entlassungen geführt, aber diesmal handelt es sich um eine andere Qualität des Personalabbaus
**the downsizing is coming more quickly and with less warning**
diesmal kommt der Personalabbau viel schneller und ohne große Vorwarnung

**downturn** *n* Abschwung *m*; Wirtschaftsabschwung *m* (see also **economic downturn**)
**despite the present memory-chip downturn, ABC's finances are healthy**
trotz des gegenwärtigen Abschwungs auf dem Markt für Speicherchips sind die Finanzen von ABC gesund
**most analysts forecast a sharp downturn in the American market next year**
die meisten Analysten prognostizieren für das kommende Jahr einen deutlichen Abschwung auf dem amerikanischen Markt
**America entered this downturn with a large budget surplus**
Amerika ging mit einem großen Haushaltsüberschuss in diesen Abschwung hinein
**America's downturn may be more protracted than originally expected**
der Abschwung in Amerika dauert vielleicht länger als ursprünglich erwartet

**downward spiral** Abwärtsspirale *f*
**the downward spiral for A&B began last October**
die Abwärtsspirale begann für A&B letzten Oktober

**downward trend** Abwärtstrend *m*
**the downward trend in the economy has accelerated sharply in the past few weeks**
der konjunkturelle Abwärtstrend hat sich in den vergangenen Wochen deutlich beschleunigt

**draft budget** Haushaltsentwurf *m*
**to present the draft budget for 20... by the end of June**
den Haushaltsentwurf für 20... bis Ende Juni vorlegen

**drinks business** Getränkesparte *f*
**drinks company** Getränkefirma *f*
**ABC bought a Dutch drinks company**
ABC erwarb eine holländische Getränkefirma

**drinks group** Getränkekonzern *m*
**ABC is the world's biggest drinks group**
ABC ist der größte Getränkekonzern der Welt

**drive** *(tech)* Antrieb *m*
**the market needs a simple to use, easily manufactured, reliable drive**
der Markt verlangt einen einfach zu bedienenden, leicht herzustellenden zuverlässigen Antrieb

**drives company** Unternehmen für Antriebstechnik
**three engineers joined together to form a drives company**
drei Ingenieure taten sich zusammen und gründeten ein Unternehmen für Antriebstechnik

**driving force** Triebkraft *f*; Triebfeder *f*
**drop in business** Geschäftsrückgang *m*
  **to anticipate a severe drop in business**
  mit einem starken Geschäftsrückgang rechnen
**drug** *n* Arzneimittel *n*; Arznei *f*
  **drugmakers spend an average of $350 million to bring a new drug to market**
  die Arzneimittelhersteller geben im Durchschnitt 350 Mio. Dollar aus, um ein neues Arzneimittel auf den Markt zu bringen
**drug company** Arzneimittelhersteller *m*; Pharmafirma *f*
  **drug companies make money in practically any economic climate**
  die Gewinne der Arzneimittelhersteller sind praktisch konjunkturunabhängig
**drug firm** Arzneimittelhersteller *m*; Pharmafirma *f*; Pharmaunternehmen *n*
  **these drug firms are boosting their own in-house research in the field**
  diese Pharmaunternehmen verstärken die eigenen Forschungsaktivitäten auf diesem Gebiet
**drugmaker** *n*; **drug maker** Arzneimittelhersteller *m*; Pharmafirma *f*
  **he helped to transform the company from a mid-sized American drug maker into a global leader in drugs**
  er half, das Unternehmen von einem mittelgroßen amerikanischen Arzneimittelhersteller in eine weltweit führende Pharmafirma umzuwandeln
  **drugmakers consistently register profit growth in the double digits**
  das Gewinnwachstum der Pharmafirmen liegt auch weiterhin im zweistelligen Bereich
**drug stocks** *pl* Pharmawerte *mpl*
  **drug stocks fell 11%**
  die Pharmawerte fielen um 11%
**drug-store chain** Drogeriekette *f*
**durable goods** Gebrauchsgüter *npl*
  **new orders for durable goods shot up a record 12 percent last month**
  die Neuaufträge für Gebrauchsgüter schossen vergangenen Monate um rekordverdächtige 12% in die Höhe
**durable goods orders** Auftragseingang bei Gebrauchsgütern
  **durable goods orders fell by 8.5% in September**
  der Auftragseingang bei Gebrauchsgütern ging im September 8,5% zurück
**durables** *pl* Gebrauchsgüter *npl*
**DVD** digital videodisk
**DVD player** DVD-Player *m*; DVD-Spieler *m*

# E

**early indicator** Frühindikator *m*
  **the euro has been an early indicator of the European rebound**
  der Euro war ein Frühindikator für die Trendwende in Europa
**early retirement** Frühpensionierung *f*; Frühruhestand *m*
  **he took early retirement last year**
  er ging vergangenes Jahr in den Frühruhestand
  **next year, he will be 55 and eligible for early retirement**
  nächstes Jahr wird er 55 und kann in den Frühruhestand gehen
**early retirement package** Frühpensionierungsprogramm *n*; Frühruhestandsregelung *f*; Vorruhestandsregelung *f*
  **a one-time voluntary early retirement program**
  ein einmaliges freiwilliges Frühpensionierungsprogramm
  **half of the sum will be spent on early retirement packages**
  die Hälfte des Betrages ist für Frühruhestandsregelungen vorgesehen
**early retirement plan** Frühpensionierungsprogramm *n*; Vorruhestandsregelung *f*
  **A&B will pare its work force through an early retirement plan**
  A&B wird seine Belegschaft mit Hilfe von Vorruhestandsregelungen reduzieren
**early retirement program** Frühpensionierungsprogramm *n*; Frühruhestandsregelung *f*; Vorruhestandsregelung *f*
  **both sides hoped that most of the cuts could be accomplished through a new early retirement program**
  beide Seiten hofften, dass der Stellenabbau im Wesentlichen mit Hilfe neuer Frühruhestandsregelungen erreicht

werden könnte
**only 1 in 10 retirees today leaves as part of an early retirement program**
nur einer von zehn Arbeitnehmern wird heute über eine Frühruhestandsregelung pensioniert

**early retirement window** Frühpensionierungsprogramm *n*; Frühruhestandsregelung *f*
**two-thirds of all retirements were through early retirement windows**
zwei Drittel aller Pensionierungen erfolgten über Frühruhestandsregelungen

**early trading** Handelsbeginn *m*; früher Handel
**after slumping in early trading, U.S. stocks recovered somewhat**
nach einem schwachen Handelsbeginn hat sich der amerikanische Aktienmarkt wieder etwas erholt

**early warning letter** blauer Brief; Frühwarnung *f*
**the controversial dispatch of early warning letters to Germany and Portugal**
die umstrittene Versendung von blauen Briefen an Deutschland und Portugal
**to issue a so-called early warning letter**
eine so genannte Frühwarnung verschicken

**earnings** *n* Ertrag *m*; Einkommen *n*
**a fall of 83% in earnings**
ein Rückgang der Erträge um 83%
**ABC warns on earnings**
ABC gibt eine Gewinnwarnung heraus
**people on low to moderate earnings**
Menschen mit niedrigen bis mittleren Einkommen
**to generate earnings**
Erträge erwirtschaften

**earnings before interest and tax(es)** Ergebnis vor Steuern und Zinsen (Ebit); Gewinn vor Steuern und Zinsen
**the company had earnings before interest and taxes of $141 million**
das Ergebnis vor Steuern und Zinsen des Unternehmens belief sich auf 141 Mio. $
**earnings before interest and tax at the unit were up 7.5 per cent in the quarter to $120m**
das Ergebnis vor Steuern und Zinsen des Unternehmensbereiches war in diesem Quartal um 7,5% höher und belief sich auf 120 Mio $

**earnings before interest and taxes in the first half of 20... fell 20 per cent from last year to $600m**
das Ebit sank im ersten Halbjahr des Jahres 20... um 20% im Vergleich zum Vorjahr auf 600 Mio. $

**earnings before interest, tax, depreciation and amortization** (EBITDA / ebitda) Ergebnis vor Zinsen, Steuern und Abschreibungen; Betriebsergebnis vor Zinsen, Steuern und Abschreibungen
**earnings before interest, taxes, depreciation and amortization is a measure often used by rapidly growing but heavily indebted technology concerns**
das Ergebnis vor Zinsen, Steuern und Abschreibungen ist eine Maßzahl, die gerne von schnell wachsenden, aber stark verschuldeten Technologie-Unternehmen benutzt wird
**earnings before interest, taxes, depreciation and amortisation (ebitda) rose 14 per cent to $2.5bn, moderately below some estimates**
das Ergebnis vor Zinsen, Steuern und Abschreibungen stieg um 14% auf 2,5 Mrd. $ und blieb damit etwas hinter einigen Schätzungen zurück

**earnings expectation** Gewinnerwartung *f*; Ertragserwartung *f*
**ABC failed to meet earnings expectations for the fourth quarter**
ABC hat die Gewinnerwartungen für das vierte Quartal nicht erfüllt
**A&B has revised its earnings expectations for this quarter significantly downward**
A&B hat seine Ertragserwartungen für dieses Quartal deutlich nach unten korrigiert

**earnings growth** Ertragswachstum *n*
**to expect double-digit revenue and earnings growth**
ein zweistelliges Umsatz- und Ertragswachstum erwarten

**earnings outlook** Ertragserwartung *f*
**A&B cut its earnings outlook for 20...**
A&B hat die Ertragserwartungen für das Jahr 20... gesenkt

**earnings performance** Ertragslage *f*
**we expect to continue strong earnings performance**
wir rechnen weiterhin mit einer guten Ertragslage

**earnings per share** (EPS) Ertrag pro Aktie; Ergebnis je Aktie
**we told you to expect solid double digit growth in earnings per share**
wir sagten Ihnen, dass Sie mit einem kräftigen zweistelligen Wachstum der Erträge pro Aktie rechnen könnten
**earnings per share continued the sharp upward climb of 20...**
der starke Anstieg der Erträge pro Aktie vom Jahre 20... hat sich fortgesetzt

**earnings target** Ertragsziel *n*; Ergebnisziel *n*
**the computer maker said it would meet earnings targets**
der Computerhersteller sagte, er werde seine Ertragsziele erreichen
**to meet earnings targets**
das Ergebnisziel erreichen

**EBIT** (see **earnings before interest and taxes**)

**EBITDA** (see **earnings before interest, tax, depreciation and amortization**)

**ECB** (see **European Central Bank**)

**ECB presidency** EZB-Präsidentschaft *f*
**he stated his intention to retain the ECB presidency for the whole of 20...**
er bekundete seine Absicht, die EZB-Präsidentschaft über das gesamte Jahr 20... behalten zu wollen

**ecological benefit** Umweltvorteil *m*
**the reduction of energy consumption yields ecological benefits**
die Verringerung des Energieverbrauchs bringt Umweltvorteile

**e-commerce** *n* E-Commerce *m*; elektronischer Handel
**American firms are pushing much more rapidly into e-commerce**
die amerikanischen Unternehmen stoßen sehr viel schneller in den elektronischen Handel vor
**e-commerce puts huge demands on the reliability of computer systems**
der elektronische Handel stellt extrem hohe Anforderungen an die Zuverlässigkeit der Rechneranlagen

**econometrics** *pl* Ökonometrie *f*
**economic research must use econometrics to gain statistical legitimacy**
die Wirtschaftsforschung muss sich der Ökonometrie bedienen, um statistisch glaubwürdig zu sein

**economic activity** Konjunktur *f*; Wirtschaftstätigkeit *f*; Geschäftstätigkeit *f*
**economic activity is weaker in the third quarter than the second quarter**
die Konjunktur ist im dritten Quartal schwächer als im zweiten
**to have an immediate and dramatic impact on economic activity**
sofortige und dramatische Auswirkungen auf die Konjunktur haben
**the index aims to signal economic activity six months in the future**
der Index will die Wirtschaftstätigkeit für sechs Monate voraussagen

**economic adviser** Wirtschaftsberater *m*
**the president's economic adviser**
der Wirtschaftsberater des Präsidenten

**economically sensitive** konjunkturanfällig
**economically sensitive stocks**
konjunkturanfällige Aktien

**economic boom** Wirtschafts-Boom *m*
**America's continuing economic boom left consumers feeling wealthier than ever**
dank des anhaltenden amerikanischen Wirtschafts-Booms fühlen sich die amerikanischen Verbraucher wohlhabender denn je

**economic climate** Wirtschaftsklima *n*; konjunkturelles Klima
**in view of today's economic climate**
angesichts des derzeitigen konjunkturellen Klimas
**the overall economic climate remains favourable**
das Wirtschaftsklima bleibt insgesamt günstig

**economic conditions** Wirtschaftslage *f*
**fresh evidence of deteriorating economic conditions in the US emerged on Monday**
am Montag tauchten neue Hinweise auf eine Verschlechterung der Wirtschaftslage in den Vereinigten Staaten auf

**economic crisis** Wirtschaftskrise *f*
**the global economic crisis unfolding around us is, without question, extraordinary**
die globale Wirtschaftskrise, die sich um uns herum entwickelt, ist fraglos außerordentlich

**to get the country out of its economic crisis**
das Land aus der Wirtschaftskrise herausführen

**economic cycle** Konjunkturzyklus *m*
**the role that budgetary policy can play in tempering the economic cycle**
die Rolle, die die Haushaltspolitik bei der Dämpfung der Konjunkturzyklen spielen kann

**economic data** Konjunkturdaten *pl*; volkswirtschaftliche Daten
**the latest economic data made little impact on the market**
die neusten Konjunkturdaten haben den Markt nur wenig beeinflusst
**economic data are, by their very nature, always somewhat out of date**
Konjunkturdaten sind naturgemäß immer schon etwas veraltet

**economic development** Wirtschaftsentwicklung *f*; wirtschaftliche Entwicklung; konjunkturelle Entwicklung
**countries at similar stages of economic development**
Länder in vergleichbaren Stadien der Wirtschaftsentwicklung

**economic downturn** Wirtschaftsabschwung *m*; Konjunkturabschwung *m*
**during the last economic downturn**
während des letzten Wirtschaftsabschwungs
**rising inflation is not the standard accompaniment to an economic downturn**
steigende Inflation ist nicht die übliche Begleiterscheinung eines Wirtschaftsabschwunges
**luxury markets tend to be susceptible to economic downturns**
die Luxusgütermärkte zeigen eine größere Anfälligkeit gegenüber Konjunkturabschwüngen

**economic environment** Wirtschaftsumfeld *n*
**because of a deteriorating economic environment**
aufgrund des sich verschlechternden Wirtschaftsumfeldes

**economic expansion** Konjunkturbelebung *f*
**low inflation is a prerequisite for the economic expansion everyone wants**
eine geringe Inflation ist Voraussetzung für die von allen gewünschte Wirtschaftsbelebung

**economic forecast** Konjunkturprognose *f*
**economic forecasting gauge** Konjunkturbarometer *n*
**the economic forecasting gauge rose for the fourth consecutive month**
das Konjunkturbarometer stieg den vierten Monat in Folge

**economic growth** Wirtschaftswachstum *n*
**the country's economic growth slows to 7.1 percent in Q2**
das Wirtschaftswachstum des Landes verlangsamt sich im zweiten Quartal auf 7,1%
**vigorous economic growth**
kräftiges Wirtschaftswachstum
**to promote maximum sustainable economic growth**
ein möglichst hohes und nachhaltiges Wirtschaftswachstum fördern
**economic growth in the eurozone has been slowing since last year**
das Wirtschaftswachstum in der Eurozone hat sich seit letztem Jahr verlangsamt

**economic history** Wirtschaftsgeschichte *f*
**what does economic history teach about ...**
was sagt die Wirtschaftsgeschichte über ...
**they are ignorant of even recent economic history**
sie kennen sich noch nicht einmal in der jüngeren Wirtschaftsgeschichte aus
**the blackest day in Switzerland's economic history**
der schwärzeste Tag in der Wirtschaftsgeschichte der Schweiz

**economic indicator** Wirtschaftsindikator *m*
**the most useful economic indicator to watch is consumer confidence**
das Verbrauchervertrauen ist der wichtigste Wirtschaftsindikator, den es zu beachten gilt

**economic miracle** Wirtschaftswunder *n*

**economic outlook** Wirtschaftsausblick *m*; wirtschaftlicher Ausblick
**the economic outlook suggests that the problem is perhaps more acute now than it was at the end of the year**
der Wirtschaftsausblick legt nahe / deutet darauf hin, dass das Problem jetzt vielleicht noch akuter ist als am

**economic outlook**

Jahresende
**the longer-term economic outlook**
der längerfristige Wirtschaftsausblick
**economic performance** Wirtschaftsleistung *f*
**the period of subpar economic performance ... is not yet over**
die Zeiten mit unterdurchschnittlicher Wirtschaftsleistung sind noch nicht vorbei
**these two countries came out top in terms of economic performance**
diese beiden Länder zeigten die höchste Wirtschaftsleistung
**to strengthen economic performance**
die Wirtschaftsleistung verbessern
**economic policy** Wirtschaftspolitik *f*
**to coordinate economic policies**
die Wirtschaftspolitik koordinieren
**to adopt economic policies which encourage investment in new hydropower development**
eine Wirtschaftspolitik einschlagen, die Investitionen in neue Wasserkraftwerke fördert
**he places tax cuts at the core of his economic policy**
er stellt Steuersenkungen in den Mittelpunkt seiner Wirtschaftspolitik
**economic prospects** Konjunkturaussichten *fpl*
**poor economic prospects**
schlechte Konjunkturaussichten
**economic reality** wirtschaftliche Realität
**the price ABC is demanding no longer reflects economic reality**
der Preis, den ABC verlangt, entspricht nicht mehr der wirtschaftlichen Realität / entbehrt jeder wirtschaftlichen Realität
**economic recovery** wirtschaftliche Erholung; konjunkturelle Erholung
**these debts threaten to undermine the region's economic recovery**
diese Schulden stellen eine Bedrohung der konjunkturellen Erholung der Region dar
**he had the impression that the tempo of Japan's economic recovery is slowing**
er hatte den Eindruck, dass sich die wirtschaftliche Erholung Japans verlangsame
**economic reform** Wirtschaftsreform *f*; wirtschaftliche Reform
**the country exerts a strong influence over the pace and direction of economic reforms elsewhere**
das Land hat einen starken Einfluss auf das Tempo und die Zielsetzungen von Wirtschaftsreformen in anderen Ländern
**he is the architect of the country's latest economic reforms**
er ist der Architekt der jüngsten Wirtschaftsreformen des Landes
**when the government of a country is committed to economic reforms**
wenn die Regierung eines Landes sich auf Wirtschaftsreformen festgelegt hat / sich zu Wirtschaftsreformen verpflichtet hat
**economic research** Wirtschaftsforschung *f*
**this new firm is focused on economic research**
diese neue Firma ist auf Wirtschaftsforschung spezialisiert
**economic risk** Konjunkturrisiko *n*
**economics** *n* Wirtschaftlichkeit *f*
**the companies believe merging will improve the economics of their struggling personal computer divisions**
die Unternehmen meinen, eine Fusion werde die Wirtschaftlichkeit ihrer angeschlagenen PC-Bereiche verbessern
**economic situation** Konjunkturlage *f*; Wirtschaftslage *f*
**uncertainties surrounding the current economic situation are considerable**
die Ungewissheiten im Zusammenhang mit der derzeitigen Konjunkturlage sind beträchtlich
**economic slowdown** Konjunkturabschwächung *f*
**economics minister** Wirtschaftsminister *m*
**economic-stimulus bill** Gesetz zur Stimulierung der Wirtschaft; Konjunkturprogramm *n*
**economic strength** Wirtschaftsstärke *f*; wirtschaftliche Stärke
**economic trouble** wirtschaftliche Schwierigkeiten
**many previous market drops did not foreshadow economic trouble**
viele frühere Aktienkurseinbrüche haben nicht zu wirtschaftlichen Schwierigkeiten geführt
**economic turnabout** Konjunkturwende *f*
**signs of an economic turnabout are not limited to the United States**

die Anzeichen einer Konjunkturwende
sind nicht nur auf die USA beschränkt
**economic turnaround** konjunkturelle Umkehr
**investors are looking for signs of an
economic turnaround**
die Anleger suchen nach Anzeichen
einer konjunkturellen Umkehr
**economic upturn** Wirtschaftsaufschwung *m*
**ABC expects the benefit from the
economic upturn in Europe to become
visible by mid-20...**
ABC rechnet damit, dass die positiven
Auswirkungen des
Wirtschaftsaufschwunges in Europa bis
Mitte 20... sichtbar werden
**in May, the economic upturn was
already under way**
im Mai war der Wirtschaftsaufschwung
schon im Gange
**their aim is to accelerate the
economic upturn**
ihr Ziel ist es, den Wirtschaftsaufschwung zu beschleunigen
**economic weakness** Konjunkturschwäche *f*
**conditions that may generate
economic weakness in the foreseeable
future**
Bedingungen, die in absehbarer Zeit
eine Konjunkturschwäche verursachen
können
**economies of scale** Skaleneffekte *mpl*
**lower variable costs from increased
economies of scale**
niedrigere variable Kosten auf Grund
von Skaleneffekten
**customers will benefit from economies
of scale**
die Kunden werden von den
Skaleneffekten profitieren / in den
Genuss von Skaleneffekten kommen
**to exploit economies of scale**
Skaleneffekte nutzen
**economy** *n* (1) Wirtschaft *f*;
Volkswirtschaft *f*
**the economy grew quickly in the
first three months**
die Wirtschaft ist in den ersten drei
Monaten schnell gewachsen
**some of the world's fastest-growing
economies**
einige der am schnellsten wachsenden
Volkswirtschaften der Welt
**the bank points to two trends that
might give the economy a further
boost**
die Bank weist auf zwei Trends hin, die
die Wirtschaft weiter beleben könnten
**the deep crisis in Asian economies**
die tiefe Krise der Volkswirtschaften
Asiens
**the Canadian economy grew about 5
per cent last year**
die kanadische Wirtschaft wuchs im
vergangenen Jahr um ca. 5%
**the euro-zone's largest economy**
die größte Volkswirtschaft der Eurozone
**to ensure our economy does not go
into a tailspin**
sicherstellen, dass unsere Wirtschaft
nicht ins Trudeln gerät
**to get the economy back on its feet**
die Wirtschaft wieder auf die Beine
stellen
**economy** *n* (2) Konjunktur *f*
**the economy is slowing more than
expected**
die Konjunktur schwächt sich stärker
ab als erwartet
**the American economy looks
dangerously overheated**
die amerikanische Konjunktur macht
einen gefährlich überhitzten Eindruck
**many analysts believe that the
economy is decelerating**
viele Analysten sind der Meinung, dass
sich die Konjunktur verlangsamt
**the Fed boosted interest rates six
times to slow the economy**
die amerikanische Zentralbank erhöhte
die Zinssätze sechsmal, um die
Konjunktur zu dämpfen
**a slowdown in the economy's
breakneck speed is exactly what is
needed**
nichts ist jetzt notwendiger als eine
Abkühlung der überhitzten Konjunktur
**American policymakers are worried
about a fast-slowing economy**
die amerikanischen Politiker sind
beunruhigt über die sich schnell
verlangsamende Konjunktur
**economy minister** Wirtschaftsminister *m*
**the economy minister expressed
confidence the country would receive
extra IMF aid**
der Wirtschaftsminister war
zuversichtlich, dass das Land
zusätzliche IWF-Hilfe erhalten werde
**economy's course** Konjunkturverlauf *m*
**investors registered deepening fears**

**about the economy's course**
die Anleger zeigten sich zunehmend besorgt über den Konjunkturverlauf

**economy's expansion** Wirtschaftswachstum *n*
  **this would limit the economy's expansion to 2.3% in 20...**
  dies würde im Jahre 20... zu einem Wirtschaftswachstum von lediglich 2,3% führen

**educational software** Lernsoftware *f*

**electrical-appliance maker** Elektrogeräte-Hersteller *m*

**electrical concern** Elektrounternehmen *n*

**electrical engineering** Elektrotechnik *f*
  **our employees have four-year technical degrees in electrical engineering**
  unsere Mitarbeiter sind Hochschulabsolventen mit vierjährigen Studien auf dem Gebiet der Elektrotechnik

**electrical generation** Stromerzeugung *f*
  **since its founding in ..., the company has been a pioneer in electrical generation**
  seit seiner Gründung im Jahre ... ist das Unternehmen führend auf dem Gebiet der Stromerzeugung

**electrical industry** Elektroindustrie *f*
  **the electrical industry's premier event is expected to attract about 800 of the industry's leading figures**
  es wird erwartet, dass das größte Ereignis der Elektroindustrie ca. 800 führende Persönlichkeiten der Industrie anlocken wird

**electrical power industry** Stromwirtschaft *f*
  **not so long ago, the very concept of competition was alien to the electrical power industry**
  vor nicht allzu langer Zeit war Wettbewerb ein Fremdwort für die Stromwirtschaft

**electricity** *n* Elektrizität *f*; Strom *m*
  **copper conducts electricity 40 percent faster than aluminum**
  Kupfer leitet Elektrizität 40% schneller als Aluminium
  **to provide cheaper electricity to consumers**
  die Verbraucher mit billigerem Strom versorgen

**electricity bill** Stromrechnung *f*
  **electricity bills have dropped by 29%**
  die Stromrechnungen sind um 29% reduziert worden
  **Mr Owen's annual electricity bill has been cut by 29%**
  die jährliche Stromrechnung von Herrn Owen wurde um 29% reduziert
  **customers in the south will see their electricity bills rise by only about 2.5%**
  die Stromrechnungen der Kunden im Süden werden nur um ca. 2,5% steigen
  **recommendations on how to reduce the electricity bill by as much as 15 percent**
  Empfehlungen, wie sich die Stromrechnung um 15% senken lässt

**electricity blackout** Stromausfall *m*
  **to be weary of the electricity blackouts that have plagued the state since last summer**
  genug haben von den Stromausfällen, die den Bundesstaat seit letzten Sommer heimsuchen

**electricity consumption** Stromverbrauch *m*
  **ABC reduced annual electricity consumption by approximately 40 percent**
  ABC hat den jährlichen Stromverbrauch um ca. 40% reduziert
  **CHP's electrical output accounted for 15 per cent of electricity consumption**
  15% des Stromverbrauchs wurde aus Kraft-Wärme-Kopplungsanlagen gedeckt

**electricity crisis** Stromkrise *f*

**electricity customer** Stromkunde *m*; Strombezieher *m*
  **to encourage domestic electricity customers to move away from conventionally generated electricity**
  die heimischen Stromkunden dazu ermutigen, keinen auf herkömmliche Weise erzeugten Strom mehr zu kaufen
  **electricity customers are enjoying further improvements in service as prices continue to fall**
  durch die fallenden Preise kommen die Stromkunden in den Genuss eines besseren Service
  **this bill gives all electricity consumers the right to choose among competitive suppliers of electricity services**
  dieses Gesetz ermöglicht es

Strombeziehern, sich ihren
Stromlieferanten aus einer Reihe
konkurrierender Unternehmen
auszusuchen

**electricity demand** Strombedarf *m*
**the average growth in electricity
demand in Europe from 1998 to 1999
was just 1.5 percent**
in dem Zeitraum zwischen 1998 bis
1999 wuchs der Strombedarf in Europa
durchschnittlich gerade um 1,5 Prozent
**skyrocketing increases in electricity
demand**
in die Höhe schießender Strombedarf

**electricity generation** Stromerzeugung *f*
**hybrid systems include other sources
of electricity generation**
bei Hybridanlagen werden noch weitere
Energiequellen zur Stromerzeugung
miteingebunden

**electricity giant** Stromriese *m*

**electricity industry** Elektrizitätswirtschaft *f*

**electricity market** Strommarkt *m*
**to open the electricity market**
den Strommarkt öffnen
**the battle for dominance in the UK
electricity market**
der Kampf um die Vormachtstellung auf
dem britischen Strommarkt

**electricity price** Strompreis *m*
**carbon dioxide regulation would lead
to significantly higher electricity
prices**
eine Regulierung / Beschränkung des
Kohlendioxids würde zu deutlich
höheren Strompreisen führen

**electricity provider** Stromlieferant *m*

**electricity sales** Stromabsatz *m*
**since 20..., electricity sales have
increased by 2.1 percent annually**
seit 20... ist der Stromabsatz jährlich um
2,1% gestiegen

**electricity shortage** Strommangel
*m*; Stromengpass *m*
**during a period of electricity
shortages**
während einer Zeit des Strommangels

**electricity supplier** Stromanbieter
*m*; Stromlieferant *m*; Stromversorger *m*
**an alternative would be to force
electricity suppliers to use power from
CHP**
eine andere Möglichkeit wäre, die
Stromanbieter zu verpflichten, Strom
aus KWK-Anlagen abzunehmen
**your friendly local electricity supplier**
der freundliche Stromanbieter ganz in
Ihrer Nähe
**the UK's largest electricity supplier**
der größte britische Stromversorger

**electricity-supply industry** Stromwirtschaft *f*; Energiewirtschaft *f*
**don't blame deregulation for the
chaos in the electricity-supply
industry**
machen Sie nicht die Deregulierung
für das Chaos in der Stromwirtschaft
verantwortlich

**electricity supply point** Einspeisepunkt *m*
**the pump site is some distance from
an electricity supply point**
der Standort der Pumpe befindet sich in
einiger Entfernung vom nächsten
Einspeisepunkt

**electricity trade** Stromhandel *m*

**electricity trading** Stromhandel *m*

**electric motor** Elektromotor *m*
**ABC is the world's largest
manufacturer of electric motors**
ABC ist weltweit der größte Hersteller
von Elektromotoren

**electric power generating company**
Stromerzeuger *m*

**electric power grid** Stromversorgungsnetz *n*; Stromnetz *n*

**electric range** Elektroherd *m*

**electric utility** Stromversorger *m*;
Stromversorgungsunternehmen *n*;
Energieversorgungsunternehmen *n*
(EVU)

**electric utility industry** Energiewirtschaft *f*
**the electric utility industry ranks
second only to the communications
industry itself in its use of
telecommunications media**
die Energiewirtschaft steht beim Einsatz
von Telekommunikationsprodukten
gleich an zweiter Stelle hinter der
Telekommunikationsindustrie

**electronic ballast** elektronisches
Vorschaltgerät *n*

**electronic commerce** E-Commerce *m*

**electronics company** Elektronikunternehmen *n*
**shares of electronics companies have
been leading the way down**

die Aktien der Elektronikunternehmen haben die Abwärtsentwicklung eingeleitet

**electronics group** Elektronik-Konzern *m*

**electronics industry** Elektronikindustrie *f*

**electronics manufacturer** Elektronikhersteller *m*

**electronics market** Elektronikmarkt *m*
  **the company will focus entirely on serving global electronics markets**
  das Unternehmen wird sich ausschließlich auf die globalen Elektronikmärkte konzentrieren

**electrostatic precipitator** Elektrofilter *n/m*

**electrotechnical industry** Elektroindustrie *f*

**elevator** *n* Fahrstuhl *m*
  **a few people were trapped for hours in elevators**
  einige Leute saßen stundenlang im Fahrstuhl fest

**embargo** *n* Embargo *n*
  **he called for an extension of the embargo on British products**
  er verlangte / forderte eine Verlängerung des Embargos für britische Produkte

**embattled** *adj* angeschlagen
  **the embattled Swiss financial services group**
  der angeschlagene schweizer Finanzdienstleister

**emergency credit** Notkredit *m*
  **the company is surviving on emergency loans from creditor banks**
  das Unternehmen überlebt zurzeit mit Hilfe von Notkrediten von Gläubigerbanken

**emergency meeting** Krisensitzung *f*
  **the government was holding emergency meetings throughout the day**
  die Regierung hielt während des ganzen Tages Krisensitzungen ab

**emerging country** Schwellenland *n*

**emerging markets** aufstrebende Märkte; Schwellenmärkte *mpl*

**emission of $CO_2$** Kohlendioxid-Ausstoß *m*
  **the emission of $CO_2$ to the atmosphere**
  der Kohlendioxid-Ausstoß in die Atmosphäre

**emissions cut** Emissionsminderung *f*; Emissionsreduzierung *f*
  **emissions cuts should also be a part of any agreement**
  Emissionsminderungen sollten ebenfalls Bestandteil eines Abkommens sein

**emissions trading** Emissionshandel *m*
  **the summit fell apart chiefly over the issue of emissions trading**
  der Gipfel scheiterte hauptsächlich an der Frage des Emissionshandels
  **unfettered emissions trading**
  unbeschränkter Emissionshandel

**employee** *n* (1) Arbeitnehmer *m*; Mitarbeiter *m*; Mitarbeiterin *f*; Beschäftigte *m/f*
  **A&B will lay off 10,000 employees, around 18% of the workforce**
  A&B wird 10.000 Beschäftigte, ca. 18% der Belegschaft, entlassen

**employee** *n* (2): **(total) number of employees** Personalstand *m*
  **growth in the number of employees**
  Erhöhung des Personalstandes
  **the total number of employees will continue to go up**
  der Personalstand wird sich auch weiterhin nach oben entwickeln
  **a 7% drop in the number of employees**
  ein Rückgang des Personalstandes um 7%

**employee severance costs** Abfindungszahlungen *fpl*
  **roughly half of that cost will come in the form of employee severance**
  Abfindungszahlungen werden ungefähr die Hälfte dieser Kosten ausmachen

**employer** *n* Arbeitgeber *m*
  **the employers went on the attack**
  die Arbeitgeber gingen zum Angriff über

**employment** *n* Beschäftigung *f*
  **no recession has ever occurred without employment contracting**
  es hat noch nie eine Rezession ohne Rückgang der Beschäftigung gegeben

**employment growth** Beschäftigungswachstum *n*
  **a continuation of wage moderation is crucial to foster employment growth**
  nur bei Beibehaltung der Lohnzurückhaltung ist Beschäftigungswachstum möglich

**end user** Endabnehmer *m*; Endverbraucher *m*

**energy consumption** Energieverbrauch *m*
  **to reduce energy consumption by**

**over 9 %**
den Energieverbrauch um mehr als 9 % vermindern
**low energy consumption**
geringer Energieverbrauch
**to minimize energy consumption**
den Energieverbauch auf ein Mindestmaß beschränken
**reduced energy consumption**
geringerer Energieverbrauch
**energy costs** Energiekosten *pl*
**surging energy costs**
in die Höhe schießende Energiekosten
**energy demand** Energienachfrage *f*
**energy demand is rising dramatically in Asia and Eastern Europe**
die Energienachfrage in Asien und Osteuropa steigt dramatisch
**energy efficiency** Energieeffizienz *f*
**it is impossible to improve energy efficiency by other means**
die Energieeffizienz kann nicht auf andere Weise verbessert werden
**to raise the energy efficiency by minimising losses**
die Energieeffizienz durch Verminderung der Verluste erhöhen
**energy giant** Energieriese *m*
**global energy giants such as A&B and B&C have made forays into renewable energy**
globale Energieriesen wie A&C und B&C unternehmen Ausflüge in den Bereich der erneuerbaren Energien
**the collapse of America's energy giant**
der Zusammenbruch von Amerikas Energieriesen
**energy group** Energiekonzern *m*
**ABC will become one of the world's leading energy groups**
ABC wird einer der führenden Energiekonzerne der Welt werden
**energy industry** Energiewirtschaft *f*; Energieindustrie *f*
**deregulation of the energy industry**
Deregulierung der Energiewirtschaft
**energy input** Energieeinsatz *m*
**comparison between energy inputs to separate and combined heating and electric power generation systems**
Vergleich des Energieeinsatzes bei getrennten und kombinierten Heiz- und Kraftwerken
**energy interests** Energielobby *f*
**he caved in to pressure from energy interests**
er beugte sich dem Druck der Energielobby
**energy market** Energiemarkt *m*
**Europe should speed up the opening of its energy markets**
Europa sollte seine Energiemärkte schneller öffnen
**energy minister** Energieminister *m*
**energy mix** Energiemix *m*
**a change in the energy mix**
eine Änderung (der Zusammensetzung) des Energiemixes
**hydrogen will inevitably become part of the energy mix**
Wasserstoff wird zwangsläufig zum Energiemix der Zukunft gehören
**we should take steps to ensure that renewable energy is a part of our future energy mix**
wir sollten etwas unternehmen, damit die erneuerbaren Energien zum Energiemix der Zukunft gehören
**energy policy** Energiepolitik *f*
**a comprehensive national energy policy**
eine durchgängige nationale Energiepolitik
**some countries are not capable of formulating suitable energy policies**
einige Länder sind nicht in der Lage, eine geeignete Energiepolitik zu entwickeln
**energy problem** Energieproblem *n*
**to discuss ways to resolve the state's energy problems**
Möglichkeiten zur Lösung der Energieprobleme erörtern
**to tackle America's energy problems**
die Energieprobleme Amerikas in Angriff nehmen
**energy-related products and services** energienahe Produkte und Leistungen
**ABC is a marketer of energy and energy-related products and services**
ABC vermarktet Energie und energienahe Produkte und Leistungen
**ABC provides a comprehensive portfolio of energy-related products and services**
ABC bietet eine breite Palette energienaher Produkte und Leistungen
**ABC offers many energy-related products and services to you**
ABC bietet Ihnen eine Vielzahl energienaher Produkte und Leistungen

**energy requirements** Energiebedarf *m*
**the increasing global energy requirements**
der weltweit wachsende Energiebedarf
**it has also been possible to reduce energy requirements by 10% over the last two years**
auch konnte im Verlauf der vergangenen zwei Jahre der Energiebedarf um 10% verringert werden

**energy savings** Energieeinsparung *f*
**improved efficiency can achieve energy savings of 20 to 30 percent**
mit besseren Wirkungsgraden können Energieeinsparungen von 20 bis 30% erreicht werden

**energy service provider** Energieversorger *m*; Energieversorgungsunternehmen *n*

**energy shortage** Energieknappheit *f*; Energieengpass *m*
**America is facing its most serious energy shortage since the oil embargoes of the 1970s**
Amerika ist mit der größten Energieknappheit konfrontiert seit dem Ölembargo in den siebziger Jahren
**to determine the existence and scope of an energy shortage**
Vorhandensein und Größe eines Energieengpasses feststellen

**energy source** Energiequelle *f*
**deregulation is spurring the development of potentially cheaper alternative energy sources**
die Deregulierung wirkt sich fördernd auf die Entwicklung potenziell billigerer Energiequellen aus
**to develop new, cleaner and more convenient energy sources for people around the world**
neue, sauberere und geeignetere Energiequellen für die Menschen auf der ganzen Welt entwickeln

**energy supplier** Energieversorger *m*

**energy supply** Energieversorgung *f*
**ABC is working on the future energy supply**
ABC arbeitet an der Zukunft der Energieversorgung

**energy surplus** Energieüberschuss *m*
**to reduce the impact of extended periods of energy surpluses or deficits**
die Auswirkungen längerer Perioden mit Energieüberschüssen oder -mangel verringern

**energy trader** Energiehändler *m*
**lawmakers are investigating the energy trader's collapse**
Parlamentarier untersuchen den Zusammenbruch des Energiehändlers

**energy trading business** Energiehandel *m*
**to take over the energy trading business**
den Energiehandel übernehmen

**energy trading company** Energiehandelsunternehmen *n*

**energy-trading firm** Energiehandelsunternehmen *n*

**energy transmission** Energietransport *m*
**these observations lead us to ask whether large-scale energy transmission is necessary at all**
diese Beobachtungen führen zu der Frage, ob ein Energietransport im großen Stil überhaupt notwendig ist

**energy utility** Energieunternehmen *n*
**the role of energy utilities in promoting cogeneration**
die Rolle der Energieunternehmen bei der Förderung der Kraft-Wärme-Kopplung

**engine** *n* (1) Wärmekraftmaschine *f*
**small portable and large stationary engines**
kleine tragbare und große stationäre Wärmekraftmaschinen

**engine** *n* (2) Triebwerk *n*
**engines for regional and smaller corporate aircraft**
Triebwerke für Regionalflugzeuge und kleinere Firmen-Jets

**engine company** Triebwerkhersteller *m*

**engineer** *n* Ingenieur *m*
**engineers with the necessary skills are in short supply**
Ingenieure mit den erforderlichen Fertigkeiten sind Mangelware

**engineering company** Anlagenbauer *m*; Maschinenbauer *m*

**engineering group** Maschinenbaukonzern *m*
**the engineering group reported a 60 per cent drop in earnings**
der Maschinenbaukonzern verzeichnete einen Ertragsrückgang um 60%

**engineering plastic** technischer Kunststoff
   **these materials have come to be termed engineering plastics**
   diese Werkstoffe werden nun allgemein als technische Kunststoffe bezeichnet

**engine of growth** Wachstumsmotor *m*
   **to act as the engine of growth**
   als Wachstumsmotor fungieren

**engine plant** Motorenwerk *n*

**enterprise** *n* Unternehmen *n*

**enterprise software** Unternehmenssoftware *f*
   **most new enterprise software fits these criteria**
   der größte Teil der Unternehmenssoftware entspricht diesen Kriterien
   **this enterprise software is in widespread use**
   diese Unternehmenssoftware ist weit verbreitet

**enterprise-software vendor** Anbieter von Unternehmenssoftware; Untnernehmenssoftware-Hersteller *m*

**enterprise value** Firmenwert *m*
   **A&B has an enterprise value topping £1 billion**
   A&B hat einen Firmenwert von mehr als 1 Mrd. Pfund

**entertainment** *n* Unterhaltungsbranche *f*
   **he is one of the most experienced and respected managers in entertainment**
   er ist einer der erfahrensten und geachtetsten Manager in der Unterhaltungsbranche

**entertainment group** Unterhaltungskonzern *m*
   **other entertainment groups' experience has been similar to ABC's**
   andere Unterhaltungskonzerne haben ähnliche Erfahrungen wie ABC gemacht

**enthusiasm** *n* Begeisterung *f*
   **the company's plans were met with little enthusiasm by investors**
   die Pläne des Unternehmens stießen bei den Anlegern auf wenig Begeisterung

**entrepreneur** *n* Unternehmer *m*
   **politicians want more entrepreneurs to start businesses**
   die Politiker wünschen mehr Unternehmensgründungen

**entrepreneurial culture** Unternehmenskultur *f*

**entrepreneurial spirit** Pioniergeist *m*
   **this product is a good example of our entrepreneurial spirit**
   dieses Produkt ist ein gutes Beispiel für unseren Pioniergeist / an diesem Produkt kann man sehr gut unseren Pioniergeist erkennen

**entrepreneurship** *n* Unternehmertum *n*

**environmental audit** Umweltaudit *n*

**environmental campaigner** Umweltschützer *m*

**environmental concerns** Umweltbedenken *npl*

**environmental damage** Umweltschaden *m*

**environmental issue** Umweltfrage *f*; Umweltbelange *pl*; Umweltproblem *n*
   **noise is the number one environmental issue facing aviation**
   Lärm ist das Umweltproblem Nummer eins, mit dem die Luftfahrt konfrontiert ist
   **to ensure that environmental issues are addressed at an early stage**
   sicherstellen, dass Umweltprobleme schon früh / frühzeitig in Angriff genommen werden
   **environmental issues may cause some governments to strengthen policies toward renewable energy**
   Umweltprobleme können dazu führen, dass einige Regierungen ihre Bemühungen in Richtung erneuerbare Energien verstärken
   **ABC is the federal coordinating agency for all environmental issues**
   ABC ist eine Bundesbehörde für die Koordinierung aller Umweltbelange
   **environmental issues are taking on an increasingly important role**
   Umweltfragen spielen eine immer wichtigere Rolle

**environmentalist** *n* Umweltschützer *m*
   **his position would never endear him to environmentalists**
   sein Standpunkt würde ihm nie Sympathien bei den Umweltschützern einbringen

**environmentally compatible** umweltverträglich
   **environmentally compatible energy use**

umweltverträgliche Energienutzung
**environmentally compatible antifreeze**
umweltverträgliches Frostschutzmittel
**environmentally friendly** *adj*;
**environmentally-friendly** *adj*
umweltfreundlich
**new, environmentally friendly products improve lighting and save energy**
neue umweltfreundliche Produkte verbessern die Beleuchtung und sparen Energie
**the use of biomass is environmentally friendly**
die Verwendung von Biomasse ist umweltfreundlich
**an environmentally-friendly power source**
ein umweltfreundlicher Energieträger
**environmental management** Umweltmanagement *n*
**ABC aims to be recognised as a leader in environmental management**
ABC will ein anerkanntes führendes Unternehmen im Bereich Umweltmanagement werden
**environmental management system** Umweltmanagementsystem *n*; Umwelt-Managementsystem *n*
**environmental minister** Umweltminister *m*
**environmental protection** Umweltschutz *m*
**our commitment to environmental protection**
unser Bekenntnis zum Umweltschutz
**environmental protection laws** Umweltschutzgesetze *npl*
**disposal and cleanup of substances regulated under environmental protection laws**
Entsorgung und Beseitigung von Stoffen, die unter die Umweltschutzgesetze fallen
**environmental reason** Umweltschutzgrund *m*
**many watercourses are protected for environmental reasons**
viele Wasserläufe werden aus Umweltschutzgründen geschützt
**to be unacceptable for social or environmental reasons**
aus Umweltschutzgründen inakzeptabel sein

**environmental regulations** Umweltbestimmungen *fpl*; Umweltschutzbestimmungen *fpl*; Umweltschutzvorschriften *fpl*; Umweltvorschriften *fpl*
**to meet strict environmental regulations**
die strengen Umweltbestimmungen einhalten
**to ensure compliance with environmental regulations**
die Einhaltung der Umweltbestimmungen sicherstellen
**the local environmental regulations can limit the choice of fuels to be used for the proposed cogeneration systems**
durch die örtlichen Umweltvorschriften kann die Auswahl an Brennstoffen für eine geplante KWK-Anlage eingeschränkt werden
**companies must find their way through numerous environmental and safety regulations**
die Unternehmen müssen sich in den zahlreichen Umweltschutz- und Sicherheitsvorschriften zurechtfinden
**environmental requirements** Umweltauflagen *fpl*
**to meet strict environmental requirements without additional investments**
strenge Umweltauflagen ohne Neuinvestitionen erfüllen
**environmental restrictions** Umweltauflagen *fpl*
**some countries are reluctant to impose environmental restrictions on industries**
einige Länder zögern, der Industrie Umweltauflagen zu verordnen
**to ease or modify environmental restrictions**
Umweltauflagen lockern oder ändern
**environmental stress** Umweltbelastung *f*
**to reduce environmental stresses**
die Umweltbelastung reduzieren
**environment minister** Umweltminister *m*
**EPS** (see **earnings per share**)
**equity** *n* Eigenkapital *n*
**equity capital** Eigenkapital *n*
**equity capital is supplied and used by its owner in the expectation that a profit will be earned**
Eigenkapital wird vom Eigentümer bereitgestellt und genutzt, um einen

Gewinn zu erzielen
**the owner has no assurance that the equity capital invested will be recovered**
der Eigentümer hat keinerlei Sicherheit, dass er das investierte Eigenkapital wieder zurückerhält

**equity culture** Aktienkultur *f*
**it was one more sign of the triumph of the new equity culture**
dies war ein neuerliches Zeichen / ein neuerlicher Beweis für den Triumph der neuen Aktienkultur
**the rapid spread of an equity culture across Europe**
die schnelle Verbreitung einer Aktienkultur in ganz Europa

**error of judgment** Fehleinschätzung *f*
**he admitted last month that his firm made an error of judgment over ...**
er gab vergangenen Monat zu, dass seinem Unternehmen bei ... eine Fehleinschätzung unterlaufen sei

**estate tax** Erbschaftssteuer *f*; Nachlasssteuer *f*
**to use life insurance as a means to avoid estate tax**
mit Hilfe von Lebensversicherungen die Erbschaftssteuer umgehen

**estimate** *n* Schätzung *f*
**a revised estimate will be published on November 30th**
am 30. November wird eine neue / überarbeitete / neuerliche Schätzung veröffentlicht

**estimate** *v* schätzen
**exports are estimated at $137 billion for this year**
die diesjährigen Exporte werden auf 137 Milliarden Dollar geschätzt

**estimate for growth** Wachstumsschätzung *f*

**EU Gas Directive** EU-Gasrichtlinie *f*
**the EU Gas Directive heralds an era of radical change**
die EU-Gasrichtlinie kündigt eine Zeit radikalen Wandels an

**euro** *n* Euro *m*
**the euro continued its recent decline**
der Euro hat seine Talfahrt fortgesetzt
**the introduction of the euro**
die Einführung des Euro / Euro-Einführung *f*
**the euro keeps on rising**
der Euro steigt weiter
**the sums recently spent by central banks intervening in support of the euro**
die in jüngster Zeit von den Zentralbanken zur Stützung des Euro aufgewendeten Summen
**the consolidated financial statements were drawn up in euro**
der Konzernabschluss wurde in Euro aufgestellt
**he said he was not concerned about the weakness of the euro against the dollar**
er sagte, er mache sich keine Sorgen wegen der Schwäche des Euro gegenüber dem Dollar
**why is the euro still looking sickly**
warum kränkelt der Euro noch immer

**euro area** Eurogebiet *n*; Euro-Raum *m*; Euroraum *m*
**inflation in the euro area is likely to top 2.5% in September**
die Inflation im Eurogebiet wird im September wahrscheinlich die 2,5% übersteigen
**growth in the euro area will slow to 2.9%**
das Wachstum im Euro-Raum wird sich auf 2,9% verringern
**inflation in the euro area rose to 2.9%**
die Inflation im Euro-Raum stieg auf 2,9%
**the euro area's GDP grew by 3%**
das BIP im Euro-Raum wuchs um 3%

**euro banknote** Euro-Banknote *f*
**the introduction of euro banknotes and coins**
die Einführung von Euro-Banknoten und -Münzen

**euro coin** Euro-Münze *f*
**the introduction of the new euro coins**
die Einführung der neuen Euro-Münzen

**euro introduction period** Euro-Einführung *f*
**to cut queues during the euro introduction period**
lange Schlangen während der Euro-Einführung vermeiden

**euroland** *n* Euroland *n*

**euro note** Euro-Banknote *f*
**on the eve of the introduction of the new euro notes**
am Vorabend der Einführung der neuen Euro-Banknoten

**European Central Bank** (ECB) Europäische Zentralbank (EZB)
**the European Central Bank (ECB)**

**European Central Bank** 260

**increased its interest rate by a quarter point**
die Europäische Zentralbank hat den Zinssatz um einen Viertelpunkt erhöht
**the European Central Bank kept interest rates unchanged**
die Europäische Zentralbank ließ die Zinssätze unverändert

**European Central Bank president** Präsident der Europäischen Zentralbank

**euro's weakness** Euro-Schwäche *f*; Schwäche des Euro
**the old explanation for the euro's weakness no longer stands up**
die bisherige Begründung für die Euro-Schwäche gilt nicht mehr

**eurozone** *n*; **euro-zone** *n*; **euro zone** Eurozone *f*
**the euro zone's overall inflation rate is now higher than that in some of the European Union countries**
die Inflationsrate in der Eurozone liegt zur Zeit insgesamt über der in einigen Ländern der Europäischen Union
**countries within the euro zone will grow by 3% next year**
das Wirtschaftswachstum in den Ländern der Eurozone wird im kommenden Jahr 3% betragen
**last November, unemployment in the euro-zone was still 3.4 percentage points higher than in the UK**
im November vergangenen Jahres war die Arbeitslosigkeit in der Eurozone noch immer 3,4 Prozentpunkte höher als in Großbritannien
**inflation in the euro-zone fell unexpectedly in January**
im Januar sank die Inflation in der Eurozone unerwartet

**everyday practicality** Alltagstauglichkeit *f*
**this joint project is aimed at demonstrating the everyday practicality of fuel cell vehicles**
dieses Gemeinschaftsprojekt soll die Alltagstauglichkeit von Brennstoffzellen-Fahrzeugen beweisen

**example** *n*: **make an example of** ein Exempel statuieren
**the initiative was driven primarily by the wish to make an example of Germany**
hinter dieser Initiative stand vor allem der Wunsch, an Deutschland ein Exempel zu statuieren

**excess capacity** Überkapazität *f*
**this industry is suffering from excess capacity worldwide**
dieser Industriezweig leidet weltweit unter Überkapazitäten
**many industries are saddled with excess capacity**
viele Industriezweige kämpfen mit Überkapazitäten

**exchange** *n* Börse *f*; Finanzmarktbetreiber *m*
**telecom shares were mostly higher on European exchanges**
Telekomwerte notierten mehrheitlich fester an den europäischen Börsen
**the Swedish exchange also failed in its bid**
das Gebot des schwedischen Finanzplatzbetreibers war ebenfalls erfolglos

**exchange control** Devisenkontrolle *f*
**to ensure that the few exchange controls that remain in place are respected**
sicherstellen, dass die wenigen noch bestehenden Devisenkontrollen eingehalten werden

**exchange operator** Finanzmarktbetreiber *m*
**the Swedish exchange operator last year bid for the LSE**
der schwedische Finanzmarktbetreiber gab letztes Jahr ein Gebot für die Londoner Börse ab

**exchange rate** Wechselkurs *m*; Devisenkurs *m*
**revenues were negatively affected by exchange rates**
die Wechselkurse wirkten sich negativ auf die Einnahmen aus
**to compare exchange rates offered by several banks**
die von mehreren Banken angebotenen Devisenkurse vergleichen

**exchange rate of the dollar** Dollarkurs *m*

**exclusive dealer** Exklusivhändler *m*; Vertragshändler *m*

**exclusive sales territory** Vertragsgebiet *n*

**executive** *n* Führungskraft *f*; leitender Mitarbeiter; leitende Mitarbeiterin
**several new executives were recruited to bring additional skills and perspectives to the organization**

es wurden mehrere neue Führungskräfte eingestellt, die zusätzliche Fähigkeiten und Perspektiven in die Organisation einbringen sollen

**executive suite** Chefetage *f*

**exhibitor** Aussteller *m*
**the number of exhibitors was up about 10 percent**
die Zahl der Aussteller war um ca. 10% höher
**among non-German exhibitors, Taiwan leads with 594 stands**
Taiwan führt mit 594 Ständen die Zahl der ausländischen Aussteller an
**exhibitors from 58 countries**
Aussteller aus 58 Ländern

**exhibit space** Ausstellungsfläche *f*
**to rent exhibit space at $153 a square meter**
Ausstellungsfläche für 153 Dollar pro Quadratmeter mieten

**expectation** *n* Erwartung *f*
**to be in line with expectations**
den Erwartungen entsprechen
**disappointed / unrealistic expectations**
enttäuschte / unrealistische Erwartungen
**to meet analysts' expectations**
die Erwartungen der Analysten erfüllen
**quarterly earnings fell short of expectations**
die Quartalserträge blieben hinter den Erwartungen zurück
**for the 13th straight quarter, ABC has met or exceeded expectations**
ABC hat nun schon zum dreizehnten Mal in Folge die Quartalserwartungen erfüllt oder gar übertroffen
**the A&B results beat analysts' expectations**
das Ergebnis von A&B übertraf die Erwartungen der Analysten

**expenditures on property, plant, and equipment** Investitionen in Sachanlagen
**expenditures on property, plant, and equipment decreased**
die Investitionen in Sachanlagen sind zurückgegangen

**experience** *n* Erfahrung *f*
**ABC's management staff brings with it long-standing experience in the industry**
die Geschäftsführung von ABC bringt langjährige Industrieerfahrung mit

**expert** *n* Fachmann *m*; Fachfrau *f*; Experte *m*; Expertin *f*

**expertise** *n* Kompetenz *f*; Expertise *f*; Fachwissen *n*; Fachkenntnisse *fpl*; Fachkompetenz *f*
**our expertise in process technology**
unsere verfahrenstechnische Kompetenz
**ABC's leadership and expertise in the field of distributed generation**
die führende Rolle und Expertise von ABC auf dem Gebiet der dezentralen Stromerzeugung
**to make use of expertise in universities and other research facilities**
das in Universitäten und anderen Forschungseinrichtungen vorhandene Fachwissen nutzen
**the company could bring valuable expertise to A&B**
das Unternehmen könnte wertvolles Fachwissen in A&B einbringen
**to gain expertise in other areas**
in anderen Bereichen Kompetenz erwerben
**to use the company's expertise across the border on a grander scale**
die Fachkompetenz des Unternehmens über die Grenzen hinweg in größerem Umfang nutzen
**employees with technical expertise have found it relatively easy to find another job**
für Mitarbeiter mit technischen Fachkenntnissen war es relativ leicht, eine neue Stelle zu finden

**experts** *pl* Fachleute *pl*
**many experts remain sceptical**
viele Fachleute bleiben / sind weiterhin skeptisch

**exponentially** *adv* exponentiell
**investment in the technology began to grow exponentially**
die Investitionen in die Technologie begannen exponentiell zu wachsen
**customers' information storage needs are growing exponentially**
der Informationsspeicherbedarf der Kunden nimmt exponentiell zu
**experts expect an exponentially growing market for fuel cells**
die Fachleute erwarten einen exponentiell wachsenden Markt für Brennstoffzellen

**export** *n* Export *m*; Ausfuhr *f*
**increased exports**
höhere Exporte
**exports from the United States**
Exporte aus den Vereinigten Staaten
**this firm accounts for 20% of the**

**export** 

country's exports
der Anteil dieses Unternehmens am Export des Landes beträgt 20%
**Taiwan's exports fell by 43% in the year to September**
Taiwans Ausfuhren gingen in dem im September endenden Jahr um 43% zurück
**the Netherlands and Belgium banned the export and transportation of sheep and goats**
die Niederlande und Belgien haben Transport und Ausfuhr von Schafen und Ziegen verboten

**export ban** Ausfuhrverbot *n*

**export market** Exportmarkt *m*
**to gain access to new export markets**
Zutritt zu neuen Exportmärkten erlangen

**extended-hours trading** nachbörslicher Handel
**A&B shares fell 4 per cent in extended-hours trading**
die Aktien von A&B fielen um 4% im nachbörslichen Handel

**extraordinary general meeting** außerordentliche Hauptversammlung
**at an extraordinary general meeting, the shareholders approved a capital increase**
im Rahmen / bei einer außerordentlichen Hauptversammlung stimmten die Aktionäre einer Kapitalerhöhung zu

**extraordinary meeting** außerordentliche Sitzung

# F

**fab** *n* Chip-Werk *n*
**the new fab will produce advanced microprocessors**
in dem neuen Chip-Werk sollen die allerneusten Mikroprozessoren hergestellt werden
**the fab costs $1.3 billion to build and equip**
die Kosten für Bau und Ausrüstung des Chip-Werks belaufen sich auf 1,3 Mrd. $

**facility closing costs** Kosten im Zusammenhang mit der Schließung von Anlagen

**fairgoer** *n* Messebesucher *m*

**fairground** *n* Messegelände *n*
**in the morning you still have some hassles to go to the fairgrounds**
vormittags hat man noch immer Schwierigkeiten, zum Messegelände zu kommen
**we made the last extension of our fairgrounds this year**
wir haben dieses Jahr unser Messegelände ein letztes Mal erweitert

**faith** *n* Vertrauen *n*
**a sharp fall in the dollar would reflect fading faith in America's economic prospects**
ein deutlicher Kursverlust des Dollars würde schwindendes Vertrauen in die wirtschaftliche Zukunft Amerikas signalisieren

**fall in price** Preisrückgang *m*
**the fall in prices spurs competition**
der Preisrückgang belebt den Wettbewerb
**a fall in price of 2% a year is not impressive**
ein Preisrückgang von 2% pro Jahr ist nichts Besonderes

**fall-off in demand** Nachfragerückgang *m*
**to respond to the fall-off in demand**
auf den Nachfragerückgang reagieren

**family business** Familienunternehmen *n*
**small family businesses**
kleine Familienunternehmen

**family car** Familienauto *n*
**to develop a family car that can travel for 80 miles on a gallon of petrol**
ein Familienauto entwickeln, das 3 Liter Benzin auf 100 km verbraucht
**most of these cars guzzle more gas than ordinary family cars**
die meisten dieser Autos schlucken mehr Benzin als ein gewöhnliches Familienauto

**family-controlled business group** Familienkonzern *m*
**they had believed that these family-controlled business groups were too big to fail**
sie hatten geglaubt, dass diese Familienkonzerne auf Grund ihrer Größe nicht scheitern könnten

**family-owned company** Familienunternehmen *n*

**family-owned group** Familienkonzern *m*

**fare** *n* Reise *f*
**the airline increased prices on fares to certain countries**
die Fluglinie erhöhte die Preise für Reisen in bestimmte Länder

**farming industry** Landwirtschaft *f*
**the foot-and-mouth disease outbreak threatens to devastate the UK's farming industry**
der Ausbruch der Maul- und Klauenseuche droht die britische Landwirtschaft zu ruinieren

**farming policy** Landwirtschaftspolitik *f*
**the European Union's common farming policy**
die gemeinsame Landwirtschaftspolitik der EU
**giant subsidies remain at the heart of Europe's farming policy**
im Mittelpunkt der europäischen Landwirtschaftspolitik stehen auch weiterhin Riesensubventionen

**farm minister** Agrarminister *m*; Landwirtschaftsminister *m*
**Monday's meeting of EU farm ministers in Brussels**
das am Montag in Brüssel stattfindende Treffen der EU-Agrarminister
**deputy farm minister**
stellvertretender Landwirtschaftsminister

**fashion house** Modehaus *n*

**FCC** (see **Federal Communications Commission**)

**fears of recession** Rezessions-Ängste *fpl*; Rezessionsbefürchtungen *fpl*

**feasibility** *n* Machbarkeit *f*
**when technological feasibility has been established**
bei Feststellung der technischen Machbarkeit

**feasibility study** Machbarkeitsstudie *f*; Durchführbarkeitsstudie *f*
**to conduct a feasibility study**
eine Machbarkeitsstudie anfertigen
**Shanghai signed a DM1.6m deal for a feasibility study last year**
Schanghai unterzeichnete im vergangenen Jahr einen Vertrag im Wert von 1,6 Mio. DM für die Anfertigung einer Machbarkeitsstudie

**Fed** (see **Federal Reserve**)

**Fed chairman**; **fed chairman**
amerikanischer Notenbankchef Notenbankchef *m*
**the Fed chairman hinted at a fundamental change in the Fed's thinking about economic risks in a speech a month ago**
vor einem Monat spielte der amerikanische Notenbankchef in einer Rede auf ein Umdenken der Notenbank hinsichtlich der Wirtschaftsrisiken an

**federal audit office** *(GER)* Bundesrechnungshof *m*

**Federal Cartel Office** *(GER)* Bundeskartellamt *n*

**Federal Communications Commission** (FCC) oberster amerikanischer Telekommunikations-Regulierer; US-amerikanische Fernmeldebehörde; amerikanische Bundesbehörde für Kommunikation; für den Kommunikationsbereich zuständige amerikanische Aufsichtsbehörde; für den Kommunikationsbereich zuständige US-Aufsichtsbehörde

**federal debt** Staatsverschuldung *f*; Staatsschuld *f*
**reduction in federal debt**
Abbau der Staatsverschuldung

**federal funds rate**; **federal-funds rate** *(USA)* Leitzins *m*
**on January 31st the Fed slashed its federal funds rate by half a point**
am 31. Januar hat die Fed den Leitzins um einen halben Prozentpunkt gesenkt

**Federal Open Market Committee** (FOMC) *(Fed) (USA)* Offenmarktausschuss *m*
**a detailed statement was issued at the conclusion of the Federal Open Market Committee meeting**
bei Sitzungsende des Offenmarktausschusses wurde eine ausführliche Erklärung abgegeben

**Federal Reserve** (Fed) amerikanische Zentralbank (Fed)
**the Fed cut the discount rate to 5.75 percent from 6 percent**
die amerikaische Zentralbank hat die Leitzinsen / den Diskontsatz von 6% auf 5,75% gesenkt
**the Fed has raised interest rates by ...**
die amerikaische Zentralbank hat die Zinsen um ... erhöht
**the Fed also has a very clear duty to keep inflation in check**
die Fed hat auch die klar umrissene Aufgabe, die Inflation unter Kontrolle zu halten

the Federal Reserve's interest-rate rises may have some cooling effect on the economy
die Zinserhöhungen der amerikanischen Zentralbank werden vielleicht die Konjunktur etwas abkühlen

**Federal Reserve Chairman** US-Notenbankchef *m*
**he is good friends with the Federal Reserve Chairman**
er ist ein guter Freund des US-Notenbankchefs
**he has known the Federal Reserve Chairman since 20...**
er kennt den US-Notenbankchef seit dem Jahre 20...

**federal statistics office** statistisches Bundesamt
**according to preliminary data from the federal statistics office**
nach vorläufigen Angaben des statistischen Bundesamtes

**fed funds rate** *(USA)* Leitzins *m*
**the central bank lowered the fed funds rate to 6 percent from 6.5 percent**
die amerikanische Zentralbank senkte den Leitzins von 6,5% auf 6%

**female unemployment** Arbeitslosigkeit unter Frauen; Frauenarbeitslosigkeit *f*
**female unemployment fell below 10 per cent for the first time in a decade**
zum ersten Mal in zehn Jahren sank die Arbeitslosigkeit bei den Frauen unter 10 Prozent

**fiberglass reinforced** *adj*; **fiberglass-reinforced** glasfaserverstärkt
**fiberglass reinforced plastic**
glasfaserverstärkter Kunststoff

**fibre-optic cable** Glasfaserkabel *n*

**fiber-optic line** Glasfaserleitung *f*
**high-efficiency fiber-optic lines are replacing copper in many places**
Hochleistungs-Glasfaserleitungen ersetzen vielerorts die Kupferkabel

**fiber-optics operation** Glasfaserleiter-Betrieb *m*
**A&B will sell its fiber-optics operations**
A&B wird seine Glasfaserleiter-Betriebe verkaufen

**field trial** Feldversuch *m*
**after the laboratory tests, there will be a further year of field trials**
auf die Laborversuche folgt ein weiteres Jahr mit Feldversuchen
**the company is focused on upcoming field trials that are planned for later this fall and next year**
das Unternehmen konzentriert sich nun auf die bevorstehenden Feldversuche, die für den späten Herbst und nächstes Jahr geplant sind

**figure** *n* Zahl *f*
**advance figures had suggested that the economy grew at an annualised rate of only 2.7% in the third quarter**
nach vorläufigen / ersten Zahlen war die Wirtschaft auf das Jahr bezogen im dritten Quartal nur um 2,7% gewachsen
**this figure may have to be revised down to around 2%**
diese Zahl muss vielleicht auf ungefähr 2% nach unten korrigiert werden
**figures published on Monday showed ...**
am Montag veröffentlichte Zahlen zeigten ...
**the figure is far higher than most economists expected**
die Zahl ist viel höher als von den meisten Wirtschaftswissenschaftlern erwartet
**the figures are painting a bleak picture of the current situation**
die Zahlen malen ein düsteres Bild der aktuellen Lage

**figures for inflation** Inflationszahlen *fpl*
**the latest figures for inflation show a sharp increase from 2.2% to 2.6% a year**
die neusten Inflationszahlen zeigen einen deutlichen Anstieg von 2,2% auf 2,6% auf das Jahr bezogen

**final quarter** Schlussquartal *n*
**the firm is believed to have run up losses of $1.5 billion during the final quarter of 2000**
die Firma soll Verluste von 1,5 Mrd. $ im Schlussquartel des Jahres 20... gemacht haben

**finance expert** Finanzexperte *m*
**twelve companies made presentations to a panel of business and finance experts**
zwölf Firmen hielten Präsentationen vor einem Gremium, das sich aus Wirtschafts- und Finanzexperten zusammensetzte

**finance minister** Finanzminister *m*

**finance ministry** Finanzministerium *n*
**the finance ministry will spend the**

**money on environmental protection projects**
das Finanzministerium wird das Geld für Umweltschutzprojekte ausgeben

**finances** *pl* Finanzen *pl*
**ABC's finances are healthy**
die Finanzen von ABC sind gesund

**financial advisor** Finanzberater *m*

**financial analyst** Finanzanalyst *m*; Finanzmarktexperte *m*
**some financial analysts expect growth to slow**
einige Finanzanalysten gehen von einer Verlangsamung des Wachstums aus
**he is a financial analyst with Boston-based A&B**
er ist Finanzmarktexperte bei der in Boston ansässigen Firma A&B

**financial crash** finanzieller Zusammenbruch

**financial crisis** Finanzkrise *f*
**the impact of the financial crisis on demand**
die Auswirkung der Finanzkrise auf die Nachfrage
**the company is one of the many casualties of the Asian financial crisis**
das Unternehmen ist eines der vielen Opfer der asiatischen Finanzkrise
**the shock delivered by the Asian financial crisis**
der von der Finanzkrise in Asien ausgelöste Schock
**this is the second financial crisis to hit the country in just three months**
dies ist nun schon die zweite Finanzkrise innerhalb von nur drei Monaten, in die das Land gerät

**financial group** Finanzkonzern *m*
**the Swedish financial group reported disappointing fourth quarter core business results**
der schwedische Finanzkonzern legte enttäuschende Zahlen für das Kerngeschäft im Schlussquartal vor

**financial health: return to financial health** (finanzielle) Gesundung *f*
**a milestone in the Japanese company's return to financial health**
ein Meilenstein auf dem Weg zur finanziellen Gesundung des japanischen Unternehmens

**financial investor** Finanzinvestor *m*
**potential financial investors are understood to have been presenting their rescue plans**
mögliche Finanzinvestoren sollen schon ihre Rettungspläne vorgelegt haben

**financial investment** Finanzanlage *f*

**financially** *adv* finanziell
**we're financially more robust than the American airlines**
wir stehen finanziell besser da als die amerikanischen Fluggesellschaften

**financial market** Finanzmarkt *m*
**this could undermine the confidence of already jittery financial markets**
dies könnte das Vertrauen der schon nervösen Finanzmärkte erschüttern

**financial market regulator** Börsenaufsicht *f*

**financial position** Finanzlage *f*

**financial results** Betriebsergebnis *n*
**we are very pleased with our fourth quarter and full year financial results**
wir sind sehr zufrieden mit dem Betriebsergebnis für das vierte Quartal und das gesamte Jahr

**financial sector** Finanzbranche *f*
**the financial sector is not ready to provide further loans**
die Finanzbranche ist nicht bereit, weitere Kredite zu gewähren

**financial services** Finanzdienstleistungen *fpl*

**financial-services firm; financial services firm** Geldinstitut *n*; Finanzdienstleister *m*
**the world's leading financial-services firm has bought ABC**
das weltweit führende Geldinstitut hat ABC gekauft

**financial services group** Allfinanzkonzern *m*
**the Dutch financial services group pushes further into eastern and central Europe**
der holländische Allfinanzkonzern setzt seinen Expansionskurs nach Ost- und Mitteleuropa fort

**financial situation** Finanzlage *f*; finanzielle Lage
**these reports provide better insight into a company's financial situation**
diese Berichte ermöglichen einen besseren Einblick in die finanzielle Lage eines Unternehmens
**the company's current financial situation**
die derzeitige finanzielle Lage des Unternehmens
**our financial situation is among the**

**financial situation**

best world-wide
unsere finanzielle Lage ist weltweit eine der besten

**financial statements** Jahresabschluss *m*
the financial statements were produced in accordance with ... and audited by ABC
der Jahresabschluss wurde gemäß ... aufgestellt und von ABC geprüft

**financing** *n* Finanzierung *f*
this rate cut should make it easier for consumers to obtain financing for automobiles and homes
diese Zinssenkung sollte den Verbrauchern die Finanzierung ihrer Autos und Eigenheime erleichtern

**financing gap** Finanzierungslücke *f*
to plug the financing gap
die Finanzierungslücke decken / schließen

**finished goods** Fertigerzeugnisse *npl*
a temporary excess of unsold finished goods in warehouses and retail stores
ein vorübergehender Überschuss an Fertigerzeugnissen in Lagern und Einzelhandelsgeschäften

**firewood** *n* Brennholz *n*
apprehensive Californians stocked up on candles, generators and firewood
besorgte Kalifornier begannen sich mit Kerzen, Generatoren und Feuerholz zu versorgen / einzudecken

**firm** *n* Firma *f*
to set up a new firm
eine neue Firma gründen

**firm order** Festbestellung *f*
half of the aircraft are firm orders
die Hälfte der Flugzeuge sind Festbestellungen

**firm purchase** Festbestellung *f*

**fiscal deficit** Haushaltsdefizit *n*
the country will reduce its fiscal deficit to about 3 percent of gross domestic product
das Land wird sein Haushaltsdefizit auf ca. 3 Prozent des BIP verringern

**fiscal policy** Finanzpolitik *f*
fiscal policy can have a powerful impact on the economy
die Finanzpolitik kann starke Auswirkungen auf die Wirtschaft haben
the chief of a country's central bank has no business talking about fiscal policy
es ist nicht die Aufgabe des Zentralbankchefs eines Landes bei der Finanzpolitik mitzureden

**fiscal stimulus** Konjunkturhilfe *f*
he is reported to support a fiscal stimulus
es heißt, er sei für Konjunkturhilfen

**fiscal stimulus package** Konjunkturprogramm *n*

**fiscal year** Fiskaljahr *n*; Geschäftsjahr *n*
this report is published at the end of each fiscal year
dieser Bericht wird immer am Ende eines Fiskaljahres veröffentlicht
ABC lost about $US1.1 billion in the fiscal year ended / ending September 30
ABC verlor in dem am 30. September abgelaufenen / endenden Geschäftsjahr ca. 1,1 Mrd. US-Dollar

**fishing harbour** Fischereihafen *m*
the Oman government has signed an agreement for the construction of a fishing harbour
die Regierung von Oman hat einen Vertrag über den Bau eines Fischereihafens unterzeichnet

**fixed-line** leitungsgebunden
the mobile phone's triumph over the fixed-line telephone
der Triumph des Mobiltelefons über das leitungsgebundene Telefon

**fixed-line business** Festnetzgeschäft *n*
the company is in no hurry to dispose of its fixed-line business
das Unternehmen hat es mit der Veräußerung des Festnetzgeschäftes nicht eilig

**fixed-line customer** Festnetzkunde *m*

**fixed-line network** Festnetz *n*

**fixed-line telephone** Festnetztelefon *n*

**fixed-line telephone infrastructure** Festnetzinfrastruktur *f*

**fixed-line telephone network** Telefonfestnetz *n*
A&B offered to buy the national fixed-line telephone network for about $25bn
A&B bot an, das Telefonfestnetz für ca. 25 Mrd $ zu kaufen

**fixed network** Festnetz *n*
local residential calls on the fixed network are not charged by time

private Ortsgespräche über das Festnetz werden nicht nach Zeit abgerechnet

**fixed-network business** Festnetzgeschäft *n*

**fixed network operator** Festnetzbetreiber *m*; Festnetz-Anbieter *m*

**flagship** *n* Flaggschiff *n*; Vorzeigeunternehmen *n*
**the group's flagship was forced into bankruptcy**
das Flaggschiff des Konzerns wurde zahlungsunfähig
**the company is the flagship of the ABC group**
das Unternehmen ist das Flaggschiff des ABC-Konzerns

**flagship airline** große Fluggesellschaft

**flagship company** Vorzeigeunternehmen *n*; Traditionsunternehmen *n*

**flashlight** *n* Taschenlampe *f*
**hotels passed out flashlights to customers**
die Hotels verteilten Taschenlampen an ihre Gäste

**flat rate** Pauschaltarif *m*
**the flat rate applies to analogue and ISDN lines**
der Pauschaltarif gilt sowohl für Analog- als auch ISDN-Anschlüsse

**fledgling** *adj* sehr jung, noch jung; sich erst entwickelnd; sich in den Kinderschuhen befindend
**to kill the country's fledgling equity culture**
das Ende / den Tod der noch jungen Aktienkultur des Landes herbeiführen / bedeuten

**flextime** *n* flexible Arbeitszeit

**flight** *n* Flug *m*
**the airline cut some 20% of flights**
die Fluggesellschaft hat ca. 20% der Flüge gestrichen

**flight hub** Drehscheibe *f*
**the airline intends to make a former army base its new European flight hub**
die Fluggesellschaft will einen früheren amerikanischen Stützpunkt zu ihrer neuen Drehscheibe in Europa machen

**flight schedule** Flugplan *m*
**the group will scale back its flight schedules**
der Konzern wird seine Flugpläne reduzieren

**float** *v* an die Börse bringen; an die Börse gehen
**only a handful of youthful entrepreneurs have so far floated their firms**
nur einige wenige Jungunternehmer sind bis jetzt mit ihren Unternehmen an die Börse gegangen
**the company will probably be floated some time next year**
das Unternehmen wird wahrscheinlich irgendwann nächstes Jahr an die Börse gehen
**the new firm will probably float within a year**
das neue Unternehmen wird wahrscheinlich innerhalb eines Jahres an die Börse gehen
**the group said ABC would be floated in the first half of the year**
der Konzern gab bekannt, dass ABC in der ersten Jahreshälfte an die Börse gebracht werde

**floatation** *n* (see **flotation**)

**flood** *v* überschwemmen
**a glut of foreign steel is flooding the market**
ein Überangebot an Stahl aus dem Ausland überschwemmt zur Zeit den Markt

**flotation** *n* Börsengang *m*
**the company said it would delay the planned flotation of A&B**
das Unternehmen sagte, es werde den Börsengang von A&B verschieben

**fluctuations in currency rates** Devisenkursschwankungen *fpl*
**the company is subject to the risks associated with fluctuations in currency rates**
das Unternehmen ist den mit Devisenkursschwankungen verbundenen Risiken ausgesetzt / das Unternehmen muss die mit Devisenkursschwankungen verbundenen Risiken tragen

**fluctuations in foreign currency exchange rates** Devisenkursschwankungen *fpl*

**flue gas desulfurizer** *(AE)* Rauchgasentschwefelung *f*; Rauchgasentschwefelungsanlage *f*

**FOMC** (see **Federal Open Market Committee**)

**food** *n* Nahrungsmittel *n*
  **pesticides in foods**
  Insektenvertilgungsmittel in Nahrungsmitteln
**food and beverage industry** Nahrungsmittel- und Getränkeindustrie *f*
**food chain** Nahrungskette *f*
**food group** Nahrungsmittelkonzern *m*
**foot-and-mouth** *n* Maul- und Klauenseuche *f*
  **foot-and-mouth is the latest crisis to hit European farmers**
  die Maul- und Klauenseuche ist die jüngste Krise, von der die europäischen Bauern betroffen sind
  **America last saw an outbreak of foot-and-mouth in 1929**
  der letzte Ausbruch der Maul- und Klauenseuche in Amerika ereignete sich im Jahre 1929
**foot-and-mouth disease** Maul- und Klauenseuche *f*
**foot-and-mouth disease outbreak** Ausbruch der Maul- und Klauenseuche
**foot-and-mouth outbreak** Ausbruch der Maul- und Klauenseuche
  **European countries are on red alert over Britain's foot-and-mouth outbreak**
  in den Ländern Europas herrscht höchste Alarmstufe wegen des Ausbruchs der Maul- und Klauenseuche in Großbritannien
**forecast** *n* Prognose *f*; Voraussage *f*
  **according to forecasts by the ministry**
  Prognosen des Ministeriums zufolge
  **ABC warned that its revenue would fall short of forecasts**
  ABC kündigte an, dass seine Einnahmen hinter den Voraussagen zurückbleiben würden
  **this led analysts to cut their forecasts for 20...**
  dies veranlasste die Analysten, ihre Prognosen für 20... nach unten zu revidieren
  **this gloomy forecast makes the Fed look optimistic**
  im Vergleich zu dieser düsteren Prognose wirkt die Fed geradezu optimistisch
  **to revise down the forecasts for growth**
  die Wachstumsprognosen nach unten korrigieren
  **the panel has lowered its forecasts**
  das Gremium hat seine Prognosen nach unten korrigiert
**forecast** *v* (forecast, forecast) vorhersagen; prognostizieren; voraussagen
  **man prognostiziert nun, dass die Produktion des Werks um 30% steigen werde**
  the factory's output is now forecast to climb by 30%
**forecaster** *n* Prognostiker *m*
  **according to most forecasters**
  nach Meinung der meisten Prognostiker
  **this month our forecasters have again cut their estimates for growth in 20...**
  diesen Monat haben unsere Prognostiker wiederum ihre Wachstumsschätzungen für das Jahr 20... nach unten revidiert
**foreign capital** Auslandskapital *n*
  **inflows of foreign capital might not be big enough to finance the deficits**
  der Zustrom von Auslandskapital könnte nicht ausreichen, um die Defizite auszugleichen
  **foreign capital took flight**
  das Auslandskapital wanderte ab
**foreign currency exchange rate** Devisenkurs *m*; Wechselkurs *m*
**foreign currency fluctuations** Wechselkursschwankungen *fpl*; Devisenkursschwankungen *fpl*
  **to reduce exposure to significant foreign currency fluctuations**
  die Auswirkungen von starken Wechselkursschwankungen reduzieren
  **the impact of foreign currency fluctuations on sales growth**
  die Auswirkungen von Wechselkursschwankungen auf das Umsatzwachstum
**foreign debt** Auslandsschuld *f*
  **the country needs foreign exchange to service its foreign debt**
  das Land benötigt Devisen, um seine Auslandsschulden bedienen zu können
**foreign demand** Auslandsnachfrage *f*
  **the weakening of foreign demand**
  die nachlassende Auslandsnachfrage
**foreign exchange gain** Währungsumrechnungsgewinn *m*; Währungsgewinne *mpl*
**foreign exchange loss** Währungsumrechnungsverlust *m*; Devisenverlust *m*; Währungsverluste *mpl*

**the company experienced net foreign exchange losses of $2.6 million during 20...**
im Jahre 20... erlitt das Unternehmen Netto-Devisenverluste in Höhe von 2,6 Mio. $

**foreign-exchange market; foreign exchange market** Devisenmarkt *m*
**given the vast size of the foreign-exchange market, however, it is unlikely that ...**
angesichts der Größe des Devisenmarktes ist es jedoch unwahrscheinlich, dass ...
**the euro's steep fall last year on foreign exchange markets**
der Absturz des Euro an den internationalen Devisenmärkten im vergangenen Jahr
**the euro's persistent weakness on foreign exchange markets**
die anhaltende Schwäche des Euro an den internationalen Devisenbörsen

**foreign-exchange market intervention** Devisenmarktintervention *f*

**foreign exchange rate fluctuations** Wechselkursschwankungen *fpl*
**ABC's prudent hedging policies prevented losses due to foreign exchange rate fluctuations**
auf Grund der umfassenden Sicherungsmaßnahmen konnten Verluste durch Wechselkursschwankungen vermieden werden

**foreign exchange reserves** Devisenreserven *fpl*
**at the end of August, the country's foreign exchange reserves totalled $150bn**
Ende August beliefen sich die Devisenreserven des Landes auf 150 Mrd. $

**foreign-exchange trader** Devisenhändler *m*

**foreign-exchange trading** Devisenhandel *m*
**foreign-exchange trading among banks has been electronic for many years**
der Devisenhandel zwischen den Banken erfolgt schon seit Jahren elektronisch

**foreign investment** Auslandsinvestition *f*
**to lure foreign investment**
Auslandsinvestitionen anlocken

**foreign investor** ausländischer Geldgeber; ausländischer Investor
**the foreign investors are from 20 countries**
die ausländischen Investoren kommen aus zwanzig Ländern

**foreign reserves** Devisenreserven *fpl*
**the central bank's foreign reserves of less than $20 billion were at risk of being depleted**
es bestand die Gefahr, dass die Devisenreserven der Zentralbank von weniger als 20 Mrd. Dollar aufgezehrt werden würden

**foreign stake** Auslandsbeteiligung *f*; ausländische Beteiligung
**to loosen regulations limiting foreign stakes to 49%**
Bestimmungen, die Auslandsbeteiligungen auf 49% begrenzen, lockern

**forklift** *n* Gabelstapler *m*
**the company will use fuel cells in forklifts**
das Unternehmen wird Brennstoffzellen in Gabelstaplern einsetzen / wird Gabelstapler mit Brennstoffzellen betreiben

**form** *v* gründen
**ABC was formed in 1993**
ABC wurde im Jahre 1993 gegründet

**forward looking statements** kursbewegende Informationen
**forward looking statements were being released to an exclusive audience**
es wurden kursbewegende Informationen vor einer ausgewählten Zuhörerschaft bekannt gegeben

**foundation** *n* Stiftung *f*
**the foundation holds 2 per cent of the company's shares**
die Stiftung hält 2 Prozent der Aktien des Unternehmens

**founder** *n* Gründer *m*

**founder member** Gründungsmitglied *n*
**the country was a founder member of the WTO**
das Land war eines der Gründungsmitglieder der Welthandelsorganisation

**founding member** Gründungsmitglied *n*

**Frankfurt exchange** Frankfurter Börse

**Frankfurt Stock Exchange**; **Frankfurt stock exchange** Frankfurter Börse
**Deutsche Börse is the operator of the Frankfurt Stock Exchange**
die Deutsche Börse ist der Betreiber der Frankfurter Börse

**free-falling dollar** Dollar im freien Fall
**a free-falling dollar would make America's huge current-account deficit harder to finance**
ein Dollar im freien Fall würde die Finanzierung des riesigen Leistungsbilanzdefizits erschweren

**free trade** Freihandel *m*

**free-trade agreement** Freihandelsabkommen *n*
**free-trade agreements are being negotiated all over the world**
überall auf der Welt werden Freihandelsabkommen ausgehandelt
**they concluded free-trade agreements with the EU in 20...**
sie schlossen Freihandelsabkommen mit der EU im Jahre 20...

**free-trade area** Freihandelszone *f*
**visions of a regional free-trade area grew blurrier last year**
die Vision einer regionalen Freihandelszone verschwomm etwas im vergangenen Jahr

**free-trade deal** Freihandelsabkommen *n*
**Turkey already has a free-trade deal with the European Union**
die Türkei hat schon ein Freihandelsabkommen mit der EU

**free-trade talks** Freihandelsgespräche *npl*
**Chile suddenly began bilateral free-trade talks with the United States**
Chile begann plötzlich bilaterale Freihandelsgespräche mit den Vereinigten Staaten

**freezer** *n* Gefrierschrank *m*

**freight plane** Frachtflugzeug *n*
**ABC concluded an agreement with BCD for the purchase of 60 cargo planes**
ABC unterzeichnete mit BCD einen Vertrag über den Kauf von 60 Frachtflugzeugen

**freight traffic** Güterverkehr *m*
**in goods traffic, A&B has to recognise that it cannot compete with hauliers over short distances**
im Güterverkehr muss A&B zugeben, dass das Unternehmen auf den Kurzstrecken nicht mit den Speditionen konkurrieren kann
**to cope with the tenfold expansion in goods traffic**
den um das Zehnfache gestiegenen Güterverkehr bewältigen

**freight transportation** Gütertransport *m*
**demand for freight transportation is generally a function of demand for a product**
der Bedarf an Gütertransport ist im Allgemeinen eine Funktion der Nachfrage nach einem Produkt

**frequency band** Frequenzband *n*
**the auction for the frequency bands raised nearly $35 billion for the government**
die Auktion der Frequenzbänder brachte der Regierung fast 35 Mrd. $
**the two technologies share the same frequency band**
die beiden Technologien nutzen dasselbe Frequenzband
**to switch between frequency bands**
die Frequenzbänder wechseln / zwischen den Frequenzbändern hin- und herschalten

**friendly takeover** freundliche Übernahme
**ABC announced a friendly takeover of another American giant**
ABC kündigte die freundliche Übernahme eines anderen amerikanischen Riesen an

**fringe benefits** variable Vergütungen; zusätzliche Leistungen; Zusatzleistungen *fpl*

**fuel** *n* Kraftstoff *m*; Brennstoff *m*
**fossil fuels**
fossile Brennstoffe

**fuel cell** Brennstoffzelle *f*
**the company's principal focus is the manufacture and marketing of fuel cells**
das Unternehmen ist auf die Herstellung und den Vertrieb von Brennstoffzellen spezialisiert
**fuel cells generate electricity and the by-products heat and water**
Brennstoffzellen erzeugen elektrischen Strom und als Nebenprodukte Wärme und Wasser
**electric vehicles powered by fuel cells**
mit Brennstoffzellen angetriebene Elektrofahrzeuge

**fuel cell application** Brennstoffzellenanwendung *f*

**fuel cell business unit** Brennstoffzellensparte *f*
**ABC has formed a fuel cell business unit**
ABC hat eine Brennstoffzellensparte gegründet

**fuel cell-powered vehicle** Brennstoffzellenfahrzeug *n*
**to develop a fuel infrastructure for fuel cell-powered vehicles**
eine Brennstoffinfrastruktur für Brennstoffzellenfahrzeuge schaffen

**fuel cell stack** Brennstoffzellenstapel *m*; Brennstoffzellen-Stack *m*

**fuel cell technology** Brennstoffzellen-Technologie *f*; Brennstoffzellentechnik *f*
**to improve the capabilities, availability and economic feasibility of fuel cell technology**
die Leistungsfähigkeit, Verfügbarkeit und Wirtschaftlichkeit der Brennstoffzellentechnologie verbessern

**fuel cell vehicle** Brennstoffzellenfahrzeug *n*
**all the big car makers are experimenting with fuel-cell vehicles**
alle großen Autohersteller experimentieren mit Brennstoffzellenfahrzeugen

**fuel consumption** Treibstoffverbrauch *m*
**the aircraft manufacturer is confident it can keep the fuel consumption within affordable limits**
der Flugzeughersteller ist zuversichtlich, dass er den Treibstoffverbrauch innerhalb vertretbarer Grenzen halten kann

**fuel element** Brennstoffelement *n*
**spent fuel elements**
abgebrannte Brennstoffelemente

**fuel price** *n* Kraftstoffpreis *m*; Brennstoffpreis *m*

**fuel rod** Kernbrennstab *m*; Brennstab *m* (see **nuclear fuel rod**)

**fuel-saving** *adj* sparsam
**fuel-saving engine**
sparsamer Motor

**full merger** Vollfusion *f*
**he proposed a full merger with the German company**
er schlug eine Vollfusion mit dem deutschen Unternehmen vor
**ABC would tolerate closer ties but no full merger**
ABC würde eine engere Zusammenarbeit, aber keine Vollfusion tolerieren
**a full merger would create one of Germany's biggest banks**
durch eine Vollfusion würde eine der größten Banken Deutschlands entstehen

**full-year figures** Jahreszahlen *fpl*
**ABC's chairman prepares to announce full-year figures on Monday**
der Vorsitzende von ABC wird am Montag die Jahreszahlen bekanntgeben

**funding** *n* Mittel *npl*
**the country will receive extra funding from the International Monetary Fund**
das Land wird zusätzliche Mittel vom IWF erhalten

**fund manager** Fondsmanager *m*
**fund managers invest the money in specific types of securities**
die Fondsmanager legen das Geld in bestimmten Wertpapiertypen an

**future** *n* Zukunft *f*
**to give a real glimpse of the future**
einen wirklichen Blick in die Zukunft gestatten / ermöglichen

**future-oriented** *adj* zukunftsweisend

**future technology** Zukunftstechnologie *f*
**the exploration and development of future technologies**
die Erkundung / Erforschung und Entwicklung von Zukunftstechnologien

# G

**G7 countries** G7-Staaten *mpl*

**gain** *v*: **record gains** zulegen
**our shares recorded strong gains in the first quarter**
unsere Aktien konnten im ersten Viertel kräftig zulegen

**gain on** *v* aufholen
**American companies are gaining on South Korean firms**
die amerikanischen Firmen holen gegenüber den südkoreanischen Unternehmen auf

**gains in productivity** Produktivitätsgewinne *mpl*

**gallium arsenide** Galliumarsenid *n*
**gallium-arsenide device** Gallium-arsenid-Bauelement *n*
**game console** Spielekonsole *f*
   game consoles cost several hundred dollars to make
   die Herstellung von Spielekonsolen kostet mehrere hundert Dollar
**gap in technology** Technologielücke *f*
   these companies may have a harder time closing the gap in technology
   für diese Firmen wird es unter Umständen schwieriger, die Technologielücke zu schließen
**gas field** Gasfeld *n*
   gas fields are usually developed only if customers sign contracts to take a certain quantity at a certain price
   Gasfelder werden gewöhnlich nur dann erschlossen, wenn Kunden sich vertraglich zur Abnahme einer bestimmten Gasmenge zu einem bestimmten Preis verpflichten
**gas-guzzler** *n* Benzinfresser *m*
   dies ist eine gute Nachricht für die Benzinfresser
   this is good news for gas-guzzlers
**gas-guzzling car** *(AE)* Benzinfresser *m*
   they pay high prices to fill up their gas-guzzling cars
   der Treibstoff für ihre Benzinfresser ist teuer
**gasoline** *n (AE)* Benzin *n*
   the new car is designed to also run on gasoline
   das neue Auto kann auch mit Benzin betrieben werden
   the taxes that are imposed on gasoline in the United States
   die Steuern, die in den Vereinigten Staaten auf Benzin erhoben werden
**gasoline engine** *(AE)* Benzinmotor *m*; Ottomotor *m*
**gasoline price** *(AE)* Benzinpreis *m*
   the report suggests that summer gasoline prices will fall from last year's levels
   laut diesem Bericht sollen die Benzinpreise diesen Sommer unter das Vorjahresniveau fallen
   gasoline prices at the pump fell 3.8 percent
   die Benzinpreise an den Zapfsäulen sind um 3,8% gefallen

   a sharp rise in gasoline prices
   ein starker Anstieg der Benzinpreise
**gasoline tank** *(AE)* Benzintank *m*
**gasoline tax** *(AE)* Benzinsteuer *f*
   America's gasoline tax is currently about 40 cents an American gallon
   die Benzinsteuer in den USA beträgt zurzeit 40 Cent pro US-Gallone
**gas producer** Gasproduzent *m*
**GDP** (see **gross domestic product**)
**GDP growth** Wachstum des Bruttoinlandproduktes
   everything depends on GDP growth in the April-June quarter
   alles hängt vom Wachstum des BIP im zweiten Quartal ab
   actual GDP growth slowed from 5% to 1.4%
   das Wachstum des Bruttoinlandproduktes ist zurzeit von 5% auf 1,4% gesunken
**gene-altered** *adj* genetisch verändert; genmanipuliert
   the dispute over gene-altered food
   der Streit um genmanipulierte Nahrungsmittel
**general economic conditions** Konjunktur *f*
**general manager** Geschäftsführer *m*
**general strike** Generalstreik *m*
   the unions are considering a one-day general strike next month
   die Gewerkschaften erwägen nächsten Monat einen eintägigen Generalstreik
**generator of electricity** Stromerzeuger *m*
   A&B is America's largest generator of electricity
   A&B ist Amerikas größter Stromerzeuger
**genetically modified** (GM) genetisch verändert
**genetic technology** Gentechnik *f*
   they really did believe that genetic technology might feed the world
   sie glaubten wirklich, mit der Gentechnologie könnte die ganze Welt mit Nahrungsmitteln versorgt werden
**genome** *n* Genom *n*
   superfast computers have cracked the code of the human genome
   superschnelle Rechner haben das menschliche Genom entschlüsselt
**giant** *n* Riesenkonzern *m*
   breaking up the giants
   Zerschlagung der Riesenkonzerne

**glimmer of hope** Hoffnungsschimmer *m*
   **there is a new glimmer of hope**
   es gibt einen neuen Hoffnungsschimmer
**global** *adj* global, weltweit
   **to operate on a global scale**
   weltweit tätig sein
**global activity** Weltkonjunktur *f*
**global business** weltweit agierendes Unternehmen
**global company** globales Unternehmen
   **A&B is a global company with more than 45,000 employees in 50 countries**
   A&B ist ein globales Unternehmen mit mehr als 45.000 Mitarbeitern in 50 Ländern
**global economy** Weltwirtschaft *f*
**global energy market** Weltenergiemarkt *m*
   **we have expanded our participation in the global energy market with a portfolio of innovative services and products**
   wir haben unser Engagement auf dem Weltenergiemarkt mit einer ganzen Palette innovativer Leistungen und Produkte verstärkt
**global group** Weltkonzern *m*
   **A&B is a global group set up in 20...**
   A&B ist ein im Jahre 20... gebildeter Konzern
**global growth** Weltwirtschaftswachstum *n*
   **the IMF forecast global growth of 2.6% this year**
   der IWF prognostizierte für dieses Jahr ein Weltwirtschaftswachstum von 2,6%
**globalisation** *n (BE)*; **globalization** *n (AE)* Globalisierung *f*
   **globalization is one of the engines of ABC growth**
   die Globalisierung ist einer der Wachstumsmotoren von ABC
**globally connected** global vernetzt
   **the rise of a globally connected world is changing everything**
   durch eine zunehmend global vernetzte Welt verändert sich alles
**global market leader** Weltmarktführer *m*
**global positioning satellite system** (GPS) Satellitenortungssystem
   **global positioning satellite systems for more precise navigation**
   Satellitenortungssysteme für genauere Navigation
**global recession** globale Rezession
   **to fend off the threat of a global recession**
   die Gefahr einer globalen Rezession abwehren
**Global Registered Shares** globale Namensaktien
**global warming** globale Erwärmung
   **to combat global warming**
   die globale Erwärmung bekämpfen
   **global warming is one of the most serious threats facing the United States**
   die globale Erwärmung ist eine der größten Gefahren, denen sich die Vereinigten Staaten gegenüber sehen
**goal** *n* Ziel *n*
   **other analysts are less sure what his ultimate goals are**
   andere Analysten sind sich nicht so sicher, welche Ziele er letztendlich verfolgt
   **we will continue to set challenging goals**
   wir werden uns auch weiterhin ehrgeizige Ziele setzen
   **our solutions help customers worldwide achieve their goals**
   unsere Lösungen helfen Kunden weltweit bei der Verwirklichung ihrer Ziele
**going public** Gang an die Börse
   **the firm advises companies on going public**
   die Firma berät Unternehmen beim Gang an die Börse
**goods** *pl* Güter *npl*
   **foreign and domestic goods**
   ausländische und inländische Güter
**goodwill amortization** Goodwillabschreibung *f*; Goodwill-Abschreibung *f*
**go public** an die Börse gehen; auf das Parkett gehen
   **200 or more firms could go public this year**
   200 oder mehr Firmen könnten dieses Jahr den Gang an die Börse wagen
   **the company's plans to go public fell through**
   der geplante Börsengang der Firma scheiterte
**Gordian knot** Gordischer Knoten
   **untangling this legal Gordian knot is**

**the goal of this treaty**
Ziel dieses Vertrages ist das Entwirren dieses juristischen Gordischen Knotens

**go-slow** *n* Dienst nach Vorschrift
**now pilots at A&B are on a go-slow**
nun machen die Piloten von A&B Dienst nach Vorschrfit

**government borrowing** Staatsverschuldung *f*
**higher government borrowing**
höhere Staatsverschuldung

**government circles** Regierungskreise *mpl*
**the plan most popular in government circles may not have the intended positive impact**
der in Regierungskreisen favorisierte Plan hat vielleicht nicht die gewünschte positive Wirkung

**government finances** Staatsfinanzen *pl*
**deterioration in government finances**
Verschlechterung der Staatsfinanzen

**government help** staatliche Hilfe
**the industry's pained cries for government help are increasingly being heeded**
die lauten Rufe der Industrie nach staatlicher Hilfe finden zunehmend Gehör

**government revenues** Staatseinnahmen *fpl*; Regierungseinnahmen *fpl*
**state-owned enterprises still account for about 70% of government revenues**
ca. 70% der Staatseinnahmen kommen noch immer von den Staatsunternehmen / die Staatsunternehmen tragen noch immer 70% zu den Staatseinnahmen bei
**a strong increase in government revenues**
eine starke Zunahme der Regierungseinnahmen

**government-run auction** staatliche Auktion

**government spending** Staatsausgaben *fpl*
**government spending rose**
die Staatsausgaben stiegen

**government subsidies** staatliche Subventionen
**many low-cost producers benefit from government subsidies**
viele Billiganbieter profitieren von staatlichen Subventionen / erhalten staatliche Subventionen

**GPRS handset** GPRS-Handy *n*
**A&B will have to delay the launch of its GPRS handset**
A&B muss die Einführung seines GPRS-Handys verschieben

**GPS** (see **global positioning system**; **global positioning satellite system**)

**greenhouse-gas emissions** Ausstoß von Treibhausgasen; Treibhausgasemissionen *f*; Treibhausgas-Emissionen *fpl*
**the US produces a quarter of the world's greenhouse-gas emissions**
die Vereinigten Staaten erzeugen ein Viertel der Treibhausgasemissionen der Welt

**greenhouse gases** Treibhausgase *npl*
**the agreement calls for cuts in the emissions of greenhouse gases by industrialised countries**
der Vertrag sieht die Reduzierung des Ausstoßes von Treibhausgasen in den Industrieländern vor

**grocery chain** Lebensmittelkette *f*

**grocery store** Lebensmittelgeschäft *n*

**gross domestic product** (GDP) Bruttoinlandsprodukt *n* (BIP)
**Dutch GDP rose by 4.2% over the same period**
das holländische Bruttoinlandsprodukt stieg im gleichen Zeitraum um 4,2%
**everything depends on GDP growth in the April-June quarter**
alles hängt vom Wachstum des BIP im zweiten Quartal ab
**the increase in oil prices has cut GDP by about 0.1%**
die Ölpreiserhöhung hat zu einer Verringerung des BIP um ca. 0,1% geführt
**this country exports only 13% of its GDP**
dieses Land exportiert nur 13% seines BIP
**imports account for a mere 13% of GDP**
die Einfuhren machen lediglich 13% des BIP aus
**GDP grew by an annual rate of only 1.4%**
die jährliche Wachstumsrate des BIP betrug nur 1,4%
**growth in America's GDP for the second quarter was revised down**
das Wachstum des amerikanischen BIP für das zweite Quartal wurde nach unten

korrigiert
**two consecutive quarters of declining GDP**
zwei aufeinander folgende Quartale mit sinkendem BIP

**gross national product** (GNP) Bruttosozialprodukt *n* (BSP)
**the gross national product is growing at a rate of 8 percent**
das Wachstum des Bruttosozialproduktes beträgt 8 Prozent
**agriculture generates only 15 per cent of gross national product**
die Landwirtschaft erwirtschaftet nur 15% des Bruttosozialproduktes

**gross premium volume** *(insurance)* Bruttoprämieneinnahmen *fpl*
**the group's 2001 gross premium volume rose 12 per cent**
die Bruttoprämieneinnahmen des Konzerns stiegen im Jahre 2001 um 12%

**gross profit** Bruttogewinn *m*

**gross wage** Bruttolohn *m*

**ground** *n* Boden *m*
**A&B is struggling to regain ground**
A&B versucht verzweifelt, Boden gut zu machen

**ground** *v*: **to ground aircraft** den Flugbetrieb einstellen
**the carrier grounded all aircraft indefinitely**
die Fluggesellschaft stellte auf unbestimmte Zeit den gesamten Flugbetrieb ein

**group** *n* Konzern *m*
**the bank approved a restructuring plan that will accelerate the group's break-up**
die Bank stimmte einem Umstrukturierungsplan zu, der die Zerschlagung des Konzerns beschleunigen wird
**this was the main reason for rescuing the group**
dies war der Hauptgrund, warum der Konzern gerettet wurde / für die Rettung des Konzerns

**group earnings** Konzernergebnis *n*
**group earnings grew by 25 per cent in 20...**
das Konzernergebnis erhöhte sich um 25% im Jahre 20...
**to be a significant contributor to group earnings**
beträchtlich zum Konzernergebnis beitragen / einen wesentlichen Beitrag zum Konzernergebnis leisten

**group of companies** Unternehmensgruppe *f*
**A&B is part of an international group of companies**
A&B gehört einer internationalen Unternehmensgruppe an

**Group of Seven leading economies** Siebenergruppe *f*

**Group of Seven rich countries** G7-Staaten *mpl*; Siebenergruppe *f*
**after the spring meeting of the Group of Seven rich countries**
nach der Frühjahrskonferenz der G7-Staaten

**group profits** Konzerngewinn *m*

**group sales** Konzernumsatz *m*
**he said group sales had improved by 12 per cent to £2.7bn**
er sagte, der Konzernumsatz habe sich um 12 Prozent auf 2,7 Mrd. $ erhöht
**the share of foreign business in group sales will continue to grow**
der Anteil des Auslandsgeschäfts am Konzernumsatz wird weiterhin steigen
**group sales reached a volume of $2 billion**
der Konzernumsatz erreichte ein Volumen von 2 Mrd. $

**growth** *n* Wachstum *n*; Wirtschaftswachstum *n*
**long-term profitable growth**
langfristig profitables Wachstum
**this could dampen growth for years to come**
das Wachstum auf Jahre dämpfen
**American growth will average 2.5% in 20...**
das Wirtschaftswachstum in den USA wird im Jahre 20... durchschnittlich 2,5% betragen
**he predicts an average growth of 0.9% for 20... as a whole**
er sagt ein durchschnittliches Wachstum von 0,9% für das gesamte Jahr 20... voraus

**growth expectations** Wachstumserwartungen *fpl*
**changes in growth expectations can have substantial global impact**
sich ändernde Wachstumserwartungen können beträchtliche globale Auswirkungen haben

**growth forecast** Wachstumsvorhersage *f*; Wachstumsprognose *f*

**growth hormone** Wachstumshormon *n*
**the row over growth hormones in**

**growth hormone**            276

**beef rumbles on**
der Streit über Wachstumshormone in Rindern / Rindfleisch geht lautstark / mit Getöse weiter

**growth indicator** Wachstumsindikator *m*

**growth locomotive** Wachstumslokomotive *f*
**there's no growth locomotive to turn this situation around**
es gibt keine Wachstumslokomotive, die eine Wende herbeiführen / bewirken könnte

**growth market** Wachstumsmarkt *m*
**leading car makers are desperate to get into growth markets**
führende Automobilhersteller versuchen verzweifelt, auf Wachstumsmärkten Fuß zu fassen
**the teen market is going to be one of the biggest growth markets over the next five years**
Teenager werden in den nächsten fünf Jahren einer der größten Wachstumsmärkte sein

**growth potential** Wachstumspotential *n*; Wachstumspotenzial *n*
**markets in which there is strong growth potential**
Märkte mit großem Wachstumspotential
**to enhance America's long-term growth potential**
Amerikas langfristiges Wachstumspotential verbessern
**the main growth potential for A&B now lies with asset management**
das größte Wachstumspotenzial von A&B liegt nun im Bereich Vermögensverwaltung

**growth prospects** Wachstumsaussichten *fpl*
**growth prospects for Europe, Asia and Latin America are good**
die Wachstumsaussichten für Europa, Asien und Lateinamerika sind gut

**growth rate** Wachstumsrate *f*
**there are plenty of reasons to think that the growth rate could fall further**
es gibt eine Menge von Gründen, die auf eine weitere mögliche Verringerung der Wachstumsrate hindeuten
**a growth rate around 30 percent**
eine Wachstumsrate von ca. 30%
**the economy's growth rate slowed sharply in the final three months of last year**
die Wachstumsrate der Wirtschaft verlangsamte sich deutlich in den letzten drei Monaten des Jahres
**to post double-digit growth rates**
zweistellige Wachstumsraten verzeichnen

**growth stocks** Wachstumswerte *mpl*; Wachstumsaktien *fpl*
**the Neuer Markt is Germany's market for growth stocks**
der Neue Markt ist Deutschlands Börse für Wachstumswerte

**growth target** Wachstumsziel *n*
**to meet growth targets**
die Wachstumsziele erreichen

**growth trend** Wachstumstrend *m*
**the software market continues in an upward growth trend**
der Wachstumstrend auf dem Softwaremarkt zeigt weiterhin nach oben
**if recent growth trends continue**
wenn sich der jüngste Wachstumstrend fortsetzt

**gulf** *n* Kluft *f*
**there is a growing gulf between America and Europe over the regulation of mergers and takeovers**
es besteht eine wachsende Kluft zwischen Amerika und Europa bei der Genehmigung von Fusionen und Übernahmen

# H

**half of the year** Halbjahr *n*
**in the first half of the year**
im ersten Halbjahr

**half-year** *n* Halbjahr *n*
**at the end of the half-year**
am Ende des Halbjahres

**half-year results** Halbjahresergebnis *n*
**A&B is due to report first-half results on Thursday**
A&B wird am Donnerstag seine Halbjahresergebnisse vorlegen

**hallmark** *n* Markenzeichen *n (fig)*
**environmental and safety excellence have always been hallmarks of our business**
höchste Leistungen in den Bereichen Umwelt und Sicherheit waren schon immer ein Markenzeichen unseres Unternehmens

**handset** *n* Mobiltelefon *n*; Handy *n*
**customers are still waiting for the handsets that will allow them to use the new high-speed services**
die Kunden warten noch auf die Mobiltelefone für die neuen Hochgeschwindigkeitsdienste

**handset business** Handy-Sparte *f*; Handysparte *f*

**handset sales** Handyabsatz *m*
**rising handset sales will result in a stronger fourth quarter**
der steigende Handyabsatz wird zu einem stärkeren vierten Quartal führen

**hasty** *adj* überhastet
**hasty purchase**
überhasteter Kauf

**haulier** *n (BE)* Transportunternehmen *n*; Spedition *f*; Spediteur *m*

**hazardous area equipment** Ausrüstungen für explosionsgefährdete Bereiche

**head** *n* Chef *m*
**he is head of Germany's biggest chemicals company**
er ist Chef des größten deutschen Chemieunternehmens

**head office** Firmenzentrale *f*
**ABC's head office is located in London**
die Firmenzentrale von ABC befindet sich in London
**the head office will be located in Brussels**
die Firmenzentrale wird in Brüssel sein
**the bank intends to move its head office out of Germany**
die Bank will ihre Firmenzentrale von Deutschland in ein anderes Land verlegen

**headquartered** *adj*: **to be headquartered in** den Firmensitz in ... haben
**the company is headquartered in Manchester**
das Unternehmen hat seinen Firmensitz in Manchester

**headquarters** *n* Hauptsitz *m*; Hauptquartier *n*
**A&B's European headquarters is in Belgium**
der europäische Hauptsitz von A&B befindet sich in Belgien
**the bank will move its headquarters to London**
die Bank wird ihren Hauptsitz nach Londen verlegen

**health and functional foods** Gesundheitsernährung *f*

**healthcare activities** Gesundheitssparte *f*

**healthcare division** Gesundheitssparte *f*

**health care industry** Gesundheitssektor *m*; Gesundheitswesen *n*
**to deliver technology and economic solutions to the health care industry**
Technologie und wirtschaftliche Lösungen für den Gesundheitssektor liefern

**health care provider** Krankenversicherung *f*; Krankenkasse *f*; Krankenversicherer *m*

**health-care system** Gesundheitswesen *n*
**health-care systems need comprehensive reform**
das Gesundheitswesen bedarf einer gründlichen Reform

**healthcare unit** Gesundheitssparte *f*
**A&B is particularly pleased with the performance of the healthcare unit**
A&B zeigt sich besonders zufrieden mit der Leistung seiner Gesundheitssparte

**health expenditure** Gesundheitsausgaben *fpl*
**health expenditure is in need of an overhaul**
die Gesundheitsausgaben müssen reformiert werden

**health insurance** Krankenversicherung *f*

**health insurance company** Krankenversicherer *m*

**health risk** Gesundheitsrisiko *n*
**mobile phones are health risks**
Mobiltelefone stellen ein Gesundheitsrisiko dar

**heating oil** (1) Heizöl *n*
**heating oil's sulfur content of 0.2 percent is enough to foul the heat exchanger**
der Schwefelgehalt des Heizöls von 0,2% reicht aus, um den Wärmetauscher zu verschmutzen
**those consumers using heating oil and propane are also facing increasing prices**
auf die Verbraucher von Heizöl und Propan kommen steigende Preise zu

**heating oil** (2): **costs for heating oil** Heizölkosten *pl*
**costs for gasoline and heating oil fell**

**1.8 percent and 3.4 percent, respectively, last month**
die Benzin- und Heizölkosten sanken vergangenen Monat um 1,8% bzw. 3,4%

**heating oil stocks** Heizölvorräte *mpl*
**heating oil stocks are 11% higher than last year at this time**
die Heizölvorräte sind 11% höher als zur gleichen Zeit im vergangen Jahr

**heavily indebted** schwer verschuldet

**heavy industry** Schwerindustrie *f*
**heavy industry was the loudest critic of the Kyoto deal struck three years ago**
die Schwerindustrie war der lauteste Kritiker des vor drei Jahren geschlossenen Kyoto-Abkommens / verabschiedeten Kyoto-Protokolls

**heavy truck** Schwerlastwagen *m*

**hedge** *n* Sicherungsgeschäft *n*
**these contracts are accounted for as hedges**
diese Kontrakte werden als Sicherungsgeschäfte betrachtet

**helm** *n* Spitze *f*
**after 20 years at the helm of the company**
nach zwanzig Jahren an der Spitze des Unternehmens

**HEV** (see **hybrid electric vehicle**)

**high-efficiency** Hochleistungs...
**high-efficiency turbochargers for diesel and gas engines**
Hochleistungsturbolader für Diesel- und Benzinmotoren

**high efficiency fuel cell** Hochleistungsbrennstoffzelle *f*
**ABC is a world recognized leader in the field of high efficiency fuel cells for electric power generation**
ABC ist weltweit führend auf dem Gebiet der Hochleistungsbrennstoffzellen für die Stromerzeugung

**high-growth business** Wachstumsbereich *m*; wachstumsstarker Bereich

**high-growth industry** Wachstumsindustrie *f*

**high-growth market** Wachstumsmarkt *m*; wachstumsstarker Markt
**to focus investments on selected high-growth markets**
die Investitionen auf ausgewählte Wachstumsmärkte konzentrieren

**high-quality** qualitativ hochwertig
**high-quality products**
qualitativ hochwertige Produkte

**high-speed Internet connection** Hochgeschwindigkeits-Internetzugang *m*

**high-speed train** Hochgeschwindigkeitszug *m*
**the French high-speed train had matched Japan's world record**
der französische Hochgeschwindigkeitszug hatte den japanischen Weltrekord eingestellt
**the airlines could not compete with France's high-speed trains**
die Fluglinien stellten keine Konkurrenz für die französischen Hochgeschwindigkeitszüge dar

**high-tech business** Hochtechnologiefirma *f*; Hightech-Unternehmen *n*

**high-tech company** Hochtechnologiefirma *f*; Hightech-Unternehmen *n*

**high-tech firm** Hochtechnologiefirma *f*; Hightech-Firma *f*

**high-tech giant** Hightechriese *m*

**high-tech goods** Hightech-Güter *npl*
**to depend heavily on exports of high-tech goods**
stark von der Ausfuhr von Hightech-Gütern abhängig sein

**high-tech Nasdaq index** Nasdaq-Index *m*; technologielastiger Nasdaq-Index
**the high-tech Nasdaq index has lost more than half its value since March last year**
der technologielastige Nasdaq-Index hat seit März vergangenen Jahres die Hälfte seines Wertes eingebüßt

**high technology firm** Hochtechnologiefirma *f*

**high-technology shares** Hochtechnologiewerte *mpl*; Hochtechnologieaktien *fpl*

**high-tech stock exchange** Hochtechnologiebörse *f*

**high-tech stockmarket** Technologiebörse *f*
**America's high-tech Nasdaq stockmarket had another bad week**
Amerikas Technologiebörse Nasdaq hat eine weitere schlechte Woche hinter sich

**high-yield** *adj* renditestark; ertragsstark

**high-yield investments**
renditestarke Anlagen

**hire** *n* Einstellung *f (von Personal)*
**small firms began making the investments and hires that they put off last year**
die kleinen Unternehmen begannen damit, die Einstellungen und Investitionen vorzunehmen, die sie vergangenes Jahr verschoben hatten

**holding** *n* Anteil *m*
**he hinted on Thursday he might sell his holdings in the company**
er hat am Donnerstag angedeutet, er werde vielleicht seinen Anteil an dem Unternehmen verkaufen

**holding company** Dachgesellschaft *f*; Holding *f*
**the two banks will be combined under a single holding company**
die beiden Banken werden unter einer Dachgesellschaft zusammengefasst
**to set up a holding company**
eine Holding gründen

**home appliance** Haushaltsgerät *n*; Hausgerät *n*

**home heating oil** (1): **cost of home heating oil** Heizölkosten *pl*
**the cost of home heating oil was down 3 percent**
die Heizölkosten waren 3% niedriger

**home heating oil** (2): **price of home heating oil** Heizölpreis *m*
**the price of home heating oil is expected to skyrocket this season**
der Preis für Heizöl soll diesen Winter extrem steigen

**home market** Heimatmarkt *m*
**the most international brands tend to come from countries with relatively small home markets**
die internationalsten Marken kommen meist aus Ländern mit relativ kleinen Heimatmärkten
**between them the two companies control four-fifths of their home market**
die beiden Unternehmen kontrollieren zusammen vier Fünftel ihres Heimatmarktes

**home PC** Heim-PC *m*

**hope** *n* Hoffnung *f*
**to dampen hopes of further interest-rate cuts**
die Hoffnung auf weitere Senkungen der Zinssätze dämpfen
**these announcements dashed hopes of a quick recovery of growth in the technology sector**
diese Ankündigungen zerstörten die Hoffnung auf eine baldige Wiederkehr des Wachstums im Technologiesektor

**hostile bid** feindliches Übernahme-Angebot / Übernahmeangebot
**a hostile bid for the Milan-based bank**
ein feindliches Übernahme-Angebot für die in Mailand ansässige Bank

**hostile bidder** feindlicher Interessent

**hostile takeover** feindliche Übernahme
**both countries have seen groundbreaking hostile takeovers this year**
beide Länder haben in diesem Jahr bahnbrechende feindliche Übernahmen erlebt
**there is no hostile takeover without politics and politicians involved**
es gibt keine feindliche Übernahme, bei der nicht Politik und Politiker eine Rolle spielen

**hotel group** Hotelkonzern *m*
**Europe's biggest hotel group saw its shares plunge and issued a profit warning**
Europas größter Hotelkonzern musste zusehen, wie seine Aktien ins Bodenlose fielen und gab eine Gewinnwarnung heraus

**hourly earnings** Stundenlohn *m*
**average hourly earnings rose a slim 0.1 percent to $14.63**
der durchschnittliche Stundenlohn stieg um bescheidene 0,1% auf 14,63 $

**hourly worker** Arbeiter *m*
**of the 22,000 job losses, 12,000 will be among hourly workers**
12.000 der 22.000 Stellenstreichungen werden Arbeiter betreffen

**hour of trading** Handelsstunde *f*
**stocks fell in the first two hours of trading Wednesday**
die Aktienkurse fielen während der ersten beiden Handelsstunden am Mittwoch

**household purchasing power** Kaufkraft der privaten Haushalte
**lower energy prices will also boost household purchasing power**
niedrigere Energiepreise werden ebenfalls zu einer Verbesserung der Kaufkraft der privaten Haushalte führen

**house price** Immobilienpreis *m*
**house prices in America are rising at**

**their fastest pace for more than a decade**
die Immobilienpreise in Amerika steigen zurzeit so schnell wie seit zehn Jahren nicht mehr

**housing construction** Wohnungsbau *m*
**housing construction posted a strong 3 percent increase**
der Wohnungsbau verzeichnete ein starkes Wachstum um 3 Prozent

**hub** *n* Drehkreuz *n*; Drehscheibe *f*; Flugdrehkreuz *n*
**the airlines started running shorter feeder services into hubs**
die Fluggesellschaften begannen mit Kurzstrecken-Zubringerdiensten zu den großen Drehkreuzen
**the importance of Zurich as a hub for air travel**
die Bedeutung von Zürich als Drehscheibe für den Luftverkehr

**hub airport** Drehkreuz *n*
**to by-pass many of the busy hub airports**
viele der verkehrsreichen Drehkreuze umfliegen

**human resources: head of human resources** Personalvorstand *m*
**he has been appointed head of human resources**
er ist zum Personalvorstand ernannt worden

**hurdle** *n* Hürde *f*
**A&B still faces several hurdles**
A&B muss noch einige Hürden überwinden
**it is a good bet that A&B will overcome such hurdles**
die Chancen stehen gut, dass A&B diese Hürden nehmen wird

**hybrid electric vehicle** (HEV) hybridelektrisches / hybridelektrisches Fahrzeug; Hybridfahrzeug *n*; Hybridauto *n*

**hydroelectric dam** Speicherkraftwerk *n*
**the water power will be harnessed by new and upgraded hydroelectric dams**
die Wasserkraft wird durch neue und modernisierte Speicherkraftwerke genutzt werden

**hydroelectric development** Ausbau der Wasserkraft
**hydroelectric development in Labrador has long been a source of friction between the two provinces**
der Ausbau der Wasserkraft in Labrador sorgt schon seit langem für Irritationen zwischen den beiden Provinzen

**hydroelectric power plant** Wasserkraftwerk *n*

**hydroelectric production** Wasserkraftstromerzeugung *f*
**this year, low levels of rain and snowfall reduced hydroelectric production**
die geringeren Regen- und Schneefälle führten dieses Jahr zu einer geringeren Wasserkraftstromerzeugung

**hydroelectric project** Wasserkraftwerk *n*
**this hydroelectric project started producing power in 1971**
dieses Wasserkraftwerk begann im Jahre 1971 mit der Stromproduktion
**a $12-billion hydroelectric project**
ein Wasserkraftwerk im Wert von 12 Mrd. Dollar

**hyperinflation** *n* Hyperinflation *f*
**hyperinflation was quickly brought down from over 3000%**
die Hyperinflation wurde schnell von über 3000% heruntergeschraubt

# I

**icon** *n* Ikone *f*
**they're drafting the concept designs that could be the icons of tomorrow**
sie arbeiten an den Konzeptentwürfen, die vielleicht die Ikonen von morgen sein werden

**idea factory** Denkfabrik *f*

**ILO** (see **International Labor Organization**)

**image** *n* Image *n*
**to polish up a tarnished image**
ein beschädigtes Image aufpolieren
**the automaker's image was badly damaged in Japan**
das Image des Autoherstellers in Japan war stark beschädigt

**imagination** *n* Vorstellungsvermögen *n*
**to invent solutions beyond human imagination**
Lösungen erfinden, die über das

menschliche Vorstellungsvermögen hinausgehen

**IMF** (see **International Monetary Fund**)

**impact** *n* Auswirkung *f*
**the impact of an American downturn on European firms**
die Auswirkungen eines Konjunkturrückganges in Amerika auf europäische Firmen

**import** *n* Import *m*
**these countries trim their imports from America and Japan**
diese Länder verringern ihre Importe aus Amerika und Japan

**import** *v* importieren
**France imported 47,000 British sheep in that period**
Frankreich importierte in diesem Zeitraum 47.000 Schafe aus Großbritannien

**import ban** Einfuhrverbot *n*
**to enforce the import ban**
das Einfuhrverbot durchsetzen / umsetzen

**import restriction** Importbeschränkung *f*; Einfuhrbeschränkung *f*
**to impose import restrictions**
Importbeschränkungen verhängen / einführen

**income from insurance premiums** Beitragseinnahmen *fpl*
**the upswing in the life insurance market buoyed income from insurance premiums**
die Belebung des Geschäfts mit Lebensversicherungen führte zu einer Erhöhung der Beitragseinnahmen

**income tax** Einkommensteuer *f*

**income-tax cut** Einkommensteuersenkung *f*; Einkommensteuerreduzierung *f*; Senkung der Einkommensteuer
**the income-tax cuts will mainly benefit richer Americans**
die Einkommensteuersenkungen werden hauptsächlich den reicheren Amerikanern zugute kommen

**increase in sales** Absatzsteigerung *f*
**the increase in sales in these periods is primarily attributable to the introduction of new products**
die Absatzsteigerungen in diesem Zeitraum sind in erster Linie auf die Markteinführung neuer Produkte zurückzuführen

**incumbent** *n* Amtsinhaber *m*
**the shareholders re-elected all ten incumbents**
alle zehn Amtsinhaber wurden von den Aktionären wieder gewählt

**indebted** *adj* verschuldet
**the government is already heavily indebted**
die Regierung ist schon stark verschuldet
**a deeply indebted motor vehicle manufacturer**
ein tief verschuldeter Automobilhersteller
**A&B is one of the world's most indebted companies**
A&B ist eines der verschuldetsten Unternehmen der Welt

**independent power producer** unabhängiger Stromerzeuger
**ABC is a leading independent power producer that operates in 25 states domestically and 10 countries worldwide**
ABC ist ein führender unabhängiger Stromerzeuger, der in Amerika in 25 Bundesstaaten und weltweit in zehn Ländern vertreten ist

**index of business climate** Geschäftsklimaindex *m*; Geschäftsklima-Index *m*

**index of business confidence** Geschäftsklimaindex *m*; Geschäftsklima-Index *m*
**Germany's ifo index of business confidence declined for the seventh month in succession**
der deutsche ifo-Geschäftsklima-Index ist nun schon das siebte Mal in Folge gesunken
**Germany's ifo index of business confidence rose in December for the first time in eight months**
Deutschlands ifo-Geschäftsklimaindex ist im Dezember zum ersten Mal seit acht Monaten gestiegen

**indicator** *n* Indikator *m*
**the main indicator of a country's solvency**
der wichtigste Indikator für die Zahlungsfähigkeit eines Landes

**industrial action** Tarifauseinandersetzung *f*; Arbeitskampf *m*; Tarifkonflikt *m*; Arbeitskampfmaßnahmen *fpl*
**industrial action by pilots has been growing**

**industrial action**

die Arbeitskampfmaßnahmen von Piloten haben zugenommen

**industrial automation** industrielle Automatisierungstechnik; Industrieautomation *f*; Industrieautomatisierung *f*
   **our products are primarily targeted at industrial automation**
   unsere Produkte zielen hauptsächlich auf den Bereich Industrieautomation ab
   **we also made significant progress in industrial automation**
   auch auf dem Gebiet der industriellen Automatisierungstechnik haben wir beträchtliche Fortschritte gemacht

**industrial automation and control** Industrieleittechnik *f*

**industrial automation and control business** Industrieleittechnik-Sparte *f*
   **the industrial automation and control business of ABC Inc. provides a broad range of control systems**
   die Industrieleittechnik-Sparte von ABC Inc. bietet eine breite Palette von Steuerungssystemen

**industrial client** Industriekunde *m*; Gewerbekunde *m*
   **ABC has 1,600 industrial clients in Europe**
   ABC hat 1.600 Industriekunden in Europa

**industrial company** Industrieunternehmen *n*
   **our customer list includes some of the largest industrial companies**
   zu unseren Kunden gehören einige der größten Industrieunternehmen
   **the deal would create the world's biggest industrial company**
   durch dieses Abkommen würde das größte Industrieunternehmen der Welt entstehen

**industrial computer** Industrierechner *m*; Industriecomputer *m*

**industrial customer** Industriekunde *m*; Gewerbekunde *m*

**industrial enterprise** Industrieunternehmen *n*

**industrial environment** Industrieumgebung *f*
   **the new system is already used in rugged, industrial environments**
   das neue System wird schon in rauen Industrieumgebungen eingesetzt

**industrial flagship** Vorzeigeunternehmen *n*; Traditionsunternehmen *n*

**industrial group** Industriekonzern *m*
   **A&B is another big US industrial group**
   A&B ist ein weiterer großer US-amerikanischer Industriekonzern
   **the US industrial group overcame adverse exchange rates and a decelerating US economy**
   der US-amerikanische Industriekonzern hat sich trotz ungünstiger Devisenkurse und und einer nachlassenden US-Konjunktur behauptet

**industrialised countries** Industrieländer *npl*

**industrial output** Industrieproduktion *f*
   **weakening demand in the US, had slowed exports and industrial output**
   die nachlassende Nachfrage in den USA hatte eine Verringerung der Exporte und der Industrieproduktion bewirkt

**industrial production** Industrieproduktion *f*
   **official figures released on Friday showed a fourth successive fall in US industrial production**
   die am letzten Freitag veröffentlichten offiziellen Zahlen zeigen nun schon zum vierten Mal in Folge einen Rückgang der Industrieproduktion in Amerika
   **industrial production shrank by 3.9% in January**
   die Industrieproduktion schrumpfte im Januar um 3,9%

**industry analyst** Branchenanalyst *m*; Branchenkenner *m*
   **industry analysts agree that ...**
   Branchenanalysten stimmen darin überein, dass ...
   **according to industry analysts**
   nach Meinung von Branchenanalysten
   **some industry analysts are concerned that ...**
   einige Branchenanalysten befürchten, dass ...
   **industry analysts predict that ...**
   Branchenkenner sagen voraus, dass ...

**industry association** Branchenverband *m*

**industry consultant** Unternehmensberater *m*

**industry leader** Branchenführer *m*; Branchenprimus *m*

**industry leadership** Branchenführer *m*
**we plan to return ABC to industry leadership**
wir wollen ABC wieder zum Branchenführer machen

**industry sources** Industriekreise *mpl*; Unternehmenskreise *mpl*
**industry sources believe that CHP could achieve a 30% market share**
Industriekreisen zufolge könnte die Kraft-Wärme-Kopplung einen Marktanteil von 30 Prozent erreichen
**industry sources have predicted that ...**
Industriekreise sagen ... voraus
**according to industry sources**
Industriekreisen zufolge
**industry sources speculated that the aircraft might have come with a discount of more than 30 percent**
Unternehmenskreisen zufolge dürften die Flugzeuge 30 Prozent unter dem Katalogpreis verkauft worden sein

**inevitable** *n* Unvermeidliche *n*
**the inevitable has now happened**
das Unvermeidliche ist nun eingetreten

**inflation** *n* (1) Inflation *f*
**inflation will reach single digits**
die Inflation wird den einstelligen Bereich erreichen
**inflation in Ireland reached 6.2%**
die Inflation in Irland hat die 6,2%-Marke erreicht
**to fight inflation**
die Inflation bekämpfen
**to keep inflation under control; to curb inflation**
die Inflation unter Kontrolle / im Zaum halten
**inflation had fallen from almost 100% a year to a third of that rate**
die jährliche Inflation war von beinahe 100% auf ein Drittel gesunken
**single-digit inflation is the norm in Latin America these days**
Inflation im einstelligen Bereich ist derzeit normal in Lateinamerika
**inflation is on the rise is Brazil**
in Brasilien steigt die Inflation
**inflation is well contained**
die Inflation ist unter Kontrolle
**to predict a future upsurge in inflation**
ein starkes Ansteigen der Inflation vorhersagen

**inflation** *n* (2): **threat of inflation**
Inflationsgefahr *f*
**the receding threat of inflation**
die sich verringernde Inflationsgefahr

**inflationary impact** inflationäre Auswirkung
**the inflationary impact of further interest cuts**
die inflationären Auswirkungen weiterer Zinssenkungen

**inflationary pressure** Inflationsdruck *m*
**continuing low inflationary pressures**
anhaltend geringer Inflationsdruck
**inflationary pressures are likely to weaken further**
der Inflationsdruck wird aller Voraussicht nach weiter nachlassen
**growing inflationary pressures**
wachsender Inflationsdruck
**inflationary pressures in Europe remain worrying**
der Inflationsdruck in Europa bleibt beunruhigend

**inflation figures** Inflationszahlen *fpl*
**the new inflation figures will at least give politicians pause for thought**
die neusten Inflationszahlen werden den Politikern wenigstens eine Denkpause gestatten
**before the poor inflation figures for January were published**
bevor die schlechten Inflationszahlen für Januar veröffentlicht wurden

**inflation gauge** Inflationsbarometer *n*
**the consumer price index is a closely watched inflation gauge**
der Verbraucherpreisindex ist ein sorgsam überwachtes Inflationsbarometer

**inflation pressure** Inflationsdruck *m*
**inflation pressures remained contained**
der Inflationsdruck blieb im Rahmen

**inflation-prone** inflationsanfällig
**this development has made the economy less inflation-prone**
auf Grund dieser Entwicklung ist die Wirtschaft weniger inflationsanfällig

**inflation rate** Inflationsrate *f*; Teuerungsrate *f*
**this country has the highest inflation rate in the OECD**
dieses Land hat die höchste Inflationsrate in der OECD
**an annual inflation rate of no more than 2%**

eine jährliche Inflationrate von höchstens 2%

**inflation risk** Inflationsrisiko *n*; Inflationsgefahr *f*
**inflation risks are diminished by the more moderate pace of economic activity**
die Inflationsrisiken haben sich durch das gemäßigtere Konjunkturtempo verringert
**it's foolish to argue that the inflation risks have evaporated**
es wäre töricht zu behaupten, die Inflationsgefahr sei gebannt

**inflation target** Inflationsziel *n*
**the central bank is at risk of taking its inflation target too seriously when setting interest rates**
die Zentralbank läuft Gefahr, dem Inflationsziel bei der Festsetzung der Zinssätze zu sehr den Vorrang einzuräumen
**the upper limit of the central bank's inflation target for this year looks likely to be breached**
wahrscheinlich übersteigt die Inflation die Obergrenze des von der Zentralbank für dieses Jahr festgesetzten Inflationsziels

**information** *n* Information *f*
**they failed to tell investors vital information**
sie haben den Anlegern wichtige Informationen vorenthalten

**information campaign** Informationskampagne *f*
**the information campaign is intended to familiarise the euro-zone's citizens with the new banknotes and coins**
im Rahmen der Informationskampagne sollen die Bürger der Eurozone mit den neuen Banknoten und Münzen vertraut gemacht werden

**information company** Nachrichtenagentur *f*

**information technology** (IT) Informationstechnik *f*; Informationstechnologie *f*
**corporate spending on information technology led to strong growth in the first six months of this year**
die Ausgaben der Unternehmen für Informationstechnik haben im ersten Halbjahr ein starkes Wachstum zur Folge gehabt
**information technology is changing every aspect of life**
die Informationstechnik verändert das Leben von Grund auf / grundlegend

**information-technology firm** IT-Firma *f*; IT-Unternehmen *n*

**infrastructure operations** Infrastruktur-Sparte *f*
**A&B's infrastructure operations were hit by weakening demand**
die Infrastruktur-Sparte von A&B litt unter nachlassender Nachfrage

**initial phase** Anfangsphase *f*
**the plant is capable of making 15,000 wafers a year in the initial phases**
in der Anfangsphase kann die Anlage 15.000 Wafer pro Jahr produzieren

**initial public offering** (IPO) Börsengang *m*
**initial public offerings are back in fashion in America**
Börsengänge sind in den USA wieder in Mode gekommen
**IPO volumes are approaching levels last seen in 1983**
die Zahl der Börsengänge erreicht einen Umfang, wie es zuletzt 1983 der Fall war
**ABC gave further details of its forthcoming IPO**
ABC gab weitere Einzelheiten über den bevorstehenden Börsengang bekannt
**we won't be the last exchange making an IPO**
wir werden nicht der letzte Finanzmarkt sein, der an die Börse geht

**injunction** *n* einstweilige Verfügung
**the injunction was issued by a court of first instance**
die einstweilige Verfügung wurde von einem Gericht erster Instanz erlassen
**A&B's lawyers will try to have the injunction lifted**
die Rechtsanwälte von A&B wollen die Aufhebung der einstweiligen Verfügung erwirken

**inkjet printer** Tintenstrahldrucker *m*

**innovation** *n* Neuerung *f*
**technological innovation**
technologische Neuerung

**innovative potential** Innovationspotential *n*; Innovationspotenzial *n*
**the amazing growth in the power and innovative potential of microchips**
die verblüffende Steigerung von Leistung und Innovationspotenzial von Mikrochips

**insiders** *pl* Insiderkreise *mpl*
**insiders say the concept car will differ little from the production model**
Insiderkreisen zufolge wird sich das Serienfahrzeug nur wenig vom Konzeptauto unterscheiden

**insider trading** Insiderhandel *m*; Insider-Handel *m*; Insidergeschäfte *npl*; Insider-Geschäfte *npl*
**the Tokyo Stock Exchange is investigating possible insider trading**
die Tokioter Börse untersucht mögliche Insidergeschäfte
**he was being investigated for insider trading**
gegen ihn wurde wegen Insiderhandel ermittelt

**insolvency** *n* Insolvenz *f*; Zahlungsunfähigkeit *f*
**the bank was close to insolvency**
die Bank befand sich am Rande der Insolvenz
**in normal circumstances, a steep upward trend in late payment alerts suppliers to chronic cash problems and likely insolvency**
unter normalen Umständen ist eine anhaltend schlechte Zahlungsmoral für die Lieferanten ein Alarmzeichen für chronische Liquiditätsprobleme und eine bevorstehende Zahlungsunfähigkeit
**ABC is teetering on the edge of insolvency**
ABC befindet sich am Rande der Zahlungsunfähigkeit

**insolvency expert** Insolvenzexperte *m*
**to appoint three insolvency experts as consultants**
drei Insolvenzexperten als Berater heranziehen

**insolvent** *adj* zahlungsunfähig; insolvent
**an insolvent South Korean car maker**
ein zahlungsunfähiger südkoreanischer Autohersteller

**institutional investor** institutioneller Anleger
**he holds monthly meetings with institutional investors to brief them about the company's management and finances**
er trifft sich jeden Monat mit institutionellen Anlegern und informiert sie über Führung und Finanzen des Unternehmens
**people often say that institutional investors have access to information constantly, whereas individuals don't**
es heißt oft, die institutionellen Anleger hätten im Gegensatz zu Einzelanlegern ständigen Zugriff auf Informationen
**institutional investors in Germany and abroad showed a very strong interest in the shares of Deutsche Boerse**
institutionelle Anleger in Deutschland und im Ausland zeigten großes Interesse an den Aktien der Deutschen Börse

**institutional shareholder** institutioneller Anleger
**he is due to meet institutional shareholders in London on Monday**
ein Treffen zwischen ihm und institutionellen Anlegern ist für Montag in London vorgesehen

**instrumentation** *n* Messtechnik *f*

**instrumentation product** messtechnisches Produkt; Messtechnik-Produkt *n*
**our company delivers cutting-edge instrumentation products to scientists and engineers around the world**
unser Unternehmen liefert modernste messtechnische Produkte für Wissenschaftler und Ingenieure auf der ganzen Welt

**insurance broker** Versicherungsmakler *m*
**ABC, the second-largest insurance broker, after B&D, has grown through acquisition**
ABC, der zweitgrößte Versicherungsmakler nach B&D, ist durch Akquisitionen gewachsen

**insurance company** Versicherungsgesellschaft *f*; Versicherer *m*
**available at banks, libraries, and insurance companies**
erhältlich bei Banken, Bibliotheken und Versicherungsgesellschaften

**insurance firm** Versicherungsfirma *f*; Versicherer *m*
**restrictions on foreign ownership of Chinese insurance firms will be eased**
die Beschränkungen bezüglich ausländischer Besitzanteile an chinesischen Versicherungsfirmen werden gelockert

**insurance group** Versicherungskonzern *m*
**Germany's biggest insurance group**
Deutschlands größter Versicherungskonzern

**insurance policy** (1) Versicherungspolice *f*; Versicherung *f*

**insurance policy** (2) Absicherung *f*
  **the rate cuts were meant as an insurance policy against a possible downturn**
  die Zinssenkungen sollten eine Absicherung gegen einen möglichen Wirtschaftsabschwung sein
**insurance policy** (3): **to take out an insurance policy** eine Versicherung abschließen
**insurance premium rate** Versicherungsprämiensatz *m*; Prämiensatz *m*
  **the insurance sector has been benefitting from a rise in insurance premium rates**
  die Versicherungsbranche profitierte vom Anstieg der Versicherungsprämiensätze
**insurer** *n* Versicherungsgesellschaft *f*; Versicherer *m*
  **chairman of the insurer ABC**
  Vorstandsvorsitzender der Versicherungsgesellschaft ABC
  **A&B is Germany's largest insurer**
  A&B ist Deutschlands größter Versicherer
**intangible assets** immaterielle Vermögensgegenstände; immaterielle Güter
  **intangible assets were $19 billion at year-end 20...**
  die immateriellen Vermögensgegenstände beliefen sich am Jahresende 20... auf 19 Mrd. Dollar
**integrated circuit** (IC) integrierte Schaltung
**intellectual property** geistiges Eigentum
  **they are stealing intellectual property from one another**
  sie stehlen sich gegenseitig das geistige Eigentum
**interest** *n* Zins *m*
  **profit before interest and tax**
  Gewinn vor Zinsen und Steuern
  **the right to interest on late payments**
  das Recht auf Zinsen bei säumiger Bezahlung
  **unpaid interest**
  ausstehende Zinsen
**interest expense** Zinsaufwand *m*
  **interest expense in the fourth quarter was $60 million**
  im vierten Quartal belief sich der Zinsaufwand auf 60 Mio. Dollar
  **interest expenses will decline from 20... on**
  die Zinsaufwendungen werden vom Jahre 20... an sinken
**interest income** Zinserträge *mpl*
  **interest income in 20... increased 44% from 20...**
  die Zinserträge im Jahre 20... stiegen im Vergleich zu 20... um 44%
**interest payment** Zinszahlung *f*
  **outstanding interest payments**
  fällige Zinszahlungen
  **the company was unable to make a $10 million interest payment earlier this month**
  das Unternehmen war diesen Monat nicht in der Lage, Zinszahlungen in Höhe von 10 Mio. Dollar zu leisten
**interest rate** Zinssatz *m*
  **American interest rates will not rise in the near future**
  die Zinssätze in Amerika werden in nächster Zeit nicht steigen
  **the country's interest rate could fall to single-digit levels**
  der Zinssatz des Landes könnte auf einstellige Werte fallen
  **the bank raised interest rates for the first time in a decade**
  die Bank erhöhte zum ersten Mal innerhalb von zehn Jahren die Zinssätze
  **to cut interest rates**
  die Zinssätze senken
  **the Federal Reserve has boosted interest rates six times since June 20...**
  die amerikanische Zentralbank hat seit Juni 20... die Zinssätze sechsmal erhöht
  **the bank left interest rates unchanged**
  die Bank ließ die Zinssätze unverändert
  **the need for a further reduction in interest rates**
  die Notwendigkeit einer weiteren Senkung der Zinssätze
  **to keep interest rates down**
  die Zinssätze niedrig halten
  **until recently, American interest rates had been on an upward path**
  bis vor kurzem waren die amerikanischen Zinssätze noch auf dem Weg nach oben
**interest rate cut; interest-rate cut** Zinssenkung *f*
  **further interest rate cuts could be on the way**
  in nächster Zeit könnte es zu weiteren Zinssenkungen kommen
  **the stockmarkets had been counting on further interest-rate cuts**
  die Aktienmärkte hatten mit weiteren

Zinssenkungen gerechnet
**he did not rule out further interest-rate cuts**
er schloss weitere Zinssenkungen nicht aus
**this week's interest-rate cuts were sensible**
die in dieser Woche erfolgten Zinssenkungen waren sinnvoll
**interest rate hike** Zinserhöhung *f*
**interest-rate policy** Zinspolitik *f*
**interest-rate reduction** Zinssenkung *f*
**interest-rate reductions operate after a lag**
Zinssenkungen wirken mit einer gewissen Verzögerung
**internal combustion engine** (ICE) Verbrennungskraftmaschine *f*; Verbrennungsmotor *m*
**these internal combustion engines operate on clean gaseous fuels**
diese Verbrennungskraftmaschinen werden mit sauberen gasförmigen Kraftstoffen betrieben
**a typical internal combustion engine is cheap to make**
normale Verbrennungsmotoren sind billig in der Herstellung
**international call** Auslandsgespräch *n*
**International Labor Organization** (ILO) Internationale Arbeitsorganisation
**studies by the International Labor Organization found that ...**
Untersuchungen der Internationalen Arbeitsorganisation zeigten, dass ...
**International Monetary Fund** (IMF) Internationaler Währungsfonds (IWF)
**the International Monetary Fund has downgraded its forecast**
der Internationale Währungsfonds hat seine Prognose nach unten korrigiert
**Internet** *n* Internet *n*
**the massive amounts of data moving across the Internet**
die riesigen Datenmengen, die über das Internet transportiert werden
**to sell music on the Internet**
Musik im / über das Internet verkaufen
**Internet access** Internetzugang *m*; Internet-Zugang *m*
**to allow Internet access from mobile phones**
Internetzugang vom Handy aus ermöglichen
**95% of all state schools have Internet access**
95% aller staatlichen Schulen verfügen über Internetzugang
**Internet-access provider** Online-Dienstanbieter *m*; Online-Dienst *m*; Internet-Dienstanbieter *m*; Internetprovider *m*; Internet-Anbieter *m*; Internetanbieter *m*
**Internet boom** Internetboom *m*; Internet-Boom *m*
**the share prices were driven by buyers who wanted to grab a stake in the Internet boom**
die Aktienkurse wurden von Käufern hoch getrieben, die am Internetboom teilhaben wollten
**Internet business** Internet-Geschäft *n*
**A&B is expecting its Internet business to bring in over $2 billion this year**
A&B erwartet dieses Jahr von seinem Internet-Geschäft Einnahmen in Höhe von mehr als 2 Mrd. Dollar
**Internet-capable mobile telephone** internetfähiges / Internet-fähiges Handy
**Internet company** Internet-Firma *f*; Internetfirma *f*; Internet-Unternehmen *n*
**venture capitalists' distaste for Internet companies**
die Abneigung der Wagnisfinanzierer gegenüber Internet-Firmen
**Internet connection** Internetanschluss *m*
**as computers get more powerful, Internet connections become faster**
mit zunehmender Leistungsfähigkeit der Rechner werden auch die Internetanschlüsse immer schneller
**millions of new users desire ever-faster Internet connections**
Millionen neuer Anwender verlangen immer schnellere Internetanschlüsse
**Internet economy** Internet-Ökonomie *f*
**internet-enabled handset** internetfähiges Handy
**before launches of internet-enabled handsets**
vor der Einführung internetfähiger Handys
**internet-enabled mobile phone** internetfähiges Mobiltelefon
**customers will begin to change their**

**internet-enabled mobile phone**

minds about internet-enabled mobile phones
die Nutzer werden ihre Meinung über internetfähige Mobiltelefone schon noch ändern

**Internet firm** Internet-Firma *f*

**Internet portal** Web-Portal *n*; Internetportal *n*
  ABC Co is closing its Internet portal and sacking about 400 people
  ABC Co schließt Web-Portal und entlässt 400 Mitarbeiter

**Internet search directory** Internet-Suchmaschine *f*
  the third-most popular Internet search directory
  die drittbeliebteste Internet-Suchmaschine

**Internet service** Internet-Dienst *m*; Internet-Dienstleistung *f*
  too many companies are offering Internet service at low prices
  zu viele Unternehmen bieten billige Internet-Dienste an
  Internet services such as weather forecasts and food recipes
  Internet-Dienste wie Wettervoraussagen und Rezepte

**Internet service provider (ISP)** Internetdienstleister *m*
  A&B announced an agreement with a big Internet service provider
  A&B kündigte ein Abkommen mit einem großen Internetdienstleister an
  A&B is France's biggest Internet service provider
  A&B ist Frankreichs größter Internetdienstleister

**Internet start-up** Internet-Start-up *f*

**Internet stock** Internetaktien *fpl*

**Internet unit** Internet-Abteilung *f*
  ABC declined to say how much it had invested in the Internet unit
  ABC wollte nicht sagen, wie viel das Unternehmen in seine Internet-Abteilung investiert hatte

**intranet** *n* Intranet *n*
  to order directly from electronic catalogues on the intranet
  direkt aus elektronischen Katalogen im Intranet bestellen

**inventor** *n* Erfinder *m*
  Smith is hardly the only inventor messing around with fuel cells
  Smith ist bei weitem nicht der einzige Erfinder, der an Brennstoffzellen herumdoktert / herumspielt
  the two inventors are well known in their respective fields
  die beiden Erfinder sind auf ihren jeweiligen Gebieten sehr bekannt / sind Kapazitäten auf ihren jeweiligen Gebieten

**inventory** *n* Lagerbestand *m*; Vorräte *mpl*
  to reduce inventories
  die Lagerbestände reduzieren
  inventories have begun to swell
  die Lagerbestände schwellen an
  cold weather and low inventories drive up costs
  die kalte Witterung und die geringen Lagerbestände treiben die Kosten nach oben
  ABC has been forced to close three factories because of bulging inventories
  ABC musste drei Fabriken schließen auf Grund zu großer Lagerbestände
  inventories are rising
  die Lagerbestände nehmen zu
  as a result, the company is required to maintain significant inventories
  daher muss das Unternehmen beträchtliche Lagerbestände unterhalten
  excess and obsolete inventory
  zu große und veraltete Lagerbestände
  inventories again rose sharply in the fourth quarter
  die Lagerbestände nahmen im vierten Quartal wieder stark zu

**inventory reduction** Abbau der Lagerbestände; Verringerung der Lagerbestände; Lagerabbau *m*

**inventory turnover** Lagerumschlag *m*
  inventory turnover improved to 7.8 in 20...
  der Lagerumschlag hat sich im Jahre 20... auf 7,8 verbessert

**invest** *v* investieren
  to invest in the future
  in die Zukunft investieren
  we invested in both a widespread restructuring and in new businesses
  wir haben in eine umfassende Umstrukturierung und in neue Unternehmen investiert

**investment** *n* Investition *f*; Investment *n*
  ABC proved a good investment
  ABC erwies sich als eine gute Investition
  A&B announced that it would drastically cut investment

A&B gab bekannt, das Unternehmen werde die Investitionen drastisch kürzen
**investment has collapsed in America and Japan**
in Amerika und Japan sind die Investitionen zum Erliegen gekommen

**investment bank** Investmentbank *f*
**up to 10 foreign investment banks are interested in purchasing debt-ridden ABC Bank**
bis zu zehn ausländische Investmentbanken sind am Kauf der verschuldeten ABC-Bank interessiert
**profits at big investment banks are on the wane**
die Profite der großen Investmentbanken sind im Schwinden begriffen

**investment banking** Investmentbanking *n*

**investment consultancy** Anlageberatung *f*; Anlageberater *m*
**an investment consultancy based outside Frankfurt**
ein im Raum Frankfurt ansässiger Anlageberater

**investment fund** Investmentfonds *m*
**to contribute to investment funds**
in Investmentfonds einbezahlen

**investment plan** Investitionsplan *m*
**the company is cutting back its investment plans**
das Unternehmen nimmt Abstriche bei den Investitionsplänen vor
**they will be keen to accelerate their investment plans**
sie werden äußerst interessiert sein an einer beschleunigten Umsetzung ihrer Investitionspläne
**companies put investment plans on hold**
die Unternehmen stoppen ihre Investitionspläne

**investment policy** Investitionspolitik *f*

**investment strategy** Anlagestrategie *f*
**the foundation will probably reconsider its investment strategy**
die Stiftung wird wahrscheinlich ihre Anlagestrategie überdenken

**investor** *n* Investor *m*; Geldgeber *m*; Anleger *m*
**a US investor will buy the parent company**
ein amerikanischer Investor wird die Muttergesellschaft kaufen
**international investors seem incapable of ending their love affair with the dollar**
die Investoren auf der ganzen Welt können sich anscheinend nicht vom Dollar losreißen
**investors have shifted their attention to other companies**
die Anleger haben ihr Interesse anderen Firmen zugewandt

**investor advisory firm** Anlageberatungsfirma *f*
**an influential investor advisory firm gave its backing to the deal**
eine einflussreiche Anlageberatungsfirma unterstützt / befürwortet den Deal

**investor conference** Investorenkonferenz *f*; Investorentreffen *n*

**investor group** Investorengruppe *f*
**the operation of the existing plants was taken over by two investor groups**
zwei Investorengruppen übernahmen den Betrieb der bestehenden Anlagen
**the bank fought off attempts by an investor group to force it into a takeover**
die Bank wehrte einen feindlichen Übernahmeversuch durch eine Investorengruppe ab
**one of those bids was from an investor group**
eines der Angebote stammte von einer Investorengruppe

**investors' confidence** Anlegervertrauen *n*
**fiscal austerity and debt restructuring will restore investors' confidence**
durch eine strikte Ausgabenpolitik und Umschuldung wird das Anlegervertrauen wieder hergestellt werden

**IPO** (see **initial public offering**)

**ISM Manufacturing Index** *(USA)* Einkaufsmanagerindex für das Verarbeitende Gewerbe

**ISP** (see **Internet service provider**)

**issue** *n* Thema *n*
**this is a sensitive issue in America**
dies ist in Amerika ein heikles Thema

**IT group** IT-Konzern *m*
**there were rumours of a slowdown in sales at A&B, the Anglo-Dutch IT group**
es gab Gerüchte über einen Umsatzrückgang bei dem britisch-niederländischen IT-Konzern A&B

**IT sector** IT-Branche *f*
**the town is bracing itself for job losses in the IT sector**
die Stadt bereitet sich auf Stellenstreichungen in der IT-Branche vor / macht sich auf Stellenstreichungen in der IT-Branche gefasst

# J

**jet engine** Strahltriebwerk *n*
**regional jet engines**
Strahltriebwerke für Regionalflugzeuge

**job** *n* Arbeitsplatz *m*; Stelle *f*; Arbeitsstelle *f*
**the merger of the two companies could result in the loss of 250 jobs**
die Fusion der beiden Firmen könnte zum Verlust von 250 Arbeitsplätzen führen
**he admits that he'll have to cut some jobs**
er gibt zu, dass er einige Stellen streichen / Arbeitsplätze abbauen werden müsse
**thousands of workers at ABC will lose their jobs**
bei ABC werden tausende Arbeiter ihre Arbeitsplätze verlieren
**to eliminate / cut jobs**
Stellen streichen
**preservation of jobs**
Erhaltung von Arbeitsplätzen
**elder-friendly jobs**
für ältere Arbeitnehmer geeignete Arbeitsplätze
**Japan's biggest chip maker announced that 19,000 jobs would go**
Japans größter Chiphersteller gab bekannt, er werde 19.000 Stellen streichen
**high-paying job**
gut bezahlte Stelle
**we will have to give up every fourth or fifth job**
wir werden jede vierte oder fünfte Stelle streichen müssen
**when jobs are scarce**
wenn es kaum Arbeitsstellen gibt

**job agency** Stellenvermittlung *f*
**to allow private job agencies to compete directly with the state agency**
den unmittelbaren Wettbewerb zwischen privaten Stellenvermittlungen und der staatlichen Behörde zulassen

**job creation scheme** Arbeitsbeschaffungsmaßnahme *f*
**to run government job creation schemes**
staatliche Arbeitsbeschaffungsmaßnahmen durchführen

**job cut** Stellenstreichung *f*; Stellenabbau *m*; Stellenkürzung *f*
**the company said the job cuts were for financial reasons**
das Unternehmen sagte, die Stellenstreichungen hätten finanzielle Gründe
**the group refused to identify a figure for job cuts**
der Konzern wollte im Zusammenhang mit dem Stellenabbau keine Zahlen nennen

**job-cut announcement** Ankündigung von Stellenstreichungen

**jobless** *n* Arbeitslose *pl*

**jobless benefit** Arbeitslosenunterstützung *f*; Arbeitslosenhilfe *f*
**to apply for jobless benefit**
Arbeitslosenunterstützung beantragen

**jobless count** Arbeitslosenzahlen *fpl*

**joblessness** *n* Arbeitslosigkeit *f*
**joblessness in Germany rose in July**
die Arbeitslosigkeit in Deutschland stieg im Juli
**no one expects joblessness to start falling again soon**
niemand rechnet mit einem baldigen Rückgang der Arbeitslosigkeit

**jobless rate** Arbeitslosenquote *f*
**the jobless rate has risen by 0.6 percentage points since last October**
die Arbeitslosenquote ist seit letztem Oktober um 0,6 Prozentpunkte gestiegen

**jobless total** Arbeitslosenzahl *f*
**the first decline in jobless totals in the eurozone's biggest economy**
der erste Rückgang der Arbeitslosenzahlen in der größten Volkswirtschaft der Eurozone

**job loss** Arbeitsplatzverlust *m*; Jobverlust *m*

**job market** Arbeitsmarkt *m*
**they are prepared to enter the job market**
sie sind bereit, sich auf dem Arbeitsmarkt zu bewerben / sich nach einer neuen Stelle umzusehen
**despite the tight job market, we have**

**not compromised the quality of the candidates we hire**
trotz des angespannten Stellenmarktes machen wir keine Kompromisse bei den Anforderungen an unsere neuen Mitarbeiter

**job offer** Stellenangebot *n*
**students are accepting job offers more quickly than they did a year ago**
die Studenten nehmen Stellenangebote schneller an als noch vor einem Jahr

**job placement** Arbeitsvermittlung *f*; Stellenvermittlung *f*
**only about 10 per cent of staff are directly engaged in job placement**
nur ca. 10% der Beschäftigten sind unmittelbar in der Stellenvermittlung tätig

**job placement market** Arbeitsvermittlung *f*; Stellenvermittlung *f*
**he has called for the job placement market to be fully liberalised**
er hat die völlige Liberalisierung der Arbeitsvermittlung gefordert

**job reduction** Stellenabbau *m*; Stellenkürzung *f*
**job reductions are extremely painful**
ein Stellenabbau ist äußerst schmerzhaft

**job security** Arbeitsplatzsicherheit *f*; Sicherheit des Arbeitsplatzes
**workers wanted to negotiate with management over pay and job security**
die Arbeitnehmer wollten mit der Geschäftsleitung über Bezahlung und Arbeitsplatzsicherheit verhandeln

**job seeker** Arbeit Suchende *m/f*; Arbeitsuchende *m/f*; Arbeitssuchende *m/f*

**jobs market** Arbeitsmarkt *m*
**weaker jobs market**
schwächerer Arbeitsmarkt

**jobs report** Arbeitsmarktbericht *m*; Bericht zur Lage auf dem Arbeitsmarkt
**the jobs report on Friday is expected to show few new jobs were created in February**
es wird erwartet, dass der Arbeitsmarktbericht am kommenden Freitag zeigen wird, dass im Februar nur wenige neue Stellen geschaffen wurden

**joint project** Gemeinschaftsprojekt *n*; Gemeinschaftsvorhaben *n*
**the company is involved in a joint project to promote hydrogen technology**
das Unternehmen ist an einem Gemeinschaftsprojekt zur Förderung der Wasserstofftechnologie beteiligt
**several joint projects are currently underway**
zurzeit laufen mehrere Gemeinschaftsvorhaben

**joint-stock company** Aktiengesellschaft *f*
**the two companies are looking at ways of becoming joint-stock companies**
die beiden Unternehmen untersuchen die Möglichkeit der Umwandlung in eine Aktiengesellschaft

**joint venture** Jointventure *n*; Joint Venture *n*; Gemeinschaftsvorhaben *n*; Gemeinschaftsunternehmen *n*
**we are entering into two joint ventures with ABC**
wir sind im Begriff, zwei Jointventures mit ABC einzugehen
**we also are forming joint ventures with global airlines and maintenance providers**
wir gehen auch Jointventures mit internationalen Fluggesellschaften und Instandhaltungsanbietern ein
**new joint ventures in Brazil, Israel and Japan expanded our presence in these countries**
durch neue Joint Ventures in Brasilien, Israel und Japan haben wir unsere Präsenz in diesen Ländern verstärkt
**the joint venture fell apart in 20...**
das Gemeinschaftsunternehmen scheiterte im Jahre 20...
**they are discussing the creation of a joint venture**
sie verhandeln über die Gründung eines Jointventure

**jump in productivity** Produktivitätssprung *m*
**there was a big jump in productivity**
es kam zu einem großen Produktivitätssprung

# K

**key area of business operation** Kernsparte *f*

**key customer** Großkunde *m*
**key customers include manufacturers of computers and CD-ROMs**

zu den Großkunden gehören Computer- und CD-ROM-Hersteller

**key indicator** Schlüsselindikator *m*; Frühindikator *m*

**key interest rate** Leitzins *m*; Schlüsselzins *m*; Referenzkurs *m*
**the bank's decision to cut its key interest rate a quarter point**
die Entscheidung der Bank, den Leitzins einen Viertelpunkt zu senken
**the Bank of England cut its key interest rate by a quarter point to 5.75%**
die Bank von England hat den Schlüsselzins um einen Viertelpunkt auf 5,75% gesenkt

**key technology** Schlüsseltechnologie *f*
**key technologies for protecting the atmosphere**
Schlüsseltechnologien zum Schutz der Atmosphäre
**to invest in key technologies**
in Schlüsseltechnologien investieren

**kick-start** *v* ankurbeln
**America's Federal Reserve made another attempt to kick-start the economy**
die amerikanische Fed unternahm einen weiteren Versuch, die Wirtschaft anzukurbeln

**knowledge-based** *adj* wissensbasiert
**A&B will henceforth aim to become a "knowledge-based" company**
erklärtes Ziel von A&B wird es von nun an sein, sich zu einem wissensbasierten Unternehmen zu entwickeln

# L

**labor** *(AE)* / **labour** *(BE)* **agreement** Tarifvereinbarung *f*; Tarifvertrag *m*; Tarifabkommen *n*
**to reach a fair and reasonable labor agreement**
eine faire und vernünftige Tarifvereinbarung erreichen
**a new, five-year labor agreement**
ein neues Tarifabkommen mit einer Laufzeit von fünf Jahren

**laboratory supplies** Laborbedarf *m*

**labor** *(AE)* / **labour** *(BE)* **demand** Bedarf an Arbeitskräften; Nachfrage nach Arbeitskräften *m*

**Labor Department** *(USA)* Arbeitsministerium *n*
**the Labor Department said the jobless rate declined to 5 percent**
das US-Arbeitsministerium gab bekannt, die Arbeitslosenquote sei auf 5% gesunken

**labor** *(AE)* / **labour** *(BE)* **exodus** Abwanderung von Arbeitskräften
**labor exodus from Europe tightened labor markets**
die Abwanderung von Arbeitskräften aus Europa führte zu einer angespannten Arbeitsmarktlage

**labor** *(AE)* / **labour** *(BE)* **force** (1) Arbeitskräftepotenzial *n*; Arbeitskräfte *fpl*
**the official unemployment rate rose to 5% of the labour force**
die offizielle Arbeitslosenquote stieg auf 5% des Arbeitskräftepotenzials
**abundant labor**
übergroßes Arbeitskräftepotenzial
**the labour force is the number of people able to work and wanting to**
unter Arbeitskräftepotenzial versteht man die Zahl der Menschen, die arbeiten können und wollen

**labor** *(AE)* / **labour** *(BE)* **force** (2) Belegschaft *f*

**labor** *(AE)* / **labour** *(BE)* **law** Arbeitsrecht *n*; Arbeitsgesetz *n*
**rigid labour laws**
strenge Arbeitsgesetze

**labor** *(AE)* / **labour** *(BE)* **leader** Arbeitnehmervertreter *m*; Arbeiterführer *m*; Gewerkschaftsführer *m*
**labor leaders and management conclude agreements on pay and working conditions**
Arbeitnehmervertreter und die Arbeitgeber schließen Abkommen über Bezahlung und Arbeitsbedingungen

**labor-management relations** Tarifbeziehungen *fpl*

**labor** *(AE)* / **labour** *(BE)* **market** Arbeitsmarkt *m*
**the nation's red-hot labor market may be cooling a bit**
der überhitzte Arbeitsmarkt des Landes kühlt jetzt vielleicht ein wenig ab
**the government reacted to its weakening labour market**
die Regierung reagierte auf den

schwächelnden Arbeitsmarkt
**a weaker labor market also could damp spending**
ein schwächerer Arbeitsmarkt könnte auch die Ausgaben dämpfen

**labor** *(AE)* / **labour** *(BE)* **market deterioration** Verschlechterung der Arbeitsmarktlage / Arbeitsmarktsituation
**the pace of the labour market deterioration last month took economists by surprise**
das Tempo der Verschlechterung der Arbeitsmarktlage im vergangenen Monat hat viele Wirtschaftsexperten überrascht

**labor** *(AE)* / **labour** *(BE)* **market reform** Arbeitsmarktreform *f*
**to undertake bold labour market reforms**
mutige Arbeitsmarktreformen durchführen

**labor** *(AE)* / **labour** *(BE)* **market regulations** Arbeitsmarktregulierungen *fpl*

**labor** *(AE)* / **labour** *(BE)* **productivity** Arbeitsproduktivität *f*
**the probable annual gain in labour productivity**
die voraussichtliche jährliche Zunahme der Arbeitsproduktivität

**labor** *(AE)* / **labour** *(BE)* **representative** Arbeitnehmervertreter *m*; Arbeitnehmervertreterin *f*

**labor** *(AE)* / **labour** *(BE)* **shortage** Arbeitskräftemangel *m*

**labor** *(AE)* / **labour** *(BE)* **trouble** Tarifauseinandersetzung *f*
**labour trouble is also on the horizon in Italy**
auch in Italien stehen Tarifauseinandersetzungen bevor

**labor** *(AE)* / **labour** *(BE)* **union** Gewerkschaft *f*
**ABC failed to win agreement from its labour unions for a cost-cutting programme**
es gelang ABC nicht, die Zustimmung der Gewerkschaften zu einem Kostensenkungsprogramm zu erhalten
**resistance by labor unions is seen as a major obstacle**
der Widerstand der Gewerkschaften wird als ein Haupthindernis / großes Hindernis angesehen

**labour unrest** Tarifkonflikt *m*
**a long period of labour unrest could affect the government's prospects of being returned to power in September's elections**
ein längerer Tarifkonflikt könnte die Chancen einer Wiederwahl der Regierung im September beeinträchtigen

**lack of energy** Energiemangel *m*

**land** *n (factor of production)* Boden *m*
**land, labor and capital**
Boden, Arbeit und Kapital

**landing fee** Landegebühr *f*
**the non-payment of landing fees**
die Nichtbezahlung von Landegebühren

**laptop computer** Laptop-Computer *m*; Laptop *m*
**two in five laptop computers in the world contain an ABC hard-disk drive**
zwei von fünf Laptop-Computern besitzen eine ABC-Festplatte

**large customer** Großkunde *m*

**large investor** Großinvestor *m*
**large investors enjoy a clear advantage because ...**
Großinvestoren sind deutlich im Vorteil, da ...
**these rumors have even large investors worried**
diese Gerüchte beunruhigen selbst Großinvestoren

**last year's level** Vorjahresniveau *n*
**sales are likely to remain well below last year's levels**
der Umsatz wird wahrscheinlich unter dem Vorjahresniveau bleiben
**production will be down about 15 per cent from last year's levels**
die Produktion wird ca. 15% unter dem Vorjahresniveau liegen
**to surpass last year's levels**
das Vorjahresniveau übersteigen

**late arrival** Verspätung *f*
**passengers face high fares and late arrivals**
die Passagiere sehen sich mit hohen Flugpreisen und Verspätungen konfrontiert

**late morning trade**: **in late morning trade** am späten Vormittag
**the main tech stocks turned positive in late morning trade**
die wichtigsten Technologiewerte legten am späten Vormittag zu
**European bourses held on to their early gains in late morning trade**

die europäischen Börsen haben am späten Vormittag ihre vorher gemachten Zugewinne gehalten
**late trading** später Handel
**A&B's stock rose 26 cents in late trading**
die Aktien von A&B stiegen um 26 Cent im späten Handel
**launch** *n* Markteinführung *f*; Einführung *f*
**the economic slowdown was hurting the launch of the new microprocessor**
die Konjunkturabschwächung wirkte sich negativ auf die Markteinführung des neuen Mikroprozessors aus
**launch** *v* auf den Markt bringen; positionieren
**to launch a satellite**
einen Satelliten positionieren
**we launched a new line of dishwashers**
wir haben eine neue Reihe von Geschirrspülern auf den Markt gebracht
**law** *n* Recht *n*; Gesetz *n*
**under existing law, manufacturers have a responsibility to inform their customers of any risks or hazards a product might have**
nach geltendem Recht müssen die Hersteller die Kunden über mögliche Gefahren und Risiken ihrer Produkte informieren
**to comply with a wide variety of foreign laws**
eine Vielzahl unterschiedlicher ausländischer Gesetze befolgen / einhalten
**you are clearly bound by the laws of the country where the shop is physically situated**
Sie sind eindeutig an die Gesetze des Landes gebunden, in dem sich das Geschäft physisch befindet
**laws of economics** Wirtschaftsgesetze *npl*
**they had thought they could defeat the laws of economics**
sie hatten gedacht, sie könnten die Wirtschaftsgesetze außer Kraft setzen
**lead** *n* Führung *f*
**American companies are quickly retaking the lead over the Japanese**
amerikanische Firmen sind nun dabei, den Japanern kurzerhand die Führung wieder streitig zu machen
**leader** *n* führendes Unternehmen; Marktführer *m*

**ABC is a world leader in the design and production of electric motors**
ABC ist ein weltweit führendes Unternehmen auf dem Gebiet der Konstruktion und Herstellung von Elektromotoren
**leadership** Spitzenposition *f*
**the new product further enhances our leadership in this market**
mit dem neuen Produkt können wir unsere Spitzenposition auf diesem Markt weiter ausbauen
**leadership position** Führungsposition *f*; führende Position; führende Stellung; führende Rolle; Spitzenstellung *f*
**the new aircraft engine increased ABC's leadership position**
mit dem neuen Flugzeugtriebwerk konnte ABC seine Spitzenposition weiter ausbauen
**leading mobile-telephone operator** Mobilfunk-Marktführer *m*
**lean** *adj* schlank
**the new company will be leaner in its cost structure**
das neue Unternehmen wird von der Kostenstruktur her schlanker sein
**lean factories**
schlanke Fabriken
**lean production**
schlanke Produktion
**leather-goods branch** Lederwarensparte *f*; Ledersparte *f*
**the leather-goods branch was the only one to augment income last year**
die Lederwarensparte konnte im vergangenen Jahr als einzige ihr Ergebnis verbessern
**leather goods division** Lederwarensparte *f*; Ledersparte *f*
**operating profit in the leather goods division climbed to $1bn**
der operative Gewinn in der Lederwarensparte kletterte auf 1 Mrd. Dollar
**legal action: take legal action against** gerichtlich gegen ... vorgehen
**lender** *n* Kreditgeber *m*
**lenders became more cautious and demanded ever-rising interest rates**
die Kreditgeber wurden vorsichtiger und verlangten immer höhere Zinsen
**lending business** Kreditgewerbe *n*
**lender** *n* Geldgeber *m*

**lending** Kreditvergabe *f*; Kreditgeschäft *n*
**banks have become more cautious about lending**
die Banken sind bei der Kreditvergabe vorsichtiger geworden
**some 60% of American banks' profits still come from lending**
noch immer kommen ca. 60% des Gewinns der amerikanischen Banken aus dem Kreditgeschäft

**Letter of Intent** (LoI); **letter of intent** Absichtserklärung *f*
**to sign a Letter of Intent**
eine Absichtserklärung unterzeichnen

**letter to shareholders** Aktionärsbrief *m*
**in its annual letter to shareholders, A&B said ...**
im jährlichen Aktionärsbrief sagte / erklärte A&B ...

**level** *n* Stand *m*
**Japan's Nikkei index is now at its lowest level for 16 years**
der japanische Nikkei-Index ist auf dem niedrigsten Stand seit 16 Jahren

**liability insurance** Haftpflichtversicherung *f*
**although the Company maintains liability insurance, there can be no assurance that such insurance will be sufficient**
obgleich das Unternehmen eine Haftpflichtversicherung abgeschlossen hat, ist das keine Garantie, dass die Versicherungsabdeckung ausreichend ist

**liberalisation** *n (BE)* Liberalisierung *f*
**further liberalisation in agriculture and services**
weitere Liberalisierung in den Bereichen Landwirtschaft und Dienstleistungen

**liberalised market for electricity and gas** liberalisierter Strom- und Gasmarkt
**a few years ago, the notion of a liberalised market for electricity and gas in Europe would have seemed unlikely**
noch vor ein paar Jahren war der Gedanke an einen liberalisierten Strom- und Gasmarkt in Europa undenkbar

**licence** *(BE)* / **license** *(AE)* Lizenz *f*
**to grant a licence**
eine Lizenz erteilen

**licence** *(BE)* / **license** *(AE)* **agreement** Lizenzvertrag *m*
**to sign a license agreement with A&B**
einen Lizenzvertrag mit A&B unterzeichnen / schließen

**licence** *(BE)* / **license** *(AE)* **fee** Lizenzgebühr *f*

**licencing** *(BE)* / **licensing** *(AE)* **agreement** Lizenzabkommen *n*; Lizenzvereinbarung *f*; Lizenzvertrag *m*
**to conclude a licensing agreement with A&B**
eine Lizenzvereinbarung mit A&B schließen

**licencing** *(BE)* / **licensing** *(AE)* **arrangement** Lizenzabkommen *n*

**licencing** *(BE)* / **licensing** *(AE)* **deal** Lizenzabkommen *n*; Lizenzvereinbarung *f*
**the signing of a licensing deal has been delayed**
die Unterzeichnung eines Lizenzabkommens verzögert sich

**licensee** *n* Lizenznehmer *m*
**one licensee is a local phone company**
ein Lizenznehmer ist eine örtliche Telefongesellschaft

**life-cycle cost(s)** Lebenszykluskosten *pl*
**users expect lower life-cycle costs**
die Anwender erwarten niedrigere Lebenszykluskosten
**life-cycle costs can be broken down into the following categories**
die Lebenszykluskosten lassen sich wie folgt unterteilen / können in folgende Kategorien unterteilt werden

**life insurance** *(company)* Lebensversicherung *f*; Lebensversicherungsgesellschaft *f*; Lebensversicherer *m*
**until recently, life insurance has been a successful industry in Britain**
bis vor kurzem gehörten die Lebensversicherungen zu den erfolgreichen Wirtschaftszweigen Großbritanniens
**ABC, once one of the proudest names in life insurance**
ABC, früher einer der klangvollsten Namen unter den Lebensversicherern

**life-insurance company** Lebensversicherungsgesellschaft *f*; Lebensversicherer *m*
**this means more business for life-insurance companies**
dies bedeutet mehr Geschäfte für die Lebensversicherungsgesellschaften / Lebensversicher

**life-insurance industry** Lebensversicherungsgeschäft *n*
**life insurance market** Lebensversicherungsgeschäft *n*
**life insurer** Lebensversicherung *f*; Lebensversicherungsgesellschaft *f*
**this was one life insurer you could surely trust to honour its pledges**
dies war eine Lebensversicherung, bei der man davon ausgehen konnte, dass sie ihre Versprechungen halten würde
**this was one life insurer you could surely trust to make pledges that could be honoured**
dies war eine Lebensversicherungsgesellschaft, bei der man davon ausgehen konnte, dass sie nur versprechen würde, was sie auch halten konnte
**light vehicle** leichtes Nutzfahrzeug
**lignite-burning powerplant** Braunkohlekraftwerk *n*
**lignite-fired plant** Braunkohlekraftwerk *n*
**ABC is a three-unit (1900 MW total) lignite-fired plant**
ABC ist ein drei Blöcke umfassendes Braunkohlekraftwerk (Gesamtleistung 1.900 MW)
**lignite-generating unit** Braunkohlekraftwerk *n*
**in 1968, we began construction of lignite-generating units**
im Jahre 1968 begannen wir mit dem Bau von Braunkohlekraftwerken
**lignite plant** Braunkohlekraftwerk *n*
**the first of our modern lignite plants proved large amounts of electricity could be generated economically using this fuel**
das erste unserer modernen Braunkohlekraftwerke bewies, dass sich mit diesem Brennstoff große Mengen elektrischer Energie wirtschaftlich herstellen lassen
**liquidity crunch** Finanzengpass *m*
**list** *v* an die Börse bringen
**we will list A&B this year**
wir werden A&B dieses Jahr an die Börse bringen
**listed** *adj* börsennotiert; gelistet
**Europe's largest listed utility**
Europas größtes börsennotiertes Energieversorgungsunternehmen
**many big companies are listed on more than one market**
viele Großunternehmen sind an mehreren Finanzmärkten gelistet

**to be listed on the New York stock exchange**
an der New Yorker Börse gelistet sein
**listing** *n* Börsengang *m*
**the planned listing of arch-rival A&B in 20...**
der geplante Börsengang des Erzkonkurrenten A&B im Jahre 20...
**the bank had targeted September 25 as the date for its planned listing**
die Bank hatte den 25. September als Datum für den geplanten Börsengang festgesetzt
**litigation** *n* Rechtsstreitigkeiten *pl*; gerichtliche Schritte; gerichtliche Auseinandersetzung
**he was no stranger to litigation**
er kannte sich mit Rechtsstreitigkeiten aus
**there can be no assurance that litigation will not be initiated**
es gibt keine Sicherheit, dass nicht doch gerichtliche Schritte eingeleitet werden
**livestock** *n*: **movement of livestock** Viehtransport *m*
**Britain has allowed the limited movement of livestock from areas that have not been infected to abattoirs**
Großbritannien hat begrenzte Viehtransporte aus nicht infizierten Gebieten zu Schlachthöfen genehmigt
**livestock industry** Viehbetriebe *mpl*
**the government announced measures to ensure the country's livestock industry remained free of the disease**
die Regierung kündigte Maßnahmen an, die sicherstellen sollen, dass die Viehbetriebe des Landes von der Krankheit verschont bleiben
**livestock market** Viehmarkt *m*
**Belgium has suspended livestock markets for at least a week**
Belgien hat für einen Zeitraum von mindestens einer Woche alle Viehmärkte ausgesetzt / geschlossen
**living standard** Lebensstandard *m*
**they have seen their living standards rise sharply in the past 20 years**
ihr Lebensstandard ist in den vergangenen 20 Jahren stark gestiegen
**load** *n (devices, equipment)* Verbraucher *m*
**loan** *n* Kredit *m*; Darlehen *n*
**customers still pay on average around 25% for a loan**
die Kunden bezahlen noch immer im Durchschnitt ca. 25% für einen Kredit

**foreign banks together extended $8 billion of loans to A&B**
ausländische Banken haben A&B insgesamt Kredite in Höhe von 8 Mrd. $ gewährt
**the IMF will offer Argentina a new loan of $8 billion**
der IWF wird Argentinien einen weiteren Kredit in Höhe von 8 Mrd. Dollar anbieten

**loan guarantee** Kreditgarantie *f*
**investors greeted the first grant of loan guarantees**
die Anleger begrüßten die erstmalige Vergabe von Kreditgarantien
**A&B became the first carrier to ask for a loan guarantee**
A&B ist das erste Unternehmen, das um eine Kreditgarantie ersuchte
**the airline has no plans to apply for loan guarantees**
die Fluggesellschaft beabsichtigt nicht, Kreditgarantien zu beantragen
**the carrier has applied for $60m in loan guarantees**
die Fluggesellschaft hat Kreditgarantien in Höhe von 60 Mio. $ beantragt

**loan guarantee approval** Genehmigung von Kreditgarantien

**loan-loss provision** Risikovorsorge *f*
**the bank lifted its loan-loss provision to €500m**
die Bank erhöhte ihre Risikovorsorge auf 500 Mio. Euro

**loans from banks** Bankkredite *mpl*
**companies can no longer rely on relatively cheap loans from banks**
die Unternehmen können nicht mehr mit relativ billigen Bankkrediten rechnen

**local service provider** Ortsdienstanbieter *m*
**A&B is a competitive local service provider**
A&B ist ein wettbewerbsfähiger Ortsdienstanbieter
**to supply equipment to local service providers outside the United States**
Ortsdienstanbieter außerhalb der Vereinigten Staaten beliefern / ausrüsten

**location** *n* Standort *m*
**ABC has more than 5,000 engineers, technicians and programmers at 50 locations in 16 countries**
für ABC arbeiten mehr als 5.000 Ingenieure, Techniker und Programmierer an 50 Standorten in 16 Ländern
**successful cost reductions at all locations**
erfolgreiche Kostenreduzierungsmaßnahmen an allen Standorten

**logistics** *n* Logistik *f*
**last year, ABC made a number of changes in transportation and logistics**
vergangenes Jahr nahm ABC eine Reihe von Veränderungen in den Bereichen Transport und Logistik vor

**logistics firm** Logistikunternehmen *n*
**ABC has bought a clutch of other logistics firms**
ABC hat eine ganze Reihe weiterer Logistikunternehmen gekauft

**LoI** (see **Letter of Intent**)

**long-distance call** Ferngespräch *n*
**operators were required to place long-distance calls**
Ferngespräche mussten handvermittelt werden
**to speed the call set-up process in long-distance calls**
den Verbindungsaufbau bei Ferngesprächen beschleunigen

**long-haul fleet** Langstreckenflotte *f*
**the airline is to cut its long-haul fleet by a quarter**
die Fluggesellschaft wird ihre Langstreckenflotte um ein Viertel verkleinern

**long haul route** Langstrecke *f*
**to retain and enhance service on profitable long haul routes**
den Dienst / Flugverkehr auf den profitablen Langstrecken aufrechterhalten und verstärken
**the airline will continue to operate long-haul routes**
die Fluggesellschaft wird Langstrecken weiter bedienen

**long-lived assets** Anlagevermögen *n*

**long-term unemployed** Langzeitarbeitslose *pl*
**the number of long-term unemployed is rising steadily**
die Zahl der Langzeitarbeitslosen steigt stetig

**loophole** *n* Schlupfloch *n*
**the agreement contains too many loopholes**
das Abkommen enthält zu viele Schlupflöcher

**lorries and vans business** Nutzfahrzeuggeschäft *n*
  **he runs ABC's lorry and van business**
  er steht an der Spitze des Nutzfahrzeuggeschäfts von ABC

**loss** *n* Verlust *m*
  **the company expects a loss in the quarter to the end of the year**
  das Unternehmen erwartet für das vierte Quartal einen Verlust
  **ABC suffered a $400 million loss in the third quarter**
  ABC hat im dritten Quartal Verluste in Höhe von 400 Mio. $ gemacht
  **ABC warned yesterday that it would post a bigger-than-expected loss**
  ABC kündigte an, dass seine Verluste höher als erwartet ausfallen würden
  **ABC sells its hardware at a loss**
  ABC verkauft seine Hardware mit Verlust
  **A&B had posted losses for seven years out of eight**
  A&B hatte in sieben von acht Jahren Verluste gemacht

**loss after tax** Nachsteuerverlust *m*
  **A&B expects to realize a loss, after tax, in the range of $175 million to $200 million**
  A&B rechnet mit einem Nachsteuerverlust im Bereich von 175 bis 200 Mio. $

**loss before interest, tax, depreciation and amortisation** Verlust vor Zinsen, Steuern und Abschreibungen
  **A&B's loss before interest, tax, depreciation and amortisation was $6m**
  der Verlust vor Zinsen, Steuern und Abschreibungen von A&B belief sich auf 6 Mio. Dollar

**loss-laden** verlustreich *adj*
  **the loss-laden national airline**
  die verlustreiche nationale Fluggesellschaft

**loss-maker** *n* Verlustbringer *m*

**loss-making unit** Verlustbringer *m*

**lost exports** Exportausfälle *mpl*
  **demand for compensation for lost exports**
  Entschädigungsforderung für Exportausfälle

**love of shopping** Einkaufslust *f*
  **to dampen the American love of shopping**
  die Einkaufslust der Amerikaner dämpfen

**low-cost** kostengünstig
  **ABC produces low-cost, high-quality drives**
  ABC stellt kostengünstige Antriebe hoher Qualität her

**low-cost airline** Billigfluglinie *f*
  **A&B is Europe's second-biggest low-cost airline**
  A&B ist Europas zweitgrößte Billigfluglinie
  **to set up / start a low-cost airline**
  eine Billigfluglinie gründen
  **another low-cost airline went bust a year ago after expanding too fast**
  eine weitere Billigfluglinie ging vor einem Jahr konkurs, nachdem sie zu schnell expandiert hatte
  **since the advent of the low-cost airlines**
  seit dem Aufkommen der Billigfluglinien

**low-cost carrier** Billigfluggesellschaft *f*; Billigfluganbieter *m*; Niedrigpreis-Fluggesellschaft *f*; Billigflieger *m*

**low-cost country** Billiglohnland *n*
  **the competitive pressures from plants in low-cost countries will not go away**
  der Wettbewerbsdruck durch Anlagen in Billiglohnländern wird bleiben

**low-cost flyer** Billigflieger *m*
  **meanwhile, smaller businesses have been taking full advantage of low-cost flyers**
  mittlerweile nutzen kleinere Firmen die Vorteile der Billigflieger im großen Stil

**low-cost producer** Billighersteller *m*
  **much of the steel comes from low-cost producers**
  ein Großteil des Stahls stammt von Billigherstellern

**low-fare airline** Billigfluglinie *f*
  **low-fare airlines are growing by 25% a year**
  die Billigfluglinien wachsen jedes Jahr um 25%

**low-fare carrier** Billigfluglinie *f*; Billigfluggesellschaft *f*; Billigfluganbieter *m*; Niedrigpreis-Fluggesellschaft *f*
  **low-fare carriers are prospering**
  den Billigfluggesellschaften geht es gut

**low-fare flight** Billigflug *m*

**low-impact** umweltschonend *adj*
**low-impact power generation**
umweltschonende Stromerzeugung
**low-interest financing** zinsgünstige Finanzierung
**LSE** London Stock Exchange
**luxury brand** Luxusmarke *f*
**luxury brands will not be immune to volatile demand**
eine sich ständig ändernde Nachfrage hat auch Auswirkungen auf die Luxusmarken
**luxury car** Luxuswagen *m*; Luxusauto *n*
**a modern luxury car is a rolling computer network**
ein moderner Luxuswagen ist ein rollendes Rechnernetzwerk
**luxury-car maker** Luxusautohersteller *m*; Luxusauto-Hersteller *m*
**luxury car market** Markt für Luxuswagen / Luxusautos
**luxury-goods conglomerate** Luxuskonzern *m*; Luxusgüterkonzern *m*
**luxury goods group** Luxusgüterkonzern *m*
**luxury goods maker** Luxusgüteranbieter *m*
**luxury label** Luxusmarke *f*
**luxury products group** Luxusgüterkonzern *m*
**the world's largest luxury products group reported on Friday a sharp fall in 20... net profit**
der weltgrößte Luxusgüterkonzern gab am Freitag einen kräftigen Rückgang des Nettogewinns für das Jahr 20... bekannt
**luxury sedan** Luxuslimousine *f*
**the company's luxury sedan broke a June sales record**
die Luxuslimousine des Unternehmens stellte im Juni einen neuen Verkaufsrekord auf

# M

**machine tool** Werkzeugmaschine *f*
**macroeconomic situation** gesamtwirtschaftliche Lage
**demand has dropped off because of the macroeconomic situation**
die Nachfrage ist auf Grund der gesamtwirtschaftlichen Lage zurückgegangen
**macro economist** Makroökonom *m*
**the IMF is full of macro economists**
im IWF sitzen lauter Makroökonomen
**mad cow crisis** BSE-Krise *f*
**to face a mad cow crisis**
sich einer BSE-Krise gegenübersehen
**mad cow disease; mad-cow disease** Rinderwahnsinn *m* (BSE)
**mad-cow disease has already been passed from Britain to continental herds**
der Rinderwahnsinn hat schon von Großbritannien auf die Herden auf dem europäischen Festland übergegriffen
**maglev** *n*; **Maglev** *n* Magnetschwebebahn *f*; Magnetschwebetechnik *f*
**ABC designed a system that is similar to the Japanese maglev**
ABC entwickelte ein der japanischen Magnetschwebebahn vergleichbares System
**a maglev could make the trip in about an hour**
eine Magnetschwebebahn könnte die Strecke in etwa einer Stunde bewältigen
**maglevs offer distinct advantages over present modes of transport**
Magnetschwebebahnen bieten klare Vorteile gegenüber den derzeitigen Transportmitteln
**the initiative reevaluated the potential for maglev to improve intercity transportation**
die Initiative untersuchte erneut das Potenzial der Magnetschwebetechnik zur Verbesserung des Bahnverkehrs zwischen Großstädten
**maglev / Maglev system** Magnetschwebebahn *f*; Magnetschwebetechnik *f*
**maglev systems require large amounts of electric power**
Magnetschwebebahnen benötigen sehr viel elektrische Energie
**maglev / Maglev train** Magnetschwebebahn *f*
**maglev trains travel at speeds of 250-300 mph or higher**
Magnetschwebebahnen fahren mit Geschwindigkeiten von 400 bis 480 km/h oder mehr
**magnetic levitation** Magnetschwebetechnik *f*

**magnetic levitation**

**twenty-five years ago, Britain was at the cutting edge of research into magnetic levitation**
vor fünfundzwanzig Jahren stand Großbritannien in der Forschung auf dem Gebiet der Magnetschwebetechnik kurz vor dem Durchbruch

**magnetic levitation technology** Magnetschwebetechnik *f*
**magnetic levitation technology could greatly extend people's daily travel range in the next century**
die Magnetschwebetechnik könnte im kommenden Jahrhundert die täglich zurücklegbaren Fahrstrecken beträchtlich vergrößern

**main creditor** Hauptgläubiger *m*

**mainframe computer** Großrechner *m*
**ABC said yesterday that wide availability of its newest mainframe computer would be delayed until next year**
ABC gab gestern bekannt, dass sich die Markteinführung des neuen Großrechners bis ins kommende Jahr verzögern werde

**maintenance** *n* Instandhaltung *f*
**to subcontract maintenance and repair to specialists**
Instandhaltung und Instandsetzung an Spezialfirmen vergeben

**majority interest** Mehrheitsbeteiligung *f*
**the company announced its intent to purchase a majority interest in ABC**
das Unternehmen kündigte seine Absicht an, die Mehrheitsbeteiligung an ABC zu erwerben
**an important reason for the acquisition of a majority interest in ABC was ...**
ein wichtiger Grund für den Erwerb der Mehrheitsbeteiligung an ABC war ...

**majority owner** Mehrheitseigner *m*
**the French insurer is ABC's majority owner**
die französische Versicherungsgesellschaft ist Mehrheitseigner von ABC

**majority shareholder** Mehrheitsaktionär *m*

**major shareholder** Großaktionär *m*
**the divergent objectives of the company's major shareholders**
die divergierenden Ziele der Großaktionäre des Unternehmens

**maker of networking equipment** Netzwerkausrüster *m*

**malfunction** *n* Fehlfunktion *f*; Funktionsstörung *f*; Defekt *m*
**the malfunction of a major electricity generator brought matters to a head**
ein Defekt in einem größeren Kraftwerk führte zu einer Zuspitzung der Lage

**management** *n* Unternehmensführung *f*; Geschäftsführung *f*
**to give workers a say in management decisions**
die Arbeitnehmer an den Entscheidungen der Unternehmensführung beteiligen

**management board; Management Board** Vorstand *m*
**the new Management Board will have fewer members**
der neue Vorstand wird aus weniger Mitgliedern bestehen / kleiner sein
**he is a member of ABC's management board**
er ist Vorstandsmitglied bei ABC

**management board chairman** Vorstandschef *m*

**management board member** Vorstandsmitglied *n*
**a member of ABC's management board is handling the talks**
die Verhandlungen werden von einem Vorstandsmitglied von ABC geleitet

**management buyout** Management Buyout *n*; Management-Buy-out *n*
**loans to and investments in management buyouts**
Darlehen für und Investitionen in Management Buyouts

**management consultancy** Unternehmensberatung *f*
**the world's largest management consultancy**
die größte Unternehmensberatung der Welt

**management consultant** Unternehmensberater *m*
**a Boston-based management consultant**
ein in Boston ansässiger Unternehmensberater

**management consultants** Unternehmensberatung *f*
**he is chairman of management consultants A&B**
er ist Vorstand der Unternehmensberatung A&B

**management consulting group** Unternehmensberatungskonzern *m*

**management reshuffling** Stühlerücken in der Chefetage; Führungsumbau *m*

**management's discussion** *(annual report)* Lagebericht *m*
the financial statements and management's discussion were produced by ABC
der Jahresabschluss und Lagebericht wurden von ABC aufgestellt

**management shake-up** Führungsumbau *m*
the management shake-up is against the interests of the shareholders
der Führungsumbau ist gegen die Interesssen der Aktionäre gerichtet
the supervisory board on Wednesday approved a far reaching management shake-up
der Aufsichtsrat stimmte einem weit reichenden / umfassenden Führungsumbau zu

**management staff** Geschäftsleitung *f*
ABC's management staff brings with it long-standing experience in the industry
die Geschäftsleitung von ABC verfügt über vieljährige Erfahrung in der Industrie

**management team** Führungsriege *f*; Geschäftsleitung *f*; Führungsmannschaft *f*
many members of the current management team
viele Mitglieder der derzeitigen / jetzigen Führungsriege
the airline will cut its management team
die Fluggesellschaft wird ihre Führungsriege verkleinern
he heads a management team as good as there is
er hat eine einmalige Führungsmannschaft

**manager of real estate assets** Immobilienvermögensverwalter *m*
this will catapult the bank into the role of the world's largest manager of real estate assets
dadurch wird die Bank zum größten Immobilienvermögensverwalter der Welt

**managing** *n* Führung *f*; Führen *n*
difficulties in managing foreign operations
Schwierigkeiten bei der Führung ausländischer Betriebe

**man-made fiber** *(AE)* / **fibre** *(BE)* Chemiefaser *f*; Kunstfaser *f*
the different man-made fibres are generally classified according to their chemical structure
die unterschiedlichen Chemiefasern werden entsprechend ihrem chemischen Aufbau klassifiziert
the term "man-made" fibres is used to distinguish them from natural fibres
die Bezeichnung Kunstfaser wird verwendet, um diese Fasern von den Naturfasern zu unterscheiden

**manufacture** *n* Fertigware *f*
there has been a dramatic rise in the share of manufactures in the exports of developing countries
der Anteil der Fertigwaren an den Ausfuhren der Entwicklungsländer ist stark angestiegen

**manufactured goods** Fertigerzeugnisse *npl*; Industrieerzeugnisse *npl*
a spectacular surge in the exports of manufactured goods
ein spektakulärer Anstieg der Ausfuhren von Industrieerzeugnissen

**manufacturer** *n* Hersteller *m*
a leading manufacturer of software
ein führender Hersteller von Software

**manufacturing** *n* verarbeitendes Gewerbe; Verarbeitendes Gewerbe
manufacturing accounts for barely a sixth of jobs and GDP
knapp ein Sechstel der Arbeitsplätze und des BIP entfallen auf das verarbeitende Gewerbe

**manufacturing capacity** Fertigungskapazität *f*
the company believes its current manufacturing capacity is adequate to meet current needs
das Unternehmen vertritt die Ansicht, dass die derzeitige Fertigungskapazität ausreicht, um die zurzeit bestehende Nachfrage abzudecken

**manufacturing equipment** Fertigungstechnik *f*; Produktionsanlagen *fpl*; Produktionseinrichtungen *fpl*
state-of-the-art manufacturing equipment
moderne / modernste Produktionseinrichtungen

**manufacturing facility** Fertigungsstätte *f*; Produktionsanlage *f*
**this manufacturing facility employs approximately 200 people**
diese Fertigungsstätte beschäftigt ca. 200 Mitarbeiter
**the company financed the new manufacturing facility through borrowings from financial institutions**
das Unternehmen finanzierte die neue Produktionsanlage mit Krediten von Geldinstituten
**the new manufacturing facility constructed in 20...**
die im Jahre 20... neu errichtete Produktionsanlage
**A&B operates 18 manufacturing facilities in the United States and Kanada**
A&B betreibt 18 Fertigungsstätten in den USA und Kanada

**manufacturing industry** verarbeitendes Gewerbe; Verarbeitendes Gewerbe

**manufacturing plant** Produktionsstätte *f*; Produktionsanlage *f*
**the company operates seven manufacturing plants in the Latin American region**
das Unternehmen betreibt sieben Produktionsstätten in Lateinamerika

**market** *n* (1) Markt *m*; Absatzmarkt *m*
**to expand into new markets**
in neue Märkte expandieren
**is there a market for this bicycle**
gibt es einen Markt für dieses Fahrrad
**companies are looking for new markets**
die Unternehmen sind auf der Suche nach neuen Märkten
**to bring products to market**
Produkte auf den Markt bringen
**the markets are now slowly opening**
die Märkte öffnen sich nun langsam
**our products are primarily targeted at two very large markets**
unsere Produkte zielen primär auf zwei sehr große Märkte
**the nation's eighth-largest market**
der achtgrößte Markt des Landes
**to get products to market faster**
die Produkte schneller auf den Markt bringen
**to exit from unprofitable markets**
sich von unprofitablen Märkten zurückziehen
**Mexico is an important market for A&B**
Mexiko ist ein bedeutender Absatzmarkt für A&B

**market** *n* (2): **take to market** an die Börse bringen
**he has wanted to take A&B to market from the start**
er wollte A&B von Anfang an an die Börse bringen

**marketable** *adj* marktfähig
**marketable product**
marktfähiges Produkt

**marketable security** marktgängiges Wertpapier
**most public debt consists of marketable securities issued by a government**
ein Großteil der Staatsverschuldung besteht aus marktgängigen Wertpapieren, die von der Regierung herausgegeben wurden
**purchases and sales of marketable securities**
Kauf und Verkauf von marktgängigen Wertpapieren

**market acceptance** Marktakzeptanz *f*

**market debut** Börsengang *m*
**on the eve of ABC's market debut**
am Vorabend des Börsengangs von ABC

**market dominance** Marktbeherrschung *f*

**market dominant / market-dominant company** marktbeherrschendes Unternehmen

**market economy** Marktwirtschaft *f*
**the transition to a market economy has led to high levels of unemployment**
der Übergang zur Marktwirtschaft hat zu hoher Arbeitslosigkeit geführt

**market expectation** Markterwartung *f*
**Wednesday's half-point cut was in line with market expectations**
die Zinssenkung um einen halben Prozentpunkt am Mittwoch entsprach den Markterwartungen

**market forces** Marktkräfte *fpl*

**market launch** Markteinführung *f*
**an extremely successful market launch**
eine äußerst erfolgreiche Markteinführung

**market leader**; **market-leader** Marktführer *m*

**market leadership** Marktführerschaft *f*
**our strong balance sheet allows us to expand our market leadership**
unsere ausgezeichnete Bilanz ermöglicht es uns, die Marktführerschaft auszubauen

**market niche** Marktnische *f*
**the car will win a small market niche at best**
der Wagen wird sich bestenfalls eine Marktnische erobern
**to compete for market niches**
um Marktnischen konkurrieren

**market opening** Markteröffnung *f*

**market opportunity** Marktchance *f*
**the rising cost of fossil fuels is both a challenge and market opportunity**
die Verteuerung der fossilen Brennstoffe ist Herausforderung und Marktchance zugleich

**market participant** Marktteilnehmer *m*
**to stay in constant touch with market participants**
ständigen Kontakt zu den Marktteilnehmern halten

**market position** Marktstellung *f*; Marktposition *f*
**leading market position**
führende Marktstellung
**we have a strong market position**
wir haben eine starke Marktposition

**market potential** Marktpotential *n*; Marktpotenzial *n*
**to expand the market potential**
das Marktpotenzial vergrößern

**market presence** Marktpräsenz *f*
**ABC is increasing its market presence in Latin America**
ABC ist im Begriff, seine Marktpräsenz in Lateinamerika zu verstärken
**these acquisitions will broaden ABC's market presence in minerals and industrial sands**
diese Akquisitionen werden die Marktpräsenz von ABC im Bereich Mineralien und Industriesände verstärken

**market researcher** Marktforschungsinstitut *n*
**according to ABC, a market researcher in New York, PC sales in the United States grew by 10 percent**
laut ABC, einem Markforschungsinstitut in New York, ist der Verkauf von PC in den USA um 10% gestiegen

**market research firm** Marktforschungsinstitut *n*
**David Miller is an analyst for ABC, a market research firm**
David Miller ist Analyst bei ABC, einem Marktforschungsinstitut

**market saturation** Marktsättigung *f*

**market share** Marktanteil *m*
**our PC business maintained its market share**
unser PC-Geschäft hat seinen Marktanteil behauptet
**all the other major manufacturers lost market share**
alle anderen großen Hersteller haben Marktanteile verloren
**the computer maker has steadily gained market share from rivals**
der Computerhersteller hat seinen Konkurrenten ständig Marktanteile abgenommen

**market study** Marktstudie *f*
**according to this market study**
dieser Marktstudie zufolge
**market studies showed that ...**
Marktstudien haben gezeigt, dass ...

**market value** Marktwert *m*
**ABC overtook its former parent in market value**
ABC hat seine frühere Muttergesellschaft an Marktwert übertroffen
**how can market value change by $50 billion in a day**
wie kann sich der Marktwert während eines Tages um 50 Milliarden $ verändern
**foreign firms envy ABC's market value**
ausländische Firmen blicken mit Neid auf ABCs Marktwert
**the two companies saw around half of their market value disappear last year**
der Marktwert der beiden Unternehmen ist im vergangenen Jahr um fast die Hälfte geschrumpft

**market watcher** Marktbeobachter *m*
**most market watchers now expect the U.S. Federal Reserve to cut interest rates**
die meisten Marktbeobachter erwarten nun, dass die amerikanische Notenbank ihre Zinssätze senkt

**mass layoffs** Massenentlassungen *fpl*
**the announcement of mass layoffs at U.S.-based ABC operations**
die Ankündigung von

Massenentlassungen in amerikanischen ABC-Werken
**mass manufacturing** Massenfertigung *f*; Massenproduktion *f*
**mass manufacturing is something which this carmaker knows a lot about**
in der Massenfertigung kennt sich dieser Autobauer aus
**mass production** Massenfertigung *f*; Massenproduktion *f*
**mass slaughter** Massenschlachtung *f*
**mass tabloid** Massenblatt *n*
**material** *n* (1) Werkstoff *m*
**material** *n* (2) Unterlagen *fpl*
**they refused to grant access to the material**
sie verweigerten Einsicht in die Unterlagen
**material costs** Materialaufwand *m*
**material costs rose by only 3% compared with the previous year**
der Materialaufwand stieg im Vergleich zum Vorjahr lediglich um 3%
**material handling** Fördertechnik *f*
**material handling equipment** Fördereinrichtung *f*; Fördertechnik *f*
**material(s) science** Werkstofftechnik *f*; Werkstoffwissenschaften *fpl*
**our work ranges from material science to solid-state physics**
unser Tätigkeitsbereich erstreckt sich von den Werkstoffwissenschaften bis hin zur Festkörperphysik
**researchers and engineers are working on the development of new technical solutions in material science**
Forscher und Ingenieure arbeiten an der Entwicklung neuer technischer Lösungen auf dem Gebiet der Werkstoffwissenschaften
**mature animal** erwachsenes Tier; ausgewachsenes Tier
**the disease is not usually fatal in mature animals**
bei erwachsenen Tieren verläuft die Krankheit normalerweise nicht tödlich
**MDAX index** MDAX *m*
**ABC is a car-rental company quoted on Frankfurt's MDAX index**
ABC ist eine Autoverleihfirma, die im Frankfurter MDAX geführt wird
**means of production** Produktionsmittel *n*
**human beings are the end as well as a means of production**
der Mensch ist sowohl Produktionsziel als auch Produktionmittel
**meat-based cattle feed** Rinderfutter mit beigemischtem Tiermehl
**the new law will also increase the penalty for using meat-based cattle feed**
das neue Gesetz erhöht die Strafen für die Verwendung von Rinderfutter mit beigemischtem Tiermehl
**meat import** Fleischimport *m*
**Japan and South Korea are among the countries restricting meat imports from Europe**
Japan und Südkorea gehören zu den Ländern, die ihre Fleischimporte aus Europa einschränken
**mechanical engineer** Maschinenbauingenieur *m*
**he replaced many of the group's mechanical engineers with software experts**
er ersetzte viele der Maschinenbauingenieure des Konzerns durch Softwarespezialisten
**mechanical engineering** Maschinenbau *m*
**he is professor of mechanical engineering at an American university**
er ist Professor für Maschinenbau an einer amerikanischen Universität
**mechatronics** *n* Mechatronik *f*
**mechatronics combines mechanical and electrical engineering**
die Mechatronik ist eine Verbindung aus Maschinenbau und Elektrotechnik
**media company** Medienunternehmen *n*
**the world's third-largest media company**
das drittgrößte Medienunternehmen der Welt
**ABC was ready to merge with a media company**
ABC war zur Fusion mit einem Medienunternehmen bereit
**media conglomerate** Medienkonzern *m*
**media empire** Medienreich *n*
**his media empire is in deep trouble**
sein Medienreich steckt tief in der Krise
**media giant** Medienriese *m*
**a consortium of electronics and media giants collectively have spent well more than $1 billion to develop a novel technology**

ein aus Elektronik- und Medienriesen bestehendes Konsortium hat zusammen weit über 1 Mrd. Dollar in die Entwicklung einer neuartigen Technologie gesteckt
**the German media giant announced a joint venture with A&B**
der deutsche Medienriese kündigte ein Jointventure mit A&B an

**media group** Medienkonzern *m*
**the media group announced a takeover of ABC**
der Medienkonzern kündigte die Übernahme von ABC an
**ABC, a British media group, announced a joint venture**
ABC, ein britischer Medienkonzern, kündigte ein Jointventure an
**a London-based international media group**
ein internationaler Medienkonzern mit Sitz in London
**the Anglo-Dutch media group on Thursday provided some cheer to the sector when it reported a 13 per cent rise in pre-tax profits**
der anglo-holländische Medienkonzern erfreute die Branche am Donnerstag mit der Mitteilung eines Anstieges des Gewinns vor Steuern um 13 Prozent
**to create Germany's largest listed media group**
Deutschlands größten börsennotierten Medienkonzern schaffen

**media mogul** Medienzar *m*

**media report** Medienbericht *m*
**the company angrily denied media reports that ...**
das Unternehmen wies entrüstet Medienberichte zurück, nach denen ...
**media reports are claiming that ... / media reports said ...**
laut Medienberichten soll(en) ...
**according to Japanese media reports**
nach japanischen Medienberichten

**media world** Medienwelt *f*

**medical coverage**: **have medical coverage** krankenversichert sein

**medical equipment** medizinische Technik; medizinische Geräte

**medical insurance** Krankenversicherung *f*
**his premium for his medical insurance was going to be $100 more than his pension payment**
die Prämie für seine Krankenversicherung hätte die Höhe seiner Rente um 100 $ überschritten

**medium-size business** mittleres Unternehmen
**broadband and Web services for small and medium-size businesses**
Breitband- und Internet-Dienste für kleine und mittlere Unternehmen

**medium-sized business** mittleres Unternehmen
**affordable cogeneration systems for small and medium-sized businesses**
Kraft-Wärme-Kopplungsanlagen zu einem erschwinglichen Preis für kleine und mittlere Unternehmen

**medium-sized car** Mittelklasse-Auto *n*; Mittelklassewagen *m*

**medium-sized company** Unternehmen mittlerer Größe; mittleres Unternehmen

**medium term** (1) mittelfristig
**the contribution of nuclear energy to near and medium term energy needs**
der Beitrag der Kernenergie zur kurz- und mittelfristigen Energieversorgung

**medium term** (2): **in / over the medium term** mittelfristig; auf mittlere Sicht
**the efficiencies anticipated in the medium term**
die mittelfristig erwarteten Wirkungsgrade
**A&B anticipates a 15 per cent growth in the medium term**
A&B rechnet mittelfristig mit einem Wachstum von 15%
**member states must keep their budgets close to balance or surplus over the medium term**
die Mitgliedsstaaten müssen mittelfristig einen nahezu ausgeglichenen oder positiven Haushalt aufweisen

**meeting** *n* Sitzung *f*; Besprechung *f*
**at a meeting of the company's supervisory board**
an einer Sitzung des Aufsichtsrats der Firma
**the meeting started at 5 p.m. and is still going on**
die Besprechung begann um 17 Uhr und dauert noch an

**meeting of national trade ministers** Handelskonferenz *f*

**mega-merger** Megafusion *f*
**consumers mostly oppose such mega-mergers**
die meisten Verbraucher lehnen diese

Megafusionen ab
**where did all the mega-mergers go**
was ist aus allen diesen Megafusionen
geworden
**mega trend** Megatrend *m*
**some analysts see nanotechnology as megatrend of the type that biotech and wireless have been**
einige Analysten betrachten die Nanotechnologie als einen mit der Biotechnologie und dem Mobilfunk vergleichbaren Megatrend
**memorandum of understanding**
the two companies said they have signed a memorandum of understanding
**memory chip** Speicherchip *m*
**the current downturn in demand for memory chips**
die zurzeit rückläufige Nachfrage nach Speicherchips
**ABC is the world's biggest maker of memory chips**
ABC ist weltweit der größte Hersteller von Speicherchips
**this company is ABC's largest rival in the memory chip market**
dieses Unternehmen ist ABCs größter Konkurrent auf dem Markt für Speicherchips
**with this breakthrough, memory chips can be made more powerful**
mit diesem Durchbruch kann die Leistungsfähigkeit von Speicherchips gesteigert werden
**memory-chip market** Markt für Speicherchips
**America created the memory-chip market and once held almost all of it**
Amerika schuf den Markt für Speicherchips und beherrschte ihn früher mehr oder weniger völlig
**memory market** Speichermarkt *m*
**the new technology will have a revolutionary impact on the memory market**
die neue Technologie wird revolutionäre Auswirkungen auf den Speichermarkt haben
**but people shouldn't think that this new technology is going to take over the memory market tomorrow**
aber man sollte nicht erwarten, dass diese neue Technologie schon morgen den Speichermarkt vollständig beherrschen wird
**the company exited the memory markets in 20...**
das Unternehmen sorgte im Jahre 20...
für Aufregung auf den Speichermärkten
**merge** *v* fusionieren
**the two companies merged in January 20...**
die beiden Unternehmen fusionierten im Januar 20...
**the company has recently merged with A&B**
das Unternehmen fusionierte vor kurzem mit A&B
**merger** *n* Fusion *f*; Zusammenschluss *m*; Firmenfusion *f*; Verschmelzung *f*; Unternehmenszusammenschluss *m*
**shareholders approve merger with ABC**
Aktionäre stimmen Fusion mit ABC zu
**a merger of equals**
eine Fusion gleichberechtigter Partner
**the merger now looks doomed**
zurzeit sieht es so aus, als sei die Fusion gescheitert
**the Department of Justice approved the merger on condition that**
das Justizministerium genehmigte die Fusion unter der Bedingung, dass ...
**rising losses and failed mergers are adding to the industry's gloom**
steigende Verluste und fehlgeschlagene Zusammenschlüsse tragen noch zusätzlich zur düsteren Lage dieses Industriezweiges bei
**the company's merger with A&B collapsed at the end of May**
die Fusion des Unternehmens mit A&B scheiterte Ende Mai
**the pending merger of A&B with C&D**
die bevorstehende Fusion von A&B mit C&D
**merger announcement**
Fusionsankündigung *f*
**following the merger announcement the company's shares were suspended on the stock exchange**
nach der Fusionsankündigung wurde der Handel mit den Aktien des Unternehmens ausgesetzt
**merger mania** Fusionsfieber *n*; Fusionitis *f*
**in the past three years merger mania has transformed American telecoms**
in den vergangenen drei Jahren hat das Fusionsfieber die amerikanische Telekommunikationslandschaft verwandelt

**merger project** Fusionsvorhaben *n*
**the company is engaged in a merger project with ABC**
das Unternehmen ist an einem Fusionsvorhaben mit ABC beteiligt

**merger talk** Fusionsgespräch *n*; Fusionsverhandlung *f*
**four firms revealed last week that they were in merger talks**
letzte Woche teilten vier Firmen mit, dass sie Fusionsgespräche führten / letzte Woche gaben vier Firmen zu, dass ...
**last November the company started merger talks with ABC**
vergangenen November begann das Unternehmen Fusionsverhandlungen mit ABC

**merger wave** Fusionswelle *f*
**is America's fifth merger wave on its last legs**
verebbt Amerikas fünfte Fusionswelle
**the present merger wave is merely pausing, rather than ending**
die gegenwärtige Fusionswelle macht nur kurz Pause und ist noch nicht zu Ende

**microelectronics** Mikroelektronik *f*

**microelectronics company** Mikroelektronikfirma *f*; Mikroelektronik-Unternehmen *n*
**not to be underestimated are the microelectronics companies**
man darf auf keinen Fall die Mikroelektronikfirmen unterschätzen

**microelectronics division** Mikroelektroniksparte *f*; Mikroelektronikbereich *m*

**microelectronics group** Mikroelektronikkonzern *m*

**microturbine** *n* Mikroturbine *f*
**ABC is a leading producer of low-emission microturbines**
ABC ist ein führender Hersteller von schadstoffarmen Mikroturbinen

**middle management** mittleres Management

**middle way** Mittelweg *m*
**politicians are talking about the new middle way**
die Politiker reden über den neuen Mittelweg

**migrate** *v*: **migrate to** umsteigen auf
**some customers may wait a year or so before migrating to the new operating system**
einige Kunden werden vielleicht bis zu einem Jahr warten, bevor sie auf das neue Betriebssystem umsteigen

**military helicopter** Militärhubschrauber *m*

**military-helicopter engine** Triebwerk für Militärhubschrauber

**milk output** Milchleistung *f*

**miners** *pl* Bergleute *pl*

**minimum wage** Mindestlohn *m*
**this can be attributed to Europe's higher minimum wages**
dies ist auf die höheren Mindestlöhne in Europa zurückzuführen

**mining** Bergbau *m*

**mining company** Bergbaugesellschaft *f*

**mining industry** Bergbau *m*

**ministerial meeting** Ministertreffen *n*
**at the end of the annual ministerial meeting**
am Ende des jährlichen Ministertreffens
**the ministerial meeting is now less than four months away**
es sind nur noch weniger als vier Monate bis zum Ministertreffen

**minister of economic affairs** Wirtschaftsminister *m*

**ministry of finance** Finanzministerium *n*

**Ministry of Transport(ation)** Verkehrsministerium *n*

**minority interest** Minderheitsbeteiligung *f*; Minderheitsanteil *m*; Minderheitenanteil *m*
**the company will purchase a minority interest in the ABC yards**
das Unternehmen wird einen Minderheitsanteil / eine Minderheitsbeteiligung an der ABC-Werft erwerben
**the acquisition of the minority interest(s) in ABC**
der Erwerb der Minderheitsanteile an ABC

**minority shareholder** Minderheitsaktionär *m*
**ABC has largely ignored the interests of minority shareholders in a controversial restructuring plan**
ABC hat bei einem umstrittenen Umstrukturierungsplan die Interessen der Minderheitsaktionäre weitgehend übergangen

**minority stake** Minderheitsbeteiligung *f*; Minderheitsanteil *m*; Minderheitenbeteiligung *f*
**A&B entered talks with B&C aimed at taking a minority stake worth up to $10 billion in the firm's mobile-phone operation**
A&B begann Verhandlungen mit B&C mit dem Ziel, eine Minderheitsbeteiligung in Höhe von bis zu 10 Milliarden $ am Mobiltelefongeschäft des Unternehmens zu erwerben
**the ABC Group has agreed to take a minority stake in a leading mobile phone company**
der ABC-Konzern hat sich bereit erklärt, eine Minderheitsbeteiligung an einem führenden Mobilfunkunternehmen einzugehen

**minutes** *pl* Protokoll *n*
**they had to wait for publication of the minutes**
sie mussten auf die Veröffentlichung des Protokolls warten

**mismanagement** *n* Missmanagement *n*
**to toughen the penalties for mismanagement**
die Strafen für Missmanagement verschärfen
**the investors allege financial mismanagement and want compensation for their losses**
die Investoren beschuldigen das Unternehmen des Missmanagements und verlangen Schadenersatz

**mixed response** geteiltes Echo
**the new energy policy has drawn a mixed response**
die neue Energiepolitik stieß auf ein geteiltes Echo

**mobile boom** Handy-Boom *m*
**the mobile boom is dying down**
der Handy-Boom lässt nach

**mobile communications** Mobilkommunikation *f*

**mobile company** Mobilfunkunternehmen *n*; Mobilfunkbetreiber *m*; Mobilfunkfirma *f*; Mobilfunkgesellschaft *f*
**fast-growing mobile company**
schnell wachsendes Mobilfunkunternehmen

**mobile licence** Mobilfunklizenz *f*
**ABC is poised to pay more than $4bn for two mobile licences**
ABC ist bereit, mehr als 4 Mrd. Dollar für zwei Mobilfunklizenzen zu bezahlen

**mobile market** Mobilfunkmarkt *m*
**ABC has captured 17% of the German mobile market**
ABC hat einen Anteil von 17% am deutschen Mobilfunkmarkt erobert
**A&B's dominance of the current mobile market**
die derzeit dominierende Stellung von A&B auf dem Mobilfunkmarkt

**mobile network** Mobilnetz *n*
**this standard is now used in about 65% of the world's mobile networks**
dieser Standard wird zurzeit weltweit in etwa 65% der Mobilnetze eingesetzt

**mobile operator** Mobilfunkbetreiber *m*; Mobilfunkanbieter *m*
**ABC had acquired European and American mobile operators and third-generation licences**
ABC hatte europäische und amerikanische Mobilfunkanbieter sowie UMTS-Lizenzen erworben
**the two firms that put in offers are already the country's biggest mobile operators**
die beiden Firmen, die Angebote machten, sind schon die größten Mobilfunkanbieter des Landes

**mobile phone** Handy *n*; Mobiltelefon *n*
**the world's biggest maker of mobile phones**
der weltweit größte Hersteller von Handys
**to provide computing power for mobile phones**
Mobiltelefone mit Rechenleistung ausstatten
**the Finnish group makes one in every three mobile phones**
der finnische Konzern stellt jedes dritte Mobiltelefon her

**mobile phone company** Mobilfunkunternehmen *n*; Mobilfunkgesellschaft *f*
**to pave the way for a takeover bid from a major mobile phone company**
den Weg ebnen für ein Übernahmeangebot von einem führenden Mobilfunkunternehmen

**mobile-phone giant** Mobilfunkriese *m*
**the two mobile-phone giants are discussing a joint venture**
die beiden Mobilfunkriesen verhandeln über ein Jointventure

**mobile-phone group** Mobilfunkkonzern *m*

**mobile-phone industry** Mobilfunkindustrie *f*
**America's mobile-phone industry lags behind Europe and Asia**
die amerikanische Mobilfunkindustrie hängt hinter Europa und Asien zurück

**mobile-phone maker; mobile phone maker** Mobiltelefonhersteller *m*; Handy-Hersteller *m*
**ABC is the world's leading mobile-phone maker**
ABC ist der größte Handy-Hersteller der Welt

**mobile phone network** Handy-Netz *n*; Mobilfunknetz *n*
**the world's mobile phone networks will have to be upgraded**
die Handy-Netze auf der ganzen Welt müssen modernisiert werden
**A&B wants to launch 250 balloons as part of a worldwide mobile phone network**
A&B will zum Aufbau eines weltweiten Handy-Netzes 250 Ballons stationieren
**to operate a mobile phone network**
ein Mobilfunknetz betreiben

**mobile-phone operation** Mobilfunkbereich *m*; Mobilfunksparte *f*
**the Hong Kong conglomerate said that it would sell 35% of its mobile-phone operation**
der Mischkonzern aus Hong Kong gab bekannt, man werde 35% des Mobilfunkbereichs veräußern

**mobile-phone operator** Mobilfunkbetreiber *m*
**the mobile-phone operator hit the headlines with its hostile bid for Germany's ABC**
der Mobilfunkbetreiber geriet in die Schlagzeilen, als er ein feindliches Übernahmeangebot für das deutsche Unternehmen ABC machte

**mobile phone subsidiary** Mobilfunktochter *f*

**mobile phone supplier** Mobiltelefonanbieter *m*
**ABC company is the leading mobile phone supplier**
ABC ist ein führender Mobiltelefonanbieter

**mobile telecoms company** Mobilfunkunternehmen *n*

**mobile telephone** Mobiltelefon *n*
**ABC is the world's leading maker of mobile telephones**
ABC ist weltweit führend bei der Herstellung von Mobiltelefonen

**mobile telephone company** Mobilfunkgesellschaft *f*
**A&B is the country's third biggest mobile telephone company and now has 3m customers**
A&B ist mit derzeit 3 Mio. Kunden die drittgrößte Mobilfunkgesellschaft des Landes

**mobile-telephone operator** Mobilfunkbetreiber *m*; Mobilfunkanbieter *m*; Mobilfunk-Anbieter *m*
**Japan's leading mobile-telephone operator**
Japans führender Mofilfunkbetreiber

**model range** Modellpalette *f*
**to extend the model range into the luxury segment**
die Modellpalette auf das Luxussegment ausdehnen
**the carmaker plans a new model range**
der Autohersteller plant eine neue Modellpalette

**monetary easing** Lockerung der Geldpolitik
**monetary easing by central banks will not be enough**
eine Lockerung der Geldpolitik durch die Zentralbanken wird nicht ausreichen

**monetary policy** Geldpolitik *f*
**the head of the country's central bank ought to focus on monetary policy**
der Chef der Zentralbank eines Landes sollte sich in erster Linie auf die Geldpolitik konzentrieren
**a looser monetary policy**
eine lockerere Geldpolitik / geldpolitische Lockerung
**the central bank has eased / relaxed its monetary policy**
die Zentralbank hat ihre Geldpolitik gelockert

**money-laundering** *n*; **money laundering** *n* Geldwäsche *f*
**to combat money laundering**
Geldwäsche bekämpfen

**money market** Geldmarkt *m*

**monitor** *v* überwachen; beobachten; weiter verfolgen
**to monitor and control machines and processes**
Maschinen und Prozesse überwachen und steuern
**the airline will monitor the situation**

die Fluggesellschaft wird die Lage weiterverfolgen

**monopoly** *n* Monopol *n*; Monopolist *m*; Monopolunternehmen *n*
**the concern threatened to end its partnership with the South African monopoly**
das Unternehmen drohte mit der Aufkündigung der Partnerschaft mit dem südafrikanischen Monopolisten
**the monopoly will run out in 20...**
das Monopol wird im Jahre 20... ablaufen

**monopoly position** Monopolstellung *f*
**A&B was found guilty of abusing its monopoly position**
A&B wurde des Missbrauchs seiner Monopolstellung für schuldig befunden

**monthly report** Monatsbericht *m*

**morning trading** Vormittagshandel *m*
**in morning trading, shares of A&B fell $2.66 to $40.62**
im Vormittagshandel fielen die Aktien von A&B um 2,66 $ auf 40,62 $

**mortgage interest rate** Hypothekenzinssatz *m*

**motor-car** *n*; **motor car** Personenkraftwagen *m* (Pkw)
**the first motor car with a petrol engine was made by Karl Benz**
Karl Benz baute den ersten Pkw mit Ottomotor
**this fuel cell made the electric motor car a real possibility**
durch diese Brennstoffzelle ist der erste Elektro-Pkw in greifbare Nähe gerückt

**motor fuel tax** Kraftstoffsteuer *f*
**he proposed an increase in motor fuel taxes**
er schlug eine Erhöhung der Kraftstoffsteuern vor

**motor show** Automobilausstellung *f*
**at next week's motor show A&B will also unveil a concept vehicle**
auf der Automobilausstellung nächste Woche wird A&B ein Konzeptfahrzeug vorstellen

**motor vehicle** Kraftwagen *m*
**the world's fifth-largest manufacturer of motor vehicles**
der weltweit fünftgrößte Hersteller von Kraftwagen

**motor vehicle manufacturer** Automobilhersteller *m*

**mountain of debt** Schuldenberg *m*; Berg von Schulden
**some family-run conglomerates have crumbled beneath mountains of debt**
einige Familien-Konzerne sind unter einem Schuldenberg zusammengebrochen
**efforts to cut the group's mountain of debt**
Bemühungen, den Schuldenberg des Konzerns abzubauen

**mouse click** Mausklick *m*
**via / with a mouse click**
per Mausklick
**with a single mouse click**
mit einem einzigen Mausklick

**multimedia PC** Multimedia-PC *m*

**multimeter** *n* Vielfachmessgerät *n*

**multinational** *n* multinationales Unternehmen; Multi *m*
**it took him 30 years to build ABC into a multinational with annual sales of around $60 billion**
er hatte 30 Jahre dazu benötigt, um aus ABC ein multinationales Unternehmen mit einem Jahresumsatz von ca. 60 Milliarden Dollar zu machen
**multinationals with factories and offices around the world**
multinationale Unternehmen mit Fabriken und Niederlassungen auf der ganzen Welt
**the growing difficulties multinationals are experiencing in winning approval for deals on both sides of the Atlantic**
die wachsenden Schwierigkeiten, denen sich Multis auf beiden Seiten des Atlantiks gegenübersehen, wenn es um die Genehmigung von Unternehmenstransaktionen geht

**multinational firm** multinationales Unternehmen
**ABC said it had sold its affiliate BCD to a French multinational firm**
ABC teilte mit, es habe seine Tochter BCD an ein französisches multinationales Unternehmen verkauft

**municipality** *n* Kommune *f*
**investment by municipalities has dropped by one-third**
die Investitionen der Kommunen sind um ein Drittel zurückgegangen

**municipal utility** Stadtwerke *npl*
**a municipal utility is a utility that is owned and operated by a city**
Stadtwerke sind stadteigene Energieversorgungsbetriebe

**municipal utilities serve roughly 14 percent of the nation's electric customers**
ungefähr 14% der Stromkunden des Landes erhalten ihre Energie von einem Stadtwerk

**music file** Musikdatei *f*

**music file-sharing utility** Musiktauschbörse *f*

**music file-swapping service** Musiktauschbörse *f*

**music group** Musikkonzern *m*

**mutually acceptable solution** einvernehmliche Lösung
  **to reach a mutually acceptable solution**
  eine einvernehmliche Lösung erzielen / erreichen

# N

**name change** Umbenennung *f*; Namensänderung *f*
  **preparation costs relating to the company's name change**
  Kosten in Verbindung mit der Umbenennung der Firma
  **the name change will be made effective on a date to be announced**
  die Namensänderung soll an einem noch zu nennenden Datum wirksam werden

**nanotechnology** *n* Nanotechnologie *f*
  **nanotechnology is derived from nanos, the Greek word for dwarf**
  Nanotechnologie geht auf die griechische Benennung für Zwerg zurück
  **a host of start-up companies has brought nanotechnology out of the novels and into the marketplace**
  eine Vielzahl von Start-ups sorgte dafür, dass aus der Fiktion Nanotechnologie kommerzielle Wirklichkeit wurde

**Nasdaq index** Nasdaq-Index *m*
  **the technology-dominated Nasdaq index plummeted 178.93 points to 2,332.78**
  der technologielastige Nasdaq-Index fiel um 178,93 Punkte auf 2.332,78

**national debt** Staatsschuld *f*; Staatsverschuldung *f*
  **the president has an opportunity to pay down the national debt**
  der Präsident hat nun eine Gelegenheit, die Staatsschulden zu tilgen
  **he said it would be better to use the surpluses to pay off the national debt**
  er sagte, es sei besser, mit den Überschüssen die Staatsverschuldung abzubauen

**national giant** Staatskoloss *m*

**national product** Sozialprodukt *n*

**natural gas** Erdgas *n*
  **clean gaseous fuels such as propane and natural gas**
  umweltfreundliche Kraftstoffe / Brennstoffe wie Propan und Erdgas
  **a shortage of natural gas forced many power plants to oil**
  ein Mangel an Erdgas zwang viele Kraftwerke auf Öl umzustellen
  **some cars already run on natural gas**
  einige Autos werden schon mit Erdgas betrieben

**natural gas customer** Erdgaskunde *m*

**natural gas supply** (1) Erdgasversorgung *f*

**natural gas supply** (2) Erdgasvorrat *m*
  **ABC reported that the U.S. natural gas supply is approximately ...**
  ABC berichtete, dass die Erdgasvorräte der Vereinigten Staaten sich auf ... belaufen

**natural product** Naturprodukt *n*

**near-collapse** *n* Beinahe-Pleite *f*
  **the near-collapse of the group in July shocked many**
  die Beinahe-Pleite des Konzerns im Juli hat viele geschockt

**need** *n* Bedürfnis *n*
  **our products meet the present and future needs of our customers**
  unsere Produkte befriedigen die heutigen und zukünftigen Bedürfnisse unserer Kunden
  **these solutions are exactly suited to your needs**
  diese Lösungen sind genau auf Ihre Bedürfnisse zugeschnitten

**negotiating position** Verhandlungsposition *f*
  **this downgrade has weakened A&B's negotiating position**
  diese Rückstufung hat die Verhandlungsposition von A&B geschwächt

**negotiating table** Verhandlungstisch *m*
   **Germany refuses to go back to the negotiating table**
   Deutschland weigert sich, an den Verhandlungstisch zurückzukehren

**negotiating tactic** Verhandlungstaktik *f*
   **both countries are using the presidential elections as a negotiating tactic**
   beide Länder benutzen die Präsidentschaftswahlen als Verhandlungstaktik

**negotiation** *n* Verhandlung *f*
   **there are more than 60 creditor banks in the negotiations**
   mehr als 60 Gläubigerbanken sind an den Verhandlungen beteiligt
   **after the collapse of the negotiations**
   nach dem Scheitern der Verhandlungen

**net debt** Nettoverschuldung *f*
   **A&B has reduced / cut its net debt by half**
   A&B hat seine Nettoverschuldung um die Hälfte verringert

**net earnings** Nettoertrag *m*; Nettoergebnis *n*
   **ABC achieved / posted record net earnings of $3.3 billion**
   ABC erzielte Nettoerträge in einer Rekordhöhe von 3,3 Mrd. Dollar

**net income for the year** Jahresüberschuss *m*
   **net income for the year was $... million, up ... percent from the $... registered in 20...**
   der Jahresüberschuss betrug ... Mio. $; das sind ...% mehr im Vergleich zu den ... Mio. $ im Jahre 20...

**net loss** Nettoverlust *m*
   **the company reported / had a net loss of $386,000**
   das Unternehmen verzeichnete einen Nettoverlust von 386.000 Dollar
   **the airline will probably report a net loss of about $350m in 20...**
   die Fluggesellschaft wird wahrscheinlich für das Jahr 20... einen Nettoverlust von ca. 350 Mio. $ verzeichnen

**net profit** Nettogewinn *m*

**net sales** Nettoumsatz *m*
   **net sales grew for the sixth consecutive year**
   der Nettoumsatz wuchs im sechsten Jahr in Folge

**network computer** Netzwerkrechner *m*

**networked** *adj* vernetzt
   **the shift to a networked world**
   die Entwicklung zu einer vernetzten Welt / zur weltweiten Vernetzung
   **the vision of a networked world**
   die Vision einer vernetzten Welt

**network equipment maker** Netzwerkausrüster *m*

**networking equipment** Netzwerkausrüstung *f*

**neural network** neuronales Netz
   **advanced control technologies such as neural networks and expert systems**
   moderne Steuerungstechniken wie neuronale Netze und Expertensysteme

**new car** Neuwagen *m*
   **catalytic converters are found on all new cars**
   alle Neuwagen besitzen einen Abgaskatalysator
   **sales of new cars**
   Neuwagenabsatz

**new car production** Neuwagenproduktion *f*
   **to collaborate on new car production in South Korea**
   bei der Neuwagenproduktion in Südkorea zusammenarbeiten

**new car registration** Pkw-Neuzulassung *f*

**new car sales** Neuwagenverkauf *m*
   **this has allowed manufacturers to control new car sales for almost 20 years**
   auf diese Weise konnten die Hersteller den Neuwagenverkauf fast zwanzig Jahre lang steuern / kontrollieren / beherrschen

**newcomer** *n* Neueinsteiger *m*
   **such information could help newcomers to poach customers from existing companies**
   mit Hilfe solcher Information könnten Neueinsteiger den etablierten Firmen Kunden abjagen

**new customer** Neukunde *m*
   **to gain entrance to new customers; to attract / win new customers**
   Neukunden gewinnen

**new design** Neuentwicklung *f*
   **among the new design's chief benefits are ...**
   zu den wichtigsten Vorteilen der Neuentwicklung gehören ...
   **some 25 million of these instruments were produced until they were superseded by a new design**

ca. 25 Mio. dieser Instrumente wurden hergestellt, bis sie dann von einer Neuentwicklung abgelöst wurden

**new order** Neuauftrag *m*

**news agency** Nachrichtenagentur *f*
   **China's state-run news agency**
   Chinas staatliche Nachrichtenagentur

**news conference** Pressekonferenz *f*
   **at his first news conference since he was named chairman two weeks ago**
   an seiner ersten Pressekonferenz seit seiner Ernennung zum Firmenchef

**newspaper report** Zeitungsbericht *m*
   **he was asked to comment about the newspaper report**
   man bat ihn um eine Stellungnahme zu dem Zeitungsbericht

**new spending** zusätzliche Ausgaben

**newsprint** *n* Zeitungspapier *n*
   **ABC produces 254,000 tonnes of newsprint annually and employs over 600 people**
   ABC produziert 254.000 Tonnen Zeitungspapier pro Jahr und beschäftigt über 600 Mitarbeiter

**Nikkei index** Nikkei-Index *m*
   **the Nikkei index is at its lowest for more than 15 years**
   der Nikkei-Index hat den tiefsten Stand seit mehr als 15 Jahren erreicht

**no-frills airline** Billigfluglinie *f*

**noise pollution** Lärmbelästigung *f*
   **negligible air and noise pollution**
   äußerst geringe Luftverschmutzung und Lärmbelästigung
   **noise pollution is of concern in many environments**
   die Lärmbelästigung ist in vielen Umgebungen ein Problem

**non-core activity** Nicht-Kernbereich *m*; Randgeschäft *n*; Randgeschäftsfeld *n*
   **the company also suffered losses in other non-core activities**
   das Unternehmen machte auch in anderen Randgeschäften Verluste

**non-core business** Nicht-Kernbereich *m*; Randgeschäft *n*; Randgeschäftsfeld *n*
   **companies rarely make money on non-core businesses**
   die Unternehmen machen selten Geld mit Nicht-Kernbereichen
   **ABC also plans a gradual disposal of other non-core businesses**
   ABC will auch allmählich weitere Nicht-Kernbereiche veräußern
   **we have now completed the divestiture of seven non-core businesses**
   wir haben nun die Abspaltung von sieben Randgeschäftsfeldern abgeschlossen

**non-farm payroll** Zahl der Beschäftigten / Beschäftigtenzahl außerhalb der Landwirtschaft
   **a 66,000 rise in non-farm payrolls**
   Anstieg der Zahl der Beschäftigten außerhalb der Landwirtschaft um 66.000

**non-OPEC country** Nicht-OPEC-Land *n*
   **some non-OPEC countries are restraining oil production**
   einige Nicht-OPEC-Länder drosseln die Ölförderung

**non-OPEC member** Nicht-OPEC-Land *n*; Nicht-OPEC-Staat *m*

**non-OPEC producer** Nicht-OPEC-Land *n*; Nicht-Opec-Förderland *n*
   **non-OPEC producers have so far refused to cooperate**
   die Nicht-OPEC-Länder verweigern bis jetzt eine Zusammenarbeit

**non-state company** nichtstaatliches Unternehmen

**north Atlantic route** Nordatlantikroute *f*; Nordatlantikstrecke *f*

**note** *v*: **be noted** notiert sein
   **the company will be noted on the American Stock Exchange under the symbol "ABC"**
   das Unternehmen wird an der amerikanischen Börse unter der Bezeichnung „ABC" notiert sein / die Notierung an der amerikanischen Börse wird unter der Bezeichnung „ABC" erfolgen

**nuclear energy** Kernenergie *f*
   **the future use of nuclear energy**
   die künftige Nutzung der Kernenergie

**nuclear fuel rod** Kernbrennstab *m*
   **the processing of nuclear fuel rods**
   die Weiterverarbeitung von Kernbrennstäben
   **the storage of spent nuclear fuel rods**
   die Lagerung abgebrannter Kernbrennstäbe

**nuclear generation plant** Kernkraftwerk *n*
   **there will be new applications for nuclear generation plants**

**nuclear generation plant** 314

es wird neue Anwendungsmöglichkeiten für Kernkraftwerke geben
**nuclear lobby** Atomlobby *f*
**nuclear power plant** Kernkraftwerk *n*
**number** *n* Zahl *f*
  **like any business ABC loves numbers**
  wie jedes Unternehmen verwendet ABC gerne Zahlen
  **we have always used numbers to set goals, measure our progress and communicate our achievements**
  wir haben schon immer Zahlen verwendet, um Ziele zu formulieren, unseren Fortschritt zu messen und unsere Erfolge nach außen mitzuteilen

# O

**objective** *n* Ziel *n*
  **the company is prepared to meet its objectives**
  das Unternehmen ist bereit, seine Ziele zu verwirklichen / in die Tat umzusetzen
  **to pursue and realise objectives**
  Ziele verfolgen und in die Tat umsetzen
**observer** *n* Beobachter *m*; Branchenbeobachter *m*
  **observers believe Clever is the driving force behind ABC's success**
  Beobachter meinen, Clever sei die treibende Kraft hinter ABCs Erfolg
  **few observers expect a turn-round soon**
  nur wenige Beobachter erwarten schon bald eine Wende
**OECD** Organisation for Economic Co-operation and Development
**offering** *n* Angebotspalette *f*; Angebot *n*
  **we are broadening offerings in the rapidly growing smart sensor market**
  wir erweitern unsere Angebotspalette auf dem schnell wachsenden Markt für intelligente Sensoren
  **wir werden unsere Angebotspalette auf den Wachstumsmärkten erweitern**
  we will enhance our offerings in growth markets
**office** *n*: **remain / stay in office** im Amt bleiben
  **he intends to remain in office**

  **throughout 20...**
  er will noch das ganze Jahr 20... im Amt bleiben
**office building** Bürogebäude *n*
  **an 18-storey office building**
  ein 18-stöckiges Bürogebäude
  **even the most energy efficient office building has electrical services**
  auch das energieeffizienteste Bürogebäude hat elektrische Betriebseinrichtungen
  **ABC expects to complete an office building located next to its manufacturing facility in Austin**
  ABC will in unmittelbarer Nähe seiner Produktionsstätte in Austin ein Bürogebäude errichten
**off-the-shelf** handelsüblich; Standard...
  **off-the-shelf PC**
  Standard-PC
**oil** *n* Öl *n*
  **to refine oil**
  Öl raffinieren
**oil cartel** Ölkartell *n*
  **the oil cartel said it would cut production by 1.5m barrels per day**
  das Ölkartell sagte, es werde die Ölförderung um 1,5 Mio. Barrel pro Tag kürzen
**oil demand** Ölnachfrage *f*; Nachfrage nach Öl
  **oil demand recovered, up 1.6 per cent across the world**
  die Ölnachfrage hat sich erholt und ist weltweit um 1,6% gestiegen
**oil exploration** Ölsuche *f*; Exploration von Öl
**oil group** Ölkonzern *m*; Mineralölkonzern *m*
  **A&B has caught the interest of the state-run oil group**
  A&B hat das Interesse des staatlichen Mineralölkonzerns erregt
  **state-owned / state-run oil group**
  staatlicher Ölkonzern
**oil minister** Ölminister *m*
  **oil ministers from the Organisation of Petroleum Exporting Countries (Opec) said they would continue to watch closely market conditions**
  die Ölminister der Organisation Erdöl exportierender Länder wollen die Marktentwicklung weiterhin scharf beobachten
**oil output** Ölfördermenge *f*
  **OPEC slashes oil output to drive up**

**prices**
die OPEC drosselt die Ölfördermenge, um den Preis nach oben zu treiben

**oil price** Ölpreis *m*
**to pass higher oil prices on to the consumer**
höhere Ölpreise an den Verbraucher weitergeben
**oil prices hit a ten-year high**
die Ölpreise haben den höchsten Stand seit zehn Jahren erreicht
**oil prices have risen by about 16% in two weeks**
die Ölpreise sind innerhalb von zwei Wochen um ca. 16% gestiegen
**weakening oil prices benefit Europe more than America**
fallende Ölpreise nutzen Europa mehr als Amerika
**OPEC is aiming for a higher oil price**
die OPEC will höhere Ölpreise
**to prop up / shore up sagging oil prices**
die sinkenden Ölpreise stützen

**oil producer** Ölförderstaat *m*; Ölförderland *n*
**the likelihood of Opec oil producers cutting output strengthened further on Wednesday**
die Wahrscheinlichkeit, dass die OPEC-Ölförderstaaten ihre Ölförderung drosseln, hat sich am Mittwoch weiter erhöht

**oil production** Ölförderung *f*
**Saudi Arabia called for OPEC to cut / restrain oil production**
Saudi Arabien forderte die OPEC auf, die Ölförderung zu drosseln
**to increase oil production by 500,000 barrels a day**
die Ölförderung um 500.000 Barrel pro Tag erhöhen
**to call for a cut in oil production**
eine Drosselung / Verringerung der Ölförderung fordern

**oil production quota** Ölförderquote *f*
**Opec's decision to cut their oil production quotas is disappointing**
die Entscheidung der Opec, die Ölförderquoten zu kürzen, ist enttäuschend

**oil reserves** Ölreserven *fpl*; Ölvorräte *mpl*
**what are we to do if oil reserves run out**
was machen wir, wenn die Ölreserven erschöpft sind

**these countries own 43 per cent of global oil reserves**
diese Länder sind im Besitz von 43 Prozent der globalen Ölreserven
**the country has a quarter of the world's proven oil reserves**
das Land besitzt ein Viertel der bekannten Ölreserven der Welt

**oil-rich** *adj* Ölreich
**oil-rich countries / states / regions**
ölreiche Länder / Staaten / Regionen

**oil shares** Ölwerte *mpl*
**oil shares fell as crude prices dipped**
die Ölwerte fielen infolge sinkender Ölpreise

**oil stocks** (1) Ölaktien *fpl*
**oil stocks were weaker on news that Iraq will soon resume oil exports**
die Ölaktien gaben nach, als bekannt wurde, dass der Irak bald wieder Öl ausführen werde
**oil stocks posted solid gains**
die Ölaktien verzeichneten kräftige Zuwächse

**oil stocks** (2) Ölvorräte *mpl*
**the drop in demand has bloated oil stocks and damped prices**
die geringere Nachfrage hat die Ölvorräte stark aufgebläht

**oil supplier** Öllieferant *m*
**Venezuela is one of America's largest oil suppliers**
Venezuela ist einer der größten Öllieferanten Amerikas

**oil tanker** Öltanker *m*
**an oil tanker sank off France**
ein Öltanker sank vor der französischen Küste

**oil well** Ölquelle *f*
**oil produced from an oil well**
aus einer Ölquelle gefördertes Öl

**one-day gain** Tagesgewinn *m*
**the Nasdaq recorded one of its largest one-day gains**
der Nasdaq verzeichnete einen seiner höchsten Tagesgewinne

**one-off gain** einmaliger Gewinn
**a one-off gain of €300m on the sale of a 50 per cent stake in A&B**
ein einmaliger Gewinn in Höhe von 300 Mio. Euro durch den Verkauf einer fünfzigprozentigen Beteiligung an A&B

**one-off payment** einmalige Zahlung
**a one-off payment to low-income households**
eine einmalige Zahlung an Haushalte mit geringen Einkommen

**one-time effect** Einmaleffekt *m*
  **group operating profit without one-time effects**
  Konzern-Betriebsgewinn ohne Einmaleffekte
**one-time item** einmalige Aufwendung
**one-time restructuring charge** Einmalaufwendungen für den Unternehmensumbau
**online** *adj*: **be online** im Internet sein / surfen; online sein
  **they are averaging about 70 minutes online daily**
  sie sind im Durschnitt 70 Minuten im Internet
**online business** Internet-Unternehmen *n*
  **to create an online business to rival ABC Inc**
  ein Internet-Unternehmen gründen, um mit ABC Inc. zu konkurrieren
**online giant** Online-Riese *m*
**online retailer** Online-Einzelhändler *m*
  **a series of online retailers went bust this year**
  eine Reihe von Online-Einzelhändlern ging dieses Jahr pleite
**online shopping** Online-Einkauf *m*; Online-Shopping *n*; Internet-Einkauf *m*
  **online shopping more than doubled in size to an estimated $1.4 billion**
  der Online-Einkauf hat sich mit einem geschätzten Umsatzvolumen von 1,4 Mrd. $ mehr als verdoppelt
**onsite power generation** dezentrale Stromerzeugung
**OPEC meeting** OPEC-Treffen *n*
**OPEC member** OPEC-Staat *m*; Opec-Staat *m*; Opec-Mitglied *n*; OPEC-Land *n*
  **several OPEC members are calling for a cut in production**
  mehrere OPEC-Staaten fordern eine Verringerung der Ölproduktion
**OPEC member country** OPEC-Mitgliedsstaat *m*
**operate** *v* tätig sein
  **the company operates in France, Germany and Great Britain as ABC**
  das Unternehmen ist in Frankreich, Deutschland und Großbritannien unter dem Namen ABC tätig

**operating activities** Geschäftstätigkeit *f*
  **continuing operating activities**
  laufende Geschäftstätigkeit
  **cash provided by operating activities**
  Mittelzufluss aus Geschäftstätigkeit
**operating expenses** Betriebskosten *pl*
  **upon completion of the new building the company anticipates additional quarterly operating expenses of $1.5 million**
  nach Fertigstellung des Gebäudes rechnet das Unternehmen mit zusätzlichen vierteljährlichen Betriebskosten in Höhe von 1,5 Mio. $
**operating loss** Betriebsverlust *m*; operativer Verlust
  **operating losses totalled $112m**
  die Betriebsverluste betrugen 112 Mio. Dollar
  **the group had a smaller operating loss**
  der Konzern verzeichnete einen geringeren Betriebsverlust
  **the segment recorded an operating loss of $102 million a year ago**
  die Sparte verzeichnete vor einem Jahr einen Betriebsverlust von 102 Mio. $
  **the airline recorded an operating loss of £180m**
  die Fluggesellschaft wies einen operativen Verlust von 180 Mio. Pfund aus
**operating outlook** operative Aussichten
  **a moderately negative operating outlook**
  leicht negative operative Aussichten
**operating profit** Betriebsgewinn *m*; Betriebsergebnis *n*; operativer Gewinn
  **in 2000, operating profit rose 16 percent**
  im Jahre 2000 erhöhte sich der Betriebsgewinn um 16%
  **the group is expected to report a 35 per cent increase in operating profit**
  es wird erwartet, dass der Konzern seinen Betriebsgewinn um 35% steigern konnte
**operating result** Betriebsergebnis *n*
  **fluctuations in quarterly operating results**
  Schwankungen der vierteljährlichen Betriebsergebnisse
**operating system** Betriebssystem *n*
  **the control system takes full advantage of the power of the new**

**operating system**
das Steuerungssystem nutzt alle Vorteile des neuen Betriebssystems
**it is primarily an operating system for servers**
es ist in erster Linie ein Betriebssystem für Server

**operational costs** Betriebskosten *pl*
**ABC attributed the poor result to huge rises in operational costs**
ABC führte das schlechte Ergebnis auf die immens gestiegenen Betriebskosten zurück

**operations** *npl* Betrieb *m*
**the carrier said it could not say when it might resume operations**
die Fluggesellschaft konnte nicht sagen, wann der (Flug)Betrieb wieder aufgenommen werden würde

**opportunity** *n* Möglichkeit *f*
**stricter environmental regulations are also opening up new opportunities**
die strengeren Umweltbestimmungen bieten auch neue Möglichkeiten

**opportunity for investment** Investitionsmöglichkeit *f*
**some countries offer excellent opportunities for investment in the building or purchase of generation assets**
einige Länder bieten ausgezeichnete Investitionsmöglichkeiten beim Bau und Kauf von Kraftwerken

**optical-fibre network** Glasfasernetz *n*
**optical-fibre networks with almost unimaginable capacity**
Glasfasernetze mit praktisch unbegrenzter Leistungsfähigkeit

**optical network** optisches Netzwerk; optisches Netz; Glasfasernetz *n*

**optical-network equipment maker** Glasfasernetzausrüster *m*; Anbieter von Glasfaserausrüstung

**optical networking business** Glasfasernetz-Geschäft *n*; Glasfasernetz-Sparte *f*; Glasfasernetz-Bereich *m*; Bereich Glasfasernetze

**optimism** *n* Optimismus *m*
**these signs are grounds for cautious optimism**
diese Anzeichen geben Anlass zu vorsichtigem / verhaltenem Optimismus

**order** *n* Bestellung *f*; Auftrag *m*
**orders surged to a record level in 20...**
im Jahre 20... erreichten die Bestellungen Rekordniveau
**ABC received orders of $2.4 billion in 20...**
ABC erhielt im Jahre 20... Aufträge im Wert von 2,4 Milliarden $
**the $6 billion order will be delivered in the period 2003-09**
der Auftrag im Wert von 6 Milliarden $ wird zwischen 2003 bis 2009 ausgeliefert werden
**the loss of these and any future orders**
der Verlust dieser und zukünftiger Aufträge
**orders for new aircraft are expected to fall rapidly**
es wird erwartet, dass die Aufträge für neue Flugzeuge sehr schnell zurückgehen werden

**order** *v* bestellen; ordern
**the airline ordered 100 aircraft from A&B on Thursday**
die Fluggesellschaft bestellte am Donnerstag 100 Flugzeuge bei A&B

**order backlog** angestauter Auftragsbestand; Auftragsbestand *m*
**this order backlog indicates that we are on the right track**
dieser angestaute Auftragsbestand zeigt, dass wir auf dem richtigen Weg sind

**order book** Auftragsbuch *n*; Auftragsbestand *m*
**ABC's order books are bulging**
die Auftragsbücher von ABC sind prall gefüllt
**ABC's order book currently stands at 255 firm purchases**
der Auftragsbestand von ABC umfasst derzeit 255 Festbestellungen
**order books are now at record levels**
der Auftragsbestand ist so hoch wie nie zuvor

**order of magnitude** Größenordnung *f*
**to be an order of magnitude higher / faster**
eine Größenordnung höher / schneller sein
**to grow by an order of magnitude by the end of the century**
bis zum Ende des Jahrhunderts um eine Größenordnung zunehmen / wachsen
**investments will be of the same order of magnitude as in 20...**
die Investitionen werden sich in der Größenordnung des Jahres 20... bewegen

**order processing** Auftragsabwicklung *f*

**orders received** Auftragseingang *m*;
Bestelleingang *m*
**orders received by ABC in 2000 were
$4.3 billion**
der Auftragseingang von ABC betrug im
Jahre 2000 4,3 Milliarden Dollar

**ordinary share** Stammaktie *f*
**the abnormal price jump of the
ordinary shares**
der ungewöhnliche Kurssprung der
Stammaktien

**organic farming** ökologischer
Landbau
**the farm minister wants to boost
organic farming to 20% of
agricultural output**
der Landwirtschaftsminister will den
ökologischen Landbau auf 20% der
landwirtschaftlichen Gesamtproduktion
steigern

**Organization of Petroleum
Exporting Countries** (OPEC)
Organisation Erdöl exportierender
Länder (OPEC)

**outlook** *n* Aussichten *fpl*; Ausblick *m*
**the short-term outlook for the
economy is bleak**
die kurzfristigen Aussichten für die
Wirtschaft sind trübe
**medium-term outlook**
mittelfristiger Ausblick
**the still-favourable economic outlook**
der noch günstige wirtschaftliche
Ausblick
**the outlook is worsening by the day**
der Ausblick wird von Tag zu Tag
schlechter

**out-of-court settlement** außergerichtliche Einigung; außergerichtlicher Vergleich
**to hope for large out-of-court
settlements**
auf eine großzügige außergerichtliche
Einigung hoffen

**output** *n (oil)* Ölfördermenge *f*
**Opec may opt for a cut in output**
die OPEC erwägt eine Kürzung der
Ölfördermenge

**output quota** *(oil)* **Förderquote** *f*
**OPEC boosted output quotas**
die OPEC erhöhte die Förderquoten
**Opec cut output quotas by 1.5m b/d in
January**
die OPEC hat im Januar die Förderquoten um 1,5 Mio. Barrel pro Tag
gesenkt

**outside mediator** Schlichter *m*
**an outside mediator gave the pilots
most of the huge pay rise that they
wanted**
ein Schlichter verschaffte den Piloten
größtenteils die von ihnen verlangten
extrem hohen Gehaltserhöhungen

**outside source** Zulieferer *m*
**high-quality components and subassemblies are supplied by outside
sources**
hochwertige Komponenten und
Baugruppen stammen / kommen von
Zulieferern

**outsource** *v* auslagern
**the company will outsource all of its
cell-phone production**
das Unternehmen wird die gesamte
Handy-Produktion auslagern

**outstanding share** ausgegebene
Aktie
**ABC owns about 76 percent of the
outstanding shares**
ABC ist im Besitz von etwa 76 Prozent
der ausgegebenen Aktien
**the company acquired all outstanding
shares of ABC for approximately $800
million**
das Unternehmen erwarb alle
ausgegebenen Aktien von ABC für
ca. 800 Mio. $
**to multiply the total number of
outstanding shares by the market
price per share**
die Gesamtzahl der ausgegebenen
Aktien mit dem aktuellen Aktienkurs
multiplizieren

**overall economic development**
gesamtwirtschaftliche Entwicklung

**overall economic growth** gesamtwirtschaftliches Wachstum
**the slowdown in overall economic
growth in the US economy**
die Verlangsamung des
gesamtwirtschaftlichen Wachstums in
der US-Wirtschaft
**overall economic growth helped to
push emissions higher**
das gesamtwirtschaftliche Wachstum hat
zur Erhöhung der Schadstoffemissionen
beigetragen

**overcapacity** *n* Überkapazität *f*
**prices have fallen because of global
overcapacity**
die Preise sind aufgrund der weltweiten
Überkapazität gefallen
**in the haulage industry, the primary
problem is severe overcapacity**

im Speditionsgewerbe sind die beträchtlichen Überkapazitäten das Hauptproblem
**because there is overcapacity in many markets, nobody is keen to build new plants**
aufgrund der Überkapazitäten auf vielen Märkten will niemand neue Anlagen bauen
**steel producers continued to be plagued by overcapacity**
die Stahlhersteller hatten weiterhin mit Überkapazitäten zu kämpfen

**overhaul** *n* Überholung *f*
**the Internet now needs an overhaul**
das Internet ist reif für eine Überholung / bedarf der Überholung

**overhead costs** Fixkosten *pl*
**to lower the annual overhead costs**
die jährlichen Fixkosten senken

**overheads** *pl* Lohnnebenkosten *fpl*; Fixkosten *pl*
**labour market regulations say increase overheads**
Arbeitsmarktregulierungen führen zu höheren Lohnnebenkosten
**to take other measures to reduce overheads**
weitere Maßnahmen zur Senkung der Fixkosten ergreifen
**the higher-paid head-office jobs have led the explosion in overheads in the past years**
die besser bezahlten Stellen in den Firmenzentralen waren in den vergangenen Jahren hauptsächlich verantwortlich für die Explosion der Fixkosten

**overheating** *n* Überhitzung *f*
**Ireland should use budgetary policy to counterbalance overheating in the economy**
Irland sollte durch haushaltspolitische Maßnahmen einer Überhitzung der Konjunktur entgegensteuern

**overhire** *v* zu viele Mitarbeiter / zu viel Personal einstellen
**some companies overhired last year**
einige Firmen haben im vergangenen Jahr zu viele Mitarbeiter eingestellt

**overnight interest rate** Tagesgeldsatz *m*
**the committee left the key overnight interest rate unchanged**
der Ausschuss ließ den Tagesgeldsatz unverändert

**over-subscribe** *v* überzeichnen
**the issue was five times over-subscribed**
die Emission war fünffach überzeichnet

**oversupply** *n* Überangebot *n*
**oversupply of oil**
Überangebot von Öl
**the change from chronic shortages to oversupply**
der Wandel vom chronischen Mangel zum Überangebot
**to reduce beef oversupply**
das Überangebot von Rindfleisch verringern
**oversupplies in maize, rice, wheat and other crops will persist**
das Überangebot an Mais, Reis, Weizen und anderen Getreiden wird andauern
**the worldwide oversupply of microchips**
das weltweite Überangebot an Mikrochips

**overtake** *v* (overtook, overtaken) überholen
**the company overtook A&B this year as the largest personal computer maker**
das Unternehmen überholte dieses Jahr A&B als größter PC-Hersteller

**over-the-counter drug** rezeptfreies Arzneimittel

**overtime** *n* Überstunden *fpl*
**to work overtime**
Überstunden machen / leisten

**overvalue** *v* überbewerten
**analysts have been saying all along that the shares of these companies are overvalued**
die Analysten weisen schon die ganze Zeit darauf hin, dass die Aktien dieser Unternehmen überbewertet seien

**owner family** Eigentümerfamilie *f*
**the shares did not come from the owner family**
die Aktien kamen nicht von der Eigentümerfamilie

# P

**package of benefits** Leistungspaket *n*
**package of measures** Maßnahmenpaket *n*

**package of benefits**

**to approve a package of measures to stimulate the economy**
einem Maßnahmenpaket zur Ankurbelung der Wirtschaft zustimmen

**packet switching** paketvermittelnde Technik
**packet switching only utilises the network when there is data to be sent**
bei der paketvermittelnden Technik wird das Netz nur genutzt, wenn Daten zu übertragen sind

**packet switching technology** paketvermittelnde Technik
**UMTS will use packet switching technology**
bei UMTS wird die packetvermittelnde Technik eingesetzt

**painfully long** langwierig
**a painfully long process**
ein langwieriger Prozess

**pan-European** *adj* gesamteuropäisch; europaweit
**the Germans are in favour of a pan-European regulator**
Deutschland ist für eine gesamteuropäische Regulierungsbehörde
**the licences are also being used by telecoms groups to build pan-European operations**
mit Hilfe dieser Lizenzen bauen die Telekom-Konzerne europaweite Unternehmen auf
**to pave the way for the formation of a pan-European conglomerate**
den Weg ebnen für den Aufbau eines europaweiten Mischkonzerns

**panic selling** Panikverkäufe *mpl*
**there was a very real concern that there would be panic selling**
es bestand berechtigte Sorge, dass es zu Panikverkäufen kommen könnte

**paper machine** Papiermaschine *f*
**ABC is a major provider of paper machine integrated control systems**
ABC ist ein bedeutender Anbieter von integrierten Steuerungsanlagen für Papiermaschinen

**papermaker** *n* Papierhersteller *m*; Papierfabrik *f*

**paper-making** *n*; **papermaking** Papierherstellung *f*
**quality control in paper-making**
Qualitätslenkung in der Papierherstellung

**papermaking process** Papierherstellung *f*; Papierherstellungsprozess *m*
**during the papermaking process**
bei der Papierherstellung
**faster control of the papermaking process**
schnellere Steuerung des Papierherstellungsprozesses

**paper mill** Papierfabrik *f*

**papers** *pl* Unterlagen *fpl*
**they were denied access to papers detailing bribes paid to foreign firms**
es wurde ihnen Einblick in Unterlagen mit Einzelheiten über an ausländische Firmen gezahlte Bestechungsgelder verwehrt

**paradigm shift** Paradigmenwechsel *m*
**virtual instrumentation is a fundamental paradigm shift in the industry**
die virtuelle Messtechnik stellt einen Paradigmenwechsel in der Industrie dar

**parcel-delivery service** Paketdienstleister *m*
**another American parcel-delivery service is rumoured to want ten freight planes**
es heißt, ein weiterer amerikanischer Paketdienstleister wolle zehn Frachtflugzeuge bestellen

**parent** *n* Muttergesellschaft *f*; Mutterunternehmen *n*; Mutterkonzern *m*

**parent company** Muttergesellschaft *f*; Mutterunternehmen *n*; Mutterkonzern *m*
**our parent company is the world's largest manufacturer of electric motors**
unsere Muttergesellschaft ist weltweit der größte Elektromotorenhersteller
**in other countries, parent companies can treat subsidiaries as internal divisions for tax purposes**
in anderen Ländern können die Muttergesellschaften ihre Töchter steuerlich wie interne Geschäftsbereiche behandeln

**parent group** Mutterkonzern *m*

**partnership** *n* Partnerschaft *f*
**the company announced it had formed a partnership with ABC**
das Unternehmen gab bekannt, es sei eine Partnerschaft mit ABC eingegangen

**pass along** *v* weitergeben
**rising costs could be passed along to consumers**

die Kostensteigerungen könnten an die Verbraucher weitergegeben werden
**too-big wage increases could be passed along to consumers in the form of sharply higher product prices**
zu große Lohnerhöhungen könnten in Form deutlich höherer Produktpreise an den Verbraucher weitergegeben werden

**passenger aircraft** Passagierflugzeug *n*
**in the hold of passenger aircraft**
im Laderaum von Passagierflugzeugen

**passenger airliner** Passagierflugzeug *n*
**the company has committed to developing a 550- to 940-passenger airliner**
das Unternehmen plant, ein Passagierflugzeug für 550 bis 940 Passagiere zu entwickeln
**to create the world's largest commercial passenger aircraft**
das größte zivile Passagierflugzeug der Welt bauen

**passenger car** Personenwagen *m*; Personenkraftwagen *m* (Pkw)
**the talks included joint development of a new small passenger car for Europe**
bei den Gesprächen ging es auch um die gemeinsame Entwicklung eines kleinen Personenwagens für Europa

**passenger load** Passagieraufkommen *n*
**low passenger loads led the airline to cancel flights from Hong Kong to Los Angeles**
geringes Passagieraufkommen veranlasste die Fluggesellschaft, Flüge von Hongkong nach Los Angeles zu streichen

**pass on** *v* weitergeben
**the law forbids the companies from passing on the charges to customers**
nach dem Gesetz ist es den Unternehmen verboten, die Gebühren an die Kunden weiterzugeben

**pass-through** *n* Weitergabe *f*
**pass-through of the higher raw material costs**
Weitergabe der Rohstoffkostensteigerungen

**patent** *n* Patent *n*
**in 20..., ABC was issued 1,000 patents from the U.S. Patent and Trademark Office**
im Jahre 20... waren ABC vom amerikanischen Patentamt 1000 Patente erteilt worden
**ABC will benefit from the large number of patent-protected drugs coming off patent over the next few years**
ABC wird davon profitieren, dass bei einer Großzahl von patentgeschützten Arzneimitteln die Patente in den kommenden Jahren auslaufen
**ABC led all companies in U.S. patents**
ABC hatte von allen Firmen die meisten Patente in den Vereinigten Staaten
**A&B has more than 50 issued and pending patents**
A&B verfügt über mehr als 50 erteilte und angemeldete Patente

**patent** *v* patentieren lassen
**to patent an invention, the inventor has to meet a number of requirements**
um etwas patentieren zu lassen, muss der Erfinder bestimmte Anforderungen erfüllen

**patent application** Patentanmeldung *f*
**A&B supports the patent application**
A&B unterstützt die Patentanmeldung

**patent award** Patenterteilung *f*
**the names of the technologies and the technologists behind the patent awards of the previous year**
die Namen der Techniker und Technologien, die hinter den Patenterteilungen des vergangenen Jahres stehen
**ABM is the company that received the most new patent awards**
ABM ist das Unternehmen mit den meisten Patenterteilungen

**patent expiry** Ablauf von Patentrechten
**patent expiries on key drugs**
Ablauf von Patentrechten bei wichtigen Medikamenten

**patent-holder** *n* Patentinhaber *m*
**for a certain period of time, patent-holders are allowed to control how their inventions are used**
eine bestimmte Zeit lang dürfen Patentinhaber darüber bestimmen, was mit ihrer Erfindung geschieht
**the patent gives the patent-holder the right to stop others from producing, selling or using his or her invention**
das Patent gibt dem Patentinhaber das Recht, andere davon abzuhalten, seine Erfindung herzustellen, zu verkaufen oder zu nutzen

**patent infringement** Patentverletzung *f*
**patent infringement lawsuit** Patentrechtsstreit *m*
**the company announced that it prevailed in a patent infringement lawsuit brought by ABC**
das Unternehmen gab bekannt, dass es einen Patentrechtsstreit, der von ABC angestrengt worden war, gewonnen habe
**patent law** Patentgesetz *n*; Patentrecht *n*
**patent law protects most forms of invention**
das Patentgesetz schützt die meisten Arten von Erfindungen
**in patent law, the term "invention" is defined loosely**
im Patentgesetz ist der Begriff „Erfindung" sehr weit definiert
**patent lawyer** Patentanwalt *m*
**a patent lawyer performs a number of different tasks for the inventor**
ein Patentanwalt nimmt eine Reihe unterschiedlicher Aufgaben für den Erfinder wahr
**patent office** Patentamt *n*
**patent violation** Patentverletzung *f*
**you could then be sued for patent violations**
Sie könnten dann wegen Patentverletzung verklagt werden
**pay demand** Lohnforderung *f*
**the union usually settles for about half of its initial pay demand**
die Gewerkschaft begnügt sich gewöhnlich mit der Hälfte ihrer anfänglichen Lohnforderung
**pay increase** Gehaltserhöhung *f*; Lohnerhöhung *f*
**pilots at A&B in America won pay increases of around 20%**
die Piloten von A&B in Amerika erkämpften sich Gehaltserhöhungen von 20%
**pay-out** Ausschüttung *f*
**to cut the annual pay-out by more than one-third**
die jährliche Ausschüttung um mehr als ein Drittel kürzen
**payroll** *n* (1) Gehaltsliste *f*; Lohnliste *f*; Lohn- und Gehaltsliste *f*; Personalbestand *m*
**he has reduced his payroll by 7,000**
er hat den Personalbestand um 7000 gekürzt
**to cut / remove a further 2,100 employees from the payroll**
weitere 2.100 Mitarbeiter von der Gehaltsliste streichen / entfernen
**payroll** *n* (2) Beschäftigtenzahl *f*
**in a recession, payrolls almost always start declining in the first month of the downturn**
in einer Rezession sinkt die Beschäftigtenzahl meistens schon im ersten Monat des Abschwungs
**pay settlement** Lohnabschluss *m*
**this union's pay settlements often set the tone for other sectors of the German economy**
die Lohnabschlüsse dieser Gewerkschaft haben oft Leitfunktion für die anderen Bereiche der deutschen Wirtschaft
**pay-television** *n* Bezahlfernsehen *n*
**digital pay-television offers some genuinely first-rate programming**
das digitale Bezahlfernsehen bietet einige wirklich erstklassige Programme
**PC-based automation** PC-gestützte Automatisierung
**our expertise in PC-based automation**
unser Fachwissen auf dem Gebiet der rechnergestützten Automatisierung
**PC industry** PC-Industrie *f*
**the PC industry has experienced slowdowns in the past**
die PC-Industrie hat in der Vergangenheit auch unter Verkaufsrückgängen gelitten
**PC maker** PC-Hersteller *m*
**ABC is the world's second-largest PC maker**
ABC ist der zweitgrößte PC-Hersteller der Welt
**peak** *v* Höchststand erreichen
**the Nikkei index peaked in 1989**
der Nikkei-Index erreichte 1989 seinen Höchststand
**peaking power** Spitzenstrom *m*
**this type of power station produces competitive peaking power**
dieser Kraftwerkstyp produziert wirtschaftlichen / kostengünstigen Spitzenstrom
**the demand for more economical peaking power**
die Nachfrage nach / der Bedarf an wirtschaftlicherem Spitzenstrom
**hydropower can be used to meet demands for peaking power**
die Wasserkraft kann zur Deckung des Bedarfs an Spitzenstrom eingesetzt werden

**peer company** Konkurrenzunternehmen *n*; vergleichbares Unternehmen

**peg** *n* Anbindung *f*; Bindung *f*
**the peg to a strong dollar erodes competitiveness**
die Anbindung an den starken Dollar führt zu einer Aushöhlung des Wettbewerbs
**to sever the peso's one-to-one peg to the U.S. dollar**
die Eins-zu-eins-Bindung des Peso an den US-Dollar aufgeben

**peg to** *v (currency)* binden an; koppeln an
**to be pegged at par with the greenback**
im Verhältnis eins zu eins an den amerikanischen Dollar gebunden / gekoppelt sein

**peg to the dollar** Dollarbindung *f*
**on the first day of trading after an 11-year peg to the U.S. dollar**
am ersten Handelstag nach elfjähriger Dollarbinding

**pension** *n* Rente *f*
**they have the option of taking payouts of $400,000 instead of receiving a monthly pension**
sie können zwischen einer monatlichen Rente und einer einmaligen Zahlung von 400.000 $ wählen

**pension claim** Rentenanspruch *m*

**pensioner** *n* Rentner *m*
**Germany faces a 50% increase in pensioners over the next 30 to 50 years**
die Zahl der Rentner in Deutschland wird sich in den nächsten 30 bis 50 Jahren verdoppeln

**pension fund** Rentenfonds *m*

**pension plan** Altersvorsorge *f*

**pension rule** Ruhestandsregelung *f*
**the structural reforms would include tightening up pension rules**
eine Strukturreform würde auch eine Verschärfung der Ruhestandsregelungen beinhalten

**pension system** Rentensystem *n*
**to make the pension system more suitable for an ageing society**
das Rentensystem an die alternde Gesellschaft anpassen

**people** *n* Mitarbeiter *pl*
**ABC employs 50,000 people in 90 countries**
ABC beschäftigt 50 000 Mitarbeiter in 90 Ländern

**p/e ratio** (see **price/earnings ratio**)

**percentage point** Prozentpunkt *m*
**the Fed appeared to heed the bad news by cutting interest rates by half a percentage point**
es scheint, die Fed hat auf die schlechten Nachrichten mit einer Senkung der Zinssätze um einen halben Prozentpunkt reagiert

**performance-based pay scheme** leistungsbezogene Bezahlung
**ABC has introduced a performance-based pay scheme for the company's entire workforce**
ABC hat für alle Mitarbeiter die leistungsbezogene Bezahlung eingeführt

**period in office** Amtszeit *f*
**he said he expected his period in office to last between four and eight years**
er sagte, er gehe von einer Amtszeit von vier bis acht Jahren aus

**permit application** Bauantrag *m*
**permit applications are falling off too**
die Zahl der Bauanträge geht ebenfalls zurück

**per-share earnings** Gewinn je / pro Aktie; Ergebnis pro Aktie
**the company expects fourth-quarter per-share earnings of 60 cents**
das Unternehmen erwartet für das vierte Quartal einen Gewinn pro Aktie von 60 Cent

**personal liability** persönliche Haftung

**personnel expenses** Personalaufwand *m*
**personnel expenses rose by only 5%**
der Personalaufwand stieg lediglich um 5%

**petrochemical industry** petrochemische Industrie
**the petrochemical industry today faces formidable challenges**
die petrochemische Industrie sieht sich heute mit riesigen Herausforderungen konfrontiert

**petrol** *n (BE)* Benzin *n*
**how much should petrol be taxed**
wie hoch sollte Benzin besteuert werden

**petroleum** *n* Erdöl *n*
**the strong dollar has made petroleum dearer**
der starke Dollar hat das Erdöl verteuert

**petroleum giant** Ölriese *m*; Erdölriese *m*
**state-run petroleum giant**
staatlicher Ölriese
**the petroleum giant has promised to slash its emissions of greenhouse gases by two-thirds**
der Erdölriese versprach, den Ausstoß von Treibhausgasen um zwei Drittel zu vermindern

**petrol price** *(BE)* Benzinpreis *m*
**a drop in petrol and oil prices**
sinkende Benzin- und Ölpreise
**British motorists are campaigning against high petrol prices**
die britischen Autofahrer protestieren / demonstrieren gegen die hohen Benzinpreise
**rapidly rising petrol and electricity prices are hardly boosting consumers' spirits**
schnell ansteigende Benzin- und Strompreise tragen in keiner Weise zur Verbesserung der Stimmung bei den Verbrauchern bei

**petrol station** *(BE)* Tankstelle *f*
**the natural gas is distributed at conventional petrol stations**
das Erdgas ist an herkömmlichen Tankstellen erhältlich

**petrol tax** *(BE)* Benzinsteuer *f*
**excessive petrol taxes**
extrem hohe Benzinsteuern

**pharmaceutical** *n* Arzneimittel *n*
**many of ABC's bestselling pharmaceuticals were actually developed by other firms**
viele der meistverkauften Arzneimittel von ABC wurden tatsächlich von anderen Firmen entwickelt

**pharmaceutical company** Pharma-Hersteller *m*
**this merger will create the world's largest pharmaceutical company**
diese Fusion wird den weltweit größten Pharma-Hersteller hervorbringen
**a big pharmaceutical company could base itself in Singapore to produce bulk chemicals there**
ein großer Pharma-Hersteller könnte sich in Singapur niederlassen, um dort im großen Stil Chemikalien herzustellen
**earnings of the biggest 50 pharmaceutical companies will probably continue to grow at about 12% annually**
die Erträge der 50 größten Pharma-Hersteller werden wahrscheinlich weiterhin jedes Jahr um 12% wachsen

**pharmaceutical group** Pharmakonzern *m*

**pharmaceutical industry** Pharmaindustrie *f*
**A&B is a pillar of the pharmaceutical industry**
A&B ist eine Säule der Pharmaindustrie

**pharmaceuticals company** Pharma-Unternehmen *n*; Pharmaunternehmen *n*

**pharmaceuticals firm** Pharma-Unternehmen *n*
**pharmaceuticals firms are heading for a profits slowdown**
die Pharma-Unternehmen müssen sich auf rückläufige Gewinne gefasst machen

**pharmaceuticals group** Pharmakonzern *m*; Pharma-Konzern *m*
**the pharmaceuticals group is expected to report a rise today in turnover for 20... of about 24 per cent**
man geht davon aus, dass der Pharmakonzern heute eine Umsatzsteigerung von 24% für das Jahr 20... bekannt geben wird

**pharmaceuticals maker** Pharma-Hersteller *m*

**phased retirement program** Altersteilzeit *f*

**phone operator** Telefongesellschaft *f*
**the national phone operator said net debt had jumped to €50bn**
die staatliche Telefongesellschaft gab bekannt, die Nettoverschuldung sei sprunghaft auf 50 Mrd. Euro gestiegen

**photovoltaic cell** Fotovoltaikzelle *f*
**the energy from sunlight falling upon the photovoltaic cell**
die Energie des auf die Fotovoltaikzelle fallenden Sonnenlichts
**photovoltaic cells convert solar irradiance into dc electricity**
Fotovoltaikzellen wandeln das einfallende Sonnenlicht in Gleichstrom um

**pick-up in demand** Nachfragebelebung *f*; Belebung der Nachfrage
**signs of a pick-up in demand for semiconductors**
Anzeichen einer Nachfragebelebung bei Halbleitern

**pioneer** *n* Pionier *m*; Vorreiter *m*

**pioneer** *v* Pioniertaten vollbringen; eine Vorreiterrolle spielen
  **ABC has pioneered numerous firsts in the automation market**
  ABC hat viele Pioniertaten auf dem Automatisierungsmarkt vollbracht
**pioneering role** Vorreiterrolle *f*
  **these companies have played - and continue to play - pioneering roles in their segments of the IT market**
  diese Unternehmen spielten und spielen noch immer eine Vorreiterrolle in ihren jeweiligen Bereichen auf dem IT-Markt
  **A&B has pioneered the use of remote medical monitoring of patients**
  A&B hat eine Vorreiterrolle gespielt bei der medizinischen Fernüberwachung von Patienten
**pioneering spirit** Pioniergeist *m*
  **they put their pioneering spirit to work and built the world's first geothermal district heating system**
  sie nutzten ihren Pioniergeist und bauten das erste geothermische Fernwärmenetz der Welt
**place** *v* platzieren
  **600,000 preference shares were placed on the market**
  600.000 Vorzugsaktien wurden auf dem Markt platziert
**placing** *n* Platzierung *f*
  **the shares were sold in less than an hour after placement**
  die Aktien waren innerhalb weniger als einer Stunde nach der Platzierung verkauft
  **A&B is carrying out the placing**
  die Platzierung wird von A&B durchgeführt
**plane maker** Flugzeughersteller *m*; Flugzeugbauer *m*
**plant closure** Werksschließung *f*
**plant shutdown** Werksschließung *f*
**plastics industry** Kunststoffindustrie *f*
  **the plastics industry has developed few processing techniques of its own**
  die Kunststoffindustrie hat nur wenige eigene Verarbeitungsverfahren entwickelt
  **to review the present state of the art in the plastics industry at large**
  den derzeitigen Stand der Technik in der gesamten Kunststoffindustrie begutachten / analysieren / untersuchen

**player** *n* Anbieter *m*; Player *m*
  **pan-European player**
  paneuropäischer Anbieter
**plunge in travel** Einbruch im Reiseverkehr
  **the plunge in travel dug into sales at duty-free stores**
  der Einbruch im Reiseverkehr belastete den Umsatz der Duty-Free-Läden stark
**point of consumption** (1) Entnahmepunkt *m*
  **fuel cells are designed to provide 100% of the electricity requirements of a home or small business at the point of consumption**
  Brennstoffzellen sollen 100% des Strombedarfs eines Hauses oder eines kleinen Geschäftes am Entnahmepunkt abdecken
  **the transmission of electricity from the supply point to the point of consumption**
  der Transport des Stroms vom Einspeise- zum Entnahmepunkt
**point of consumption** (2): **close to the point of consumption** verbrauchernah; in Verbrauchernähe
  **power generation at the point of consumption**
  verbrauchernahe Stromerzeugung
**policyholder** *n* Versicherungsnehmer *m*; Versicherte *m/f*; Policeninhaber *m*
**polluter** *n* Umweltsünder *m*; Umweltverschmutzer *m*
  **ABC is the world's leading polluter**
  ABC ist der größte Umweltsünder der Welt
**pollution control** Umweltschutz *m*; Umweltschutzeinrichtung *f*; Umweltschutzanlage *f*
  **advanced air pollution control for utilities, cogenerators**
  moderne Umweltschutzanlagen für EVU und KWK-Anlagen
**pollution control device** Umweltschutzeinrichtung *f*
**poor** *n* Armen *pl*
  **increasing gap between rich and poor**
  wachsende Kluft zwischen Armen und Reichen / Arm und Reich
**portfolio of products** Produktpalette *f*
  **the company expanded its portfolio of products by acquiring ABC**
  das Unternehmen hat durch den Erwerb von ABC seine Produktpalette erweitert

**portfolio of products and services**
Produkt- und Leistungspalette *f*
**an exciting and innovative portfolio of products and services**
eine spektakuläre und innovative Produkt- und Leistungspalette

**position** *n* Arbeitsplatz *m*; Stelle *f*
**ABC killed 293 positions**
ABC hat 293 Arbeitsplätze gestrichen
**to fill a position**
eine Stelle besetzen

**position** *v* positionieren
**we are positioned well in growth markets**
wir sind in den Wachstumsmärkten gut positioniert

**post** *v* verzeichnen
**Japan's unemployment rate posted its biggest rise since 1967**
Japans Arbeitslosenrate verzeichnet den höchsten Anstieg seit 1967

**postal businesses** Postdienste *mpl*
**Germany is in favour of faster liberalisation of Europe's postal businesses**
Deutschland ist für eine schnellere Liberalisierung der Postdienste Europas

**potential** *n* Potenzial *n*; Potential *n*
**where there is unrealized potential**
wo es noch nicht ausgeschöpftes Potenzial gibt

**power** *n* Strom *m*
**regional markets for power are beginning to develop**
es entstehen regionale Strommärkte
**this microturbine provides end-users with reliable, quality power**
diese Mikroturbine versorgt die Endverbraucher zuverlässig mit hochwertigem Strom
**grid-supplied power**
Strom aus dem Netz

**power alert** Stromalarm *m*
**to declare a Stage 2 power alert**
einen Stromalarm der Stufe 2 verkünden / verhängen / geben

**power broker** Strommakler *m*
**the opening of the energy market has also led to the emergence of power brokers**
der Strommakler ist eine Folge der Öffnung der Energiemärkte

**power brokering** Stromhandel *m*

**power business** Energiewirtschaft *f*
**A&B pioneered deregulation of America's power business**
A&B war einer der Pioniere bei der Deregulierung der amerikanischen Energiewirtschaft

**power company** Stromunternehmen *n*

**power consumption** Stromverbrauch *m*
**power consumption peaks in summer**
der Stromverbrauch erreicht im Sommer die höchsten Werte / ist im Sommer am größten

**power cut** Stromabschaltung *f*
**the city could face power cuts this summer**
möglicherweise kommt es diesen Sommer in der Stadt zu Stromabschaltungen

**power emergency** Elektrizitätsnotstand *m*
**on Thursday, the state faced its first-ever power emergency**
am Donnerstag erlebte der Bundesstaat den ersten Elektrizitätsnotstand in seiner Geschichte

**power generation** Stromerzeugung *f*; Kraftwerkstechnik *f*

**power generation business** Kraftwerksgeschäft *n*; Kraftwerkssparte *f*

**power generator** *(organisation)* Stromerzeuger *m*

**power grid** Stromnetz *n*
**ABC runs the state's power grid**
ABC betreibt das Stromnetz des Bundesstaats
**every cell-phone call or laptop-computer message at some point engages the power grid**
bei jedem Anruf mit dem Handy oder jeder Nachricht vom Laptop wird an irgendeinem Punkt auch das Stromnetz genutzt

**power industry** Energiewirtschaft *f*; Energieindustrie *f*
**more than half the UK power industry is in foreign ownership**
mehr als die Hälfte der britischen Energieindustrie ist in ausländischer Hand

**power line** Stromleitung *f*
**a new power line will link the hydroelectric dams in Labrador with Newfoundland**
eine neue Stromleitung wird die Speicherkraftwerke in Labrador mit Neufundland verbinden

**powerline communications** Datenübertragung übers Stromnetz
**introduction to powerline communications**
Einführung in die Datenübertragung über das Stromnetz

**power market** Strommarkt *m*
**power markets in Europe are becoming increasingly competitive**
die Strommärkte in Europa öffnen sich zunehmend dem Wettbewerb

**power plant** Kraftwerk *n*
**installation, operation and maintenance of power plants**
Errichtung, Betrieb und Wartung von Kraftwerken
**fossil-fuel-burning power plants**
fossil befeuertes Kraftwerk
**a 330MW coal and gas-fired power plant**
ein mit Kohle und Gas befeuertes 330-MW-Kraftwerk
**turnkey power plant**
schlüsselfertiges Kraftwerk
**no power plants have been built in California in 10 years**
in Kalifornien ist seit 10 Jahren kein Kraftwerk gebaut worden

**power plant construction** Kraftwerkbau *m*; Kraftwerksbau *m*
**A&B has a great deal of experience in power plant construction**
A&B verfügt über viel Erfahrung im Kraftwerkbau

**power plant portfolio** Kraftwerkpark *m*; Kraftwerkspark *m*
**the growth in earnings reflects an increase in A&B's power plant portfolio**
das Ertragswachstum wiederspiegelt die Vergrößerung des Kraftwerkparks von A&B
**he is responsible for the development of the group's power plant portfolio**
er ist zuständig für die Entwicklung des Kraftwerkparks des Konzerns

**power struggle** Machtkampf *m*
**the power struggle at A&B has come to an end**
der Machtkampf bei A&B ist beendet

**power supplier** Stromlieferant *m*; Energielieferant *m*
**to buy and sell power from other power suppliers**
Energie von anderen Stromlieferanten kaufen und verkaufen
**deregulation has given power suppliers little incentive to increase their capacity**
die Deregulierung hat den Stromlieferanten kaum Anreize zur Kapazitätserhöhung gegeben
**consumers select their own power supplier**
die Verbraucher wählen sich den Stromlieferanten selbst aus
**consumers may realize savings by selecting a particular power supplier**
die Verbraucher können durch die Wahl eines bestimmten Stromlieferanten Geld sparen

**power tariff** Stromtarif *m*

**power trading** Stromhandel *m*
**the federal government needs to bring order to interstate power trading**
die Bundesregierung muss den Stromhandel zwischen den Einzelstaaten ordnen

**power utility** Stromversorger *m*; Stromversorgungsunternehmen *n*; Stromunternehmen *n*
**two huge power utilities teetered on the brink of bankruptcy**
zwei riesige Stromversorger standen kurz vor dem Konkurs
**Mexico's largest power utility has awarded ABC an $8 million contract**
Mexikos größtes Stromunternehmen hat ABC einen Auftrag in Höhe von 8 Mio. $ erteilt

**predator** *n* Übernahmepirat *m*

**prediction for growth** Wachstumsvorhersage *f*
**the average prediction for growth in 20... has fallen to 1.8%**
die durchschnittlichen Wachstumsvorhersagen für das Jahr 20... sind auf 1,8% gefallen

**preference share** Vorzugsaktie *f*
**between 1999 and 2002, A&B's preference shares fell 18 per cent**
zwischen 1999 und 2002 fiel der Kurs der Vorzugsaktien von A&B um 18%

**preferred share** Vorzugsaktie *f*
**he called on the company to buy preferred shares only**
er forderte das Unternehmen auf, ausschließlich Vorzugsaktien zu kaufen

**preliminary** *adj* vorläufig
**according to preliminary data released by ABC on Friday**
nach vorläufigen Daten, die von ABC am Freitag veröffentlicht wurden

**preliminary talk** Vorgespräch *n*
**the company held preliminary talks**

**with A&B about possible collaborations**
das Unternehmen führte Vorgespräche mit A&B über Möglichkeiten der Zusammenarbeit

**premium income** *(insurance)* Prämieneinnahmen *fpl*
**worldwide premium income was up by 8 per cent in 20...**
die Prämieneinnahmen sind im Jahre 20... weltweit um 8 Prozent gestiegen

**premium sector** *(cars)* Premium-Segment *n*
**to predict further growth in the premium sector**
eine weitere Steigerung im Premium-Segment voraussagen

**premium segment** *(cars)* Premium-Segment *n*
**the premium segments of the international car markets will continue to develop at an above-average pace**
das Premium-Segment des internationalen Automarktes wird sich weiterhin überdurchschnittlich entwickeln

**prescription drugs** rezeptpflichtige / verschreibungspflichtige Arzneimittel

**presence** *n* Präsenz *f*
**we are expanding our global presence**
wir sind dabei, unsere Präsenz weltweit zu verstärken / auszubauen
**we have grown our worldwide presence**
wir haben unsere Präsenz weltweit verstärkt

**presidency** *n* Präsidentenamt *n*
**to retain the ECB presidency for the whole of 20...**
das EZB-Präsidentenamt über das gesamte Jahr 20... behalten

**press conference** Pressekonferenz *f*
**a company spokesman told a press conference recently that ...**
ein Firmensprecher erklärte jüngst anlässlich einer Pressekonferenz, dass ...
**to hold a press conference**
eine Pressekonferenz (ab)halten / geben

**press release** Pressemitteilung *f*

**press report** Pressebericht *m*
**to confirm press reports**
Presseberichte bestätigen

**pre-tax loss** Vorsteuerverlust *m*
**the company's pre-tax losses in the first half of the year have jumped 288 per cent**
die Vorsteuerverluste des Unternehmens sind in der ersten Jahreshälfte um 288 Prozent nach oben geschnellt

**pre-tax profit** Vorsteuergewinn *m*
**A&B revealed that pre-tax profits for 20... would be down by around 20% compared with the year before**
A&B gab bekannt, dass der Vorsteuergewinn für das Jahr 20... ca. 20% niedriger ausfallen werde als im Vorjahr

**previous month** Vormonat *m*
**the previous month's forecasts are shown in brackets**
die Prognosen des Vormonats sind in Klammern angegeben
**to show a measurable improvement on the previous month**
eine deutliche Verbesserung im Vergleich zum Vormonat zeigen / aufweisen

**previous quarter** Vorquartal *n*

**previous year** Vorjahr *n*
**steel imports increased 28.5 percent from their level the previous year**
die Stahleinfuhren sind im Vergleich zum Vorjahr um 28,5 Prozent gestiegen
**this is a 70% increase on the previous year**
dies ist eine Steigerung um 70% im Vergleich zum Vorjahr

**price competition** Preiswettbewerb *m*
**intense price competition**
starker Preiswettbewerb
**price competition is heating up**
der Preiswettbewerb wird immer heftiger

**price difference** Preisunterschied *m*
**the introduction of the euro has made some of these price differences even more glaring**
durch die Einführung des Euro sind diese Preisunterschiede noch deutlicher geworden

**price differential** Preisunterschied *m*
**the price differentials can relate to different pricing strategies**
die Preisunterschiede können auf unterschiedliche Preisstrategien zurückzuführen sein

**price/earnings ratio** (p/e ratio) Kurs-Gewinn-Verhältnis *n*
**the price/earnings ratio suggested a substantial overvaluation of shares**

das Kurs-Gewinn-Verhältnis deutete auf eine beträchtlich Überbewertung der Aktien hin
**the p/e ratio provides a crude yardstick of investor optimism**
das Kurs-Gewinn-Verhältnis ist ein grobes Maß für den Optmismus der Anleger

**price-fixing cartel** Preiskartell *n*
**the company was found guilty of aiding an international price-fixing cartel**
das Unternehmen war der Unterstützung eines internationalen Preiskartells für schuldig befunden worden

**price increase** Preiserhöhung *f*
**sales rose 10%, largely on the strength of prices increases**
der Umsatz stieg um 10%, hauptsächlich aufgrund von Preiserhöhungen

**price/performance ratio** Preis-Leistungsverhältnis *n*
**the price/performance ratio of today's computers makes virtual instrumentation more affordable to users**
auf Grund des Preis-Leistungs-Verhältnisses heutiger Rechner wird die virtuelle Messtechnik erschwinglicher für den Anwender
**favourable price/performance ratio** günstiges Preis-Leistungsverhältnis
**drastic improvement of the price/performance ratio is still necessary**
eine erhebliche Steigerung des Preis/Leistungsverhältnisses ist noch immer erforderlich

**price pressure** Preisdruck *m*

**price rises** Preiserhöhung *f*
**consumers watch for hidden price rises**
die Verbraucher sind auf der Hut vor versteckten Preiserhöhungen

**price-sensitive** *adj* preisbewusst
**consumers have become more price-sensitive**
die Verbraucher sind preisbewusster geworden

**price stability** Preisstabilität *f*

**price war** Preiskampf *m*; Preiskrieg *m*
**the job losses follow the company's price war with A&B**
die Arbeitsplatzverluste kommen im Gefolge des Preiskrieges des Unternehmens mit A&B
**a price war is raging in the high-tech sector**
in der Hightech-Branche wütet ein Preiskrieg

**pricing** *n* Preisgestaltung *f*
**aggressive pricing by rivals**
aggressive Preisgestaltung durch die Konkurrenz

**pride o.s. on** *v* stolz sein auf
**the company also prides itself on low product prices and services**
das Unternehmen ist auch stolz auf seine niedrigen Preise für Waren und Dienstleistungen

**primary energy consumption** Primärenergieverbrauch *m*
**biomass now represents only 3% of primary energy consumption in industrialised countries**
Biomasse hat einen Anteil von nur 3% am Primärenergieverbrauch in den Industrieländern

**primary energy supply** Primärenergieversorgung *f*
**wood contributes 6-7% of global primary energy supply**
Holz trägt weltweit 6-7% zur Primärenergieversorgung bei

**prime rate** Leitzins *m*; Leitzinssatz *m*
**the prime rate is important because many consumer loans are tied to it**
der Leitzins(satz) ist deshalb so wichtig, weil viele Verbraucherkredite daran gekoppelt sind

**print advertising** Werbung in Printmedien

**private clients division** Privatkundengeschäft *n*
**the bank announced job cuts in its private clients division**
die Bank kündigte Stellenstreichungen im Privatkundengeschäft an

**private consumer** privater Verbraucher; Privatverbraucher *m*

**private consumption** privater Konsum; Privatkonsum *m*
**he forecasts that private consumption in Europe will grow 3.25%**
er sagt voraus, dass der private Konsum in Europa um 3,25% steigen werde

**private investor** privater Geldgeber
**a group of private investors is backing ABC**
ABC wird von einer Gruppe privater Geldgeber unterstützt

**private pension** private Altersvorsorge
**to take out a private pension**
eine private Altersversorgung abschließen
**private pension plan** private Altersvorsorge
**private pension saving** private Altersvorsorge
**private pension scheme** private Altersvorsorge
**private sector economy** Privatwirtschaft *f*
**privatisation** Privatisierung *f*
**thanks in large part to privatisations, more and more individuals own some shares**
größtenteils als Folge der Privatisierung von Unternehmen besitzen immer mehr Privatleute Aktien
**problem** *n* Problem *n*
**there can be no assurance that these problems will not recur in the future**
es ist nicht auszuschließen, dass diese Probleme in der Zukunft erneut auftreten werden
**we are tackling these problems aggressively**
wir nehmen diese Probleme mit großer Energie in Angriff
**no assurances can be made that problems will not arise**
es kann nicht ausgeschlossen werden, dass nicht doch Probleme auftreten
**we're hoping that this problem will blow over**
wir hoffen, dass dieses Probleme nur von vorübergehender Natur ist
**proceeds** *n* Erlöse *mpl*
**process** *v* verarbeiten; veredeln
**to process natural gas into a variety of basic chemicals**
Erdgas zu einer Vielzahl von Basischemikalien veredeln
**process control** Prozess-Steuerung *f*
**ABC pioneered the concept of distributed digital process control**
ABC gehörte zu den Pionieren der dezentralen digitalen Prozess-Steuerung
**processing power** Rechenleistung *f*; Verarbeitungsleistung *f*
**processing power is becoming less expensive all the time**
die Rechenleistung wird immer billiger
**process technology** Verfahrenstechnik *f*

**ABC hat Expertise auf dem Gebiet der Verfahrenstechnik erworben**
ABC has developed an expertise in process technology
**producer** *n* (1) Ölförderstaat *m*; Förderland *n*
**Saudi Arabia is the biggest Opec producer**
Saudi Arabien ist der größte OPEC-Erdölförderstaat
**Norway, Mexico, Russia and other producers do not belong to the cartel**
Norwegen, Mexiko, Russland und andere Förderländer gehören dem Kartell nicht an
**producer country** Ölförderstaat *m*; Förderland *n*
**producer price** Erzeugerpreis *m*
**other figures showed the steepest rise in producer prices over a single month for a decade**
andere Zahlen zeigten den seit zehn Jahren stärksten Anstieg der Erzeugerpreise innerhalb eines Monats
**product and service portfolio** Produkt- und Leistungspalette *f*
**we will broaden our industrial product and service portfolio**
wir werden unsere industrielle Produkt- und Leistungspalette erweitern
**product design** Produktgestaltung *f*
**valuable data gained in this process will be incorporated into our product design**
die bei diesem Prozess gewonnenen wertvollen Informationen gehen in die Produktgestaltung ein
**product design and development** Produktgestaltung und -entwicklung
**these companies have boomed in recent years, thanks in part to strong product design**
der Aufschwung dieser Unternehmen in den vergangen Jahren ist unter anderem auf ihre hervorragende Produktgestaltung zurückzuführen
**production** *n* (1) Produktion *f*
**to halt production temporarily at seven North American plants**
die Produktion in sieben nordamerikanischen Werken vorübergehend stoppen
**companies are likely to cut production further in this quarter**
die Firmen werden die Produktion in diesem Quartal wahrscheinlich kürzen / reduzieren
**businesses are sharply cutting back on production in the face of sagging**

**demand**
angesichts der absackenden Nachfrage drosseln die Unternehmen die Produktion drastisch
**the sports car will go into production next year**
der Sportwagen wird nächstes Jahr in Produktion gehen

**production** *n (oil)* (2) Fördermenge *f*
**to cut production**
die Fördermenge reduzieren

**production capacity** Produktionskapazität *f*
**to reduce the company's production capacity in Europe by 400,000 units by 20...**
bis zum Jahre 20... die Produktionskapazität des Unternehmens um 400.000 Einheiten reduzieren

**production cut** *(oil)* Fördermengendrosselung *f*; Kürzung der Fördermenge; Förderkürzung *f*; Förderdrosselung *f*; Produktionskürzung *f*
**to agree immediate production cuts**
sofortige Förderkürzungen vereinbaren / beschließen

**production disruption** Produktionsunterbrechung *f*
**minimal production disruption**
minimale Produktionsunterbrechungen

**production facility** Produktionsstätte *f*
**often, there is little capital for new production facilities**
oft ist wenig Kapital für die Errichtung neuer Produktionsstätten vorhanden
**production facilities are being operated at about 70 percent capacity**
die Produktionsstätten sind derzeit zu 70% ausgelastet

**production forecast** Produktionsprognose *f*

**production line** Produktionslinie *f*; Fertigungsstraße *f*
**the company plans to add, if sales dictate, a third production line in 20...**
das Unternehmen will im Jahre 20... eine dritte Produktionslinie einrichten, falls die Nachfrage dies erforderlich macht

**production order** Produktionsauftrag *m*
**the time required to process a typical production order**
die für die Abwicklung eines typischen Produktionsauftrags benötigte Zeit

**production quota** *(oil)* Förderquote *f*
**to increase production quotas**
die Förderquoten erhöhen

**production site** Produktionsstandort *m*
**ABC has more than 60 production sites in North America**
ABC verfügt über mehr als 60 Produktionsstandorte in Nordamerika
**they want future generations of engines to be manufactured in a uniform manner at production sites around the world**
sie wollen, dass künftige Motorgenerationen an allen Standorten der Welt in gleicher Weise hergestellt werden

**productivity** *n* Produktivität *f*
**American productivity in the second quarter grew at an annual rate of 5.3%**
die Produktivität der amerikanischen Wirtschaft wies im zweiten Jahresviertel eine jährliche Wachstumsrate von 5,3% auf
**to increase productivity**
die Produktivität erhöhen
**to improve quality, service and productivity**
Qualität, Service und Produktivität verbessern
**productivity in 20... was 4.2%**
im Jahre 20... betrug die Produktivität 4,2%
**four businesses achieved productivity in excess of 5%**
vier Geschäftssegmente erreichten eine Produktivität von mehr als 5%
**sustained improvement in productivity**
nachhaltige Verbesserung der Produktivität

**productivity estimate** Produktivitätsschätzung *f*
**productivity estimates are useful**
Produktivitätsschätzungen sind nützlich

**productivity gain** Produktivitätssteigerung *f*; Produktivitätszuwachs *m*
**we have made significant productivity gains**
wir haben beachtliche Produktivitätszuwächse erzielt

**productivity growth** Produktivitätswachstum *n*
**the following sectors are the principal drivers of productivity growth**
die folgenden Bereiche sind

hauptsächlich für das Produktivitätswachstum verantwortlich

**productivity of labor** *(AE)*; **productivity of labour** *(BE)* Arbeitsproduktivität *f*

**product liability** Produkthaftung *f*
**to limit product liability exposure through contractual limitations on liability**
mögliche Auswirkungen der Produkthaftung durch vertragliche Begrenzung der Haftung verringern

**product liability claim** Produkthaftungsanspruch *m*

**product liability law** Produkthaftungsgesetz *n*
**to reform the nation's product liability law**
die Produkthaftungsgesetze des Landes reformieren
**to achieve reform of the nation's product liability laws**
eine Reform der Produkthaftungsgesetze des Landes erreichen

**product line** Produktangebot *n*

**product offerings** Produktangebot *n*; Produktpalette *f*
**we will continue pursuing joint ventures that increase our product offerings**
wir werden weiterhin Jointventures anstreben, um unser Produktangebot zu erweitern
**the company streamlines its product offerings**
das Unternehmen verschlankt sein Produktangebot

**product portfolio** Produktpalette *f*; Produktportfolio *n*
**this extensive product portfolio gives the company a unique position in the marketplace**
diese umfassende Produktpalette verleiht dem Unternehmen eine einzigartige Marktposition
**a customized product portfolio**
ein maßgeschneidertes Produktportfolio

**product range** Produktpalette *f*
**ABC's product range is broad and includes ...**
die Produktpalette von ABC ist sehr breit und umfasst ...
**ABC's product range increased substantially in the area of medium voltage switching technology**
ABC hat seine Produktpalette auf dem Gebiet der Mittelspannungs-Schaltanlagen beträchtlich erweitert

**profit** *n* (1) Gewinn *m*
**to reap huge profits**
riesige Gewinne einstreichen
**there are fat profits to be made**
satte Gewinne sind möglich
**A&B expects to post a higher profit**
A&B rechnet mit einem höheren Gewinn

**profit** *n* (2) Gewinnzone *f*
**to return ABC's loss-making units to profit by the end of 20...**
ABCs Verlustbringer bis zum Jahre 20... wieder in die Gewinnzone führen
**the sales are part of the company's attempt to return ABC to profit**
mit diesen Verkäufen will das Unternehmen ABC wieder in die Gewinnzone zurückführen
**to return to profit**
in die Gewinnzone zurückkehren

**profit** *n* (3): **be in profit** schwarze Zahlen schreiben / vorlegen; sich in der Gewinnzonne befinden
**later this month, the company will declare itself comfortably in profit**
gegen Ende dieses Monats wird das Unternehmen solide schwarze Zahlen vorlegen

**profit** *n* (4): **turn a profit** schwarze Zahlen schreiben; Gewinn machen
**the company will turn a profit for the first time**
das Unternehmen wird zum ersten Mal schwarze Zahlen schreiben

**profitability** *n* Profitabilität *f*; Gewinnzone *f*; Ertragskraft *f*; Wirtschaftlichkeit *f*
**software companies have also improved their profitability**
die Softwarefirmen haben ihre Profitabilität ebenfalls verbessert
**ABC promised profitability in the fourth quarter**
ABC will im vierten Quartal wieder in die Gewinnzone zurückkehren
**the new company will be able to reach profitability by the end of next year**
das neue Unternehmen kann bis Ende nächsten Jahres die Gewinnzone erreichen
**to return to profitability**
in die Gewinnzone zurückkehren / die Gewinnzone wieder erreichen
**to improve the profitability of the power station**

die Wirtschaftlichkeit / Ertragskraft des Kraftwerks verbessern

**profitable** *adj* Gewinn bringend; profitabel; gewinnträchtig
**hospitals can in principle be turned into profitable businesses**
Krankenhäuser können grundsätzlich in Gewinn bringende Unternehmen umgewandelt werden

**profitable part** Sahnestückchen *n*; Sahnestück *n*
**to signal interest in the profitable parts of the group**
Interesse an den Sahnestückchen des Konzerns bekunden / anmelden

**profit and loss account** Gewinn- und Verlustrechnung *f*
**these orders will not impact our profit and loss account for six or seven years**
diese Aufträge werden sich in den kommenden sechs oder sieben Jahren nicht auf unsere Gewinn- und Verlustrechnung auswirken

**profit figures** Gewinnzahlen *fpl*
**the insurer did not give detailed profit figures for A&B**
das Versicherungsunternehmen nannte keine detaillierten Gewinnzahlen für A&B

**profit forecast** Gewinnprognose *f*
**ABC warned that it will miss its own profit forecast**
ABC warnte, das Unternehmen werde seine Gewinnprognose nicht einhalten
**a 90% cut in the company's profit forecasts**
eine Korrektur der Gewinnprognosen des Unternehmens um 90% nach unten

**profit gain** Gewinnzuwachs *m*
**mobile phone unit drives 8 percent profit gain at parent company**
Mobilfunksparte bewirkt beim Mutterkonzern einen Gewinnzuwachs von 8 Prozent
**they say that profit gain was due in part to an estimated $10 billion surplus in ABC's pension plan**
es heißt, der Gewinnzuwachs sei teilweise auf einen Überschuss von schätzungsweise 10 Mrd. Dollar in der Pensionskasse zurückzuführen

**profit growth** Gewinnzuwachs *m*; Gewinnwachstum *n*
**a return to double-digit profit growth during this expansion is increasingly unlikely**
eine Rückkehr zu zweistelligem Gewinnwachstum während dieser Expansionsphase ist zunehmend unwahrscheinlich

**profit margin** Gewinnmarge *f*; Gewinnspanne *f*
**profit margins are about 22% in Japan, compared with 11% in America**
die Gewinnspanne beträgt ca. 22% in Japan, verglichen mit 11% in Amerika
**this industry operates at 5 to 8% profit margins**
diese Industrie arbeitet mit Gewinnspannen von 5 bis 8%

**profit prospects** Gewinnaussichten *fpl*

**profit sharing** Gewinnbeteiligung *f*

**profit-taking** *n*; **profit taking** Gewinnmitnahme *f*
**the shares might have been sold for profit taking**
die Aktienverkäufe könnten auf Gewinnmitnahmen zurückzuführen sein

**profit target** Gewinnziel *n*
**the company may miss its profit targets**
das Unternehmen wird vielleicht seine Gewinnziele verfehlen

**profit(s) warning** Gewinnwarnung *f*
**the second profit warning prompted a 16 per cent fall in the company's share price**
aufgrund der zweiten Gewinnwarnung fielen die Aktien des Unternehmens um 16%
**A&B is the only company not to have issued a profit warning this year**
A&B ist das einzige Unternehmen, das dieses Jahr noch keine Gewinnwarnung herausgegeben hat
**A&B shares fall 10% on surprise profit warning**
A&B-Aktien geben nach einer überraschenden Gewinnwarnung 10% nach
**ABC issued a profits warning for the full year**
ABC gab für das gesamte Jahr eine Gewinnwarnung heraus
**ABC issued a second profits warning within the past year**
ABC gab im vergangenen Jahr eine zweite Gewinnwarnung heraus

**project leader** Projektleiter *m*

**propensity to consume** Konsumneigung *f*
**the sum of the propensity to consume**

**propensity to consume**

**and the propensity to save always equals one**
die Addition von Konsumneigung und Sparneigung ergibt immer eins

**propensity to save** Sparneigung *f*

**property funds manager** Immobilienvermögensverwalter *m*
**the bank has bought US-based property fund manager A&B**
die Bank hat den amerikanischen Immobilienvermögensverwalter A&B gekauft

**prop up** *v* stützen
**the Bank of Japan intervened to prop up the dollar**
die Bank of Japan intervenierte, um den Dollar zu stützen

**prospects** *pl* Aussichten *fpl*
**at this conference, we intend to demonstrate the significant prospects for biomass in the UK**
an dieser Konferenz wollen wir demonstrieren, wie gut die Aussichten für die Biomasse in Großbritannien sind
**prospects are looking good for biomass power generation**
die Aussichten für die Biomasseverstromung sind gut
**prospects for the IT sector appear bright**
die Aussichten für den IT-Bereich sind gut
**poor prospects for the world economy**
schlechte Aussichten für die Weltkonjunktur

**prospects for growth** Wachstumsaussichten *fpl*
**the panel has again become more pessimistic about the prospects for growth**
das Gremium ist wieder pessimistischer geworden bezüglich der Wachstumsaussichten

**prosperity** *n* Wohlstand *m*
**to restore confidence and prosperity in our economy**
Vertrauen und Wohlstand in unserer Volkswirtschaft wieder herstellen

**protection from creditors** Gläubigerschutz *m*
**ABC had filed for protection from its creditors**
ABC hatte Gläubigerschutz beantragt

**protective tariffs** Schutzzölle *mpl*
**protective tariffs on steel**
Schutzzölle auf Stahl

**proton exchange membrane fuel cell market** Markt für PEM-Brennstoffzellen

**provider** *n* Anbieter *m*
**the company is also a leading provider of valves**
das Unternehmen ist auch ein führender Anbieter von Ventilen
**ABC is Spain's leading electricity provider**
ABC ist Spaniens führender Stromanbieter
**ABC is a privately held provider of information technology**
ABC ist ein privater Anbieter von IT
**A&B is a global provider of a wide range of services**
A&B ist ein globaler Anbieter einer umfassenden Palette von Dienstleistungen

**provider of financial services** Finanzdienstleister *m*

**provision** Rückstellung *f*
**provision for income taxes**
Rückstellungen für Einkommenssteuer

**proxy advisory firm** Aktionärsberatungsservice *m*
**next week, the proxy advisory firm will make a recommendation**
der Aktionärsberatungsservice wird nächste Woche eine Empfehlung aussprechen

**psychologically-important barrier** psychologische Marke; psychologisch wichtige Marke

**publication** *n* Veröffentlichung *f*
**the new forecast is scheduled for publication this month**
die Veröffentlichung der Prognose ist für diesen Monat vorgesehen

**public awareness campaign** Aufklärungskampagne *f*

**public budget** Staatshaushalt *m*
**the country will not be able to achieve a balanced public budget**
das Land wird keinen ausgeglichenen Staatshaushalt vorlegen können

**public company** Publikumsgesellschaft *f*

**public finances** Staatsfinanzen *fpl*
**public finances are healthy**
die Staatsfinanzen sind gesund

**publicly held company** Publikumsgesellschaft *f*
**this agency is responsible for ensuring publicly held companies report**

**financial information to stockholders regularly**
Aufgabe dieser Behörde ist es, sicherzustellen, dass Publikumsgesellschaften regelmäßig ihre Aktionäre mit finanziellen Informationen versorgen

**public-sector business** öffentliche Aufträge
**public-sector business could help many IT companies weather this slowdown**
öffentliche Aufträge könnten viele IT-Firmen über diese Konjunkturflaute hinwegretten

**public spending** Staatsausgaben *fpl*
**the boost to public spending will unbalance the economy**
die Erhöhung der Staatsausgaben wird die Wirtschaft aus dem Gleichgewicht bringen
**to cut public spending**
die Staatsausgaben senken

**pulp and paper industry** Papier- und Zellstoffindustrie *f*
**advanced sensor technologies for the pulp and paper industry**
moderne Sensorik für die Papier- und Zellstoffindustrie
**ABC continued to expand its presence in the pulp and paper industry**
ABC hat seine Präsenz in der Papier- und Zellstoffindustrie verstärkt

**pump** *v* pumpen
**to pump some $70 billion of public money into farms**
ca. 70 Mrd. $ an öffentlichen Geldern in die Landwirtschaft pumpen
**the government has said it will pump $64 million of aid into the airline**
die Regierung sagte, sie werde Hilfsgelder in Höhe von 64 Mio. $ in die Fluggesellschaft pumpen

**pump-priming** *n* Konjunkturankurbelung *f*
**the president proposed $75 billion in additional pump-priming for the economy**
der Präsident beantragte weitere 75 Mrd. Dollar zur Konjunkturankurbelung

**pump-priming measure** Maßnahme zur Konjunkturankurbelung / Konjunkturbelebung; Konjunkturspritze *f*
**to resort to big pump-priming measures to stimulate domestic demand**
groß angelegte Maßnahmen zur Konjunkturankurbelung ergreifen, um die Binnennachfrage zu stimulieren

**punitive sanction** Strafsanktion *f*
**one option would be to impose punitive sanctions on US exports**
eine Möglichkeit wären Strafsanktionen gegen amerikanische Ausfuhren

**punitive tariffs** Strafzölle *mpl*
**the organization authorized Ecuador to retaliate with punitive tariffs**
die Organisation ermächtigte Ecuador, im Gegenzug Strafzölle zu verhängen

**purchase** *v* kaufen
**that year ABC also purchased a Canadian company**
in jenem Jahr kaufte ABC auch ein kanadisches Unternehmen

**purchase agreement** Kaufvertrag *m*

**purchase price** Kaufpreis *m*
**to acquire something for a purchase price of approximately $2.0 million in cash**
etwas für einen Kaufpreis von ca. 2 Mio. $ in bar erwerben

**purchasing power** Kaufkraft *f*
**household and business purchasing power**
die Kaufkraft der privaten Haushalte und Unternehmen

**push back** *v* verschieben
**introduction of 3G services has been pushed back until at least the middle of 20...**
die Einführung von UMTS-Diensten ist mindestens bis Mitte des Jahres 20... verschoben worden

**push up** *v* hochtreiben; in die Höhe treiben
**to push up the price of oil**
den Ölpreis hochtreiben / in die Höhe treiben

# Q

**quality** *n* Qualität *f*
**drop-off in quality**
Verschlechterung der Qualität

**quality assurance** (QA) Qualitätssicherung *f*
**the payback is in improved quality assurance**
die Rendite liegt in der verbesserten Qualitätssicherung

**ABC has received an award for excellence in Quality Assurance**
ABC hat eine Auszeichnung für ausgezeichnete Leistungen auf dem Gebiet der Qualitätssicherung erhalten

**quality control** Qualitätssteuerung *f*; Qualitätslenkung *f*

**quality management** Qualitätsmanagement *n*

**quality of life** Lebensqualität *f*

**quarantine** *n* Quarantäne *f*
**in Bavaria, a farm with 242 pigs was placed "under quarantine-like observation"**
in Bayern wurde ein Bauernhof mit 240 Schweinen unter „Quarantäne-ähnliche Beobachtung" gestellt
**stocks in six other states were also placed under quarantine**
Viehbestände in weiteren sechs Bundesländern wurden ebenfalls unter Quarantäne gestellt

**quarter** *n* Quartal *n*
**production should grow faster in the third quarter**
die Produktion sollte im dritten Quartal schneller wachsen
**ABC today reported results for the third quarter of 2000**
ABC hat heute die Ergebnisse für das dritte Quartal des Jahres 2000 bekannt gegeben

**quarterly figures** Quartalszahlen *fpl*
**quarterly figures tend to jump about a lot**
die Quartalszahlen machen oft große Sprünge / unterliegen oft starken Schwankungen

**quarterly operating results** Quartalszahlen *fpl*

**quarterly profit** Quartalsgewinn *m*
**A&B reported a quarterly profit**
A&B verzeichnete einen Quartalsgewinn
**A&B's quarterly profit declined for the first time in almost three years**
der Quartalsgewinn von A&B ist zum ersten Mal in fast drei Jahren gesunken

**quarterly report** Quartalsbericht *m*
**ABC's most recent Quarterly Report**
der jüngste Quartalsbericht von ABC
**ABC's quarterly report will be released tomorrow**
der Quartalsbericht von ABC wird morgen veröffentlicht

**quarterly results** Quartalszahlen *fpl*

**quarterly sales** Quartalsumsatz *m*
**to expect quarterly sales to fall as much as 40 percent**
einen Rückgang des Quartalsumsatzes von bis zu 40% erwarten

**questionnaire** *n* Fragebogen *m*
**he sent out a questionnaire to solicit further opinions**
er verschickte Fragebögen, um weitere Meinungen einzuholen

**quota** *n* *(petroleum)* Förderquote *f*; Ölfördermenge *f*
**OPEC announced modest quota increases**
die OPEC kündigte eine geringfügige Erhöhung der Förderquoten an

# R

**rail network** Schienennetz *n*
**any operating surplus will be reinvested in the rail network**
jeglicher Betriebsgewinn wird wieder in das Schienennetz investiert

**rail system** Schienennetz *n*
**to create a safe and reliable rail system**
ein sicheres und zuverlässiges Schienennetz schaffen

**railway equipment division** Bahntechnik-Sparte *f*

**rally** *n* Erholung *f*
**these two sectors are already enjoying a rally**
in diesen beiden Bereichen ist es schon zu einer Erholung gekommen
**we are looking for a major euro rally any time soon**
wir erwarten in Kürze eine kräftige Erholung des Euro
**the prolonged rally in oil prices**
die anhaltende Erholung der Ölpreise
**rally in tech stocks**
Erholung der Technologiewerte

**ranking** Rangliste *f*
**A&B topped the ranking in 20...**
A&B führte im Jahre 20... die Rangliste an
**A&B released its ranking of the world's largest chipmakers**
A&B veröffentlichte seine Rangliste der größten Chiphersteller der Welt

**ranking table** Rangliste *f*
  **ranking tables are important to companies as a means of advertising their strength to potential clients**
  Ranglisten sind wichtig, da sie potenziellen Kunden die Stärken eines Unternehmens zeigen

**rate cut** Zinssenkung *f*; Senkung der Leitzinsen
  **Fed makes surprise rate cut**
  amerikanische Zentralbank senkt überraschend die Leitzinsen

**rate increase** Leitzinserhöhung *f*; Zinserhöhung *f*
  **the Fed's rate increases are working**
  die Leitzinserhöhungen der amerikanischen Bundesbank zeigen Wirkung

**rate of capacity use** Kapazitätsauslastung *f*
  **the rate of capacity use in manufacturing has dropped to its lowest level since August 1992**
  die Kapazitätsauslastung im produzierenden Gewerbe hat den tiefsten Stand seit August 1992 erreicht

**rate of growth** Wachstumsrate *f*

**rating agency; ratings agency** Ratingagentur *f*; Rating-Agentur *f*
  **the ratings agency doubted the three companies could meet their ambitious debt reduction targets**
  die Ratingsagentur bezweifelte, dass die drei Unternehmen in der Lage seien, ihre ehrgeizigen Schuldentilgungspläne in die Tat umzusetzen

**raw material** Rohstoff *m*
  **to use energy and raw materials as efficiently as possible**
  Energie und Rohstoffe so effizient wie möglich nutzen

**raw-material costs; raw material costs** Rohstoffkosten *pl*
  **raw-material costs are rising**
  die Rohstoffkosten sind im Steigen begriffen

**raw material price** Rohstoffpreis *m*
  **increase in raw material prices**
  Anstieg der Rohstoffpreise

**real estate** Immobilien *fpl*
  **to reduce debt, the company sold real estate**
  zum Abbau der Schulden verkaufte das Unternehmen Immobilien

**real-estate asset** Immobilienanlage *f*

**real-estate boom** Immobilienboom *m*

**real estate price** Immobilienpreis *m*
  **real estate prices keep rising**
  die Immobilienpreise steigen weiter

**real growth** Realwachstum *n*
  **he said on October 3rd that negative real growth was now certain**
  er sagte am 3. Oktober, dass das Realwachstum nun bestimmt negativ sein werde

**real income** Realeinkommen *n*
  **real incomes have not yet declined**
  die Realeinkommen sind noch nicht zurückgegangen

**real interest rate** Realzins *m*

**realized gain** realisierter Gewinn
  **gross realized gains were $1 million in 20...**
  im Jahre 20... betrug der realisierte Bruttogewinn 1 Mio. Dollar

**real terms: in real terms** real *adv*
  **wholesale sales fell 0.5 percent in real terms from September**
  der Großhandelsumsatz ist im Vergleich zum September real um 0,5% gefallen

**realtor** *n* Immobilienmakler *m*; Immobilienunternehmen *n*

**real wage** Reallohn *m*
  **countries with high real wages**
  Länder mit hohen Reallöhnen

**rebound** *n* Erholung *f*
  **the US economy shows few concrete signs of a rebound**
  es gibt wenig konkrete Anzeichen für eine Erholung der amerikanischen Wirtschaft

**recall** *n* Rückruf *m*; Rückrufaktion *f*
  **A&B announced the recall of 10m tyres**
  A&B kündigte den Rückruf von 10 Mio. Reifen an
  **the company attributed the loss mainly to restructuring costs and the cost of recalls**
  das Unternehmen machte hauptsächlich die Kosten für Umstrukturierung und Rückrufaktionen für die Verluste verantwortlich

**recall** *v* zurückrufen
  **ABC said it would recall another 1.5m cars due to mechanical faults**
  ABC gab bekannt, das Unternehmen werde weitere 1,5 Mio. Wagen wegen mechanischer Fehler zurückrufen

**recession** *n* Rezession *f*
  **to lead the country out of recession**
  das Land aus der Rezession
  herausführen
  **to keep the U.S. economy from sliding into a recession**
  verhindern, dass die amerikanische Wirtschaft in eine Rezession abgleitet
  **we may be due for a recession**
  unter Umständen kommt eine Rezession auf uns zu
  **the American economy is possibly even heading toward recession**
  möglicherweise bewegt sich die amerikanische Wirtschaft sogar auf eine Rezession zu
  **the U.S. economy was at least at the edge of a recession**
  die amerikanische Wirtschaft stand zumindest am Rande einer Rezession
  **the economy is so far in no danger of recession**
  im Moment besteht noch nicht die Gefahr einer Rezession
  **the country is now teetering on the brink of recession**
  das Land bewegt sich / taumelt derzeit am Rande einer Rezession
  **the country could be on the verge of a recession**
  das Land könnte kurz vor einer Rezession stehen
  **to stave off a recession**
  eine Rezession abwehren
  **to plunge the economy into deep recession**
  die Wirtschaft in eine tiefe Rezession stürzen

**recession risk** Rezessionsgefahr *f*
  **the association warned of heightened recession risks**
  der Verband warnte vor einer erhöhten Rezessionsgefahr

**record** *n* Rekord *m*
  **new records are being set on a daily basis**
  täglich werden neue Rekorde aufgestellt

**record high** Rekordhöhe *f*
  **gas prices have stayed at or near record highs**
  die Gaspreise sind mehr oder weniger auf Rekordhöhe geblieben
  **the Nasdaq index has now fallen 53% from its March record high**
  der Nasdaq-Index ist nun um 53% von seiner Rekordhöhe im März gefallen
  **to soar to a record high**
  auf Rekordhöhe klettern

**record loss** Rekordverlust *m*
  **record loss at A&B**
  Rekordverlust bei A&B

**record low** Rekordtief *n*
  **the crisis has driven the peso to record lows**
  die Krise ließ den Peso auf ein Rekordtief sinken

**record profit** Rekordgewinn *m*
  **ABC is enjoying its fifth straight year of record profits**
  ABC verzeichnet nun schon das fünfte Jahr in Folge Rekordgewinne

**record result** Rekordergebnis *n*
  **in the second quarter, nearly all business units delivered record results**
  im zweiten Quartal legten fast alle Geschäftsbereiche ein Rekordergebnis vor

**record rise** Rekordanstieg *m*
  **electricity prices posted a record rise**
  die Strompreise verzeichneten einen Rekordanstieg

**record sales** Rekordumsatz *m*
  **A&B today reported record sales**
  A&B gab heute einen Rekordumsatz bekannt
  **he achieved record sales for A&B in the U.S.**
  er erzielte / erreichte für A&B in den Vereinigten Staaten einen Rekordumsatz

**recover** *v* sich erholen
  **the Japanese economy is recovering more slowly than expected**
  die japanische Wirtschaft erholt sich langsamer als erwartet

**recovery** *n* Erholung *f*
  **pessimists fear that Japan is already in recession with little hope of an early recovery**
  Pessimisten befürchten, dass Japan sich schon in einer Rezession befindet mit wenig Hoffnung auf eine baldige Erholung
  **recoveries in share prices have tended to be short-lived**
  die Erholung der Aktienkurse ist in jüngster Zeit immer nur von kurzer Dauer
  **recovery is imminent or already under way**
  eine Erholung steht unmittelbar bevor oder ist schon unterwegs
  **recovery lies a long way off**
  bis zu einer Erholung ist es noch weit

**recruit** *v* einstellen
  **we must be successful in recruiting**

**the best and brightest people to fuel our future growth**
um unser Wachstum in der Zukunft zu sichern, müssen wir die besten und intelligentesten Mitarbeiter einstellen
**having slimmed to around 1,400 staff, ABC is now recruiting again**
nachdem ABC die Zahl der Beschäftigten auf ca. 1.400 reduziert hat, stellt das Unternehmen nun wieder Mitarbeiter ein

**recruiter** *n* Personalberater *m*; Personalberatungsunternehmen *n*; Kopfjäger *m*

**recruiting** *n* Anwerbung *f*
**recruiting foreign managers can be a solution**
die Anwerbung ausländischen Führungspersonals wäre eine Lösung

**red** *n*: **move / go into the red** rote Zahlen schreiben
**A&B had moved into the red in the second quarter of the year**
A&B hatte im zweiten Jahresquartal rote Zahlen geschrieben
**A&B goes into the red for the first time since 20...**
A&B schreibt zum ersten Mal seit 20... rote Zahlen

**red tape** bürokratischer Aufwand
**to cut red tape**
den bürokratischen Aufwand reduzieren / vermindern

**reduction in workforce** Personalkürzung *f*
**ABC announces reduction in workforce**
ABC kündigt Personalkürzungen an
**ABC today announced that it is reducing its workforce**
ABC kündigte heute Personalkürzungen an

**refinery** *n* Raffinerie *f*
**ABC Refinery is one of the world's most modern refineries**
ABC Refinery ist eine der modernsten Raffinerien der Welt

**re-forest** *v* aufforsten
**to re-forest mountainous areas**
Gebirgsregionen aufforsten

**reform efforts** Reformbemühungen *fpl*
**such reform efforts will accelerate further in a variety of fields**
diese Reformbemühungen werden sich in einer Reihe von Bereichen weiter beschleunigen
**to slow reform efforts in other countries**
die Reformbemühungen in anderen Ländern verlangsamen / bremsen
**to be serious about reform efforts**
es mit den Reformbemühungen ernst meinen

**refrigerator** *n* Kühlschrank *m*
**to test refrigerators for possible mechanical problems**
Kühlschränke auf mögliche mechanische Fehler überprüfen
**stainless steel built-in refrigerator**
Einbaukühlschrank aus nichtrostendem Stahl

**regional airline** Regionalfluglinie *f*
**most regional airlines are owned by big airlines**
die meisten Regionalfluglinien sind im Besitz von großen Fluggesellschaften

**regional airport** Regionalflughafen *m*

**regional carrier** Regionalfluglinie *f*

**regulation** *n* Regulierung *f*
**this debacle also poses questions about the adequacy of regulation**
angesichts dieses Debakels stellt sich die Frage, ob die Regulierung ausreichend ist

**regulator** *n* Regulierer *m*; Regulierungsbehörde *f*; Genehmigungsbehörde *f*; Kartellaufsicht *f*
**this move was designed to satisfy the conflict-of-interest worries of American regulators**
durch diesen Schritt sollten die Interessenskonflikt-Bedenken der amerikanischen Regulierer ausgeräumt werden
**the company said that its merger with ABC was likely to gain the approval of Europe's regulators**
das Unternehmen sagte, seine Fusion mit ABC werde wahrscheinlich die Zustimmung der europäischen Regulierer erhalten
**the French campaign for a single European regulator**
Frankreich will / wirbt für / setzt sich ein für eine einzige europäische Regulierungsbehörde

**regulatory approval** Genehmigung durch die Kartellbehörde(n) / Wettbewerbsbehörde(n); kartellrechtliche Genehmigung
**subject to regulatory approval**
vorbehaltlich der Genehmigung durch

die Kartellbehörden
**the deal awaits regulatory approval**
das Abkommen bedarf noch der Genehmigung durch die Kartellbehörde
**the deal still needs regulatory approval**
das Abkommen bedarf noch der kartellrechtlichen Genehmigung / die kartellrechtliche Genehmigung des Abkommens steht noch aus

**regulatory issue** kartellrechtliche Frage; kartellrechtliches Problem

**regulatory questions** kartellrechtliche Fragen

**regulatory requirements** kartellrechtliche Auflagen
**in compliance with all current regulatory requirements**
in Übereinstimmung mit allen derzeitigen / aktuellen kartellrechtlichen Auflagen

**reinsurance firm** Rückversicherungsgesellschaft *f*
**the world's biggest reinsurance firm**
die größte Rückversicherungsgesellschaft der Welt

**reinsurer** *n* Rückversicherungsgesellschaft *f*; Rückversicherer *m*

**reliability** *n* Zuverlässigkeit *f*

**remote diagnostic service** Ferndiagnose *f*

**remote maintenance** Fernwartung *f*

**renewable energy** regenerative Energie; erneuerbare Energie
**renewable energy's renaissance**
die Wiedergeburt der regenerativen Energie
**rising environmental standards may favour renewable energy**
höhere Umweltstandards begünstigen die regenerative Energie

**reorganisation** *n (BE)*; **re-organization** *n (AE)* Reorganisation *f*; Neuorganisation *f*
**some 2,000 jobs will be cut as part of the reorganisation**
im Rahmen der Reorganisation werden etwa 2.000 Stellen gestrichen

**reorientation** *n*; **re-orientation** *n* Neuorientierung *f*
**until this is done, the reorientation of the company will be incomplete**
erst dann ist die Neuorientierung des Unternehmens abgeschlossen / vollständig
**as part of its re-orientation, A&B is considering cutting jobs**
im Rahmen dieser Neuorientierung erwägt A&B einen Stellenabbau

**report** *n* Bericht *m*
**A&B has recently denied reports that it may cut as many as 10,000 jobs**
A&B hat jüngste Berichte zurückgewiesen, laut denen das Unternehmen bis zu 10.000 Stellen streichen wolle

**representative** *n* Vertreter *m*
**federal and state officials met with industry representatives in Washington**
Vertreter der Bundesregierung und des Bundesstaats trafen sich in Washington mit Vertretern der Industrie

**repurchase** *v* zurückkaufen
**we also repurchased 2.9 million of our shares**
wir haben auch 2,9 Mio. unserer Aktien zurückgekauft

**reregulation** *n*; **re-regulation** *n* Re-Regulierung *f*
**the partial re-regulation of the economy will cause a loss in investment**
die teilweise Reregulierung der Wirtschaft wird zu einem Investitionsrückgang führen
**the air is thick with calls for re-regulation**
die Rufe nach einer Reregulierung werden immer lauter

**rescue effort** Rettungsbemühung *f*

**rescue plan** Rettungsplan *m*
**to agree to a rescue plan for the construction group**
einem Rettungsplan für den Baukonzern zustimmen
**the banks opposed an earlier rescue plan**
die Banken sprachen sich gegen einen früheren Rettungsplan aus

**research** *n* Forschung *f*
**the new technology is the result of more than ten years of focused research**
die neue Technologie ist das Ergebnis einer mehr als zehnjährigen konzentrierten Forschung

**research and development** (r&d; R&D) Forschung und Entwicklung (FuE)

**research and development budget** Forschungs- und Entwicklungsetat *m*

**ABC has an annual research and development budget of almost $3 billion**
der Forschungs- und Entwicklungsetat von ABC beträgt jährlich 3 Milliarden $

**research and development expenditures** Forschungs- und Entwicklungsausgaben *fpl*
**the increase in research and development expenditures was primarily due to the hiring of additional product development engineers**
die höheren Forschungs- und Entwicklungsausgaben waren hauptsächlich auf die Einstellung zusätzlicher Produktentwicklungs-Ingenieure zurückzuführen

**research and development expense / expenses** Forschungs- und Entwicklungskosten *pl*; Kosten für Forschung und Entwicklung; Forschungs- und Enwicklungsaufwand *m*
**research and development expenses increased by 19%**
die Forschungs- und Entwicklungskosten sind um 19% gestiegen
**most companies cannot afford research and development expenses that are unlikely to improve their profitability for years**
die meisten Unternehmen können sich nur dann Forschungs- und Entwicklungskosten leisten, wenn diese über Jahre eine nachhaltige Wirkung auf die Profitabilität des Unternehmens haben
**research and development expense increased 24% compared to the previous year**
der Forschungs- und Entwicklungsaufwand stieg um 24% im Vergleich zum Vorjahr

**research and development spening** Forschungs- und Entwicklungsausgaben *fpl*
**over the past two years, we have increased research and development spending**
in den vergangenen zwei Jahren haben wir die Forschungs- und Entwicklungsausgaben erhöht

**research center** Forschungszentrum *n*
**research centers help meet the special hardware and software needs of our customers**
Forschungszentren helfen bei der Befriedigung der speziellen Hardware- und Softwarebedürfnisse unserer Kunden
**ABC has laid off 18 researchers at its research center in Palo Alto**
ABC hat in seinem Forschungszentrum in Palo Alto 18 Wissenschaftler / Forscher entlassen

**research consultancy** Marktforschungsinstitut *n*
**he is an analyst at ABC Group, a research consultancy**
er ist Analyst bei ABC Group, einem Marktforschungsinstitut

**research laboratory** Forschungslabor *n*

**reserve power supply** Stromreserve *f*
**the reserve power supply has fallen below 5%**
die Stromreserven sind auf unter 5% gefallen

**reserves** *pl* Rücklagen *fpl*
**central banks have used strong current-account surpluses to build up reserves**
die Zentralbanken nutzten die großen Leistungsbilanzüberschüsse zur Bildung von Rücklagen
**why have banks not put more reserves aside**
warum haben die Banken keine größeren Rücklagen gebildet
**banks' reserves against bad debts are at their lowest since 20...**
die Rücklagen der Banken für notleidende Kredite sind die niedrigsten seit 20...

**residential customer** Privatkunde *m*
**the utility serves more than 3 million residential and business customers**
das EVU versorgt mehr als 3 Mio. Privat- und Geschäftskunden

**resignation** *n* Rücktritt *m*
**the international engineering group announced the surprise resignation of its chairman**
der internationale Technologiekonzern gab den überraschenden Rücktritt seines Vorsitzenden bekannt

**resources** *n* Mittel *npl*; Ressourcen *fpl*
**ABC devotes substantial resources to research and development**
ABC steckt beträchtliche Mittel in

Forschung und Entwicklung
**to conserve resources more effectively**
die Ressourcen wirkungsvoller schonen
**responsible** *adj* zuständig
**he is responsible for small and medium-sized businesses**
er ist für kleine und mittlere Unternehmen zuständig

**restaurant patron** Restaurantbetreiber *m*; Restaurantinhaber *m*; Restaurantbesitzer *m*

**restructuring** *n* Umstrukturierung *f*; Restrukturierung *f*
**the increased competitiveness brought about by restructuring**
die durch die Umstrukturierung bewirkte größere Konkurrenzfähigkeit
**corporate restructuring**
Umstrukturierung des Unternehmens
**ABC will on Monday announce a global restructuring**
ABC wird am Montag eine globale Umstrukturierung ankündigen
**even achieving the restructuring announced this week will be tough**
auch die Umstrukturierung, die diese Woche angekündigt wurde, wird sich nur schwer erreichen lassen
**the country's fourth-largest automaker is undergoing major restructuring**
der viertgrößte Autohersteller unterzieht sich einer umfassenden Umstrukturierung
**the company is serious about restructuring**
das Unternehmen meint es ernst mit der Restrukturierung

**restructuring charges** Aufwendungen für Restrukturierungsmaßnahmen

**restructuring measure** Umstrukturierungsmaßnahme *f*
**the restructuring measures initiated in the various divisions will be consistently continued**
die in den verschiedenen Geschäftsbereichen eingeleiteten Umstrukturierungsmaßnahmen werden systematisch fortgesetzt

**restructuring plan** Umstrukturierungsplan *m*; Sanierungsplan *m*
**the group is under pressure to quickly complete the restructuring plans**
der Konzern sieht sich unter Druck, die Umstrukturierungspläne schnell umzusetzen
**he will draw up a detailed restructuring plan within a month**
er wird innerhalb eines Monats einen detaillierten Umstrukturierungsplan erstellen
**a major restructuring plan is expected to be announced later in the second quarter**
ein umfassender Sanierungsplan soll im Verlauf des zweiten Quartals angekündigt werden

**restructuring programme** *(BE)* Umstrukturierungsprogramm *n*
**the restructuring programme is aimed at rescuing the group from heavy debt and falling profits**
das Umstrukturierungsprogramm soll den Konzern vor wachsender Verschuldung und fallenden Gewinnen retten

**restructuring specialist** Sanierungsspezialist *m*; Sanierer *m*
**A&B is in the process of selecting a restructuring specialist**
A&B ist auf der Suche nach einem Sanierungsspezialisten

**restructuring strategy** Restrukturierungsstrategie *f*
**the layoffs are part of a larger restructuring strategy**
die Entlassungen erfolgen im Rahmen einer umfassenden Restrukturierungsstrategie

**results of operations** Betriebsergebnis *n*
**quarterly fluctuations in results of operations**
vierteljährliche Schwankungen des Betriebsergebnisses

**retail business** Einzelhandel *m*
**performance of retail business is predicted to improve**
laut Voraussage wird sich die Leistung des Einzelhandels verbessern

**retailer** *n* Einzelhandelsunternehmen *n*; Einzelhändler *m*; Handelshaus *n*
**A&B is Germany's largest retailer**
A&B ist Deutschlands größtes Handelshaus

**retailers** *pl* Einzelhandel *m*
**retailers will still find it hard to raise prices**
der Einzelhandel wird auch jetzt Schwierigkeiten haben, Preiserhöhungen durchzusetzen

**retail group** Einzelhandelskonzern *m*

**retailing giant** Einzelhandelsriese *m*
  **the retailing giant said first-half earnings before interest and tax rose 11 percent**
  der Einzelhandelsriese gab bekannt, die Erträge vor Zinsen und Steuern seien um 11 Prozent gestiegen
**retail sales** Einzelhandelsumsatz *m*
  **German retail sales fell by 1.3% in the year to June**
  der Umsatz des deutschen Einzelhandels / der Einzelhandelsumsatz in Deutschland ging in dem am 1. Juni endenden Jahr um 1,3% zurück
  **retail sales were up 0.7% in January**
  die Einzelhandelsumsätze stiegen im Januar um 0,7%
**retail sector** Einzelhandel *m*
**rethink** *n* Revidierung *f*; Überdenken *n*; Neuüberlegung *f*; Umdenken *n*
  **two top shareholders called for a rethink of A&B's decision**
  zwei der größten Aktionäre forderten eine Revidierung der Entscheidung von A&B
  **to force a fundamental rethink in the way vehicles are designed, manufactured, distributed and sold**
  ein grundlegendes Umdenken bei Konstruktion, Fertigung, Vertrieb und Verkauf von Autos erzwingen
  **to trigger a rethink of the company's entire strategy**
  ein Überdenken der Gesamtstrategie des Unternehmens auslösen
**retire** *v* in den Ruhestand gehen; in Rente gehen
  **for nearly a century, Americans were able to retire at ever-younger ages and in greater prosperity**
  fast hundert Jahre lang konnten die Amerikaner es sich leisten immer früher und wohlhabender in den Ruhestand zu gehen
  **he cannot afford to retire at 55**
  er kann es sich nicht leisten, mit 55 in den Ruhestand zu gehen
**retired employee** Ruheständler *m*; Pensionär *m*
**retiree benefit** Betriebsrente *f*
  **companies have reduced their retiree benefits not only to save money**
  die Unternehmen haben die Betriebsrenten nicht nur gesenkt, um Geld zu sparen

**retirement** *n* Ausscheiden *n*
  **he postponed his retirement from ABC in order to carry through the merger**
  er hat sein Ausscheiden aus ABC verschoben, um die Fusion durchzuführen
**retirement age** Rentenalter *n*
  **to raise the retirement age for women from 60 to 65**
  das Rentenalter für Frauen von 60 auf 65 anheben
  **later retirement age**
  Anhebung des Rentenalters
**retirement benefits** Altersbezüge *mpl*
**return** *n* Rendite *f*
  **to continue providing share owners with good returns**
  den Aktionären auch weiterhin eine gute Rendite bieten
**return on capital employed** (ROCE) Ertrag des eingesetzten Kapitals (ROCE)
**return on investment** (ROI) Rendite des eingesetzten Kapitals; Rendite *f*; Return on Investment (ROI)
  **ABC quadrupled its return on investment**
  ABC hat die Rendite des eingesetzten Kapitals vervierfacht
**revenue** *n* Einnahmen *fpl*; Umsatz *m*
  **the company's revenues are trailing behind forecasts**
  die Einnahmen des Unternehmens bleiben hinter den Voraussagen zurück
  **2000 revenues are expected to pass $4 billion**
  es wird erwartet, dass die Einnahmen im Jahre 2000 vier Milliarden Dollar übersteigen werden
  **ABC's revenues have quadrupled**
  die Einnahmen von ABC haben sich vervierfacht
  **the company had revenue of $8.1bn, compared with $8.7bn last year**
  der Umsatz des Unternehmens betrug 8,1 Mrd. Dollar im Vergleich zu 8,7 Mrd. Dollar im vergangenen Jahr
**revenue increase** Einnahmensteigerung *f*
  **a 17% revenue increase**
  eine Einnahmensteigerung um 17%
**reverse: put the engine in reverse**
  den Rückwärtsgang einlegen
  **without having to throw the engines**

**reverse**

**into reverse**
ohne den Rückwärtsgang einlegen zu müssen

**revise** *v* revidieren; korrigieren
**profit forecasts were revised upwards**
die Gewinnprognosen wurden nach oben revidiert

**revive** *v* ankurbeln
**to revive the economy**
die Wirtschaft ankurbeln

**rich** *n* Reichen *pl*
**the rich are getting considerably richer in Europe**
die Reichen in Europa werden noch reicher

**ring** *n* Klingeln *n*
**the piercing ring of a mobile phone**
das durchdringende Klingeln eines Handys

**rising cost** Verteuerung *f*
**the rising cost of fossil fuels**
die Verteuerung der fossilen Brennstoffe

**risk** *n* Gefahr *f*
**the bank shifted its assessment of risks facing the economy**
die Bank hat ihre Beurteilung der Gefahren, die der Wirtschaft drohen, revidiert
**thousands of jobs are at risk**
tausende Arbeitsplätze sind in Gefahr

**rival bid** Gegenangebot *n*; Konkurrenzgebot *n*
**a rival bid may come from a Spanish company**
ein Konkurrenz(an)gebot kommt vielleicht von einem spanischen Unternehmen

**road** Weg *m (fig)*
**the road is getting rougher**
der Weg wird steiniger / mühevoller

**ROCE** (see **return on capital employed**)

**rocket** *n* Trägerrakete *f*; Rakete *f*
**the satellite is set for launch in early 20... on an Ariane rocket**
der Satellit soll anfang 20... mit einer Ariane-Trägerrakete in den Weltraum gebracht werden

**roller-coaster movement** Achterbahnfahrt *f*
**the past few months have been characterised by roller-coaster movements**
die vergangenen Monate glichen einer Achterbahnfahrt

**roller-coaster ride** Achterbahnfahrt *f*
**the company's shares were on a roller-coaster ride last month**
die Aktienkurse des Unternehmens waren letzten Monat auf Achterbahnfahrt

**room** *n* Spielraum *m*
**to limit the Fed's room to cut interest rates**
den Spielraum der Fed für Zinssenkungen einengen

**rosy picture** rosiges Bild
**to paint a rosy / rosier picture**
ein rosiges / rosigeres Bild malen

**rough-cut diamond** Rohdiamant *m*
**the company controls two-thirds of the world's rough-cut diamonds**
das Unternehmen kontrolliert zwei Drittel des Welthandels mit Rohdiamanten

**rough diamond** Rohdiamant *m*
**trade in rough diamonds**
Handel mit Rohdiamanten / Rohdiamantenhandel *m*
**rough diamonds is the term for the stones before they are cut and polished**
Rohdiamanten nennt man die Steine vor dem Schneiden und Schleifen

**round down** *v* abrunden
**to round down prices**
Preise abrunden

**round of negotiations** Verhandlungsrunde *f*
**to launch a new round of intensive negotiations**
eine neue intensive Verhandlungsrunde starten
**the most recent round of negotiations ended in disarray**
die jüngste Verhandlungsrunde hatte in Konfusion geendet

**round of talks** Verhandlungsrunde *f*; Gesprächsrunde *f*
**there seems to be no likelihood of a breakthrough at the next round of talks**
ein Durchbruch bei der nächsten Verhandlungsrunde scheint ziemlich unwahrscheinlich
**the memory of the collapse of an earlier round of talks held in The Hague last November**
die Erinnerung an das Scheitern einer früheren Gesprächsrunde vergangenen November in Den Haag

**round of wage negotiations** Tarifrunde *f*
**the next big round of wage negotiations is due to begin early next year**
die nächste große Tarifrunde wird Anfang des nächsten Jahres eingeläutet

**round of world trade talks** Welthandelsrunde *f*; Handelsrunde *f*
**to launch a new round of world trade talks**
eine neue Welthandelsrunde initiieren / starten / einläuten

**router** *n* Router *m*
**routers are still ABC's main business**
Router sind noch immer ABCs Hauptprodukt

**row** *n* (1): **in a row** in Folge; hintereinander
**coal production in Canada dropped for the seventh month in a row in February**
die Kohleförderung in Kanada ist im Februar nun schon den siebten Monat in Folge gesunken
**what happens if it is cloudy several days in a row**
was passiert, wenn es mehrere Tage in Folge wolkig ist
**the figure has declined for five months in a row**
die Zahl ist nun schon fünf Monate in Folge gesunken

**row** *n* (2): **row over bananas** Bananenstreit *m*

**royalties** *pl* Lizenzgebühren *fpl*
**royalties on software sales**
Lizenzgebühren beim Verkauf von Software

**rubber industry** Gummi-Industrie *f*
**rubber manufacturing** Gummiherstellung *f*

# S

**safeguard measure** Schutzmaßnahme *f*
**to introduce safeguard measures to protect the European market**
Schutzmaßnahmen einführen, um den europäischen Stahlmarkt zu schützen

**safety measure** Sicherheitsvorkehrung *f*; Sicherheitsmaßnahme *f*

**safety precaution** Sicherheitsvorkehrung *f*

**safety regulations** Sicherheitsbestimmungen *fpl*
**tougher government safety regulations are in the works**
strengere staatliche Sicherheitsbestimmungen sind in Vorbereitung

**safety rules** Sicherheitsbestimmungen *fpl*
**to break safety rules**
die Sicherheitsbestimmungen verletzen

**salaried staff** Angestellte *pl*
**5,000 salaried staff will go**
5.000 Angestellte werden entlassen

**salaried worker** Angestellte *m/f*
**the company will lay off 5,000 salaried workers**
das Unternehmen wird 5000 Angestellte entlassen

**salary** *n* Gehalt *n*
**executive salaries will be reduced by 10 percent**
die Gehälter der leitenden Angestellten werden um zehn Prozent reduziert

**sale** *n* Absatz *m*; Verkauf *m*; Umsatz *m*
**a fall of 17% in sales**
ein Rückgang des Absatzes um 17%
**because of slower sales**
auf Grund eines Umsatzrückgangs / rückläufiger Umsätze
**ABC makes 84% of its sales over the web**
ABC macht 84% seines Umsatzes über das Internet
**global sales of mobile phones are slowing**
der Absatz von Mobiltelefonen geht weltweit zurück
**sales were modestly up**
die Umsätze waren geringfügig höher
**to take further measures to increase sales**
weitere Maßnahmen zur Steigerung des Absatzes ergreifen

**sale of oil** Ölverkauf *m*
**revenues from sales of oil abroad**
Erlöse aus Ölverkäufen ans Ausland

**sales figures** Verkaufszahlen *fpl*
**to await the publication of next week's monthly sales figures**
die Veröffentlichung der monatlichen Verkaufszahlen nächste Woche abwarten
**the industry was overreacting to the December sales figures**

die Industrie reagierte übertrieben auf die Verkaufszahlen im Dezember
**sales forecast** Verkaufsprognose *f*
**sales forecasts for the coming years**
Verkaufsprognosen für die kommenden Jahre
**this meant that sales forecasts would not be met**
dies bedeutete, dass die Verkaufsprognosen nicht eingehalten werden würden
**sales growth** Umsatzwachstum *n*
**this year marks the fourteenth consecutive year of annual sales growth of 20% or more**
dies ist das vierzehnte Jahr in Folge mit einem jährlichen Umsatzwachstum von 20% oder mehr
**ABC experienced strong sales growth from the retail business**
ABC verzeichnete ein starkes Umsatzwachstum im Einzelhandelsbereich
**sales office** Vertriebsbüro *n*
**A&B also intends to open a sales office in Australia**
A&B will auch in Australien ein Vertriebsbüro eröffnen
**sales of new cars** Neuwagenabsatz *m*
**July sales of new cars also fell**
der Neuwagenabsatz ist im Juli ebenfalls zurückgegangen
**sales revenues** Umsatz *m*
**sales revenues rose 6 per cent to €88bn**
der Umsatz stieg um 6% auf 88 Mrd. Euro
**sales success** Absatzerfolg *m*
**the firm continues to lose money despite its sales success**
das Unternehmen macht trotz seiner Absatzerfolge weiterhin Verluste
**sales volume** Absatzvolumen *n*; Absatzmenge *f*
**operating profit was negatively affected by the decrease in sales volumes**
die rückläufigen Absatzmengen wirkten sich negativ auf das Betriebsergebnis aus

**sanction** *n* Sanktion *f*
**this could result in sanctions against the US**
dies könnte zu Sanktionen gegen die Vereinigten Staaten führen
**this is a first step to imposing sanctions**
dies ist der erste Schritt auf dem Weg zu Sanktionen / in Richtung Sanktionen
**satellite** *n* Satellit *m*
**to put satellites into orbit**
Satelliten in eine Umlaufbahn bringen
**the planned launch of an American satellite**
der geplante Start eines amerikanischen Satelliten
**to launch a satellite**
Satelliten ins All transportieren
**satellite-based communications network** Satellitennetzwerk *n*
**the satellite-based communications network achieved commercial availability in November**
das Satellitennetzwerk erreichte im November die kommerzielle Einsatzreife
**satellite business** Satellitengeschäft *n*
**to spin off the satellite business from A&B**
das Satellitengeschäft von A&B abspalten
**satellite dish** Satellitenschüssel *f*
**pizza-sized satellite dish**
pizzagroße Satellitenschüssel
**the signals are delivered to a satellite dish**
die Signale werden zu einer Satellitenschüssel gesendet
**satellite maker** Satellitenhersteller *m*; Satellitenbauer *m*
**A&B is also the world's largest satellite maker**
A&B ist auch der größte Satellitenhersteller der Welt
**satellite manufacturing division** Satellitenbausparte *f*
**A&B is to cut 1,000 jobs from its satellite manufacturing division**
A&B will 1.000 Stellen in seiner Satellitenbausparte streichen
**satellite-manufacturing operation** Satellitenbau-Betrieb *m*
**the company acquired the satellite-manufacturing operation last year**
das Unternehmen erwarb den Satellitenbau-Betrieb im vergangenen Jahr
**satellite network** Satellitennetzwerk *n*; Satellitennetz *n*
**to provide global Internet access with satellite networks in low-earth orbit**
weltweit Internetzugang über

Satellitennetze im erdnahen Orbit
bieten
**A&B plans to build a $12 billion
satellite network**
A&B will ein Satellitennetz im Wert von
12 Mrd. $ aufbauen
**satellite TV company** Anbieter von
Satelliten-Fernsehen
**satellite unit** Satellitengeschäft *n*;
Satellitensparte *f*
**save** *v* sparen
**to save time and money**
Zeit und Geld sparen
**saver** *n* Sparer *m*
**at the expense of savers**
auf Kosten der Sparer
**savings bank** Sparkasse *f*
**savings deposit** Sparguthaben *n*
**savings plan** Sparplan *m*; Spar-
Plan *m*
**the city has a savings plan which is
supposed to cut costs by €125m**
die Stadt hat einen Sparplan, der
Kosteneinsparungen von 125 Mio. Euro
bewirken soll
**scope** *n* Spielraum *m*
**the scope for monetary and fiscal
easing**
der Spielraum bei der Lockerung der
Geld- und Fiskalpolitik
**scientific data** wissenschaftliche
Daten
**to collect scientific data**
wissenschaftliche Daten sammeln
**scientist** *n* Wissenschaftler *m*
**software products that scientists use
in a wide range of industries**
Softwareprodukte, die von
Wissenschaftlern in vielen
Industriezweigen eingesetzt werden
**seamless** *adj* nahtlos
**to unite the world's computer
networks into a seamless whole**
die Computernetze der ganzen Welt zu
einem nahtlosen Ganzen verbinden
**seasonality** *n* saisonale Einflüsse;
saisonale Schwankungen
**in recent years, the company's
revenues have been characterized by
seasonality**
in den vergangenen Jahren unterlagen
die Einnahmen des Unternehmens
deutlich saisonalen Schwankungen
**seasonality of sales of agricultural
products**
die saisonalen Schwankungen des
Umsatzes bei landwirtschaftlichen
Produkten
**seasonally adjusted** saisonbereinigt
**securities portfolio** Wertpapierportfolio *n*
**securities trading** Wertpapierhandel *m*
**security** *n* Sicherheit *f*
**to pay for tighter security at airports**
für erhöhte Sicherheit an Flughäfen
bezahlen
**security camera** Überwachungskamera *f*
**he was caught on a security camera
leaving the vaults of his bank with a
cash-stuffed suitcase**
er wurde von der Sicherheitskamera
gefilmt, als er den Tresorraum seiner
Bank mit einem Koffer voller
Banknoten verließ
**selling price** Verkaufspreis *m*
**average selling price**
durchschnittlicher Verkaufspreis
**semiannual report** Halbjahresbericht *m*
**semiannual report on monetary policy**
Halbjahresbericht über die Geldpolitik
**semiconductor** *n* Halbleiter *m*
**the company makes semiconductors
for cable modems**
das Unternehmen stellt Halbleiter für
Kabelmodems her
**semiconductor business** Halbleitergeschäft *n*; Halbleitersparte *f*
**this included expanding and
reorganizing our semiconductor
business into five distinct divisions**
dazu gehörte auch die Erweiterung und
Reorganisation unserer Halbleitersparte
in fünf verschiedene Bereiche
**semiconductor device** Halbleiterbauelement *n*
**with this breakthrough, semi-
conductor devices can be made more
powerful**
mit diesem Durchbruch können
Halbleiterbauelemente leistungsfähiger
gemacht werden
**semiconductor industry** Halbleiterindustrie *f*
**semiconductor maker** Halbleiterhersteller *m*; Halbleiterproduzent *m*
**to compete with Japanese
semiconductor makers**
mit den japanischen

Halbleiterherstellern konkurrieren
**the world's biggest / third largest semiconductor maker**
der größte / drittgrößte Halbleiterhersteller der Welt
**A&B is the only semiconductor maker that has so far stuck to its investment plans**
A&B ist bis jetzt der einzige Halbleiterproduzent, der sich an seine Investitionspläne gehalten hat

**semiconductor manufacturing facility** Halbleiterwerk *n*

**senior debt rating** Rating für vorrangige Verbindlichkeiten
**to reduce A&B's senior debt rating**
das Rating für vorrangige Verbindlichkeiten von A&B zurücknehmen

**senior economist** Chefvolkswirt *m*
**senior economist at A&B in New York**
Chefvolkswirt bei A&B in New York

**senior executive** Führungskraft *f*
**senior executive compensation**
Vergütung / Bezahlung von Führungskräften

**seniority** *n* Dauer der Betriebszugehörigkeit
**his company linked pensions to pay and seniority**
in seinem Unternehmen war die Betriebsrente abhängig von der Höhe des Gehalts und der Dauer der Betriebszugehörigkeit

**senior management shake-up** Führungsumbau *m*

**senior trade negotiator** Handelsbeauftragte *m/f*

**service-producing sector** Dienstleistungsbereich *m*
**the service-producing sector added 97,000 jobs**
im Dienstleistungsbereich entstanden 97.000 neue Arbeitsplätze

**service provider** Dienstleister *m*

**service sector** Dienstleistungsbereich *m*

**services industry** Dienstleistungsbranche *f*
**ABC is one of the most distinguished members of the rapidly growing services industry**
ABC ist eines der herausragendsten Unternehmen der schnell wachsenden Dienstleistungsbranche

**services sector** Dienstleistungsbereich *m*

**services trade union** Dienstleistungsgewerkschaft *f*

**servo** *n* Servoantrieb *m*

**settle** *v* einpendeln
**there was enormous uncertainty about the level at which the currency would settle**
es bestand eine große Ungewissheit über den Kurs, bei dem sich die Währung einpendeln würde

**settlement agreement** Vergleich *m*
**A&B and the Justice Department presented a settlement agreement to the federal judge overseeing the case**
A&B und das Justizministerium präsentierten dem mit dem Fall betrauten Bundesrichter einen Vergleich

**severance costs** Abfindungszahlungen *fpl*
**severance costs related to work force reductions**
Abfindungszahlungen im Zusammenhang mit Arbeitsplatzstreichungen

**severance pay** Abfindungszahlungen *fpl*
**they were laid off Dec. 1 with two weeks' severance pay**
sie wurden am 1. Dezember entlassen und erhielten eine Abfindungszahlung in Höhe von zwei Wochenlöhnen

**sewage sludge** Klärschlamm *m*
**the sewage sludge can then be incinerated**
der Klärschlamm kann anschließend verbrannt werden
**they used to dispose of sewage sludge into the sea**
früher wurde der Klärschlamm ins Meer entsorgt

**shakeout** *n*; **shake-out** *n* (1) Bereinigung *f*; Marktbereiniung *f*; Bereinigungsprozess *m*
**analysts forecast a severe shakeout in the global semiconductor industry**
die Analysten sagen eine umfassende Bereinigung des Weltmarktes für Halbleiter voraus
**a shakeout is looming in the mobile-phone business**
dem Handymarkt droht eine Bereinigung
**one of the biggest benefits for firms that do survive a shake-out is ...**
einer der größten Vorteile von Firmen,

die eine Marktbereinigung überleben, ist ...
**a shakeout is certain to be coming** eine Marktbereinigung kommt bestimmt
**it has become clear that a vicious shake-out is under way in the global telecoms industry** es zeichnet sich deutlich ab, dass der Telekom-Industrie weltweit eine tiefgehende Marktbereinigung ins Haus steht

**shakeout** *n*; **shake-out** *n* (2): **experience a shakeout** sich bereinigen
**the wind industry is experiencing a shakeout** der Markt für Windenergie bereinigt sich derzeit

**share** *n* Aktie *f*; Papier *n*
**the issuance of additional shares** die Ausgabe zusätzlicher Aktien
**the company holds 13% of ABC shares** das Unternehmen ist im Besitz von 13% der ABC-Aktien
**to convert shares at a ratio of 1 for 1** Aktien im Verhältnis 1:1 umtauschen
**shares in ABC shot up by 25% in one day** die ABC-Aktie legte an einem einzigen Tag um 25% zu
**shares in ABC rose sharply** das ABC-Papier hat stark zugelegt

**share buy-back / buyback** Aktienrückkauf *m*
**a number of large oil companies have announced share buy-backs this year** eine Reihe großer Ölfirmen hat dieses Jahr Aktienrückkäufe angekündigt

**share buy-back / buyback plan** Aktienrückkaufprogramm *n*
**ABC said that a decision on the share buy-back plan had not been made** bei ABC hieß es, dass noch keine Entscheidung über das Aktienrückkaufprogramm gefallen sei

**share buy-back / buyback program** *(AE)*; **share buy-back / buyback programme** *(BE)* Aktienrückkaufprogramm *n*
**ABC initiated a share buyback program** ABC setzte ein Aktienrückkaufprogramm in Gang
**he's helped boost the stock's price with a share buyback program** er trug durch ein Aktienrückkaufprogramm zur Verbesserung des Aktienkurses bei

**completion of a share buy-back programme** Abschluss eines Aktienrückkaufprogramms
**the group started its first buy-back programme** der Konzern startete sein erstes Aktienrückkaufprogramm

**shareholder** *n* Aktionär *m*; Anteilseigner *m*
**shareholders voted to change the company's name to ABC** die Aktionäre stimmten einer Umbenennung der Firma in ABC zu
**a Malaysian is the bank's biggest shareholder** ein Malaysier ist der größte Anteilseigner der Bank

**shareholders' assembly** Aktionärsversammlung *f*

**shareholders' meeting** Aktionärsversammlung *f*

**shareholder vote: to put ... to a shareholder vote** den Aktionären zur Abstimmung vorlegen
**the three proposals will be put to a shareholder vote today** die drei Vorschläge werden heute den Aktionären zur Abstimmung vorgelegt / die Aktionäre werden heute über die drei Vorschläge abstimmen

**share price** Aktienkurs *m*
**flat earnings have sent ABC's share price tumbling** niedrige Erträge schickten den Aktienkurs von ABC in den Keller
**investors respond to falling share prices** die Investoren reagieren auf fallende Aktienkurse
**interest rates will always be cut if share prices collapse** die Zinssätze sinken immer, wenn die Aktienkurse zusammenbrechen
**ABC's share price has risen thirtyfold** der Aktienkurs von ABC ist um das Dreißigfache gestiegen
**it was normal for share prices to keep going up and up** es war normal, dass die Aktienkurse stiegen und stiegen

**share split** Aktiensplit *m*
**industry sources say a share split could follow later in the year** Industriekreisen zufolge könnte es im späteren Verlauf des Jahres zu einem Aktiensplit kommen

**shed**

**shed** *v* (shed, shed) entlassen
  **as part of the restructuring, ABC will shed 15 per cent of its 65,000-strong workforce**
  im Rahmen der Umstrukturierung wird ABC 15 Prozent seiner 65.000 Mitarbeiter umfassenden Belegschaft entlassen

**sheep flock** Schafherde *f*

**shipboard electronics** Schiffselektronik *f*

**shipbuilding** *n* Schiffbau *m*

**shipbuilding operation** Schiffbau-Sparte *f*
  **the group announced last April that it wanted to sell its shipbuilding operation**
  der Konzern gab im April bekannt, er wolle seine Schiffbau-Sparte veräußern

**shipping rate** Frachtrate *f*
  **the growth in demand for oil has driven shipping rates to their highest levels for nearly 30 years**
  auf Grund der steigenden Nachfrage nach Öl haben die Frachtraten den höchsten Stand seit 30 Jahren erreicht
  **shipping rates began to rise late last year**
  die Frachtraten begannen gegen Ende des vergangenen Jahres zu steigen

**shipyard worker** Werftarbeiter *m*

**shopper** *n* Käufer *m*
  **bad weather kept shoppers home**
  auf Grund des schlechten Wetters blieben die Käufer zu Hause

**shopping mall** Einkaufszentrum *n*
  **American-style out-of-town shopping malls**
  Einkaufszentren auf der grünen Wiese nach amerikanischem Vorbild / Muster

**shopping spree** Einkaufstour *f*; Einkaufsbummel *m*

**short-haul air travel** Kurzstrecken-Flugverkehr *m*; Kurzstreckenverkehr *m*; Kurzstreckenverbindungen *fpl*
  **to revolutionize short-haul air travel all over Europe**
  den Kurzstreckenverkehr in ganz Europa revolutionieren

**short-term debt rating** Rating für kurzfristige Verbindlichkeiten
  **to cut A&B's short-term debt rating to Prime 3**
  das Rating für kurzfristige Verbindlichkeiten von A&B auf „Prime-3" senken

**short-term interest rates** kurzfristige Zinsen
  **to hold short-term interest rates steady**
  die kurzfristigen Zinse nicht verändern / beibehalten
  **to maintain stable prices through raising or lowering key short-term interest rates**
  durch Erhöhung oder Senkung wichtiger kurzfristiger Zinsen für stabile Preise sorgen
  **short-term interest rates are at rock bottom**
  die kurzfristigen Zinsen sind auf einem Tiefststand
  **the bank cannot lower short-term interest rates any further**
  die Bank kann die kurzfristigen Zinsen nicht weiter senken

**short-time working** Kurzarbeit *f*
  **the company introduced short-time working for cabin attendants**
  das Unternehmen führte Kurzarbeit für das Kabinenpersonal ein

**short- to medium-haul jet** Kurz- und Mittelstreckenjet *m*
  **the carrier ordered 100 short- to medium-haul jets**
  die Fluggesellschaft orderte 100 Kurz- und Mittelstreckenjets

**shrink** *v* (shrank, shrunk) schrumpfen
  **the economy shrank 0.6 percent in the December quarter**
  die Wirtschaft schrumpfte in dem im Dezember endenden Quartal um 0,6%
  **to shrink the industry**
  die Industrie schrumpfen
  **the Swiss economy may be shrinking for the first time in five years**
  die schweizer Volkswirtschaft könnte zum ersten Mal seit fünf Jahren schrumpfen

**sign** *n* Anzeichen *n*
  **there are clear signs that the economy is slowing abruptly**
  es gibt deutliche Anzeichen für einen Konjunktureinbruch
  **at the first sign of trouble**
  beim ersten Anzeichen von Problemen

**silicon** *n* Silizium *n*

**silicon-based** auf Siliziumbasis
  **silicon-based electronics**
  Elektronik auf Siliziumbasis

**silicon wafer** Siliziumwafer *m*
  **to produce raw materials for silicon**

**wafers**
Rohstoffe für die Herstellung von Siliziumwafern herstellen

**single currency** Binnenwährung *f*
**Greece became the 12th country to adopt the single currency**
Griechenland ist als 12. Land der Binnenwährung beigetreten

**single-digit** *adj* einstellig
**our target is high single-digit growth**
wir streben ein hohes Wachstum im einstelligen Bereich an
**single-digit interest rate**
einstelliger Zinssatz

**single European currency**
europäische Einheitswährung
**the ECB would applaud a recovery of the single European currency**
die EZB würde eine Erholung der europäischen Einheitswährung begrüßen
**does the weakness of the single European currency matter**
ist die Schwäche der europäischen Einheitswährung von Bedeutung

**single inventor** Einzelerfinder *m*
**the internal-combustion engine cannot be attributed to any single inventor**
der Verbrennungsmotor ist nicht das Werk eines Einzelerfinders / eines einzelnen / einzigen Erfinders

**single market** Binnenmarkt *m*
**the single market is a fine thing**
der Binnenmarkt ist eine großartige Sache
**Europe's single market**
europäischer Binnenmarkt

**single shareholder** Einzelaktionär *m*
**ABC is the largest single shareholder**
ABC ist der größte Einzelaktionär

**sister company**
Schwesterunternehmen *n*
**the sister company is laying off 5 to 10 percent of its staff**
das Schwesterunternehmen wird 5 bis 10 Prozent der Belegschaft entlassen

**site** *n* Standort *m*
**sites at Aberdeen, Milton Keynes, and Stonehouse will remain open, but all others will close**
die Standorte Aberdeen, Milton Keynes und Stonehouse werden bestehen bleiben, aber alle anderen werden geschlossen

**siting** *n* Ansiedlung *f*; Standortwahl *f*

**environmental restrictions have severely constrained siting and construction of conventional power plants**
Umweltauflagen haben zu einer starken Einschränkung bei der Ansiedlung und dem Bau von herkömmlichen Kraftwerken geführt

**six-point-plan** Sechs-Punkte-Plan *m*
**A&B has a six-point plan to reduce costs**
A&B hat einen Sechs-Punkte-Plan zur Kostenreduzierung

**skilled laborer** *(AE)* Facharbeiter *m*; Fachkraft *f*

**skilled labour** (1) Facharbeiter *mpl*; Fachkräfte *fpl*

**skilled labour** (2): **shortage of skilled labour** Facharbeitermangel *m*; Fachkräftemangel *m*
**some companies continue to report shortages of skilled labour**
bei einigen Firmen herrscht auch weiterhin Facharbeitermangel

**skilled manpower** *(AE)* Fachkräfte *fpl*

**skilled people** Fachkräfte *fpl*

**skilled personnel** Fachkräfte *fpl*

**skilled worker** Fachkraft *f*; Facharbeiter *m*

**slag** *n* Schlacke *f*
**slag can be used as an aggregate in concrete**
Schlacke kann als Zuschlagstoff in Beton verwendet werden

**slated: to be slated for** vorgesehen sein für
**completion of the wind generation facility is slated for late 2001**
die Fertigstellung der Windkraftanlage ist für Ende 2001 vorgesehen

**slide** *n* Talfahrt *f*
**the recent slide in the dollar**
die jüngste Talfahrt des Dollars

**slow** *v* sich abkühlen; sich verlangsamen
**America's economy has slowed sharply this year**
die amerikanische Konjunktur hat sich dieses Jahr stark abgekühlt

**slowdown** *n* Verlangsamung *f*; abflauendes Wachstum; Konjunkturabschwung *m*
**if the OECD economists turn out to be right, this is a marked slowdown from last year**

wenn die OECD-Wirtschaftsexperten Recht behalten, dann bedeutet dies eine deutliche Verlangsamung gegenüber dem vergangenen Jahr
**worries about the US slowdown**
Besorgnis über das abflauende Wachstum in den USA
**to announce deep job cuts in response to the global slowdown**
als Reaktion auf den weltweiten Konjunkturabschwung massive Stellenstreichungen ankündigen

**slowdown in demand** Nachfragerückgang *m*

**sluggish economy** Konjunkturflaute *f*
**ABC said it had been hit by a slowdown in orders because of the sluggish economy**
ABC sagte, das Unternehmen leide infolge der Konjunkturflaute unter einem Auftragsrückgang

**sluggish sales** Absatzflaute *f*
**ABC has scrambled for more than a year to cope with increased competition and sluggish sales**
ABC ist nun schon seit mehr als einem Jahr bemüht, mit dem verstärkten Wettbewerb und der Absatzflaute fertig zu werden

**slump** *n* (1) Kurssturz *m*
**the recent tech stock slump**
die jüngsten Kursstürze der Technologiewerte
**the slump in the value of technology stocks has failed to deter venture-capital firms**
die Kursstürze bei den Technologiewerten haben die Wagniskapitalgesellschaften nicht abgeschreckt

**slump** *n* (2) Konjunkturabschwächung *f*
**Russia faces a slump and renewed inflation**
Russland steht eine Konjunkturabschwächung mit neuerlicher Inflation bevor

**small and medium-sized businesses** Mittelstand *m*; kleine und mittlere Unternehmen
**small and medium-sized businesses are struggling to meet the increasing cost of bank loans**
der Mittelstand kämpft mit den wachsenden Kosten für Bankkredite

**small and medium-sized companies** Mittelstand *m*; kleine und mittlere Unternehmen

**small and medium-sized enterprises** Mittelstand *m*; kleine und mittlere Unternehmen

**small and medium-sized firms** Mittelstand *m*; kleine und mittlere Unternehmen

**small business** Kleinunternehmen *n*
**the use of fax by large and small businesses has grown at a significant rate**
die Nutzung von Fax durch Groß- und Kleinunternehmen hat beträchtlich zugenommen

**small car** Kleinwagen *m*
**a new small car was drafted simultaneously on ABC and BCD computer screens that were 6,000 miles apart**
ein neuer Kleinwagen wurde gleichzeitig an ABC- und BCD-Bildschirmen entworfen, die 9.600 km voneinander entfernt waren
**the best-selling small car in the United States**
der meistgekaufte Kleinwagen in den Vereinigten Staaten

**small contractor** Handwerksbetrieb *m*
**small contractors are ABC's most valuable customers**
Handwerksbetriebe gehören zu den wertvollsten Kunden von ABC

**small customer** Kleinkunde *m*

**small investor** Kleinanleger *m*; Kleinaktionär *m*
**he was the champion of the small investor**
er war der Beschützer der Kleinanleger / er vertrat die Interessen der Kleinanleger
**these measures aim to increase stock ownership by small investors**
durch diese Maßnahmen soll der Aktienkauf durch Kleinanleger gefördert werden
**the lower dividend is certain to cause an outcry among small investors**
die niedrigere Dividende wird ganz sicher Proteste bei den Kleinaktionären auslösen

**small shareholder** Kleinanleger *m*; Kleinaktionär *m*
**association for the protection of small shareholders**
Schutzgemeinschaft der Kleinaktionäre

**at the expense of small shareholders**
auf Kosten der Kleinaktionäre

**small-size business** Kleinunternehmen *n*
**this alliance will target small-size businesses looking for low-cost electricity or protection from power outages**
diese Allianz wird sich vor allem auf Kleinunternehmen konzentrieren, die kostengünstigen Strom oder Schutz vor Stromausfällen suchen

**social-market economy** soziale Marktwirtschaft

**social security system** Sozialversicherungssystem *n*
**the workers' payments into the social security system**
die Einzahlungen der Arbeitnehmer in das Sozialversicherungssystem

**soft drink** alkoholfreies Getränk; nichtalkoholisches Getränk
**the company's soft drinks are among the best-known brands in China**
die alkoholfreien Getränke des Unternehmens gehören zu den bekanntesten Marken in China

**softening economy** Konjunkturabschwächung *f*
**to cushion the negative effects of a softening economy**
die negativen Auswirkungen der Konjunkturabschwächung abfedern

**soft landing** sanfte Landung; sanfter Konjunkturrückgang; weiche Landung
**I am optimistic that it will be a soft landing in the US**
ich bin zuversichtlich, dass es sich in den USA um einen sanften Konjunkturrückgang handeln wird
**the American economy should achieve / experience a soft landing next year, says the latest OECD forecast**
laut jüngster OECD-Prognose sollte der amerikanischen Wirtschaft im nächsten Jahr eine weiche Landung gelingen
**he will pilot the economy to a soft landing**
er wird der Wirtschaft zu einer sanften Landung verhelfen

**software company** Software-Unternehmen *n*; Softwareschmiede *f*
**ABC is the world's second-largest software company**
ABC ist das zweitgrößte Software-Unternehmen der Welt

**software developer** Software-Entwickler *m*
**to be faced with a chronic shortage of software developers**
mit einem chronischen Mangel an Software-Entwicklern konfrontiert sein
**ABC has about 200 software developers in China working on such projects**
ungefähr 200 Software-Entwickler arbeiten für ABC in China an solchen Projekten

**software giant** Softwareriese *m*
**the software giant violated a licensing agreement**
der Softwareriese verstieß gegen ein Lizenzabkommen

**software group** Software-Konzern *m*

**software house** Softwarefirma *f*

**software maker** Softwarehersteller *m*
**German software maker ABC jumped 8.1 percent**
der deutsche Softwarehersteller ABC machte einen Sprung von 8,1%
**software makers were among the biggest winners**
die Softwarehersteller gehörten zu den größten Gewinnern

**software product** Softwareprodukt *n*
**our company is best known for our innovative software products**
unser Unternehmen ist am besten für seine innovativen Softwareprodukte bekannt

**software solution** Softwarelösung *f*
**to offer a software solution for every application**
zu jeder Anwendung eine Softwarelösung anbieten

**solar cell** Solarzelle *f*
**solar cells are manufactured in a similar way to microchips**
Solarzellen werden ähnlich wie Mikrochips hergestellt

**solar market** Solarmarkt *m*
**the cheap oil held down the solar market**
das billige Öl verhinderte ein Wachsen des Solarmarktes
**solar markets are likely to get a strong boost in the next few years**
der Solarmarkt wird wahrscheinlich in den nächsten Jahren einen starken Aufschwung erleben

**solvency** *n* Zahlungsfähigkeit *f*
  **we are seriously worried about the solvency of ABC**
  wir machen uns ernste Sorgen um die Zahlungsfähigkeit von ABC

**sophisticated** *adj* anspruchsvoll
  **sophisticated consumers**
  anspruchsvolle Kunden

**source** *n*: **from a single source** aus einer Hand
  **the plant is from a single source**
  die Anlage stammt aus einer Hand / wurde von einem Anbieter geliefert
  **A&B is a leading North American provider of single source construction, project management and maintenance**
  A&B ist ein führendes nordamerikanisches Unternehmen, das die Errichtung von Anlagen, Projektmanagement und Instandhaltung aus einer Hand anbietet
  **A&B provides parts and service support from a single source**
  A&B bietet Ersatzteile und Kundendienst aus einer Hand

**source** *v* beziehen
  **we source most parts and subassemblies from Californian suppliers**
  wir beziehen die meisten Teile und Baugruppen von kalifornischen Zulieferern

**source of revenue** Einnahmequelle *f*
  **a lucrative source of revenue for lawyers**
  eine lukrative Einnahmequelle für Rechtsanwälte
  **the company's primary source of revenues**
  die wichtigste Einnahmequelle des Unternehmens

**space** *n* Weltraum *m*

**space business** Raumfahrtgeschäft *n*
  **completion of the $3bn acquisition of the A&B space business**
  Abschluss der Übernahme des Raumfahrtgeschäftes von A&B für 3 Mrd. Dollar

**spacecraft** *n* Raumfahrzeug *n*

**space travel** Raumfahrt *f*
  **these materials have been used in fuel cells for space travel for 35 years**
  diese Werkstoffe werden schon seit 35 Jahren in Brennstoffzellen für die Raumfahrt eingesetzt

**speaker** *n* Redner *m*
  **25 speakers from across the company and around the world**
  25 Redner aus dem gesamten Unternehmen und der ganzen Welt

**special charges** Sonderaufwendungen *fpl*
  **ABC recorded special charges totaling $33 million**
  ABC wies Sonderaufwendungen in Höhe von 33 Mio. $ aus

**special item** Sonderposten *m*
  **there were no special items in the fourth quarter**
  im vierten Quartal traten keine Sonderposten auf

**special meeting** Sondersitzung *f*

**special offer** Sonderangebot *n*; Sonderverkauf *m*
  **special offer law / law on special offers**
  Gesetz über Sonderverkäufe / Gesetz zur Regelung von Sonderverkäufen / Sonderverkaufsrecht

**specify** *v* Genaueres sagen / mitteilen
  **he did not specify when the computers would be shipped**
  er sagte nichts Genaueres über den Zeitpunkt der Auslieferung der Rechner

**speculation** *n* Spekulation *f*
  **speculation about a possible rate cut intensified**
  die Spekulationen über eine mögliche Zinssenkung verdichteten sich
  **given the growing speculation**
  angesichts der wachsenden Spekulation
  **the news increased speculation that the bank might be a takeover target**
  durch diese Nachricht verdichteten sich Spekulationen, dass die Bank Ziel einer Übernahme sein könnte

**speculative bubble** Spekulationsblase *f*
  **evidently, there was no speculative bubble**
  es handelte sich offensichtlich nicht um eine Spekulationsblase

**speech recognition** Spracherkennung *f*

**spending cut** Ausgabenkürzung *f*
  **to get approval for new taxes and spending cuts**
  die Zustimmung zu neuen Steuern und Ausgabenkürzungen erhalten
  **he will make / push through the spending cuts he promised**
  er wird die versprochenen

Ausgabenkürzungen durchführen / durchsetzen

**spending cutback** Ausgabenkürzung *f*

**spending spree** Einkaufstour *f*
**the company said that its year-long spending spree was over**
das Unternehmen sagte, es habe seine ein Jahr dauernde Einkaufstour beendet
**this buying spree is innovative in several ways**
diese Einkaufstour ist in vielerlei Weise etwas ganz Neues

**spendthrift** *adj* konsumfreudig
**spendthrift households / consumers**
konsumfreudige private Haushalte / Verbraucher
**the erstwhile spendthrift American consumer**
der früher / ehedem so konsumfreudige amerikanische Verbraucher

**spin-off** *n*; **spinoff** *n* Ausgliederung *f*; Abspaltung *f*; Ausgründung *f*
**the automotive spin-off was completed on Sept. 30, 20...**
die Ausgliederung der Automobilsparte war am 30. September 20... beendet
**Miller, who had led ABC since the spinoff, resigned Jan. 10**
Miller, der seit der Abspaltung an der Spitze von ABC gestanden hatte, trat am 10. Januar zurück
**a spinoff of ABC as an independent company**
eine Abspaltung von ABC als selbstständiges Unternehmen
**the company plans to go ahead with a spinoff of its microelectronics division**
das Unternehmen will nun ernst machen mit der Ausgliederung / Abspaltung seiner Mikroelektronik-Sparte
**the recently completed spin-off of ABC**
die jüngst vollzogene Abspaltung von ABC

**spin off** *v* (spun, spun) abspalten; ausgliedern
**ABC is to spin off its profitable car unit**
ABC will seine profitable Automobilsparte abspalten / ausgliedern
**the board apparently has shelved an alternative option of spinning off the unit**
der Vorstand hat offensichtlich die andere Möglichkeit, nämlich den Bereich abzuspalten, verworfen

**spiraling costs** Kostenspirale *f*

**split** *v* (split, split) aufspalten
**to split ABC into two separate firms**
ABC in zwei selbstständige Unternehmen aufspalten

**split off** *v* abspalten
**A&B will split off its telecoms arm**
A&B wird seine Telekom-Sparte abspalten

**spokesman** *n* Sprecher *m*
**an ABC spokesman said the company may comment this afternoon**
ein ABC-Sprecher sagte, das Unternehmen werde vielleicht am Nachmittag eine Stellungnahme abgeben

**spokesperson** *n* Sprecher *m*

**spokeswoman** *n* Sprecherin *f*

**sports car manufacturer** Sportwagenhersteller *m*

**sport-utility vehicle** Geländewagen *m*
**next year ABC will start selling a sport-utility vehicle (SUV)**
nächstes Jahr wird ABC einen Geländewagen auf den Markt bringen

**spreadsheet** *n* Tabellenkalkulation *f*

**squander** *v* verschwenden
**he witnessed A&B squandering capital on research that never turned into products**
er sah, wie A&B Gelder für Forschung verschwendete, die sich nie in neuen Produkten niederschlug

**stability and growth pact** *(EU)* Stabilitäts- und Wachstumspakt *m*

**stability pact** *(EU)* Stabilitätspakt *m*

**stagflation** *n* Stagflation *f*
**stagflation is the unpleasant combination of rising inflation and stagnant or falling economic growth**
Stagflation ist eine unangenehme Kombination aus steigender Inflation und stagnierendem oder rückläufigem Wirtschaftswachstum

**stainless steel product** Edelstahlerzeugnis *n*

**stake** *n* (1) Anteil *m*; Beteiligung *f*
**ABC sold its 49.9% stake in BCD**
ABC hat seinen Anteil an BCD in Höhe von 49,9% verkauft
**to pay more than €1bn for the media group's 40 per cent stake in A&B**
mehr als 1 Mrd. Euro für die 40-Prozent-Beteiligung des Medienkonzerns an A&B bezahlen

**stake** *n* (2): **take a stake in** sich beteiligen an
**the carmaker will take a 15 percent stake in its French partner**
der Autohersteller wird sich mit 15 Prozent an seinem französischen Partner beteiligen

**stake in the world market** Weltmarktanteil *m*
**ABC is believed to have a 10% stake in the world market for earthing and lightning protection products**
ABC soll bei Erdungs- und Blitzschutzeinrichtungen einen Weltmarktanteil von 10% besitzen

**standard of living** Lebensstandard *m*
**worker productivity is the key to improvements in the standard of living**
die Arbeitsproduktivität ist der Schlüssel zu einem höheren Lebensstandard

**standpoint** *n* Standpunkt *m*
**from a financial standpoint, 20... proved to be another record year**
vom finanziellen Standpunkt aus betrachtet war 20... ein weiteres Rekordjahr

**starting line** Startblöcke *mpl*
**ABC has still not got off the starting line**
ABC hat die Startblöcke noch immer nicht verlassen / ist noch nicht aus den Startblöcken herausgekommen

**start-up** *n* (1) junges Unternehmen; Start-up *n*; Unternehmensgründung *f*; Jungfirma *f*
**the country's brightest students are joining start-ups**
die intelligentesten Studenten des Landes beteiligen sich an Start-ups
**the enthusiasm for risky start-ups**
die Begeisterung für risikoreiche Start-ups

**start-up** *n* (2) Inbetriebnahme *f*
**start-up is expected to be completed by the end of the year**
die Inbetriebnahme soll bis Ende des Jahres abgeschlossen sein
**smooth start-up**
reibungslose Inbetriebnahme
**start-up was quickly accomplished**
die Inbetriebnahme war schnell durchgeführt

**start-up company** junges Unternehmen; Start-up *n*; Unternehmensgründung *f*; Jungfirma *f*

**state debt** Staatsverschuldung *f*; Staatsschuld *f*
**to wrestle with the country's spiralling state debts**
mit der ständig steigenden Staatsverschuldung des Landes kämpfen

**state monopoly** Staatsmonopolist *m*
**the big state monopolies are opening up to competition**
die großen Staatsmonopolisten öffnen sich dem Wettbewerb

**state of emergency** Notstand *m*
**the governor has declared a state of emergency**
der Gouverneur hat den Notstand ausgerufen

**state-of-the-art** *n*; **state of the art**; Stand der Technik
**this procedure is considered state of the art today**
dieses Verfahren wird heute als Stand der Technik betrachtet / gilt heute als Stand der Technik
**we will cooperate to jointly advance the state-of-the-art in automation**
wir werden zusammenarbeiten, um gemeinsam den Stand der Technik in der Automatisierungstechnik voranzutreiben

**state-owned company** Staatsunternehmen *n*

**state-owned enterprise** Staatsunternehmen *n*

**state-owned giant** Staatskoloss *m*
**ABC is a state-owned giant with 110,000 employees**
ABC ist ein Staatskoloss mit 110.000 Beschäftigten

**state-run** *adj* staatlich
**a state-run oil company**
eine staatliche Ölfirma

**state subsidy** Staatssubventionen *fpl*; staatliche Subventionen
**these companies no longer put their hands out for state subsidy**
diese Unternehmen verlangen keine Staatssubventionen mehr

**statistics** *n* Statistiken *fpl*; Statistik *f*
**the official statistics don't, as yet, provide a clear picture**
die offiziellen Statistiken ergeben noch kein klares Bild
**70 per cent of statistics compiled were false or exaggerated**
70% der erstellten Statistiken waren falsch oder geschönt

**status report** Lagebericht *m*

**steel company** Stahlunternehmen *n*; Stahlhersteller *m*
**many foreign steel companies are unable to sell their excess capacity products at home**
viele ausländische Stahlunternehmen können ihre Überschussproduktion nicht auf dem eigenen Markt absetzen
**the steel import crisis is causing injury to domestic steel companies**
die Stahleinfuhrkrise schadet den inländischen Stahlunternehmen

**steel-consuming business** Stahl verarbeitendes Unternehmen; Stahl verbrauchendes Unternehmen

**steel dispute** Stahlstreit *m*
**to solve the steel dispute**
den Stahlstreit beilegen

**steel firm** Stahlunternehmen *n*; Stahlhersteller *m*; Stahlfirma *f*
**steel firms have neither obvious nor easy responses to their difficulties**
für die Stahlunternehmen gibt es weder offensichtliche noch leichte Lösungen für ihre Probleme
**the steel firm said third-quarter results had not met expectations**
der Stahlhersteller gab bekannt, dass die Ergebnisse im dritten Quartal unter Plan liegen

**steel group** Stahlkonzern *m*

**steel import** Stahlimport *m*; Stahleinfuhr *f*
**steel imports from foreign countries**
Stahlimporte aus dem Ausland
**the impact of steel imports on the American steel industry**
die Auswirkungen von Stahlimporten auf die amerikanische Stahlindustrie
**to take action to halt unfair steel imports**
Maßnahmen ergreifen, um unfaire Stahlimporte zu stoppen
**to impose tariffs of up to 30 per cent on most steel imports**
auf die meisten Stahleinfuhren Zölle von bis zu 30% erheben

**steel industry** Stahlindustrie *f*
**to earn one's living in the steel industry**
seinen Lebensunterhalt in der Stahlindustrie verdienen
**to preserve the U.S. steel industry**
die amerikanische Stahlindustrie erhalten

**steelmaker** *n*; **steel maker** Stahlhersteller *m*
**the impact on steel makers will be nasty**
die Auswirkungen für die Stahlhersteller werden äußerst unangenehm sein
**the world's biggest 10 steelmakers account for less than 25 per cent of production**
die zehn größten Stahlhersteller der Welt haben zusammen einen Anteil von weniger als 25% an der Stahlproduktion

**steelmaking** *n* Stahlherstellung *f*

**steelmaking country** Stahlhersteller *m*; Stahlproduzent *m*
**the world's biggest steelmaking country**
der größte Stahlhersteller der Welt

**steel market** Stahlmarkt *m*
**to help the international steel market stabilize**
zur Stabilisierung des internationalen Stahlmarktes beitragen
**a huge steel market that offers little for its own producers**
ein riesiger Stahlmarkt, der seinen eigenen Produzenten wenig bietet

**steel mill** Stahlwerk *n*; Stahlkocher *m*

**steel price** Stahlpreis *m*
**steel prices have fallen by up to a third in less than a year**
die Stahlpreise sind in weniger als einem Jahr um bis zu zwei Drittel gefallen

**steel producer** Stahlproduzent *m*; Stahlhersteller *m*
**these three steel producers together account for only 11 per cent of world production**
diese drei Stahlproduzenten haben zusammen einen Weltmarktanteil von lediglich 11 Prozent

**steel rolling mill** Stahl-Walzwerk *n*

**steel subsidies** Stahlsubventionen *fpl*

**steelworker** *n* Stahlarbeiter *m*
**to threaten the jobs of American steelworkers**
die Arbeitsplätze amerikanischer Stahlarbeiter gefährden

**step** *n* Schritt *m*
**this is a step in the right direction**
dies ist ein Schritt in die richtige Richtung

**step down** *v* zurücktreten
**he made a reluctant promise to step down before the completion of his**

**term**
er versprach widerwillig, noch vor Vollendung seiner Amtszeit zurückzutreten

**stimulus bill** Gesetz zur Stimulierung der Wirtschaft; Konjunkturprogramm *n*
**none of these numbers include the costs of any stimulus bill**
bei diesen Zahlen sind die Kosten eines Gesetzes zur Stimulierung der Wirtschaft noch nicht berücksichtigt

**stimulus package** Konjunkturprogramm *n*
**the president promised another stimulus package**
der Präsident versprach ein weiteres Konjunkturprogramm
**scale and composition of the stimulus package**
Umfang und Zusammensetzung des Konjunkturprogrammes
**the passage of a stimulus package to ease Americans' pain from recession**
die Verabschiedung eines Konjunkturprogrammes zur Milderung der Auswirkungen der Rezession auf die Amerikaner

**stimulus plan** Konjunkturprogramm *n*
**to approve the president's stimulus plan**
dem Konjunkturprogramm des Präsidenten zustimmen

**stock** *n* Aktie *f*; Aktien *fpl*
**the stock has shed some 35 percent of its value since the start of 20...**
die Aktie hat seit Anfang 20... etwa 35 Prozent ihres Wertes eingebüßt

**stock analyst** Börsenanalyst *m*; Aktienanalyst *m*; Börsenbeobachter *m*

**stock buyback / buy-back program** *(AE)* Aktienrückkaufprogramm *n*

**stock exchange** Börse *f*; Aktienbörse *f*; Wertpapierbörse *f*
**stock brokers are campaigning against moves to merge the two stock exchanges**
Börsenmakler machen Stimmung gegen Bestrebungen, die eine Fusionierung der beiden Börsen zum Ziel haben
**the London Stock Exchange has succeeded in fending off an unwelcome takeover bid**
die Londoner Börse hat ein feindliches Übernahmeangebot erfolgreich abgewehrt
**but this will not halt for long the consolidation of the world's stock exchanges**
aber dies wird die Konsolidierung der internationalen Börsen nicht lange aufhalten
**he will list the key components of his businesses on the Frankfurt stock exchange**
er wird Kernbereiche seines Unternehmens an der Frankfurter Wertpapierbörse / Börse notieren lassen
**during a visit to the New York Stock Exchange**
während / anlässlich eines Besuchs der New Yorker Börse

**stock exchange listing** Börseneinführung *f*
**development of ABC's share price since the stock exchange listing**
Entwicklung des ABC-Aktienkurses seit der Börseneinführung

**stock gauge** Börsenbarometer *n*; Kursbarometer *n*
**major stock gauges sank about 15 percent last week**
wichtige Börsenbarometer fielen um 15% letzte Woche

**stockholder** *n* Aktionär *m*
**to pay dividends to stockholders**
Dividende an die Aktionäre ausschütten

**stockholder's equity** Eigenkapital *n*
**the group maintains that A&B's stockholder's equity was lower than expected**
der Konzern behauptet, dass das Eigenkapital von A&B niedriger als erwartet gewesen sei

**stockmarket** *n*; **stock market** Börse *f*; Aktienmarkt *m*
**foreign money flows into the stockmarket**
ausländisches Geld strömt in den Aktienmarkt
**the American stockmarket looks dangerously overheated**
der amerikainische Aktienmarkt macht einen gefährlich überhitzten Eindruck
**if the stockmarket stays favourable**
wenn die Lage auf dem Aktienmarkt weiter günstig bleibt
**the reopening of the stockmarkets**
die Wiedereröffnung der Börsen

**stockmarket bubble** Börsenblase *f*; Kursblase *f*
**another side-effect of the stockmarket bubble**

eine weitere Nebenwirkung der Börsenblase
**the recent stockmarket bubble**
die jüngste Börsenblase
**stock market decline** Kursrückgang *m*
**fears of a renewed downturn were inflamed by recent, sharp stock market declines**
die Angst vor einem erneuten Wirtschaftsabschwung wurde durch die jüngsten Kurseinbrüche / durch die jüngsten starken Kursrückgänge ausgelöst
**stockmarket rally** Erholung der Aktienkurse
**stock market regulator** Börsenaufsicht *f*
**he called on stock market regulators to investigate the case**
er forderte die Börsenaufsicht auf, den Fall zu untersuchen
**stockmarket value** Börsenwert *m*
**formerly it was railroad firms that had the largest stockmarket value**
früher hatten die Eisenbahnunternehmen den höchsten Börsenwert
**stock of crude oil** Rohölvorrat *m*
**the country's stock of crude oil is at its lowest in 24 years**
die Rohölvorräte des Landes haben den niedrigsten Stand seit 24 Jahren erreicht
**stock price** Aktienkurs *m*
**our stock price surpassed its all-time high and continued to climb**
unsere Aktienkurse überstiegen ihren bislang höchsten Stand und kletterten weiter
**to drive the stock prices to artificially high levels**
die Aktienkurse künstlich hochtreiben
**stocks** *pl* (1) Aktien *fpl*
**the record speed with which stocks have fallen through the recession**
die Rekordgeschwindigkeit, mit der die Aktien im Verlauf der Rezession gefallen sind
**stocks are currently undervalued**
die Aktien sind zurzeit unterbewertet
**stocks fell Friday**
die Aktien sind am Freitag gefallen
**stocks** *pl* (2) Lagerbestände *mpl*
**to cut production to run down existing stocks**
die Produktion drosseln, um die vorhandenen Lagerbestände zu reduzieren

**stock trading** Aktienhandel *m*
**to resume stock trading**
den Aktienhandel wieder aufnehmen
**storage density** Speicherdichte *f*
**we achieved a new world record in storage density**
wir haben bei der Speicherdichte einen neuen Weltrekord aufgestellt
**strategy** *n* Strategie *f*
**on February 20th the details of the new strategy were unveiled**
Einzelheiten der neuen Strategie wurden am 20. Februar bekannt gegeben
**strategy for growth** Wachstumsstrategie *f*
**part of our strategy for growth includes strategic acquisitions**
strategische Akquisitionen / Firmenaufkäufe gehören ebenfalls zu unserer Wachstumsstrategie
**streamline** *v* verschlanken
**ABC streamlines its Management Board**
ABC verschlankt seinen Vorstand / seine Führungscrew
**streamlining** *n* Verschlankung *f*
**strength** *n* Stärke *f*
**the strength of the dollar is dampening consumer spending in the eurozone**
die Stärke des Dollars / der starke Dollar dämpft den Konsum in der Eurozone
**strike threat** Streikdrohung *f*
**the airline faces strike threats**
die Fluggesellschaft ist mit Streikdrohungen konfrontiert / der Fluggesellschaft drohen Streiks
**strong growth** wachstumsstark
**people seem to be forgetting that this is still a strong growth industry**
anscheinend haben die Leute ganz vergessen, dass es sich hier noch immer um einen wachstumsstarken Industriezweig handelt
**structural change / changes** Strukturwandel *m*; strukturelle Veränderung(en)
**the structural changes that are taking place in the energy industry**
der Strukturwandel, der in der Energiewirtschaft stattfindet
**substantial structural change is inevitable**
ein umfassender Strukturwandel ist unvermeidlich
**structural reform** Strukturreform *f*
**to hinder the structural reforms**

**structural reform**

**needed to revive the economy**
die für eine Wiederbelebung der Wirtschaft erforderlichen Strukturreformen behindern
**to implement a sweeping structural reform**
eine umfassende / durchgreifende / gründliche Strukturreform durchführen

**struggle** *v* kämpfen
**the smaller banks are struggling to survive**
die kleineren Banken kämpfen ums Überleben

**subcontractor** Zulieferer *m*

**subscriber** *n* Nutzer *m*
**the wireless market for young people will grow from 11 million subscribers today to 43 million in 20...**
der Mobilfunkmarkt für Jugendliche wird von heute 11 Mio. Nutzern auf 43 Mio. im Jahre 20... anwachsen

**subscriber fee** Rundfunkgebühr *f*; Fernsehgebühr *f*

**subscription period** Zeichnungsfrist *f*
**the subscription period runs from Tuesday through February 2**
die Zeichnungsfrist beginnt am Dienstag und endet am 2. Februar

**subsidiary** Tochtergesellschaft *f*; Tochter *f*
**the group's largest subsidiary is ABC**
ABC ist die größte Tochtergesellschaft des Konzerns
**the company is a former subsidiary of ABC**
das Unternehmen ist eine frühere Tochter von ABC
**the growing losses at ABC's ailing American subsidiary**
die wachsenden Verluste bei ABCs kränkelnder amerikanischer Tochter
**wholly-owned subsidiary**
100%ige Tochtergesellschaft

**subsidy** *n* Beihilfe *f*; Subvention *f*
**the three countries want lower tariffs and an end to export subsidies**
die drei Länder wünschen niedrigere Zölle und die Abschaffung von Ausfuhrbeihilfen
**this new service lets farmers apply for subsidies online**
mithilfe dieses neuen Dienstes können Bauern über das Internet Subventionen beantragen

**successor company** Nachfolgefirma *f*; Nachfolgegesellschaft *f*

**one of the successor companies was dissolved**
eine der Nachfolgefirmen wurde aufgelöst

**successor technology** Nachfolgetechnik *f*

**success-sharing compensation** Erfolgsbeteiligung *f*

**suggestion** *n* Vorschlag *m*
**at first his suggestion was not taken seriously**
zuerst nahm man seinen Vorschlag nicht ernst

**super-jumbo** Superjumbo *m*
**to consider a joint venture to build super-jumbos**
für den Bau von Superjumbos ein Joint Venture in Betracht ziehen
**the 550-seater super-jumbo will enter service in 20...**
der Superjumbo mit 550 Sitzen wird im Jahre 20... auf den Markt kommen

**super-jumbo jet** Superjumbo *m*

**supermarket chain** Supermarktkette *f*
**a number of supermarket chains have said they are interested in selling cars**
mehrere Supermarktketten haben ihr Interesse am Verkauf von Autos bekundet

**supersonic airliner** Überschall-Passagierflugzeug *n*
**to return the supersonic airliner to service**
das Überschall-Flugzeug wieder in Dienst stellen

**supertanker** *n* Supertanker *m*

**supervisory board** Aufsichtsrat *m*
**workers are given half of the seats on companies' supervisory boards**
die Arbeitnehmer erhalten die Hälfte der Sitze im Aufsichtsrat der Unternehmen
**he chaired / was chairman of the supervisory board of ABC**
er war Vorsitzender des Aufsichtsrats von ABC
**the new structure was approved by the company's Supervisory Board at today's meeting in Frankfurt**
die neue Struktur wurde bei der heutigen Sitzung in Frankfurt vom Aufsichtsrat des Unternehmens genehmigt
**the deal is subject to approval by the respective supervisory boards**
das Abkommen / Vorhaben muss noch von den jeweiligen Aufsichtsräten genehmigt werden

**supervisory board chief** Aufsichtsratsvorsitzender *m/f*
**supplier** *n* (1) Anbieter *m*
**we, as customers, will have a very limited choice of suppliers**
für uns als Kunden bedeutet dies, dass wir nur noch zwischen ganz wenigen Anbietern wählen können
**supplier** *n* (2) Zulieferer *m*
**the company is at odds with its largest supplier**
das Unternehmen hat Streit mit / liegt im Clinch mit seinem größten Zulieferer
**supplier in telecommunications** Telekomausrüster *m*
**ABC is a world-leading supplier in telecommunications**
ABC ist ein weltweit führender Telekomausrüster
**supply** *n* Angebot *n*
**demand has outpaced supply for several years**
seit mehreren Jahren ist die Nachfrage größer als das Angebot
**we're not going to have the supply to satisfy all the customers that want the computer**
das Angebot wird nicht ausreichen, um die Wünsche aller Kunden, die den neuen Rechner wollen, zu befriedigen
**they have failed to match supply with demand**
sie haben es versäumt, das Angebot der Nachfrage anzupassen
**supply chain** Versorgungskette *f*
**global businesses strive to shorten their supply chains**
Ziel der globalen Unternehmen ist eine Straffung der Versorgungsketten
**supply contract** Liefervertrag *m*
**long-term supply contracts**
langfristige Lieferverträge
**to negotiate a supply contract**
einen Liefervertrag aushandeln / über einen Liefervertrag verhandeln
**supply of energy** Energieversorgung *f*
**something is amiss with America's supply of energy**
mit Amerikas Energieversorgung stimmt etwas nicht
**supply point** Einspeisepunkt *m* (see also **electricity supply point**)
**the transmission of electricity from the supply point to the point of consumption**
der Transport des Stroms vom Einspeise- zum Entnahmepunkt
**supply problems** Lieferschwierigkeiten *fpl*
**these plants suffered from many technical and supply problems**
bei diesen Betrieben traten große technische Probleme und Lieferschwierigkeiten auf
**supply problems also contributed to a rise in stocks**
Lieferschwierigkeiten waren mitverantwortlich für einen Anstieg der Lagerbestände
**supply side** Angebotsseite *f*
**on the supply side**
auf der Angebotsseite
**support** *n* Unterstützung *f*
**he has also won support from the world's most influential industrialist**
er hat auch Unterstützung vom mächtigsten Industrieführer der Welt erhalten
**the project continues to receive good public support**
das Projekt genießt auch weiterhin große öffentliche Unterstützung
**the total amount of public support is expected to be 7 billion Euro**
die öffentliche Unterstützung soll 7 Mrd. Euro betragen
**surface ship** Überwasserschiff *n*
**surplus** überschüssig; Überschuss...
**the surplus energy in the power system is used to pump water from the lower reservoir to the upper reservoir**
die überschüssige Energie im Netz wird dazu verwendet, Wasser vom Unter- in das Oberbecken zu pumpen
**storage of surplus off-peak energy**
Speicherung von überschüssiger Energie aus Schwachlastzeiten
**surplus capacity** Überkapazität *f*
**to take radical action to address the group's surplus capacity in rolled products**
durchgreifende Maßnahmen ergreifen, um die Überkapazität des Konzerns bei Walzwerkprodukten zu beseitigen
**surplus of power** Energieüberschuss *m*
**where there is a surplus of power available from coal, oil, or gas-fuelled stations**
wenn ein Energieüberschuss aus Kohle-,

Öl- oder Gaskraftwerken besteht / vorhanden ist

**survey** *n* Befragung *f*
**the results of an international survey issued recently by A&B**
die kürzlich von A&B veröffentlichten Ergebnisse einer Befragung

**suspected incident** Verdachtsfall *m*
**last year both countries had to deal with suspected incidents of foot-and-mouth**
letztes Jahr mussten sich beide Länder mit Verdachtsfällen von Maul- und Klauenseuche auseinandersetzen

**sustainability** *n* Nachhaltigkeit *f*
**to strive for sustainability**
nach Nachhaltigkeit streben

**sustainable development** nachhaltige Entwicklung
**to stress the idea of sustainable development at a summit meeting**
an einer Gipfelkonferenz den Gedanken einer nachhaltigen Entwicklung betonen

**sustainable growth** nachhaltiges Wachstum

**synergistic advantage** Synergievorteil *m*
**to combine two types of energy resources in such a way as to create synergistic advantages**
zwei Energieträger so miteinander kombinieren, dass Synergievorteile erreicht werden

**synergistic benefit** Synergievorteil *m*
**we expect to be able to achieve very substantial synergistic benefits through the integration of the two systems**
wir versprechen uns beträchtliche Synergievorteile durch die Integration der beiden Systeme

**synergistic effects** Synergieeffekte *mpl*
**synergistic effects led to efficiencies of 72-74 percent**
durch Synergieeffekte konnten Wirkungsgrade von 72 bis 74% erreicht werden

**synergy** *n* Synergie *f*
**to achieve synergies**
Synergien / Synergieeffekte / Synergievorteile erreichen
**to allow for significant synergies in manufacturing, distribution, and marketing**
beträchtliche Synergien in den Bereichen Fertigung, Vertrieb und Marketing ermöglichen

# T

**take-off and landing slot** Start- und Landerecht *n*
**the carriers would have to give up 200 weekly take-off and landing slots**
die Fluggesellschaften müssten wöchentlich auf 200 Start- und Landerechte verzichten

**take on** *v* einstellen
**he has taken on 1,000 extra workers this year**
er hat dieses Jahr zusätzlich 1.000 Arbeiter eingestellt

**takeover** *n*; **take-over** *n* Übernahme *f*
**speculations that Britain's biggest electricity generator may be vulnerable to a break-up or a takeover**
Spekulationen, dass bei Großbritanniens größtem Stromversorger die Gefahr des Auseinanderbrechens oder der Übernahme besteht
**the planned completion of the takeover of ABC**
der geplante Abschluss der Übernahme von ABC
**the takeover easily won regulatory clearance in America**
die Übernahme wurde von den zuständigen Regulierungsbehörden in Amerika ohne Weiteres genehmigt

**takeover attempt** Übernahmeversuch *m*

**takeover battle** Übernahmeschlacht *f*
**the company was the subject of a takeover battle in 20...**
das Unternehmen war im Jahre 20... Gegenstand / Ziel einer Übernahmeschlacht

**takeover bid** Übernahmeangebot *n*; Übernahme-Offerte *f*
**the company also had to see off a takeover bid from ABC**
das Unternehmen musste sich auch gegen ein Übernahmeangebot von ABC wehren
**to head off a possible takeover bid**
ein mögliches Übernahmeangebot

abwehren
**the company was seeking advice on ways to head off a possible takeover bid**
das Unternehmen ließ sich darüber beraten, wie ein mögliches Übernahmeangebot abgewehrt werden könnte / das Unternehmen ließ sich über eine Abwehrstrategie gegen ein mögliches Übernahmeangebot beraten
**to launch a £19.8bn takeover bid for A&B**
ein Übernahmeangebot in Höhe von 19,8 Mrd. £ für A&B abgeben
**the company made a hostile takeover bid for ABC in 2000 that ended in defeat**
das Unternehmen machte im Jahre 2000 ein feindliches Übernahmeangebot, das in einer Niederlage endete

**takeover candidate** Übernahmekandidat *m*
**companies such as ABC and BCD are takeover candidates**
Firmen wie ABC und BCD sind Übernahmekandidaten
**European bankers have long regarded ABC as a prime takeover candidate**
die europäischen Banker betrachten ABC schon seit langem als heißen / erstrangigen Übernahmekandidaten

**takeover offer** Übernahmeangebot *n*
**to reconsider a takeover offer from ABC**
erneut über ein Übernahmeangebot von ABC nachdenken

**takeover rumour** Übernahmegerücht *n*
**takeover rumours surfaced last week**
letzte Woche tauchten erste Übernahmegerüchte auf

**takeover talks** Übernahmeverhandlungen *fpl*; Übernahmegespräche *npl*
**the takeover talks collapsed after the smaller airline broke off negotiations**
die Übernahmeverhandlungen scheiterten, nachdem die kleinere Luftfahrtgesellschaft die Verhandlungen abbrach
**ABC said that it was in takeover talks with a British company**
ABC gab bekannt, es führe Übernahmegespräche mit einer britischen Firma

**takeover target** Übernahmeziel *n*
**such takeover targets need an overhaul once they are acquired**
diese Übernahmeziele müssen nach der Übernahme erst einmal saniert / überholt werden
**there are rumblings that ABC is set to become a takeover target**
es gibt Gerüchte, dass ABC zum Übernahmeziel werden soll / Ziel einer Übernahme werden soll
**ABC is now viewed as a clear takeover target**
ABC wird zurzeit als klares Übernahmeziel gehandelt

**talk** *n* Verhandlung *f*
**the two companies are in talks that could lead to a merger of their music businesses**
die beiden Unternehmen führen Verhandlungen, die zu einer Fusion ihrer Musiksparten führen könnten

**tangible assets** Sachanlagen *fpl*
**these tangible assets are the things that could be sold on the open market**
diese Sachanlagen könnte man auf dem offenen Markt verkaufen

**target** *n* Ziel *n*
**inflation deviates by more than a percentage point from the target**
die Inflation weicht um mehr als einen Prozentpunkt vom Ziel ab

**target company** *(hostile takeover)* bedrohtes Unternehmen

**target group** Zielgruppe *f*
**the conference has two target groups**
die Konferenz richtet sich an zwei Zielgruppen

**tariff barrier** Zollschranke *f*

**tariffs** *pl* Zölle *mpl*
**to threaten tariffs of up to 40% on steel imports**
mit Zöllen von bis zu 40% auf Stahlimporte drohen
**he announced plans to impose tariffs of up to 30 per cent on imported steel**
er kündigte Pläne an, Zölle von bis zu 30% auf Stahlimporte zu erheben / für Stahlimporte zu verhängen

**task** *n* Aufgabe *f*
**a near-impossible task**
eine fast / nahezu unmögliche Aufgabe

**tax** *n* Steuer *f*
**he had made cutting taxes a centerpiece of his campaign**
er hatte Steuersenkungen zu einem zentralen Thema seiner Wahlkampagne gemacht

**taxable income** steuerpflichtiges Einkommen
**management considered estimates of future taxable income**
die Geschäftsführung berücksichtigte das geschätzte zukünftige steuerpflichtige Einkommen

**tax base** Besteuerungsgrundlage *f*
**the tax burden depends on the definition of the tax base**
für die Steuerbelastung ist die Festlegung der Besteuerungsgrundlage maßgebend

**tax burden** Steuerlast *f*; steuerliche Belastung
**the tax burden associated with wind power facilities is relatively high compared to fossil energy**
im Vergleich zur fossilen Energie ist die Steuerlast bei Windkraftanlagen relativ hoch
**the priority is to reduce the tax burden EU-wide**
die Reduzierung der Steuerlast EU-weit hat Vorrang
**the lightening of the tax burden through tax reform should give a strong boost to private household consumption**
die Steuerentlastung durch die Steuerreform sollte den Privatkonsum ankurbeln
**the tax burden has risen under the new government**
die Steuerbelastung hat unter der neuen Regierung zugenommen

**tax cut** Steuersenkung *f*
**a tax cut and coherent energy strategy would be the best ways to restore consumer confidence**
eine Steuersenkung und eine schlüssige Energiestrategie wären die besten Möglichkeiten zur Wiederherstellung des Vertrauens der Verbraucher
**small, targeted tax cuts**
kleine, gezielte Steuersenkungen
**there's room for a significant tax cut**
es besteht Spielraum für eine kräftige Steuersenkung
**tax cuts worth as much as $75 billion**
Steuersenkungen in Höhe von bis zu 75 Mrd. Dollar
**to speed up the tax cuts already in the pipeline**
die schon geplanten Steuersenkungen vorziehen

**tax-cut plan** Steuersenkungsprogramm *n*
**a ten-year tax-cut plan**
ein auf zehn Jahre angelegtes Steuersenkungsprogramm

**tax-cutting plans** Steuersenkungspläne *mpl*

**tax liability** Steuerverpflichtung *fpl*
**firms can count today's losses against earlier tax liabilities**
die Firmen können die aktuellen Verluste auf frühere Steuerverpflichtungen anrechnen

**tax on gasoline** *(AE)* Benzinsteuer *f*
**in America, taxes on gasoline are much lower**
in Amerika ist die Benzinsteuer viel niedriger

**tax on petrol** *(BE)* Benzinsteuer *f*
**the tax on petrol varies widely around the developed world**
die Höhe der Benzinsteuer ist weltweit in den einzelnen Industrieländern ganz unterschiedlich

**taxpayer** *n* Steuerzahler *m*
**this is small comfort to taxpayers**
dies ist nur ein geringer Trost für den Steuerzahler
**delinquent taxpayers**
säumige Steuerzahler
**at the taxpayer's expense**
auf Kosten des Steuerzahlers

**taxpayers' dollars** Steuergelder *npl*
**best use of taxpayers' dollars**
gewissenhafter Umgang mit den Steuergeldern

**tax payment** Steuerzahlung *f*

**tax rate** Steuersatz *m*
**this resulted in an effective tax rate of 33 percent for 20...**
dies führte zu einem effektiven Steuersatz von 33 Prozent für das Jahr 20...
**low tax rates do not necessarily mean a low tax burden**
niedrige Steuersätze bedeuten nicht notwendigerweise eine niedrige Steuerbelastung

**tax-rebate check** Steuerrückzahlung *f*
**falling energy costs and soon-to-be mailed tax-rebate checks will bolster economic growth**
die sinkenden Energiekosten und die bald fälligen Steuerrückzahlungen werden die Konjunktur ankurbeln

**tax reform** Steuerreform *f*
**far-reaching tax reforms have now slashed the corporate tax rate to**

**39.4%**
im Rahmen einer umfassenden Steuerreform wurden die Unternehmenssteuern auf 39,4% gesenkt

**tax reform package** Steuerreformpaket *n*

**tax relief** Steuererleichterung *f*
**efforts to foster share ownership through tax relief have also had an impact**
Bemühungen, den Erwerb von Aktien durch Steuererleichterungen zu fördern, haben ebenfalls Wirkung gezeigt
**the Chancellor of the Exchequer on Wednesday offered tax relief to companies investing in green energy technologies**
der britische Finanzminister bot am Mittwoch denjenigen Unternehmen, die in umweltfreundliche Energietechnologien investieren, Steuererleichterungen an

**tax revenue** Steuereinnahmen *fpl*; Steueraufkommen *n*
**tax revenues are declining in many states**
in vielen Staaten sind die Steuereinnahmen im Sinken begriffen
**shrinking tax revenue has left German town halls short of cash**
schrumpfende Steuereinnahmen verursachen Geldknappheit in den deutschen Rathäusern
**the weaker economy led to lower tax revenues**
die nachlassende Konjunktur führte zu geringeren Steuereinnahmen

**tech firm** Technologiefirma *f*
**tech firms have led the latest round of corporate earnings warnings**
die Technologiefirmen haben die letzte Runde der Gewinnwarnungen angeführt

**tech-heavy Nasdaq Composite** technologielastiger Nasdaq
**the tech-heavy Nasdaq Composite fell by 6.8%**
der technologielastige Nasdaq fiel um 6,8%

**tech-heavy stockmarket** Technologiebörse *f*
**America's tech-heavy Nasdaq stockmarket**
Amerikas Technologiebörse Nasdaq

**technological change** technologischer Wandel
**the rapid pace of technological change**
der extrem schnelle technologische Wandel

**technological leader** Technologieführer *m*
**ABC is a technological leader in the manufacture of fuel cells**
ABC ist ein Technologieführer auf dem Gebiet der Herstellung von Brennstoffzellen

**technological leadership** Technologieführerschaft *f*

**technologically advanced** technisch hochstehend; technisch anspruchsvoll; technisch ausgereift
**reliable and technologically advanced components**
zuverlässige und technisch hochstehende Komponenten

**technology** *n* Technologie *f*
**clean technologies**
saubere / umweltfreundliche Technologien

**technology company** Technologieunternehmen *n*; Technologiefirma *f*
**the technology company has been built up into one of the few bright spots in eastern German business**
das Technologieunternehmen ist zu einem der wenigen Lichtblicke der ostdeutschen Wirtschaft aufgebaut worden

**technology fair** Technologiemesse *f*
**at the world's biggest technology fair**
auf der größten Technologiemesse der Welt

**technology issues** Technologiewerte *mpl*
**other technology issues also rose**
andere Technologiewerte legten ebenfalls zu

**technology leader** Technologieführer *m*
**ABC has become the recognized technology leader in industrial automation**
ABC hat sich zum anerkannten Technologieführer auf dem Gebiet der industriellen Automatisierungstechnik entwickelt

**technology leadership** Technologieführerschaft *f*
**technology leadership ensures a leading market position**
Technologieführerschaft sichert eine führende Marktstellung
**ABC's objectives are technology leadership and increased competitiveness**

**technology leadership**

die Ziele von ABC sind
Technologieführerschaft und eine
Stärkung der Wettbewerbsfähigkeit

**technology park** Technologiepark *m*
**a thriving technology park**
ein blühender Technologiepark

**technology shares** Technologie-
aktien *fpl*; Technologiewerte *mpl*
**A&B downgraded major
technology shares**
A&B hat renommierte
Technologiewerte herabgestuft

**technology-stock bubble** Technologieblase *f*
**after the bursting of the technology-
stock bubble**
nach dem Platzen der Technologieblase

**technology stocks** Technologieaktien *fpl*; Technologiewerte *mpl*
**this exchange specialises in
technology stocks**
diese Börse ist auf Technologieaktien
spezialisiert
**during the fourth quarter of 20...
many technology stocks declined in
price**
im vierten Quartal des Jahres 20... fiel
der Kurs vieler Technologieaktien

**technology trade fair** Technologiemesse; Messe / Fachmesse für
Kommunikations- und Informationstechnologie
**the technology trade fair runs from
March 12th-20th**
die Technologiemesse findet vom 12. bis
20. März statt

**technology transfer** Technologietransfer *m*

**tech rally** Erholung der Technologiewerte

**techs** *pl* Technologiewerte *mpl*
**techs are overvalued**
die Technologiewerte sind überbewertet

**tech stocks** Technologiewerte *mpl*
**the recent downturn in U.S. tech
stocks**
der jüngste Abschwung der Börsenkurse
bei den Technologiewerten

**telecom analyst** Telekom-Analyst *m*
**he is a telecom analyst at ABC**
er ist Telekom-Analyst bei ABC

**telecom equipment maker** Netzausrüster *m*

**telecom firm** Telekom-Firma *f*

**telecommunication company** Tele-
kommunikationsunter-nehmen *n*

**telecommunications analyst** Telekommunikations-Analyst

**telecommunications business** Telekommunikations-Geschäft *n*
**the relentless pace of change in the
global telecommunications business
has created confusion and uncertainty**
der rasante Wandel im globalen
Telekommunikations-Geschäft hat für
Verwirrung und Ungewissheit gesorgt

**telecommunications company**
Telekommunikationsunter-
nehmen *n*; Telekommunikations-
Unternehmen *n*; Telekommunikations-Gesellschaft *f*
**leading telecommunications compa-
nies use our software and hardware**
führende Telekommunikationsunternehmen arbeiten mit unserer Software
und Hardware

**telecommunications equipment
firm** Netzausrüster *m*

**telecommunications equipment
maker** Netzausrüster *m*
**telecommunications equipment
maker A&B posted a third-quarter
loss**
Netzausrüster A&B verzeichnete im
dritten Quartal Verluste

**telecommunications equipment
giant** Netzwerkriese *m*

**telecommunications equipment
manufacturer** Netzausrüster *m*

**telecommunications firm** Telekommunikationsfirma *f*

**telecommunications group** Telekommunikationskonzern *m*

**telecommunications industry** Telekommunikationsindustrie *f*
**the privatization of portions of the
telecommunications industry**
die Privatisierung von Teilen der
Telekommunikationsindustrie
**this is one of the greatest challenges in
the telecommunications industry**
dies ist eine der größten Herausforderungen in der Telekommunikationsindustrie
**the telecommunications industry has
been experiencing intense growth
within the last few decades**
in den vergangenen Jahrzehnten
zeichnete sich die Telekommunikationsindustrie durch starkes Wachstum

aus / ist die Telekommunikationsindustrie sehr stark gewachsen

**telecommunications market** Telekommunikationsmarkt *m*

**telecommunications network** Telekommunikationsnetz *n*
**to stop building out the telecommu-
nications network**
den Ausbau des Telekommunikationsnetzes einstellen

**telecommunications operator** Telekommunikationsanbieter *m*
**the country's third-biggest telecom-
munications operator**
der drittgrößte Telekommunikationsanbieter des Landes

**telecommunications provider** Telekommunikationsanbieter *m*
**A&B is the leading telecommunica-
tions provider in the United States in
terms of number of customers**
A&B ist der führende Telekommunikationsanbieter in den Vereinigten Staaten,
was die Zahl der Kunden angeht

**telecommunications satellite** Telekommunikations-Satellit *m*
**to steer radio waves and microwaves
to and from telecommunications
satellites**
Funkwellen und Mikrowellen von und
zu Telekommunikations-Satelliten
steuern

**telecommunications sector** Telekommunikationsbranche *f*
**the European telecommunications
sector enjoyed perhaps its best-ever
year in 20...**
die europäische
Telekommunikationsbranche hatte im
Jahre 20... wahrscheinlich ihr bestes
Jahr

**telecommuter** Pendler *m*

**telecoms analyst** Telekommunikations-Analyst
**telecoms analyst at ABC**
Telekommunikations-Analyst bei / für
ABC

**telecoms business** Telekom-
Unternehmen *n*
**A&B runs Germany's second-largest
telecoms business**
A&B betreibt das zweitgrößte Telekom-
Unternehmen Deutschlands

**telecoms company** Telekom-
Unternehmen *n*

**telecoms equipment maker** Telekomausrüster *m*
**the telecoms equipment maker
received contracts totaling $204
million**
der Telekomausrüster erhielt Aufträge
im Gesamtwert von 204 Mio. $

**telecoms firm** Telekom-
Unternehmen *n*

**telecoms giant** Telekomriese *m*;
Telekom-Riese *m*
**the grand dreams of some of the
world's biggest telecoms giants lie in
ruins**
einige der größten Telekomriesen der
Welt stehen vor den Trümmern ihrer
hochfliegenden Träume

**telecoms group** Telekom-Konzern *m*; Telekomkonzern *m*
**ABC is Germany's third largest
telecoms group**
ABC ist der drittgrößte Telekom-
Konzern Deutschlands

**telecoms industry** Telekom-
Industrie *f*; Telekomindustrie *f*
**the dramatic shift in the fortunes of
the global telecoms industry**
die dramatische Verschlechterung der
Lage der Telekom-Industrie weltweit

**telecom shares** Telekomwerte *mpl*

**telephone company** Telefongesellschaft *f*

**telephone giant** Telefonriese *m*

**telephone group** Telefonkonzern *m*

**telephone line** Telefonleitung *f*;
Telefonanschluss *m*
**music is easy to transmit, even over
relatively slow telephone lines**
Musik lässt sich sogar über relativ
langsame Telefonleitungen leicht
übertragen
**ABC intends to triple the number of
telephone lines in its service area**
ABC will die Zahl der Telefonanschlüsse in ihrem Einzugsgebiet
verdreifachen

**telephone operator** Telefonbetrei-
ber *m*
**ABC is a leading telephone operator**
ABC ist ein führender Telefonbetreiber

**television advertising** Fernsehwerbung *f*

**television broadcaster** Fernsehsender *m*
**listed television broadcaster**
börsennotierter Fernsehsender

**television market** Fernsehmarkt *m*
**television reception** Fernsehempfang *m*
 **the federal agency should establish a national standard for digital television reception**
 die Bundesbehörde sollte einen nationalen Standard für den digitalen Fernsehempfang entwickeln
**television station** Fernsehstation *f*
 **the company operates ten television stations**
 das Unternehmen betreibt zehn Fernsehstationen
**television viewer** Fernsehzuschauer *m*
 **to take advantage of digital's advantages, television viewers will have to buy a new TV set**
 um in den Genuss der Vorteile der Digitaltechnik zu kommen, müssen die Fernsehzuschauer ein neues Fernsehgerät kaufen
**temperature controller** Temperaturregler *m*
**temperature monitor** Temperaturwächter *m*
**tender** *n* Zahlungsmittel *n*
 **D-marks and francs cease to be legal tender**
 D-Mark und Franc hören auf, gesetzliches Zahlungsmittel zu sein
**tenure** *n* Amtszeit *f*
 **during his tenure as governor of Texas**
 während seiner Amtszeit als Gouverneur von Texas
**term** *n* Amtszeit *f*
 **they appointed him in May to an eight-year term as ECB president**
 er wurde im Mai für eine Amtszeit von 8 Jahren zum EZB-Präsidenten ernannt
 **he wants to serve his full eight-year term**
 er will über die gesamte Amtszeit von 8 Jahren bleiben
**test and measurement** Prüf- und Messtechnik *f*
 **in test and measurement, we provide products that engineers and scientists use with computers**
 auf dem Gebiet der Mess- und Prüftechnik bieten wir Produkte an, die von Ingenieuren und Naturwissenschaftlern in Verbindung mit Rechnern eingesetzt werden
**textile retailer** Textilfilialist *m*

**thank for** *v* danken für
 **I would like to thank you for your many years of support and service to our company**
 ich möchte Ihnen danken für die vielen Jahre, in denen Sie unser Unternehmen unterstützt und ihm gedient haben
**thin-film technology** Dünnschichttechnologie *f*
 **to commercialize this thin-film technology**
 diese Dünnschichttechnologie zur Marktreife bringen
**third-generation auction** UMTS-Auktion *f*
 **third-generation auctions are not expected for two years**
 UMTS-Auktionen wird es frühestens in zwei Jahren geben
**third-generation handset** UMTS-Handy *n*
 **once customers see what third generation handsets are able to do**
 wenn die Nutzer erst einmal sehen, was UMTS-Handys zu leisten vermögen
**third-generation licence** UMTS-Mobilfunk-Lizenz *f*
 **the conglomerate will bid for third-generation licences across Europe**
 der Mischkonzern wird sich europaweit an UMTS-Auktionen beteiligen
**third generation market** UMTS-Markt *m*
**third-generation mobile licence** UMTS-Mobilfunk-Lizenz *f*
**third-generation (3G) mobile phone** UMTS-Handy *n*
**third-generation mobile-phone auction** UMTS-Versteigerung *f*
 **Italy's third-generation mobile-phone auction has ended in chaos**
 Italiens UMTS-Versteigerung endete im Chaos
**third-generation mobile-phone licence** UMTS-Mobilfunk-Lizenz *f*
 **Europe's second-largest telecoms company needs cash to bid for third-generation mobile-phone licences**
 Europas zweitgrößtes Telekom-Unternehmen benötigt Geld, um an den Auktionen von UMTS-Mobilfunk-Lizenzen teilnehmen zu können
**third-generation mobile technology** dritte Mobilfunkgeneration

**third-generation mobile telephone licence** UMTS-Mobilfunk-Lizenz *f*
   the bidding for Germany's auction of third-generation mobile telephone licences closed
   die Versteigerung der UMTS-Mobilfunk-Lizenzen in Deutschland ist beendet
   Italy's third-generation mobile-phone auction has ended in chaos
   Italiens Versteigerung von UMTS-Mobilfunk-Lizenzen endete im Chaos

**third-generation network** UMTS-Netz *n*
   to build a third-generation network
   ein UMTS-Netz aufbauen

**third generation UMTS mobile phone network** Mobilfunknetz der dritten Generation
   the Finnish telecommunications operator began the new year with the opening of its third generation UMTS mobile phone network
   das finnische Telekommunikationsunternehmen hat zum Jahreswechsel sein Mobilfunknetz der dritten Generation gestartet

**third-generation (3G) wireless system** UMTS-Netz *n*
   to launch third-generation (3G) wireless systems
   UMTS-Netze aufbauen

**third quarter** drittes Quartal
   to have a slightly adverse impact on third quarter revenues
   eine leicht negative Wirkung auf die Ergebnisse des dritten Quartals haben

**third-rate** *adj* drittklassig
   third-rate American movies
   drittklassige amerikanische Filme

**three-week high** Drei-Wochen-Hoch *n*
   the Nikkei closed at a three-week high
   der Nikkei schloss mit einem Drei-Wochen-Hoch

**ticket price** Flugpreis *m*
   this will certainly drive up ticket prices
   dies wird bestimmt die Flugpreise in die Höhe treiben
   ticket prices have come down
   die Flugpreise haben sich verbilligt

**tide** *n*: swim against the tide  gegen den Strom schwimmen

**tie** *n* Beziehung *f*
   the company has nurtured close ties to the president
   das Unternehmen hatte enge Beziehungen zum Präsidenten

**tied dealership** Vertragshändler *m*; Händlerbindung *f*

**till** *n* Kasse *f*
   to cut queues at the tills
   Schlangen an den Kassen vermeiden

**time** *n* Zeit *f*
   we're in for very difficult times ahead
   vor uns liegen schwierige Zeiten

**time-consuming** *adj* zeitaufwändig
   this involves expensive and time-consuming work
   dies erfordert kostspielige und zeitaufwändige Arbeiten

**time off without pay** unbezahlter Urlaub

**timetable** *n* Zeitplan *m*
   this would throw the original timetable for the takeover off track
   dies würde den ursprünglichen Zeitplan für die Übernahme durcheinander bringen

**time to market** Markteinführungszeit *f*
   the market demands higher quality, better performance, faster time to market
   der Markt verlangt höhere Qualität, bessere Leistung und kürzere Markteinführungszeiten

**timing** *n* Wahl des Zeitpunktes; Timing *n*; Zeitpunkt *m*
   markets were surprised by the timing and scale of the rate cut
   die Märkte waren überrascht über die Wahl des Zeitpunktes und das Ausmaß der Zinssenkung
   the timing and actual number of shares purchased will depend on a variety of factors
   Zeitpunkt und tatsächlicher Umfang des Aktienkaufs hängen von einer Reihe von Faktoren ab

**tire** *(AE)*; **tyre** *(BE)* Reifen *m*
   a burst tyre caused the crash of the plane
   der Absturz des Flugzeugs wurde durch einen geplatzten Reifen verursacht

**tire** *(AE)* / **tyre** *(BE)* **company** Reifenhersteller *m*

**tire** *(AE)* / **tyre** *(BE)* **maker** Reifenhersteller *m*

**tire** *(AE)* / **tyre** *(BE)* **manufacturer** Reifenhersteller *m*

**tire** 370

the world's third-largest tyre manufacturer
der drittgrößte Reifenhersteller der Welt
**the largest tire manufacturers all have global strategies**
alle großen Reifenhersteller verfolgen globale Strategien

**tire** *(AE)* / **tyre** *(BE)* **manufacturing** Reifenherstellung *f*

**tobacco advertising** Tabakwerbung *f*

**tobacco company** Tabakunternehmen *n*
**to buy the German-owned tobacco company A&B**
das deutsche Tabakunternehmen A&B kaufen
**the acquisition of the world's fourth-biggest tobacco company**
der Kauf / Erwerb des viertgrößten Tabakunternehmens der Welt

**toll** *n* Maut *f*; Mautgebühr *f*; Straßenbenutzungsgebühr *f*
**tolls are collected automatically**
die Entrichtung der Mautgebühren erfolgt über Automaten

**top management** Führungsgremium *n*

**top manager** Spitzenmanager *m*
**a steady stream of top managers has abandoned the car maker**
ein ständiger Strom von Spitzenmanagern hat den Autohersteller (schon) verlassen
**he is a top manager at ABC**
er ist Spitzenmanager bei ABC
**more than 90% of top managers believe (that) ...**
mehr als 90% der Spitzenmanager sind der Meinung, dass ...

**top-of-the-range hotel** Hotel der Spitzenklasse
**even top-of-the-range hotels have very special offers**
selbst Hotels der Spitzenklasse machen ganz spezielle Angebote

**total exports** Gesamtexport *m*
**total exports in 2000 were $11.3 billion**
im Jahre 2000 belief sich der Gesamtexport auf 11,3 Milliarden Dollar

**total orders** Auftragsbestand *m*
**total orders for the quarter were up more than 30 percent**
der Auftragsbestand war im Quartal 30% höher

**total revenue** Gesamteinnahmen *fpl*
**ABC's total revenue during the period rose to $60 million**
die Gesamteinnahmen von ABC stiegen in diesem Zeitraum auf 60 Mio. $

**total sales** Gesamtumsatz *m*
**these motors accounted for over one-third of total sales in 20...**
diese Elektromotoren trugen mehr als ein Drittel zum Gesamtumsatz im Jahre 20... bei

**total turnover** Gesamtumsatz *m*
**with a total turnover in excess of £200m**
mit einem Gesamtumsatz von über 200 Mio. £

**total workforce** Gesamtbelegschaft *f*
**the total workforce of the two companies is currently more than 100,000**
die Gesamtbelegschaft der beiden Unternehmen beträgt zurzeit mehr als 100.000

**tourism** *n* Fremdenverkehr *m*
**this project will enhance tourism**
durch dieses Projekt wird der Fremdenverkehr gefördert werden
**to make real money out of tourism**
wirklich am Fremdenverkehr verdienen

**tourism industry** Tourismuswirtschaft *f*

**track** *n*: **be on track** im Plan liegen
**A&B is on track to meet earnings targets**
A&B liegt beim Ergebnisziel im Plan
**restructuring plans at A&B are on track**
die Umstrukturierungsmaßnahmen liegen im Plan

**trade** *n* (1) Handel *m*
**trade will grow at most by 2% this year**
der Handel wird dieses Jahr höchstens um 2% zunehmen

**trade** *n* (2): **in early trade** im frühen Handel
**European bourses were moderately higher in early trade on Monday**
die europäischen Börsen notierten am Montag im frühen Handel geringfügig höher

**trade barrier** Handelsschranke *f*; Handelshindernis *n*; Handelshemmnis *n*
**tariffs and other trade barriers**
Zölle und andere Handelschranken

**Brussels offers to break down trade barriers**
Brüssel will Handelshindernisse beseitigen
**the removal of trade barriers was now a top priority**
die Beseitigung von Handelshemmnissen hatte nun höchste Priorität

**trade commissioner** Handelskommissar *m*
**the EU trade commissioner announced that he had reached agreement with the Americans over the banana-trade dispute**
der Handelskommissar der EU gab bekannt, dass er sich mit den Amerikanern im Bananenstreit geeinigt habe

**trade conflict** Handelskonflikt *m*
**such action might spark a trade conflict with the European Union**
solche Maßnahmen könnten einen Handelskonflikt mit der Europäischen Union auslösen

**trade deficit** Handelsdefizit *n*
**an unexpected 15% jump in the monthly trade deficit**
ein plötzlicher sprungartiger Anstieg des monatlichen Handelsdefizits um 15%
**the U.S. trade deficit widened by $3 billion**
das US-Handelsdefizit vergrößerte sich um 3 Mrd. Dollar

**trade expert** Handelsexperte *m*

**trademark** *n* Warenzeichen *n*

**trade minister** Handelsminister *m*

**trade-off** *n* Kompromiss *m*
**trade-offs can be struck between competing ends**
bei Zielkonflikten können Kompromisse geschlossen / gemacht werden

**trade official** Handelsbeauftragte *m/f*

**trade policy** Handelspolitik *f*
**there are still those who believe that trade policy should be used as a weapon to fight other battles**
es gibt noch immer Leute, die meinen, die Handelspolitik sollte als Waffe zur Erreichung anderer Ziele eingesetzt werden
**a protectionist trade policy**
eine protektionistische Handelspolitik
**to start a public debate on the country's trade policy**
eine öffentliche Debatte über die Handelspolitik des Landes beginnen

**trade power** Handelsmacht *f*
**the WTO urged trade powers to settle their international row**
die Welthandelsorganisation forderte die Handelsmächte auf, ihren internationalen Konflikt beizulegen

**trader** *n* Handelsnation *f*
**Taiwan is another huge trader**
Taiwan ist eine weitere mächtige Handelsnation

**trade regulator** Kartellaufsicht *f*
**trade regulators in the US have approved the proposed merger**
die amerikanische Kartellaufsicht hat die beabsichtigte Fusion genehmigt

**trade round** Handelsrunde *f*; WTO-Gesprächsrunde *f*
**the need for a new trade round is more pressing than ever**
die Notwendigkeit einer neuen Handelsrunde war noch nie so groß
**the most recent attempt to launch a new trade round ended in disaster**
der jüngste Versuch, eine neue WTO-Gesprächsrunde zu starten, endete mit einem Fiasko

**trade sanction** Handelssanktion *f*
**to postpone / impose trade sanctions against America**
Handelssanktionen gegen Amerika verschieben / verhängen

**trade secret** Firmengeheimnis *n*
**he stole trade secrets**
er hat Firmengeheimnisse mitgehen lassen

**tradeshow** *n*; **trade show** Fachmesse *f*; Messe *f*
**the Consumer Electronics Show is the largest trade show in the Electronics and Technology universe**
die Consumer Electronics Show ist die größte Fachmesse für Elektronik und Technologie
**this tradeshow has more than 100,000 attendees each year**
mehr als 100.000 Menschen besuchen jedes Jahr diese Fachmesse

**trade surplus** Handelsüberschuss *m*
**the country's trade surplus will likely reach US$20 billion**
der Handelsüberschuss des Landes wird wahrscheinlich 20 Mrd. US-Dollar betragen

**trade tax** Gewerbesteuer *f*
**the trade tax is the cities' main source of tax income**

die Gewerbesteuer ist die wichtigste Steuereinnahme der Städte

**trade-tax income** Gewerbesteuereinnahmen *fpl*; Gewerbesteueraufkommen *n*
**the city's trade-tax income has fallen by one-third**
die Gewerbesteuereinnahmen der Stadt sind um ein Drittel zurückgegangen

**trade union official** Gewerkschaftsvertreter *m*

**trade union representative** Gewerkschaftsvertreter *m*

**trade war** Handelskrieg *m*
**to spark a trade war**
einen Handelskrieg auslösen

**trading block** Handelsblock *m*
**tensions between the world's two largest trading blocks**
Spannungen zwischen den beiden größten Handelsblöcken der Welt

**trading day** Handelstag *m*
**on the last trading day of December**
am letzten Handelstag im Dezember
**the stockmarket fell by another 7% on the first trading day of the new year**
am ersten Handelstag des neuen Jahres fielen die Aktien um weitere 7%
**stocks plunged Wednesday in one of the heaviest trading days ever**
die Kurse purzelten am Mittwoch, einem der turbulentesten Handelstage in der Börsengeschichte
**by the end of the trading day, the shares dropped 9.4 percent**
bis zum Ende des Handelstages fielen die Aktienkurse um 9,4%

**trading in shares** Aktienhandel *m*
**Beijing is reluctant about allowing trading in shares that could result in capital outflow**
Peking möchte keinen Aktienhandel zulassen, der zu Kapitalabflüssen führen könnte

**trading of securities** Wertpapierhandel *m*
**the LSE is still Europe's leading centre for the trading of securities**
die Londoner Börse ist noch immer Europas führendes Zentrum für den Wertpapierhandel

**trading partner** Handelspartner *m*
**a U-turn would be a big blow to the WTO and the country's trading partners**
eine Kehrtwendung wäre ein schwerer Schlag für die WTO und die Handelspartner des Landes

**trading relations** Handelsbeziehungen *fpl*
**normal trading relations**
normale Handelsbeziehungen

**trading securities** Wertpapierhandel *m*
**trading securities will be digital, global and accessible 24 hours a day**
der Wertpapierhandel wird digital, global und rund um die Uhr zugänglich sein

**trading week** Handelswoche *f*
**the chipmaker jumped 19 percent during the holiday-shortened trading week**
die Aktien des Chipherstellers machten einen Sprung um 19% während der durch einen Feiertag verkürzten Handelswoche

**traffic** *n* Verkehr *m*
**traffic to and from the United States has dropped sharply**
der Verkehr von und nach Amerika ist stark zurückgegangen

**trained worker** qualifizierter Mitarbeiter; qualifizierte Mitarbeiterin; qualifizierter Arbeitnehmer
**the program is intended to ease the shortage of trained workers**
das Programm soll den Mangel an qualifizierten Mitarbeitern beheben helfen

**train equipment unit** Bahntechnik-Sparte *f*

**training** *n* Ausbildung *f*; Schulung *f*
**A&B provided extensive training to more than 2,600 employees**
A&B sorgte für eine gründliche / umfassende Schulung von mehr als 2.600 Mitarbeitern
**we provide our employees with the training and the tools they need**
wir bieten unseren Mitarbeitern die Ausbildung und Werkzeuge, die sie benötigen
**training is more important than ever before**
Ausbildung war noch nie so wichtig

**train operator** Bahnbetreiber *m*

**train tracks** Schienennetz *n*
**the company was set up to maintain the nation's train tracks**
das Unternehmen wurde für den Betrieb des landesweiten Schienennetzes gegründet

**transmission rate** Übertragungsgeschwindigkeit *f*
**today's phones suffer from slow transmission rates**
die Übertragungsgeschwindigkeiten der heutigen Telefone sind zu niedrig

**transportation application** Verkehrsanwendung *f*
**fuel cells for portable, stationary and transportation applications**
Brennstoffzellen für tragbare, stationäre und Verkehrsanwendungen

**transportation fuel** Treibstoff *m*
**biodiesel is a biodegradable transportation fuel for use in diesel engines**
Biodiesel ist ein biologisch abbaubarer Treibstoff für den Einsatz in Dieselmotoren

**transportation secretary** Verkehrsminister *m*

**transportation undertaking** Transportunternehmen *n*; Verkehrsunternehmen *n*; Verkehrsbetrieb *m*
**benefit-to-cost analysis is widely used for transportation undertakings**
die Kosten-Nutzen-Analyse wird häufig in Transportunternehmen eingesetzt

**transport minister** Verkehrsminister *m*

**travel agency** Reisebüro *n*; Reiseanbieter *m*

**travel agent** Reisebüro *n*; Reiseanbieter *m*

**travel company** Reiseanbieter *m*
**to force small travel companies out of business**
kleine Reiseanbieter aus dem Markt drängen

**travel group** Reisekonzern *m*; Tourismuskonzern *m*
**shares in the country's largest travel group have fallen by nearly three-quarters this year**
die Aktien des größten Reisekonzerns des Landes sind dieses Jahr um beinahe 75 Prozent gefallen
**ABC is the world's largest travel group**
ABC ist der weltgrößte Tourismuskonzern

**treasury secretary** Finanzminister *m*
**the US treasury secretary**
der amerikanische Finanzminister

**treaty negotiations** Vertragsverhandlungen *fpl*
**to delay the next round of treaty negotiations**
die nächste Runde der Vertragsverhandlungen verschieben

**triple-digit** dreistellig
**triple-digit temperatures**
dreistellige Temperaturen
**triple-digit loss**
dreistelliger Verlust

**troubled** *adj* angeschlagen; bankrottbedroht
**A&B will sell its troubled truck arm**
A&B wird seine angeschlagene Lkw-Sparte veräußern

**truck plant** Lkw-Werk *n*

**truck subsidiary** Lkw-Tochter *f*

**trunk call** *(BE)* Ferngespräch *n*

**trustbuster** *n* Kartellwächter *m*

**tube technology** Röhrentechnik *f*
**this new tube technology offers dramatically longer tube life**
durch diese neue Röhrentechnologie wird die Lebensdauer der Röhren beträchtlich verlängert

**turn** *v* (1): **turn things around**
Wende herbeiführen
**both economies will need some kind of boost to turn things around**
beide Volkswirtschaften müssen wohl auf irgendeine Weise angekurbelt werden, um eine Wende herbeizuführen

**turnaround** *n* Trendwende *f*; Wende *f*
**it is going to take a turnaround before demand picks up again**
es bedarf einer Trendwende, bevor die Nachfrage wieder steigt
**the impact such a turnaround in American consumer behaviour would have on firms around the world**
die Auswirkungen, die eine solche Wende im Verhalten der amerikanischen Verbraucher auf Unternehmen auf der ganzen Welt haben würde
**the hoped-for turnaround in auto sales**
die erhoffte Wende beim Autoabsatz
**he said a turnaround could take three to five years**
er sagte, eine Wende könnte drei bis fünf Jahre dauern
**it is clear that the turnaround will be a long and painful journey**
es ist klar, dass es bis zur Wende ein langer und schmerzhafter Weg sein wird

**to be on the verge of a turnaround**
kurz vor der Wende stehen

**turnaround activities** Restrukturierungsmaßnahmen *fpl*
**this one-time charge of €2bn is primarily related to turnaround activities at A&B**
diese Sonderbelastung in Höhe von 2 Mrd. Euro ist im Wesentlichen auf Restrukturierungsmaßnahmen bei A&B zurückzuführen

**turnaround plan** Restrukturierungsplan *m*
**A&B lacks the funds to carry out turnaround plans**
A&B fehlen die notwendigen Gelder zur Durchführung von Restrukturierungsplänen
**implementation of a turnaround plan**
Durchführung / Umsetzung eines Restrukturierungsplans
**the company is in the midst of a restructuring plan**
das Unternehmen ist gerade dabei, einen Restrukturierungsplan umzusetzen

**turnaround specialist** Sanierungsspezialist *m*; Sanierer *m*; Turnaround-Spezialist *m*; Turnaround-Experte *m*

**turning point** Wendepunkt *m*; Wende *f*
**the economy is at a turning point**
die Wirtschaft befindet sich an einem Wendepunkt
**we now have ample evidence that we are at the turning point**
es deutet vieles darauf hin, dass wir nun am Wendepunkt angelangt sind
**to be close to a turning-point**
kurz vor der Wende stehen

**turnkey** *adj* schlüsselfertig
**turnkey power plant**
schlüsselfertiges Kraftwerk

**turnkey basis**: **on a turnkey basis**
schlüsselfertig

**turn of the year** Jahreswechsel *m*
**he suddenly jumped ship at the turn of the year to join ABC**
zum Jahreswechsel verließ er die Firma plötzlich und ging zu ABC
**the trend in American stockmarkets has been relentlessly downward since before the turn of the year**
seit vor der Jahreswende zeigt der Trend auf den amerikanischen Aktienmärkten steil nach unten

**turnover** *n* Umsatz *m*
**the group's turnover totaled US$21 million last year**
der Umsatz des Konzerns betrug letztes Jahr insgesamt 21 Mio. $
**ABC has a turnover of more than £30m**
ABC hat einen Umsatz von mehr als 30 Millionen £

**TV viewer** Fernsehzuschauer *m*
**a new age of television that will impact every TV viewer in the country**
ein neues Fernsehzeitalter, das Auswirkungen auf jeden Fersehzuschauer im Lande hat

**two-year low** Zwei-Jahres-Tief *n*
**shares hit a two-year low last week**
die Aktien fielen vergangene Woche auf ein Zwei-Jahres-Tief

# U

**ultra-luxury nameplate** Edelmarke *f*
**he acquired the ultra-luxury nameplates Bentley and Bugatti**
er erwarb die Edelmarken Bentley und Bugatti

**UMTS handset** UMTS-Handy *n*

**UMTS network** UMTS-Netz *n*
**the cost of building a UMTS network**
die Kosten für die Errichtung eines UMTS-Netzes

**undercut** *v* (undercut, undercut) unterbieten
**a bigger firm can always undercut a smaller one**
ein größeres / stärkeres Unternehmen kann ein kleineres / schwächeres immer unterbieten
**to undercut rivals by sourcing cheap cars abroad**
Konkurrenten durch den Kauf billiger Autos im Ausland unterbieten

**underperform** *v* unter dem Durchschnitt liegen / abschneiden; (im Vergleich / vergleichsweise) schlechter abschneiden
**our consumer PC business underperformed the market in 20...**
im Jahre 20... lag unser Geschäft mit Heim-PC unter dem Marktdurchschnitt

**A&B's share price has underperformed those of rivals**
der Aktienkurs von A&B lag unter dem der Konkurrenz

**unemployed** *n* Arbeitslose *pl*
**to demand jobs for the unemployed**
Arbeitsplätze für die Arbeitslosen fordern

**unemployment** *n* Arbeitslosigkeit *f*; Erwerbslosigkeit *f*
**low unemployment**
geringe / niedrige Arbeitslosigkeit
**increase in unemployment**
Zunahme der Arbeitslosigkeit
**unemployment will continue to rise**
die Arbeitslosigkeit wird weiter steigen / zunehmen
**so far unemployment has barely increased**
bis jetzt ist die Arbeitslosigkeit kaum gestiegen
**the long-running decline in unemployment is coming to an end**
der schon seit langem andauernde Rückgang der Arbeitslosigkeit kommt zum Stillstand

**unemployment benefit** Arbeitslosenunterstützung *f*
**to register for unemployment benefit**
Arbeitslosenunterstützung beantragen
**the bill extends unemployment benefits**
das Gesetz verlängert die Zahlung von Arbeitslosenunterstützung

**unemployment figures** Arbeitslosenzahlen *fpl*
**unemployment figures, for instance, will rise a good deal more than they have so far**
so werden zum Beispiel die Arbeitslosenzahlen viel stärker ansteigen als bisher

**unemployment numbers** Arbeitslosenzahlen *fpl*
**disappointing unemployment numbers**
enttäuschende Arbeitslosenzahlen
**the official unemployment numbers suggest that Japanese joblessness is only a little above that in the United States**
die offiziellen Arbeitslosenzahlen lassen vermuten, dass die Arbeitslosigkeit in Japan nur geringfügig höher ist als in den Vereinigten Staaten

**unemployment rate** Arbeitslosenquote *f*
**this is the result of the unemployment rate dropping to the lowest it has been in decades**
dies ist darauf zurückzuführen, dass die Arbeitslosenquote den seit Jahrzehnten niedrigsten Stand erreicht hat
**in January, the unemployment rate rose only slightly to 4.2%**
im Januar stieg die Arbeitslosenquote nur leicht auf 4,2%
**the country's official unemployment rate hit 5% in July**
die offizielle Arbeitslosenquote des Landes erreichte im Juli 5%

**union** *n* Gewerkschaft *f*
**ABC had been fighting for months with unions over job cuts**
zuvor hatte es monatelange Auseinandersetzungen zwischen ABC und den Gewerkschaften über den Abbau von Stellen gegeben

**union delegate** Gewerkschaftsvertreter *m*

**union-employer battle** Arbeitskampf *m*; Tarifauseinandersetzung *f*; Tarifkonflikt *m*

**unionised** gewerkschaftlich organisiert
**only 9% of the workforce in the public sector is unionised**
nur 9% der im öffentlichen Dienst Beschäftigten sind gewerkschaftlich organisiert

**union leader** Gewerkschaftsführer *m*

**union representative** Gewerkschaftsvertreter *m*

**unrealised profit** *(BE)* unrealisierter Gewinn
**unrealised profits now stand at some $400 billion**
die unrealisierten Gewinne belaufen sich auf etwa 400 Mrd. Dollar

**unrealized gain** *(AE)* unrealisierter Gewinn
**unrealized gains and losses at December 31, 20... were $10 million and $5 million, respectively**
am 31. Dezember 20... betrugen die nicht realisierten Gewinne und Verluste 10 bzw. 5 Mio. Dollar

**unskilled labourer** ungelernte Kraft; Hilfsarbeiter *m*; ungelernter Arbeiter
**the company hired unskilled labourers to do many technical jobs**
das Unternehmen stellte für viele

**unskilled labourer**

technische Aufgaben ungelernte Kräfte ein
**unskilled worker** ungelernte Kraft; Hilfsarbeiter *m*; ungelernter Arbeiter
**in the first decade of the 21st century, opportunities for unskilled workers are dwindling**
im ersten Jahrzehnt des 21. Jahrhunderts nehmen die Chancen / Arbeitsmöglichkeiten für ungelernte Kräfte stark ab
**in the United States, wages of unskilled workers are falling**
in den USA sind die Löhne für Hilfsarbeiter im Fallen begriffen
**upgrade** *v* modernisieren
**these products give users the ability to upgrade their test systems quickly and cost-effectively**
mit diesen Produkten können die Anwender ihre Prüfsysteme schnell und kostengünstig modernisieren
**upheaval** *n* Umbruch *m*
**the two offers have come at a time of upheaval at A&B**
die beiden Angebote kommen in einer Zeit des Umbruchs bei A&B
**upturn** *n* Wirtschaftsaufschwung *m* (see also **economic upturn**)
**there might be clear signs of an upturn by then**
bis dann könnte es schon deutliche Anzeichen für einen Wirtschaftsaufschwung geben
**upward trend** (1) Aufwärtstrend *m*
**a steep upward trend**
ein steiler Aufwärtstrend
**demand continued its upward trend**
der Aufwärtstrend der Nachfrage hält an / die Nachfrage hat ihren Aufwärtstrend fortgesetzt
**upward trend** (2): **to be on an upward trend** im Steigen begriffen sein
**overall output is on an upward trend**
die Gesamtproduktion / der Gesamtausstoß ist im Steigen begriffen
**used car** Gebrauchtwagen *m*
**the current prices for used cars**
die aktuellen Preise für Gebrauchtwagen
**used car dealer** Gebrauchtwagenhändler *m*
**used car price** Gebrauchtwagenpreis *m*
**useful life** Nutzungsdauer *f*
**the equipment is near the end of its useful life**
die Betriebsmittel nähern sich dem Ende ihrer Nutzungsdauer
**estimated useful life**
geschätzte Nutzungsdauer
**A&B will extend the useful life of its airplanes**
A&B wird die Nutzungsdauer seiner Flugzeuge verlängern
**user friendliness** Bedienfreundlichkeit *f*; Bedienerfreundlichkeit *f*; Benutzerfreundlichkeit *f*; Anwenderfreundlichkeit *f*
**to integrate new technology without compromising user-friendliness**
neue Technologie integrieren, ohne Abstriche bei der Benutzerfreundlichkeit zu machen
**lack of user-friendliness**
mangelnde Anwenderfreundlichkeit
**to foster user-friendliness and acceptance**
Anwenderfreundlichkeit und Akzeptanz fördern
**utility** *n* Stromanbieter *m*; Energieversorgungsunternehmen *n* (EVU); Energieversorger *m*
**ABC is the second-largest German utility**
ABC ist der zweitgrößte Energieversorger Deutschlands
**utility company** Energieversorger *m*; Energieversorgungsunternehmen *n*
**U-turn** *n* Kehrtwende *f*
**such hopes have been clobbered by Mr Miller's U-turn**
diese Hoffnungen wurden durch die Kehrtwendung von Mr. Miller zunichte gemacht
**America's abrupt U-turn on carbon dioxide emissions**
Amerikas abrupte Kehrtwende bei den Kohlendioxidemissionen

# V

**Value-Added Tax; Value Added Tax; value added tax** (VAT) Mehrwertsteuer *f*
**exemption from the 10% Value-Added Tax**
Befreiung von der Mehrwertsteuer in Höhe von 10%

**value chain** Wertschöpfungskette *f*
**value creation** Wertschöpfung *f*
**value of the enterprise** Unternehmenswert *m*
  **to increase the value of the enterprise for its shareholders, customers and employees**
  den Unternehmenswert für Aktionäre, Kunden und Mitarbeiter steigern
**van maker** Kleinbus-Hersteller *m*
**VC** (see **venture capital**)
**vehicle assembly plant; vehicle-assembly plant** Montagewerk *n*
  **the two companies share a vehicle assembly plant**
  die beiden Firmen betreiben gemeinsam ein Montagewerk
  **A&B will close three vehicle-assembly plants**
  A&B wird drei Montagewerke schließen
**vehicle group** Fahrzeugkonzern *m*
  **the vehicle group is recovering from a recall scandal**
  der Fahrzeugkonzern erholt sich derzeit von einem Rückrufskandal
**vehicle maker** Fahrzeughersteller *m*
  **the British vehicle maker's business suffered from a slowdown in demand for buses and heavy trucks**
  die Geschäfte des britischen Fahrzeugherstellers litten unter dem Rückgang der Nachfrage nach Autobussen und schweren Lastwagen
**venerable** *adj* alteingesessen; traditionsreich; altehrwürdig
  **a venerable industry**
  ein traditionsreicher / alteingesessener Industriezweig
  **a venerable bank**
  eine traditionsreiche / alteingesessene Bank
  **a venerable company**
  ein alteingesessenes Unternehmen
  **such venerable British brands as ...**
  alteingesessene britische Marken wie ...
**venture capital** (VC) Wagniskapital *n*; Risikokapital *n*
  **the start-ups are financed by venture capital**
  die Firmenneugründungen werden mit Wagniskapital finanziert
  **more than $1 billion of venture capital poured into firms developing this technology**
  mehr als eine Milliarde Dollar flossen in Firmen, die diese Technologie entwickelten

**venture-capital firm** Wagniskapitalgesellschaft *f*
  **the venture-capital firm can offer plenty of money, but little in the way of help or expertise**
  zwar kann die Wagniskapitalgesellschaft viel Geld bieten, aber sie kann keine fachliche oder sonstige Hilfe leisten
**venture capitalist** Venture Capitalist *m*; Venture-Finanzierer *m*; Wagnisfinanzierer *m*; Wagniskapitalgeber *m*; Risikokapitalspezialist *m*
  **especially worrying is the lack of skilled venture capitalists**
  besonders beunruhigend ist der Mangel an fähigen Venture Capitalisten
  **until last summer, venture capitalists were the most frenetic financiers of the "new economy"**
  bis letzten Sommer waren die Wagniskapitalgeber die fanatischsten Geldgeber der New Economy
  **venture capitalists financed such enterprises generously**
  die Risikospezialisten haben derartige Unternehmen großzügig finanziert
  **before the market crashed, an entrepreneur would just show up at a venture capitalist's office and pick up a check**
  vor dem Börsencrash brauchte ein Unternehmer nur zu einem Risikospezialisten zu gehen und einen Scheck abzuholen
**venture-capital market** Wagniskapitalmarkt *m*
  **Japan's fledgling venture-capital market**
  Japans noch recht junger Wagniskapitalmarkt
**venue** *n* Tagungsort *m*; Veranstaltungsort *m*
  **to shift the venue on security grounds**
  den Tagungsort aus Sicherheitsgründen verlegen
**vicious circle** Teufelskreis *m*
  **the country found itself in a vicious circle of wobbling banks and spiralling interest rates**
  das Land befand sich in einem Teufelskreis angeschlagener Banken und ins Unermessliche steigender Zinsen
  **this can create a vicious circle**
  dies kann zu einem Teufelskreis führen
**view** *n* Meinung *f*; Ansicht *f*; Auffassung *f*
  **this is not a view shared in America**

**view**

in Amerika teilt man diese Ansicht nicht / ist man anderer Meinung / vertritt man eine andere Auffassung
**the views of customers have never weighed heavily with the large telecommunications companies**
die Meinung der Kunden war für die großen Telekom-Unternehmen nie von Bedeutung

**viewer** *n* Fernsehzuschauer *m*
**to take advantage of digital's advantages, viewers will have to buy a new TV set**
um in den Genuss der Vorteile der Digitaltechnik zu kommen, müssen die Fernsehzuschauer ein neues Fernsehgerät kaufen

**viral infection** Virusinfektion *f*; infektiöse Viruskrankheit
**the viral infection can have a devastating effect on livestock production**
die Virusinfektion kann verheerende Auswirkungen auf die Viehproduktion haben

**volume** *n* Absatzzahl *f*; Absatzvolumen *n*; Absatzmenge *f*
**operating profit increased 14%, reflecting the effects of volume increases**
das Betriebsergebnis erhöhte sich um 14%, was auf die erhöhten Absatzzahlen zurückzuführen ist

# W

**wage** *n* Lohn *m*
**despite rising wages**
trotz steigender Löhne
**wages rise by 3 percent a year under the agreement**
unter diesem Abkommen steigen die Löhne um jährlich 3 Prozent
**to pay workers overdue wages**
den Arbeitnehmern die ausstehenden Löhne auszahlen

**wage bargaining** Lohnverhandlungen *fpl*; Tarifverhandlungen *fpl*

**wage claim** Lohnforderung *f*

**wage costs** Lohnkosten *pl*
**wage costs rise by 10 percent annually**
die Lohnkosten steigen jährlich um 10 Prozent

**wage deal** Tarifabschluss *m*
**high wage deals may stoke inflation in the eurozone**
hohe Tarifabschlüsse können die Inflation in der Eurozone anheizen
**the next wage deal should last for at least two years**
der nächste Tarifabschluss sollte eine Laufzeit von mindestens zwei Jahren haben

**wage-earning** *adj* berufstätig
**wage-earning young people**
berufstätige Jugendliche

**wage increase** Lohnerhöhung *f*
**production increased, but it wasn't matched by wage increases or price reductions**
die Produktion nahm zu, was sich aber weder in Lohnerhöhungen noch in Preissenkungen ausdrückte

**wage moderation** Lohnmäßigung *f*
**a continuation of wage moderation is crucial for the maintenance of price stability**
eine Fortsetzung der Lohnmäßigung ist entscheidend für die Aufrechterhaltung der Preisstabilität

**wage negotiations** Tarifverhandlungen *fpl*; Lohnverhandlungen *fpl*

**wage-price spiral** Lohn-Preis-Spirale *f*
**the threat of a wage-price spiral**
die Gefahr einer Lohn-Preis-Spirale

**wage restraint** Lohnzurückhaltung *f*
**after six years of wage restraint**
nach sechsjähriger Lohnzurückhaltung

**wage settlement** Tarifabschluss *m*; Lohnabschluss *m*
**the union feels it was short-changed by its most recent wage settlement**
die Gewerkschaft meint, sie sei beim jüngsten Tarifabschluss übervorteilt worden

**wage talks** Tarifverhandlungen *fpl*; Lohnverhandlungen *fpl*
**the strike warning comes after wage talks with the management of A&B failed**
die Streikwarnung ist eine Folge des Scheiterns der Tarifverhandlungen mit der Geschäftsführung von A&B

**waiting list** Warteliste *f*
**the organizers had a long waiting list for display space**
die Veranstalter hatten eine lange Warteliste für Ausstellungsfläche

**warehouse** *n* Lager *n*
**this encouraged firms to restock their warehouses**
dies hat die Unternehmen ermutigt, ihre Läger wieder zu füllen

**warning strike** Warnstreik *m*
**to stage short warning strikes**
kurze Warnstreiks durchführen

**waste** *n* Abfall *m*
**energy from waste and biomass**
Energie aus Abfall und Biomasse
**municipal waste**
kommunale Abfälle
**agricultural waste**
landwirtschaftliche Abfälle
**to burn different kinds of organic wastes**
verschiedene Arten organischer Abfälle verbrennen

**waste disposal** Abfallentsorgung *f*

**waste heat** Abwärme *f*
**the recovery of process heat from waste heat**
die Rückgewinnung von Prozesswärme aus Abwärme

**waste treatment** Abfallaufbereitung *f*

**water company** Wasserbetrieb *m*; Wasserversorger *m*
**A&B swallows America's largest listed water company**
A&B schluckt Amerikas größten börsennotierten Wasserversorger

**water industry** Wasserwirtschaft *f*

**water market** Wassermarkt *m*
**to champion a liberalised water market**
sich für einen liberalisierten Wassermarkt einsetzen

**water pollution** Wasserverschmutzung *f*

**water utility** Wasserbetrieb *m*; Wasserversorger *m*

**weak** *adj* schwach
**it is easy to understand why the yen is so weak**
es ist offensichtlich, warum der Yen so schwach ist

**weaken** *v* schwächeln
**the weakening economy**
die schwächelnde Konjunktur
**there are further signs that the economy is weakening**
es gibt weiter Anzeichen für eine schwächelnde Wirtschaft
**America's weakening car market**
Amerikas schwächelnde Autokonjunktur

**weakening** *n* Abschwächung *f*
**these actions were taken in light of further weakening of sales and production**
diese Maßnahmen wurden angesichts einer weiteren Abschwächung der Konjunktur ergriffen

**weakness** *n* (1) Schwäche *f*
**the euro's weakness against sterling**
die Schwäche des Euro gegenüber dem britischen Pfund

**weakness** *n* (2) Konjunkturschwäche *f*
**to cut interest rates again if current weakness persists**
die Zinsen weiter senken, falls die derzeitige Konjunkturschwäche anhält

**Web access flat rate** Pauschaltarif für die Internetnutzung

**Web browser** Web-Browser *m*; Internet-Browser *m*; Internetbrowser *m*
**ABC had attempted to monopolise the market for Web browsers**
ABC hatte versucht, den Markt für Web-Browser zu monopolisieren

**web site** Website *f*
**several of our branches also launched web sites**
mehrere unserer Niederlassungen haben auch Websites geschaltet
**our corporate web site provides product and company information to people worldwide**
die Website unseres Unternehmens bietet Menschen weltweit Informationen über unsere Produkte und unser Unternehmen

**weigh** *v* abwägen
**to weigh short term and longer term factors against each other**
kurzfristige und längerfristige Faktoren gegeneinander abwägen

**weigh on** *v* drücken
**the crisis weighs on A&B's results**
die Krise drückt das Ergebnis von A&B

**weight** *n*: **lose weight** schlanker werden
**many big foreign companies need to lose weight**
viele ausländische Großunternehmen müssen schlanker werden

**white-goods maker** Hersteller weißer Ware
**Europe's third-largest white-goods**

**maker**
Europas drittgrößter Hersteller weißer Ware

**white knight** Weißer Ritter
**ABC hopes to find a white knight**
ABC hofft auf einen Weißen Ritter
**a possible white knight, ABC Bank, may be considering a counter-offer**
ein möglicher Weißer Ritter, ABC Bank, macht unter Umständen ein Gegenangebot
**sometimes, target companies did everything they could to find a domestic white knight, but usually to no avail**
manchmal taten Unternehmen, die Ziel einer Übernahme waren, alles, um im Inland einen Weißen Ritter zu finden, jedoch meistens ohne Erfolg

**wholesale** n Großhandel m

**wholesale business** Großhandel m

**windfall** n unerwartete Einnahmen; unerwarteter Gewinn
**the windfall should allow the German government to reduce its massive debt**
mit Hilfe dieser unerwarteten Einnahmen sollte es der deutschen Regierung möglich sein, ihren Schuldenberg zu reduzieren

**wind generating plant** Windkraftanlage f
**this wind generating plant produces more than 55,000,000 kilowatt-hours of electricity per year**
diese Windkraftanlage erzeugt mehr als 55.000.000 kWh Strom pro Jahr

**wind generation facility** Windkraftanlage f
**the construction of the world's largest wind generation facility**
die Errichtung der größten Windkraftanlage der Welt

**wind turbine manufacturer** Windturbinenbauer m
**the world's second largest wind turbine manufacturer**
der zweitgrößte Windturbinenbauer der Welt

**wind up** v abwickeln
**to wind up the company**
das Unternehmen abwickeln

**wireless communications** drahtlose Kommunikation

**wireless company** Mobilfunkunternehmen n

**wireless firm** Mobilfunkunternehmen n

**wireless Internet** drahtloses Internet
**the wireless Internet is still in its infancy**
das drahtlose Internet steckt noch in den Kinderschuhen

**wireless service operation** Mobilfunknetzbetreiber m

**wireless telephone network** Mobilfunknetz n
**this wireless telephone network allows customers to make calls from virtually anywhere on earth**
dieses Mobilfunknetz ermöglicht Anrufe von praktisch jedem Punkt der Erde

**withdrawal from service** Außerdienststellung f
**the withdrawal of some vessels from service on safety grounds**
die Außerdienststellung einiger Schiffe aus Sicherheitsgründen

**word processor** Textverarbeitungsprogramm n
**word processors are computer software packages that simplify the creation and modification of documents**
Textverarbeitungsprogramme sind Softwarepakete, die die Erstellung und Veränderung von Dokumenten vereinfachen
**these graphics-based computer interfaces have allowed millions of nonexpert computer users to control application programs like spreadsheets and word processors**
diese grafischen Benutzeroberflächen haben es millionen Computernutzern ermöglicht, Anwendungsprogramme wie Tabellenkalkulations- und Textverarbeitungsprogramme zu bedienen

**worker** n Arbeitnehmer m; Arbeiter m
**ABC will cut 20 percent of its workers**
ABC wird 20 Prozent seiner Arbeitnehmer entlassen
**companies have seen a need to retain the 50-something workers**
die Firmen sehen sich gezwungen / vor der Notwendigkeit, die Arbeitnehmer über fünfzig zu behalten
**older workers**
ältere Arbeitnehmer

**worker productivity** Arbeitsproduktivität f

**worker shortage** Arbeitskräftemangel *m*
**the current worker shortage**
der derzeitige Arbeitskräftemangel

**workers' rights** Arbeitnehmerrechte *npl*

**workforce** *n*; **work force** Belegschaft *f*; Mitarbeiterzahl *f*
**ABC eliminated 145 jobs, or 23 percent of its work force, to cut costs**
ABC baute 145 Arbeitsplätze ab, das sind 23 Prozent der Belegschaft, um die Kosten zu senken
**ABC announced that it would cut its workforce by 15%**
ABC kündigte an, das Unternehmen werde seine Belegschaft um 15% reduzieren
**A&B has trimmed its work force by 30%**
A&B hat seine Belegschaft um 30% reduziert
**A&B's workforce will contract by 35,000 in total**
die Belegschaft von A&B wird insgesamt um 35.000 schrumpfen

**workforce reduction** Personalkürzung *f*; Personalabbau *m*

**workplace** *n* Arbeitsplatz *m*
**to create family-friendly workplaces**
familienfreundliche Arbeitsplätze schaffen
**to prevent union employees from entering the workplace**
gewerkschaftlich organisierten Arbeitnehmern den Zugang zum Arbeitsplatz verwehren
**the Department of Labor attempts to keep people safe in their workplace**
das Arbeitsministerium ist bemüht für Sicherheit am Arbeitsplatz zu sorgen

**work stoppage** Arbeitsniederlegung *f*
**the current round of wage negotiations might result in work stoppages**
in der laufenden Tarifrunde könnte es zu Arbeitsniederlegungen kommen

**work-to-rule** *n* Dienst nach Vorschrift

**work week** Arbeitswoche *f*
**the length of the average work week was unchanged at 34.1 hours**
die Durchschnittslänge einer Arbeitswoche lag unverändert bei 34,1 Stunden

**world currency markets** internationale Devisenmärkte

**world economy** Weltwirtschaft *f*; Weltkonjunktur *f*
**this would be good news for the rest of the world economy**
dies wäre eine gute Nachricht für die restliche Weltwirtschaft
**the world economy is slowing down**
die Weltkonjunktur verlangsamt sich
**America cannot continue to drive the world economy alone**
in Zukunft kann Amerika nicht alleinige Konjunkturlokomotive der Weltwirtschaft sein
**uncertainty over the path of the world economy grows**
die Ungewissheit über die weitere Entwicklung der Weltwirtschaft wächst
**the worsening outlook for the world economy**
die sich verschlechternden Aussichten für die Weltwirtschaft
**the company blamed the expected earnings shortfall on continuing weakness in the world economy**
das Unternehmen machte die anhaltend schwache Weltkonjunktur für den Ertragseinbruch verantwortlich

**world market** Weltmarkt *m*
**world markets have become ever more demanding**
die Weltmärkte sind immer anspruchsvoller geworden / werden immer anspruchsvoller
**these car makers control 70% of the world market between them**
diese Autohersteller kontrollieren zusammen 70% des Weltmarktes
**ABC intends to enhance its presence on world markets**
ABC will seine Präsenz auf den Weltmärkten ausbauen

**world market leader** Weltmarktführer *m*

**world trade** Welthandel *m*
**China's share of world trade continues to grow**
Chinas Anteil am Welthandel steigt ständig
**world trade will barely grow this year**
der Welthandel wird dieses Jahr kaum zunehmen
**a long period of sharply rising world trade**
ein langer Zeitraum stark ansteigenden Welthandels

**World Trade Organisation** (WTO) Welthandels-Organisation *f*; Welthandelsorganisation *f* (WTO)

**is China having second thoughts about joining the World Trade Organisation**
will China nun der Welthandels-Organisation doch nicht beitreten
**those in China who oppose entry into the WTO**
diejenigen in China, die gegen einen Beitritt zur Welthandelsorganisation sind

**worldwide business environment** weltwirtschaftliches Umfeld
**in view of today's competitive worldwide business environment**
angesichts des heutigen, vom Wettbewerb geprägten weltwirtschaftlichen Umfelds

**worrying** *adj* besorgniserregend
**this has already increased debts to worrying levels**
die Verschuldung hat dadurch schon ein besorgniserregendes Niveau / Ausmaß erreicht

**write off** *v (fig)* abschreiben
**many had written us off for dead**
viele hatten uns schon ganz abgeschrieben
**businesses are allowed to write off their investments more quickly**
die Unternehmen dürfen Investitionen schneller abschreiben

**WTO** (see **World Trade Organisation**)

# Y

**year-ago period** Vorjahreszeitraum *m*
**compared with profits of $294 million in the year-ago period**
im Vergleich zu 294 Mio. Dollar Gewinn im Vorjahreszeitraum

**year-ago quarter** Vorjahresquartal *n*
**compared with a net loss of $300 million in the year-ago quarter**
verglichen mit einem Nettoverlust von 300 Mio. $ im Vorjahresquartal

**year-end** *n* Jahresende *n*
**this project is scheduled for completion by year-end 20...**
dieses Projekt soll bis zum Jahresende 20... abgeschlossen werden
**the transaction is scheduled to be completed by year-end**
die Transaktion soll bis zum Jahresende abgeschlossen sein
**the total number of employees worldwide at year-end was 200,000**
die Gesamtzahl der Mitarbeiter betrug am Jahresende 200.000

**year under review** Berichtsjahr *n*
**the supervisory board met twice in the year under review**
der Aufsichtsrat tagte zweimal im Berichtsjahr

**youth unemployment** Jugendarbeitslosigkeit *f*
**youth unemployment is as high as 58.5 per cent**
die Jugendarbeitslosigkeit beträgt bis zu 58,5 Prozent

# Z

**zero interest rate policy** Nullzinspolitik *f*; Nullzins-Politik *f*
**the bank is likely to return to its zero interest rate policy**
die Bank wird wahrscheinlich zu ihrer Nullzinspolitik zurückkehren

**zero-sum game** Nullsummenspiel *n*
**computer makers are playing a zero-sum game**
die Computerhersteller betreiben ein Nullsummenspiel

Die Business-Bücher und
die Wörterbücher von
Publicis Corporate Publishing
finden Sie unter

**www.publicis-erlangen.de/books**